Direito Civil

CONTRATOS

2ª Edição

Cleyson de Moraes Mello

Professor Adjunto da UERJ
Professor do PPGD da UERJ
Diretor Adjunto da Faculdade de Direito de Valença
Professor Titular da Unesa e FDV
Membro do Instituto dos Advogados do Brasil – IAB

Direito Civil

CONTRATOS

2ª Edição

Freitas Bastos Editora

Maria Augusta Delgado Livraria, Distribuidora e Editora

Editor: *Isaac D. Abulafia*
Revisão: *Jota Cabral*
Capa e Diagramação: *Jair Domingos de Sousa*

DADOS INTERNACIONAIS PARA CATALOGAÇÃO
NA PUBLICAÇÃO (CIP)

M477c

Mello, Cleyson de Moraes
Direito civil : contratos / Cleyson de Moraes Mello. – 2. ed. –
Rio de Janeiro : Freitas Bastos Editora, 2017.
606 p. ; 23cm.

ISBN - 978-85-7987-277-8

1. Direito civil - Brasil. I. Título.

CDD- 346.8

Freitas Bastos Editora

Tel./Fax: (21) 2276-4500
freitasbastos@freitasbastos.com
vendas@freitasbastos.com
www. freitasbastos.com

DO MESMO AUTOR

- *Código Civil Comentado*. Volume I. Rio de Janeiro: Freitas Bastos, 2002 (esgotado). Coautoria com diversos autores.
- *Código Civil Comentado*. Volume II. Rio de Janeiro: Freitas Bastos, 2002 (esgotado). Coautoria com diversos autores.
- *Direitos Humanos* – Coletânea de Legislação. Rio de Janeiro: Freitas Bastos, 2002. Organizador com Thelma Araújo Esteves Fraga.
- *Novos Direitos* – Os Paradigmas da Pós-Modernidade. Niterói: Impetus, 2004. Coautoria com diversos autores.
- *Condomínio*. 2. ed. Rio de Janeiro: Freitas Bastos, 2005. Coautoria com Thelma Araújo Esteves Fraga
- *Direito Civil* – Parte Geral. Niterói: Impetus, 2004. Coautoria com Thelma Araújo Esteves Fraga
- *Direito Civil* – Contratos – Parte Geral. Rio de Janeiro: América Jurídica, 2006. Coautoria com Thelma Araújo Esteves Fraga
- *Responsabilidade Civil e a Interpretação pelos Tribunais*. Rio de Janeiro: Freitas Bastos, 2006.
- *O que é o Direito?*. Rio de Janeiro: Freitas Bastos, 2006.
- *Hermenêutica e Direito*. Rio de Janeiro: Freitas Bastos, 2006.
- *Introdução ao Estudo do Direito*. Rio de Janeiro: Freitas Bastos, 2006.
- *Introdução à Filosofia do Direito, à Metodologia da Ciência do Direito e à Hermenêutica Contemporâneas* - Um atuar dinâmico da Magistratura na perspectiva civil-constitucional. A (re)produção do Direito. Rio de Janeiro: Freitas Bastos, 2008.
- *Curso de Direito Civil:* Parte Geral. Rio de Janeiro: Freitas Bastos, 2008.
- *Curso de Direito Civil:* Obrigações. Rio de Janeiro: Freitas Bastos, 2008.
- *Curso de Direito Civil:* Contratos. Rio de Janeiro: Freitas Bastos, 2008.
- *Fundamentos do Direito. Homenagem ao Professor Sebastião Trogo*. Rio de Janeiro: Freitas Bastos, 2008. Coautoria com diversos autores.

- *A Constitucionalização do Direito. Revista Comemorativa dos 40 anos da FDV. Valença: Valença,* 2008.
- *Curso de Direito Civil:* Direito das Coisas. Rio de Janeiro: Freitas Bastos, 2009.
- *Hermenêutica. In: Revista Comemorativa dos 60 anos da Academia Valenciana de Letras – AVL. Valença,* 2009.
- *Código Civil Comentado.* 3. ed. Rio de Janeiro: Freitas Bastos, 2010
- *Direito Civil-Constitucional, Direitos da Personalidade e Dignidade da Pessoa Humana.* Juiz de Fora: Editar, 2011. Coautoria com diversos autores.
- *Fundamentos do Direito*: Estudos em Homenagem ao Professor Paulo Nader. Juiz de Fora: Editar, 2011. Coautoria com diversos autores.
- *Hermenêutica, Direitos Fundamentais e Dignidade da Pessoa Humana.* Juiz de Fora: Editar, 2011. Coautoria com diversos autores.
- *Direito e(m) Verdade.* Rio de Janeiro: Freitas Bastos, 2011
- *Condomínio.* Rio de Janeiro: Freitas Bastos, 2012
- *Código Civil Comentado e Interpretado.* 4.ed. Campo Grande, Mato Grosso do Sul: Contemplar, 2012.
- *Responsabilidade Civil e sua Interpretação pelos Tribunais.* 2.ed. Campo Grande, Mato Grosso do Sul: Contemplar, 2012.
- *Constituição da República Anotada e Interpretada.* Campo Grande, Mato Grosso do Sul: Contemplar, 2012.
- *Locação e Despejo. 2.ed.* Rio de Janeiro: Freitas Bastos, 2013
- *Código de Processo Civil Comentado e Interpretado.* Coautoria com Marcia Ignácio de Moraes Mello. Rio de Janeiro: Freitas Bastos, 2013
- *Lei 8.112/90* Comentada e Interpretada. 1. ed. Rio de Janeiro: Freitas Bastos, 2014. Coautoria com José Maria Pinheiro Madeira.
- *Direito e(m) Verdade:* Os Novos Caminhos da Hermenêutica Jurídica 2.ed.. 1. ed. Rio de Janeiro: Freitas Bastos, 2014.
- *Lei 8.666/93 Comentada e Interpretada:* Lei de Licitação e Contratos Administrativos. Rio de Janeiro: Freitas Bastos, 2014. Coautoria com José Maria Pinheiro Madeira.
- *As Dimensões Sociais, Jurídicas, Políticas e Econômicas do Processo:* Estudos em Homenagem ao Professor Antônio Pereira Gaio Júnior. Juiz de Fora: Editar, 2014. Coautoria com diversos autores.

- *Os Novos Caminhos do Direito:* Estudos em Homenagem ao Professor José Augusto Galdino da Costa. Juiz de Fora: Editar, 2014. Coautoria com diversos autores.
- *Legislação Imobiliária.* Rio de Janeiro: Freitas Bastos, 2015. Coautoria com Neimar Roberto de Sousa e Silva.
- *Diálogos jurídicos na contemporaneidade:* estudos em homenagem ao professor José Maria Pinheiro Madeira. Juiz de Fora: Editar, 2015. Coautoria com diversos autores.
- *Direitos Fundamentais e Dignidade da Pessoa Humana.* Rio de Janeiro: Freitas Bastos, 2015. Coautoria com Thiago Moreira.
- *O Direito em Movimento.* Juiz de Fora: , 2015. Coautoria com diversos autores.
- *Direito, Filosofia e Processo:* Estudos em homenagem ao Professor Luis Carlos de Araújo. Juiz de Fora: Editar, 2015. Coautoria com diversos autores.
- *Curso do Novo Código de Processo Civil.* Rio de Janeiro: Freitas Bastos, 2015. Coautoria com diversos autores.
- *Código de Processo Civil Comentado.* Belo Horizonte: Del Rey, 2015, Coautoria com Antônio Pereira Gaio Júnior.
- *Locação e Despejo.* 2.ed. Rio de Janeiro: Freitas Bastos, 2015.
- *Controle de Constitucionalidade.* Rio de Janeiro: Freitas Bastos, 2016. Coautoria com Guilherme Sandoval Góes
- *Código de Defesa do Consumidor Comentado.* Rio de Janeiro: Freitas Bastos, 2016. Coautoria com Antônio Pereira Gaio Júnior.
- *Código Civil Comentado.* 5.ed. Rio de Janeiro: Freitas Bastos, 2016.
- Direito das Coisas. Direito Civil. 2 ed. Rio de Janeiro: Freitas Bastos, 2017.
- Obrigações. Direito Civil. 2 ed. Rio de Janeiro: Freitas Bastos, 2017.
- Contratos. Direito Civil. 2 ed. Rio de Janeiro: Freitas Bastos, 2017.
- Parte Geral. Direito Civil. 3 ed. Rio de Janeiro: Freitas Bastos, 2017.
- Famílias. Direito Civil. Rio de Janeiro: Freitas Bastos, 2017.

Salmo 125: Fé inabalável

Os que confiam no SENHOR serão como o monte de Sião, que não se abala, mas permanece para sempre.
Assim como estão os montes à roda de Jerusalém, assim o SENHOR está em volta do seu povo desde agora e para sempre.
Porque o cetro da impiedade não permanecerá sobre a sorte dos justos, para que o justo não estenda as suas mãos para a iniquidade.
Faze bem, ó SENHOR, aos bons e aos que são retos de coração.
Quanto àqueles que se desviam para os seus caminhos tortuosos, levá-los-á o SENHOR com os que praticam a maldade; paz haverá sobre Israel.

Eu tenho tanto, pra lhe falar
Mas com palavras, não sei dizer
Como é grande, o meu amor, por você...
E não há nada pra comparar
Para poder lhe explicar
Como é grande, o meu amor, por você...

Nem mesmo o céu, nem as estrelas
Nem mesmo o mar
E o infinito
Não maior
Que o meu amor
Nem mais bonito...

Me desespero
A procurar
Alguma forma
De lhe falar
Como é grande, o meu amor, por você...

Nunca se esqueça
Nem um segundo
Que eu tenho o amor
Maior do mundo
Como é grande, o meu amor, por você...

(Roberto Carlos / Erasmo Carlos)

Para Márcia, pela cumplicidade, incentivo e apoio em cada momento. Minha querida companheira de todas as horas.

Ao meu filho Matheus.

PREFÁCIO

A história da presente obra e do seu dedicado autor, sem prejuízo dos incontáveis e merecidos elogios aos quais ambos fazem jus, é um retrato da raríssima honestidade intelectual que deveria nortear a vida acadêmica, onde as preocupações didáticas de um professor de Direito estão presentes em cada página, buscando guiar os seus alunos no labirinto do universo jurídico, por vezes muito árduo e desafiador.

Estudar contratos, tema central desta parte do Direito Civil, é mergulhar no oceano de possibilidades dos negócios jurídicos, sobretudo na era digital, onde a sociedade globalizada precisa conviver com a relativização da segurança jurídica, enfrentando novos e múltiplos dilemas, que o cotidiano desperta a cada dia.

Estudar contratos também possui um significado especial para todos os alunos da graduação em Direito, porque significa que ultrapassaram a etapa inicial dos seus respectivos cursos e já podem vislumbrar a utilidade econômica das estruturas jurídicas.

O autor deste magnífico livro, Prof. Cleyson de Moraes Mello, possui a experiência adquirida em décadas de docência, ensinando conhecimentos jurídicos a diversas gerações de alunos, seja no Rio de Janeiro ou em Valença, tendo já publicado uma plêiade de obras jurídicas, todas marcadas pela maestria e competência que caracterizam o seu trabalho, fonte de orgulho para os seus colegas de Magistério.

Esteja certo o ilustre leitor que se encontra em suas mãos um livro didático à altura das suas expectativas, sempre útil a auxiliá-lo na aprendizagem do Direito.

Nunca é demais recordar, diante das valiosas obras do Prof. Cleyson Mello, a imortal lição de Monteiro Lobato, consagrado escritor paulista, que também estudou Direito e chegou a exercer o cargo de Promotor Público, no início do século XX, para quem, altaneira e soberanamente, "*um país se faz com homens e livros*".

Rio de Janeiro, verão de 2017.

Prof. Carlos José de Souza Guimarães
Chefe do Departamento de Teorias e Fundamentos da Faculdade de Direito
da Universidade do Estado do Rio de Janeiro - UERJ

APRESENTAÇÃO

Difícil para mim é falar sobre o trabalho de um amigo a quem dedico toda admiração e respeito pela sua trajetória como cientista do Direito e como pessoa dinâmica em todas as missões abraçadas durante a sua curta trajetória no tempo, por se tratar de uma pessoa jovem, e longa e prodigiosa trajetória intelectual, desenvolvida nestes últimos anos de dedicação à pesquisa jurídica. Sendo assim já me coloco em suspeição inicialmente, a ser perdoado pelos que não o conhecem. Essa minha suspeição não é para ser lida com desconfiança pelos leitores deste livro, porém traçará um caminho a ser seguido e confirmado por todos aqueles que cultuam e cultivam o estudo do direito civil como trilha segura para alcançar o conhecimento.

Conheci o Prof Cleyson quando ainda frequentávamos os bancos escolares como discentes de Direito e nele já se notava uma carreira sólida desde o começo: é aquela árvore maior que os seus galhos sobressaem sobre as demais árvores da floresta. Certamente será mais frondosa e estará mais visível que as demais. Certamente será mais frutuosa que as demais. Certamente será mais bela que as demais. Certamente será mais castigada pelos ventos que as demais. O seu tronco, porém, terá o cerne mais compacto e tenho certeza que será capaz de enfrentar com mais solidez as tempestades e os tormentos da vida.

Voltando ao quotidiano, posso afirmar que o Dr. Cleyson, além de uma formação sólida em engenharia, resolveu mudar de ares, ao se dedicar ao estudo do Direito. E com a mesma capacidade organizacional e intelectual que lhe é peculiar, destacou-se como estudante de escol durante a formação em bacharel em Direito, vindo a ingressar no curso de mestrado, logo em seguida; conseguindo, por méritos inigualáveis, galgar ao doutorado em Direito, com a sua tese sobre Heidegger, coroando definitivamente uma carreira começada nos anos noventa e meteoricamente sendo concluída em tão pouco espaço temporal.

A sua dedicação ao estudo das letras jurídicas já torna rotineira a produção de livros sobre os diversos temas de Direito, com a produção de mais dez livros. Este livro, porém, tem um sabor especial para os seus admiradores; pois se trata de um livro de Obrigações, a sua mais recente realização. Trata-se de um guia àqueles que pretendem começar a caminhada rumo ao conhecimento do direito civil e também para quem já está embrenhado no dia a dia de uma carreira e quer absorver os ensinamentos de quem se dedica dia e noite à pesquisa. Talvez seja este livro o preferido também pelo autor, pois traz a viva mensagem de quem trabalhou uma tese de doutorado e sente a necessidade de compartilhar os seus conhecimentos de maneira sintética com os demais estudiosos do ramo.

Este é um livro para os alunos que queiram beber da fonte cristalina daqueles que têm a organização e a inteligência dos grandes mestres de nosso mundo jurídico. Foi escrito por alguém que sabe, como poucos, atingir objetivos ousados.

Parabéns, Prof. Cleyson, por ter a oportunidade de lançar esse conhecimento para todos que buscam o saber!

Obrigado, Prof. Cleyson, pela oportunidade que nos dá, neste momento, de usufruir de seus conhecimentos!

Prof. Msc. Belizário Meira Neto
Mestre em Direito
Professor de Direito Civil da Universidade Estácio de Sá
Advogado e médico veterinário

SUMÁRIO

Capítulo 1

DIREITO CIVIL-CONSTITUCIONAL

1.1 Direitos Fundamentais

O termo "direitos fundamentais" é encontrado na dogmática jurídica em várias expressões, tais como: "direitos humanos", "direitos do homem", "direitos subjetivos públicos", "liberdades públicas", "direitos individuais", "liberdades fundamentais" e "direitos humanos fundamentais".[1]

No próprio texto constitucional, a expressão direitos fundamentais se apresenta de forma diversificada, tais como: a) direitos humanos (art. 4º, II da CRFB/88); b) direitos e garantias fundamentais (Título II e art. 5º, § 1º da CRFB/88); c) direitos e liberdades constitucionais (art. 5º, LXXI da CRFB/88) e d) direitos e garantias constitucionais (art. 60, § 4º, IV da CRFB/88).

A compreensão dos direitos fundamentais é vital para a superação do direito positivo, já que pretende aproximá-lo da filosofia do direito. É uma espécie de aproximação do direito com a moral. Daí a importância do estudo do direito civil em harmonia com os direitos fundamentais, na busca de uma fundamentação constitucional para as decisões dos casos concretos na esfera interprivada.

Gregorio Peces-Barba Martínez ensina que "en los derechos fundamentales el espíritu y la fueza, la moral y el Derecho están entrelazados y la separación los mutila, los hace incomprensibles. Los derechos fundamentales son una forma de integrar justicia y fuerza desde la perspectiva Del individuo propio de la cultura antropocentrica del mundo moderno".[2]

Não obstante o insucesso de consenso conceitual e terminológico relativo aos direitos fundamentais[3], alguns pontos de encontro entre tantos conceitos elaborados podem nos fazer chegar a uma conceituação aceitável, onde

1 SARLET, Ingo Wolfgang. *A eficácia dos direitos fundamentais*. 3. ed. Porto Alegre: Livraria do Advogado, 2003, p. 31.

2 MARTÍNEZ, Gregorio Peces-Barba. *Lecciones de derechos fundamentales*. Madrid: Dykinson, 2004, p. 31.

3 José Afonso da Silva entende que são "aqueles que reconhecem autonomia aos particulares, garantindo a iniciativa e a independência aos indivíduos diante dos demais membros da sociedade política e do próprio Estado". SILVA, José Afonso da. *Curso de Direito Constitucional Positivo*. 24. ed. São Paulo: Malheiros, 2004, p. 191.

os direitos fundamentais são prerrogativas/instituições (regras e princípios) que se fizeram e se fazem necessárias ao longo do tempo, para formação de um véu protetor das conquistas dos direitos do homem (que compreendem um aspecto positivo, a *prestação*, e um negativo, a *abstenção*) positivados em um determinado ordenamento jurídico, embasados, em especial, na dignidade da pessoa humana, tanto em face das ingerências estatais, quanto, segundo melhor doutrina, nas relações entre particulares (seja esta proteção positivada ou não, é inegável a constitucionalização do direito privado, e, por consequência, a força normativa da constituição nestas relações), onde, em ambos os casos podem possuir eficácia imediata (chamada eficácia direta dos direitos fundamentais nas relações privadas), ou imediata no primeiro caso e mediata no segundo (chamada eficácia indireta dos direitos fundamentais nas relações privadas), ou, ainda só possuindo eficácia no primeiro caso (não aplicabilidade dos direitos fundamentais nas relações privadas) conforme o ordenamento no qual se encontram os referidos direitos.

Na precisa lição de José Afonso da Silva[4] qualificar tais direitos como fundamentais é apontá-los como situações jurídicas essenciais sem as quais o homem "não se realiza, não convive e, às vezes nem sobrevive; fundamentais do *homem* no sentido de que a todos, por igual, devem ser, não apenas formalmente reconhecidos, mas concreta e materialmente efetivados", o que nos leva à intrínseca ligação de tais direitos ao princípio da dignidade humana e da igualdade.

Marçal Justen Filho afirma que direito fundamental "consiste em um conjunto de normas jurídicas, previstas primariamente na Constituição e destinadas a assegurar a dignidade humana em suas diversas manifestações, de que derivam posições jurídicas para os sujeitos privados e estatais."[5]

Jorge Miranda define os direitos fundamentais como "direitos ou as posições jurídicas ativas das pessoas enquanto tais, individual ou institucionalmente consideradas, assentes na Constituição, seja na Constituição formal, seja na Constituição material. [...] os direitos fundamentais podem ser entendidos *prima facie* como direitos inerentes à própria noção de pessoa, como direitos básicos de pessoa, como os direitos que constituem a base jurídica da vida humana no seu nível atual de dignidade."[6]

Marcelo Galuppo ensina que "os direitos humanos transformaram-se em direitos fundamentais somente no momento em que o princípio do discurso se transformou no princípio democrático, ou seja, quando a argumentação prática dos discursos morais se converte em argumentação jurídica limitada

4 SILVA, José Afonso da, *Op. cit.*, p. 178.

5 JUSTEM FILHO, Marçal. *Curso de Direito Administrativo*. 8.ed. Belo Horizonte: Fórum, 2012, p.140.

6 MIRANDA, Jorge. *Manual de Direito Constitucional*, Tomo IV, 3.ed. Coimbra: Coimbra Editora, 2000, p.7-10.

pela faticidade do direito, que implica sua positividade e coercibilidade, sem, no entanto, abrir mão de sua pretensão de legitimidade. Os direitos fundamentais representam a constitucionalização daqueles direitos humanos que gozaram de alto grau de justificação ao longo da história dos discursos morais, que são, por isso, reconhecidos como condições para a construção e o exercício dos demais direitos."[7]

Já Bacelar Gouveia entende direitos fundamentais como "posições jurídicas ativas das pessoas integradas no Estado-Sociedade, exercidas por contraposição ao Estado-Poder, positivadas no texto constitucional."[8] Desta definição é possível perceber os três elementos dos direitos fundamentais, a saber: (a) subjetivo (contraponto entre o particular e o Estado-Poder), (b) objetivo (conjunto de vantagens que decorre na proteção conferida pelos direitos fundamentais) e (c) formal (consagração dos direitos fundamentais na Constituição).

Neste ponto vale destacar as lições de Cristina Queiroz quanto a dupla dimensionalidade dos direitos fundamentais: "a dupla natureza (doppel Gestalt) dos direitos e liberdades fundamentais [...] na medida em que não garantem apenas direitos subjetivos, mas também princípios objetivos básicos para a ordem constitucional democrática do Estado de direito".[9]

1.2 A concepção dos *direitos fundamentais* na Constituição de 1988

O Título II (Dos Direitos e Garantias Fundamentais) da Constituição da República Federativa do Brasil de 1988 apresenta um rol extenso de direitos fundamentais. Somente o artigo 5° constitucional contempla 77 incisos.[10] Já o artigo 7°, com seus 34 incisos, apresenta um vasto rol de direitos sociais dos trabalhadores.

O catálogo dos direitos fundamentais consagrados na Constituição abarca vários direitos em suas variadas dimensões: direito à vida, à liberdade, à propriedade, direitos sociais básicos, direito ao meio ambiente ecologicamente equilibrado (art. 225 da CRFB/88), proteção ao consumidor, dentre outros.

Os direitos fundamentais podem ser classificados, de acordo com sua multifuncionalidade, em dois grandes grupos, a saber:[11]

7 GALUPPO, Marcelo Campos. O que são direitos fundamentais? In: SAMPAIO, José Adércio Leite. (Coord.) *Jurisdição constitucional e direitos fundamentais*. Belo Horizonte: Del Rey, 2003, p. 213-250.

8 GOUVEA, Jorge Bacelar. *Manual de Direito Constitucional*, V.II. 3.ed. Coimbra: Almedina, 2010, p.1031.

9 QUEIROZ, Cristina. *Direito Constitucional*: As Instituições do Estado Democrático e Constitucional. Coimbra: Coimbra Editora, 2009, p. 365.

10 O artigo 5° apesar de exaustivo, não apresenta cunho taxativo.

11 SARLET, *op. cit.*, p. 246.

a) *direitos de defesa*, aí incluídos os direitos de liberdade, igualdade, as garantias, bem como parte dos direitos sociais (liberdades sociais) e políticos. São direitos que impõem uma abstenção por parte do Estado e, em regra, representam os direitos subjetivos;
b) *direitos a prestações* integrados pelos direitos a prestações em sentido amplo, tais como os direitos à proteção e à participação na organização e procedimento, assim como pelos direitos a prestações em sentido estrito, representados pelos direitos sociais de natureza prestacional.

É necessário lembrar a cláusula de abertura prevista pelo art. 5°, § 2° da Constituição. Nesse sentido cumpre referir que o "conceito materialmente aberto dos direitos fundamentais consagrado pelo art. 5°, § 2°, da CF aponta para a existência de direitos fundamentais positivados em outras partes do texto constitucional e até mesmo em tratados internacionais, bem assim para a previsão expressa da possibilidade de se reconhecer direitos fundamentais não escritos, implícitos nas normas do catálogo, bem como decorrentes do regime e dos princípios da Constituição".[12]

Vale destacar que o catálogo dos direitos fundamentais constitui em si uma concretização do princípio fundamental da dignidade da pessoa humana (art. 1°, inciso III, da CRFB/88). Daí que o princípio da dignidade humana constitui um locus hermenêutico aberto que deve ser harmonizado com a diversidade de valores que se manifestam nas sociedades complexas e plurais. É a questão da intersubtividade e alteridade da norma jurídica, já que a dimensão intersubjetiva da dignidade humana, deve ser compreendida a partir da relação do ser humano com os demais membros da sociedade em que vive.

1.3 Diferença entre *direitos fundamentais* e *direitos humanos*

Segundo Ingo Wolfgang Sarlet a distinção é de que o termo *direitos fundamentais* "se aplica para aqueles direitos do ser humano reconhecidos e positivados na esfera do direito constitucional positivo de determinado Estado, ao passo que a expressão "direitos humanos" guardaria relação com os documentos de direito internacional, por referir-se àquelas posições jurídicas que se reconhecem ao ser humano como tal, independentemente de sua vinculação com determinada ordem constitucional, e que, portanto, aspiram à validade universal, para todos os povos e tempos, de tal sorte que revelam um inequívoco caráter supranacional (internacional)".[13]

Dessa maneira, os *direitos fundamentais* representam os direitos reconhecidos pelo ordenamento constitucional interno de cada Estado e os

12 SARLET, *op. cit.*, p. 79.
13 *Ibid.*, p. 33-34.

direitos humanos são aqueles reconhecidos pelo direito internacional com validade universal e de contornos mais amplos e imprecisos.

Da mesma forma, as lições de Antonio-Enrique Pérez Luño, "Los derechos humanos suelen venir entendidos como un conjunto de facultades e instituciones que, en cada momento histórico, concretan las exigencias de la dignidad, la libertad y la igualdad humanas, las cuales deben ser reconocidas positivamente por los ordenamientos jurídicos a nivel nacional e internacional. En tanto que con la noción de los derechos fundamentales se tiende a aludir a aquellos derechos humanos garantizados por el ordenamiento jurídico positivo, en la mayor parte de los casos en su normativa constitucional, y que suelen gozar de una tutela reforzada".[14]

1.4 As dimensões dos *direitos fundamentais*

O processo de reconhecimento dos direitos fundamentais no âmbito do direito positivo dá margem a sua compreensão a partir das características de seu conteúdo. Tais características podem ser agrupadas em dimensões (gerações):

a) *Direitos fundamentais da primeira geração*: São aqueles de índole liberal-individualista, fruto do pensamento liberal-burguês do século XVIII, que representam os direitos individuais frente ao Estado. Os direitos fundamentais de primeira geração estão relacionados aos direitos de cunho jusnaturalista, tais como: os direitos à vida, à liberdade, à propriedade, à igualdade (igualdade formal) perante a lei. Nesta dimensão estão incluídos, também, os direitos de participação política e as liberdades de expressão coletiva (liberdades de expressão, imprensa, manifestação, reunião, associação, etc.)

b) *Direitos fundamentais da segunda geração*: Os direitos fundamentais da segunda geração estão relacionados aos direitos econômicos, sociais e culturais. Como observa Ingo Sarlet, estes direitos "não englobam apenas direitos de cunho positivo, mas também as assim denominadas 'liberdades sociais', do que dão conta os exemplos da liberdade de sindicalização, do direito de greve, bem como do reconhecimento de direitos fundamentais aos trabalhadores, tais como o direito a férias e ao repouso semanal remunerado, a garantia de um salário-mínimo, a limitação da jornada de trabalho".[15]

c) *Direitos fundamentais da terceira geração*: Os direitos fundamentais da terceira geração são aqueles denominados de direitos de solida-

---

14 PEREZ LUÑO, Antonio-Enrique. *Los derechos fundamentales*. 8. ed. Madrid: Tecnos, 2004, p. 46.

15 SARLET, *op. cit.*, p. 53.

riedade. É caracterizado pelos direitos transindividuais, também chamados direitos coletivos e difusos e que, no geral, compreendem os direitos do consumidor e dos direitos relacionados à proteção do meio ambiente, respectivamente.

d) *Direitos fundamentais da quarta geração*: Os direitos fundamentais da quarta geração são os direitos de manipulação genética, relacionados à biotecnologia e bioengenharia, e que tratam de questões sobre a vida e a morte, sobre cópias de seres humanos, e que requerem uma discussão ética prévia; e

e) *Direitos fundamentais da quinta geração*: Os direitos fundamentais da quinta geração estão relacionados aos direitos da realidade virtual, que surgem do grande desenvolvimento da cibernética.

a) *Direitos fundamentais da sexta geração?* Os direitos de *sexta dimensão* para Agra são aqueles relacionados com a questão dos direitos dos animais.[16] Aqui, a discussão é acirrada já que os animais, de acordo com o Código Civil brasileiro são considerados bens semoventes e não sujeitos de direito. Interessante notar que várias pesquisas em sede de mestrado e doutorado em direito caminham no sentido desta discussão, ou seja, o direito dos animais não humanos.[17]

Vale lembrar que a UNESCO proclamou, em 27 de janeiro de 1978, a Declaração dos Direitos dos Animais. A partir desta declaração os animais passam a ser protegidos ao se tornarem seres de direito.[18]

16 *Ibid.*

17 Neste sentido, ver: FRISKE, Gabriela. *O Direito dos Animais não Humanos*. Juiz de Fora: UNIPAC, Dissertação de Mestrado, 2013. Ver também: (1) EBERLE, Simone. *Deixando a Sombra dos Homens*: Uma Nova Luz sobre o Estatuto Jurídico dos Animais. 2006. 431 f. Tese de Doutorado (Direito Civil) - Faculdade de Direito da Universidade Federal de Minas Gerais. Belo Horizonte, 417 p.; (2) LOURENÇO, Daniel Braga. *Direito dos animais*: fundamentação e novas perspectivas. Porto Alegre: Sergio Antônio Fabris Editor, 2008, 566 p.; (3) OST, François. *A Natureza à Margem da Lei* - A ecologia à prova do direito. Trad. Joana Chaves. Lisboa: Instituto Piaget, 1995, 172 p.; (4) SINGER, Peter. *Ética Prática*. Trad. Jefferson Luiz Camargo. São Paulo: Martins Fontes, 2002, 399 p.; (5) SINGER, Peter. *Libertação Animal*. Trad. Marly Winckler. Porto Alegre: Lugano, 2004 e (6) SUNSTEIN, Cass R. *The Rights of Animals*, in: The University of Chicago Law Review, vol. 70, 2003.

18 **DECLARAÇÃO UNIVERSAL DOS DIREITOS DOS ANIMAIS**

Art. 1º) Todos os animais nascem iguais perante a vida e têm os mesmos direitos à existência.

Art. 2º) O homem, como a espécie animal, não pode exterminar outros animais ou explorá-los violando este direito; tem obrigação de colocar os seus conhecimentos a serviço dos animais.

Art. 3º) 1) Todo animal tem direito a atenção, aos cuidados e a proteção dos homens. 2) Se a morte de um animal for necessária, deve ser instantânea, indolor e não geradora de angústia.

Art. 4º) 1) Todo animal pertencente a uma espécie selvagem tem direito a viver livre em

1.5 Direitos fundamentais no âmbito das relações entre particulares

Nos últimos anos, a questão do direito civil-constitucional está em voga, ou seja, discute-se a influência do direito constitucional na esfera jurídica civilística, onde se indaga o papel dos princípios e regras constitucionais aplicado às normas infraconstitucionais. É o fenômeno denominado de "constitucionalização do direito civil".

A dogmática e a codificação civilista não pode ser interpretada dissociada dos valores e princípios constitucionais. Daí a importância, cada vez maior, do estudo do direito civil em harmonia e consonância com a normativa constitucional.

Nesses termos, um pensamento originário começa a fluir no campo jurídico civilístico. Esse caminhar foi guiado não só pela filosofia constitucional, bem como por estudiosos do vigor de Luiz Edson Fachin, Francisco Amaral, Gustavo Tepedino, Maria Celina Bodin de Moraes, Teresa Negreiros, Judith Martins-Costa, Daniel Sarmento dentre outros, que já trilharam ca-

---

seu próprio ambiente natural, terrestre, aéreo ou aquático, e tem direito a reproduzir-se, 2) Toda privação de liberdade, mesmo se tiver fins educativos, é contrária a este direito.

Art. 5º) 1) Todo animal pertencente a uma espécie ambientada tradicionalmente na vizinhança do homem tem direito a viver e crescer no ritmo e nas condições de vida e liberdade que forem próprias da sua espécie; 2) Toda modificação desse ritmo ou dessas condições, que forem impostas pelo homem com fins mercantis, é contrária a este direito.

Art. 6º) 1) Todo animal escolhido pelo homem para companheiro tem direito a uma duração de vida correspondente à sua longevidade natural; 2) Abandonar um animal é ação cruel e degradante.

Art. 7ª) Todo animal utilizado em trabalho tem direito à limitação razoável da duração e da intensidade desse trabalho, alimentação reparadora e repouso.

Art. 8º) 1) A experimentação animal que envolver sofrimento físico ou psicológico, é incompatível com os direitos do animal, quer se trate de experimentação médica, científica, comercial ou de qualquer outra modalidade; 2) As técnicas de substituição devem ser utilizadas e desenvolvidas.

Art. 9º) Se um animal for criado para alimentação, deve ser nutrido, abrigado, transportado e abatido sem que sofra ansiedade ou dor.

Art. 10º) 1) Nenhum animal deve ser explorado para divertimento do homem; 2) As exibições de animais e os espetáculos que os utilizam são incompatíveis com a dignidade do animal.

Art. 11º) Todo ato que implique a morte desnecessária de um animal constitui biocídio, isto é, crime contra a vida.

Art. 12º) 1) Todo ato que implique a morte de um grande número de animais selvagens, constitui genocídio, isto é, crime contra a espécie; 2) A poluição e a destruição do ambiente natural conduzem ao genocídio.

Art. 13º) 1) O animal morto deve ser tratado com respeito; 2) As cenas de violência contra os animais devem ser proibidas no cinema e na televisão, salvo se tiverem por finalidade evidencias ofensa aos direitos do animal.

Art. 14º) 1) Os organismo de proteção e de salvaguarda dos animais devem ter representação em nível governamental; 2) Os direitos do animal devem ser defendidos por lei como os direitos humanos.

minhos inesperados sempre adornados com novas cores. São estes autores que estão dispostos a conhecer e a buscar a essência do direito civil, em seu sentido originário.

Daí a necessidade de apresentar, de forma preliminar, no Curso de Direito Civil, a problemática da eficácia das normas de direitos fundamentais no âmbito das relações interprivadas. É um tema que se discute desde a década de 50 do século passado, em especial, na Alemanha sob a denominação de "efeito frente a terceiros dos direitos fundamentais" (*Drittwirkung der Grundrechte*). De igual forma, nos Estados Unidos o assunto é chamado de *state action doctrine*.

As teses ou orientações doutrinárias quanto à eficácia dos direitos fundamentais relativamente a terceiros podem ser agrupadas em: a) a tese de recusa de eficácia; b) a tese da eficácia mediata ou indireta; c) as teses dos deveres de proteção; d) a tese da eficácia direta ou imediata.[19]

Em Portugal e na Espanha vários autores já enfrentaram o referido tema. José Joaquim Gomes Canotilho, em seu artigo em homenagem a Paulo *Bona*vides, denominado de "Civilização do Direito Constitucional ou Constitucionalização do Direito Civil? A eficácia dos direitos fundamentais na ordem jurídico-civil no contexto do direito pós-moderno", apresenta alguns exemplos que merecem atenção de todos os juristas.[20] Vejamos:

"Caso 1 – A urbanização quimicamente branca ou a "*action under color of State law*". O caso conta-se em poucas palavras. Os compradores de moradias dentro de uma urbanização localizada numa cidade norte-americana teriam de aceitar a cláusula contratual de proibição de venda a indivíduos de raça negra. Um dos adquirentes violou a cláusula contratual, alienando a sua propriedade a um "cidadão preto". O problema aí está: será de imputar a violação do princípio da igualdade ao próprio Estado na medida em que este, através de seus tribunais, dá razão aos titulares da urbanização, reconhecendo a nulidade da venda em violação de uma cláusula contratual? Mas o que é que é "nulo": é a própria cláusula contratual por amor à Constituição (princípio da igualdade) ou a venda em violação da cláusula por amor à liberdade contratual?

Caso 2 – A "*terceira mulher*": da "*mulher diabolizada*" e da "*mulher exaltada*" à "*mulher criadora do seu papel*". Este caso é hoje sobejamente conhecido como o caso do "diferencialismo das executivas". A história tem mulheres de carne e osso e conta-se também em curtas palavras. Uma multinacional pro-

19 NOVAIS, Jorge Reis. *Direitos fundamentais*: trunfos contra a maioria. Coimbra: Coimbra Editora, 2006, p. 71-72.

20 CANOTILHO, José Joaquim Gomes. Civilização do direito constitucional ou constitucionalização do direito civil? A eficácia dos direitos fundamentais na ordem jurídico-civil no contexto do direito pós-moderno. In: GRAU, Eros Roberto; GUERRA FILHO, Willis Santiago. Direito constitucional. Estudos em homenagem a Paulo *Bona*vides. São Paulo: Malheiros, 2001, p. 111-115.

põe a uma sua executiva de *top* a colocação imediata num importante posto de chefia com a cláusula de proibição de gravidez ou de "barriga de aluguer" durante 10 anos. A opção para a mulher de 26 anos é clara: ser mãe ou ser mulher de sucesso. A "proibição de gravidez" é uma cláusula constitucionalmente proibida; mas como proibir, no mundo da autonomia contratual-global, a inserção de uma condição que mais não é, segundo alguns, que a invenção da "terceira mulher": a "mulher criadora do seu próprio papel"?

Caso 3 – *As antenas parabólicas dos emigrantes portugueses*. O caso vem relatado em revistas alemãs. Vale a pena conhecer a história. Um emigrante português solicitou ao senhorio do prédio que tomara de arrendamento a autorização necessária para colocar no telhado uma antena parabólica de televisão para melhor captar os programas de língua portuguesa. O senhorio denegou tal autorização, e, perante esta recusa, o emigrante português intentou a ação competente junto dos tribunais para o reconhecimento do seu direito fundamental à informação. O êxito junto aos tribunais ordinários foi nulo, mas o mesmo já não aconteceu quando, através de ação constitucional de defesa, o Tribunal Constitucional alemão se teve de pronunciar sobre o assunto. A ordem jurídica dos direitos fundamentais está presente na "ordem dos contratos". Os contratos de arrendamento não são espaços livres de direitos fundamentais como o direito de informar-se e ser informado".

Outros casos e hipóteses no direito português do problema metódico da aplicação dos direitos fundamentais nas relações jurídicas privadas são apontados por Canotilho em sua obra:[21]

(1) Uma empresa industrial celebrou contratos de trabalho em que os trabalhadores renunciaram a qualquer atividade partidária e à filiação em sindicados. Se as normas consagradoras dos direitos, liberdades e garantias (CRP, arts. 46º, 51º e 55º) vinculam entidades privadas, como reagir contra o "desvalor constitucional" de tais contratos de trabalho?

(2) Num congresso de um partido político destinado a escolher os candidatos desse partido às eleições parlamentares, foi excluída a participação de indivíduos de raça negra (hipótese próxima da discutida nos célebres casos da jurisprudência americana, *Smith v. Allright* (1944) e *Terry v. Adams* (1946)). O princípio da igualdade (CRP, art. 13º /2) vinculará ou não, diretamente, uma associação partidária?

(3) A senhora X havia sido contratada como professora por um colégio particular, vinculando-se à "cláusula do celibato". Posteriormente, ela celebrou casamento e a empresa proprietária do colégio desen-

21 CANOTILHO, José Joaquim Gomes. *Direito constitucional e teoria da constituição*. 7. ed. Coimbra: Almedina, 2003, p. 1285-1286.

cadeou o procedimento do despedimento, invocando a violação de uma cláusula do contrato. A senhora X contestou a ação de despedimento, apelando diretamente para o art. 36.º /1 da CRP, que vincularia entidade privadas como a empresa proprietária do colégio (caso já discutido em Portugal, mas com contornos um pouco diferentes, num Parecer da Comissão Constitucional).

(4) A empresa Z contratou dois indivíduos de sexo feminino para o seu serviço de informática, mas condicionou a manutenção do contrato de trabalho a três cláusulas (i) sujeitarem-se a testes de gravidez no momento da admissão; (ii) aceitarem como justa causa de despedimento o fato de ocorrer uma gravidez durante o contrato; (iii) considerarem também como justa causa de despedimento o fato eventual de virem a ser de "mães hospedeiras" (inseminação artificial) durante a vigência do contrato. Como conciliar estas cláusulas com direitos, liberdades e garantias com os direitos à intimidade pessoal (CRP, art. 26º) e o direito de constituir família (CRP, art. 36º /1)?

(5) As entidades patronais e as organizações sindicais celebraram um contrato coletivo de trabalho, onde incluíram a cláusula de *closed-shop*, ou seja, a proibição de contratação de operários não sindicalizados. Como conciliar esta cláusula contratual com os arts. 47º e 55º /6 da CRP?

(6) Uma escola particular de alunos deficientes, subsidiada pelo Estado, recusa-se a receber crianças deficientes não batizadas ou cujos pais professem uma religião diferente da ensinada nessa escola. Poderão os pais dessas crianças recorrer diretamente aos arts. 13º/2 e 41º/2/3?

Este é um dos dilemas atuais da dogmática jurídica contratual. Até que ponto os direitos fundamentais devem interferir na autonomia e liberdade contratual? Qual o limite que representa a perda da irredutível autonomia do direito privado, já que o conteúdo contratual, por vezes, é alterado pelos Tribunais de Justiça em prol da eficácia direta dos direitos fundamentais na ordem jurídica privada. O Direito civil está em crise.[22]

22 Exemplo interessante é apontado por Stefano Rodotà, destacado por Tepedino da seguinte forma: "a notícia publicada por um tabloide sensacionalista inglês, que pôs em dúvida a paternidade do príncipe William. Insinuou-se então que o herdeiro real poderia ser filho não de Charles, mas de um ex-professor de educação física da princesa Diana. O repórter, aproveitando-se de um descuido do jovem príncipe, acometido de uma gripe, apropriou-se de um lenço de papel por ele utilizado e jogado em uma lata de lixo. Valendo-se também de uma amostra do sangue (ou tecido) do pretenso pai, realizou o confronto das cadeias de DNA, cujo resultado negativo estancou a explosão nas vendas dos jornais populares e a apreensão geral relacionada à sucessão do trono. O professor Rodotà, analisando a questão, esclareceu

Se por um lado devemos refletir sobre a eficácia dos direitos fundamentais na ordem jurídica civilística, por outro, devemos ficar atentos a essa influência, para não transformar o direito civil em um direito de "não liberdade", já que a gênese do direito privado é a liberdade e autonomia das partes.

Em nome da autonomia da vontade e da liberdade contratual seria possível admitir a violação da dignidade da pessoa humana quando ameaçada por outros particulares? Jorge Reis Novais admite que dessa maneira seria "fazer prevalecer os direitos patrimoniais e o direito de propriedade sobre os direitos de liberdade pessoais, seria sacrificar os direitos fundamentais no altar de uma sacralização da livre iniciativa privada numa hierarquização de prioridades que, objetivamente, oculta o domínio dos economicamente mais poderosos".[23]

Aqui a divergência doutrinária resplandece. Vejamos as lições de Novais: "Por isso, diz-se, quem é mais pelos direitos fundamentais favorece a tese da aplicabilidade direta, quem é mais pela autonomia privada sustentará as outras teses. Quem é pela intervenção estatal de correção das assimetrias sociais e de limitação dos poderes privados, quem tem preocupações igualitárias, sustentará a aplicabilidade geral dos direitos fundamentais, incluindo as relações econômicas e sociais privadas; quem tem uma maior preocupação com a conservação de um *status* inigualitário favorecerá o acantonamento dos direitos fundamentais nas relações com o Estado, preservando a esfera privada das perturbações implicadas uma generalização indiscriminada dos destinatários dos direitos fundamentais".[24]

Na atualidade não se pode afirmar que os direitos fundamentais devam ser exercidos somente contra o Estado, deixando a liberdade contratual e a autonomia da vontade livres da interferência do Estado, a serem conduzidas somente pelos particulares.

Na aplicação dos direitos fundamentais nas relações entre particulares ocorrerá uma colidência ou conflito de um direito fundamental e o princípio da autonomia privada que também representa uma garantia jurídico-constitucional.

Contudo, o tema não é apresentado e discutido nos manuais de direito civil, razão pela qual a problemática somente é enfrentada em sede de pós-graduação em direito. Como tantos outros temas, tornou-se necessário enfrentar a questão da incidência dos direitos fundamentais e sua eficácia no

apropriadamente que não se tratava apenas de um lenço descartado (*res derelectae*), mas de informações que diziam respeito à própria essência da personalidade daqueles de quem foram apropriados". TEPEDINO, Gustavo. Normas constitucionais e direito civil na construção unitária do ordenamento. In: SOUZA NETO, Cláudio Pereira de; SARMENTO, Daniel. *A Constitucionalização do Direito*: Fundamentos Teóricos e Aplicações Específicas, Rio de Janeiro: Lumen Juris, 2007, p. 318.

23 NOVAIS, *op. cit.*, 78.

24 *Ibid.*, p. 78.

âmbito das relações jusprivatísticas. Não obstante a controvérsia que permeia a dogmática jurídica constitucional, entende-se que os direitos fundamentais se projetam sobre as relações interprivadas de forma a conformá-las sob o manto constitucional. Daí a importância da interpretação do Código Civil à luz dos cânones e princípios constitucionais. Nesse contexto, Tepedino ensina que "propriedade, empresa, família, relações contratuais tornam-se institutos funcionalizados à realização dos valores constitucionais, em especial da dignidade da pessoa humana, não mais havendo setores imunes a tal incidência axiológica, espécies de zonas francas para atuação da autonomia privada. A autonomia privada deixa de configurar um valor em si mesma, e será merecedora de tutela somente se representar, em concreto, a realização de um valor constitucional".[25]

Dessa maneira, as relações jurídicas privadas devem ser conformadas pelos princípios jurídicos constitucionais, tais como, o princípio da dignidade da pessoa humana (CRFB/88, art. 1º, III), e os princípios do trabalho e da livre iniciativa como valores sociais (CRFB/88, art. 1º, IV), com vistas a construir uma sociedade livre, justa e solidária (CRFB/88, art. 3º, I), a garantir o desenvolvimento nacional (CRFB/88, art. 3º, II), erradicar a pobreza e a marginalização e reduzir as desigualdades sociais e regionais (CRFB/88, art. 3º, III), bem como promover o bem de todos, sem preconceitos de origem, raça, sexo, cor, idade e quaisquer outras formas de discriminação (CRFB/88, art. 3º, IV).

Não obstante a nossa Constituição da República Federativa do Brasil de 1988 não apresentar explicitamente o mandamento da eficácia dos direitos fundamentais a ordem jurídica privada, estes devem possuir eficácia tanto no plano das relações verticais (relações entre indivíduo e Estado) como nas relações horizontais (relações entre particular e particular), com o firme propósito de perseguir uma sociedade livre, justa e solidária.

1.6 A eficácia dos *direitos fundamentais*

A eficácia dos direitos fundamentais está relacionada com a força normativa dos preceitos constitucionais. O artigo 5º, § 1º, da Constituição da República Federativa do Brasil de 1988 determina que "as normas definidoras dos direitos e garantias fundamentais têm aplicação imediata". Além da clássica distinção entre as normas autoaplicáveis (*self-executing*, *self-acting*, ou *self-enforcing*) e normas não autoaplicáveis (*not self-executing*, *not self-acting*, ou *not self-enforcing*) e das diversas concepções doutrinárias existentes,

25 TEPEDINO, Gustavo. Normas constitucionais e direito civil na construção unitária do ordenamento. In: SOUZA NETO, Cláudio Pereira de; SARMENTO, Daniel. *A constitucionalização do direito*: fundamentos teóricos e aplicações específicas, Rio de Janeiro: Lumen Juris, 2007, p. 310-311.

José Afonso da Silva apresenta uma teoria tricotômica das normas constitucionais, discriminando-as em três categorias:[26]

I – *normas constitucionais de eficácia plena* – São as normas que dotadas de aplicabilidade direta, imediata e integral, não dependem da atuação do legislador ordinário para que alcancem sua plena operatividade;

II – *normas constitucionais de eficácia contida* – São normas constitucionais de aplicabilidade direta e imediata, mas possivelmente não integral. Algumas normas desse tipo indicam "elementos de sua restrição que não a lei, mas certos conceitos de larga difusão no direito público, tais como ordem pública, segurança nacional ou pública, integridade nacional, bons costumes, necessidade ou utilidade pública, perigo público iminente, etc.";[27]

III – *normas constitucionais de eficácia limitada ou reduzida*. São normas de aplicabilidade indireta e reduzida, já que necessário se faz a intervenção legislativa ordinária para a produção de seus efeitos jurídicos. Estas normas podem ser subdivididas em normas declaratórias de princípios institutivos ou organizativos e normas declaratórias de princípio programático.

Já Maria Helena Diniz classifica as normas constitucionais quanto ao seu efeito, em 4 grupos, a saber:[28]

a) *Normas com eficácia absoluta* – São normas intangíveis e insuscetíveis de alteração, até mesmo por Emenda Constitucional. São normas que independem da atuação do legislador ordinária para geração de efeitos;
b) *Normas com eficácia plena* – São normas que independem da atuação do legislador ordinário para geração de efeitos, criando desde logo direitos subjetivos. Todavia, são suscetíveis de alteração através de emenda constitucional;
c) *Normas com eficácia relativa restringível* – Apresentam aplicabilidade direta e imediata, gerando os efeitos jurídicos nela previstos. Estas normas estão sujeitas a restrições previstas na legislação ordinária ou podem depender de regulamentação posterior, reduzindo a sua aplicabilidade, e
d) *Normas com eficácia relativa complementável ou dependente de com-*

26 SILVA, José Afonso da. *Aplicabilidade das normas constitucionais*. 3. ed. São Paulo: Malheiros, 1998.
27 *Ibid*., p. 103-104.
28 DINIZ, Maria Helena. *Norma constitucional e seus efeitos*. 6. ed. São Paulo: Saraiva, 2003.

plementação legislativa, de aplicação apenas mediata (indireta) – São aquelas que não geram efeitos jurídicos desde logo, abrangendo as normas de princípios institutivos e as normas programáticas.

Além das classificações anteriores, Luís Roberto Barroso apresenta a seguinte tipologia das normas constitucionais:[29]

a) *Normas constitucionais de organização* – São normas que têm por objeto organizar o exercício do poder político;
b) *Normas constitucionais definidoras de direitos* – São as normas que devem fixar os direitos fundamentais dos indivíduos, e
c) *Normas constitucionais programáticas* – São as normas constitucionais que procuram traçar os fins públicos a serem alcançados pelo Estado.

As diversas concepções e distinções das normas jurídicas constitucionais sob o aspecto da aptidão de geração de efeitos (eficácia jurídica) são fruto do entendimento doutrinário de que inexiste norma constitucional completamente destituída de eficácia. Daí a importância da análise e estudo da graduação da carga eficacial das normas jurídicas.

Para Ingo Wolfgang Sarlet, em todas as classificações se destacam dois grupos de normas:[30]

a) as normas que dependem, para a geração de seus efeitos principais, da intervenção do legislador infraconstitucional (normas constitucionais de baixa densidade normativa) e
b) as normas que, desde logo, por apresentarem suficiente normatividade, estão aptas a gerar seus efeitos e, portanto, dispensam uma *interpositio legislatoris* (normas constitucionais de alta densidade normativa).

Sarlet prefere acompanhar a sistematização binária da norma jurídica, distinguindo entre as normas de *eficácia plena* e as normas de *eficácia limitada ou reduzida*. Vale lembrar que até mesmo as normas constitucionais de baixa densidade normativa apresentam uma normatividade mínima, já que sempre apresentam certo grau de eficácia jurídica.[31]

Dessa forma, levando em consideração a distinção sistemática das normas constitucionais, bem como o teor da norma contida no artigo 5º, § 1º, da Constituição da República Federativa do Brasil de 1988, a melhor exegese deste dispositivo constitucional é no sentido de que ele apresenta um viés

29 BARROSO, Luís Roberto. *O direito constitucional e a efetividade de suas normas*. 5. ed. Rio de Janeiro: Renovar, 2001, p. 94.
30 SARLET, *op. cit.*, p. 237-238.
31 *Ibid.*, p. 238.

principiológico. Melhor dizendo: O artigo 5°, § 1°, de nossa Constituição representa uma espécie de "mandado de otimização (ou maximização), isto é, estabelecendo aos órgãos estatais a tarefa de reconhecerem a maior eficácia possível aos direitos fundamentais".[32]

A partir da exegese do artigo 5°, § 1°, da CRFB/88, podemos entender que os direitos fundamentais possuem aplicabilidade imediata e plenitude eficacial, bem como incumbe aos poderes públicos atribuir a estas maior eficácia possível (postulado otimizador).

1.7 A importância do direito civil-constitucional

A importância do direito civil-constitucional 'despontou com um artigo de Maria Celina Bodin de Moraes, publicado em 1991, e que se intitulava precisamente 'A caminho de um direito Civil-constitucional'.[33] Outro texto paradigmático é o artigo "Premissas metodológicas para a constitucionalização do direito civil", de Gustavo Tepedino.[34]

O Código Civil de 1916, fruto das doutrinas individualistas e voluntaristas tinha como seu valor fundamental o indivíduo (Código de Napoleão). Naquela época, as pessoas tinham por finalidade precípua desmantelar os privilégios feudais, ou seja, queriam contratar, adquirir bens, circular as riquezas sem os óbices legais. Melhor dizendo: O Código Civil de 1916 tinha uma visão individualista do direito e era baseado nos dogmas do Estado Liberal clássico. O princípio da autonomia da vontade era o alicerce de sustentação do Estado Liberal. Nessa época, o paradigma era a liberdade. Daí o contrato era considerado justo, desde que firmado sob a égide da autonomia e liberdade das partes. O Estado Liberal não interferia no conteúdo dos contratos. A função do Estado Liberal clássico, na esfera contratual, se resumia a garantir a liberdade das partes para contratar, já que atendia ao seguinte pressuposto: se as partes fossem livres, tudo o que elas ajustassem seria justo, porque atenderia aos seus interesses jusprivatísticos. Não seria de bom alvitre o Estado intervir na vontade das partes, já que esta era fruto da liberdade e autonomia contratual.

O Código Civil era tido como a Constituição do direito privado. Tal diploma legal era tido 'como estatuto único e monopolizador das relações privadas'.[35]

No século XX a burguesia ascende como classe dominante. É na modela-

32 *Ibid.*, p. 258.

33 Maria Celina Bodin de Moraes, A caminho de um direito Civil-constitucional in *Revista Direito, Estado e Sociedade*, n° 1, 2ª ed., jul-dez. 1991, Departamento de Ciências Jurídicas da PUC-Rio, p. 59-73 *apud* NEGREIROS, Teresa. *Teoria do contrato* – Novos Paradigmas. Rio de Janeiro. Renovar. 2002. p .63.

34 TEPEDINO, Gustavo. *Temas de direito civil*. Rio de Janeiro. Renovar. 1999. p. 1-22.

35 TEPEDINO, *op. cit.* p. 3.

gem capitalista que se encontra uma sociedade organizada em torno do lucro e da propriedade privada, sustentada no individualismo e na livre iniciativa. O capitalismo visa tornar a economia mais eficiente, gerando desta maneira mais recursos e riquezas, em um ambiente competitivo e desregulamentado, ou seja, sem as amarras do governo e da política.

Restou-se provado que a liberdade das partes em si e por si não garantia o equilíbrio contratual, isto porque, não obstante a existência da liberdade contratual, em havendo uma parte mais forte que a outra, seja economicamente, seja tecnicamente, a mais forte acabaria impondo a sua vontade, o seu interesse. Por isso, é que começou o dirigismo contratual a temperar o princípio da autonomia da vontade.

A partir do dirigismo contratual, o Estado vai se transformando em Estado intervencionista, começando a intervir na esfera contratual, com o firme propósito de proibir certas cláusulas consideradas abusivas ou impor a inserção de certas cláusulas para proteger o mais fraco.

Também, a estabilidade e a segurança do Código Civil de 1916 começa a declinar a partir dos anos 20, em razão da intervenção cada vez maior do Estado brasileiro na economia (época da eclosão da Primeira Grande Guerra). A partir de então, a dogmática civilística não mais atendia aos anseios sociais e o Estado legislador passou a publicar leis extravagantes, muitas em dissonância com os princípios basilares do Código Civil de 1916.[36]

A partir dos anos 30, o nosso Código Civil de 1916 já tinha perdido seu caráter exclusivo de regulador das relações interprivadas. A legislação extravagante, face à evolução econômica, disputava 'pari passu' a importância na sua aplicação. Nessa época devemos destacar, também, a política legislativa do Welfare State – fenômeno do dirigismo contratual (Constituição de 1934).[37]

A partir da Constituição brasileira de 1946, o Código Civil perde definitivamente seu papel de Constituição do direito privado. Os princípios constitucionais passam a ter maior relevância e influência na exegese dos temas relacionados ao direito privado, 'a função social da propriedade, os limites da atividade econômica, a organização da família, matérias típicas do direito privado' ganham proeminência na nova ordem pública constitucional.[38]

Essa publicização do direito civil atinge seu ápice com o advento da Constituição da República Federativa do Brasil de 1988, 'valorado e interpretado juntamente com inúmeros diplomas setoriais, cada um deles com vocação universalizante. – Era dos Estatutos'.[39] Daí que o direito privado é nominado de direito privado socializado, publicizado, constitucionalizado ou

36 *Ibid.*, p. 4.
37 *Ibid.*, p. 6.
38 *Ibid.*, p. 7.
39 *Ibid.*, p. 8.

despatrimonializado, no sentido de maior relevo para a realização da personalidade e a tutela da dignidade da pessoa humana, nortes da nova ordem constitucional brasileira. Os princípios e valores constitucionais ganham proeminência no processo de interpretação e aplicação do Direito.

Com o advento do Código Civil brasileiro de 2002 ganham destaque às cláusulas gerais e os direitos da personalidade. As cláusulas gerais devem ser interpretadas em consonância com os princípios fundantes da Constituição da República, já que o intérprete jurídico deve colorir a exegese civilística com os matizes axiológicos da principiologia constitucional. Nesse momento, os valores civilísticos de índole liberal devem ser mitigados pelos valores coletivos de solidariedade e justiça social.

Os direitos da personalidade, inseridos no Código Civil de 2002, devem ser interpretados em sintonia com as cláusulas constitucionais protetivas da personalidade, quais sejam: dignidade humana como valor fundamental da Constituição da República (art. 1º, III, da CRFB/88) e igualdade substancial (art. 3º, III, da CRFB/88).

Na esteira da filosofia existencialista (Heidegger, Sartre, Jaspers), a personalidade humana deve ganhar status de valor jurídico de cunho existencialista, já que esta não pode ficar aprisionada ao rol de direitos subjetivos típicos adotado pelo Código Civil. Daí a importância do entrelaçamento principiológico entre o direito civil e os direitos humanos.

A personalidade jurídica não pode ser considerada como um reduto do poder do indivíduo, mas sim "como valor máximo do ordenamento, modelador da autonomia privada, capaz de submeter toda a atividade econômica a novos critérios de legitimidade".[40] Nesse sentido que o autor fala de uma verdadeira "cláusula geral de tutela e promoção da pessoa humana", tomada como valor máximo pelo ordenamento.[41] Vejamos as suas lições:[42]

Cabe ao intérprete ler o novelo de direitos introduzidos pelos arts. 11 a 23 do Código Civil à luz da tutela constitucional emancipatória, na certeza de que tais diretrizes hermenêuticas, longe de apenas estabelecerem parâmetros para o legislador ordinário e para os poderes públicos, protegendo o indivíduo contra a ação do Estado, alcançam também a atividade econômica privada, informando as relações contratuais. Não há negócio jurídico ou espaço de liberdade privada que não tenha seu conteúdo redesenhado pelo texto constitucional.

Da mesma forma, antes do advento do novo Código Civil de 2002, Fran-

40 TEPEDINO, Gustavo. Crise de fontes normativas e técnica legislativa na parte geral do código civil de 2002. In: TEPEDINO, Gustavo. (Org.) *A parte geral do novo código civil* – estudos na perspectiva constitucional. Rio de Janeiro: Renovar, 2002, p. XXV.

41 *Ibid.*, p. XXV.

42 *Ibid.*, p. XXVI.

cisco Amaral já alertava sobre as tendências do direito civil contemporâneo, a saber:[43]

1. Interpenetração crescente do direito civil com o constitucional e a consequente superação da clássica dicotomia direito público-direito privado;
2. Personalização do direito civil, no sentido da crescente importância da vida e da dignidade da pessoa humana, elevadas à categoria de direitos e de princípio fundamental da Constituição. É o personalismo ético da época contemporânea;
3. Desagregação do direito civil, face ao surgimento de ramos jurídicos autônomos, que se formam devido à complexidade das relações jurídicas. Por exemplo, direito imobiliário, direito bancário, direito previdenciário, etc.
4. Reservas à Codificação. O Código Civil deixa de ser o "estatuto orgânico da vida privada", em virtude da necessidade da releitura do Código Civil à luz dos princípios constitucionais;
5. Surgimento dos microssistemas jurídicos. É a chamada "Era dos Estatutos" que surgem para disciplinar temas específicos.

É nesta linha de pensamento que a personalidade jurídica não pode ser considerada somente como a aptidão de ser titular de direitos e deveres, conforme prescreve o artigo 1º do Código Civil, ou seja, considerada como sinônimo de capacidade jurídica. Ao contrário, a compreensão da personalidade jurídica deve se dar em duas vertentes: a primeira, como a possibilidade de ser sujeito de direitos e deveres e a segunda, e mais relevante, como o sentido existencial do próprio ser humano, visto como valor fundamental de nosso ordenamento jurídico. Neste caso, é o princípio da dignidade da pessoa humana ressoando em sua mais nobre originalidade.

Nesse caso, destaca-se a importância dos estudos avançados de hermenêutica jurídica e direito civil-constitucional, uma vez que aquela deixa de ser considerada como hermenêutica de orientação metodológico-científica (modo de conhecer) para ser estudada como hermenêutica ontológica (modo de ser).

Nessa linha, a clássica dicotomia direito público – direito privado não representa nos dias de hoje esferas distintas de atuação do intérprete jurídico, pelo contrário, constituem um conteúdo nuclear comum que representa a incidência de vetores axiológicos constitucionais no direito privado. Este fenômeno é chamado de "constitucionalização do direito civil" ou "civilização do direito constitucional".

O núcleo comum constituído pelo entrelaçamento das normas do di-

43 AMARAL, Francisco. *Direito civil* – introdução. 3. ed. Rio de Janeiro: Renovar, 2000, p. 151-153.

reito público e do direito privado refere-se à incidência da principiologia constitucional no âmbito do direito civil, especialmente, no que versa sobre direitos da personalidade, direito de família, direito de propriedade[44] e relações negociais, razão pela qual o direito civil deve ser estudado à luz dos paradigmas constitucionais com o firme propósito de construir-se uma sociedade justa e solidária.

Na sua peculiar lucidez, Gustavo Tepedino aponta que o direito público e o direito privado constituíram, para a cultura jurídica dominante na Escola da Exegese, "dois ramos estanques e rigidamente compartimentados. Para o direito civil, os princípios constitucionais equivaleriam a normas políticas, destinadas ao legislador e, apenas excepcionalmente, ao intérprete, que delas poderia timidamente se utilizar, nos termos do art. 4º da Lei de Introdução ao Código Civil, como meio de confirmação ou de legitimação de um princípio geral de direito".[45] Daí que, ainda hoje, muitos operadores do direito aplicam a legislação ordinária civilista no âmbito das relações de direito privado, desatentos às normas e princípios constitucionais.

Nesse contexto, a dogmática jurídica utilizada nas salas de aula considera o Direito através da dicotomia: direito público e direito privado. São professores que pertencem ao departamento de direito público e professores integrantes do departamento de direito privado. Isso sem contar que as disciplinas de hermenêutica jurídica e direito da personalidade, quando muito, são consideradas disciplinas eletivas. É certo que esse modelo é fruto de uma tradição liberal-individualista-normativista no qual o Código Civil sempre desempenhou uma referência normativa predominante e exclusiva no recinto das relações interprivadas.

1.8 Um novo *locus* hermenêutico e a nova metódica do direito civil

A cultura jurídica operada em salas de aula e nos tribunais de justiça deve ser desconstruída (visão de um sistema fechado codicista) em busca de uma postura metodológica mais aberta, prospectiva que dê suporte a uma sociedade complexa e pluralista. Isso não quer dizer que o julgador desconsidere a segurança jurídica e passe a decidir de forma arbitrária (neste caso, estaríamos diante de um Estado-Judiciário). Pelo contrário, a jurisprudência

44 Vale destacar que a Constituição de 1934, em seu artigo 113, já determinava que o direito de propriedade não poderá ser exercido contra o interesse social e coletivo. Todavia, a Constituição de 1937 não proibia que o direito de propriedade fosse exercido contrariamente aos interesses sociais e coletivos. A Constituição de 1967 e a Emenda Constitucional de 1969 foram as primeiras Cartas que utilizam o termo "função social da propriedade", conforme art. 157 da Constituição de 1967 e artigo 160 da EC de 1969.

45 TEPEDINO, Gustavo. O código civil, os chamados microssistemas e a constituição: premissas para uma reforma legislativa. In: TEPEDINO, Gustavo (Org.) *Problemas de direito civil-constitucional e de direito civil*. Rio de Janeiro. Renovar. 2000. p. 3.

deve reconhecer a eficácia normativa dos princípios constitucionais no âmbito das relações jurídicas de direito privado, bem como recorrer à hermenêutica jurídica não como um conjunto de métodos (hermenêutica metodológica), mas sim como condição de possibilidade (hermenêutica filosófica). É a reconstrução do direito civil a partir do como hermenêutico, ou seja, um *locus hermenêutico* constitucional com fincas no princípio fundante da proteção da dignidade da pessoa humana.

Daí que a norma jurídica civilística não pode ser compreendida como um juízo hipotético ancorada nos princípios da lógica formal, a partir de um rigorismo da separação dos mundos do "ser" e "dever-ser". O direito civil e o direito constitucional devem estar em perfeita harmonia a fim de que possam espelhar a realização e concretização do direito.

Diante disso, as lições de Friedrich Muller são esclarecedoras: "Assim se evidenciou que o positivismo legalista ainda não superado pela teoria e práxis refletidas, com a sua compreensão do direito como sistema sem lacunas, da decisão como uma subsunção estritamente lógica, e com a sua eliminação de todos os elementos da ordem social não reproduzidos no texto da norma é tributário de uma ficção que não pode ser mantida na prática".[46]

A tarefa da práxis do direito civil é a concretização de suas normas a partir de uma leitura constitucional de forma que "direito civil" e "realidade" sejam os lados de uma mesma moeda.

O operador do direito deve levar em conta a multiplicidade de situações da vida interprivada em que numa sociedade moderna (ou pós-moderna!) e complexa se impõe a necessidade de realizar uma (re)leitura da dogmática civilística à luz de uma axiologia constitucional.

Pode-se dizer, portanto, que a fundamentação da decisão jurídica deve ser conformada no espaço (*locus*) hermenêutico da juridicidade, vinculada a uma permanente reflexão crítica do homem enquanto ser-no-mundo. Isto significa dizer que as questões jurídicas concretas emergem num quadro cunhado por um horizonte hermenêutico, superando a relação sujeito-objeto.

Nas lições de Castanheira Neves é possível compreender que o problema da interpretação jurídica relaciona-se com o direito e não com a lei. Vejamos:[47]

> O problema da interpretação jurídica está, com efeito, a sofrer uma radical mudança de perspectiva no actual contexto metodológico. Deixou de conceber-se tão só e estritamente como *interpretação da lei*, para se pensar como *actus* da *realização do direito*. E isto significa, por um lado, que a realização do direito

46 MÜLLER, Friedrich. *Métodos de trabalho do direito constitucional*. 3. ed. Rio de Janeiro: Renovar, 2005, p. 32-33.

47 NEVES, Castanheira. *O actual problema metodológico da interpretação jurídica* – I. Coimbra: Coimbra Editores, 2003, p. 11-12.

> não se identifica já com a interpretação da lei, nem nela se esgota; por outro lado, que não será em função da interpretação da lei, tomada abstractamente ou em si, que havemos de compreender a realização do direito – em termos de se dizer que esta será o que for aquela –, antes é pela própria problemática autônoma e específica realização do direito, e como seu momento metodológico-normativo, que se haverá de entender o que persista dizer-se interpretação da lei. Com o que o próprio conceito de interpretação jurídica se altera: de interpretação da lei converte-se em *interpretação do direito*, de novo a *interpretatio legis* se confronta com a *interpretatio iuris*.
> É que, se intencional e normativamente o direito deixou de identificar-se com a lei, também metodologicamente a realização do direito deixou de ser mera aplicação das normas legais e manifesta-se como o acto judicativamente decisório através do qual, pela mediação embora do critério jurídico possivelmente oferecido por essas normas, mas com ampla actividade normativamente constitutiva, se cumprem em concreto as intenções axiológicas e normativas do direito, enquanto tal. Dir-se-á que, nestes termos, o pensamento jurídico recuperou o concreto, que vai na essencial vocação do direito, depois que o positivismo legalista, com o seu normativismo analítico-dedutivo, o levara a refugiar-se no alienante abstracto.

Uma metódica do direito civil destinada a ir além de um núcleo normativo monolítico deve assumir uma postura de que o problema hermenêutico não está fincado no problema de método produzindo um conhecimento de segurança inabalável, mas sim está relacionado ao problema da hermenêutica filosófica. O fenômeno da compreensão perpassa a experiência da filosofia, a experiência da arte e a experiência da própria história. Todos esses modos de experiência nos apresenta (manifesta) uma verdade que não pode ser verificada com os meios metódicos da ciência.

O filósofo alemão Hans-Georg Gadamer (1900 – 2002), autor de *Verdade e método* – esboços de uma hermenêutica filosófica, é um dos autores mais importantes acerca da hermenêutica contemporânea. Gadamer lastreado em estudos fenomenológicos entendia que a tradição não podia mais se apoiar nas interpretações metafísicas da razão. Daí que os estudos gadamerianos estão voltados para a consciência histórica, em que a historicidade do sentido tem papel relevante na autocompreensão que o ser humano alcança como participante e intérprete da tradição histórica.

Gadamer procura superar o problema hermenêutico relacionado ao conceito metodológico da moderna ciência. Na introdução de *Verdade e méto-*

do, Gadamer afirma que "o fenômeno da compreensão e da maneira correta de se interpretar o que se entendeu não é apenas, e em especial, um problema da doutrina dos métodos aplicados nas ciências do espírito. Sempre houve também, desde os tempos mais antigos, uma hermenêutica teológica e outra jurídica, cujo caráter não era tão acentuadamente científico e teórico, mas, muito mais, assinalado pelo comportamento prático correspondente e a serviço do juiz ou do clérigo instruído".[48]

A hermenêutica desenvolvida por Gadamer se afasta de uma doutrina de métodos das ciências do espírito e procura caminhar para um olhar além de sua autocompreensão metódica através da experiência do homem no mundo. É um (re)pensar o universo da compreensão, já que o filósofo procura refletir sobre a questão da verdade nas ciências do espírito. É um afastamento dos modelos clássicos hermenêuticos, nos quais a exegese era considerada um conjunto de métodos.

Os estudos de Hans-Georg Gadamer estão entrelaçados na sua forma mais original com os estudos antecedentes de Husserl, Dilthey e Heidegger. Nas palavras de Gadamer: "A conscienciosidade da descrição fenomenológica, que Husserl nos tornou um dever, a abrangência do horizonte histórico, onde Dilthey situou todo o filosofar, e, não por último, a compenetração de ambos os impulsos, cuja iniciativa recebemos de Heidegger há décadas, assinalam o paradigma sob o qual se colocou o autor".[49]

1.8.1 O círculo hermenêutico e a questão dos preconceitos

O círculo hermenêutico deve ser compreendido a partir dos estudos heideggerianos, ou seja, a estrutura circular da compreensão é dada a partir da temporalidade do ser-aí (*Dasein*). É o círculo hermenêutico em um sentido ontológico originário, através do qual a verdade se manifesta através do desvelamento do ser.

A compreensão é sempre um projetar-se. Gadamer afirma que "quem quiser compreender um texto realiza sempre um projetar. Tão logo apareça um primeiro sentido no texto, o intérprete prelineia o sentido do todo."[50] Melhor dizendo: a compreensão é um constante reprojetar-se a partir de determinadas perspectivas do intérprete. As perspectivas do intérprete (opiniões prévias), ou seja, antecipações de sentido do texto não devem ser confundidas com arbitrariedade do julgador.

É nesse sentido que Gadamer ensina que "a compreensão somente alcança sua verdadeira possibilidade, quando as opiniões prévias, com as quais

48 GADAMER, Hans-Georg. *Verdade e método*: traços fundamentais de uma hermenêutica filosófica. Tradução Flávio Paulo Meurer. Petrópolis: Vozes, 1997. p. 31.

49 *Ibid.*, p. 36.

50 *Ibid.*, p. 402.

ela inicia, não são arbitrárias. Por isso faz sentido que o intérprete não se dirija aos textos diretamente, a partir da opinião prévia que lhe subjaz, mas que examine tais opiniões quanto à sua legitimação, isto é, quanto à sua origem e validez".[51]

Com isso o intérprete deve deixar que o texto diga alguma coisa por si, para que se evite a possibilidade do mal-entendido (opiniões prévias que levam à arbitrariedade). Daí que o que importa é "dar-se conta das próprias antecipações, para que o próprio texto possa apresentar-se em sua alteridade e obtenha assim a possibilidade de confrontar sua verdade com as próprias opiniões prévias".[52]

Na verdade, porém, Gadamer fala dos preconceitos. Estes podem ser classificados em positivos e negativos. O caráter negativo está relacionado com a época da Ilustração/Iluminismo (*Aufklärung*) representando um "juízo não fundamentado" e decidido "diante do tribunal da razão"[53] (preconceitos limitadores).[54] Os preconceitos positivos são aqueles reconhecidos como legítimos e enlaçados com a questão central de uma hermenêutica verdadeiramente histórica.

1.8.2 A questão da pertença

Esse comportamento histórico-hermenêutico realizado através da comunidade de preconceitos fundamentais e sustentadores é o sentido da pertença.[55] Logo, *pertença* é o momento da tradição no comportamento histórico-hermenêutico.[56] É a consciência hermenêutica incluída na consciência histórica. Os preconceitos fundamentais e sustentadores são aqueles que tornam possível a compreensão (preconceitos produtivos). Daí que a compreensão é um comportamento produtivo e não (re)produtivo. É o texto "levado a sério na sua pretensão de verdade".[57]

1.8.3 O tempo em sua produtividade hermenêutica

A compreensão como comportamento produtivo dá-se como um existencial a partir da interpretação temporal aplicada ao modo de ser da presença (*Dasein*), conforme ensinamentos heideggerianos. O tempo é o fundamento que sustenta o acontecer.[58] O *ser* é *tempo*.[59] Dessa maneira, a questão do

51 *Ibid.*, p. 403.
52 *Ibid.*, p. 405.
53 *Ibid.*, p. 410.
54 *Ibid.*, p. 416.
55 *Ibid.*, p. 442.
56 *Ibid.*, p. 442.
57 *Ibid.*, p. 444.
58 *Ibid.*, p. 445.
59 Para um estudo mais detalhado da temporalidade em Heideger: Ver obra *Ser e tempo*.

tempo está relacionada com a questão central da hermenêutica, ou seja, nesse contexto devemos "distinguir os verdadeiros preconceitos, sob os quais compreendemos, dos falsos preconceitos que produzem os mal-entendidos. Nesse sentido, uma consciência formada hermeneuticamente terá de incluir também a consciência histórica".[60]

Portanto, Gadamer afirma: "Entender é, essencialmente, um processo de história efeitual".[61]

1.8.4 A questão da história efeitual e situação hermenêutica

A consciência da história efeitual está relacionada com a consciência da *situação hermenêutica*. Nas palavras de Gadamer, "quando procuramos compreender um fenômeno histórico a partir da distância histórica que determina nossa situação hermenêutica como um todo, encontramo-nos sempre sob os efeitos dessa história efeitual".[62]

Nas lições de Jean Grondin, por história efeitual (*Wirkungsgeschichte*) entende-se, desde o século XIX, nas ciências literárias, "o estudo das interpretações produzidas por uma época, ou a história de suas recepções. Nela se torna claro, que as obras, em determinadas épocas específicas, despertam e devem mesmo despertar diferentes interpretações. A consciência da história efeitual, a ser desenvolvida, está inicialmente em consonância com a máxima de se visualizar a própria situação hermenêutica e a produtividade da distância temporal".[63]

Gadamer entende que a consciência da história efeitual funciona como um princípio no processo de compreensão. A compreensão a partir de uma compreensão objetivista guindada no viés metodológico, obnubila o entrelaçamento efeitual-histórico que deve permear o processo hermenêutico. Melhor dizendo: A fé no processo metodológico acaba por obscurecer a própria historicidade.

É dessa maneira que o magistrado, no processo de decisão judicial, deve considerar os efeitos da história efeitual no processo exegético, ou seja, é preciso tornar consciente a própria situação hermenêutica, para melhor "dizer o Direito". Isso ocorre na medida que o julgador analisa o caso concreto decidindo, a partir da interpretação da própria pré-compreensão, consoante ensinamentos heideggerianos. A história efeitual seria o "pano de fundo" do processo decisório, já que o julgador deve inserir-se na situação hermenêutica.

Segundo *Verdade e método*, Gadamer ensina que o conceito de situação

60 *Ibid.*,p. 447.
61 *Ibid.*,p. 448.
62 *Ibid.*,p. 449.
63 GRONDIN, Jean. *Introdução à hermenêutica filosófica*. Tradução: Benno Dischinger. São Leopoldo: Unisinos, 1999, p. 190.

"se caracteriza pelo fato de não nos encontrarmos diante dela e, portanto, não podemos ter um saber objetivo dela. Nós estamos nela, já nos encontramos sempre numa situação, cuja iluminação é a nossa tarefa, e esta nunca pode se cumprir por completo. E isso vale também para a situação hermenêutica, isto é, para a situação em que nos encontramos face à tradição que queremos compreender. Também a iluminação dessa situação, isto é, a reflexão da história efeitual, não pode ser plenamente realizada, mas essa impossibilidade não é defeito da reflexão, mas encontra-se na essência mesma do ser histórico que somos. *Ser histórico quer dizer não se esgotar nunca no saber-se*".[64]

1.8.5 A importância de ter horizontes. A fusão de horizontes

O conceito de situação hermenêutica encontra-se entrelaçado com o conceito de horizontes. Isso porque o julgador, no momento da prestação jurisdicional, deve ampliar e abrir seus horizontes. Segundo Gadamer, horizonte é "o âmbito de visão que abarca e encerra tudo o que é visível a partir de determinado ponto".[65] Aplicando-se ao meio jurídico falamos então que o magistrado não tem visão, seus horizontes são limitados ao Códex, da possibilidade de ampliar a exegese civilística aos princípios constitucionais, da abertura de novos horizontes jurídicos em razão do multiculturalismo, dos direitos humanos, etc. Aquele juiz que não possui horizontes é um magistrado que não vê suficientemente longe e que, dessa forma, supervaloriza as regras do Código Civil (é um esforço intelectual reduzido preocupado apenas com o que lhe está mais próximo) sem o entrelaçamento devido com as normas e preceitos constitucionais. Pelo contrário, a leitura das regras jurídicas interprivadas à luz da axiologia constitucional significa não estar limitado ao mais próximo, mas poder ver para além disso. Aquele que tem horizontes sabe valorizar corretamente o significado de ser magistrado. Assim, a elaboração da *situação hermenêutica* pelo juiz significa a obtenção do horizonte de questionamento correto para as questões que se colocam frente ao magistrado.

Neste contexto, Gadamer afirma que "quem omitir esse deslocar-se ao horizonte histórico a partir do qual fala a tradição, estará sujeito a mal-entendidos com respeito ao significado dos conteúdos daquela. Nesse sentido, parece ser uma exigência hermenêutica justificada o fato de termos de nos colocar no lugar do outro para poder entendê-lo".[66]

Surge então a necessidade do julgador deslocar-se à situação histórica e procurar reconstruir seu horizonte. Por essa razão que Gadamer afirma que "o horizonte é, antes, algo no qual trilhamos nosso caminho e que conosco

64 GADAMER, *op. cit.*, 1997, p. 451.
65 *Ibid.*, p. 452.
66 *Ibid.*, p. 453.

faz o caminho. Os horizontes se deslocam ao passo de quem se move".[67] O operador do direito ou magistrado que permanece alheio às mudanças sociais não realiza o "deslocar-se" para a situação hermenêutica.

Há, portanto, uma necessidade de compreender o outro homem a partir da intersubjetividade, considerando a alteridade da norma jurídica. Esse deslocar-se não é um ato de subjetividade ou arbitrariedade, nem a submissão do outro sob os padrões do julgador, mas significa uma ascenção a uma universalidade hermenêutica. Daí a importância de termos horizontes. Aplicando ao problema hermenêutica as questão de se ter horizontes, Hans-Georg Gadamer afirma que "ganhar um horizonte quer dizer sempre aprender a ver mais além do próximo e do muito próximo, não para apartá-lo da vista, senão que precisamente para vê-lo melhor, integrando-o em um todo maior e em padrões mais corretos".

É evidente que para ganhar para si um horizonte histórico requer um esforço pessoal do magistrado. Ele não pode ficar limitado ao modelo de decisão judicial pautado na lógica formal, de padrão matematizante. Ele deve ir além na busca de novos horizontes e paradigmas de decidibilidade judicial, como ser-no-mundo e mundo vivido.

A questão da decidibilidade judicial é muito importante, em especial, em uma sociedade plural e complexa, em constantes mutações. Daí que essa questão é muito mais complexa do que se pensa, já que cabe ao magistrado proferir sentenças judiciais que não sejam aparentes e superficiais fincadas em uma hermenêutica de superfície, ao contrário deve partir do fato de que uma situação hermenêutica está delimitada pelos preconceitos que trazemos conosco. É um ir além do que já não se consegue ver com a hermenêutica metodológica. Na verdade, o horizonte do presente está num processo de constante formação e mutação que condiciona os nossos preconceitos. A cada momento devemos pôr à prova tais preconceitos, a partir da fusão de horizontes. É o encontro do passado com a tradição da qual nós mesmos procedemos.[68] Segundo Gadamer a fusão de horizontes ocorre constantemente na tradição, pois "nela o velho e o novo crescem sempre juntos para uma validez vital, sem que um e outro cheguem a se destacar explicitamente por si mesmos".[69]

Toda essa tarefa hermenêutica deve ser desenvolvida conscientemente pelo magistrado, já que em si experimenta por si mesma à relação de tensão entre o texto legal e o presente. O julgador não pode decidir a demanda judicial com um comportamento hermenêutico ingênuo, desconsiderando a situação hermenêutica da qual faz parte.

Se formos em direção às lições gadamerianas, encontraremos: "A cons-

67 *Ibid.*, p. 455.
68 *Ibid.*, p. 457.
69 *Ibid.*

ciência histórica é consciente de sua própria alteridade e por isso destaca o horizonte da tradição com respeito ao seu próprio. [...] O projeto de um horizonte histórico é, portanto, só uma fase ou momento na realização da compreensão, e não se prende na autoalienação de uma consciência passada, mas se recupera no próprio horizonte compreensivo do presente. Na realização da compreensão tem lugar uma verdadeira fusão horizôntica que, com o projeto do horizonte histórico, leva a cabo simultaneamente sua suspensão. Nós caracterizamos a realização controlada dessa fusão como a tarefa da consciência histórico-efeitual. Enquanto que, na herança da hermenêutica romântica, o positivismo estático-histórico ocultou essa tarefa, temos de dizer que o problema central da hermenêutica se estriba precisamente nela. É o problema da aplicação que está contido em toda compreensão."[70]

1.8.6 A hermenêutica como aplicação

O problema da hermenêutica jurídica de cariz metodológico sofre uma ruptura com Gadamer. Isso porque "compreender é sempre também aplicar".[71] Uma regra jurídica não pode ser compreendida desalinhada com sua aplicação no instante concreto da decidibilidade judicial. Uma lei somente será compreendida adequadamente se "compreendida em cada instante, isto é, em cada situação concreta de uma maneira nova e distinta".[72] É o afastamento da tarefa hermenêutica ao modelo metodológico. Gadamer ensina que "a compreensão é menos um método através do qual a consciência histórica se aproxima do objeto eleito para alcançar seu conhecimento objetivo do que um processo que tem como pressuposição o estar dentro de um acontecer tradicional. A própria compreensão se mostrou como um acontecer".[73]

Dessa forma, o sentido de um texto jurídico e sua aplicação a um caso jurídico concreto não são atos separados, ao contrário representam uma unidade exegética.

70 *Ibid.*, p. 458.
71 *Ibid.*, p. 461.
72 *Ibid.*
73 *Ibid.*, p. 462.

Capítulo 2
CONTRATO

2.1 Conceito

O contrato é um negócio jurídico bilateral ou plurilateral que representa um acordo (pacto) de duas ou mais vontades, cujos interesses se contrapõem, já que uma das partes contratantes quer a prestação e a outra a contraprestação. É um acordo de vontades, capaz de criar, modificar ou extinguir relações jurídicas.

O contrato deve ser analisado não só a partir do plano de interação entre as partes contratantes, bem como deve refletir as suas conexões externas (relação do contrato com o mercado – plano econômico) e a sua inserção no "mundo da vida" (mundo vivido, *Dasein*, ser-no-mundo), traduzindo, destarte, uma dinâmica socioeconômica a relação jurídica contratual.

Assim, o contrato deve ser pensado numa visão alargada "em conjunto com o 'ambiente' em que se manifesta, integrando, como fator constitutivo e modelador, um sistema de coordenação vinculativa de ações individuais aberto à comunicação com outros sistemas de enquadramento e de referência. As declarações de vontade não são *o* contrato, mas apenas uma componente da sua complexa estrutura normativa, que integra, num todo orgânico e unitário, 'elementos não consensuais', fontes de vinculação que não promanam *ex voluntate*, mas da ação performativa dos contextos situacionais em que a relação se estabelece e se desenrola".[1]

Da mesma forma, Enzo Roppo afirma que o contrato não pode ser entendido a fundo, na sua essência íntima, limitado a uma dimensão exclusivamente jurídica, já que o contrato reflete sempre uma "realidade exterior a si próprios, uma realidade de interesses, de relações, de situações econômico-sociais, relativamente aos quais cumprem, de diversas maneiras, uma função instrumental".[2]

Portanto, a relação jurídica contratual deve estar em harmonia com os aspectos estruturais e funcionais de nossa realidade, e, segundo Joaquim

---

1 RIBEIRO, Joaquim de Souza. *O problema do contrato*: as cláusulas contratuais gerais e o princípio da liberdade contratual. Coimbra: Almedina, 2003, p. 15-16.

2 ROPPO, Enzo. *O contrato*. Coimbra: Almedina, 1988, p. 7.

de Souza Ribeiro, por isso, "a ligação entre as partes ganha então novas tonalidades, que lhes são transmitidas pela sua inserção num determinado campo objetivo de actividade, com as suas exigências próprias e conexões de sentido que ultrapassam a relação e o querer individual. A esta luz, tem cabimento a consideração dos pressupostos e efeitos, a nível dos sistemas econômico e jurídico, dos actos de contratação. Os factores de ordem institucional ingressam no âmbito temático do contrato, sendo analisada e tratada a sua repercussão nos conteúdos volitivos e na estabilização e uniformização de padrões de conduta negocial.[3]

Daí que o contrato pode ser definido como uma relação jurídica de cooperação que representa um sistema de ação interindividual[4] que se comunica com outros sistemas supraindividuais e metajurídicos.

Compreende-se, portanto, que, o contrato outrora de índole individualista e liberal deve sofrer uma abertura de modernos horizontes hermenêuticos, com o firme propósito de refletir o fenômeno da publicização ou socialização do direito privado, a partir de imperiosas exigências contemporâneas, como a pujança da atividade econômica do nosso tempo e as vicissitudes de uma sociedade transnacionalizada, globalizada ou pós-moderna. A título exemplificativo, os contratos eletrônicos executados através da internet representam uma renovação da dinamicidade contratual.

Portanto, o direito contratual contemporâneo, de índole social e tutelar, deve ser permeado e orientado pelo princípio da tutela da dignidade da pessoa humana, Princípio da solidariedade social (art. 3º, I, CRFB/88); Princípio da livre iniciativa (art. 1o, IV, CRFB/88); Princípio da proteção à dignidade humana (art. 1º, III, CRFB/88); e, Princípio a Igualdade Substancial (art. 3º, III, CRFB/88).

As relações jurídicas privadas devem ser analisadas e interpretadas à luz de uma hermenêutica prospectiva, onde o ser-aí, ser-no-mundo, estar-aí, ser enquanto ser ocupa lugar de destaque neste processo de concretude judicial.

Dessa maneira, "substitui-se a ótica liberal, individualista e patrimonialista do século passado, por uma visão que se pode denominar humanista. O homem continua como centro de estruturação do sistema jurídico, porém, não mais como produtor e motor da circulação das riquezas, e sim como ser humano, que deve ser respeitado e assegurado em todas as suas potencialidades como tal. O patrimônio deixa de ser o eixo da estrutura social, para se tornar instrumento da realização das pessoas humanas. Em outras palavras, o homem não mais deve ser ator no cenário econômico, mas regente das atividades econômicas. Insista-se: o homem deve se servir do patrimônio e não ao patrimônio".[5]

3 RIBEIRO, *op. cit.*, p. 18-19.

4 *Ibid.*, p. 21.

5 BARBOZA, Heloísa Helena. Perspectivas do direito civil brasileiro para o próximo século. In

Liberdade e solidariedade devem coexistir na relação jurídica contratual. Maria Celina Bodin de Moraes ensina que "a imposição de solidariedade, se excessiva, anula a liberdade; a liberdade desmedida é incompatível com a solidariedade. Todavia, quando ponderados, seus conteúdos se tornam complementares: regulamenta-se a liberdade em prol da solidariedade social, isto é, da relação de cada um com o interesse geral, o que, reduzindo a desigualdade, possibilita o livre desenvolvimento da personalidade de cada um dos membros a comunidade".[6]

Contrato *é "a relação jurídica subjetiva, nucleada na solidariedade constitucional, destinada à produção de efeitos jurídicos existenciais e patrimoniais, não só entre os titulares subjetivos da relação, como também perante terceiros."*[7]

2.2 Diferença entre Contrato, Convenção, Convênio e Protocolo de Intenções

O Contrato é um acordo de vontades cujos interesses são opostos, enquanto uma parte quer a prestação, a outra quer a contraprestação. O contrato é acompanhado da proposta e as partes são denominadas, contratantes e contratadas.

A convenção, do latim *conventione*, forma composta de *cum*, com, e *venire*, vir, comparecer, indica a reunião de um grupo com o objetivo de deliberação conjunta.[8] Segundo De Plácido e Silva, convenção é o vocábulo aplicado, geralmente, no sentido de ajuste, pacto, tratado, contrato. Na técnica jurídica, explica o vocábulo o acordo ou o ajuste que, fundado na manifestação da vontade das partes, ou seja, no mútuo consentimento, é firmado entre elas, com a intenção de regular ou estabelecer uma relação jurídica que possa surgir. Outrora se procurava distinguir a convenção do contrato, sob anotação de que nem sempre a convenção fazia gerar a obrigação, enquanto este efeito seria sempre o do contrato. Mas no conceito moderno, tanto como o contrato, a convenção faz gerar novas obrigações, como pode vir alterar, modificar ou extinguir obrigações anteriormente firmadas.[9]

O convênio é o instrumento pelo qual o interesse dos partícipes é recíproco, comum e coincidente, ou seja, as partes envidam esforços na realização do objeto do convênio. A feitura e execução do convênio se perfazem

---

Revista da Faculdade de Direito, RJ: UERJ/Renovar, 1998-1999, p. 27-39.

6 MORAES, Maria Celina Bodin de. Constituição e direito civil: tendências. *Revista Direito, Estado e Sociedade*, nº 15, Rio de Janeiro: PUC-Rio. Ago-dez. 1999, p. 95-113.

7 NALIN, Paulo. Do contrato: conceito pós-moderno. 2. ed. Curitiba: Juruá, 2006.

8 ACQUAVIVA, Marcus Cláudio. *Dicionário jurídico brasileiro Acquaviva*. 11. ed. São Paulo: Jurídica Brasileira, 2000, p. 416.

9 SILVA, De Plácido e. *Vocabulário jurídico*. Rio de Janeiro: Forense, 1982, p. 558.

sob o regime de mútua cooperação.[10] Os partícipes são classificados em: a) *Concedente*: partícipe responsável pela transferência de recursos financeiros destinados à execução do objeto do convênio; b) *Convenente*: partícipe que pactua a execução do objeto do convênio; c) *Interveniente*: entidade que participa do convênio para manifestar consentimento ou assumir obrigações em nome próprio; d) *Executor*: partícipe responsável diretamente pela execução do objeto pactuado no convênio.

Já o Protocolo de Intenções é o instrumento genérico que pode preceder o convênio ou o contrato. Deste documento não decorre nenhuma obrigação ou encargo para os partícipes. Instrumento muito utilizado por empresas visando à materialização preliminar de grandes projetos.

2.3 O Contrato e o Código Civil Brasileiro

O Código Civil brasileiro estabelece uma teoria geral dos contratos (arts 421 a 480), que contempla as normas que, em princípio, disciplinam toda e qualquer relação jurídica contratual, tanto os previstos pelo legislador (contratos típicos ou nominados), como quaisquer outros celebrados pelos parceiros contratuais.

O Código Civil, no Título VI, do Livro I da Parte Especial, contém um catálogo de tipos contratuais: compra e venda, troca, doação, locação de coisas, empréstimo, dentre outros (arts. 481 a 853).

2.4 Fonte Negocial do Direito

Fonte do direito é aquilo que o origina ou o produz, ou seja, sua origem é causa da norma jurídica. Miguel Reale designa fonte do direito "como os processos ou meios em virtude dos quais as regras jurídicas se positivam com legítima força obrigatória, isto é, com vigência e eficácia no contexto de uma estrutura normativa".[11] Toda fonte de direito implica uma estrutura normativa do poder.[12] A fonte negocial é uma fonte do direito elaborada entre particulares que se vincularam através de uma relação jurídica contratual (cláusulas contratuais). Pelo contrato as pessoas podem criar, modificar ou extinguir direitos. Segundo Reale o que caracteriza a fonte negocial é a convergência dos seguintes elementos:[13] a) manifestação de vontade de pessoas legitimadas a

10 "Instrumento, qualquer que disciplina a transferência de recursos públicos e tenha como partícipe órgão da administração pública federal direta, autárquica ou fundacional, empresa pública ou sociedade de economia mista que estejam gerindo recursos dos orçamentos da União, visando à execução de programas de trabalho projeto/unidade ou evento de interesse recíproco, em regime de mútua cooperação". (Instrução Normativa STN 001/97).

11 REALE, Miguel. *Lições preliminares do direito*. 25. ed., São Paulo: Saraiva. 2001, p. 140.

12 REALE, *op. cit.* p. 141.

13 REALE, *op. cit.* p. 180.

fazê-lo; b) forma de querer que não contrarie a exigida em lei; c) objeto lícito, possível e determinado; d) quando não paridade, pelo menos uma devida proporção entre os partícipes da relação jurídica.

Daí a importância da autonomia privada, já que representa o poder que o sujeito possui de autorregulamentação de seus próprios interesses. É a manifestação de vontade de cunho negocial denominada negócio jurídico. O negócio jurídico é o "modo de expressão das regras jurídicas criadas pela vontade dos particulares".[14]

2.5 Diferença entre Ato Jurídico em Sentido Estrito e Negócio Jurídico

O negócio jurídico é diferente do ato jurídico em sentido estrito.

O ATO JURÍDICO EM SENTIDO ESTRITO é a simples declaração de vontade, cujos efeitos já se encontram estabelecidos em lei e são imodificáveis pelo mero consentimento das partes. São exemplos de atos jurídicos em sentido estrito o casamento, o reconhecimento de filho, etc.

Para ORLANDO GOMES os atos jurídicos *stricto sensu* subdividem-se em *atos materiais* e *participações*.[15] De acordo com o mestre os atos materiais, também chamados *atos reais*, são "expressão de simples atuação da vontade, manifestações do comportamento humano, nas quais o elemento intencional é irrelevante, eis que não têm a finalidade de produzir evento psíquico na mente de outrem. Não se destinam a ser levados ao conhecimento de outras pessoas. Não têm *destinatário* em suma".[16]

Da mesma forma, FRANCISCO AMARAL anota que atos materiais são "as manifestações de vontade sem destinatário e sem finalidade específica, como no caso de ocupação, derrelição, fixação de domicílio, descoberta de tesouro, comissão, confusão, adjunção, especificação, pagamento indevido, etc.".[17]

MANICK, citado por ORLANDO GOMES, subdivide os *atos materiais*, distinguindo aqueles nos quais a consciência e a vontade do sujeito não têm qualquer relevância dos outros em que a ordem jurídica leva em conta o fato psíquico interior, não se preocupando apenas com o resultado da atividade material. Nestes, há determinação volitiva".[18]

Já as *participações* consistem em declarações de vontade, sem intento negocial, para dar ciência de *intenções* ou *fatos*. São, pois, exemplos de participações: as intimações, notificações, interpelações, avisos, etc. ORGANDO GOMES anota que estas não se confundem com as declarações

14 AMARAL, Francisco. *Direito civil*: Introdução. 6. ed. Rio de Janeiro: Renovar, 2006, p. 85.
15 GOMES, Orlando. *Introdução ao direito civil*. 19. ed. Rio de Janeiro: Forense, 2007, p. 231.
16 *Ibid.*
17 AMARAL, Francisco. *Direito civil*: introdução. 6. ed. Rio de Janeiro: Renovar, 2006, p. 243.
18 GOMES, Orlando. *Introdução ao direito civil*. 19. ed. Rio de Janeiro: Forense, 2007, p. 232.

de vontade dos negócios jurídicos, já que estas são manifestações de um intento, enquanto as *participações* consistem em simples *comunicação*.[19]

Por outro lado, o NEGÓCIO JURÍDICO é a declaração de vontade destinada a produzir efeitos jurídicos desejados pelos agentes. O negócio jurídico apresenta cunho negocial e representa a livre atuação das partes em face dos efeitos jurídicos. No plano volitivo (plano da vontade), o negócio jurídico pode ser classificado como negócio jurídico unilateral (apenas uma vontade para a produção de efeitos jurídicos) e negócio jurídico bilateral (duas vontades para a produção de efeitos no mundo do direito). Assim, o negócio jurídico unilateral é aquele que com apenas uma vontade já produz efeitos jurídicos. Por exemplo: o testamento, a revogação do mandato, etc. Já o negócio jurídico bilateral é aquele ato jurídico que apresenta duas vontades para a produção de efeitos jurídicos desejados pelos agentes. Exemplo: contrato. O contrato, negócio jurídico bilateral (duas vontades para a produção de efeitos jurídicos), pode ser classificado quanto à questão obrigacional em: contrato unilateral (duas vontades e uma obrigação. Ex.: contrato de doação pura) e contrato bilateral (duas vontades e duas obrigações. Ex.: contrato de compra e venda).

Dessa maneira, as principais diferenças entre ato jurídico em sentido estrito e negócio jurídico podem ser apresentadas da seguinte forma:

	Ato jurídico em sentido estrito	**Negócio jurídico**
Eficácia / efeitos	Decorre da lei (*ex lege*)	Decorre da própria vontade do agente (*ex voluntate*)
Liberdade	Pouca ou nenhuma	Ampla (instrumento da autonomia privada). Existem limitações na esfera do direito Civil-constitucional
Exemplo	Casamento, usucapião (efeitos estabelecidos pelo CCB)	Contrato. Efeitos: vontade negocial.

São elementos do Negócio Jurídico. 1. Elemento Interno (formação de vontade: a vontade interna não tem relevância para o Direito). 2. Elemento Externo (manifestação da vontade do agente). A vontade manifestada pelo sujeito pode ser: verbal, escrita, tácita ou o próprio silêncio. 3. Elemento Formal (forma de expressão da vontade).

19 *Ibid.*, p. 231.

2.6 Planos de Existência, Validade e Eficácia

2.6.1 Resultado buscado pelo agente

Planos de Existência, Validade e Eficácia. Preliminarmente, o negócio jurídico deve conter seus elementos essenciais para que EXISTA. Daí a importância dos pressupostos existenciais do negócio jurídico. A partir de então, o negócio jurídico deve satisfazer os requisitos impostos pelo ordenamento jurídico para que tenha VALIDADE. Já o plano de eficácia é aquele em que se analisa a CONCRETUDE e a produção de efeitos do ato jurídico. O resultado buscado pelo agente é o seguinte somatório: elementos materiais (plano existência) + requisitos jurídicos de validade + fatores de eficácia.

2.6.2 Plano de existência. Elementos gerais e específicos

Os elementos necessários à configuração do negócio jurídico são de 2 categorias: Gerais – comuns a todos os negócios (não há negócio jurídico sem agente e declaração de vontade); e Categoriais (ou específicos) – exigidos para cada tipo de negócio (não há compra e venda se não houver consenso sobre coisa e preço). É em face dos ELEMENTOS ESSENCIAIS que se pode cogitar da INEXISTÊNCIA.

2.6.3 Inexistência

Inexistência. Caso o ato jurídico não apresente seus pressupostos de existência ele NÃO EXISTE (INEXISTE no plano do SER. É o não ser). Nesse caso, não há de discutir se é NULO ou INEFICAZ, nem se exige desconstituição judicial.

2.6.4 Plano de validade

É necessária a verificação de algum VÍCIO INVALIDANTE (CC, Arts. 166 e 171)[20] na declaração de vontade. O NEGÓCIO JURÍDICO reclama para a sua validade: (art. 104, CCB):[21] – capacidade do agente; – licitude do

---

20 CC 2002 – Art. 166. É nulo o negócio jurídico quando: I – celebrado por pessoa absolutamente incapaz; II – for ilícito, impossível ou indeterminável o seu objeto; III – o motivo determinante, comum a ambas as partes, for ilícito; IV – não revestir a forma prescrita em lei; V – for preterida alguma solenidade que a lei considere essencial para a sua validade; VI – tiver por objetivo fraudar lei imperativa; VII – a lei taxativamente o declarar nulo, ou proibir-lhe a prática, sem cominar sanção.
CC 2002 – Art. 171. Além dos casos expressamente declarados na lei, é anulável o negócio jurídico: I – por incapacidade relativa do agente; II – por vício resultante de erro, dolo, coação, estado de perigo, lesão ou fraude contra credores.

21 De acordo com o artigo 104 do Código Civil brasileiro, a validade do negócio jurídico requer: I – agente capaz; II – objeto lícito, possível, determinado ou determinável; III – forma prescrita ou não defesa em lei. (Correspondente ao art. 82 do CC de 1916).

objeto; – forma adequada. São passíveis de ANULAÇÃO aqueles negócios contaminados por vício de consentimento ou incapacidade relativa do agente (CC, art. 171).

2.6.5 Nulidade

Nulidade. Quando falta ao negócio um de seus REQUISITOS ESSENCIAIS, de maneira que o evento defeituoso se apresenta como fato simples (existente), mas não como ato jurídico. Neste caso, NÃO HÁ FALTA DE ELEMENTO ESSENCIAL, MAS DE REQUISITO LIGADO A ELE. A NULIDADE É COGITADA NO ARTIGO 166 DO CCB.

2.6.6 Diferença entre ato jurídico inexistente e ato jurídico nulo

Este existe como fato impotente para produzir efeitos jurídicos, enquanto aquele nem existe como fato.

2.6.7 Anulabilidade

A anulabilidade representa um grau menor de eficácia, porque o defeito do negócio jurídico não o afeta tão profundamente, como a falta de um requisito essencial. Assim, o ato jurídico existe e tem aptidão de produzir efeitos, todavia a lei confere a uma das partes a faculdade de requerer sua ANULAÇÃO, eliminando, retroativamente, todos os seus efeitos. Ao contrário da NULIDADE, a ANULABILIDADE não opera de pleno direito; reclama, portanto, sentença em ação promovida pela parte interessada usando a desconstituição do ato defeituoso.

De acordo com as lições de Humberto Theodoro Júnior as distinções entre nulidade e anulabilidade podem ser apontadas da seguinte forma: 1) A NULIDADE decorre de ofensa a interesse público; é no interesse de toda a coletividade que se impõe a nulidade, sendo geral o seu alcance e operando *erga omnes* sua eficácia (art. 168); a ANULABILIDADE corresponde a ofensa a interesse privado; seu decreto se dá no interesse do prejudicado, ou de um grupo determinado de pessoas, ficando sua eficácia restrita aos que a alegaram (art. 177, 2ª parte). 2) A NULIDADE não se sujeita a prazo extintivo, prescricional ou decadencial, podendo ser arguida e reconhecida a qualquer tempo (art. 169); a ANULABILIDADE corresponde a direito potestativo do prejudicado, que se extingue em curto prazo de natureza decadencial (arts. 178 e 179). 3) A NULIDADE, quando manifesta, é decretável de ofício pelo juiz, e pode ser, sempre, arguida pelo Ministério Público (art. 168 e parágrafo único); a ANULABILIDADE não permite declaração *ex officio*, nem por provocação do Ministério Público, visto que "só os interessados a podem alegar" (art. 177, 2ª parte). 4) A NULIDADE, em princípio, impede que o negócio produza efeitos jurídicos; enquanto o negócio ANULÁVEL tem assegurada a produção de todos os seus efeitos jurídicos, enquanto o interessado não promover-lhe a invalidação (art. 177, 1ª parte); 5) A NULIDADE, quando objeto de sentença, corresponde ao provimento de ação declaratória; a ANULABILIDADE é sempre objeto de ação constitutiva.[22]

2.6.8 Plano de eficácia

Vários são os fatores que condicionam a produção de efeitos do negócio jurídico. O negócio válido, mas sujeito a termo ou condição suspensiva, não se reveste de EFICÁCIA imediata. Outras vezes a lei cria um mecanismo de INEFICÁCIA PARCIAL ou RELATIVA: a declaração de vontade atinge as partes, mas não produz efeitos em relação a certa pessoa ou a terceiros (inoponibilidade). Exemplo típico de INEFICÁCIA RELATIVA é o contrato de locação de imóveis: seus efeitos operam sempre em relação ao locador e locatário. Se houver cláusula de validade contra terceiros, devidamente inscrita no RGI, os efeitos serão oponíveis também ao eventual comprador do prédio locado (Lei 8.245/91, art. 8º). A ineficácia pode decorrer da própria estrutura do negócio jurídico (termo, condição, etc.).

2.6.9 Invalidade e ineficácia dos contratos

A validade dos contratos está relacionada à observância das regras legais relativas a seus pressupostos e requisitos. Logo, a *invalidade* implica *ineficácia*. São, pois, institutos jurídicos distintos. Um contrato inválido é ineficaz, todavia, a recíproca não é verdadeira. O contrato pode ser válido e ineficaz, ou inválido e eficaz.

O contrato poderá ser considerado inválido na ausência de um dos seus pressupostos (e.g., contrato celebrado pelo absolutamente incapaz) ou na hipótese de defeito do negócio jurídico (por exemplo, consentimento manifestado por erro, dolo, etc.).

O contrato será considerado ineficaz, *stricto sensu*, quando, embora válido, não produz, temporária ou definitivamente, total ou parcialmente, seus efeitos. É o caso do contrato apresentar uma cláusula subordinando sua execução a condição suspensiva. Daí seus efeitos somente serão produzidos se a condição se verificar e a partir de seu implemento.

Assim, a ineficácia, *lato sensu*, compreende a ineficácia (*stricto sensu*), a *invalidade propriamente dita* e a *inexistência*. São situações distintas que impossibilitam a produção de efeitos nos contratos.

22 THEODORO JÚNIOR, Humberto. *Comentários ao novo código civil*. Vol. III, Tomo I. Rio de Janeiro: Forense. 2003. p. 548-550.

2.6.10 Quadro. Plano da existência, plano da validade e plano da eficácia

PLANO DA EXISTÊNCIA	Existir Inexistir
PLANO DA VALIDADE	Validade Invalidade (nulidade)
PLANO DA EFICÁCIA	Eficaz Ineficaz

Capítulo 3

PRINCÍPIOS FUNDAMENTAIS NAS RELAÇÕES JURÍDICAS CONTRATUAIS

3.1 Exposição de Motivos do Novo Código Civil

Em 6 de junho de 1975, Armando Falcão, ministro da Justiça, encaminhou ao nosso Presidente da República o Projeto de Código Civil, cujo Anteprojeto é de autoria dos professores Miguel Reale, na qualidade de supervisor, José Carlos Moreira Alves, Agostinho de Arruda Alvim, Sylvio Marcondes, Ebert Chamoun, Clóvis do Couto e Silva e Torquato Castro, que elaboraram, respectivamente, a matéria relativa a Parte Geral, Direito das Obrigações, Atividade Negocial, Direito das Coisas, Direito de Família e Direito das Sucessões, tendo o professor Moreira Alves acumulado, durante certo tempo, as funções de Coordenador da Comissão de Estudos Legislativos.

Miguel Reale, na Exposição de Motivos do Novo Código Civil, fundamenta e justifica a empreitada realizada, em conformidade com as seguintes diretrizes:

a) Compreensão do Código Civil como lei básica, mas não global, do Direito Privado, conservando-se em seu âmbito, por conseguinte, o Direito das Obrigações, sem distinção entre obrigações civis e mercantis, consoante diretriz já consagrada, nesse ponto, desde o Anteprojeto do Código de Obrigações de 1941, e reiterada no Projeto de 1965.
b) Considerar elemento integrante do próprio Código Civil a parte legislativa concernente às atividades negociais ou empresárias em geral, como desdobramento natural do Direito das Obrigações, salvo as matérias que reclamam disciplina especial autônoma, tais como as de falência, letra de câmbio, e outras que a pesquisa doutrinária ou os imperativos da política legislativa assim o exijam.
c) Manter, não obstante as alterações essenciais supra indicadas, a estrutura do Código ora em vigor, por considerar-se inconveniente, consoante opinião dominante dos juristas pátrios, a supressão da Parte Geral, tanto do ponto de vista dos valores dogmáticos,

quanto das necessidades práticas, sem prejuízo, é claro, da atualização de seus dispositivos, para ajustá-los aos imperativos de nossa época, bem como às novas exigências da Ciência Jurídica.

d) Redistribuir a matéria do Código Civil vigente, de conformidade com os ensinamentos que atualmente presidem a sistemática civil.

e) Preservar, sempre que possível, a redação da atual Lei Civil, por se não justificar a mudança de seu texto, a não ser como decorrência de alterações de fundo, ou em virtude das variações semânticas ocorridas no decorrer de mais de meio século de vigência.

f) Atualizar, todavia, o Código vigente, não só para superar os pressupostos individualistas que condicionaram a sua elaboração, mas também para dotá-lo de institutos novos, reclamados pela sociedade atual, nos domínios das atividades empresárias e nos demais setores da vida privada.

g) Aproveitar, na revisão do Código da 1916, como era de se esperar de trabalho científico ditado pelos ditames do interesse público, as valiosas contribuições anteriores em matéria legislativa, tais como os Anteprojetos de Código de Obrigações, de 1941 a de 1965, este revisto pela douta Comissão constituída pelos ilustres juristas Orosimbo Nonato, Presidente, Caio Mário da Silva Pereira, relator-geral, Sylvio Marcondes, Orlando Gomes, Theophilo de Azeredo Santos e Nehemias Gueiros; e o Anteprojeto de Código Civil, de 1963, de autoria do Prof. Orlando Gomes.

h) Dispensar igual atenção aos estudos e críticas que tais proposições suscitaram, a fim de ter-se um quadro, o mais completo possível, das ideias dominantes no País, sobre o assunto.

i) Não dar guarida no Código senão aos institutos e soluções normativas já dotados de certa sedimentação e estabilidade, deixando para a legislação aditiva a disciplina de questões ainda objeto de fortes dúvidas e contrastes, em virtude de mutações sociais em curso, ou na dependência de mais claras colocações doutrinárias, ou ainda quando fossem previsíveis alterações sucessivas para adaptações da lei à experiência social e econômica.

Eliminar do Código Civil quaisquer regras de ordem processual, a não ser quando intimamente ligadas ao direito material, de tal modo que a supressão delas lhe pudesse mutilar o significado.

l) Incluir na sistemática do Código, com as revisões indispensáveis, a matéria contida em leis especiais promulgadas após 1916.

m) Acolher os modelos jurídicos validamente elaborados pela jurisprudência construtiva de nossos tribunais, mas fixar normas para superar certas situações conflitivas, que de longa data comprometem a unidade e a coerência de nossa vida jurídica.

n) Dispensar de formalidades excessivamente onerosas, como, por exemplo, a notificação judicial, onde e quando possível obter-se o mesmo resultado com economia natural de meios; ou dispensar-se a escritura pública, se bastante documento particular devidamente registrado.
o) Consultar entidades públicas e privadas, representativas dos diversos círculos de atividades e interesses objeto da disciplina normativa, a fim de que o Anteprojeto, além de se apoiar nos entendimentos legislativos, doutrinários e jurisprudenciais, tanto nacionais como alienígenas, refletisse os anseios legítimos da experiência social brasileira, em função de nossas peculiares circunstâncias.
p) Dar ao Anteprojeto antes um sentido operacional do que conceitual, procurando configurar os modelos jurídicos à luz do princípio da realizabilidade, em função das forças sociais operantes no País, para atuarem como instrumentos de paz social e de desenvolvimento".

Miguel Reale afirma, ainda, que "constituída em maio de 1969, a 'Comissão Revisora e Elaboradora do Código Civil', após vários meses de pesquisas e sucessivas reuniões, entregou ao então ministro da Justiça, Prof. Alfredo Buzaid, o primeiro texto do Anteprojeto, solicitando que fosse publicado a fim de serem recebidas sugestões e emendas de todos os interessados.

Sobre esse primeiro Anteprojeto, publicado em 7 de agosto de 1972, manifestaram-se não somente as principais corporações jurídicas do País, tribunais, instituições e universidades, mas também entidades representativas das diversas categorias profissionais, com a publicação de livros e artigos em jornais e revistas especializadas. Conferências e simpósios foram, outrossim, realizados em vários Estados, sobre a reforma programada, sendo as respectivas conclusões objeto da mais cuidadosa análise por parte da Comissão.

Valendo-se de todo esse precioso material, a Comissão voltou a reunir-se por diversas vezes, fiel ao seu propósito de elaborar um Anteprojeto correspondente às reais aspirações da sociedade brasileira, graças à manifestação dos diferentes círculos jurídicos, e de quantos se interessaram pelo aperfeiçoamento de nossa legislação civil.

De tais estudos resultou novo Anteprojeto, publicado em 18 de junho de 1974, abrangendo grande número de emendas e alterações que a Comissão houve por bem acolher, assim como outras de sua iniciativa, decorrentes de investigação própria.

Em virtude dessa segunda publicação, novas sugestões e emendas foram analisadas pela Comissão, daí resultando o texto final, que, no dizer de seus autores, transcende as pessoas dos que o elaboraram, tão fundamental e fecunda foi a troca de ideias e experiências com os mais distintos setores da comunidade brasileira".

3.2 A filosofia do Código Civil brasileiro

O Código Civil brasileiro de 2002 buscou superar a tendência de absolutização do indivíduo. Miguel Reale mencionava na Exposição de Motivos que "superado de vez o individualismo, que condicionara as fontes inspiradoras do Código vigente; reconhecendo-se cada vez mais que o Direito é social em sua origem e em seu destino, impondo a correlação concreta e dinâmica dos valores coletivos com os individuais, para que a pessoa humana seja preservada sem privilégios e exclusivismos, numa ordem global de comum participação, não pode ser julgada temerária, mas antes urgente e indispensável, a renovação dos códigos atuais, como uma das mais nobres e corajosas metas do governo".[1]

Os princípios fundamentais que nortearam o novo Código Civil podem ser identificados como: a) princípio da *realizabilidade* ou *operabilidade*; b) princípio da *concretude*; c) princípio da *socialidade*; e d) princípio da *Eticidade*.

Em relação ao princípio da *realizabilidade*, Miguel Reale afirma que "dar ao Anteprojeto antes um sentido operacional do que conceitual, procurando configurar os modelos jurídicos à luz do princípio da realizabilidade, em função das forças sociais operantes no País, para atuarem como instrumentos de paz social e de desenvolvimento".[2]

Da mesma forma, o mestre afirma, em sua *Filosofia do direito*, que "a Ciência do Direito, especialmente no Brasil, ainda está muito imbuída de 'racionalidade abstrata', no sentido de que a experiência jurídica possa toda ela ser reduzida a uma sucessão de silogismos ou de atos atribuíveis a uma entidade abstrata, ao '*homo juridicus*'. A técnica jurídica, operando com meros dados lógico-formais, vai, aos poucos, firmando a convicção errônea de que o juiz deve ser a encarnação desse mundo abstrato de normas, prolatando sentenças como puros atos da razão. Na realidade, sabemos que o juiz, antes de ser juiz, é homem partícipe de todas as reservas afetivas, das inclinações e das tendências do meio social, e que nós não podemos prescindir do exame dessas circunstâncias, numa visão concreta da experiência jurídica, por mais que deve ser necessariamente a nossa aspiração de certeza e de objetividade.[3]

Os autores tentaram assegurar ao novo Código Civil brasileiro o sentido de "socialidade" e "concreção", os dois princípios que fundamentalmente informam e legitimam a obra.[4]

1 REALE, Miguel. *Exposição de Motivos do Novo Código Civil Brasileiro*. Diário do Congresso Nacional (Seção I) – Suplemento (B), de 13 de junho de 1975, p. 108.

2 *Ibid.*, p. 110.

3 REALE, Miguel. *Filosofia do direito*. 19. ed. São Paulo: Saraiva, 1999, p. 136.

4 REALE, *Op. cit.*, 1975, p. 110.

Na Exposição de Motivos, Reale anota que "não procede a alegação de que a Parte Geral, como a do Código Civil alemão, ou do nosso, de 1916, não representa mais que uma experiência acadêmica de distínguos conceituais, como fruto tardio da pandectística do século passado. Quando a Parte Geral, além de fixar as linhas ordenadoras do sistema, firma os princípios ético-jurídicos essenciais, ela se torna instrumento indispensável e sobremaneira fecundo na tela da hermenêutica e da aplicação do Direito. Essa função positiva ainda mais se confirma quando a orientação legislativa obedece a imperativos de sociabilidade e concreção, tal como se dá no presente Anteprojeto.

Não é sem motivos que reitero esses dois princípios, essencialmente complementares, pois o tão grande risco da tão reclamada socialização do Direito consiste na perda dos valores particulares dos indivíduos e dos grupos; e o risco não menor da concretude jurídica reside na abstração e olvido de características transpessoais ou comuns aos atos humanos, sendo indispensável, ao contrário que o individual ou o concreto se balance e se dinamize com o serial ou o coletivo, numa unidade superior de sentido ético.

Tal compreensão dinâmica do que deve ser um Código implica uma atitude de natureza operacional, sem quebra do rigor conceitual, no sentido de se preferir sempre configurar os modelos jurídicos com a amplitude de repertório, de modo a possibilitar a sua adaptação às esperadas mudanças sociais, graças ao trabalho criador da Hermenêutica, que nenhum jurista bem informado há de considerar tarefa passiva e subordinada. Daí o cuidado de salvaguardar, nas distintas partes do Código, o sentido plástico e operacional das normas, conforme inicialmente assente como pressuposto metodológico comum, fazendo-se, para tal fim, as modificações e acréscimos que o confronto dos texto revela.

O que se tem em vista é, em suma, uma estrutura normativa concreta, isto é, destituída de qualquer apego a meros valores formais abstratos. Esse objetivo de concretude impõe soluções que deixam margem ao juiz e à doutrina, com frequente apelo a conceitos integradores da compreensão ética, tal como os de boa-fé, equidade, probidade, finalidade social do direito, equivalência de prestações etc., o que talvez não seja do agrado dos partidários de uma concepção mecânica ou naturalística do Direito, mas este é incompatível com leis rígidas de tipo físico-matemático. A exigência de concreção surge exatamente da contingência insuperável de permanente adequação dos modelos jurídicos aos fatos sociais "*in fieri*".[5]

Por fim, o princípio da *eticidade* traduz uma hermenêutica lastreada nas noções de moral, ética, boa-fé, honestidade, lealdade e confiança.

5 *Ibid.*, p. 113;

3.3 Princípios fundamentais do código civil e a dignidade da pessoa humana

GISELDA HIRONAKA ensina que "*eticidade, sociabilidade, operabilidade* e *sistematicidade* foram os traços característicos principais do Código Civil que temos em vigor, no Brasil. Seu grande mentor, o jus-filósofo Miguel Reale, desejou exatamente construir uma nova ordem hermenêutica, de sorte a conferir, ao magistrado, a atribuição de matizar suas decisões com uma maior participação pessoalizada, voltada para os valores éticos, levando sempre em consideração, e primeiro, o valor da pessoa humana, como fonte de todos os demais valores."[6]

Daí é necessário trilharmos os caminhos da hermenêutica e adentrarmos num colorido especial acerca da dignidade da pessoa humana antes mesmo de enfrentarmos os princípios contratuais que estruturam o nosso Código Civil brasileiro.

De acordo com Ingo Sarlet, "no pensamento filosófico e político da antiguidade clássica, verificava-se que a dignidade (*dignitas*) da pessoa humana dizia, em regra, com a posição social ocupada pelo indivíduo e o seu grau de reconhecimento pelos demais membros da comunidade, daí poder falar-se em uma quantificação e modulação da dignidade, no sentido de se admitir a existência pessoas mais dignas ou menos dignas. Por outro lado, já no pensamento estoico, a dignidade era tida como a qualidade que, por ser inerente ao ser humano, o distinguia das demais criaturas, no sentido de que todos os seres humanos são dotados da mesma dignidade, noção esta que se encontra, por sua vez, intimamente ligada à noção de liberdade pessoal de cada indivíduo (o homem como ser livre e responsável por seus atos e seu destino), bem como a ideia de que todos os seres humanos, no que diz com a sua natureza, são iguais em dignidade. Com efeito, de acordo com o jurisconsulto político e filósofo romano Marco Túlio Cícero, é a natureza quem descreve que o homem deve levar em conta os interesses de seus semelhantes, pelo simples fato de também serem homens, razão pela qual todos estão sujeitos às mesmas leis naturais, de acordo com as quais é proibido que uns prejudiquem aos outros, passagem na qual (como, de resto, encontrada em outros autores da época) se percebe a vinculação da noção de dignidade com a pretensão de respeito e consideração a que faz jus todo ser humano. Assim, especialmente em relação a Roma – notadamente a partir das formulações de Cícero, que desenvolveu um compreensão da dignidade desvinculada do cargo ou posição social – é possível reconhecer a coexistência de um sentido moral (seja no

---

6 HIRONAKA, Giselda. Principiologia contratual e a valoração ética no Código Civil Brasileiro. Civilistica.com. Rio de Janeiro, a. 3, nº 1, jan.-jun./2014. Disponível em: <http://civilistica.com/principiologia-contratual-e-a-valoracao-etica-no-codigo-civil-brasileiro/>. 03 out. 2016.

que diz às virtudes pessoais do mérito, integridade, lealdade, entre outras, seja na acepção estoica referida) e o sociopolítico de dignidade (aqui no sentido da posição social e política ocupada pelo indivíduo)."[7]

Dessa maneira, é possível afirmar que os primórdios da dignidade da pessoa humana encontram-se na antiguidade clássica e o seu sentido e alcance estava relacionado à posição que cada indivíduo ocupava na sociedade. A palavra *dignidade* provém do latim *dignus* que representa aquela pessoa que *merece estima e honra*, ou seja, aquela pessoa que é importante em um grupo social.

No período medieval, a dignidade da pessoa humana passou a entrelaçar-se aos valores inerentes à filosofia cristã. Melhor dizendo: a ideia de dignidade passa a ficar vinculada a cada individuo, lastreada no pensamento cristão em que o homem é criação de Deus sendo salvo de sua natureza originária por Ele e possuindo livre arbítrio para a tomada de suas decisões. Severino Boécio (480-524) é o divisor de águas de dois tempos: a antiguidade e o medievo. Boécio é, pois, o precursor da definição filosófica de pessoa (humana), embora seu desenvolvimento pleno tenha se dado na metade do século XIII. O seu contributo foi situar a pessoa humana no horizonte da racionalidade a partir de sua condição de singularidade. A partir de Boécio, a noção de pessoa como substância individual e racional elevou o ser humano a uma nova esfera de dignidade e responsabilidade, implicando nova perspectiva de ser e estar no mundo.

De acordo com Savian Filho[8] e Ricardo Antonio Rodrigues[9], "Boécio elabora no capítulo III, do texto *Contra Eutychen et Nestorium* a definição de Persona que se tornará clássica no pensamento medieval e moderno. Já presente no contexto das controvérsias teológicas dos primeiros séculos, em oposição com natura (*physis*) e essentia (*ousia*), persona tornou-se palavra central também para a antropologia filosófica e teológica. Para um breve histórico dos principais passos da evolução do conceito convém considerar que há sempre controvérsias em torno dessa palavra, mas que passou por seu significado ligado ao teatro; sentido de máscara, inclusive ligada a antiguidade Greco-romana do culto à divindade Perséfone, onde a tal objeto se chamava *phersu*, e era usado nos rituais religiosos; depois o próprio sentido do teatro, inclusive é essa conotação mais aproximada se considerarmos a língua grega. O sentido geral dos romanos é que persona não era apenas o objeto em si,

7 SARLET, Ingo Wolfgang. *A eficácia dos direitos fundamentais: uma teoria geral dos direitos fundamentais na perspectiva constitucional.* 10. ed. Porto Alegre: Livraria dos Advogados; 2011, p. 34-36.

8 BOÉCIO. *Escritos* (OPUSCULA SACRA). Tradução, introdução, estudos introdutórios e notas Juvenal Savian Filho. Prefácio de Marilena Chauí. São Paulo: Martins Fontes, 2005, p.225-227.

9 RODRIGUES, Ricardo Antonio. *Severino Boécio e a Invenção Filosófica da Dignidade Humana.* In: Seara Filosófica. N° 5, Verão, 2012, p. 3-20.

mas também o papel desempenhado por cada ator e ligando ao Direito e ao sentido político, tal máscara não caracterizava algo de essencial, pois era a expressão do papel mutável e não essencial exercido por quem a usava. Tinha como uma conotação de personalidade no sentido do não essencial. Isso em se tratando do século I. Já para os gregos *prosopón* tinha uma conotação que transcendia o aspecto gramatical, jurídico, religioso, e fundava-se num caráter mais filosófico de insurreição contra o trágico da existência, que somos também contingência e isso implica uma luta para a afirmação da liberdade. Parece haver uma relação entre a leitura de Boécio, Agostinho e os padres Capadócios, pois a ideia de individualidade, substância, etc têm relação direta com a leitura trinitária de Deus. Ou seja, não há como negar que a leitura filosófica e antropológica de Boécio sobre a pessoa humana tenha um viés fortíssimo da teologia trinitária cristã."

Para Boécio o primordial não é o coletivo como fundamento, mas o sujeito que pensa e reflete e, por isso, é capaz de viver em comunidade. Assim, a contribuição de Boécio foi deslocar o sentido de racionalidade e individualidade como condição primeira, destacando a noção de individualidade com o acento na racionalidade da pessoa. Na visão do autor, as coisas inanimadas, os animais, os vegetais não podem nunca serem elevados a condição de pessoa, mas somente dos seres portadores de alma racional. [10]

Boécio afirma que "disso tudo decorre que, se há pessoa tão somente nas substâncias, e naquelas racionais, e se toda substância é uma natureza, mas não consta nos universais, e, sim, nos indivíduos, a definição que se obtém de pessoa é a seguinte: "substância individual de natureza racional"".[11] Aqui a pessoa humana um estatuto de 'superioridade' aos demais seres, exceto aos anjos e as pessoas divinas.

Boécio "ao enfatizar a dimensão da natureza racional e do caráter individual da pessoa, sua definição ao considerar que a pessoa humana, como na tradição cristã, é imagem da própria Trindade, essa ênfase na dimensão racional e individual acabou sendo o pressuposto central, não só no cristianismo, mas em toda cultura ocidental para o que denominamos de dignidade humana."[12]

Dessa forma, a compreensão da dignidade humana é vista a partir de um estatuto ontológico. A própria condição humana, o simples fato de sermos humanos, representa a garantia de certos direitos fundamentais fundados numa dignidade que é a priori.

BOAVENTURA DE BAGNOREGIO (São Boaventura) também elaborou uma síntese filosófica sobre pessoa ao escrever o *De Trinitate* em 1254-7. De acordo com Ricardo Antonio Rodrigues, São Boaventura, "certamente tenha

10 *Ibid.*
11 *Ibid.*
12 *Ibid.*

se dado conta de que a pessoa divina não pode ser interpretada dentro do mesmo estatuto epistêmico que se apreende e compreende intelectivamente qualquer ente, ou como algo similar a uma coisa, pois a relação que é uma herança da noção trinitária, e por analogia aplicada à pessoa humana. [...] a pessoa humana como relação, é condição de estar e ser-no-mundo com os demais seres e coisas, e, com isso, não esteja apenas orientada para um solipsismo, ou mesmo uma solidão fechada e desesperadora que angustia e oprime. Para o nosso autor, a pessoa como relação é abertura, projeção e orientação que tende ao transcendente, aos outros e ao mundo. A relação como categoria essencial (São Boaventura, Hex., col. 12, nº 14) dispõe a condição humana como singularidade, incomunicabilidade e suprema dignidade (São Boaventura, III Sent., d. 5, a. 2, q. 2, ad.1)." [13]

Assim, a expressão da pessoa humana como alguém e não como algo, portanto, para Boaventura lhe dá "um caráter de dignidade diferenciada, inspira-se num movimento imitativo, mas com as devidas proporções e diferenças da realidade trinitária. Com isso, é possível pensarmos a pessoa, segundo o autor, no caso do humano, não apenas como coisa ou mesmo supercoisa, mas como um existente em processo, e numa perspectiva do devir, que é sendo; uma recorrente vocação a ser o que se é e o que se deve ser num complexo feixe ou nó de relações, como no exemplo da Trindade, algo que racionalmente é apreensível, de certo modo e até certo ponto, mas, que em sua mais profunda realidade, mantém-se mistério. [...] Assim, dentro desse horizonte a pessoa humana como semelhança da trindade não é um produto acabado ou uma essência fechada, mas perspectiva, eterna possibilidade, uma incomunicabilidade que tende à saída de si como projeção que se identifica ao relacionar-se, ao tender com tudo e com todos. Não que lhe falte algo que se consiga através da relação, mas a relação aperfeiçoa, mas que só se dá pela singularidade e pela realidade concreta do que se é.[...] A pessoa humana na perspectiva *bona*venturiana possui uma exigência própria de ser que o impele a ser mais sempre, quase que de uma forma imperativa no sentido do "torna-te quem tu deves ser". E esse ser mais tem um significado de que a relação que o situa e o identifica pode agregar ao seu ser, não um acréscimo identitário que lhe falte, mas a possibilidade de enriquecer ainda mais a sua realidade singular e pessoal ao encontrar-se com a alteridade."[14]

Vale destacar que o conceito da pessoa humana na concepção *bona*venturiana como relação é importantíssimo para o direito, já que traduz a relação com os outros, o cuidado, a alteridade, característica fundamental da norma jurídica. É essencial para a compreensão do direito como relação jurídica de cooperação, ou seja, o ser com os outros.

13 RODRIGUES, Ricardo Antonio. *A Pessoa Humana é Relação*. In: Thaumazein, Ano IV, número 08, Santa Maria (dezembro de 2011), pp. 73-87.

14 *Ibid.*

Santo Tomás de Aquino (1225-1274), a partir da sistematização plena da cultura grega e latina, desencadeou o chamado *humanismo filosófico*. Com ele a pessoa humana é vista como portadora de uma dignidade vigorosa por ser Imagem de Deus. Há indícios de que Tomás de Aquino tenha escrito a Suma Teológica, pelo menos a primeira parte, segundo alguns cronologistas entre 1265 e 1271, ou seja, mais ou menos uma década após Boaventura ter redigido suas conclusões sobre a Trindade.[15]

São Tomás de Aquino afirma que "o termo dignidade é algo absoluto e pertence à essência", situando-o como um requisito inerente à condição humana.[16] Bruno Amaro Lacerda diz que Tomás de Aquino, partindo da definição de "pessoa" formulada por Boécio ("substância individual de natureza racional"), explica que "o homem é uma substância racional porque tem o domínio de seus atos, agindo por si mesmo e não pelo comando de outros seres. Em outras palavras, o homem é livre, pois tem o poder de determinar-se, de agir por si mesmo. Isso lhe confere uma superioridade em relação a todas as outras substâncias (entes) que não compartilham da mesma potência. Essa superioridade é chamada expressamente de dignidade: "Ora, é grande dignidade subsistir em uma natureza racional. Por isso dá-se o nome pessoa a todo indivíduo dessa natureza, como foi dito" (Suma Teológica, I, 29, 3)."[17]

Dessa forma, com São Tomas de Aquino, a dignidade da pessoa humana fincou fundamento na ideia de que o ser humano fora criado à imagem e semelhança de Deus, mas sobretudo na capacidade de autodeterminação inerente à natureza humana. O ser humano é livre por sua natureza, vivendo em função de usa própria vontade. Nos estudos de São Tomas de Aquino é possível perceber o destaque para a liberdade do homem o que, certamente, auxiliou Kant em seus estudos sobre a autonomia ética do ser humano.

Outro destaque na filosofia relacionada à *dignidade da pessoa* é Giovanni Pico. Ele nasceu em Mirandola, norte da Itália, em 24 de fevereiro de 1463, e faleceu em Florença, também na Itália, em 17 de novembro de 1496. Dentre suas obras, é importante destacar o *Discurso sobre a dignidade do homem*, uma espécie de manifesto renascentista do homem, descrito como centro do mundo (antropocentrismo).

De acordo com as lições de Bruno Amaro Lacerda, Giovanni Pico "não se limita a dizer que o homem é livre para escolher seus próprios fins, mas que, ao escolhê-los, o homem encontra a sua própria essência. O homem não é apenas o "animal racional" capaz de escolher, mas o ser que está fadado a escolher. É como se Deus houvesse condenado o homem à escolha, dado a

15 *Ibid.*

16 AQUINO, São Tomás de. *Suma de Teología*. 4. ed. Madri: Biblioteca de Autores Cristianos, 2001, p.411.

17 LACERDA, Bruno Amaro. *A Dignidade Humana Em Giovanni Pico Della Mirandola. In:* Revista *Legis Augustus* (Revista Jurídica) Vol. 3, nº 1, p. 16-23, setembro 2010.

ele a capacidade de, por seus atos livres, tornar-se o que deve ser. Percebe-se, então, que o homem está acima dos animais não simplesmente por ser racional, mas porque a razão o impele em direção a algo que nenhum animal pode conseguir: a determinação do seu próprio ser. É interessante relacionar essa constatação com outro aspecto da filosofia de Pico, o apreço pela magia, vista não como poder sobrenatural, mas como capacidade de conhecer a natureza, de descobrir seus segredos e transformá-la. O homem não está apenas "no mundo"; ele também atua "sobre o mundo", coloca-o a seu serviço. [...] Isto é interessante porque mostra de que modo o homem é semelhante a Deus. O homem, ser livre, é capaz de atos de criação, de transformação de si mesmo e do mundo onde vive. Sua dignidade decorre dessa capacidade criadora e inovadora, que o torna imagem de Deus, microcosmo que reflete, em escala menor, o poder divino da criação. O que torna Pico um dos primeiros renascentistas é essa visão da dignidade humana como capacidade de autodeterminação e criação a partir da transformação da natureza. A razão e a inteligência do homem não possuem exclusivamente um alcance ético, mas também um viés poético (de poiésis: produção, fabricação). A originalidade de Pico, que o torna elo entre duas eras, a medieval e a moderna, está nessa visão do homem. A liberdade é o dom que o homem recebeu. Sua dignidade está em saber usá-lo bem, transformando o mundo e a si mesmo em direção ao melhor [...] O melhor, assim, é tudo aquilo que eleva o homem, que o torna construtor, criador, uma espécie de demiurgo do mundo, aproximando-o de Deus. É isso que, segundo Pico, converte o homem em um ser digno, merecedor de respeito por parte dos outros homens: o autoaperfeiçoamento, a capacidade de se tornar, pelo uso da razão, um "animal celeste", próximo à máxima perfeição."[18]

Importante destacar, também, o contributo de Marsilio Ficino (1433-1499) no Humanismo renascentista, em especial, quanto à noção de dignidade da pessoa humana.[19]

De acordo com Guilherme Camargo Massaú "é possível visualizar em Ficino (como em Pico Della Mirandola) obra e atuação, uma ideia histórica diretamente ligada a um momento "original" da visão ocidental; trata-se de um percurso de representações teológicas específicas que contribuíram na formação do conceito de dignidade, estruturando pensamentos filosóficos puros, muitas vezes, ainda, de conceitualidade com base teológica.

A ideia de dignidade de Ficino enraizou-se, sobretudo, na imagem e semelhança do homem com Deus [...] O conceito de semelhança de Deus do homem de Ficino não se baseia somente sobre o parentesco de essência pre-

18 *Ibid.*

19 MASSAÚ, Guilherme Camargo. Dignidade Humana e *Marsilio Ficino:* a perspectiva do Renascimento. In: *Revista Direitos Humanos e Democracia* Unijuí: Unijuí, ano 2, nº 3, jan./jun, 2014, p.128-124.

sumido e principiológico entre o espírito humano e o divino. Tal perspectiva é fundamentada, especialmente, com a posição mediana cósmica do homem e seu papel intermediário no universo. A partir da representação platônica do provir e, simultaneamente, a do regresso, o florentino tenta demonstrar que o *mens* do homem origina-se do espírito divino e, ao mesmo tempo, da sua determinação finalística. A *mens* é *speculum Dei*, Deus é correlato da consciência da dignidade humana."[20]

Outrossim, é a partir da filosofia Kantiana – pensamento antropocentrista - que o conceito de dignidade humana passa a ser uma qualidade peculiar e insubstituível do ser humano. Em Kant, o homem é compreendido como ser racional e não como mero objeto social. É a partir de sua racionalidade que o homem é qualificado como pessoa (um ser racional como um fim em si mesmo, provido de razão). Dessa maneira, somente o ser humano é pessoa, já que este é racional. Kant ensina que "age de tal sorte que consideres a Humanidade, tanto na tua pessoa como na pessoa de qualquer outro, sempre e simultaneamente como fim e nunca simplesmente como meio [...] os seres racionais estão submetidos à lei segundo a qual cada um deles jamais se trate a si mesmo ou aos outros simplesmente como meio, mas sempre e simultaneamente como fim em si [...] o homem não é uma coisa, não é, por consequência, um objeto que possa ser tratado simplesmente como meio, mas deve em todas as suas ações ser sempre considerado como um fim em si."[21] [22]

Dessa forma, a maior qualidade de uma pessoa é, pois, a sua dignidade, como elemento fundamental e inerente à pessoa humana.

Verifica-se, pois, que o conceito de dignidade humana foi construído historicamente alinhado a evolução do pensamento humano.

Pensar o Direito em sua forma mais originária. Este é o desafio em direção às sendas da realização da tutela da dignidade da pessoa humana. É um pensar o Direito com as lentes voltadas para o mais essencial: a dignidade humana como valor fundamental da Constituição da República (art.1°, III, da CRFB/88).

O "saber" jurídico não pode ficar atrelado ao ente, dominado pela sua estrutura, mas sim deve caminhar sempre para além deste, ultrapassando-o, constantemente. O operador jurídico deve procurar superar o texto da lei, em busca do seu fundamento – em direção ao ser. O saber essencial do Direito não está posto, não é algo dado, objetificado (entitativo), mas sim desvelado

20 *Ibid.*

21 KANT, Immanuel. *Fondements de la métaphysique des Moeurs*. Paris: Librairie Philosophique J. Vrin, 1992. p. 105-111.

22 BARCELLOS, Ana Paula. *A Eficácia Jurídica dos Princípios Constitucionais*. O princípio da Dignidade da Pessoa Humana. Rio de Janeiro: Renovar, 2002, p. 107: "[...] Pode-se dizer que, para Kant, o homem é um fim em si mesmo – e não uma função do Estado, da sociedade ou da nação – dispondo de uma dignidade ontológica. O Direito e o Estado, ao contrário, é que deverão estar organizados em benefício dos indivíduos [...]."

ao julgador na análise do caso concreto decidendo. É um "saber" essencial que passa por cima do ente e procura atingir a sua forma mais originária. Somente quando ultrapassamos o ente, em busca do seu ser, as "proposições" jurídicas terão alguma justificação.

Nesse contexto, HEIDEGGER, na obra Sobre o Humanismo, afirma que "somente na medida em que o homem, ec-sistindo na Verdade do Ser, pertence ao Ser, é que pode provir do próprio Ser a recomendação das prescrições que tornar-se-ão para o homem lei e regra. Em grego, recomendar é némein. O nómos não é apenas a lei, porém, mais originalmente, a recomendação protegida pelo destinar-se do Ser. Só essa recomendação pode dispor o homem para o Ser. E somente essa disposição pode trazer e instaurar obrigações. Do contrário, toda a lei permanecerá e continuará apenas um produto (das Gemächte) da razão humana. Mais essencial para o homem do que todo e qualquer estabelecimento de regras é encontrar um caminho para a morada da Verdade do Ser."[23]

O esquecimento da Verdade do Ser em favor da "coisificação" do Direito, não pensado em sua essência, é o sentido de sua decadência. Sem a percepção desta essência todo o esforço e o cuidado para se "dizer o direito" transborda no vazio. As normas jurídicas em abstrato devem ganhar mais plenitude e colorido se considerarmos os estudos avançados de hermenêutica jurídica e concretude judicial, uma vez que aquela deixa de ser considerada como hermenêutica de orientação metodológica-científica (modo de conhecer) para ser estudada como hermenêutica ontológica (modo de ser).

A dogmática jurídica não pode esconder as vicissitudes da realidade material (mundo vivido) que o Direito deve tutelar, em especial, nas questões diretamente relacionadas ao Homem, sua dignidade e personalidade.

Sem focar o Direito na dignidade da pessoa humana, como pode o operador do direito aplicar as regras do direito posto? O primeiro passo é, pois, conhecer a dimensão ontológica do Direito.

A partir desse novo *lócus hermenêutico*, a relação jurídica deve ser compreendida como a realização do Direito, inserida no seu contexto histórico-cultural, ou seja, a ideia de relação jurídica deve estar em harmonia com os direitos fundamentais, com vistas a repersonalização da pessoa. É a realização do direito conduzida por uma questão prévia: a sintonia do Direito com os cânones da tutela da dignidade da pessoa humana. Daí a necessidade de uma nova racionalidade a partir de uma perspectiva ontológico-existencial.[24]

Melhor dizendo: é a possibilidade de análise do fenômeno jurídico a partir de suas vicissitudes totalitárias concretas no mundo da vida. É a relação jurídica ajustada a uma nova dinâmica social de inter-relação humana

23 HEIDEGGER, Martin. *Sobre o Humanismo*. Tradução de Emmanuel Carneiro Leão. 2.ed. Rio de Janeiro: Tempo Brasileiro, 1995, p.94-95.

24 MELLO, Cleyson de Moraes. *Hermenêutica e Direito*. Rio de Janeiro: Freitas Bastos, 2006.

vista a partir de suas especificidades concretizantes. É o Direito inserido na pós-modernidade.

É justamente por isso que os operadores do direito precisam ajustar a dogmática jurídica ao novo, ao efêmero, ao *poder-ser*, a diversidade, à diferença, ao pluralismo, bem como enfrentar as relações jurídicas a partir de sua dinamicidade espaço-tempo cultural.

O jurista não pode fechar os olhos para esta nova realidade, refugiando-se num formalismo positivista que prescinda de aproximações com a hermenêutica filosófica e constitucional.

É desta forma que o Direito não pode se ancorar no paradigma epistemológico da filosofia da consciência e na subjetividade. Observa-se a entificação do Direito. O Direito deve restar harmonioso com o modo de ser-no-mundo (mundo da vida). Dessa maneira é possível reconhecer o fundamento da concretização normativa desejada.

O pensamento jurídico não pode ser concebido a partir de um predomínio imposto pelos limites da razão e edificado com os poderes da racionalidade abstrata. A transcendência existencial torna-se uma alavanca de evolução da ciência jurídica, já que a concretização normativa ficará garantida através dos pilares do círculo hermenêutico.

A superação da filosofia da consciência, da relação sujeito-objeto, do subjetivismo, é à busca do homem em sua essência, como possibilidade e modo de ser-no-mundo, ou seja, é o caminho em direção a uma humanização do Direito. É o caminho para a (de)sentificação do Direito, já que um ente não pode fundar os entes. É a partir da hermenêutica como modo de ser-no-mundo que o Direito deve procurar caminhar por uma área de valores humanos peculiares, subtraídos à lógica formal do direito positivo.[25]

O Direito é um sendo, é um acontecer, é uma abertura de possibilidades. O ser deve ser compreendido a partir do homem em seu próprio acontecer, historicamente situado. A hermenêutica, com o viés da ontologia fundamental, procura interrogar o ser por meio da historicidade e da temporalidade do ser-aí, ou seja, compreender a questão do ser fora do contexto da tradição metafísica.

Desse modo, é a partir do pensar originário que a ciência jurídica vai desdobrando o seu jogo de preceitos legais. No viço dessa originalidade, pensar o Direito quer dizer: vir e chegar à plenitude de ser no Direito é a clarei-

25 Nessa linha de pensamento, Gianni Vattimo afirma que "se é verdade que é preciso procurar obter também no campo das ciências humanas uma forma de rigor e de exatidão que satisfaça as exigências de um ser metódico, isto deve fazer-se desde que se reconheça o que existe no homem de irredutível e peculiar; e esse núcleo é o humanismo da tradição, centrado em torno da liberdade, da escolha, da imprevisibilidade do comportamento, isto é, da sua constitutiva historicidade." VATTIMO, Gianni. *O Fim da Modernidade:* Niilismo e Hermenêutica na Cultura Pós-Moderna. Tradução Maria de Fátima Boavida. Lisboa: Presença, 1987. p.32.

ra, *aletheia*; é a essência do pensamento jurídico em seu desvelar-se, em seu dar-se originário. Vê-se, pois, a produção do Direito e não, simplesmente, a sua (re)produção jurídica. É essa operação do pensamento jurídico que possibilita a sua renovação pela (re)fundamentação de seu ser.

A compreensão é a própria abertura do ser-no-mundo, bem como é um existencial. Todo o compreender é derivado dessa compreensão existencial, que é a própria luz, iluminação, abertura, clareira, revelação do ser-aí, *alethéia*.

O Direito deve ser compreendido de modo originário e autêntico, desvinculado dos conceitos ingênuos e opiniões que a tradição em si as carrega. Há que se buscar uma abertura mais abrangente e mais originária do Direito.

É certo que na civilização moderna o conceito de pessoa brilha como estrela de primeira grandeza em seus mais diversos matizes nos campos da Moral, do Direito, da Filosofia, da Antropologia, da Sociologia, da Psicologia, da Religião, etc. Daí as diversas linhas teóricas e paradigmas que possuem como epicentro o conceito de pessoa. Nesta perspectiva torna-se difícil à busca de uma definição precisa acerca da dignidade da pessoa humana, em especial, na seara jurídica.

Na filosofia moderna, duas linhas teóricas condicionam-se mutuamente:[26] "é a reformulação do conceito de pessoa no campo conceptual da metafísica da subjetividade, intentada por Descartes e pelos cartesianos, que é o alvo da crítica empirista; e é a polêmica com essa crítica que leva Kant a um último e mais radical aprofundamento da concepção de pessoa em direção ao terreno da subjetividade absoluta. Na verdade, de Descartes a Kant e de Hobbes a Hume o conceito de pessoa oscila entre a unidade da consciência-de-si e a pluralidade das representações do Eu, aquela primeira e originária, essas coordenadas nominalisticamente nas múltiplas designações de que a pessoa é objeto."

Portanto, que é o homem? A despeito da interrogação filosófica sobre o homem no correr dos séculos, considerando o paradigma heideggeriano, é na dimensionalidade do *Dasein* que a dignidade da pessoa humana e a sua personalidade se desvelarão, uma vez que neste espaço o homem não é um ente, senão o aí-do-ser. É um novo paradigma de fundamentação do direito, já que pautado na dimensionalidade ontológica da pessoa humana.

Hoje em dia, o dizer o Direito nos chega por meio de um pensamento jurídico alienante e silente, pautado em um positivismo legalista.

Angustiante por natureza, a busca desenfreada pela segurança jurídica sufoca cada vez mais o pensar original. Um sistema jurídico axiologicamente neutro, atemporal, a-histórico já representa um perigo a ser evitado e uma

26 VAZ, Henrique Cláudio Lima. *Antropologia Filosófica II*. 4.ed. São Paulo: Loyola, 2003, p. 195.

ameaça a ser controlada pelos juristas. Caso contrário, imperar-se-á por toda a parte uma atitude de subserviência ao texto legal, representando, assim, a inautenticidade do Direito, isto é, a reificação do direito. Isso representa uma prestação jurisdicional restrita às atividades lógicas, científicas, cuja visão objetivista dos entes está em distonia com o mais digno de ser pensado, qual seja: o pensar o ser e a verdade da faticidade do ser-aí.

Dessa maneira o estatuto legitimador do Direito não será mais de cunho objetivista. Uma espécie de antropologia da faticidade abre-se como único lugar para a problematização do homem e da filosofia.[27] E por que não dizer do Direito? É, pois, um novo plano para se dizer o Direito em que se dão ente e ser , no nível do ente privilegiado. É a filosofia de Hedeigger ancorada nos teoremas da diferença ontológica e círculo hermenêutico. É neste nível que o Direito passa a receber seu estatuto legitimador.

Caberá, pois a jurisdição constitucional enfrentar as questões acerca da natureza da dignidade da pessoa humana a partir das especificidades dos casos concretos decidendos (concretude judicial), a partir de uma (re)fundamentação do pensamento jurídico.[28]

A dignidade da pessoa humana deve ser reconhecida pelo Direito, não como questão de validade da norma jurídica, senão como sentido do ser, como algo preexistente e anterior a todo fenômeno jurídico. É uma espécie de *a priori* do conhecimento na ontologia como hermenêutica da faticidade, como analítica existencial. É, pois, o *Dasein* como ser-no-mundo, como pressuposto de qualquer teoria do conhecimento ou fenômeno jurídico.

Em Ser e Tempo, Heidegger chama a atenção, logo no início, para a importância da compreensão pré-ontológica do ser. O filósofo afirma que "esse ente que cada um de nós somos e que, entre outras, possui em seu ser a possibilidade de questionar, nós o designamos com o termo pre-sença. A colocação explícita e transparente da questão sobre o sentido do ser requer uma explicação prévia e adequada de um ente (pre-sença) no tocante ao ser ser."[29]

Heidegger afirma, em entrevista ao *Der Spiegel*, que *Dasein* (pre-sença, ser-aí) "não é sinônimo nem de homem, nem de ser humano, nem de humanidade, embora conserve uma relação estrutural. Evoca o processo de constituição ontológica de homem, ser humano e humanidade. É na pre-sença que o homem constrói o seu modo de ser, a sua existência, a sua história, etc."[30]

27 STEIN, Ernildo. *Nas Proximidades da Antropologia*: Ensaios e Conferências Filosóficas. Ijuí: Unijuí, 2003, p.16.

28 Neste contexto, existem doutrinadores que negam a possibilidade de os juízes ingressarem na esfera do conteúdo ético da dignidade, já que tal tarefa deve ser efetuada a partir de um debate público que se processará na esfera parlamentar.

29 HEIDEGGER, Martin. *Ser e Tempo*. Parte I. Tradução de Márcia Sá Cavalcante Schuback. 12.ed. Petrópolis: Vozes, 2002, p.33.

30 Revista Tempo Brasileiro, n.50, julho/set. 1977. In HEIDEGGER, Martin. *Ser e Tempo*. Parte I. Tradução de Márcia Sá Cavalcante Schuback. 12.ed. Petrópolis: Vozes, 2002, p.309

Dessa maneira a compreensão da dignidade da pessoa humana não é uma compreensão empírica de algo enquanto algo, e sim condição de possibilidade desta última.

É necessário, pois, que o elemento nuclear da noção de dignidade da pessoa humana seja reconduzido a uma matriz heideggeriana, cujo ser-no-mundo é constituição necessária e fundamental do *Dasein*. É um existencial.

O esquecimento da Verdade do Ser em favor da avalanche do ente, não pensado em sua essência, é o sentido da "decadência", mencionada em *Ser e Tempo*. Da mesma forma, o esquecimento da tutela da dignidade humana em favor da ideia minimalista do homem-objeto, é o sentido da "decadência" do Direito.

A metafísica pensa o homem a partir da animalitas. Ela não o pensa na direção de sua humanitas.[31] É dessa maneira que Heidegger remete o ser humano para o lugar da compreensão do ser. Em *Sobre o Humanismo*, o filósofo afirma que "só se pode dizer ec-sistência da Essência do homem, isto é, do modo humano de "ser", pois somente o homem, até onde alcança a nossa experiência, foi introduzido no destino da ec-sistência."[32]

Heidegger chama a ec-sistência do homem, o estar na clareira do Ser. "Esse modo de ser só é próprio do homem. Assim entendida, a ec-sistência não é apenas o fundamento de possibilidade da razão, *ratio*. É também onde a Essência do homem con-serva a proveniência de sua determinação."[33]

Assim, o que o homem é repousa em sua ec-sistência. A ec-sistência em Heiddeger não se identifica com o conceito tradicional de existentia. Ele afirma que "Kant apresenta a existentia como sendo realidade, no sentido de objetividade da experiência. Hegel determina a existentia, como a ideia da subjetividade absoluta, que se sabe a si mesma. Nietzsche concebe a existentia, como o eterno retorno do mesmo."[34]

Dessa maneira, na esteira da concepção heideggero-gadameriana, a dignidade da pessoa humana deve ser pensada no âmbito da "compreensão do Ser", isto é, a partir da analítica existencial do "ser-no-mundo". Na concretude judicial, a partir das circunstâncias do caso concreto decidendo, sempre que o indivíduo for considerado como objeto cognoscível (como ente – direito coisificado), a sua dignidade será atingida de forma inequívoca.

É neste sentido que doutrina e jurisprudência possuem papel relevante nessa mudança de postura. A noção de dignidade da pessoa humana vai se conformando, a partir do momento em que o Direito é desvelado a partir da ec-sistência. Pois é ec-sistindo que o homem pode pensar a Verdade do Ser.

31 HEIDEGGER, *op. cit.*, 1995, p.40.
32 *Ibid.*, p.41
33 *Ibid.*
34 *Ibid.* p.43-44

A ec-sistência do homem é uma ec-sistência Histórica.[35] O que se percebe é a necessidade de contextualização histórico-cultural da dignidade da pessoa humana.

Os princípios que permeiam a dignidade da pessoa humana estão fincados no rol dos direitos da personalidade, bem como ancorados no conjunto de direitos fundamentais, de tal sorte que, caso ocorra (des)respeito pela vida, pela integridade psicofísica, pela moral, ou imagem do ser humano, ou suas condições mínimas de existência sejam violadas estar-se-á diante da violação da dignidade da pessoa humana.

O Ser não pode ser pensado partir do ente, tal qual a metafísica do "esquecimento do ser". A Verdade do Ser, como a própria clareira, permanece oculta à metafísica. Heidegger afirma que "o Ser se clareia para o homem no projeto ec-stático. Todavia, esse projeto não cria o Ser. Ademais, o projeto é Essencialmente um projeto lançado. O que lança no projeto, não é o homem mas o próprio Ser. Esse destina o homem na ec-sistência do *Dasein*, como sua Essência."[36]

Heidegger procura "destruir" a metafísica ocidental, ancorada em concepções objetificantes, para introduzir uma relação entre ser humano e coisas que precede qualquer relação. É no viés ontológico que a compreensão do ser como *Dasein* supera os paradigmas objetificantes.

Neste contexto Heidegger afirma que "ora, o que uma coisa é, em seu ser, não se esgota em sua objetividade e principalmente quando a objetividade possui o caráter de valor. Toda valorização, mesmo quando valoriza positivamente, é uma subjetivação. Pois ela não deixa o ente ser mas deixa apenas que o ente valha, como objeto de sua atividade (*Tun*). O esforço extravagante, de se provar a objetividade dos valores, não sabe o que faz. Dizer-se que "Deus" é o "valor supremo", é uma degradação da Essência de Deus. Pensar em termos de valor é aqui – como alhures – a maior blasfêmia, que jamais se possa pensar com relação ao Ser. Pensar contra os valores não significa, por conseguinte, tocar os tambores da desvalorização (*Wertlosigkeit*) e da nulidade (*Nichtigkeit*) do ente, mas significa: propôr ao pensamento, contra a subjetividade do ente, como simples objeto, a clareira da Verdade do Ser."[37]

Dessa forma, o pensamento jurídico objetificante somente será superado a partir da (re)fundamentação do Direito. O fundamento se dá a partir do ser-no-mundo. Mundo é a clareira do Ser, a qual o homem se ex-põe por sua Essência lançada.[38] Heidegger explica que o homem nunca é homem como um "sujeito" se referindo a objetos, de sorte que sua Essência esteja na

35 *Ibid.*, p.59.
36 *Ibid.*, p.61.
37 *Ibid.*, p.78.
38 *Ibid.* p.79.

relação sujeito-objeto. Ao contrário, o homem é, em sua Essência, primeiro ec-sistente na abertura do Ser.[39]

Na esfera jurídica, ao se pensar o Direito, deve-se pensar a questão da Verdade do Ser, ou seja, pensar a *humanitas do homo humanus*. É no pensamento da ec-sistência do Direito que se deixa de lado a obliteração e arbitrariedade do julgador. A concretização da dignidade da pessoa humana nesta perspectiva caminha na direção da Essência do homem, isto é, na direção da Verdade do Ser (o homem mais do que o *animal rationale*). É, pois, o humanismo do Direito que pensa a humanidade do homem na proximidade do Ser.

Daí que o substrato material da dignidade da pessoa humana somente será desvelado se o operador do direito caminhar inicialmente em direção ao seu fundamento mais originário, qual seja: *Dasein*, ser-no-mundo, ser-aí, presença. É a partir deste *locus hermenêutico* que se irradiam os preceitos e regras que orientará o homem, experimentado a partir da ec-sistência do Ser, historicamente situado.

Somente na ec-sistência do homem na Verdade do Ser é que o Direito poderá ser (des)velado de forma legítima constituindo o lugar originário de sua dignidade e personalidade.

A dignidade da pessoa humana é, pois, um sendo. Melhor dizendo: uma conjuntura, sempre de acordo com o destino Histórico do homem que mora na Verdade do Ser. Logo, a contextualização histórico-cultural da dignidade da pessoa humana é necessária e relativa.

Daí a necessidade de correlação entre *direito* e *pessoa*. Bruno Amaro Lacerda já alerta que "as Constituições, todavia, não dizem *o que é* a dignidade humana, apenas garantem-na em seu texto como princípio fundamental. É preciso, então, preencher a norma *de sentido*: devemos compreender *o que é o homem e por qual razão ele possui uma dignidade que deve ser socialmente protegida*."[40] Perez Luño ensina que "os direitos humanos surgem como um conjunto de faculdades e instituições que, em cada momento histórico, concretizam as exigências de dignidade, liberdade e igualdade humanas, as quais devem ser reconhecidas positivamente pelos ordenamentos jurídicos, nos planos nacional e internacional."[41]

Aqui, vale lembrar, o teor do art. 1° da Declaração Universal da ONU (1948) que diz: "todos os seres humanos nascem livres e iguais em dignidade e direitos. Dotados de razão e consciência, devem agir uns para com os outros em espírito e fraternidade."

Para José Alfredo de Oliveira Baracho "a pessoa é um *prius* para o direito, isto é, uma categoria ontológica e moral, não meramente histórica ou

39 *Ibid.*

40 LACERDA, Bruno Amaro. *A Dignidade Humana Em Giovanni Pico Della Mirandola. In:* Revista *Legis Augustus* (Revista Jurídica) Vol. 3, n° 1, p. 16-23, setembro 2010.

41 PEREZ LUÑO, Antonio Enrique. *Derechos humanos, Estado de derecho e Constitución*° 4.ed. Madrid: Tecnos, 1991, p.48.

jurídica."[42] De acordo com o constitucionalista a "pessoa é todo indivíduo humano, homem ou mulher, por sua própria natureza e dignidade, à qual o direito se limita a reconhecer esta condição."[43]

Já a autora portuguesa Cristina Queiroz ensina que é fundamental a elucidação do conceito jurídico-constitucional de *dignidade*. Vejamos: "Este conceito de "dignidade" sofreu igualmente uma evolução. Não se refere ao indivíduo desenraizado da abstracção contratualista setecentista ("teorias do contrato social"), mas o ser, na sua dupla dimensão de "cidadão" e "pessoa", inserido numa determinada comunidade, e na sua relação "vertical" com o Estado e outros entes públicos, e "horizontal" com outros cidadãos. A ideia de "indivíduo" não corresponde hoje ao valor (individualista) da independência, mas ao valor (humanista) da autonomia onde se inclui, por definição, a relação com os outros, isto é a sociablilidade. O conceito de "pessoa jurídica" não constitui hoje somente a partir da "bipolaridade" Estado/indivíduo, antes aponta para um sistema "multipolar" no qual as grandes instituições sociais desempenham um papel cada vez mais relevante."[44]

No mesmo sentido, o ministro Ricardo Lewandowski na Ação Direta de Inconstitucionalidade 3.510-0, diz que "a dignidade humana, não só constitui o cerne dos direitos fundamentais, como configura, igualmente, um dos pilares da própria República, conforme consigna, de modo solene, o art. 1º, III, da vigente Carta Magna. Daí cuidar-se de um valor que transcende a pessoa compreendida como ente individual, consubstanciando verdadeiro parâmetro ético de observância obrigatória em todas as interações sociais. [...] Cumpre ressaltar, porém, que a dignidade da pessoa humana, na qualidade de "núcleo essencial" da Carta de 1988, ou seja, enquanto valor que ostenta a maior hierarquia em nosso ordenamento jurídico, do ponto de vista axiológico, não se resume apenas a um imperativo de natureza ética ou moral, mas configura um enunciado dotado de plena eficácia jurídica, achando-se, ademais, refletido em diversas normas de caráter positivo, formal e materialmente constitucionais.

Esse enunciado, com efeito, não apenas empresta significado a diferentes dispositivos da Carta Magna, sobretudo àqueles que tratam dos direitos fundamentais em sentido estrito, como também encontra menção expressa em vários outros artigos disseminados em seu texto. Por exemplo, quando estabelece: no art. 170, que a ordem econômica "tem por fim assegurar a todos existência digna"; ou no art. 226, § 6º, que o planejamento familiar funda-se "nos princípios da dignidade humana e da paternidade responsável";

42 BARACHO, José Alfredo de Oliveira. *Direito Processual Constitucional*. Belo Horizonte: Fórum, 2006, p. 106.

43 *Ibid.*

44 QUEIROZ, Cristina. *Direitos Fundamentais Sociais*. Coimbra: Coimbra, 2006, p. 19-20.

ou, ainda, no art. 227, *caput*, que a criança e o adolescente têm, com absoluta prioridade, dentre outros, o direito "à dignidade" e "ao respeito"."[45]

A expressão *dignidade humana* já era encontrada na Constituição Alemã de *Weimar* de 1919. Ao tratar da vida econômica, disciplinou no artigo 151 que "*A ordem econômica deve corresponder aos princípios da justiça tendo por objetivo garantir a todos uma existência conforme à dignidade humana. Só nestes limites fica assegurada a liberdade econômica do indivíduo*".

José Afonso da Silva ensina que "a dignidade da pessoa humana não é uma criação constitucional, pois ela é um desses conceitos *a priori*, um dado preexistente a toda a experiência especulativa, tal como a própria pessoa humana. A constituição, reconhecendo a sua existência e a sua eminência, transformou-a num valor supremo da ordem jurídica."[46]

Após a Segunda Guerra Mundial, com a Declaração Universal dos Direitos do Homem em 1948, vários países adotaram o princípio da dignidade da pessoa humana em suas constituições. Podemos citar: A Alemanha (art. 1°, inciso I), a Espanha (preâmbulo e art. 10.1), a Grécia (art.2°, inc. I), a Irlanda (preâmbulo) e Portugal (art. 1°). A Constituição da Itália (art. 3° - "dignidade social"), a Constituição da Bélgica (art. 23 - "aos belgas e estrangeiros que se encontram em território belga o direito de levar uma vida de acordo com a dignidade humana"), a Constituição da República Federativa do Brasil (art.1°, inciso III), Paraguai (preâmbulo), Cuba (art. 8°), Venezuela (preâmbulo), Peru (art. 4°), Bolívia (art. 6, inciso II), Chile (art. 1), Guatemala (art. 4). Constituição da Rússia aprovada em 1993 (art.12-1), dentre outras.[47]

A *dignidade da pessoa humana*, hoje, é o epicentro do ordenamento jurídico e imprescindível seu entrelaçamento com o estudo dos direitos fundamentais e do direito constitucional de forma geral no contexto do Estado Democrático e Social de Direito instituído pela Constituição Federal de 1988.

É, pois, um conceito em eterno processo de construção e desenvolvimento – histórico-culturalmente situado no mundo da vida que vai se concretizando (aqui o papel do hermeneuta e exegeta é fundamental) a partir da práxis constitucional.

Em relação à dignidade da pessoa humana, Jürgen Habermas ensina que "é o sismógrafo que indica o que é constitutivo de uma ordem jurídica democrática [...] o portal através do qual o conteúdo igualitário e universalista da moral é importado para o direito."[48]

45 Disponível em: <http://www.stf.jus.br/arquivo/cms/noticiaNoticiaStf/anexo/adi3510RL.pdf>. Acesso em: 26 jun 2014.

46 SILVA, José Afonso da. *A Dignidade da Pessoa Humana como Valor Supremo da Democracia*. Revista de Direito Administrativo, n° 212, 1998, p.91.

47 SARLET, Ingo Wolfgang. *Dignidade da pessoa humana e os direitos fundamentais na constituição Federal de 1988*. Porto Alegre, RS: Livraria do Advogado, 2001, p. 63-65.

48 HABERMAS, Jürgen. *Um Ensaio sobre a Constituição da Europa*. Tradução de Mirian Toldy; Teresa Toldy. Lisboa: Edições 70, 2012, p.37.

Em Portugal, a Constituição da República Portuguesa de 1976, aponta no seu artigo 1º que "Portugal é uma República soberana baseada na dignidade da pessoa humana e na vontade popular e empenhada na construção de uma sociedade livre, justa e solidária." Dessa maneira, é possível afirmar que a pessoa humana antecede a organização política do Estado, bem como as relações jurídico-sociais têm como primazia a própria pessoa. É neste diapasão que CANOTILHO afirma que a elevação da dignidade da pessoa humana é a trave mestra de sustentação e legitimação da República e da respectiva compreensão da organização do poder político.[49]

Neste sentido, o Tribunal Constitucional Português, através do Conselheiro Bravo Serra, no Acordão nº 105/90[50], já decidiu acerca da *dignidade da pessoa humana* que "não se nega, decerto, que a «dignidade da pessoa humana» seja um valor axial e nuclear da Constituição portuguesa vigente, e, a esse título, haja de inspirar e fundamentar todo o ordenamento jurídico. Não se trata efectivamente — na afirmação que desse valor se faz logo no artigo 1.º da Constituição — de uma mera proclamação retórica, de uma simples «fórmula declamatória», despida de qualquer significado jurídico-normativo; trata-se, sim, de reconhecer esse valor — o valor eminente do homem enquanto «pessoa», como ser autónomo, livre e (socialmente) responsável, na sua «unidade existencial de sentido» — como um verdadeiro princípio regulativo primário da ordem jurídica, fundamento e pressuposto de «validade» das respectivas normas». E, por isso, se dele não são dedutíveis «directamente», por via de regra, «soluções jurídicas concretas», sempre as soluções que naquelas (nas «normas» jurídicas) venham a ser vasadas hão-de conformar-se com um tal princípio, e hão-de poder ser controladas à luz das respectivas exigências (sobre o que fica dito, v., embora não exactamente no mesmo contexto, Vieira de Andrade, Os Direitos Fundamentais na Constituição Portuguesa de 1976, Coimbra, 1983, pp. 106 e segs. e, especialmente, pp. 130 e segs.). Quer tudo isto dizer — em suma — que o princípio da «dignidade da pessoa humana» é também seguramente, só por si, padrão ou critério possível para a emissão de um juízo de constitucionalidade sobre normas jurídicas.

Simplesmente, não pode também deixar de reconhecer-se que a ideia de «dignidade da pessoa humana», no seu conteúdo concreto — nas exigências ou corolários em que se desmultiplica —, não é algo de puramente apriorístico (cfr. Gomes Canotilho e Vital Moreira, Constituição da República Portuguesa Anotada, 1.º vol., 2.ª ed., Coimbra, 1984, p. 70, anotação IV) e ou a-histórico, mas algo que justamente se vai fazendo (e que vai progredindo) na história, assumindo, assim, uma dimensão eminentemente «cultural». Para

49 CANOTILHO, Joaquim José Gomes. *Direito Constitucional e Teoria da Constituição.* 7.ed. Coimbra: Almedina, 2010, p.235-236.

50 Disponível em: <http://www.tribunalconstitucional.pt/tc/acordaos/19900105.html.> Acesso em: 07 fev. 2014.

dizer ainda com Vieira de Andrade: «o valor da dignidade da pessoa humana [...] corresponde a uma potencialidade característica do ser humano, que se vai actualizando nas ordens jurídicas concretas» (*ob.* cit., p. 113). Ora, este ponto reveste-se da máxima importância, quanto à possibilidade de emitir um juízo de inconstitucionalidade sobre determinada solução legal, com base tão só em que ela viola esse valor, ideia ou princípio.

É que, se o conteúdo da ideia de dignidade da pessoa humana é algo que necessariamente tem de concretizar-se histórico-culturalmente, já se vê que no Estado moderno — e para além das projecções dessa ideia que encontrem logo tradução ao nível constitucional em princípios específicos da lei fundamental (maxime, os relativos ao reconhecimento e consagração dos direitos fundamentais) — há-de caber primacialmente ao legislador essa concretização: especialmente vocacionado, no quadro dos diferentes órgãos de soberania, para a «criação» e a «dinamização» da ordem jurídica, e democraticamente legitimado para tanto, é ao legislador que fica, por isso, confiada, em primeira linha, a tarefa ou o encargo de, em cada momento histórico, «ler», traduzir e verter no correspondente ordenamento aquilo que nesse momento são as decorrências, implicações ou exigências dos princípios «abertos» da Constituição (tal como, justamente, o princípio da «dignidade da pessoa humana»). E daí que — indo agora ao ponto — no controlo jurisdicional da constitucionalidade das soluções jurídico-normativas a que o legislador tenha, desse modo, chegado (no controlo, afinal, do modo como o legislador preencheu o espaço que a Constituição lhe deixou, precisamente a ele, para preencher) haja de operar-se com uma particular cautela e contenção. Decerto, assim, que só onde ocorrer uma real e inequívoca incompatibilidade de tais soluções com o princípio regulativo constitucional que esteja em causa — real e inequívoca, não segundo o critério subjectivo do juiz, mas segundo um critério objectivo, como o será, p. ex. (e para usar aqui uma fórmula doutrinária expressiva), o de «todos os que pensam recta e justamente» —, só então, quando for indiscutível que o legislador, afinal, não «concretizou», e antes «subverteu», a matriz axiológica constitucional por onde devia orientar-se, será lícito aos tribunais (e ao Tribunal Constitucional em particular) concluir pela inconstitucionalidade das mesmas soluções.

E, se estas considerações são em geral pertinentes, mais o serão ainda quando na comunidade jurídica tenham curso perspectivas diferenciadas e pontos de vista díspares e não coincidentes sobre as decorrências ou implicações que dum princípio «aberto» da Constituição devem retirar-se para determinado domínio ou para a solução de determinado problema jurídico. Nessa situação sobretudo — em que haja de reconhecer-se e admitir-se como legítimo, na comunidade jurídica, um «pluralismo» mundividencial ou de concepções — sem dúvida cumprirá ao legislador (ao legislador democrático) optar e decidir.

Ora, crê-se que quanto vem de expor-se é já suficiente para dever arredar-se a pretendida inconstitucionalidade da norma do artigo 1785.º, n.º 2, primeira parte, do Código Civil, por violação do princípio constitucional da «dignidade da pessoa humana»."

Para Luis Roberto Barroso, a dignidade da pessoa humana representa "um espaço de integridade moral a ser assegurado a todas as pessoas por sua só existência no mundo."[51]

Na Alemanha, através do artigo 1º da Lei Fundamental, a dignidade da pessoa humana se coloca como o valor central do Direito Constitucional, derivando, pois, o exercício de todos os demais direitos fundamentais básicos. Dessa forma, na Alemanha, a dignidade humana é considerada o "mais fundamental de todos os direitos do homem", não podendo ser violada sob quaisquer circunstâncias.

Neste sentido, Karl Larenz ensina que "[...] Haverá que dizer, sem vacilar, que à vida humana e, do mesmo modo, à dignidade humana, corresponde uma escalão superior ao de outros bens, em especial os bens materiais. O Tribunal Constitucional Federal dá claramente uma prevalência valorativa, mesmo frente a outros direitos fundamentais, aos direitos de liberdade de opinião e de liberdade de informação, por causa do seu <significado, pura e simplesmente constitutivo> para a convivência democrática [...]."[52]

Os direitos fundamentais carregam em si um patrimônio histórico-constitucional que devem desvelar um passado, presente e futuro, resultado de uma espiral hermenêutica onde o intérprete deve restar situado. Melhor dizendo: é um projetar-se em que passado e futuro se entrelaçam a partir de uma interpretação dos direitos fundamentais, tendo como epicentro o *princípio da dignidade da pessoa humana*.[53]

Neste contexto, as normas constitucionais principiológicas ganham

---

51 BARROSO, Luís Roberto. *Curso de Direito Constitucional Contemporâneo*. Os conceitos fundamentais e a construção do novo modelo. São Paulo: Saraiva, 2009, p. 252. "[...] A dignidade relaciona-se tanto com a liberdade e valores do espírito quanto com as condições materiais de subsistência. O desrespeito a esse princípio terá sido um dos estigmas do século que se encerrou e a luta por sua afirmação, um símbolo do novo tempo. Ele representa a superação da intolerância, da discriminação, da exclusão social, da violência, da incapacidade de aceitar o outro, o diferente, na plenitude de sua liberdade de ser, pensar e criar [...]."

52 LARENZ, Karl. *Metodologia da Ciência do Direito*. Lisboa: Fundação Calouste Gulbenkian, 1997, p.586.

53 SARMENTO, Daniel. *A Ponderação de Interesses na Constituição Federal. Rio de Janeiro*: Lumen Juris, 2002, p. 59-60: "[...] Nessa linha, o princípio da dignidade da pessoa humana representa o epicentro axiológico da ordem constitucional, irradiando efeitos sobre todo o ordenamento jurídico e balizando não apenas os atos estatais, mas também toda a miríade de relações privadas que se desenvolvem no seio da sociedade civil e do mercado. A despeito do caráter compromissório da Constituição, pode ser dito que o princípio em questão é o que confere unidade de sentido e valor ao sistema constitucional, que repousa na ideia de respeito irrestrito ao ser humano – razão última do Direito e do Estado [...]."

força na construção do direito, já que este necessita de uma exegese constitucional adequada aos dias atuais, ou seja, uma construção aberta de forma a abarcar os novos paradigmas de uma sociedade pluralista e democrática. A sociedade atual é marcada por diversas diferenças, ideologias e projetos de vida que traduzem em si um relativismo social. A jurisprudência constitucional historicamente concreta deve refletir, pois, a abertura constitucional necessariamente adequada.

Ainda em relação a *dignidade da pessoa humana*, Luis Roberto Barroso aponta três observações relevantes. Vejamos: "A primeira: a dignidade da pessoa humana é parte do conteúdo dos direitos materialmente fundamentais, mas não se confunde com qualquer deles. Nem tampouco é a dignidade um direito fundamental em si, ponderável com os demais. Justamente ao contrário, ela é o parâmetro da ponderação, em caso de concorrência entre direitos fundamentais. Em segundo lugar, embora seja qualificada como um valor ou princípio fundamental, a dignidade da pessoa humana não tem caráter absoluto. É certo que ela deverá ter precedência na maior parte das situações em que entre em rota de colisão com outros princípios, mas, em determinados contextos, aspectos especialmente relevantes da dignidade poderão ser sacrificados em prol de outros valores individuais ou sociais, como na pena de prisão, na expulsão do estrangeiro ou na proibição de certas formas de expressão. Uma última anotação: a dignidade da pessoa humana, conforme assinalado acima, se aplica tanto nas relações entre indivíduo e Estado como nas relações privadas."[54]

Importante destacar, também, as lições de Jorge Miranda ao afirmar que "a Constituição confere uma unidade de sentido, de valor e de concordância prática ao sistema dos direitos fundamentais. E ela repousa na dignidade da pessoa humana, ou seja, na concepção que faz a pessoa fundamento e fim da sociedade e do Estado."[55]

No mesmo sentido, Flávia Piovesan ensina que "seja no âmbito internacional, seja no âmbito interno (à luz do Direito Constitucional ocidental), a dignidade da pessoa humana é o princípio que unifica e centraliza todo o sistema normativo, assumindo especial prioridade. A dignidade humana simboliza, desse modo, verdadeiro superprincípio constitucional, a norma maior a orientar o constitucionalismo contemporâneo, nas esferas local e global, dotando-lhe de especial racionalidade, unidade e sentido."[56]

---

54 BARROSO, Luis Roberto. *A Dignidade da Pessoa Humana no Direito Constitucional Contemporâneo*: Natureza Jurídica, Conteúdos Mínimos e Critérios de Aplicação. Disponível em: <http://www.luisrobertobarroso.com.br/wp-content/uploads/2010/12/Dignidade_texto-base_11dez2010.pdf>. Acesso em: 10 fev. 2014.

55 MIRANDA, Jorge. Manual de Direito Constitucional. v.4. Coimbra: Coimbra Editores, 1988, p.166.

56 PIOVESAN, Flávia. *Direitos Humanos e o Direito Constitucional Internacional*. 13.ed. São Paulo: Saraiva, 2012, p.87.

Na mesma linha, Ana Paula de Barcellos sustenta que "as normas-princípios sobre a dignidade pessoa humana são, por todas as razões, as de maior grau de fundamentalidade na ordem jurídica como um todo. A elas devem corresponder as modalidades de eficácia jurídica mais consistentes."[57]

Ives Gandra Martins Filho, em artigo, publicado no jornal *Correio Braziliense*, intitulado "O que significa dignidade da pessoa humana?", merecendo transcrição, ensina que:[58]

"Muito se tem usado a expressão 'dignidade da pessoa humana' para defender direitos humanos fundamentais, mas sem se chegar ao âmago do conceito e seus corolários ineludíveis. Daí a invocação da expressão em contextos diametralmente opostos, para justificar seja o direito à vida do nascituro, seja o direito ao aborto. Diante de tal paradoxo, mister se faz trazer alguns elementos de reflexão sobre realidades e sofismas na fixação de um conceito de 'dignidade da pessoa humana' que sirva de base sólida à defesa dos direitos essenciais do ser humano, sob pena de deixá-los sem qualquer amparo efetivo e, por conseguinte, sem garantia de respeito.

A dignidade é essencialmente um atributo da pessoa humana: pelo simples fato de 'ser' humano, a pessoa merece todo o respeito, independentemente de sua origem, raça, sexo, idade, estado civil ou condição social e econômica. Nesse sentido, o conceito de dignidade da pessoa humana não pode ser relativizado: a pessoa humana, enquanto tal, não perde sua dignidade quer por suas deficiências físicas, quer mesmo por seus desvios morais. Deve-se, nesse último caso, distinguir entre o crime e a pessoa do criminoso. O crime deve ser punido, mas a pessoa do criminoso deve ser tratada com respeito, até no cumprimento da pena a que estiver sujeito. Se o próprio criminoso deve ser tratado com respeito, quanto mais a vida inocente.

Com efeito, a ideia de dignidade da pessoa humana está na base do reconhecimento dos direitos humanos fundamentais. Só é sujeito de direitos a pessoa humana. Os direitos humanos fundamentais são o 'mínimo existencial' para que possa se desenvolver e se realizar. Há, ademais, uma hierarquia natural entre os direitos humanos, de modo que uns são mais existenciais do que outros. E sua lista vai crescendo, à medida que a Humanidade vai tomando consciência das implicações do conceito de dignidade da vida humana. Por isso, Tomás de Aquino, ao tratar da questão da imutabilidade do Direito Natural, reconhecia ser ele mutável, mas apenas por adição, mediante o reconhecimento de novos direitos fundamentais. Nesse diapasão seguiram as sucessivas declarações dos Direitos Humanos Fundamentais (francesa de 1789 e da ONU de 1948), desenvolvendo-se a ideia de diferentes 'gerações' de di-

57 BARCELLOS, Ana Paula de. *A Eficácia Jurídica dos Princípios Constitucionais*: O Princípio da Dignidade da Pessoa Humana. Rio de Janeiro: Renovar, 2002, p. 202-203.

58 MARTINS FILHO, Ives Gandra. *O que significa dignidade da pessoa humana?* Jornal *Correio Braziliense* de 08-09-08. p. 27.

reitos fundamentais: os de 1a geração, como a vida, a liberdade, a igualdade e a propriedade; os de 2a geração, como a saúde, a educação e o trabalho; e os de 3a geração, como a paz, a segurança e o resguardo do meio ambiente.

Ora, só se torna direito humano fundamental a garantia de um meio ambiente saudável, quando se toma consciência de que o descuido da Natureza pode comprometer a existência do homem sobre o planeta. Assim, os direitos humanos de 3a geração dependem necessária e inexoravelmente dos direitos de 1a geração. Daí que, sendo o direito à vida o mais básico e fundamental dos direitos humanos, não pode ser relativizado, em prol de outros valores e direitos. Sem vida não há qualquer outro direito a ser resguardado.

Assim, a defesa do aborto, em nome da dignidade da pessoa humana, ao fundamento de que uma vida só é digna de ser vivida se for em 'condições ótimas de temperatura e pressão' é dos maiores sofismas que já surgiram, desde os tempos de Sócrates, quando Cálicles tentava demonstrar, com sua retórica, que o natural era a prevalência do mais forte sobre o mais fraco. Não é diferente com aqueles que defendem o sacrifício de vidas inocentes, em nome quer da cura de doenças graves, quer do bem-estar psicológico da mulher.

Uma coisa é o sacrifício voluntário do titular do direito à vida, para salvar outra vida. Outra coisa bem diferente é a imposição do sacrifício por parte do mais forte em relação ao mais fraco, que não tem sequer como se defender, dependendo que outros o façam por ele, por puro altruísmo (consola saber que 83% da população brasileira, em recente pesquisa jornalística, é contrária ao aborto de anencéfalos). Sempre pareceu um gesto de extrema covardia suprimir a vida nascente e indefesa, e mais ainda quando se procura revestir tal gesto de uma áurea de nobreza, em nome da dignidade. Seria o caso de perguntar àqueles que serão suprimidos se realmente não quereriam viver, nas condições que sejam. Do contrário, o que se está criando é a sociedade dos perfeitos, dos mais fortes e aptos, pura eugenia.

Desde a autorização para a instrumentalização de fetos humanos com vistas a pesquisas científicas (verdadeiras cobaias humanas, canibalizadas), passando pela discussão quanto ao aborto do anencéfalo (cujo índice de ocorrências subirá astronomicamente no caso de liberação, atestando-se anencefalia para toda criança indesejada), até se chegar ao aborto puro e simples, o caminho que vai sendo trilhado no desrespeito ao direito humano mais fundamental, sob o rótulo de se lutar por uma vida digna, faz com que as discussões judiciais sobre os demais direitos humanos passem a ser mera perfumaria em Cortes herodianas que já condenaram as mais indefesas das criaturas humanas. Daí a necessidade de se resgatar o conceito de dignidade da pessoa humana, limpando-o de matizações que acabam por reduzir a pessoa, de sujeito em mero objeto de direito alheio".

Vale lembrar, também, a importância do fenômeno denominado de *constitucionalização do direito*. Ricardo Guastini entende tal fenômeno como "un proceso de transformación de un ordenamiento, al término del cual, el ordenamiento en custtión resulta totalmente 'impregnado' por las normas constitucionales. Un ordenamineto jurídico constitucionalizado se caracteriza por una Constitución extremadamente invasora, entrometida, capz de condicionar tanto la legislación como la jurisprudência y el estilo doctrinal, la acción de los actores políticos así como las relaciones sociales."[59]

No Brasil, a importância do direito civil-constitucional despontou com um artigo de Maria Celina Bodin de Moraes, publicado em 1991, e que se intitulava precisamente 'A caminho de um direito Civil-constitucional'.[60] Outro texto paradigmático é o artigo "Premissas metodológicas para a constitucionalização do direito civil", de Gustavo Tepedino.[61]

Com o advento do Código Civil Brasileiro de 2002 ganham destaque às cláusulas gerais e os direitos da personalidade. As cláusulas gerais devem ser interpretadas em harmonia com os princípios fundantes da Constituição da República, já que o intérprete jurídico deve colorir a exegese civilística com os matizes axiológicos da principiologia constitucional. Nesse momento, os valores civilísticos de índole liberal devem ser mitigados pelos valores coletivos de solidariedade e justiça social.

Antes do advento do novo Código Civil de 2002, Francisco Amaral já alertava sobre as tendências do direito civil contemporâneo, a saber:[62]

> I) Interpenetração crescente do direito civil com o constitucional e a consequente superação da clássica dicotomia direito público-direito privado;
> II) Personalização do direito civil, no sentido da crescente importância da vida e da dignidade da pessoa humana, elevadas à categoria de direitos e de princípio fundamental da Constituição. É o personalismo ético da época contemporânea;
> III) Desagregação do direito civil, face ao surgimento de ramos jurídicos autônomos, que se formam devido a complexidade das relações jurídicas. Por exemplo, direito imobiliário, direito bancário, direito previdenciário, etc.
> IV) Reservas à Codificação. O Código Civil deixa de ser o "estatuto orgânico da vida privada", em virtude da necessidade

59 GUASTINI, Ricardo. *Estudios de teoria constitucional*. UNAM/Fontamara, México, 2003, p.153.

60 Maria Celina Bodin de Moraes, 'A caminho de um direito Civil-constitucional' in Revista *Direito, Estado e Sociedade*, nº 1, 2. ed., jul.-dez. 1991, Departamento de Ciências Jurídicas da PUC-Rio, p. 59-73 *apud* NEGREIROS, Teresa. *Teoria do Contrato* – novos paradigmas. Rio de Janeiro. Renovar. 2002. p. 63

61 TEPEDINO, Gustavo. *Temas de direito civil*. Rio de Janeiro. Renovar. 1999. p.1-22.

62 AMARAL, Francisco. *Direito civil* – Introdução. 3. ed. Rio de Janeiro: Renovar, 2000, p.151-153.

da releitura do Código Civil à luz dos princípios constitucionais; V) Surgimento dos microssistemas jurídicos. É a chamada "Era dos Estatutos" que surgem para disciplinar temas específicos.

É, pois, uma nova essência contida na exegese das relações jurídicas interprivadas. Referimo-nos à chamada *alteridade* ou *alteritas*. É um agir pensando no *outro*, isto é, o "*eu*" reclama um agir pressupondo o "*outro*"; o *ego*, o *alter*. Não podemos pensar o "eu", sem nesse pensar ir já envolto o "outro". Esta alteridade é, pois, da essência do direito civil-constitucional. Desde Tomás de Aquino (1225 – 1274) até os recentes estudos do Existencialismo, a alteridade esteve e está presente. O *eu* e o *outro* são como os dois polos da relação jurídica, sempre *plural*, nunca *singular*. Ora é aqui que justamente se nos impõe a ideia de superação do individualismo de índole liberal, já que as relações jurídicas se aproximam mais à ideia de *colaboração*, *convivência*, *mundo vivido*, *solidariedade* e *justiça social*. É, pois, a essência da alteridade que se desvela ao mundo jurídico.

Estes elementos não podem ser pensados como grandezas estáticas, abstratas, formais. É uma ideia de relação jurídica interprivada que se equivale a uma coexistência, ou um existir lado a lado que se impõe em sua dinamicidade do mundo vivido. São grandezas dinâmicas de um movimento próprio a que podemos chamar de "ontológico".

Na esteira da filosofia de Heidegger, Sartre, Jaspers, a personalidade humana deve ganhar *status* de valor jurídico de cunho existencialista, já que esta não pode ficar aprisionada ao rol de direitos subjetivos típicos adotado pelo Código Civil. Daí a importância do entrelaçamento principiológico entre o *direito civil* e os *direitos humanos-direitos fundamentais*.

É não menos que (re)visitar os institutos jurídicos do direito civil a partir de uma hermenêutica plural individualizadora cunhada por uma essencial unidade socializadora, a partir da qual a relação jurídica de direito privado é vista como *uns* e *muitos*, como *eu* e *outro*, como uma relação jurídica irremediavelmente lastreada pelos princípios fundamentais de proteção da dignidade da pessoa humana (art. 1º, III, CRFB/88), solidariedade social (art. 3º, I, CRFB/88), valor social da livre iniciativa (art. 1º, IV, CRFB/88) e igualdade substancial (art. 3º, III, CRFB/88). É, pois, uma essência-relacional de cariz civil-constitucional.

Ora, dentro deste diapasão, torna-se necessário o abandonamento do papel puramente *descritivo* das normas jurídicas, em especial, das normas constitucionais, com vistas a ser uma força normativa constitutiva do homem historicamente situado.

Daí a necessidade de uma reflexão crítica do direito constitucional tendo como ponto de partida a questão do sentido do homem e sua consequente mutabilidade social, isto é, a partir desta compreensão do direito, espera-se respostas concretas historicamente adequadas, a partir das novas questões que surgem na sociedade hodierna.

Aqui, mais uma vez, estamos a frente das seguintes questões: *o que é o direito? Qual o seu sentido? Como ele deve ser interpretado e aplicado? É possível dizer o direito dissociado de sua historicidade do mundo da vida?*

Importante destacar as lições de Gustavo Zagrebelsky ao afirmar que a "historia constitucional es cambio, es contingencia política, es acumulación de experiencia del pasado en el presente, es realidad social, es relación entre pasado y futuro, es movimiento de sujetos *a priori* indefinibles, es imprevisibilidad de problemas y espontaneidad de soluciones."[63]

Como visto acima, o conteúdo da dignidade da pessoa humana se relaciona estreitamente com o *núcleo dos direitos fundamentais*. Devemos reconhecer, ainda, que o princípio da dignidade da pessoa humana está, também, intrinsecamente correlacionado com o denominado "mínimo existencial", isto é, um conjunto de condições mínimas básicas para a existência da pessoa. Aqui, mais uma vez, vale destacar as lições de Ricardo Lobo Torrres ao dizer: "[...] Não é qualquer direito mínimo que se transforma em mínimo existencial. Exige-se que seja um direito a situações existenciais dignas. [...] Sem o mínimo necessário à existência cessa a possibilidade de sobrevivência do homem e desaparecem as condições iniciais da liberdade. A dignidade humana e as condições materiais da existência não podem retroceder aquém de um mínimo, do qual nem os prisioneiros, os doentes mentais e os indigentes podem ser privados [...]."[64]

Barroso, da mesma forma, ensina que "[...] Dignidade da pessoa humana expressa um conjunto de valores civilizatórios incorporados ao patrimônio da humanidade. O conteúdo jurídico do princípio vem associado aos direitos fundamentais, envolvendo aspecto dos direitos individuais, políticos e sociais. Seu núcleo material elementar é composto do mínimo existencial, locução que identifica o conjunto de bens e utilidades básicas para a subsistência física e indispensável ao desfrute da própria liberdade. Aquém daquele patamar, ainda quando haja sobrevivência, não há dignidade. O elenco de prestações que compõem o mínimo existencial comporta variação conforme a visão subjetiva de quem o elabore, mas parece haver razoável consenso de que inclui: renda mínima, saúde básica e educação fundamental. Há, ainda, um elemento instrumental, que é o acesso à justiça, indispensável para a exigibilidade e efetivação dos direitos [...]"[65]

63 ZAGREBELSKY. Gustavo. *Historia y Constitución*. Madrid: Trotta, 2005, p.36.

64 TORRES, Ricardo Lobo. *O Direito ao Mínimo Existencial*. Rio de Janeiro: Renovar, 2009, p. 36.

65 BARROSO, Luís Roberto. *Fundamentos Teóricos e Filosóficos do Novo Direito Constitucional Brasileiro*. Revista de Direito da Procuradoria Geral do Estado do Rio de Janeiro. Rio de Janeiro, volume 54, 2001, p. 72.

Em apresentação de discurso na ONU, em 23 de junho de 2014, o ministro Luis Roberto Barroso afirmou que "o núcleo essencial dos direitos humanos equivale a uma reserva mínima de justiça (Alexy) a ser respeitada ou promovida pela sociedade e pelo Estado. Chega-se aqui ao conceito de mínimo existencial, que inclui o acesso a algumas prestações essenciais – como educação básica e serviços de saúde –, assim como a satisfação de algumas necessidades elementares, como alimentação, água, vestuário e abrigo. Este conjunto mínimo de direitos sociais é exigível judicialmente e não deve ficar na dependência do processo político majoritário."[66]

Aqui vale lembrar, ainda, as lições de Humberto D´Ávila acerca dos postulados. Para o autor estes consubstanciam verdadeiras *metanormas*, isto é, normas que estabelecem a maneira pela qual outras normas devem ser aplicadas. Ora, neste sentido, seria possível afirmar que a *dignidade da pessoa humana é postulado normativo*, isto é, uma *metanorma*, conferindo, pois, significância aos *direitos fundamentais*.[67]

3.4 Princípios clássicos

São princípios clássicos na esfera jurídica contratual: a) Princípio da Autodeterminação e Autovinculação dos Contratos (Princípio da Autonomia da Vontade; Princípio da Liberdade Contratual); b) Princípio do Consensualismo; c) Princípio da Força Obrigatória dos Contratos; d) Princípio da Relatividade dos Efeitos Contratuais.

3.4.1 Autodeterminação, autonomia da vontade e liberdade contratual

Os conceitos de autodeterminação, autonomia da vontade e liberdade contratual frequentemente são utilizados como sinônimos.

De acordo com Joaquim de Souza Ribeiro a autodeterminação é um conceito pré-jurídico que assinala o "poder de cada indivíduo gerir livremente a sua esfera de interesses, orientando a sua vida de acordo com as suas preferências".[68] É um conceito amplo que traduz um valor relacionado a pessoa humana. É uma ideia diretiva básica, que, "no quadro de certas concepções políticas, ideológicas, éticas e econômicas, se condensa num princípio fundante e estruturante do sistema de direito privado".[69] Da mesma forma, Karl Larenz afirma que "la autodeterminación es una de las capacidades fundamentales del hombre. La posibilidad de celebrar

66 Disponível em: <http://www.migalhas.com.br/Quentes/17,MI203146,101048-Ministro+Barroso+Desenvolvimento+sustentavel+deve+incorporar+a>. Acesso em 24 jun 2014.

67 ÁVILA, Humberto. *Teoria dos Princípios*: da definição à aplicação dos princípios jurídicos. 5ª ed. São Paulo: Malheiros, 2006, p. 121-166.

68 RIBEIRO, Joaquim de Souza. *O problema do contrato*: as cláusulas contratuais gerais e o princípio da liberdade contratual. Coimbra: Almedina, 2003, p. 22.

69 *Ibid.*, p. 23.

contratos y de regular mediante ellos sus relaciones jurídicas con otros es un importante tipo de actuación de esta capacidad. Por es ola libertad contractual es un principio del Derecho justo."[70]

A autonomia privada é "um processo de ordenação que faculta a livre constituição e modelação de relações jurídicas pelos sujeitos que nelas participam."[71]

Daí que a autonomia da vontade é a âncora que sustenta os seguintes princípios: a) princípio da liberdade contratual; b) princípio da intangibilidade do pactuado; e, c) princípio da relatividade de seus efeitos.

A autonomia se contrapõe à heteronomia, já que é possível que as pessoas fixem as regras que devem obedecer a partir de seus próprios interesses, com vistas a uma maior dinâmica social.

De certa forma, a autodeterminação e a auto vinculação estabelecida na esfera pessoal e familiar são uma marca indelével da modernidade. O homem possui liberdade para fomentar suas relações contratuais, bem como exerce o poder de dispor sobre sua propriedade. Neste momento, a burguesia primava pela livre circulação das riquezas sem as amarras do Estado e visava o incremento do comércio e da economia.

Daí que a autodeterminação se entrelaça com à autonomia privada, já que para alcançar aquele valor é necessário dar proeminência a autonomia privada, uma vez que esta configura o princípio diretor das relações intersubjetivas.

Nessa linha, Ribeiro entrança o conceito de autonomia privada com a autodeterminação. Vejamos: "o conceito contenta-se com uma atividade de auto regulação de interesses privados, com uma manifestação de vontade que utilize o negócio jurídico como operador. Mas a questão institucional da autonomia privada, a da definição de seu campo, requer um complexo de valorações que atenda, em primeira linha, à típica possibilidade de realização pessoal dos sujeitos envolvidos. Por aqui se vê a indispensabilidade do pensamento da autodeterminação, apto, à partida, porque valorativamente cunhado por aquela ideia fundante, a traduzir as exigências que dela decorrem".[72]

A autodeterminação, na área negocial, representa, assim, a capacidade humana de auto-organização em sociedade, sempre presente como uma funcionalidade da autonomia privada.

O princípio da liberdade contratual reflete o poder do sujeito na liberdade em contratar ou não contratar de forma a harmonizar os seus interesses com outras pessoas. Em linhas gerais, os particulares, na esfera jurídica contratual, podem agir por sua própria vontade.

Deste princípio derivam as seguintes consequências: a) as pessoas são inteiramente livres, tanto para contratar ou não contratar; b) os contratantes

---

70 LARENZ, Karl. *Derecho justo*: fundamentos de ética jurídica. Traducción: Luis Díez-Picazo. Madrid: Civitas, 2001, p. 74.

71 Ribeiro, *op. cit.*, p. 21.

72 *Ibid.*, p. 45.

podem fixar o conteúdo contratual em consonância com seus interesses privados, desde que não exista impedimento legal ou venha a ferir os ditames constitucionais.

A primeira hipótese traduz o princípio da liberdade de celebração dos contratos e a segunda a liberdade de fixação do conteúdo dos contratos.

Verifica-se, portanto, que o princípio da liberdade de contratar significa que "pertence aos contraentes, não só a seleção do tipo do negócio melhor adequado à satisfação dos seus interesses, mas ainda preenchê-lo com o conteúdo concreto que bem entendam".[73]

Como visto alhures, torna-se necessário interpretar o Código Civil conforme a Constituição. O modelo liberal individualista é mitigado por valores solidaristas e de justiça social.

3.4.2 Princípio do consensualismo.

Em regra, os contratos estão formados a partir da convergência da livre manifestação de vontade humana, isto é, basta o acordo de vontades para a perfeição do contrato. Isto não acontecia nos sistemas jurídicos antigos, tais como o romano e o germânico, que exigiam formalidades e simbolismo para a celebração dos contratos. Orlando Gomes afirma que "a evolução do Direito Contratual em Roma prova que o *ritual* tinha importância decisiva. Os *contratos reais* realizavam-se *per aes et libram*, solenidade executada pelo *libriprens*, que consistia no ato simbólico de pesar numa balança. Os *contratos verbais*, pela *stipulatio*. Os *contratos literais* só se perfaziam com a relação de um escrito – *litteris* –, o qual não servia apenas para a prova, mas para lhes dar existência. Formavam-se pelas *nomina transcripticia* e pelos *chirographa* e *sungraphae*. Somente nos contratos consensuais chegaram a admitir a formação pelo simples consentimento. Eram, porém, de número escasso".[74]

Nos dias atuais, em regra, a manifestação negocial não depende da observância de forma especial para que o contrato produza efeitos jurídicos.

A partir do princípio do consensualismo, os contratos podem ser classificados, em duas categorias: *consensuais*, quando se aperfeiçoam pelo simples consentimento das partes, sem a exigência de qualquer formalismo especial; e, *solenes* ou *formais*. O contrato formal é aquele que para produzir efeitos, além da vontade das partes, a lei exige determinada forma legal. O contrato solene é aquele em que a lei exige como elemento de sua existência que à vontade dos contratantes seja externada através de determinada forma prevista na lei. Se tal forma não se cumpre, o contrato não se aperfeiçoa.

É comum entre os civilistas a alusão dicotômica entre *contratos consensuais* e *contratos reais*. Nestes, além das manifestações de vontade das

73 ALMEIDA COSTA, Mário Júlio de. *Direito das obrigações*. 10. ed. Coimbra: Almedina, 2006, p. 240.

74 GOMES, Orlando. *Contratos*. 24. ed. Rio de Janeiro: Forense, 2001, p. 35.

partes, sujeitas ou não a forma, é necessário para o seu aperfeiçoamento à entrega da coisa. Os contratos de comodato e mútuo são exemplos clássicos de contratos reais. Nestes, a entrega da coisa é elemento constitutivo do contrato.

3.4.3 Princípio da força obrigatória dos contratos

O contrato é fonte negocial do direito, daí a sua imperatividade. Uma vez formado o contrato, as partes contratantes estão entre si vinculadas através das cláusulas contratadas, ou seja, devem cumprir o que foi pactuado. Uma das derivações deste princípio, é o surgimento do *princípio da intangibilidade do pacto*, isto é, o que foi pactuado deve ser cumprido.

Celebrado o contrato, ele deve ser executado de acordo com as suas cláusulas contratuais como se fosse uma "lei entre as partes", já que tais cláusulas têm, para os contratantes, força obrigatória. Assim, prima-se pela segurança jurídica e autonomia da vontade na esfera jurídica interprivada.

Vale lembrar que o referido princípio não pode ser compreendido de forma absoluta, de forma tão rígida, nos dias atuais. Daí a liberdade contratual e a autonomia da vontade sofrem uma mitigação dos novos paradigmas contratuais.

3.4.4 Princípio da relatividade dos efeitos contratuais

Este princípio determina que o conteúdo do contrato esteja adstrito às partes contratantes. Logo, o contrato não pode estender seus efeitos para atingir ou prejudicar terceiros.

3.5 Novos Paradigmas Contratuais

Os paradigmas são "realizações científicas universalmente reconhecidas que, durante algum tempo, fornecem problemas e soluções modelares para uma comunidade de praticantes de uma ciência."[75]

O novo Código Civil brasileiro inseriu no ordenamento jurídico pátrio os novos paradigmas contratuais, tais como: Princípio da Boa-fé objetiva, equilíbrio econômico, transparência, eticidade, e função social dos contratos.

MARIA CELINA BODIN DE MORAES destaca que "no direito contratual, as cláusulas gerais da boa-fé objetiva e da função social do contrato e os diversos instrumentos de proteção do equilíbrio entre os contratantes revelam-se expressões da busca por um direito civil mais justo e solidário."[76]

---

75 KUHN, Thomas S. *A estrutura das revoluções científicas*. Tradução: Beatriz Vianna Boeira e Nelson Boeira. 9. ed. São Paulo: Perspectiva, 2006, p. 13.

76 BODIN DE MORAES, Maria Celina. A causa do contrato. Civilistica.com. Rio de Janeiro, a. 2, nº 4, out.-dez./2013. Disponível em: <http://civilistica.com/a-causa-do-contrato/>. Acesso em: 03 out. 2016..

3.5.1 da autonomia da vontade a autonomia privada

A autonomia da vontade, como elemento capaz de formar vínculo de atributividade entre as partes, foi muito influenciada pela matriz do Estado liberal, cuja característica maior consistia na preservação da liberdade individual, sem as amarras do Estado, isto é, a mais ampla possível diante do Estado. Esta índole liberal-individualista e o próprio voluntarismo tinham como finalidade precípua uma maior movimentação das riquezas no seio da sociedade.

Ocorre que com os problemas sociais da época, o Estado passou a intervir nas relações interprivadas como uma das soluções para a crise, especialmente, diante da industrialização e das relações contratuais massificadas.

Ora, a força obrigatória dos contratos passou a sofrer mitigações do Estado, no sentido de equilibrar os interesses individuais com os interesses públicos e coletivos.

O mesmo aconteceu com a concepção da autonomia da vontade. Em relação a terminologia *autonomia da vontade*, adequada a uma visão do Código Civil de 1916, GISELDA HIRONAKA alerta que numa "visão sistêmica, em que se tem a Constituição Federal como centro do sistema jurídico, transmitindo princípios a todos os ramos do direito, o mais exato, agora, é se falar em *autonomia privada*. Bem por isso, o *princípio da autonomia privada* passou a substituir o *princípio da autonomia da vontade*, uma vez que se reconheceu que a autonomia não tinha como fundamento a vontade, mas, sim, a pessoa e, por isso, o adjetivo *privada*.

Em razão desta alteração de paradigma e de realocação principiológica, também a *liberdade contratual* passou a ser vista por um novo enfoque, superando a visão mais estreita e técnica do anterior Código, para abrir-se em uma visão mais socializada do contrato, com o reconhecimento de certa limitação à liberdade dos partícipes e beneficiadora do entorno contratual, limitação esta advinda de uma nova racionalidade: o reconhecimento do imperativo axiológico da dignidade da pessoa humana em um contexto de Estado social."[77]

Da mesma forma JUDITH MARTINS-COSTA: "E não se entenda "autonomia privada" como "autonomia da vontade", expressão que designa, concomitantemente: a) uma construção ideológica, datada dos finais do século XIX por alguns juristas para opor-se aos excessos do liberalismo econômico, constituindo "um mito voluntariamente tecido pelos detratores do individualismo, para melhor criticar os seus excessos"; b) uma explicação dada ao fenômeno contratual, visualizando-o exclusivamente pelo viés do acordo ou

77 HIRONAKA, Giselda. Principiologia contratual e a valoração ética no Código Civil Brasileiro. Civilistica.com. Rio de Janeiro, a. 3, nº 1, jan.-jun./2014. Disponível em: <http://civilistica.com/principiologia-contratual-e-a-valoracao-etica-no-codigo-civil-brasileiro/>. 03 out. 2016.

consenso mútuo; c) a tradução jurídica de uma forma econômica própria do capitalismo comercial oitocentista, ainda não dominado pela grande empresa e pela produção em massa, aceitando-se, então, a ideia de uma quase que "espontânea" composição dos interesses econômicos interprivados."[78]

CRISTIANO CHAVES DE FARIAS e NELSON ROSENVALD destacam que "a passagem do estruturalismo ao funcionalismo impacta sobremaneira o modelo jurídico ora enfocado. Em sede de *autonomia privada*, admite-se a vontade como suporte fático, porém acrescida à regulamentação legal, a fim de que realize interesses dignos de tutela. Cuida-se da funcionalização do contrato. Vale dizer, sendo o direito um meio de promoção de determinadas finalidades, o negócio jurídico somente terá juridicidade e justificativa social quando o concreto interesse das partes realizar os fins a que se propõe o direito, basicamente a harmônica convivência entre justiça, segurança jurídica e dignidade da pessoa humana."[79]

O contrato funciona, pois, como um instrumento de realização das finalidades traçadas pelos princípios e valores constitucionais.

Assim, a relação jurídica contratual outrora marcadamente individualista, caminha no sentido de valorização do interesse público em nome da justiça social, da dignidade da pessoa humana e na formação do negócio jurídico tutelado pela *confiança, boa-fé objetiva* e o próprio sentido de *funcionalização do contrato*.

Dessa maneira exsurge uma nova dimensionalidade ética, a partir da qual os contratos devem ser analisados e interpretação à luz da solidariedade, concretizando, pois, a dignidade da pessoa humana e demais princípios de ordem pública.

3.5.2 Nova dimensionalidade ética

É uma mudança de valores éticos, uma nova dimensionalidade ética que perpassa e adorna com novas cores as relações interprivadas. Dessa maneira, os princípios da liberdade contratual e autonomia da vontade não são absolutos, já que são condicionados pelos limites traçados pelo ordenamento jurídico, mas também conformados e temperados pelos princípios da boa-fé, probidade, transparência, eticidade, equilíbrio econômico, etc.

Essa mitigação se mostra ainda mais visível na regra do artigo 421, que informa que a liberdade de contratar será exercida em razão e nos limites da função social do contrato. Da mesma forma, o parágrafo único do artigo

78 MARTINS-COSTA Judith. Reflexões sobre o Princípio da Função Social dos Contratos. Revista Direito GV. São Paulo, v.1, nº 1, maio/2005. p.43-44. Disponível em: <http://bibliotecadigital.fgv.br/ojs/index.php/revdireitogv/article/view/35261/34057>. Acesso em: 03 out. 2016.

79 FARIAS, Cristiano Chaves de; ROSENVALD, Nelson. *Curso de Direito Civil*. Vol.4. Contratos. São Paulo: Atlas, 2015, p.121.

2.035 determina que "nenhuma convenção prevalecerá se contrariar preceitos de ordem pública, tais como os estabelecidos por este Código para assegurar a função social da propriedade e dos contratos".

De acordo com FRANCISCO AMARAL "As cláusulas gerais, por sua vez, como disposições normativas abertas, preceitos jurídicos vazios ou incompletos, podem compreender, por sua generalidade e abstração, grande número de casos, permitindo ao intérprete criar, com mais liberdade, as normas jurídicas adequadas aos casos concretos que enfrentem. Cláusulas gerais no novo Código Civil são as que dizem respeito à boa-fé, aos bons costumes, à ordem pública, à correção, à diligência do bom pai de família, ao abuso de direito, aos usos do comércio, à equidade. Princípios e cláusulas gerais fazem com que o Código Civil de 2002 se apresente como um sistema aberto, no sentido de uma ordem axiológica ou teleológica de princípios jurídicos gerais, o que lhe permite superar o formalismo do sistema de 1916 e promover significativa mudança no modelo metodológico de interpretação jurídica, uma verdadeira "principialização" do modelo interpretativo."[80]

3.5.2.1 Função Social do Contrato

O artigo 421 do Código Civil diz que "a liberdade de contratar será exercida em razão e nos limites da função social do contrato."

Esta regra jurídica denota uma ruptura epistemológica da visão liberal individualista do século XIX em direção a uma concepção contratual voltada ao interesse social e o bem comum. São novos valores ético-jurídicos incorporados ao Código Civil de cariz socializante.

Neste sentido GUSTAVO TEPEDINO ensina que "a função social do contrato deve ser entendida como princípio que, informado pelos princípios constitucionais da dignidade da pessoa humana (art. 1o , III), do valor social da livre iniciativa (art. 1o , IV) – fundamentos da República – e da igualdade substancial (art. 3o , III) e da solidariedade social (art. 3o , I) – objetivos da República – impõe às partes o dever de perseguir, ao lado de seus interesses individuais, a interesses extracontratuais socialmente relevantes, dignos de tutela jurídica, que se relacionam com o contrato ou são por ele atingidos."[81]

A função social associa-se ao fenômeno conhecido como funcionaliza-

80 AMARAL, Francisco. O Código Civil Brasileiro e o Problema Metodológico de sua Realização. Do Paradigma da Aplicação ao Paradigma Judicativo-Decisório. *Revista do Direito Privado da UEL* – Volume 1 – Número 1 . Disponível em: < http://www.uel.br/revistas/direitoprivado/artigos/Codcivileoproblemadesuarealiza%C3%A7%C3%A3oFranciscoAmaral.pdf>. Acesso em: 05 out. 2016.

81 Tepedino, Gustavo. Notas sobre a Função Social dos Contratos. Disponível em: < http://www.tepedino.adv.br/wp/wp-content/uploads/2012/09/biblioteca12.pdf>. Acesso em: 03 out. 2016.

ção das estruturas jurídicas, processo que atinge todos os fatos jurídicos.[82] Com esteio nas lições de PIETRO PERLINGIERI, TEPEDINO destaca que "as situações jurídicas subjetivas apresentam dois aspectos distintos – o estrutural e o funcional. O primeiro identifica a estruturação de poderes conferida ao titular da situação jurídica subjetiva, enquanto o segundo explicita a finalidade prático-social a que se destina."[83]

Dessa maneira, o princípio da função social (da propriedade, contratos, direito da empresa, direito da cidade) espraia, em linhas gerais, a expressão da *socialidade* no Direito Privado. É, pois, um efeito densificador do princípio constitucional da solidariedade social (CR, art. 3.º, III, in fine).

Judith Martins-Costa, neste diapasão, acentua que "seguindo a perspectiva estrutural e funcional, constataremos de imediato que o art. 421 indica três sendas que vale a pena trilhar: a) vem colado ao princípio da liberdade de contratar, inaugurando a regulação, em caráter geral, do Direito dos contratos e situando-se como princípio desse setor; b) refere a função social como limite da liberdade de contratar; e c) situa a função social como fundamento da mesma liberdade."[84]

A liberdade de contratar, expressa no artigo 421 do Código Civil, é fruto da *autonomia privada*. Todavia ela é mitigada pelo princípio da *função social do contrato*. Melhor dizendo: a liberdade de contratar deve estar em sintonia com os valores sociais e fundantes de uma comunidade. Vale dizer que o contrato não deve refletir os valores individualistas e atomistas do século XIX, mas sobretudo deve produzir seus efeitos jurídicos respeitando os princípios e cânones constitucionais, especialmente, a existência digna e solidária entre os membros da sociedade.

JUDITH MARTINS-COSTA, mais uma vez, apresenta, com perfeição, as linhas e diretrizes hermenêuticas na esfera contratual: "estabelecido esse cunho instrumental da liberdade de contratar, perceberemos que o seu perfil será traçado num quadro amplo e flexível, mas cuidadosamente delineado por certos pontos que dão fisionomia e identidade à ordem econômica numa ordem jurídico-social que valoriza, antes de mais, a dignidade da pessoa e o livre desenvolvimento de sua personalidade. Os pontos identitários de uma ordem econômica normativamente considerada38 são constituídos por valores, diretrizes (ou escopos), garantias e direitos, alguns deles limitáveis a

82 *Ibid.*

83 Perlingieri, Pietro. *Manuale de Diritto Civile*, Napoli: Edizioni Scientifiche Italiane, 1997, p. 60 e ss. *apud* Tepedino, Gustavo. Notas sobre a Função Social dos Contratos. Disponível em: < http://www.tepedino.adv.br/wp/wp-content/uploads/2012/09/biblioteca12.pdf>. Acesso em: 03 out. 2016.

84 MARTINS-COSTA Judith. Reflexões sobre o Princípio da Função Social dos Contratos. Revista DireitoGV. São Paulo, v.1, nº 1, maio/2005. Disponível em: <http://bibliotecadigital.fgv.br/ojs/index.php/revdireitogv/article/view/35261/34057>. Acesso em: 03 out. 2016.

uma dimensão interindividual, outros apenas pensáveis na dimensão transindividual. Assim, exemplificativamente, os valores da cidadania, dignidade da pessoa humana e valorização do trabalho e da livre iniciativa; as diretrizes da liberdade social, justiça; existência digna, solidariedade; desenvolvimento nacional, erradicação da pobreza e da marginalização; a redução das desigualdades sociais e regionais; a promoção do bem de todos, sem quaisquer preconceitos ou outras formas de discriminação; as garantias à pequena propriedade rural, à defesa do consumidor e à liberdade de concorrência, bem como a garantia da responsabilização por danos causados à intimidade, à vida privada, à honra e à imagem das pessoas; pelos direitos à liberdade de expressão da atividade intelectual, artística, científica e de comunicação, entre outros."[85]

Um bom exemplo é a Súmula 302 do Superior Tribunal de Justiça que considera abusiva a cláusula contratual de plano de saúde que limita o tempo de internação do consumidor/paciente.[86]

3.5.2.2 Boa-Fé Contratual

3.5.2.2.1 Diferença entre boa-fé subjetiva e boa-fé objetiva

Na *boa-fé subjetiva* procura-se analisar o estado de consciência do agente no momento da produção do ato jurídico, ou seja, procura-se analisar as intenções do agente. Por exemplo, a regra do artigo 1.201 do CC 2002 determina que "é de boa-fé a posse, se o possuidor ignora o vício, ou o obstáculo que impede a aquisição da coisa". Da mesma forma, o *casamento putativo* contraído pelo cônjuge de boa-fé, nos termos do artigo 1.561, do Código Civil. São, pois, exemplos de boa-fé subjetiva (ou boa-fé psicológica). Nestes casos, o sujeito desconhece os vícios incidentes no próprio ato praticado.

Já a *boa-fé objetiva* é uma norma de conduta esperada dos parceiros contratuais, ou seja, é um dever jurídico imposto às partes contratantes. Em

---

85 *Ibid.*

86 DIREITO CIVIL E DO CONSUMIDOR. PLANO DE SAÚDE. LIMITAÇÃO TEMPORAL DE INTERNAÇÃO. CLÁUSULA ABUSIVA. CÓDIGO DE DEFESA DO CONSUMIDOR, ART. 51-IV. UNIFORMIZAÇÃO INTERPRETATIVA. PREQUESTIONAMENTO IMPLÍCITO. RECURSO CONHECIDO E PROVIDO.

I - É abusiva, nos termos da lei (CDC, art. 51-IV), a cláusula prevista em contrato de seguro-saúde que limita o tempo de internação do segurado.

II – Tem-se por abusiva a cláusula, no caso, notadamente em face da impossibilidade de previsão do tempo da cura, da irrazoabilidade da suspensão do tratamento indispensável, da vedação de restringir-se em contrato direitos fundamentais e da regra de sobredireito, contida no art. 5º da Lei de Introdução ao Código Civil, segundo a qual, na aplicação da lei, o juiz deve atender aos fins sociais a que ela se dirige a às exigências do bem comum.

III – Desde que a tese jurídica tenha sido apreciada e decidida, a circunstância de não ter constado do acórdão impugnado referência ao dispositivo legal não é obstáculo ao conhecimento do recurso especial.

(REsp 251.024/SP, Rel. ministro SÁLVIO DE FIGUEIREDO TEIXEIRA, SEGUNDA SEÇÃO, julgado em 27/09/2000, DJ 04/02/2002, p. 270).

linhas gerais, o que se espera dos contratantes é uma conduta de recíproca cooperação, um respeito mútuo, um agir leal e honesto que dignifique o exercício de sua capacidade civil com vistas à construção de uma sociedade justa, fraterna e solidária. A cláusula geral de boa-fé objetiva se aplica não só as relações jurídicas de direito obrigacional, mas também as relações jurídicas existenciais, tais como as relações existências de família.

3.5.2.2.2 Boa-fé contratual

O princípio da boa-fé tem sua origem no estoicismo, em Atenas, no início do século III a.C. Mais tarde, a boa-fé foi introduzida no direito romano por Marco Túlio Cícero (106-43 a.C) como princípio norteador das relações jurídicas, aliando a honestidade (ética) ao direito.

No direito romano, a boa-fé é desvelada pelas noções de *fides* (confiança, honradez, lealdade, fidelidade no cumprimento das expectativas alheias), *bona fides* (dever jurídico genérico de comportar-se com retidão que se aproxima a boa-fé objetiva, ou seja, uma espécie de princípio de justiça nas relações contratuais) e a *bonai fidei iudicia* (juízos de boa-fé formulados no curso de um processo).

O princípio da boa-fé se justifica no interesse coletivo de cooperação, de forma a garantir a concreção dos valores constitucionais, especialmente, o *solidarismo*, previsto no artigo 3º, inciso I, da Constituição da República.

Os contratantes devem agir, pois, de acordo com a boa-fé. É um padrão de conduta que representa correção, veracidade, lealdade, confiança, cooperação de onde decorrem as legítimas expectativas entre os parceiros contratuais, em todas as fases de realização do negócio jurídico (fase pré-contratual, contratual e pós-contratual).

O princípio da boa-fé objetiva exercer três funções: (i) instrumento hermenêutico; (ii) fonte de direitos e deveres jurídicos; e (iii) limite ao exercício de direitos subjetivos. A essa última função aplica-se a teoria do adimplemento substancial das obrigações e a teoria dos atos próprios, como meio de rever a amplitude e o alcance dos deveres contratuais, daí derivando os seguintes institutos: *tu quoque*, *venire contra facutm proprium*, *surrectio* e *supressio*. (REsp 1202514/RS, Rel. Ministra NANCY ANDRIGHI).[87]

---

87 CIVIL. CONTRATOS. DÍVIDAS DE VALOR. CORREÇÃO MONETÁRIA. OBRIGATORIEDADE. RECOMPOSIÇÃO DO PODER AQUISITIVO DA MOEDA. RENÚNCIA AO DIREITO. POSSIBILIDADE. COBRANÇA RETROATIVA APÓS A RESCISÃO DO CONTRATO. Não CABIMENTO. PRINCÍPIO DA BOA-FÉ OBJETIVA. TEORIA DOS ATOS PRÓPRIOS. SUPRESSIO.

1. Trata-se de situação na qual, mais do que simples renúncia do direito à correção monetária, a recorrente abdicou do reajuste para evitar a majoração da parcela mensal paga pela recorrida, assegurando, como isso, a manutenção do contrato. Portanto, não se cuidou propriamente de liberalidade da recorrente, mas de uma medida que teve como contrapartida a preservação do vínculo contratual por 06 anos. Diante desse panorama, o princípio

A boa-fé contratual é uma norma de conduta. É a conduta ética, leal, honesta e transparente esperada dos parceiros contratuais. O legislador determina no artigo 113 que "os negócios jurídicos devem ser interpretados conforme a boa-fé e os usos do lugar de sua celebração". Isto representa que a exegese dos atos jurídicos deve ser conduzida pelo intérprete a partir de um ponto originário chamado boa-fé.[88]

Essa matriz hermenêutica é tão importante que o Código Civil brasileiro reforça esta conduta nas relações jurídicas contratuais ao estabelecer no artigo 422 que "os contratantes são obrigados a guardar, assim na conclusão do contrato, como em sua execução, os princípios de probidade e boa-fé".

Pode-se afirmar que as normas previstas nos artigos 421 e 422 representam cláusulas abertas implícitas em todos os contratos. Assim, a probidade e a boa-fé exprimem-se através de cláusulas gerais de conduta que devem regular os atos jurídicos. As cláusulas gerais possibilitam ao julgador uma maior autonomia e liberdade na tarefa hermenêutica de analisar o caso concreto decidendo. É uma espécie de correção normativa efetuada pelo magistrado com o firme propósito de superar o positivismo científico e legalista.

---

da boa-fé objetiva torna inviável a pretensão da recorrente, de exigir retroativamente valores a título de correção monetária, que vinha regularmente dispensado, frustrando uma expectativa legítima, construída e mantida ao longo de toda a relação contratual.
2. A correção monetária nada acrescenta ao valor da moeda, servindo apenas para recompor o seu poder aquisitivo, corroído pelos efeitos da inflação. Cuida-se de fator de reajuste intrínseco às dívidas de valor, aplicável independentemente de previsão expressa. Precedentes.
3. Nada impede o beneficiário de abrir mão da correção monetária como forma de persuadir a parte contrária a manter o vínculo contratual. Dada a natureza disponível desse direito, sua supressão pode perfeitamente ser aceita a qualquer tempo pelo titular.
4. O princípio da boa-fé objetiva exercer três funções: (i) instrumento hermenêutico; (ii) fonte de direitos e deveres jurídicos; e (iii) limite ao exercício de direitos subjetivos. A essa última função aplica-se a teoria do adimplemento substancial das obrigações e a teoria dos atos próprios, como meio de rever a amplitude e o alcance dos deveres contratuais, daí derivando os seguintes institutos: *tu quoque*, venire contra facutm proprium, surrectio e supressio.
5. *A supressio* indica a possibilidade de redução do conteúdo obrigacional pela inércia qualificada de uma das partes, ao longo da execução do contrato, em exercer direito ou faculdade, criando para a outra a legítima expectativa de ter havido a renúncia àquela prerrogativa. 6. Recurso especial a que se nega provimento. (REsp 1202514/RS, Rel. Ministra NANCY ANDRIGHI, TERCEIRA TURMA, julgado em 21/06/2011, DJe 30/06/2011)

88 Em relação ao artigo 113 do CCB, a V Jornada de Direito Civil estabeleceu os seguintes Enunciados:
a) Enunciado CJF 409: Art. 113. Os negócios jurídicos devem ser interpretados não só conforme a boa-fé e os usos do lugar de sua celebração, mas também de acordo com as práticas habitualmente adotadas entre as partes.
b) Enunciado CJF 421 – Arts. 112 e 113. Os contratos coligados devem ser interpretados segundo os critérios hermenêuticos do Código Civil, em especial os dos arts. 112 e 113, considerada a sua conexão funcional.

Neste sentido, FRANCISCO AMARAL ensina que "O princípio da boa-fé objetiva, primeiro, como norma interpretativa-integrativa, no artigo 113, que recomenda sejam os negócios jurídicos interpretados conforme a boa-fé e os usos do lugar de sua celebração, depois, como regra de comportamento no artigo 422, que dispõe serem os contratantes obrigados a guardar, na conclusão do contrato como em sua execução, os princípios da probidade e da boa-fé, valor ético que se exprime em um dever de lealdade e correção no surgimento e desenvolvimento de uma relação contratual."[89]

Kantorowicz, citado por Karl Gareis,[90] já lecionava acerca da necessidade da correlação entre as regras e fatos sociais. É muito interessante refletir sobre a análise de Gareis:

> Kantorowicz induz o magistrado a buscar um ideal jurídico, o Direito Justo (richtiges recht), onde quer que se encontre, dentro ou fora da lei, na ausência desta ou a despeito da mesma; isto é, a decidir *proeter* e também *contra legem:* não se preocupe com os textos; despreze qualquer interpretação, construção, ficção ou analogia; inspire-se de preferência, nos dados sociológicos e siga o determinismo dos fenômenos, atenha-se à observação e à experiência, tome como guias os ditames imediatos do seu sentimento, do seu tato profissional, da sua consciência jurídica. A doutrina revolucionária olha demasiado para o foro íntimo, quando deveria, como os moderados e a escola histórico-evolutiva, tomar por ponto de partida a lei, interpretada e compreendida não somente à luz dos preceitos lógicos, mas também de acordo com as ideias, aspirações e interesses legítimos da coletividade.

Observa-se a invocação e uso cada vez maior dos princípios da probidade e boa-fé em decisões judiciais com vistas a alinhar possíveis distorções na constituição das relações jurídicas interprivadas. Ademais, o fenômeno da globalização e a consequente mudança de valores e culturas nas sociedade pós-modernas alimentam, destarte, soluções judiciais mais flexíveis, numa intenção de ajuste a nova realidade.

Dessa forma, os contratantes devem adotar um padrão de correção e probidade, tanto na constituição de relações entre eles como no desempe-

---

89 AMARAL, Francisco. O Código Civil Brasileiro e o Problema Metodológico de sua Realização. Do Paradigma da Aplicação ao Paradigma Judicativo-Decisório. *Revista do Direito Privado da UEL – Volume 1 – Número 1* . Disponível em: < http://www.uel.br/revistas/direitoprivado/artigos/Codcivileoproblemadesuarealiza%C3%A7%C3%A3oFranciscoAmaral.pdf>. Acesso em: 05 out. 2016.

90 GAREIS Karl, Rechtsenzyklopaedie und Methodologie, 5. ed. 1920, p. 28-30. In: MAXIMILIANO, Carlos. *Hermenêutica e interpretação do direito*. Rio de Janeiro: Forense, 1995, p. 73.

nho das relações constituídas. Isso sem contar que na fase pré-contratual, ou seja, na fase das tratativas preliminares, as pessoas devem agir, também, de boa-fé com lealdade, dignidade e correção.

Vale destacar que o princípio da boa-fé, em razão de constituir uma cláusula geral, não se apresenta pronto e acabado (tipo "self-executing") estando apto a ser aplicado pelo julgador. Pelo contrário, carece ainda de uma concreção ou concretização hermenêutica a ser efetuada pelo juiz, levando em consideração todas as especificidades do caso concreto decidendo, em especial, as exigências fundamentais da ética jurídica.

3.5.2.2.3 *Proibição do venire contra factum proprium, do inciviliter agere, e da tu quoque*

Caio Mário da Silva Pereira afirma que a boa-fé serve "como elemento interpretativo do contrato, como elemento de criação de deveres jurídicos (dever de correção, de cuidado e segurança, de informação, de cooperação, de sigilo, de prestar contas) e até como elemento de limitação e ruptura de direitos (proibição do *venire contra factum proprium*, que veda que a conduta da parte entre em contradição com conduta anterior, do *inciviliter agere*, que proíbe comportamentos que violem o princípio da dignidade humana, e da *tu quoque*,[91] que é a invocação de uma cláusula ou regra que a própria parte já tenha violado)".[92]

A vedação do comportamento contraditório encontra-se consubstanciada na máxima *venire contra factum proprium non potest*. O fundamento da vedação de comportamento contraditório é a tutela jurídica da confiança que deve permear as partes contratantes, de forma a não violar as legítimas expectativas despertadas no parceiro. Essa confiança é fruto cláusula geral de boa-fé objetiva (*dever geral de lealdade e confiança recíproca entre as partes*).

A proibição de tal comportamento contraditório já se encontra amparado pela doutrina e jurisprudência pátria.[93] Vejamos algumas decisões do Superior Tribunal de Justiça e do Tribunal de Justiça do Estado do Rio Grande do Sul:

91 O *tu quoque* ("você também") é um ardil (falácia) que consiste em argumentar e justificar uma conduta apenas porque a outra parte encontra-se também na mesma posição. Por exemplo: Uma parte afirma: "- Você não foi à escola, e isso é errado." A outra parte argumenta: "- Não, porque você também não foi." (O fato do primeiro não ter ido à escola não torna a negligência do segundo menos grave).

92 SILVA PEREIRA, Caio Mário da. *Instituições de direito civil*. 11. ed. Volume III. Rio de Janeiro: Forense, 2003, p. 21.

93 "Seguro. Obrigatório (DPVAT). Alegação pela apelante de ilegitimidade de parte. Não acolhimento. *Venire contra factum proprium*. Pagamento do seguro que foi efetuado pela apelante. Tendo sido responsável pelo pagamento a menor, cabe à apelante complementá-lo. Recurso improvido" (Tribunal de Justiça de São Paulo, Apelação Cível nº 959.000-00/8, Martinópolis, 26ª Câmara de Direito Privado, relator: Ronnie Herbert Barros Soares, j. 13.3.06, V.U., Voto nº 01).

Administrativo e processual civil. Título de propriedade outorgado pelo poder publico, através de funcionário de alto escalão. Alegação de nulidade pela própria administração, objetivando prejudicar o adquirente: inadmissibilidade. Alteração no polo ativo da relação processual na fase recursal: impossibilidade, tendo em vista o princípio da estabilização subjetiva do processo. Ação de indenização por desapropriação indireta. Instituição de parque estadual. Preservação da mata inserta em lote de particular. Direito à indenização pela indisponibilidade do imóvel, e não só da mata. Precedentes do STF e do STJ. Recursos parcialmente providos.

I – se o suposto equívoco no título de propriedade foi causado pela própria administração, através de funcionário de alto escalão, não há que se alegar o vicio com o escopo de prejudicar aquele que, de boa-fé, pagou o preço estipulado para fins de aquisição. Aplicação dos princípios de que "*memo potest venire contra factum proprium*" e de que "*memo creditur turpitudinem suam allegans*".

II – feita a citação validamente, não e mais possível alterar a composição dos polos da relação processual, salvo as substituições permitidas por lei (v.g., arts. 41 a 43, e arts. 1.055 a 1.062, todos do CPC). Aplicação do principio da estabilização subjetiva do processo. Inteligência dos arts. 41 e 264 do CPC. Precedente do STF: RE nº 83.983/RJ.

III – o proprietário que teve o seu imóvel abrangido por parque criado pela administração faz jus a integral indenização da área atingida, e não apenas em relação à mata a ser preservada. Precedente do STJ: REsp nº 39.842/SP.

IV – recursos especiais conhecidos e parcialmente providos.

(REsp 47.015/SP, Rel. ministro Adhemar Maciel, Segunda Turma, julgado em 16.10.1997, DJ 09.12.1997 p. 64655.)

Promessa de compra e venda. Consentimento da mulher. Atos posteriores. "*venire contra factum proprium.*" Boa-fé. Preparo. Férias.

1. Tendo a parte protocolado seu recurso e, depois disso, recolhido a importância relativa ao preparo, tudo no período de férias forenses, não se pode dizer que descumpriu o disposto no artigo 511 do CPC. Votos vencidos.

2. A mulher que deixa de assinar o contrato de promessa de compra e venda juntamente com o marido, mas depois disso, em juízo, expressamente admite a existência e validade do contrato, fundamento para a denunciação de outra lide, e nada impugna contra a execução do contrato durante mais de 17 anos, tempo em que os promissários compradores exerceram

pacificamente a posse sobre o imóvel, não pode depois se opor ao pedido de fornecimento de escritura definitiva. Doutrina dos atos próprios. Art. 132 do CC.
3. Recurso conhecido e provido.
(REsp 95.539/SP, Rel. ministro Ruy Rosado de Aguiar, Quarta Turma, julgado em 3.9.1996, DJ 14.10.1996 p. 39015.)
APELAÇÃO CÍVEL. CORTE DE FORNECIMENTO DE ÁGUA. DÉBITOS PASSADOS. POSIÇÕES CONTRADITÓRIAS. ATITUDE EM AFRONTA À BOA-FÉ E AOS DEVERES DO *Venire contra factum proprium* E *Nemo auditur turpitudinem suam allegans*. A atitude do autor de, por um lado, firmar contrato de locação e se comprometer a pagar os débitos pendentes de água e energia elétrica do imóvel em troca do não pagamento de quatro meses dos aluguéis e, por outro lado, vir a juízo contestar o débito e pretender a religação do fornecimento sem pagar a fatura, mostra-se contraditória e viola a boa-fé objetiva e os deveres do *venire contra factum proprium* e *nemo auditur turpitudinem suam allegans*. Ademais, é vedado ao usuário usufruir do serviço sem fornecer a contrapartida financeira e sem comprovar que não pode arcar com a fatura. APELO PROVIDO E AÇÃO JULGADA IMPROCEDENTE, POR MAIORIA, VENCIDO O DES. JOÃO ARMANDO. (Apelação Cível nº 70018113944, Segunda Câmara Cível, Tribunal de Justiça do RS, relator: Adão Sérgio do Nascimento Cassiano, Julgado em 7.3.2007.)
COBRANÇA. SEGURO PLANO FÁCIL AES SUL. MORTE DO SEGURADO. AUSÊNCIA DE INDICAÇÃO FORMAL DOS BENEFICIÁRIOS. LEGITIMIDADE ATIVA DA ESPOSA APENAS PARA PLEITEAR METADE DA INDENIZAÇÃO. 1. Em se tratando de seguro de pessoa no qual não há indicação formal dos beneficiários por parte do titular do seguro, de se aplicar a regra insculpida no art. 792 do CC, segundo o qual a indenização, nesses casos, será paga ao cônjuge sobrevivente e aos herdeiros do segurado. Daí por que não pode a viúva, por si, pretender postular em juízo a metade da indenização, à qual fazem jus, em igualdade de condições, também os herdeiros do falecido. 2. O recebimento, mesmo que em mora do pagamento do prêmio do seguro, afasta a alegação de falta de vigência da cobertura. Princípio da boa-fé objetiva do contrato a impedir o *venire contra factum proprium*. RECURSO PARCIALMENTE PROVIDO. (Recurso Cível nº 71001116565, Terceira Turma Recursal Cível, Turmas Recursais, relator: Ricardo Torres Hermann, Julgado em 14.11.2006.)

O *tu quoque* ("você também") é um ardil (falácia) que consiste em argumentar e justificar uma conduta apenas porque a outra parte encontra-se também na mesma posição. Por exemplo: Uma parte afirma: "– Você não foi à escola, e isso é errado". A outra parte argumenta: "- Não, porque você também não foi". O fato do primeiro não ter ido à escola não torna a negligência do segundo menos grave.[94] Dessa maneira, a invocação deste argumento não deve ser aceita, já que fere o princípio da boa-fé. Melhor dizendo: aquele que descumpriu um comando ou cláusula contratual, não pode exgir de outrem o cumprimento da norma que ele próprio já tenha descumprido.

O fundamento da *tu quoque* é a manutenção da proporcionalidade contratual (no sentido de se manter o equilíbrio do substrato material do sinalagma, base do negócio jurídico), bem como a própria estrututara da boa-fé (e.g., na concretização da exceção de contrato não cumprido). Seria, pois, uma espécie de três patamares: a *boa-fé objetiva*[95] como gênero, seguida do princípio do *tu quoque* que por sua vez teria como espécie a *EXCEPTIO NON ADIMPLETI CONTRACTUS*.

O princípio da boa-fé objetiva exercer três funções: (i) instrumento hermenêutico; (ii) fonte de direitos e deveres jurídicos; e (iii) limite ao exercício de direitos subjetivos. A essa última função aplica-se a teoria do adimplemento substancial das obrigações e a teoria dos atos próprios, como meio de rever a amplitude e o alcance dos deveres contratuais, daí derivando os seguintes institutos: *tu quoque*, *venire contra facutm proprium*, *surrectio* e *supressio*. (REsp 1202514/RS, Rel. Ministra NANCY ANDRIGHI, TERCEIRA TURMA, julgado em 21/06/2011, DJe 30/06/2011)

---

94 Os ditames da boa-fé objetiva, especificamente, o *tu quoque*, encontra ressonância no artigo 565 do Código de Processo Penal, ao dispor que não cabe a arguição de nulidade pela própria parte que lhe deu causa ou que tenha concorrido para a sua existência (RHC 63.622/SC, Rel. Ministra Maria Thereza de Assis Moura, Sexta Turma, DJe 22/10/2015).

95 DIREITO CIVIL. RECURSO ESPECIAL. PACTUAÇÃO, POR ACORDO DE VONTADES, DE DISTRATO. RECALCITRÂNCIA DA DEVEDORA EM ASSINAR O INSTRUMENTO CONTRATUAL. ARGUIÇÃO DE VÍCIO DE FORMA PELA PARTE QUE DEU CAUSA AO VÍCIO. IMPOSSIBILIDADE. AUFERIMENTO DE VANTAGEM IGNORANDO A EXTINÇÃO DO CONTRATO. DESCABIMENTO.

1. É incontroverso que o imóvel não estava na posse da locatária e as partes pactuaram distrato, tendo sido redigido o instrumento, todavia a ré locadora se recusou a assiná-lo, não podendo suscitar depois a inobservância ao paralelismo das formas para a extinção contratual. É que os institutos ligados à boa-fé objetiva, notadamente a proibição do *venire contra factum proprium, a supressio, a surrectio* e o *tu quoque*, repelem atos que atentem contra a boa-fé objetiva.
2. Destarte, não pode a locadora alegar nulidade da avença (distrato), buscando manter o contrato rompido, e ainda obstar a devolução dos valores desembolsados pela locatária, ao argumento de que a lei exige forma para conferir validade à avença.
3. Recurso especial não provido.
(REsp 1040606/ES, Rel. ministro LUIS FELIPE SALOMÃO, QUARTA TURMA, julgado em 24/04/2012, DJe 16/05/2012)

3.5.2.2.4 *Supressio* e *Surrectio*

Outra questão é aquela que relaciona a boa-fé diretamente com o componente obrigacional, podendo ampliá-lo ou minorá-lo. É o caso dos institutos da *supressio* e *surrectio*.

A surrectio (*Erwirkung*, no direito alemão) representa a criação de um direito em virtude de sua prática reiterada e aceita pelo outro contratante, ainda que haja sido convencionada em sentido contrário. Aqui, um bom exemplo é a regra jurídica expressa no artigo 330 do Código Civil, ao tratar do local do pagamento realizado, reiteradamente, em local diverso daquele fixado no contrato.

A supressio (ou *Verwirkung* da doutrina alemã), ao contrário, é a extinção de um direito em razão da constante ausência de seu exercício.

Melhor dizendo: em razão da boa-fé objetiva, no caso da *surrectio*, a atitude de um dos contraentes gera no outro uma expectativa de direito ou faculdade não prevista na avença e na hipótese da *supressio*, a inércia qualificada de uma das partes gera no parceiro contratual uma expectativa legítima de que a faculdade ou direito previsto na avença não será exercido.

A aplicação da boa-fé sob a forma da *surrectio* tem recebido respaldo da jurisprudência. Vejamos:

> AÇÃO DE COBRANÇA. SÓCIO QUE DEMANDA A SOCIEDADE. TRAMITAÇÃO, NA JUSTIÇA COMUM, DE AÇÃO DE EXCLUSÃO DE SÓCIO. SÓCIO JÁ AFASTADO DA GERÊNCIA DA EMPRESA MAS QUE, AO LONGO DOS ANOS, VINHA RECEBENDO UMA QUANTIA MENSAL A TÍTULO DE ADIANTAMENTO POR CONTA DE LUCROS FUTUROS. APLICAÇÃO DA FIGURA DA **SURRECTIO**, UMA DAS FIGURAS QUE EVIDENCIAM A FUNÇÃO DE CONTROLE DA BOA-FÉ, COM LIMITAÇÃO DO EXERCÍCIO DE DIREITOS SUBJETIVOS. IMPOSSIBILIDADE DE SUSPENSÃO UNILATERAL E IMOTIVADA DO PAGAMENTO, UMA VEZ QUE PERMANECE A CONDIÇÃO DE SÓCIO DO AUTOR. Dentre as funções desempenhadas pelo princípio da boa-fé objetiva, sobressai a de controle, que limita o exercício de direitos subjetivos. Dentre as várias figuras que se incluem nessa categoria, uma delas é a da **surrectio**, que impede a supressão imotivada de uma vantagem que tenha sido concedida por período de tempo razoável, ainda que em desconformidade com os estatutos, regulamentos ou contrato social, gerando no beneficiário a convicção de que pode contar com aquela vantagem. RECURSO PROVIDO, A FIM DE SER JULGADA PARCIALMENTE PROCEDENTE A AÇÃO. (Recurso Cível nº 71000867416, Terceira Turma Recursal Cível, Turmas Recursais, relator: Eugênio Facchini Neto, Julgado em

27.6.2006.)
AGRAVO PARCIALMENTE PROCEDENTE. No caso, além de a necessidade alimentar ter aumentado, o alimentante já vem depositando os alimentos em quantia maior do que a estipulada desde um bom tempo, verificando-se, na espécie, a ocorrência do instituto da surrectio. Todavia, como estamos em sede limiar do feito, sem qualquer manifestação do recorrido, a majoração pleiteada não vai atendida em sua integralidade. AGRAVO PARCIALMENTE PROVIDO EM MONOCRÁTICA. (Agravo de Instrumento Nº 70011961133, Oitava Câmara Cível, Tribunal de Justiça do RS, relator: Rui Portanova, Julgado em 8.6.2005).

Decisão:

O agravante ingressou com ação revisional de alimentos contra o agravado. Requereu que os alimentos, originalmente fixados em R$ 1.500,00 mensais, fossem majorados para 25 salários-mínimos (fls. 15-25). O pedido liminar foi indeferido (f. 162). Contra esta decisão se insurge o agravo.

Assim a decisão agravada:

"Sem qualquer prova ou demonstração se tenha alterado a situação financeira do alimentante, ainda que estivesse fornecendo ao alimentando valores superiores a título de complementação dos alimentos devidos, indefiro a liminar perseguida" (fl. 162).

No caso, é bem de ver que os alimentos devidos ao recorrente foram fixados, em agosto/2002, na quantia de R$ 1.500,00, a ser pago diretamente pelo recorrido (fls. 163-167).

Vem agora o recorrente pleitear majoração da pensão alimentícia, dizendo que, além de a necessidade alimentar ter aumentado, o alimentante tem boa condição financeira e já vem depositando os alimentos em quantia maior do que a estipulada (fls. 02-14).

Necessidade alimentar.

Quanto à necessidade alimentar, verifico que o alimentado, que hoje possui 12 anos de idade (f. 29), estuda em colégio particular (f. 30), frequenta clube social (f. 38) e realiza gastos com despesas pessoais a denotar um bom padrão de vida, tais como roupas de marca, assinatura de revistas etc (fls. 39-46).

Possibilidade alimentar.

Já no que diz com a possibilidade alimentar, pelos documentos juntados às fls. 52-112, observa-se que desde o ano de 2002 o alimentante vem depositando valor a maior do que o estabelecido pelo título alimentar (fls. 52-113). Embora os depósitos bancários realizados pelo agravado em nome da representante legal do agravante sejam bastante varáveis, indo desde R$ 1.313,69 até R$ 7.967,99, verifico que perfazem uma média de quase R$ 5.000,00 mensais (fls. 52-113/114-161), que são aproximados 15 salários-mínimos.

Como se verifica, no caso, estamos diante do instituto da surrectio.

A surrectio expressa a circunstância do surgimento, de forma complementar ao direito legislado, contratado ou judicial, de um direito não existente antes (em termos jurídicos). Direito este que, na efetividade social, já vinha sendo considerado como presente.

Os requisitos da *surrectio*, basicamente, são:

"Exige-se um certo lapso de tempo, por excelência variável, durante o qual se atua uma situação jurídica em tudo semelhante ao direito subjetivo que vai surgir; requer-se uma conjunção objectiva de factores que concitem, em nome do Direito, a constituição do novo direito; impõe-se a ausência de previsões negativas que impeçam *a surrectio*". (Antônio Manuel da Rocha e Menezes Cordeiro, *Da boa-fé no direito civil*, vol. II, Livraria Almedina: Coimbra, 1984, p. 821/822.)

Para haver surrectio, o que se requer, portanto, é uma previsão de confiança, pois a repetição sistemática, constante e continuada de um determinado comportamento cria direito, de modo a imputar ao prejudicado a boa-fé subjetiva do beneficiário. Direito esse que se consubstancia na expectativa, a ser mantida pelo menos como probabilidade, da regularidade e continuidade da situação fática subjacente, ou, por outro lado, da ausência de qualquer outra solução ou resolução diferente.

Essa é exatamente a situação dos autos.

E, como no caso estamos em sede de liminar da ação que busca a revisão dos alimentos, diante dos valores dos depósitos realizados pelo recorrido em prol do agravante, entendo razoável que, por ora, devam os alimentos ser majorados, provisoriamente, para o montante de 13 salários-mínimos mensais.

Nesta alçada, verifica-se que o presente agravo é parcialmente procedente, sendo caso de parcial provimento recursal sem necessidade de maior dilação probatória.

APELAÇÃO. AÇÃO DECLARATÓRIA DE EXISTÊNCIA DE DEPENDÊNCIA ECONÔMICA. INDEFERIMENTO DA INICIAL. DESCABIMENTO. RELAÇÃO OBRIGACIONAL. SURGIMENTO. SURRECTIO. O autor-apelante tem interesse de agir ao postular a declaração de existência de dependência econômica de sua ex-esposa para consigo. Ele afirmou alcançar valores a ela há mais de 40 anos. Se isso for verdade, ainda que não haja determinação judicial para pagamento de alimentos, então a repetição sistemática do comportamento fez surgir entre as partes uma verdadeira relação obrigacional, cabendo ao Poder Judiciário apenas e tão somente declarar que tal obrigação já existe na efetividade social. Daí a adequação do procedimento escolhido pelo autor-apelante. Se a ex-esposa for

> mesmo financeiramente dependente do autor-apelante, nada mais justo do que permitir a ele que se valha desta situação para ver declarado em juízo a existência de um fato que engrandece e favorece ao apelante. DERAM PROVIMENTO. (Apelação Cível nº 70011362936, Oitava Câmara Cível, Tribunal de Justiça do RS, relator: Rui Portanova, Julgado em 12.5.2005.)

Da mesma forma, o instituto da *supressio* é encontrado em nossas decisões judiciais da seguinte forma:

> RELAÇÃO DE CONSUMO. AQUISIÇÃO DE COLCHÃO. Problemas com o produto que surgiram cinco anos após, quando já esgotado prazo de garantia. Concordância da empresa vendedora em tentar reparar o problema. Entrega de colchão provisório, em substituição ao adquirido, enquanto se procedia ao conserto. Adquirente que só procura novamente a ré, para efetuar a troca, mais de ano e meio depois, quando então recebe a notícia de que o primitivo colchão já fora vendido. Aplicabilidade da figura da supressio. Sentença que, em reconhecendo a revelia da ré, acolhe a pretensão do autor. Recurso do autor para obter a entrega de um colchão novo – ou seu equivalente em dinheiro – e não um colchão usado, como determinado na sentença. Recurso desprovido. (Recurso Cível nº 71000621383, Terceira Turma Recursal Cível, Turmas Recursais, relator: Eugênio Facchini Neto, Julgado em 22.3.2005)
>
> LOCAÇÃO. AÇÃO DE DESPEJO POR FALTA DE PAGAMENTO. PEDIDO DE ANTECIPAÇÃO DE TUTELA. NÃO CONCESSÃO DO PLEITO. NÃO VERIFICAÇÃO DOS REQUISITOS LEGAIS AUTORIZADORES DA CONCESSÃO DO PEDIDO DE ANTECIPAÇÃO DE TUTELA. Não configurada qualquer das hipóteses previstas pelo artigo 273 do Código de Processo Civil, traduz-se inviável o pedido de antecipação de tutela formulado pela agravante no sentido de que ocorra a desocupação do imóvel. PRINCÍPIO DA BOA-FÉ. SUPRESSIO. Na hipótese dos autos, restou clara a ocorrência e uma das funções mitigadoras das obrigações (mais especificamente, da chamada supressio), a qual se traduz na diminuição dos direitos que uma parte tem contra a outra, com base no princípio da boa-fé. Verifica-se *a supressio* quando, pelo modo como as partes vêm se comportando ao longo da vida contratual, certas atitudes que poderiam ser exigidas originalmente passam a não mais poderem ser exigidas na sua forma original (sofrem uma minoração), por ter se criado uma expectativa de que aquelas disposições iniciais não seriam exigidas daquela forma inicialmente prevista. Recurso desprovido. (Agravo de Instrumento nº 70010323012, Décima Quinta Câmara Cível, Tribunal de Justiça do RS, relator: Ricardo

Raupp Ruschel, Julgado em 22.11.2004)
ADMINISTRATIVO. SERVIÇO PÚBLICO DE FORNECIMENTO DE ENERGIA ELÉTRICA. CONTRATO DE MÚTUO FIRMADO PELO USUÁRIO E A CONCESSIONÁRIA. CORREÇÃO MONETÁRIA. CLÁUSULA CONTRATUAL. PRINCÍPIO DA BOA-FÉ. LIMITAÇÃO DO EXERCÍCIO DO DIREITO SUBJETIVO. "SUPRESSIO". 1. A "SUPRESSIO" constitui-se em limitação ao exercício de direito subjetivo que paralisa a pretensão em razão do princípio da boa-fé objetiva. Para sua configuração, exige-se (i) decurso de prazo sem exercício do direito com indícios objetivos de que o direito não mais seria exercido e (ii) desequilíbrio, pela ação do tempo, entre o benefício do credor e o prejuízo do devedor. Lição de MENEZES CORDEIRO. 2. NÃO caracteriza conduta contrária à boa-fé o exercício do direito de exigir a restituição de quantia emprestada depois de transcorridos mais de quinze anos se tal não gera desvantagem desproporcional ao devedor em relação ao benefício do credor. Hipótese em que o mútuo não só permitiu a expansão da rede pública de concessionário de serviço público de energia elétrica como também a exploração econômica do serviço mediante a cobrança da tarifa, sendo que esta, a par da contraprestação, engloba a amortização dos bens reversíveis. Ausente, portanto, desequilíbrio entre o valor atualizado a ser restituído e o benefício fruído pelo apelado durante todo este tempo, não há falar em paralisação do direito subjetivo. 3. Conquanto tenha o contrato de mútuo firmado entre o usuário e a concessionária do serviço público de energia elétrica para custeio das despesas a cargo desta de implantação do fornecimento estabelecido que a quantia seria restituída sem correção monetária, tem direito o usuário de receber o montante atualizado pena de arcar com os encargos que devem ser suportados pela concessionária e para cuja prestação é remunerado na forma do contrato de concessão. Recurso provido por ato do relator. ART-557 DO CPC. PRECEDENTE DO STJ. (9 FLS.) (Apelação Cível nº 70001911684, Segunda Câmara Cível, Tribunal de Justiça do RS, relator: Maria Isabel de Azevedo Souza, Julgado em 4.12.2000.)

3.5.2.2.5 Dever de Cooperação

Ao comentar o princípio da boa-fé, Karl Larenz afirma que "dicho principio consagra que una confianza despertada de un modo imputable debe ser mantenida cuando efectivamente se ha creído en ella. La suscitación de la confianza es "imputable" cuando el que la suscita sabía o tenía que saber que el otro iba a confiar. En esta medida es idéntico al principio de la confianza. Sin embargo, lo sobrepasa y va más allá. Demanda también un respeto recíproco ante todo en aquellas relaciones jurídicas que requerien una larga y continuada colaboración, respeto al outro también en el ejercicio de los derechos y en general el comportamiento que se puede esperar entre los sujetos que intervienen honestamente en el tráfico".[96]

Assim, toda e qualquer relação jurídica contratual deve ser permeada por obrigações de recíproca cooperação entre os contraentes, bem como por condutas de lealdade, ética e respeito à outra parte. Estas normas de conduta, de cunho objetivo, devem ser obedecidas não só na formação como na conclusão do contrato, mas também na fase pré-contratual (fases das tratativas ou negociações preliminares).

Um exemplo interessante sobre o tema referido é apontado por Teresa Negreiros em seu artigo "O princípio da boa-fé contratual".[97] Vejamos: "Pense-se, por exemplo, naquele caso "midiático" que se passou entre nós recentemente a envolver a atuação do cantor Zeca Pagodinho em sucessivas campanhas publicitárias de cervejarias rivais. Como relataram os principais jornais na ocasião, Zeca Pagodinho, "garoto propaganda" de uma milionária campanha publicitária de lançamento da marca de cerveja Nova Schin, promovida pela agência Fischer América, celebrou contrato com a agência África para passar a fazer publicidade da marca Brahma, por meio de peças publicitárias que desmereciam, quase expressamente, a própria campanha da Nova Schin.

Supondo-se, por hipótese, que não houvesse sido pactuada uma cláusula de exclusividade entre o cantor e a primeira agência que o contratara, seria ainda assim exigível, com base na boa-fé, que Zeca Pagodinho se abstivesse de realizar anúncios em favor da cervejaria rival? Será compatível com os deveres decorrentes da boa-fé realizar anúncios que fazem alusão óbvia, embora implícita, à marca rival e que na sequência imediata da campanha anterior têm o efeito de a desmerecer?"

Mais uma vez, a título de ilustração, segue, abaixo, parte do Voto 7.970 do desembargador Roberto Mortari, do Tribunal de Justiça do Estado de São Paulo, nos Agravos de Instrumento números 346.328.4/5 e 346.344.4/8 sobre a questão ética nos contratos envolvendo o caso concreto com o cantor Zeca Pagodinho. Frise-se que o princípio da boa-fé impõe aos contraentes um padrão de conduta leal, correto, honesto e de confiança e cooperação recíprocas que representam estratos de ética jurídica que devem orientar as relações jurídicas interprivadas.

96 LARENZ, Karl. *Derecho justo*: fundamentos de ética jurídica. Traducción Luis Díez-Picazo. Madrid: 2001, p. 96.

97 NEGREIROS, Teresa. O princípio da boa-fé contratual. In: MORAES, Maria Celina Bodin de (Org.). *Princípios do direito civil contemporâneo*. Rio de Janeiro: Renovar, 2006, p. 247-248.

PODER JUDICIÁRIO

TRIBUNAL DE JUSTIÇA DO ESTADO DE SÃO PAULO

VOTO N° 7.970 – DESEMBARGADOR ROBERTO MORTARI

Agravos de Instrumento n°s 346.328.4/5 – São Paulo e 346.344.4/8 – São Paulo

Agravantes: Primo Schincariol Indústria de Cervejas e Refrigerantes S/A e Companhia de Bebidas das Américas – AMBEV

Agravados: JGS Produções Artísticas,
Jessé Gomes da Silva Filho ou Zeca Pagodinho,
Companhia de Bebidas das Américas – AMBEV e
Primo Schincariol Indústria de Cervejas e Refrigerantes S/A

EMENTA: Cautelar – Concessão de liminar para impedir a veiculação de campanha publicitária, sob pena de multa diária – Existência de elementos que indicam que a campanha publicitária em questão se contrapõe a pacto de exclusividade preexistente e estimula práticas nocivas à sociedade – Presença de periculum in mora e funnus boni juris – Medida confirmada, inclusive no que se refere ao valor da multa, que atende suas funções inibitória – Agravos desprovidos.

Não é difícil identificar, na campanha publicitária veiculada pela AMBEV, pontos contrários à ética. No mínimo, ela estimula a traição e o desrespeito aos contratos, práticas nocivas à sociedade, que não pode ficar exposta a tal aviltamento, enquanto as partes discutem, dentro dos autos, suas razões, e eventuais perdas e danos.

Por isso, andou bem o douto Magistrado da origem, Dr. Vítor Frederico Kümpel, ao reconhecer a existência do *periculum in mora* e do *fumus boni juris* na hipótese retratada, de molde a deferir liminarmente a medida cautelar que foi submetida ao seu julgamento, impondo o respeito ao contrato e evitando que a coletividade continue sendo exposta a campanha publicitária nociva e antiética.

No que pertine à multa arbitrada para o caso de descumprimento da liminar em questão, é de se observar que o valor estipulado, de R$ 500.000, 00 por dia, atende perfeitamente sua função inibitória, na medida em que praticamente guarda correspondência com o valor do contrato que se pretende cumprir. De consequência, não comporta majoração.

Finalizando, cumpre registrar que a nova peça publicitária veiculada pela AMBEV e seus publicitários desde o último final de semana (26.3.04) – "A CERVEJA DE TODOS OS ZECAS" –, só veio roborar a conclusão da lastimável ausência de ética dos seus idealizadores e mantenedores. Subliminarmente, está-se como a recomendar a subversão de valores, e até mesmo a desobediência civil, com manifesto desprezo.

O respeito recíproco para Larenz é um princípio que atravessa todo o ordenamento jurídico e, em especial, no direito contratual reflete toda a sua luminosidade, já que devo reconhecer os interesses legítimos de meu parceiro contratual, "pues cuando yo concluyo un contrato con otro y dejo que valga tanto su voluntad como la mía, reconozco que tanto él como yo somos personas".[98]

3.5.2.2.6 Violação positiva do contrato

A violação positiva do contrato é uma espécie de inadimplemento obrigacional, desvelada da criação de deveres jurídicos advindos da boa-fé. Por exemplo, o enunciado 24 da I Jornada de Direito Civil diz que "em virtude do princípio da boa-fé, positivado no art. 422 do novo Código Civil, a violação dos deveres anexos constitui espécie de inadimplemento, independentemente de culpa".

A violação positiva do contrato é, pois, um tipo de inadimplemento contratual relacionado a inobservância dos deveres laterais do contrato, tais como: deveres de lealdade, de informação, de assistência, de cooperação, de sigilo, dentre outros.[99]

Vejamos a aplicação da violação positiva do contrato em decisão do desembargador MARCOS ALCINO DE AZEVEDO TORRES, do TJRJ:

"Apelação Cível. Ação Indenizatória. Cancelamento de bilhetes aéreos a revelia do consumidor. Violação positiva do contrato, consubstanciada na quebra dos deveres resultantes da boa-fé, tais como o de lealdade, fidúcia e transparência. Dano moral caracterizado. Dever de indenizar. 1. O caso dos autos retrata relação de consumo, em virtude da perfeita adequação aos conceitos de consumidor (art. 2º), fornecedor (art. 3º, *caput*) e serviço (art. 3º, § 2º), contidos na Lei 8.078/90. 2. *In casu*, a autora nega ter solicitado o

---

98 LARENZ, *op. cit.*, p. 64.

99 CIVIL E PROCESSO CIVIL. PRELIMINAR DE NÃO CONHECIMENTO DO RECURSO. REJEITADA. COMPRA E VENDA DE AUTOMÓVEL. AUSÊNCIA DE REGISTRO DA TRANSFERÊNCIA. VIOLAÇÃO POSITIVA DO CONTRATO. DANO MORAL. CONFIGURAÇÃO. 1. Atendidos os requisitos do artigo 514 do Código Processual Civil, bem como os demais pressupostos de admissibilidade, o recurso apelatório deve ser conhecido. 2. Em uma relação jurídica, os contratantes devem pautar-se em certo padrão ético de confiançae lealdade, em atenção ao princípio da boa-fé, que orienta as atuais relações negociais pela probidade, moralidade e honradez. 3. Comprovada a violação positiva do contrato, com patente desrespeito ao seu conteúdo ético, cabível a responsabilização da parte ofensora. 4. Comprovado que a conduta omissiva perpetrada pelas Recorrentes resultou em vários transtornos ao Autor, tanto de ordem material quanto na órbita de seus direitos da personalidade, notadamente, pela inclusão de seu nome em dívida ativa, além da emissão de diversas multas de trânsito, sobre as quais não tinha mais responsabilidade, resta evidenciada a responsabilidade civil das Demandadas. 5. Atentando-se às peculiaridades do caso concreto, especialmente quanto à conduta da parte ofensora, a repercussão dos fatos, a natureza do direito subjetivo fundamental violado, entendeu-se razoável o importe fixado pelo ilustre Magistrado, a título de indenização por danos morais. 6. Rejeitou-se a preliminar. Negou-se provimento ao recurso. (TJ-DF - APC: 20120111824517, relator: FLAVIO ROSTIROLA, Data de Julgamento: 03/06/2015, 3ª Turma Cível, Data de Publicação: Publicado no DJE : 11/06/2015 . Pág.: 159)

cancelamento das passagens aéreas. Assim, como não se pode impor à demandante comprovar fato negativo, cabia à ré demonstrar que foi a autora quem cancelou as passagens, o que não logrou fazer. Ademais, a aquisição de novas passagens - fato esse não contestado pela demandada - contribui para corroborar a assertiva da autora de que não efetuou o cancelamento das passagens, pois não faria sentido algum a autora cancelar as passagens para, em seguida, adquirir novas passagens. 3. O dano moral advém da postura abusiva e desrespeitosa da fornecedora, que diante do cancelamento indevido dos bilhetes aéreos vulnerou o princípio da boa-fé objetiva, do qual se extraem os chamados deveres anexos ou laterais de conduta, tais como os deveres de colaboração, fidúcia, respeito, honestidade e transparência, que devem estar presentes nas relações contratuais como a que ora se examina, com o intuito de reequilibrar-se a relação jurídica entre os ora litigantes; trata-se de buscar o equilíbrio (equivalência) e a justiça contratual. 4. Não pode ser considerado como um mero aborrecimento a situação fática ocorrida no curso ou em razão da prestação de serviço de consumo, a qual o fornecedor não soluciona a reclamação, levando o consumidor a contratar advogado ou servir-se da assistência judiciária do Estado para demandar pela solução judicial de algo que administrativamente facilmente seria solucionado quando pelo crivo Juiz ou Tribunal se reconhece a falha do fornecedor. Tal conduta estimula o crescimento desnecessário do número de demandas, onerando a sociedade e o Tribunal. Ao contrário, o mero aborrecimento é aquele resultante de situação em que o fornecedor soluciona o problema em tempo razoável e sem maiores consequências para o consumidor. O dano moral advém da postura abusiva e desrespeitosa da empresa, impondo o arbitramento de valor indenizatório justo e adequado ao caso, arcando a ré, ainda, com os ônus da sucumbência. 5. Nesta parte, considerando os critérios sugeridos pela doutrina e jurisprudência e em observância aos princípios da razoabilidade e da vedação ao enriquecimento sem causa, entendo que o valor de R$ 5.000,00 revela-se justo e adequado ao caso, devendo ser mantido. 6. Negativa de seguimento ao recurso. (TJ-RJ - APL: 00290978120128190014 RJ 0029097-81.2012.8.19.0014, relator: DES. MARCOS ALCINO DE AZEVEDO TORRES, Data de Julgamento: 13/08/2015, VIGÉSIMA SÉTIMA CÂMARA CÍVEL/ CONSUMIDOR, Data de Publicação: 27/08/2015)"

3.5.2.2.7 O dever de mitigar a perda (*duty to mitigate the loss*)

O *duty to mitigate the loss*, utilizado no sistema da *common Law*, significa, grosso modo, o dever de a própria vítima minimizar a sua perda. O enunciado 169 do Conselho da Justiça Federal (III Jornada de Direito Civil) afirma que "Art. 422: o princípio da boa-fé objetiva deve levar o credor a evitar o agravamento do próprio prejuízo."

O *duty to mitigate the loss* é a possibilidade de se exigir da vítima um comportamento voltado para a minimização ou redução do próprio prejuízo. É, pois, um comportamento que se espera da vítima, uma vez que com tal comportamento acarreta uma redução do prejuízo, beneficiando o ofensor (este pagará uma indenização menor em virtude do comportamento da vítima). Na realidade, ofensor e vítima se beneficiarão. Aquele porque pagará uma indenização menor, este porque com seu comportamento diminuirá o dano.

O *duty to mitigate the loss* vem sendo invocado pela doutrina e jurisprudência brasileiras. Vejamos:

"1.Boa-fé objetiva. Standard ético-jurídico. Observância pelos contratantes em todas as fases. Condutas pautadas pela probidade, cooperação e lealdade.

2. Relações obrigacionais. Atuação das partes. Preservação dos direitos dos contratantes na consecução dos fins. Impossibilidade de violação aos preceitos éticos insertos no ordenamento jurídico.

3. Preceito decorrente da boa-fé objetiva. Duty to mitigate the loss: o dever de mitigar o próprio prejuízo. Os contratantes devem tomar as medidas necessárias e possíveis para que o dano não seja agravado. A parte a que a perda aproveita não pode permanecer deliberadamente inerte diante do dano. Agravamento do prejuízo, em razão da inércia do credor. Infringência aos deveres de cooperação e lealdade.

4. Lição da doutrinadora Véra Maria Jacob de Fradera. Descuido com o dever de mitigar o prejuízo sofrido. O fato de ter deixado o devedor na posse do imóvel por quase 7 (sete) anos, sem que este cumprisse com o seu dever contratual (pagamento das prestações relativas ao contrato de compra e venda), evidencia a ausência de zelo com o patrimônio do credor, com o consequente agravamento significativo das perdas, uma vez que a realização mais célere dos atos de defesa possessória diminuiriam a extensão do dano.

5. Violação ao princípio da boa-fé objetiva. Caracterização de inadimplemento contratual a justificar a penalidade imposta pela Corte originária, (exclusão de um ano de ressarcimento).

(REsp 758.518/PR, Rel. ministro VASCO DELLA GIUSTINA (DESEMBARGADOR CONVOCADO DO TJ/RS), TERCEIRA TURMA, julgado em 17/06/2010, REPDJe 01/07/2010, DJe 28/06/2010).

RESPONSABILIDADE CIVIL. SENTENÇA PUBLICADA ERRONEAMENTE. CONDENAÇÃO DO ESTADO A MULTA POR LITIGÂNCIA DE MÁ-FÉ. INFORMAÇÃO EQUIVOCADA.

AÇÃO INDENIZATÓRIA AJUIZADA EM FACE DA SERVENTUÁRIA. LEGITIMIDADE PASSIVA. DANO MORAL. PROCURADOR DO ESTADO. INEXISTÊNCIA. MERO DISSABOR. APLICAÇÃO, ADEMAIS, DO PRINCÍPIO DO DUTY TO MITIGATE THE LOSS. BOA-FÉ OBJETIVA. DEVER DE

MITIGAR O PRÓPRIO DANO.

1. O art. 37, § 6º, da CF/1988 prevê uma garantia para o administrado de buscar a recomposição dos danos sofridos diretamente da pessoa jurídica que, em princípio, é mais solvente que o servidor, independentemente de demonstração de culpa do agente público. Vale dizer, a Constituição, nesse particular, simplesmente impõe ônus maior ao Estado decorrente do risco administrativo; não prevê, porém, uma demanda de curso forçado em face da Administração Pública quando o particular livremente dispõe do bônus contraposto.

Tampouco confere ao agente público imunidade de não ser demandado diretamente por seus atos, o qual, aliás, se ficar comprovado dolo ou culpa, responderá de outra forma, em regresso, perante a Administração.

2. Assim, há de se franquear ao particular a possibilidade de ajuizar a ação diretamente contra o servidor, suposto causador do dano, contra o Estado ou contra ambos, se assim desejar. A avaliação quanto ao ajuizamento da ação contra o servidor público ou contra o Estado deve ser decisão do suposto lesado. Se, por um lado, o particular abre mão do sistema de responsabilidade objetiva do Estado, por outro também não se sujeita ao regime de precatórios.

Doutrina e precedentes do STF e do STJ.

3. A publicação de certidão equivocada de ter sido o Estado condenado a multa por litigância de má-fé gera, quando muito, mero aborrecimento ao Procurador que atuou no feito, mesmo porque é situação absolutamente corriqueira no âmbito forense incorreções na comunicação de atos processuais, notadamente em razão do volume de processos que tramitam no Judiciário. Ademais, não é exatamente um fato excepcional que, verdadeiramente, o Estado tem sido amiúde condenado por demandas temerárias ou por recalcitrância injustificada, circunstância que, na consciência coletiva dos partícipes do cenário forense, torna desconexa a causa de aplicação da multa a uma concreta conduta maliciosa do Procurador.

4. Não fosse por isso, é incontroverso nos autos que o recorrente, depois da publicação equivocada, manejou embargos contra a sentença sem nada mencionar quanto ao erro, não fez também nenhuma menção na apelação que se seguiu e não requereu administrativamente a correção da publicação. Assim, aplica-se magistério de doutrina de vanguarda e a jurisprudência que têm reconhecido como decorrência da boa- fé objetiva o princípio do Duty to mitigate the loss, um dever de mitigar o próprio dano, segundo o qual a parte que invoca violações a um dever legal ou contratual deve proceder a medidas possíveis e razoáveis para limitar seu prejuízo. É consectário direto dos deveres conexos à boa-fé o encargo de que a parte a quem a perda aproveita não se mantenha inerte diante da possibilidade de agravamento desnecessário do próprio dano, na esperança de se ressarcir posteriormente com uma ação

indenizatória, comportamento esse que afronta, a toda evidência, os deveres de cooperação e de eticidade.

5. Recurso especial não provido.

(REsp 1325862/PR, Rel. ministro LUIS FELIPE SALOMÃO, QUARTA TURMA, julgado em 05/09/2013, DJe 10/12/2013).

3.5.2.3 Boa-fé nas relações de consumo

As relações consumeiras, também, são pautadas na boa-fé e equidade. Os artigos 4º e 51 do Código de Defesa do Consumidor determinam que

> CDC – Art. 4º A Política Nacional das Relações de Consumo tem por objetivo o atendimento das necessidades dos consumidores, o respeito à sua dignidade, saúde e segurança, a proteção de seus interesses econômicos, a melhoria da sua qualidade de vida, bem como a transparência e harmonia das relações de consumo, atendidos os seguintes princípios: III – harmonização dos interesses dos participantes das relações de consumo e compatibilização da proteção do consumidor com a necessidade de desenvolvimento econômico e tecnológico, de modo a viabilizar os princípios nos quais se funda a ordem econômica (art. 170, da Constituição Federal), sempre com base na boa-fé e equilíbrio nas relações entre consumidores e fornecedores;
> CDC - Art. 51. São nulas de pleno direito, entre outras, as cláusulas contratuais relativas ao fornecimento de produtos e serviços que: IV - estabeleçam obrigações consideradas iníquas, abusivas, que coloquem o consumidor em desvantagem exagerada, ou sejam incompatíveis com a boa-fé ou a equidade;

O princípio da boa-fé contratual nas relações consumeiras já foi invocado pelo Superior Tribunal de Justiça em decisão cuja Relatora foi a Ministra Nancy Andrighi:

> “Recurso especial. Civil. Indenização. Aplicação do princípio da boa-fé contratual. Deveres anexos ao contrato. - O princípio da boa-fé se aplica às relações contratuais regidas pelo CDC, impondo, por conseguinte, a obediência aos deveres anexos ao contrato, que são decorrência lógica deste princípio. - O dever anexo de cooperação pressupõe ações recíprocas de lealdade dentro da relação contratual. - A violação a qualquer dos deveres anexos implica inadimplemento contratual de quem lhe tenha dado causa. - A alteração dos valores arbitrados a título de reparação de danos extrapatrimoniais somente é possível, em sede de Recurso Especial, nos casos em que o quantum determinado revela-se irrisório ou exagerado. Recursos não providos (REsp 595631/SC, Rel. Ministra NANCY ANDRIGHI,

TERCEIRA TURMA, julgado em 8.6.2004, DJ 2.8.2004 p. 391)".

Da mesma forma, em decisão no Tribunal de Justiça do Estado do Rio Grande do Sul, a magistrada destaca o princípio da boa-fé contratual com os seus desdobramentos dos deveres de lealdade e cooperação:

> "AGRAVO DE INSTRUMENTO. REVISÃO DE CONTRATO. DECISÃO MONOCRÁTICA. INVERSÃO DO ÔNUS DA PROVA E EXIBIÇÃO DE DOCUMENTOS. É princípio básico em matéria de relações de consumo que, sendo verossímil a afirmação do consumidor sobre um determinado fato, inverte-se o ônus da prova a esse respeito (art. 6º, VIII, do CDC). O princípio reitor da boa-fé, com os seus desdobramentos dos deveres de lealdade e cooperação, impõe ao Banco a obrigação de trazer aos autos cópia dos documentos de que dispõe acerca da contratualidade afirmada. AGRAVO PROVIDO DE PLANO, COM FUNDAMENTO NO ART. 557, § 1º-A, DO CPC (Agravo de Instrumento nº 70018103747, Décima Terceira Câmara Cível, Tribunal de Justiça do RS, relator: Angela Terezinha de Oliveira Brito, Julgado em 1.2.2007)."

De igual forma, o princípio da boa-fé ganha destaque na norma do artigo 187 do Código Civil que determina que "Também comete ato ilícito o titular de um direito que, ao exercê-lo, excede manifestamente os limites impostos pelo seu fim econômico ou social, pela boa-fé ou pelos bons costumes". Esta norma se faz necessária porque os membros da sociedade nem sempre agem de forma honesta, leal, digna e com respeito ao semelhante.

Ademais, repise-se, todo e qualquer negócio jurídico deve ser interpretado conforme a boa-fé e os usos do lugar de sua celebração, conforme resta consignado na regra do artigo 113 do nosso Código Civil, conhecida como a regra da "boa-fé hermenêutica".

Evidentemente, que a combinação dos artigos 113, 187 e 422 do Código Civil brasileiro representa a trilogia da boa-fé objetiva em nosso ordenamento jurídico civilístico. Mais que isso: tais condutas representam um componente ético-jurídico nas relações interprivadas consagradas pelos elementos de cooperação, lealdade, confiança e probidade entre os agentes envolvidos.

3.5.2.4 O princípio da boa-fé e teoria do abuso do direito

Existe uma interpenetração entre o princípio da boa-fé e a teoria do abuso do direito. Vejamos um acórdão de 12.4.1984 do Tribunal de Évora – Portugal: "A boa-fé procura assegurar uma perfeita execução do ordenamento contratual de acordo com o sentido e o fim tendo como finalidade a plena realização dos interesses coenvolvidos. [...] A actuação dos intervenientes deverá estar sempre subjacente um espírito de lealdade e cooperação. A boa-fé na sua dimensão essencial de limite ao exercício de um direito subjectivo é, ainda, um elemento constitutivo do abuso do direito".

A doutrina do abuso do direito está, pois, fincada na eticidade do exercício dos direitos e coloca a questão moral no epicentro do debate doutrinário e jurisprudencial.

Observa Heloísa Carpena Vieira de Mello que "tanto o ato ilícito quanto o ato abusivo são fonte do dever de indenizar quando o comportamento do agente seja passível de um juízo de censura. O dever de não abusar traduz-se no dever de atuar segundo a boa-fé, consentâneo com os bons costumes ou conforme a finalidade econômica ou social do mesmo direito, ou seja, dentro dos limites que, para o direito em questão, resultam do seu fundamento axiológico".[100]

3.5.2.5 O princípio da boa-fé e a responsabilidade pré-contratual

A teoria da responsabilidade pré-contratual surgiu com Rudolf von Jhering no direito alemão. O que se pretende é a responsabilização do culpado pela frustração na relação jurídica negocial ou pré-contratual.

Ora, isto significa dizer que a boa-fé perpassa todas as fases de formação dos contratos, ou seja, a fase pré-contratual, a contratual e a fase pós-contratual. Frise-se que na fase pré-contratual não existe a formação do vínculo jurídico, mas se ferido o princípio da boa-fé, vai gerar o dever de indenizar em desfavor da parte culposa. Esse dever de indenizar tem a finalidade precípua de proteger os deveres preliminares, evitando, destarte, uma postura antissocial desenvolvida por uma das partes.

De acordo com as lições de REGIS FICHTNER PEREIRA, "o que se tutela, repita-se, é a confiança da parte na celebração do contrato que acabou por não se estabelecer. Os danos indenizáveis, nessa linha de ideias, serão os que a parte sofreu por ter confiado na outra parte. Esses danos podem englobar, em certas situações excepcionais, o que a parte obteria, na hipótese de o contrato ter sido estabelecido. Isso ocorre quando a infringência dos deveres de lealdade e correção pela parte que rompe as negociações acarretarem na perda da possibilidade de a outra parte realizar o mesmo negócio com outra pessoa."[101]

As negociações preliminares ou tratativas antecedem a formação do vínculo contratual. Portanto, aqui, não há falar-se em vínculo obrigacional, mas o princípio da boa-fé deve ser respeitado e acolhido pelas partes envolvidas nas negociações.

De acordo com as lições de MENEZES CORDEIRO, existem três grupos de casos da culpa *in contrahendo*. Vejamos: a) um dever de proteção dos

100VIEIRA DE MELLO, Heloísa Carpena. A boa-fé como parâmetro da abusividade no direito contratual. In: TEPEDINO, Gustavo. *Problemas de direito civil-constitucional*. Rio de Janeiro: Renovar, 2000, p. 315.

101PEREIRA, Regis Fichtner. A responsabilidade civil pré-contratual. Rio de Janeiro, Renovar, 2001, p. 385.

negociantes na fase preliminar, isto é, não se pode gerar prejuízos pessoais ou patrimoniais, diretos ou indiretos à outra parte; b) um dever de esclarecimento/informação, ou seja, espera-se que as partes forneçam informações necessárias e transparentes que possam ser relevantes para a conclusão do contrato; e, finalmente, c) um dever de lealdade entre as futuras partes contratantes, o que impede a criação de obstáculos injustificáveis à conclusão do contrato, bem como a vedação de comportamentos que induzam a outra parte em erro.[102]

O Código Civil brasileiro, no artigo 422, consagra o instituto da responsabilidade pré-contratual. O citado artigo determina que "os contratantes são obrigados a guardar, assim na conclusão do contrato, como em sua execução, os princípios de probidade e boa-fé".

Daí que a violação do preceito constitui ato ilícito e implica obrigação de reparar os danos causados a outrem.

Neste sentido, Dário Manuel Lentz de Moura Vicente afirma que "o nosso Código Civil consagrou o instituto conhecido por "responsabilidade pré-contratual", também dita responsabilidade por culpa *in contrahendo* ou culpa na formação dos contratos, isto é, a responsabilidade civil por danos decorrentes de atos ou omissões verificados no período que antecede a celebração do contrato.[103]

Observa, ainda, o autor que "não se trata, em rigor, de uma novidade absoluta, porquanto o referido preceito é complementado por outros, que constituem concretizações da mesma ideia fundamental relativamente a certas matérias particulares, os quais já existiam no Código Civil de 1916. São eles: o art. 430 (antigo art. 1.082), relativo à hipótese de a aceitação, por circunstância imprevista, chegar tarde ao conhecimento do proponente, o qual deve comunicar imediatamente o fato ao aceitante, sob pena de responder por perdas e danos; e o art. 443 (o antigo art. 1.103), que, a respeito dos vícios redibitórios, impõe ao alienante que conhecia o vício ou defeito da coisa o dever de restituir o recebido com perdas e danos, e àquele que o não conhecia, o de restituir o valor recebido, acrescido das despesas do contrato.

É, pois, sobretudo pela amplitude e pela generalidade com que consagra a sujeição dos contraentes à boa-fé na formação do contrato que o novo Código Civil brasileiro se distingue do seu antecessor.

O art. 422 tampouco pode-se considerar um caso isolado numa pers-

---

102MENEZES CORDEIRO, Antonio. Da boa-fé no direito civil. Coimbra: Almedina, 2013, p. 547-553.

103VICENTE, Dário Manuel Lentz de Moura. *A Responsabilidade Pré-Contratual no Código Civil brasileiro de 2002*. Conferência proferida na "II Jornada de Direito Civil", realizada pelo Centro de Estudos Judiciários do Conselho da Justiça Federal, nos dias 17 a 25 de novembro de 2003, nos auditórios do Tribunal Regional Federal da 5ª Região, Superior Tribunal de Justiça e Tribunal Regional Federal da 4ª Região. www.cjf.gov.br/revista/numero25/artigo05.pdf, acesso em 1.7.2007.

pectiva de Direito comparado: ele insere-se numa importante corrente de pensamento, que tem hoje expressão em diversos ordenamentos jurídicos. Tal corrente foi iniciada pelo ilustre jurista alemão Rudolph Von Jhering, em ensaio publicado em 18612, no qual o autor defendeu que, nos preliminares do contrato, há entre os negociadores uma relação obrigacional integrada por deveres de conduta cuja violação faz incorrer o infrator na obrigação de indenizar os danos desse modo causados à outra parte.

Essa concepção aflorou em várias regras do Código Civil alemão de 1896 e obteve consagração no Código italiano de 1942. Deste, ela passou para o Código Civil português de 1966, cujo art. 227º, nº 1, dispõe: *quem negocia com outrem para a conclusão de um contrato deve, tanto nos preliminares como na formação dele, proceder segundo as regras* da boa-fé, sob pena de responder pelos danos que culposamente causar à outra parte.

Mais recentemente, essa orientação foi acolhida na Lei alemã de Modernização do Direito das Obrigações, de 2001, que estendeu aos preliminares e à conclusão do contrato os deveres de cuidado que vinculam as partes na sua execução e sujeitou a sua violação às regras gerais relativas ao incumprimento dos deveres emergentes da relação obrigacional".[104]

O STJ, no Recurso Especial 1.051.065-AM, de relatoria do ministro Ricardo Villas Bôas Cueva, em 21/02/2013, já decidiu: "Com o advento do CC/2002, dispôs-se, de forma expressa, a respeito da boa-fé (art. 422), da qual se extrai a necessidade de observância dos chamados deveres anexos ou de proteção. Com base nesse regramento, deve-se reconhecer a responsabilidade pela reparação de danos originados na fase pré-contratual caso verificadas a ocorrência de consentimento prévio e mútuo no início das tratativas, a afronta à boa-fé objetiva com o rompimento ilegítimo destas, a existência de prejuízo e a relação de causalidade entre a ruptura das tratativas e o dano sofrido. Nesse contexto, o dever de reparação não decorre do simples fato de as tratativas terem sido rompidas e o contrato não ter sido concluído, mas da situação de uma das partes ter gerado à outra, além da expectativa legítima de que o contrato seria concluído, efetivo prejuízo material."

Na legislação alienígena, verifica-se que o direito civil português trata da responsabilidade pré-contratual no artigo 227 ao afirmar que "(Culpa na formação dos contratos) 1. Quem negocia com outrem para conclusão de um contrato deve, tanto nos preliminares como na formação dele, proceder segundo as regras da boa-fé, sob pena de responder pelos danos que culposamente causar à outra parte."

Já o Código Civil italiano enfrenta a questão no artigo 1337 ao dizer que "Trattative e responsabilità precontrattuale. Le parti, nello svolgimento delle trattative e nella formazione del contratto, devono comportarsi secondo buona fede."

104*Ibid.*

A aplicabilidade da boa-fé objetiva na fase pré-contratual, em sede jurisprudencial, ganhou destaque com a decisão proferida no Tribunal do Rio Grande do Sul, no famoso "Caso CICA" ou "Caso dos Tomates".

O litígio envolvia um pequeno grupo de agricultores do município de Canguçu e a Companhia Industrial de Conservas Alimentícias – CICA. A decisão judicial foi no sentido de que a empresa havia gerado expectativa de compra de toda a safra de tomates, causando, pois, danos aos agricultores, uma vez que estes tinham plantado os tomates na confiança de realização do negócio jurídico, uma vez que já tinham vendido toda a safra de tomates dos anos anteriores a CICA. A empresa, inclusive, fomentou o plantio dos tomates com a doação de sementes da fruta.[105]

3.5.2.6 O princípio da boa-fé e a responsabilidade pós-contratual

A conduta de cooperação, leal, honesta e verdadeira deve continuar entre os contratantes na fase pós-contratual. Um exemplo desta conduta é o recall realizado pelos fabricantes nas indústrias automobilísticas, de informática, medicamentos, briquecos, alimentos, etc.

Por exemplo, a *Samsung* suspendeu a fabricação do telefone Galaxy Note 7. A iniciativa ocorreu após um recall de 2,5 milhões de aparelhos no mundo todo por conta do risco de explosão da bateria.

A empresa também anunciou que ordenou a suspensão das vendas e trocas de unidades do Galaxy Note 7 enquanto acontecem as investigações sobre os problemas recentes.[106]

3.5.2.6 Enunciados do Conselho da Justiça Federal (Jornadas de Direito Civil)

Referindo-se ao artigo 421, o Conselho da Justiça Federal nas Jornadas de Direito Civil publicou os seguintes enunciados:

105CONTRATO. TEORIA DA APARÊNCIA. INADIMPLEMENTO. O trato, contido na intenção, configura contrato, porquanto os produtores, nos anos anteriores, plantaram para a CICA e, não tinham por que plantar, sem garantia da compra (TJRS, Embargos Infringentes nº 591083357, Terceiro Grupo de Câmaras Cíveis, Rel. Juiz Adalberto Libório Barros, j. 01/11/91)

106O caso. Fabricante número 1 de smartphones no mundo, a Samsung enfrenta tempos difíceis desde que, em 2 de setembro, semanas após o lançamento antecipado do Galaxy Note 7, teve de anunciar o recall de 2,5 milhões de unidades vendidas em 10 países. O motivo era que as baterias podiam explodir. A decisão de suspender temporariamente a produção foi tomada em coordenação com as autoridades de proteção ao consumidor da Coreia do Sul, Estados Unidos e China, informou a fonte, que pediu anonimato, à agência. Disponível em: < http://g1.globo.com/tecnologia/noticia/2016/10/samsung-suspende-producao-do-galaxy-note-7.html>. Acesso em: 11 out. 2016.

Conselho da Justiça Federal – I Jornada de Direito Civil

· CJF – Enunciado 21 – Art. 421: a função social do contrato, prevista no art. 421 do novo Código Civil, constitui cláusula geral a impor a revisão do princípio da relatividade dos efeitos do contrato em relação a terceiros, implicando a tutela externa do crédito.

· CJF – Enunciado 22 – Art. 421: a função social do contrato, prevista no art. 421 do novo Código Civil, constitui cláusula geral que reforça o princípio de conservação do contrato, assegurando trocas úteis e justas.

· CJF – Enunciado 23 – Art. 421: a função social do contrato, prevista no art. 421 do novo Código Civil, não elimina o princípio da autonomia contratual, mas atenua ou reduz o alcance desse princípio quando presentes interesses metaindividuais ou interesse individual relativo à dignidade da pessoa humana.

Conselho da Justiça Federal – III Jornada de Direito Civil

· CJF – Enunciado 166 – Arts. 421 e 422 ou 113: A frustração do fim do contrato, como hipótese que não se confunde com a impossibilidade da prestação ou com a excessiva onerosidade, tem guarida no Direito brasileiro pela aplicação do art. 421 do Código Civil.

· CJF – Enunciado 167 – Arts. 421 a 424: Com o advento do Código Civil de 2002, houve forte aproximação principiológica entre esse Código e o Código de Defesa do Consumidor, no que respeita à regulação contratual, uma vez que ambos são incorporadores de uma nova teoria geral dos contratos.

Conselho da Justiça Federal – IV Jornada de Direito Civil

· CJF – Enunciado 360 – Art. 421. O princípio da função social dos contratos também pode ter eficácia interna entre as partes contratantes.

· CJF – Enunciado 361 – Arts. 421, 422 e 475. O adimplemento substancial decorre dos princípios gerais contratuais, de modo a fazer preponderar a função social do contrato e o princípio da boa-fé objetiva, balizando a aplicação do art. 475.

Conselho da Justiça Federal – V Jornada de Direito Civil

· CJF - Enunciado 431 – Art. 421. A violação do art. 421 conduz à invalidade ou à ineficácia do contrato ou de cláusulas contratuais.

Conselho da Justiça Federal – VII Jornada de Direito Civil

CJF - Enunciado 582 – Com suporte na liberdade contratual e, portanto, em concretização da autonomia privada, as partes podem pactuar garantias contratuais atípicas. Parte da legislação: arts. 421 e 425 do Código Civil Justificativa: A dicotomia pessoais/reais não exaure o universo das garantias contratuais. "Apesar da correção da bipartição tradicional, desde sempre houve figuras que a ela não se podiam reconduzir, como os privilégios gerais ou a separação de patrimónios, tendo a evolução da prática vindo ainda a admitir outros casos especiais de garantia, como a transmissão da propriedade com esse fim ou as garantias especiais sobre certos direitos." (LEITÃO, Luís Manuel Teles de Menezes. Garantias das Obrigações. Coimbra: Almedina, 2008, p. 15). No mesmo sentido, afirma Vera Maria Jacob de Fradera que "as clássicas garantias fidejussórias, fiança e aval, não esgotam todas as hipóteses possíveis de prestação de garantia, do tipo pessoal, admitindo-se, neste âmbito, contratos inominados e atípicos". (FRADERA, Vera Maria Jacob de. Os contratos autônomos de garantia. Ajuris, nº 53, nov. 1991, p. 242). A liberdade contratual abrange a faculdade de contratar e não contratar, a liberdade de escolha da pessoa com quem contratar, bem como a liberdade de fixar o conteúdo do contrato. No direito de escolher o conteúdo do contrato encontra-se o de construir a garantia contratual que convém às partes. Ensina ainda Vera Maria Jacob de Fradera que "as prestações de garantia não se submetem a *numerus clausus* nem à nomenclatura exaustiva." (IDEM).

O Conselho da Justiça Federal nas Jornadas de Direito Civil publicou os seguintes enunciados em relação ao artigo 422:

Conselho da Justiça Federal – I Jornada de Direito Civil

- CJF – Enunciado 24 – Art. 422: em virtude do princípio da boa-fé, positivado no art. 422 do novo Código Civil, a violação dos deveres anexos constitui espécie de inadimplemento, independentemente de culpa.
- CJF – Enunciado 25 – Art. 422: o art. 422 do Código Civil não inviabiliza a aplicação pelo julgador do princípio da boa-fé nas fases pré-contratual e pós -contratual.
- CJF – Enunciado 26 – Art. 422: a cláusula geral contida no art. 422 do novo Código Civil impõe ao juiz interpretar e, quando necessário, suprir e corrigir o contrato segundo a boa-fé objetiva, entendida como a exigência de comportamento leal dos contratantes.
- CJF – Enunciado 27 – Art. 422: na interpretação da cláusula geral da boa-fé, deve-se levar em conta o sistema do Código Civil e as conexões sistemáticas com outros estatutos normativos e fatores metajurídicos.

Conselho da Justiça Federal – III Jornada de Direito Civil

- CJF – Enunciado 166 – Arts. 421 e 422 ou 113: A frustração do fim do contrato, como hipótese que não se confunde com a impossibilidade da prestação ou com a excessiva onerosidade, tem guarida no Direito brasileiro pela aplicação do art. 421 do Código Civil.
- CJF – Enunciado 167 – Arts. 421 a 424: Com o advento do Código Civil de 2002, houve forte aproximação principiológica entre esse Código e o Código de Defesa do Consumidor, no que respeita à regulação contratual, uma vez que ambos são incorporadores de uma nova teoria geral dos contratos.
- CJF – Enunciado 168 – Art. 422: O princípio da boa-fé objetiva importa no reconhecimento de um direito a cumprir em favor do titular passivo da obrigação.
- CJF – Enunciado 169 – Art. 422: O princípio da boa-fé objetiva deve levar o credor a evitar o agravamento do próprio prejuízo.
- CJF – Enunciado 170 – Art. 422: A boa-fé objetiva deve ser observada pelas partes na fase de negociações preliminares e após a execução do contrato, quando tal exigência decorrer da natureza do contrato.

Conselho da Justiça Federal – IV Jornada de Direito Civil

- CJF – Enunciado 361 – Arts. 421, 422 e 475. O adimplemento substancial decorre dos princípios gerais contratuais, de modo a fazer preponderar a função social do contrato e o princípio da boa-fé objetiva, balizando a aplicação do art. 475.
- CJF – Enunciado 362 – Art. 422. A vedação do comportamento contraditório (venire contra factum proprium) funda-se na proteção da confiança, tal como se extrai dos arts. 187 e 422 do Código Civil.
- CJF – Enunciado 363 – Art. 422. Os princípios da probidade e da confiança são de ordem pública, estando a parte lesada somente obrigada a demonstrar a existência da violação.

Capítulo 4

CLASSIFICAÇÃO DOS CONTRATOS

4.1 Contratos Unilaterais, Bilaterais (Sinalagmáticos) e Plurilaterais

Quanto aos efeitos das obrigações, os contratos podem ser classificados em Contratos Unilaterais, Bilaterais e Plurilaterais. Contrato unilateral. O Contrato Unilateral é aquele que cria obrigações para apenas uma das partes contratantes (por exemplo, contrato de doação, mútuo, comodato, etc.). Dessa maneira, no plano obrigacional, o contrato unilateral é aquele em que apenas uma das partes possui obrigações. Contrato Bilateral – Este contrato apresenta obrigações recíprocas e interdependentes, já que ambas as partes contratantes possuem obrigações. Cada um dos contratantes é credor e devedor da outra parte. O contrato de compra e venda é um exemplo clássico de contrato bilateral. O adquirente deve pagar o preço e o alienante deve entregar a coisa. Contrato Plurilateral – é o caso do contrato com pluralidade de partes e obrigações. Exemplo: O contrato de constituição de uma sociedade no sentido de que vários contratantes emitem vontades autônomas para a execução do objeto contratual.

4.2 Contratos Onerosos e Gratuitos

Os Contratos onerosos são aqueles em que ambas as partes contratantes sofrem uma privação/diminuição patrimonial (prestação a cumprir) a qual corresponde uma vantagem (contraprestação que ela recebe), ou seja, créditos e débitos se equivalem. Os contratos gratuitos são aqueles em que apenas um dos contratantes recebe uma vantagem patrimonial e o outro suporta o sacrifício/perda. O conceito de gratuidade está relacionado com o conceito de liberalidade no sentido de dar uma prestação sem esperar a contraprestação.

4.3 Contratos Comutativos e Aleatórios

Os contratos onerosos se classificam em Contratos Comutativos e Aleatórios. Os contratos comutativos apresentam uma certeza quanto à equivalência entre prestação e contraprestação desde o momento da celebração do acordo. Já os contratos aleatórios estão permeados com a *alea* (risco).

4.4 Contratos consensuais, reais, formais e solenes

O contrato consensual é aquele que se aperfeiçoa com o consentimento das partes. O contrato real é aquele que se perfaz com a entrega da coisa, ou seja, não basta somente o consentimento das partes, já que a entrega da coisa é requisito constitutivo e não fase executória ou de cumprimento do contrato.

O contrato formal é aquele que para produzir efeitos, além da vontade das partes, a lei exige determinada forma legal. O contrato solene é aquele em que a lei exige como elemento de sua existência que a vontade dos contratantes seja externada através de determinada forma prevista na lei. Se tal forma não se cumpre, o contrato não se aperfeiçoa.

4.5 Contrato principal e acessório

O contrato principal é aquele que não está relacionado com nenhum outro contrato, ou seja, existem por si mesmos. Portanto chamado de principal, por existir desvinculado de qualquer outro pacto. O contrato acessório existe quando relacionado a outro, isto é, possui por objeto contratual o cumprimento de uma obrigação principal, de maneira que inexiste sem esta.

4.6 Contrato nominado (típico) e inominado (atípico)

O contrato nominado ou típico é aquele que é regulado pelo nosso ordenamento jurídico civilístico. O contrato inominado ou atípico não se encontra tipificado e carece de regulamentação específica.

4.7 Contratos *Intuitu personae* e impessoais

Esta classificação leva em consideração a importância da pessoa do contratante. O contrato será considerado *intuitu personae* quando um dos contratantes é elemento determinante para a feitura do contrato. Já o contrato impessoal é aquele em que a figura do contratante não é essencial.

4.8 Contrato de execução imediata, diferida e trato sucessivo

Leva-se em consideração o fator temporal. O contrato de *execução imediata* é aquele em que sua execução se dá em um único ato, como exemplo, o contrato de compra e venda à vista. O contrato de *execução diferida*[1] *é aquele cuja prestação de uma das partes não ocorre em um só ato, mas a termo, ex.: compra e venda com a entrega da coisa no prazo de 30 dias. Já o contrato de trato*

1 Diferir quer dizer retardar, adiar, demorar.

sucessivo, sua execução se protrai no tempo, típico exemplo do contrato de locação com prazo indeterminado.

4.9 Contrato de adesão e contrato paritário

O contrato de adesão é aquele que apresenta suas cláusulas preestabelecidas. No contrato paritário, as partes contratantes discutem previamente as cláusulas contratuais.

4.10 Contrato-Tipo

Existe uma distinção entre os contratos de adesão e os contratos-tipo. Nos contratos de adesão as cláusulas são prefixadas e no contrato–tipo as cláusulas, também, são prefixadas, porém foram anteriormente discutidas entre as partes contratantes. Nesse sentido, Mário Júlio de Almeida Costa observa que o contrato-tipo se caracteriza "pelo fato de as partes utilizarem um esquema negocial cuja elaboração prévia é devida às respectivas associações de interesses, máxime econômicos ou profissionais, com a consequência prática de não se lhe aplicarem, ao menos, algumas disposições legais próprias do contrato de adesão, em que existe um modelo unilateralmente predisposto por uma das partes".[2]

Orlando Gomes distingue o *contrato-tipo* do *contrato de adesão* sob duplo aspecto: *funcional* e *estrutural*. Vejamos suas lições: "Sob o aspecto funcional, a diferença reside no fato de que o *contrato-tipo* se emprega quando os futuros contratantes pertencem a categorias contrapostas e organizadas de interessados. Assim, o contrato estipulado entre um grupo de industriais e diversos fornecedores de matéria-prima. Quando, porém, uma das categorias de interessados não constitui grupo identificável, recorre-se ao *contrato de adesão*, dada a impossibilidade de predeterminação convencional. Sob o aspecto estrutural, diferenciam-se porque, no *contrato de adesão*, o conteúdo é preestabelecido sempre por uma das partes, enquanto no *contrato-tipo* pode ser o resultado de elaboração da qual participem, em igualdade de condições, os interessados".[3]

Um exemplo de *contrato-tipo*, utilizado por mim nos cursos de graduação em Direito, é aquele em que uma empresa de formatura elabora juntamente com todos os formandos de uma universidade as cláusulas do "contrato de formatura". Após a elaboração do contrato, os interessados (formandos) comparecem à empresa prestadora do serviço (formatura) para assinar o instrumento contratual.

---

2 ALMEIDA COSTA, Mário Júlio de. *Direito das obrigações*. 10. ed. Coimbra: Almedina, 2006, p. 276-277.

3 GOMES, *op. cit.*, p. 127.

4.11 Contrato Normativo e Contrato Coletivo

Os contratos ou pactos normativos se caracterizam pela "definição imperativa de uma disciplina uniforme, geral e abstrata, a que deve submeter-se a contratação individual celebrada no seu âmbito. Não se destinam, portanto, a uma direta regulamentação de relações concretas entre os contraentes, antes de servir de paradigma cogente para futuros acordos que venham a realizar-se".[4]

O contrato ou pacto coletivo é uma subespécie do contrato normativo. É o contrato através do qual um grupo de pessoas ligadas a um mesmo interesse econômico fixa os limites de todos os que nele se enquadram, ainda que não tenham participado do acordo. É o caso das convenções coletivas de trabalho.

4.12 Contrato de fim e Contrato de meio

O contrato de fim estabelece um objetivo a ser cumprido e alcançado pelo contratante, por exemplo, um contrato de prestação de serviço para pintar uma parede. Nos contratos de meio, o contratado deve envidar todos os seus esforços para atingir o fim almejado pelo contratante. É o caso dos contratos de honorários advocatícios, no qual o advogado deve utilizar todos os meios disponíveis para alcançar êxito na obrigação pactuada.

4.13 Autocontrato ou Contrato Consigo Mesmo

Parte da doutrina civilista discute sobre a existência ou não do chamado autocontrato ou contrato consigo mesmo. É um paradoxo se falar de autocontrato ou contrato consigo mesmo, já que para a existência de um contrato torna-se necessário a convergência de duas ou mais vontades.

O autocontrato é um negócio jurídico que ocorre em situações em que um dos contraentes conclui o contrato por si e pelo outro parceiro contratual, através de um instrumento de procuração com poderes específicos. Por exemplo, no contrato de compra e venda de um imóvel através do qual uma pessoa assina o documento como adquirente e, também, como alienante (neste caso, por força do instrumento de procuração).

Entende-se que inexiste autocontrato, mas sim duas vontades distintas no contrato de compra e venda, a saber: do adquirente e do alienante. A manifestação de vontade do alienante ocorre através do contrato de mandato (mandante e mandatário).

4 *Ibid*. p. 276.

Capítulo 5

CONTRATO DE ADESÃO

O contrato de adesão é aquele em que uma das partes contratantes fica submetida à aceitação das cláusulas prefixadas pela outra parte, ou seja, sem qualquer alternativa de negociação nas referidas cláusulas. Estas cláusulas são padronizadas ou como se costuma dizer são contratos estandartizados.

O Código de Defesa do Consumidor conceitua o contrato de adesão como "aquele cujas cláusulas tenham sido aprovadas pela autoridade competente ou estabelecidas unilateralmente pelo fornecedor de produtos ou serviços, sem que o consumidor possa discutir ou modificar substancialmente seu conteúdo" (CDC, art. 54).

Grosso modo, nos contratos de adesão, as cláusulas preestabelecidas são elaboradas unilateralmente pelo contratante economicamente mais forte. A partir daí são oferecidas à outra parte contratante para consequente adesão e assinatura, sem possibilidade de discussão de suas cláusulas. Nos dias atuais, tais contratos estão inseridos na vida diária de todos os cidadãos, tais como: contrato de seguro, contrato de fornecimento de energia elétrica, contratos bancários, contrato de transportes aéreos, marítimos e terrestres, de pessoas ou mercadorias. São relações contratuais na esfera de massa, daí porque são chamados de contratos massificados. Dessa forma, os clientes ficam subordinados a cláusulas previamente fixadas, de modo geral e abstrato, para uma série de efetivos negócios. Melhor dizendo: os clientes ficam impedidos de modelar e discutir o conteúdo do negócio jurídico, restando, apenas decidir se aceitam as cláusulas preestabelecidas, ou se privem do bem ou serviço pretendido.

Cláudia Lima Marques destaca como características do contrato de adesão: 1) a sua pré-elaboração unilateral; 2) a sua oferta uniforme e de caráter geral, para um número ainda indeterminado de futuras relações contratuais; 3) seu modo de aceitação, onde o consentimento se dá por simples adesão à vontade manifestada pelo parceiro contratual economicamente mais forte.[1]

O nosso Código Civil se ocupou deste instituto nos artigos 423 e 424, estipulando normas de exegese e nulidade a determinadas cláusulas

1 MARQUES, Cláudia Lima. *Contratos no código de defesa do consumidor*. 3. ed. São Paulo: *Revista dos Tribunais*, 1999, p. 54.

inseridas nos contratos de adesão. Vejamos: Art. 423. Quando houver no contrato de adesão cláusulas ambíguas ou contraditórias, dever-se-á adotar a interpretação mais favorável ao aderente. Art. 424. Nos contratos de adesão, são nulas as cláusulas que estipulem a renúncia antecipada do aderente a direito resultante da natureza do negócio.

Cabe assinalar que nas Jornadas de Direito Civil ficou assentado que

Conselho da Justiça Federal – III Jornada de Direito Civil

- CJF – Enunciado 167 – Arts. 421 a 424: Com o advento do Código Civil de 2002, houve forte aproximação principiológica entre esse Código e o Código de Defesa do Consumidor, no que respeita à regulação contratual, uma vez que ambos são incorporadores de uma nova teoria geral dos contratos.
- CJF – Enunciado 171 – Art. 423: O contrato de adesão, mencionado nos arts. 423 e 424 do novo Código Civil, não se confunde com o contrato de consumo.
- CJF – Enunciado 172 – Art. 424: As cláusulas abusivas não ocorrem exclusivamente nas relações jurídicas de consumo. Dessa forma, é possível a identificação de cláusulas abusivas em contratos civis comuns, como, por exemplo, aquela estampada no art. 424 do Código Civil de 2002.

Conselho da Justiça Federal – IV Jornada de Direito Civil

- CJF – Enunciado 364 – Arts. 424 e 828. No contrato de fiança é nula a cláusula de renúncia antecipada ao benefício de ordem quando inserida em contrato de adesão.

Na V Jornada de Direito Civil foi publicado o enunciado 433 que diz: "Art. 424: A cláusula de renúncia antecipada ao direito de indenização e retenção por benfeitorias necessárias é nula em contrato de locação de imóvel urbano feito nos moldes do contrato de adesão.

Selecionamos, ainda, respeitadas decisões do Superior Tribunal de Justiça que merecem destaque:

> AÇÃO DE COBRANÇA. CONTRATO DE COBERTURA MÉDICO-HOSPITALAR (SEGURO-SAÚDE). CLÁUSULA DE EXCLUSÃO DE DOENÇA. CONTRATO DE ADESÃO. INTERPRETAÇÃO A FAVOR DO ADERENTE. "A interpretação de contrato de assistência médico-hospitalar, sobre a cobertura ou não de tratamento de determinadas moléstias, reclama o reexame de cláusulas contratuais e dos fatos da causa, procedimentos defesos no âmbito desta Corte, a teor de seus verbetes 5 e 7" (REsp nº 222.317-SP, relator em. ministro SÁLVIO DE FIGUEIREDO TEIXEIRA). Estabelecida a premissa acerca da dubiedade da cláusula inserta em contrato de adesão, deve ela ser interpretada a favor do aderente. Recurso especial não

conhecido. (REsp 222.148/SP, Rel. ministro CÉSAR ASFOR ROCHA, QUARTA TURMA, julgado em 1.4.2003, DJ 30.6.2003 p. 250).

SEGURO-SAÚDE – CONTRATO DE ADESÃO – COBERTURA DOS RISCOS ASSUMIDOS – RECURSO ESPECIAL – MATÉRIA DE PROVA – INTERPRETAÇÃO DE CLÁUSULAS CONTRATUAIS – ABUSIVIDADE RECONHECIDA PELAS INSTÂNCIAS ORDINÁRIAS – INCIDÊNCIA DO ENUNCIADO DAS SÚMULAS 5 E 7 DO STJ – AGRAVO INTERNO IMPROVIDO. I – A empresa que explora plano de seguro-saúde e recebe contribuições de associado sem submetê-lo a exame, não pode escusar-se ao pagamento da sua contraprestação, alegando omissão ou má-fé nas informações do segurado. II – Contratos de seguro médico, porque de adesão, devem ser interpretados em favor do consumidor. III – Análise de matéria de prova e interpretação de cláusulas contratuais refogem ao âmbito do recurso especial, por expressa vedação dos enunciados 5 e 7 das Súmulas desta Corte. Agravo improvido. (AgRg no Ag 311.830/SP, Rel. ministro CASTRO FILHO, TERCEIRA TURMA, julgado em 26.2.2002, DJ 1.4.2002 p. 182).

Capítulo 6

FORMAÇÃO DOS CONTRATOS

O Código Civil brasileiro, na Seção II do Título V do Livro I da Parte Especial, disciplina a questão relativa à formação dos contratos.

Três são as fases de formação dos contratos: 1) tratativas preliminares (fase pré-contratual, sem vinculação obrigacional); 2) proposta e 3) aceitação.

Arnaldo Rizzardo ensina que na formação dos contratos existem duas fases fundamentais, a saber:[1] 1) Uma fase negociatória, integrada pelos atos preparatórios realizados sem intenção vinculante marcante, desde os primeiros contatos das partes, até a formação de uma proposta contratual definitiva; 2) Uma fase decisória, constituída por duas declarações de vontade vinculativas, quer dizer, a proposta e a aceitação do contrato.

6.1 Tratativas Preliminares

Nas negociações ou tratativas preliminares não existe vínculo obrigacional, já que as partes procuram uma aproximação recíproca visando a formação do contrato. Em geral, nesta fase as parte negociam por meio de reuniões, contatos telefônicos, apresentação de documentos, projetos, etc. É uma espécie de reciprocidade na apresentação e troca de informações e documentos necessários e inerentes ao futuro contrato. Neste momento, as partes debatem e argumentam sobre preço, condições, prazos, direitos e deveres da futura avença.

Não há dúvidas que, na fase das negociações preliminares, as partes devem agir com probidade, respeito e boa-fé objetiva. Isto representa que os futuros contraentes são titulares de deveres recíprocos, tais como: lealdade, correção, transparência, cuidado, sigilo e proteção. O ferimento de tais deveres dará azo à responsabilidade civil na fase pré-contratual do contrato.

Um exemplo claro de ferimento do princípio do princípio da confiança e boa-fé entre as partes na fase pré-contratual ocorreu na Apelação Cível 591028295 enfrentado pelo Tribunal de Justiça do Rio Grande do Sul de Relatoria de Ruy Rosado de Aguiar, em 6.6.1991. Vejamos:

Contrato. Tratativas. "*Culpa in contrahendo*". Responsabilidade civil. Responsabilidade da empresa alimentícia, industrializadora de tomates, que

1 RIZZARDO, Arnaldo. *Contratos*. 6. ed. Rio de Janeiro: Forense, 2006, p. 43.

distribui sementes, no tempo do plantio, e então manifesta a intenção de adquirir o produto, mas depois resolve, por sua conveniência, não mais industrializá-lo, naquele ano, assim causando prejuízo ao agricultor, que sofre a frustração da expectativa de venda da safra, uma vez que o produto ficou sem possibilidade de colocação. Provimento em parte do apelo, para reduzir a indenização à metade da produção, pois uma parte da colheita foi absorvida por empresa congênere, às instancias da ré. Voto vencido, julgando improcedente a ação. (12fls – d.) (Apelação Cível nº 591028295, Quinta Câmara Cível, Tribunal de Justiça do RS, relator: Ruy Rosado de Aguiar Júnior, julgado em .6.6.1991).

A responsabilidade pré-contratual pressupõe que a parte que rompe as negociações preliminares (tratativas) traia as expectativas que legitimamente incutiu na parte com quem negociava, de modo a que frustração do negócio exprima uma indesculpável violação da ética negocial, sobretudo da proteção da confiança e da boa-fé.

Vale destacar que o fato de haver negociações preliminares intensas, mas que, razoavelmente, não prenunciem à consumação do negócio, não é, por si só, revelador de culpa *in contrahendo*.

É determinante que ocorra ruptura contratual infundada, reveladora de um *modus negociandi* passível de censura e que viole deveres acessórios de conduta que se justificava observar no tipo de negócio em questão.

Daí, a responsabilidade pré-contratual pressupõe uma conduta eticamente censurável cujo fundamento se alicerça na tutela da confiança do sujeito na correção, na honestidade, na lisura e na lealdade do comportamento da outra parte.

Corroborando esse entendimento, decidiu o Supremo Tribunal de Justiça de Portugal, no Acórdão SJ 20070313004021, de 13.3.2007, sendo relator Sebastião Póvoas, com o seguinte sumário:

1) A responsabilidade pré contratual – situada na fase vestibular (ou negociatória) – destina-se a tutelar a confiança das partes que não devem ser arrastadas para situações de frustração de expectativas por rompimento injusto, ou arbitrário, do "iter negocial", causando danos resultantes da não celebração do negócio.
2) É o princípio geral da boa-fé que vincula ao respeito pela confiança na situação que o proponente criou e que determinou o declaratário à realização de despesas para cumprimento da obrigação que acreditou vir a vincular as partes.
3) O dever geral de boa-fé engloba (ou desdobra-se) em vários deveres de actuação: informação, guarda e restituição, segredo, clareza, protecção, conservação e lealdade.
4) O dever de lealdade – que alguns inserem no de informação – impõe a obrigação de não utilizar práticas menos lisas, dissimuladas ou de

embuste, sendo sua violação a ocultação de negociações paralelas, a decorrerem simultaneamente com outra pessoa, tendentes à celebração do mesmo negócio.

5) A responsabilidade pré contratual situa-se no âmbito da responsabilidade aquiliana (ou extra contratual).
6) O uso da faculdade remissiva do nº 5 do artigo 713º do CPC não se prende com a facilidade da questão em apreciação, nem com a uniformidade, ou sedimentação jurisprudencial (como a opção do artigo 705º) mas apenas com a desnecessidade de reproduzir as razões da decisão "*a quo*" por existir um juízo absolutamente concordante e não terem sido alegadas novas e relevantes razões.
7) Só ocorre a nulidade da alínea d) do nº 1 do artigo 668º do Código de Processo Civil se for silenciada questão que o tribunal deva conhecer por força do nº 2 do artigo 660º.

Assim, a violação dos deveres de lealdade, honestidade e correção durante as negociações preliminares gera a responsabilidade civil pré-contratual.

A responsabilidade decorrente do rompimento das tratativas ou negociações preliminares é uma questão tormentosa e ocorre no momento em que uma das partes rompe injustificadamente as tratativas ou negociações preliminares causando frustração na outra parte.

Serpa Lopes, com base nos estudos de Faggella, Saleilles e Ihering, enfrenta a questão ensinando que "partiu de FAGGELLA a ideia dessa responsabilidade, posteriormente desenvolvida por SALEILLES. A opinião desses dois juristas pode ser assim resumida: trata-se de uma responsabilidade de cunho exclusivamente objetivo, por força do qual a simples relação de causalidade, entre o ter concordado em entabular negociações e o de tê-las rompido arbitrariamente, causando um prejuízo ao outro contratante, importa na obrigação de ressarcimento.

IHERING partiu da ideia de culpa *in contrahendo*, consoante a qual aquele que entra em relações contratuais com outrem obriga-se, pelo próprio fato, a lhe proporcionar um contrato válido. Mas força é convir que, no caso das conversações preliminares, o seu característico consiste precisamente na liberdade de discussão das bases do futuro contrato, sem que disto resulte uma vinculação de qualquer espécie. Entretanto, em casos excepcionais, onde se possa lobrigar ter havido um consentimento inequívoco, sobretudo pelos gastos e despesas realizadas pela outra parte no interesse comum, em relação a um ponto das conversações atingido já por um definitivo consentimento, pode a responsabilidade decorrer da culpa *in contrahendo*, ou mesmo de um vínculo contratual já firmado. São hipóteses raríssimas que exigem do julgador uma cuidadosa investigação, apurando se houver efetivamente um acordo de vontades, inequívoco e definido, do qual possa resultar uma responsabilidade".[2]

6.2 Proposta

A proposta é a manifestação de vontade que vincula o proponente nos termos em que é apresentada à outra parte que se deseja contratar. Aquele que encaminha a proposta é chamado de proponente ou policitante. O aceitante ou oblato é aquele que recebe a proposta. A proposta deve ser séria, objetiva e precisa. A proposta deve conter o objeto contratual, preço ou valor, forma de pagamento, tempo de execução do contrato, bem como a fixação de todos os pontos essenciais à feitura do contrato. O contrato estará formado no momento em que proposta e aceitação se enlaçam, estando apto a produzir os efeitos jurídicos desejados pelos parceiros contratuais.

Carvalho Santos, no seu extraordinário trabalho, já tantas vezes citado, ensina, a respeito:[3] "Constituem propostas obrigatórias: a) a exposição de mercadorias nas vitrinas dos estabelecimentos, com preços fixos; b) as ofertas de móveis, livros, calçados, roupas, etc., feitas por meio de catálogos circulares, cartazes, anúncios, etc., desde que indiquem o preço de cada objeto, por unidade, conta, peso ou medida; c) as ofertas feitas por meio de aparelhos automáticos, as quais se consideram determinadas e limitadas à provisão de seu reservatório; d) as ofertas de espetáculos públicos, que se entendem limitadas ao número de lugares de cada classe; e) a proposta de venda de qualquer coisa móvel ou imóvel a quem por ela oferecer o melhor preço em carta fechada (Cunha Gonçalves, *ob.* cit., pág. 243)".

O artigo 427 do Código Civil brasileiro impõe força vinculante a proposta, já que determina que "a proposta de contrato obriga o proponente, se o contrário não resultar dos termos dela, da natureza do negócio, ou das circunstâncias do caso".

Pontes de Miranda esclarece que a proposta *vincula* o oferente. Afirma, ainda, que "desgraçadamente, nas leis e nos livros de doutrina, por vezes se emprega "obrigar" em vez de vincular, ou de "tornar devedor", como de obrigar *stricto sensu*. A vinculação, a dívida e a obrigação se confundem. O oferente ainda não deve, *a fortiori* ainda não é obrigado, mas vinculado fica, exceto se na oferta estabeleceu restrições, ou se a invinculatividade resulta do tipo mesmo do negócio jurídico, ou de circunstâncias do caso concreto".[4]

---

2 SERPA LOPES, Miguel Maria de. *Curso de direito civil*. Vol. III. 6. ed. Rio de Janeiro: Freitas Bastos, 2001, p. 94.

3 CARVALHO SANTOS, J. M. de. *Código civil interpretado*. 6. ed. Volume XV. Rio de Janeiro: Freitas Bastos, 1954, p. 62.

4 MIRANDA, Pontes de. *Tratado de direito privado*. Tomo 38. Campinas: Bookseller, 2005,

Da mesma forma, o Código do Consumidor (Lei 8.078/90) disciplinou no seu artigo 30 que "toda informação ou publicidade, suficientemente precisa, veiculada por qualquer forma ou meio de comunicação com relação a produtos e serviços oferecidos ou apresentados, obriga o fornecedor que a fizer veicular ou dela se utilizar e integra o contrato que vier a ser celebrado".[5]

6.2.1 Proposta sem força obrigatória

A partir da leitura da parte final do artigo 427 do nosso Código Civil verifica-se a possibilidade da proposta não possuir força obrigatória, nas seguintes hipóteses:

a) se os termos da proposta não resultar força obrigatória da proposta. É o caso do proponente inserir no corpo ou cabeçalho da proposta o alerta de "sem vinculação", "sem compromisso";
b) em função da natureza do negócio; e
c) em razão das circunstâncias do caso.

No artigo 428 (correspondente ao artigo 1.081, do CCB 1916) o legislador aponta outras hipóteses em que a proposta deixa de ser obrigatória:

I – se, feita sem prazo a pessoa presente, não foi imediatamente aceita. Considera-se também presente à pessoa que contrata por telefone ou por meio de comunicação semelhante. Considerando a evolução tecnológica de nossa sociedade, o dispositivo deve ser aplicado nos casos de utilização de *e-mail*, internet e fax;

II – se, feita sem prazo a pessoa ausente, tiver decorrido tempo suficiente para chegar a resposta ao conhecimento do proponente; Aqui, o termo "ausente" significa a pessoa não presente fisicamente. Assim, lembra Rizzardo que "se os contratantes se encontram na mesma cidade, no mesmo edifício, mas se comunicam através de um mensageiro ou intermediário, a lei os reputa como ausentes. Se confabulam, porém, através de via telefônica, embora separados um do outro por considerável distância física, a lei tem as pessoas na condição de presentes".[6]

---

p. 78-79.

5 CDC – Art. 49. O consumidor pode desistir do contrato, no prazo de 7 dias a contar de sua assinatura ou do ato de recebimento do produto ou serviço, sempre que a contratação de fornecimento de produtos e serviços ocorrer fora do estabelecimento comercial, especialmente por telefone ou a domicílio. Parágrafo único. Se o consumidor exercitar o direito de arrependimento previsto neste artigo, os valores eventualmente pagos, a qualquer título, durante o prazo de reflexão, serão devolvidos, de imediato, monetariamente atualizados.

6 RIZZARDO, *op. cit.*, p. 50.

III – *se, feita a pessoa ausente, não tiver sido expedida a resposta dentro do prazo dado*. Vencido o prazo de aceitação da proposta, o proponente encontra-se desobrigado de seus termos;

IV – *se, antes dela, ou simultaneamente, chegar ao conhecimento da outra parte a retratação do proponente*. Isto representa que a parte recebeu a retratação da proposta antes dela.

6.2.2 Oferta ao Público

A oferta ao público equivale a proposta quando encerra os requisitos essenciais ao contrato, salvo se o contrário resultar das circunstâncias ou dos usos (CCB, art. 429). Neste caso, o proponente utiliza-se de anúncios, cartazes e outras formas de propaganda, tornando-se obrigatória a proposta para o primeiro que aceitar, desde que este apresente todos os requisitos necessários contidos na proposta. Por exemplo, ocorre nos casos em que o anunciante insere uma placa na parte frontal do canteiro de obras com os seguintes dizeres: "precisa-se de marceneiros" ou nos casos em que o locador anuncia na porta da frente de seu imóvel: "Aluga-se quarto para jovens".

A oferta ao público pode ser revogada pela mesma via de sua divulgação, desde que ressalvada esta faculdade na oferta realizada (CCB, art. 429, parágrafo único).

O proponente teria liberdade de recusar a aceitação na oferta ao público? É Arnaldo Rizzardo quem responde: "Desde que haja motivo ponderável, tolera-se a liberdade em não aceitar determinada operação com certas pessoas. O próprio direito à propriedade privada protege essa autonomia relativa. Em quaisquer contratos presumem-se alguns requisitos mínimos, comuns ao gênero humano. Destarte, o hoteleiro e o proprietário do restaurante, v.g., não são obrigados a prestar seus serviços a todo o tipo de pessoa que apareça, desde que a recusa não se revista de uma motivação imoral, como racismo ou preconceito social. Da mesma forma, a um diretor de teatro, se a pessoa interessada a assistir não revela compostura condizente, perturbando o espetáculo, está autorizado a impedir a sua presença no recinto onde se desenvolvem as apresentações".[7]

No caso de falecimento do proponente, a obrigação (oferta) será transferida aos seus sucessores. Caso os herdeiros não cumpram com a obrigação assumida pelo *de cujus*, estarão sujeitos a indenização por perdas e danos.

7 RIZZARDO, *op. cit.*, p. 52-53.

O Código do Consumidor (Lei 8.078/90) trata a questão da publicidade e da oferta em seus artigos 30 a 38.[8] [9]

8 CDC – Art. 30. Toda informação ou publicidade, suficientemente precisa, veiculada por qualquer forma ou meio de comunicação com relação a produtos e serviços oferecidos ou apresentados, obriga o fornecedor que a fizer veicular ou dela se utilizar e integra o contrato que vier a ser celebrado.
CDC – Art. 31. A oferta e apresentação de produtos ou serviços devem assegurar informações corretas, claras, precisas, ostensivas e em língua portuguesa sobre suas características, qualidades, quantidade, composição, preço, garantia, prazos de validade e origem, entre outros dados, bem como sobre os riscos que apresentam à saúde e segurança dos consumidores.
CDC – Art. 32. Os fabricantes e importadores deverão assegurar a oferta de componentes e peças de reposição enquanto não cessar a fabricação ou importação do produto. Parágrafo único. Cessadas a produção ou importação, a oferta deverá ser mantida por período razoável de tempo, na forma da lei.
CDC – Art. 33. Em caso de oferta ou venda por telefone ou reembolso postal, deve constar o nome do fabricante e endereço na embalagem, publicidade e em todos os impressos utilizados na transação comercial.
CDC – Art. 34. O fornecedor do produto ou serviço é solidariamente responsável pelos atos de seus prepostos ou representantes autônomos.
CDC – Art. 35. Se o fornecedor de produtos ou serviços recusar cumprimento à oferta, apresentação ou publicidade, o consumidor poderá, alternativamente e à sua livre escolha: I – exigir o cumprimento forçado da obrigação, nos termos da oferta, apresentação ou publicidade; II – aceitar outro produto ou prestação de serviço equivalente; III – rescindir o contrato, com direito à restituição de quantia eventualmente antecipada, monetariamente atualizada, e a perdas e danos.
CDC – Art. 36. A publicidade deve ser veiculada de tal forma que o consumidor, fácil e imediatamente, a identifique como tal. Parágrafo único. O fornecedor, na publicidade de seus produtos ou serviços, manterá, em seu poder, para informação dos legítimos interessados, os dados fáticos, técnicos e científicos que dão sustentação à mensagem.
CDC – Art. 37. É proibida toda publicidade enganosa ou abusiva. § 1° É enganosa qualquer modalidade de informação ou comunicação de caráter publicitário, inteira ou parcialmente falsa, ou, por qualquer outro modo, mesmo por omissão, capaz de induzir em erro o consumidor a respeito da natureza, características, qualidade, quantidade, propriedades, origem, preço e quaisquer outros dados sobre produtos e serviços. § 2° É abusiva, dentre outras a publicidade discriminatória de qualquer natureza, a que incite à violência, explore o medo ou a superstição, se aproveite da deficiência de julgamento e experiência da criança, desrespeita valores ambientais, ou que seja capaz de induzir o consumidor a se comportar de forma prejudicial ou perigosa à sua saúde ou segurança. § 3° Para os efeitos deste código, a publicidade é enganosa por omissão quando deixar de informar sobre dado essencial do produto ou serviço.
CDC – Art. 38. O ônus da prova da veracidade e correção da informação ou comunicação publicitária cabe a quem as patrocina.

9 "Empresa é obrigada a cumprir oferta veiculada pela internet
A Fast Shop Comercial Ltda. foi condenada a vender um televisor de 29 polegadas, anunciado na internet, pelo preço certo de R$ 949,00, à vista ou em 12 prestações de R$ 79,80, à escolha do consumidor. A decisão é da 2ª Turma Recursal dos Juizados Especiais do Distrito Federal. O acórdão já transitou em julgado.
Segundo Marcio Almeida Machado, o autor da ação, a empresa publicou por meio do portal Terra a oferta de um aparelho de televisão, marca Philips, 29 polegadas, tela plana, por R$ 949,00, parcelados em 12 vezes sem juros no cartão de crédito ou com desconto de

6.2.3 Falecimento do proponente antes da aceitação da proposta

Vale destacar que a oferta se transfere aos sucessores do proponente, já que a partir desta cria-se o vínculo obrigacional. Serpa Lopes enfrenta a questão ensinando que, "na concepção clássica, a morte do policitante torna sem efeito a oferta de contrato, ao passo que já o mesmo não se pode dar, onde quer que prepondere o critério germânico. Igualmente tal deve ser a diretriz a seguir em nosso direito, por adotar o critério da obrigatoriedade da oferta. Constituindo uma obrigação, transmite-se aos herdeiros do ofertante, que apenas poderão exercer a sua retratação".[10]

15% para pagamento à vista. Alega que ao preencher os dados necessários para a aquisição do produto pela internet surpreendeu-se com a informação de que a televisão seria de apenas 21 polegadas.

O autor informou o fato à Fast Shop e a empresa se recusou a promover a venda pelo preço anunciado. O consumidor recorreu então à Justiça para que a empresa fosse obrigada a efetuar a venda nas condições anunciadas.

Inconformado com a sentença do 5º Juizado Especial Cível de Brasília, que julgou improcedente o seu pedido, o autor recorreu. De acordo com a 2ª Turma Recursal, que reconheceu o direito do consumidor, *"é inegável a obrigação da empresa de honrar a oferta publicada"*.

Em contestação e depois nas contrarrazões de recurso, a Fast Shop alegou que houve equívoco por parte da empresa que manipulou o anúncio ao indicar as medidas do televisor objeto da oferta. Segundo a Fast Shop, o erro contido na publicidade questionada era facilmente perceptível pelo consumidor, não gerando a vinculação da oferta. Alega ainda que, em razão da "gigante discrepância" entre o valor anunciado e o valor real do produto, ficou caracterizada a ausência de caráter enganoso ou lesivo na publicidade.

No entendimento da 2ª Turma Recursal, a matéria discutida no referido caso versa sobre relação de consumo (artigos 2º e 3º do CDC), com a responsabilidade objetiva da empresa ré de cumprir a obrigação de fazer, consistente na venda da televisão pelo preço anunciado (artigos 30, 35 e 38 do CDC).

De acordo com o Código de Defesa do Consumidor, o fornecedor que faz publicar oferta, devidamente especificada, fica vinculado aos termos da oferta. Recusando o fornecedor cumprir a oferta veiculada pela internet, o consumidor pode exigir o cumprimento forçado da obrigação, nos termos da oferta, ou publicidade.

Para o relator do recurso, juiz João Batista Teixeira, *"a publicidade discutida, inegavelmente, não está de acordo com os deveres de lealdade, boa-fé, transparência, identificação, veracidade e informação clara, previstos pelo Código de Defesa do Consumidor e, por isso mesmo, pode ser tida como enganosa, abusiva e até simulada, a gerar a obrigação da empresa de manter a oferta pública"*.

O acórdão ressalta que *"provavelmente, incontáveis foram os consumidores que compraram o aparelho na certeza de que era de 29 polegadas e, ao constatar que era de 21, teriam mantido o negócio para não se aborrecerem. Deve, pois, a recorrida honrar a oferta, até mesmo para que a obrigação possa prevenir futura propaganda que se pode dizer enganosa, posto que oferece um bem e vende outro"*.

A advogada Carla Rúbia Florencio Tardico atuou em nome do consumidor. (Proc. nº 2004.01.1.038602-9 0 – com informações do TJ-DFT". Disponível em: <www.espacovital.com.br/novo/noticia_ler.php.> Acesso em: 28 mar. 2007.

10 SERPA LOPES, Miguel Maria de. *Curso de direito Ccivil*. Vol. III. 6. ed. Rio de Janeiro: Freitas Bastos, 2001, p. 107-108.

Também é o que afirma Rizzardo: "A oferta é transferida aos sucessores, como ocorre em qualquer tipo de obrigação. A persistência está implícita na promessa do policitante de manter a oferta dentro de um prazo determinado. A morte intercorrente não desfaz o prometido, que torna-se um elemento passivo do patrimônio do policitante falecido. Verifica-se que, na hipótese, houve o consentimento do ofertante, ao colocar, v.g., um bem à disposição do interessado, o qual, por sua vez, aquiesceu na realização do contrato. Se os herdeiros, pois, não ultimarem o negócio, estão sujeitos a arcar com perdas e danos, segundo os limites da herança deixada pelo ofertante".[11]

6.3 Aceitação

A aceitação é a manifestação de vontade do oblato que representa a sua anuência aos termos da proposta apresentada pelo policitante. A partir daí, formado está o contrato, apto a produzir efeitos jurídicos. A aceitação pode ocorrer através da manifestação de vontade expressa, tácita ou pelo silêncio. A aceitação expressa é aquela realizada através de palavras ou sinais que exprimam a aceitação do contrato. A aceitação tácita ocorre a partir de atos do oblato que representam a execução do contrato. O silêncio é a inércia do sujeito que importa anuência e pode dar azo aos efeitos de uma declaração de vontade. O artigo 111 do CCB determina que "o silêncio importa anuência, quando as circunstâncias ou os usos o autorizarem, e não for necessária a declaração de vontade expressa".

O silêncio difere da declaração tácita, já que esta traduz atitudes do declarante que tornam clara a sua vontade e o silêncio representa inércia do sujeito. Um bom exemplo é a regra do artigo 539, que informa: "O doador pode fixar prazo ao donatário, para declarar se aceita ou não a liberalidade. Desde que o donatário, ciente do prazo, não faça, dentro dele, a declaração, entender-se-á que aceitou, se a doação não for sujeita a encargo".

6.3.1 Teorias do momento de formação do contrato

As Teorias do Momento de Formação do Contrato são as seguintes:

1) *Teoria da cognição ou informação*: o contrato está formado no momento em que o proponente toma conhecimento da aceitação da proposta pelo aceitante (oblato);
2) *Teoria da recepção*: O contrato é considerado perfeito quando o proponente recebe a resposta da aceitação pelo oblato;
3) *Teoria da declaração ou agnição*: O contrato está firmado no exato momento em que o oblato (aceitante) escreve a resposta de aceitação da proposta;

11 RIZZARDO, *op. cit.*, p. 53.

4) *Teoria da expedição*: O contrato está formado no momento em que a aceitação é expedida. Esta teoria foi adotada pelo Código Civil Brasileiro.

6.3.2 Aceitação tardia

O artigo 430 determina que "se a aceitação, por circunstância imprevista, chegar tarde ao conhecimento do proponente, este comunicá-lo-á imediatamente ao aceitante, sob pena de responder por perdas e danos.[12]

As perdas e danos devidas ao credor abrangem, além do que ele efetivamente perdeu, o que razoavelmente deixou de lucrar.

6.3.3 Nova proposta ou contraproposta (resposta tardia ou com nome impróprio de "aceitação")

A aceitação fora do prazo, com adições, restrições, ou modificações, importará nova proposta. (CCB, Art. 431).[13] Neste caso, Pontes de Miranda afirma que não houve aceitação e sim resposta, "já que se o destinatário lhe deu o nome de "aceitação", foi impróprio, porque a aceitação fora do prazo é ineficaz, e a "aceitação" com adições, restrições ou modificações é nova oferta, e não aceitação".[14]

6.3.4 Aceitação tácita

O artigo 432 do Código Civil brasileiro determina que "se o negócio for daqueles em que não seja costume a aceitação expressa, ou o proponente a tiver dispensado, reputar-se-á concluído o contrato, não chegando a tempo a recusa".

6.3.5 Retratação da aceitação

A retratação é a declaração que retrata ou desdiz outra anteriormente feita. Daí considera-se inexistente a aceitação, se antes dela ou com ela chegar ao proponente a retratação do aceitante (CCB, Art. 433).[15]

Da mesma forma, no artigo 428, inciso IV, o legislador aponta como hipótese em que a proposta deixa de ser obrigatória: IV – se, antes dela, ou simultaneamente, chegar ao conhecimento da outra parte a retratação do proponente. Isto representa que a parte recebeu a retratação da proposta antes dela.

---

12 Correspondente ao art. 1.082 do CCB/1916.

13 Correspondente ao art. 1.083 do CCB/1916.

14 MIRANDA, Pontes de. *Tratado de direito privado*. Tomo 38. Campinas: Bookseller, 2005, p. 85.

15 Correspondente ao art. 1.085 do CCB/1916.

A formação dos contratos realizados entre pessoas ausentes torna-se perfeita desde que a aceitação é expedida, exceto (CCB, art. 434): I – no caso do artigo 433; II – se o proponente se houver comprometido a esperar resposta; III – se ela não chegar no prazo convencionado.

O Conselho da Justiça Federal, na III Jornada de Direito Civil, editou o Enunciado 173 sobre o Art. 434 com o seguinte teor: "A formação dos contratos realizados entre pessoas ausentes, por meio eletrônico, completa-se com a recepção da aceitação pelo proponente".

6.4 Lugar de Formação do Contrato

Reputar-se-á celebrado o contrato no lugar em que foi proposto (CCB, art. 435). O artigo 9º da Lei de Introdução ao Código Civil determina que "Para qualificar e reger as obrigações, aplicar-se-á a lei do país em que se constituírem. § 1º Destinando-se a obrigação a ser executada no Brasil e dependendo de forma essencial, será esta observada, admitidas as peculiaridades da lei estrangeira quanto aos requisitos extrínsecos do ato. § 2º A obrigação resultante do contrato reputa-se constituída no lugar em que residir o proponente."

Capítulo 7

DA ESTIPULAÇÃO EM FAVOR DE TERCEIRO

7.1 Conceito

Na estipulação em favor de terceiro, os contraentes estipulam e estabelecem que uma prestação seja devida a um terceiro que não pertence à relação jurídica contratual. A estipulação em favor de terceiros é uma exceção ao princípio da relatividade dos efeitos contratuais, haja vista a própria essência do contrato em favor de terceiro.

É uma relação contratual *sui generis*, na qual, observa Clóvis Beviláqua, "a ação para exigir o cumprimento da obrigação se transfere ao beneficiário, sem aliás perdê-la o estipulante. É um caso de despersonificação do vínculo obrigacional, ou, antes, de relação contratual dupla, tendo por ponto de conjunção o promitente, que contrata com o estipulante realizar uma prestação, que irá cumprir nas mãos do beneficiário".[1]

7.2 Sujeitos

A estipulação em favor de terceiro é composta pelos seguintes sujeitos:

a) estipulante – é a pessoa que estipula que alguém realize uma obrigação em favor de um terceiro;
b) promitente – é aquele que realiza o contrato com o estipulante se obrigando a realizar algo em favor de um terceiro; e
c) terceiro ou beneficiário – é aquele que não integra os polos da relação jurídica contratual, entretanto, é o beneficiário do objeto contratual firmado entre estipulante e promitente.

7.3 Requisitos

A estipulação em favor de terceiros pressupõe a existência dos seguintes requisitos:

---

1 CARVALHO SANTOS, J. M. de. *Código civil interpretado*. 6. ed. Volume XV. Rio de Janeiro: Freitas Bastos, 1954, p. 288.

a) a existência de um terceiro (beneficiário) que não faz parte da formação da relação jurídica contratual;
b) a obrigação do promitente junto ao estipulante a realizar uma prestação em favor do beneficiário (terceiro).

O que estipula em favor de terceiro pode exigir o cumprimento da obrigação (CCB, art. 436).[2] Ao terceiro, em favor de quem se estipulou a obrigação, também é permitido exigi-la, ficando, todavia, sujeito às condições e normas do contrato, se a ele anuir, e o estipulante não o inovar nos termos do art. 438 (CCB, art. 436, parágrafo único). Dessa maneira, o terceiro que não é parte da relação jurídica contratual, está legitimado para exigir a prestação, ou seja, poderá exigir o cumprimento da obrigação que lhe foi estipulada.

Um dos exemplos mais habituais da estipulação em favor de terceiro é o contrato de seguro. Nos seguros de pessoas, o capital segurado é livremente estipulado pelo proponente, que pode contratar mais de um seguro sobre o mesmo interesse, com o mesmo ou diversos seguradores (CCB, art. 789).

A estipulação em favor de terceiro faz parte da essência do contrato de seguro, razão pela qual "na falta de indicação da pessoa ou beneficiário, ou se por qualquer motivo não prevalecer a que for feita, o capital segurado será pago por metade ao cônjuge não separado judicialmente, e o restante aos herdeiros do segurado, obedecida a ordem da vocação hereditária", conforme artigo art. 792 do CCB.

Outro exemplo de estipulação em favor de terceiro é o contrato de constituição de renda, quando existe um terceiro beneficiado, nos termos dos artigos 803 e 804 do Código Civil Brasileiro.

O terceiro poderá exigir o cumprimento da obrigação do promitente, não podendo o estipulando exonerar o promitente vendedor (CCB, art. 437).

Não é necessário que o terceiro seja determinado e individualizado no momento da conclusão do contrato. Nesse sentido, Carvalho Santos exemplifica o contrato de estipulação em favor de terceiro, perfeitamente válido, embora o beneficiário seja indeterminado no momento de sua conclusão. Vejamos: "Suponhamos, por exemplo, que um milionário deposite em um Banco a quantia de um milhão de cruzeiros, para lhe ser restituída depois de 20 anos, estipulando que os juros serão pagos, anualmente, ao doutorando da Faculdade de Medicina que mais tenha se distinguido durante o curso, a critério da Congregação da mesma Faculdade".[3]

Também não é necessário que a vantagem seja inteiramente gratuita. Washington de Barros Monteiro destaca com exemplo: "se o proprietário de um bem no valor de R$ 100.000,00 convenciona com outrem transferi-

2 Correspondente ao art. 1.098, *caput* do CCB/1916.

3 CARVALHO SANTOS, J. M. de. *Código civil interpretado*. 6. ed. Volume XV. Rio de Janeiro: Freitas Bastos, 1954, p. 291.

lo a terceiro mediante pagamento que este fará de R$ 10.000,00, ninguém poderá negar a existência da vantagem legal, e, portanto, da estipulação em favor de terceiro, embora não seja esta gratuita".[4]

7.4 Substituição do terceiro ou beneficiário

O artigo 438 declara que "o estipulante pode reservar-se o direito de substituir o terceiro designado no contrato, independentemente da sua anuência e da do outro contratante".[5]

Esta substituição pode ser feita por ato entre vivos ou por disposição de última vontade, conforme expresso no parágrafo único do artigo 438.

7.5 Jurisprudência

DIREITO CIVIL E PROCESSUAL CIVIL. LEGITIMIDADE ATIVA DE USUÁRIO DE PLANO DE SAÚDE COLETIVO. O usuário de plano de saúde coletivo tem legitimidade ativa para ajuizar individualmente ação contra a operadora pretendendo discutir a validade de cláusulas contratuais, não sendo empecilho o fato de a contratação ter sido intermediada por caixa de assistência de categoria profissional. De início, esclareça-se que há dois tipos de contratação de planos de saúde coletivos: o coletivo empresarial, o qual garante a assistência à saúde dos funcionários da empresa contratante em razão do vínculo empregatício ou estatutário, e o coletivo por adesão, contratado por pessoas jurídicas de caráter profissional, classista ou setorial, como conselhos, sindicatos e associações profissionais. Por seu turno, a legitimidade exigida para o exercício do direito de ação depende, em regra, da relação jurídica de direito material havida entre as partes; em outras palavras, a ação tem como condição a titularidade de um direito ou interesse juridicamente protegido. Desse modo, para se aferir a legitimidade ativa *ad causam* do usuário de plano de saúde coletivo para postular a revisão judicial das cláusulas contratuais, revela-se necessário verificar a natureza jurídica das relações estabelecidas entre os diversos atores nesse contrato: usuários, estipulante e operadora de plano de saúde. Para tanto, faz-se necessário buscar amparo nos institutos do seguro de vida coletivo (art. 801 do CC/2002). Apesar de serem contratos distintos, as relações existentes entre as diferentes figuras do plano de saúde coletivo são similares às havidas entre as personagens do seguro de vida em grupo. Com efeito, leciona a doutrina que a vinculação entre o segurador e o grupo segurado é da mesma natureza do seguro de vida individual, tratando-se, portanto, de estipulação em favor de terceiro. Depreende-se, assim, que o vínculo jurídico formado entre a operadora e o grupo de usuários caracteriza-se

4 MONTEIRO, Washington de Barros. *Curso de direito civil*: direito das obrigações. 2ª parte. 34. ed. São Paulo: 2003, p. 43.

5 Correspondente ao art. 1.100, *caput* do CCB/1916.

como uma estipulação em favor de terceiro. Por sua vez, a relação havida entre a operadora e o estipulante é similar a um contrato por conta de terceiro. Por fim, para os usuários, o estipulante é apenas um intermediário, um mandatário, não representando a operadora de plano de saúde. De acordo com o art. 436, parágrafo único, do CC/2002 (correspondente ao art. 1.098, parágrafo único, do CC/1916), na estipulação em favor de terceiro, tanto o estipulante (promissário) quanto o beneficiário podem exigir do promitente (ou prestador de serviço) o cumprimento da obrigação. Assim, na fase de execução contratual, o terceiro (beneficiário) passa a ser também credor do promitente. Ademais, os princípios gerais do contrato amparam ambos, beneficiário e estipulante, de modo que havendo no pacto cláusula abusiva ou ocorrendo fato que o onere excessivamente, não é vedado a nenhum dos envolvidos pedir a revisão da avença, mesmo porque, como cediço, as cláusulas contratuais devem obedecer a lei, a exemplo do CC ou do CDC. Além do mais, diante do interesse juridicamente protegido do usuário de plano de saúde, destinatário final dos serviços de assistência à saúde, o exercício do direito de ação não pode ser tolhido, sobretudo se ele busca eliminar eventual vício contratual (cláusula inválida) ou promover o equilíbrio econômico do contrato (discutir os valores e os reajustes de mensalidades). Precedente citado: AgRg no REsp 1.355.612-AL, Terceira Turma, DJe 23/9/2014. REsp 1.510.697-SP, Rel. Min. Ricardo Villas Bôas Cueva, julgado em 9/6/2015, DJe 15/6/2015.

RECURSO REPETITIVO. SEGURO DE RESPONSABILIDADE CIVIL. AJUIZAMENTO DIRETO EXCLUSIVAMENTE CONTRA A SEGURADORA. A Seção firmou o entendimento de que descabe ação do terceiro prejudicado ajuizada, direta e exclusivamente, em face da seguradora do apontado causador do dano, porque, no seguro de responsabilidade civil facultativo, a obrigação da seguradora de ressarcir os danos sofridos por terceiros pressupõe a responsabilidade civil do segurado, a qual, de regra, não poderá ser reconhecida em demanda na qual este não interveio, sob pena de vulneração do devido processo legal e da ampla defesa. Esse posicionamento fundamenta-se no fato de o seguro de responsabilidade civil facultativa ter por finalidade neutralizar a obrigação do segurado em indenizar danos causados a terceiros nos limites dos valores contratados, após a obrigatória verificação da responsabilidade civil do segurado no sinistro. Em outras palavras, a obrigação da seguradora está sujeita à condição suspensiva que não se implementa pelo simples fato de ter ocorrido o sinistro, mas somente pela verificação da eventual obrigação civil do segurado. Isso porque o seguro de responsabilidade civil facultativo não é espécie de estipulação a favor de terceiro alheio ao negócio, ou seja, quem sofre o prejuízo não é beneficiário do negócio, mas sim o causador do dano. Acrescente-se, ainda, que o ajuizamento direto exclusivamente contra a seguradora ofende os princípios do contraditório e da ampla defesa, pois a ré não teria como defender-se dos fatos expostos na inicial, especialmente da descrição do sinistro. Essa situação inviabiliza, também, a verificação de fato extintivo da cobertura securitária; pois, a depender das circunstâncias em que o segurado se envolveu no sinistro (embriaguez voluntária ou prática de ato doloso pelo segurado, por exemplo), poderia a seguradora eximir-se da obrigação contratualmente assumida. REsp 962.230-RS, Rel. Min. Luis Felipe Salomão, julgado em 8/2/2012.

"CIVIL E PROCESSUAL CIVIL. CONTRATO DE SEGURO. AÇÃO AJUIZADA PELA VÍTIMA CONTRA A SEGURADORA. LEGITIMIDADE PASSIVA Ad causam. ESTIPULAÇÃO EM FAVOR DE TERCEIRO. DOUTRINA E PRECEDENTES. RECURSO PROVIDO. I – As relações jurídicas oriundas de um contrato de seguro não se encerram entre as partes contratantes, podendo atingir terceiro beneficiário, como ocorre com os seguros de vida ou de acidentes pessoais, exemplos clássicos apontados pela doutrina. II – Nas estipulações em favor de terceiro, este pode ser pessoa futura e indeterminada, bastando que seja determinável, como no caso do seguro, em que se identifica o beneficiário no momento do sinistro. III – O terceiro beneficiário, ainda que não tenha feito parte do contrato, tem legitimidade para ajuizar ação direta contra a seguradora, para cobrar a indenização contratual prevista em seu favor. (REsp 401.718/PR, Rel. ministro SÁLVIO DE FIGUEIREDO TEIXEIRA, QUARTA TURMA, julgado em 3.9.2002, DJ 24.3.2003 p. 228)".

"CIVIL E PROCESSUAL CIVIL. CONTRATO DE SEGURO. LEGITIMIDADE ATIVA *Ad causam*. BENEFICIÁRIO. ESTIPULAÇÃO EM FAVOR DE TERCEIRO. OCORRÊNCIA. ART. 1.098, CC. DOUTRINA. RECURSO PROVIDO. I – A legitimidade para exercer o direito de ação decorre da lei e depende, em regra, da titularidade de um direito, do interesse juridicamente protegido, conforme a relação jurídica de direito material existente entre as partes celebrantes. II – As relações jurídicas oriundas de um contrato de seguro não se encerram entre as partes contratantes, podendo atingir terceiro beneficiário, como ocorre com os seguros de vida ou de acidentes pessoais, exemplos clássicos apontados pela doutrina. III – Nas estipulações em favor de terceiro, este pode ser pessoa futura e indeterminada, bastando que seja determinável, como no caso do seguro, em que se identifica o beneficiário no momento do sinistro. IV – O terceiro beneficiário, ainda que não tenha feito parte do contrato, tem legitimidade para ajuizar ação direta contra a seguradora, para cobrar a indenização contratual prevista em seu favor. V – Tendo falecido no acidente o terceiro beneficiário, legitimados ativos *ad causam*, no caso, os seus pais, em face da ordem da vocação hereditária (REsp 257.880/RJ, Rel. ministro SÁLVIO DE FIGUEIREDO TEIXEIRA, QUARTA TURMA, julgado em 3.4.2001, DJ 7.10.2002 p. 261)".

Capítulo 8

DA PROMESSA DE FATO DE TERCEIRO

8.1 Conceito

A promessa de fato de terceiro encontra-se regrada no artigo 439 do Código Civil brasileiro, que prescreve: "Aquele que tiver prometido fato de terceiro responderá por perdas e danos, quando este o não executar."[1] É uma verdadeira obrigação de fazer que, não cumprida, converte-se em perdas e danos.[2] Logo, a promessa de fato de terceiro não se confunde com a estipulação em favor de terceiro e, também, representa uma exceção ao princípio da relatividade dos efeitos do contrato. Isso porque, em regra, os efeitos do contrato ficam adstritos aos contraentes.

A promessa de fato de terceiro ocorre quando uma pessoa promete a outra que uma terceira pessoa irá realizar uma prestação em seu favor. Neste momento, o promitente celebra contrato com uma pessoa na certeza que terceiro cumprirá a obrigação, gerando, portanto, vínculo contratual.

Aqui é possível a ocorrência de duas hipóteses: "ou o terceiro executa o fato prometido e, nesta hipótese, a obrigação de fazer assumida pelo promitente foi cumprida; ou o terceiro se recusa a executar o fato, e, neste caso, a obrigação de fazer, como é da regra geral, resolve-se em perdas e danos".[3]

O parágrafo único do referido dispositivo informa que "Tal responsabilidade não existirá se o terceiro for o cônjuge do promitente, dependendo da sua anuência o ato a ser praticado, e desde que, pelo regime do casamento, a indenização, de algum modo, venha a recair sobre os seus bens".

Nenhuma obrigação haverá para quem se comprometer por outrem, se este, depois de se ter obrigado, faltar à prestação (CCB, art. 440).

É óbvio que o terceiro que não participou da avença não está obrigado

1 Correspondente ao art. 929 do CCB/1916.

2 CC 2002 – Art. 402. Salvo as exceções expressamente previstas em lei, as perdas e danos devidas ao credor abrangem, além do que ele efetivamente perdeu, o que razoavelmente deixou de lucrar.

3 CARVALHO SANTOS, J. M. de. *Código civil interpretado*. 6. ed. Volume XII. Rio de Janeiro: Freitas Bastos, 1955, p. 29.

ao cumprimento da prestação. A partir do momento em que o terceiro aceitar os termos do contrato ocorre a ratificação do contrato celebrado em seu nome. Assim, se o terceiro ratificar a avença, o promitente estará liberado da obrigação.

Não existe necessidade de forma especial para a realização da ratificação do contrato por terceiro, salvo se a lei impuser forma solene.

Vale destacar que até o ato de ratificação dos termos do contrato, o terceiro não possui nenhum direito, já que é parte estranha à relação jurídica contratual, sendo possível, portanto, qualquer alteração do pacto entre o promitente e o credor.

Neste ponto, Carvalho Santos apresenta uma questão: "Poderá o promitente cumprir a obrigação se o terceiro não a cumpre, de forma a se livrar do ressarcimento das perdas e danos? Poderá o credor obrigar o promitente a cumprir a obrigação por via da qual assegurou que o terceiro executaria?"[4]

Entende-se ser possível se a obrigação não for personalíssima, ou seja, desde que a natureza da obrigação possa ser cumprida por qualquer pessoa.

8.2 Jurisprudência

DIREITO CIVIL. SHOPPING CENTER. INSTALAÇÃO DE LOJA. PROPAGANDA DO EMPREENDIMENTO QUE INDICAVA A PRESENÇA DE TRÊS LOJAS-ÂNCORAS. DESCUMPRIMENTO DESSE COMPROMISSO. PEDIDO DE RESCISÃO DO CONTRATO.

1. Conquanto a relação entre lojistas e administradores de Shopping Center não seja regulada pelo CDC, é possível ao Poder Judiciário reconhecer a abusividade em cláusula inserida no contrato de adesão que regula a locação de espaço no estabelecimento, especialmente na hipótese de cláusula que isente a administradora de responsabilidade pela indenização de danos causados ao lojista.

2. A promessa, feita durante a construção do Shopping Center a potenciais lojistas, de que algumas lojas-âncoras de grande renome seriam instaladas no estabelecimento para incrementar a frequência de público, consubstancia promessa de fato de terceiro cujo inadimplemento pode justificar a rescisão do contrato de locação, notadamente se tal promessa assumir a condição de causa determinante do contrato e se não estiver comprovada a plena comunicação aos lojistas sobre a desistência de referidas lojas, durante a construção do estabelecimento.

3. Recurso especial conhecido e improvido. (REsp 1259210/RJ, Rel. ministro MASSAMI UYEDA, Rel. p/ Acórdão Ministra NANCY ANDRIGHI, TERCEIRA TURMA, julgado em 26/06/2012, DJe 07/08/2012).

---

4 *Ibid.*

RECURSO ESPECIAL. DIREITO DE ARENA. CONTRATOS. CLÁUSULA DE EXCLUSIVIDADE. DOIS PACTOS. VALIDADE. SUBSISTÊNCIA DA SEGUNDA AVENÇA, DIANTE DA RESOLUÇÃO DO PRIMEIRO CONTRATO, POR INADIMPLEMENTO. PROMESSA DE FATO DE TERCEIRO. OBRIGAÇÃO DE RESULTADO. INADIMPLEMENTO. RESPONSABILIDADE. PERDAS E DANOS. LESÃO. [...]

1. Válido o contrato celebrado entre duas pessoas capazes e aptas a criar direitos e obrigações, que ajustam um negócio jurídico tendo por objeto a prestação de um fato por terceiro.

2. Descumprida a obrigação de obter a anuência do terceiro ao contrato, responde o promitente inadimplente por perdas e danos, a teor do que dispunha o art. 929 do Código Civil de 1916, reproduzido pelo *caput* do art. 439 do Código Civil em vigor, "aquele que tiver prometido fato de terceiro responderá por perdas e danos, quando este o não executar".

3. *In casu*, não sendo a CBF titular do direito de transmissão dos jogos, reservado exclusivamente às entidades de prática desportiva, segundo o art. 24 da Lei 8.672/93, cumpria a ela obter dos clubes de futebol, a anuência ao contrato. O inadimplemento dessa obrigação, representada pela notificação endereçada à TVA, comunicando que não conseguira a anuência dos clubes, enseja a resolução (extinção) do contrato e a responsabilização por perdas e danos.

4. As considerações expendidas nas razões do especial acerca do instituto da lesão não podem ser apreciadas por esta Corte Superior, sob duplo fundamento: ausência de prequestionamento (enunciados sumulares n.ºs 282 e 356/STF) e ausência de indicação do dispositivo legal que teria sido violado (Súmula 284/STF).

5. Segundo a jurisprudência do STJ, a redução da multa contratual, com base no art. 924 do Código Civil de 1916, somente pode ser concedida nas hipóteses de cumprimento parcial da prestação ou, ainda, quando o valor da multa exceder o valor da obrigação principal, circunstâncias inexistentes no caso concreto.

6. Tendo a Corte de origem concluído no sentido do descumprimento total do contrato, à luz da prova dos autos, inviável a redução da cláusula penal, por força da Súmula 7/STJ.

7. Na promessa de fato de terceiro, o terceiro é totalmente estranho à relação jurídica, não estando vinculado ao contrato, senão após o cumprimento da obrigação, que incumbia ao promitente.

8. Inviável a análise da possibilidade de conversão da cláusula penal para reais, de acordo com o câmbio da data da sentença de primeiro grau, em razão da alteração imprevisível da política monetária nacional, sob a ótica dos artigos de lei apontados como violados (art. 462 do CPC e 1.059 do CC/1916), pelo fato de os dispositivos serem desprovidos de conteúdo normativo capaz

de amparar a discussão acerca da questão jurídica mencionada, o que atrai o óbice da Súmula 284/STF.

9. Não há falar em julgamento extra petita quando o julgador, adstrito às circunstâncias fáticas trazidas aos autos e ao pedido deduzido na inicial, aplicar o direito com fundamentos diversos daqueles apresentados pelo autor.

10. A falta de prequestionamento da matéria suscitada no recurso especial, a despeito da oposição de embargos de declaração, impede o conhecimento do recurso especial (Súmula 211 do STJ).

11. A jurisprudência desta Corte admite a possibilidade de atribuição de efeitos infringentes aos embargos declaratórios, em hipóteses excepcionais, para corrigir premissa equivocada relevante para o deslinde da controvérsia.

12. No arbitramento de honorários advocatícios, com base no art. 20, §4º, do CPC, cabível a utilização do valor da causa como base de cálculo.

13. Manutenção do valor de 20% sobre o valor da causa, quantia que não pode ser considerada irrisória ou exorbitante, a justificar a atuação do STJ.

RECURSOS ESPECIAIS DESPROVIDOS.

(REsp 249.008/RJ, Rel. ministro VASCO DELLA GIUSTINA (DESEMBARGADOR CONVOCADO DO TJ/RS), TERCEIRA TURMA, julgado em 24/08/2010, DJe 16/11/2010).

Capítulo 9
VÍCIOS REDIBITÓRIOS

9.1 Conceito

A coisa recebida em virtude de contrato comutativo pode ser enjeitada por vícios ou defeitos ocultos, que a tornem imprópria ao uso a que é destinada, ou lhe diminuam o valor. É o que determina o artigo 441 do nosso Código Civil. De acordo com o parágrafo único do referido artigo, é aplicável o instituto jurídico dos vícios redibitórios às doações onerosas. Daí, vícios redibitórios são os defeitos ocultos da coisa que a tornem imprópria ao fim a que se destina, ou lhe diminuem o valor. [1]

Ulpiano define redibir como "fazer o vendedor ter, de novo, o que tivera, o que se consegue com a devolução, daí chamar-se redibição, quase redar (redditio)".[2] Significa, portanto, reaver o preço, ou melhor, a contraprestação nos contratos comutativos e contratos de doação com encargos. Neste caso, utiliza-se a ação de rescisão do contrato (*actio redhibitoria*). Se a coisa tiver seu valor diminuído em virtude de vícios redibitórios, o comprador poderá optar pela ação de abatimento do preço (*actio quanti minoris*).

---

1 VII Jornada de Direito Civil, enunciado 583 – O art. 441 do Código Civil deve ser interpretado no sentido de abranger também os contratos aleatórios, desde que não inclua os elementos aleatórios do contrato. Parte da legislação: art. 441 do Código Civil Justificativa: Segundo a literalidade do art. 441 do Código Civil, a garantia contra vícios redibitórios seria aplicada apenas aos contratos comutativos, haja vista o elemento de incerteza inerente aos contratos aleatórios. Entretanto, a interpretação do art. 441 deve ser feita à luz do equilíbrio prestacional, tendo em conta que a álea pode não abranger a integralidade da relação de prestação e contraprestação. Caso a álea se circunscreva à quantidade da coisa contratada, não abrangendo a sua qualidade, a parte que recebeu a coisa viciada, mesmo que em virtude de contrato aleatório, poderá se valer da garantia por vícios redibitórios. Caso, por outro lado, a álea recaia sobre a qualidade da coisa, há de se afastar necessariamente a aplicação da disciplina pertinente aos vícios redibitórios, vez que as partes assumiram o risco de que a coisa a ser entregue se encontre dotada de vício oculto que a torne imprópria ao uso a que se destina ou lhe diminua o valor. Caberá, portanto, ao intérprete, diante do caso concreto, estabelecer, com precisão, os limites da álea do negócio, verificando se nela se insere a qualidade da coisa, sua quantidade ou ambas.

2 MIRANDA, Pontes de. *Tratado de direito privado*. Tomo XXXVIII. Campinas: Bookseller, 2005, p. 386.

9.2 Fundamento

Vários são os critérios apontados para fundamentar a responsabilidade decorrente dos vícios redibitórios. Com base nas lições de Miguel Maria de Serpa Lopes, apresenta-se, abaixo, um quadro com a síntese das principais teorias e fundamentos.[3]

Teoria / Fundamento	Explicações
Inexecução do contrato	A responsabilidade pelos vícios redibitórios é uma garantia da execução do contrato.
Teoria / Fundamento	**Explicações**
Responsabilidade do vendedor em suportar os riscos da coisa alienada	O fundamento são os riscos suportados pelo vendedor. É a ideia de BRINZ.
Teoria de Endemann	É necessária a distinção entre uma venda em que o vendedor garantiu uma determinada qualidade à coisa vendida ou na em que o vendedor dolosamente silenciou sobre algum vício da em que os vícios eram ignorados pelo vendedor. A reparação dos prejuízos somente se daria no primeiro caso.
Responsabilidade do vendedor pela impossibilidade da prestação	Defendida por M. Regelsberger
Teoria do Erro	Os vícios ocultos derivam da ignorância do adquirente
Equidade	As ações edilicianas estariam fundadas na equidade.
Responsabilidade do vendedor na culpa *in contrahendo*	Defendida por Ihering.
Teoria da Pressuposição	O comprador ao contratar pressupõe ter ela determinadas condições. Windscheid.

Para Washington de Barros Monteiro a responsabilidade do contratante se funda na teoria do inadimplemento, já que ao celebrar o contrato, compromete-se

3 SERPA LOPES, Miguel Maria de. *Curso de direito civil*. 5. ed. Vol III. Rio de Janeiro: Freitas Bastos, 2001, p. 176-179.

o alienante a garantir o perfeito estado da coisa, assegurando-lhe a incolumidade, as qualidades anunciadas e a adequação aos fins propostos.[4]

Caio Mário da Silva Pereira acolhe o princípio da garantia como fundamento da invocação dos vícios redibitórios. Vejamos: "Para nós, o seu fundamento é o princípio da garantia, sem a intromissão de fatores exógenos, de ordem psíquica ou moral. O adquirente, sujeito a uma contraprestação, tem o direito à utilidade natural da coisa, e, se ela lhe falta, precisa de estar garantido contra o alienante, para a hipótese de lhe ser entregue coisa a que faltem qualidades essenciais de prestabilidade, independentemente de uma pesquisa de motivação".[5]

J. M. de Carvalho Santos adota como fundamento dos vícios redibitórios a teoria da pressuposição, formulada por Windscheid, razão pela qual conceitua vício redibitório como "o vício, ou defeito, oculto, que torna a coisa imprópria ao uso, a que é destinada, ou lhe diminui o valor, de tal sorte que a parte, se conhecesse, ou não contrataria ou lhe daria um preço menor".[6]

Entende-se que o fundamento do vício redibitório está relacionado à proteção ao adquirente, na certeza de que este não compraria a coisa defeituosa.

9.3 Pressupostos Existenciais

São pressupostos existenciais do vício redibitório: a) ser antecedente ao contrato; b) ser um defeito; c) estar oculto; d) afetar a utilidade ou o valor da coisa; e) desconhecimento do vício pelo comprador.

Arnaldo Rizzardo indica que para haver vício redibitório, vários pressupostos são reclamados:[7]

a) Que o vício da coisa seja oculto. Efetivamente, se não era oculto, mas estava às claras, ou à vista, e se apresentava conhecido do outro contratante, ou facilmente verificável por uma atenção comum ou um simples e rápido exame, não se concebe o vício redibitório.
b) Que o vício torne a coisa imprópria ao uso a que é destinada, ou lhe diminua o valor. Assim, deve o vício se referir ao destino do bem, ou à sua própria natureza.
c) Há de ser vício anterior à tradição, ou, no mínimo, é necessário que exista no momento da tradição.

4 MONTEIRO, Washington de Barros. *Curso de direito civil*. Vol. 5. 34 ed. São Paulo: Saraiva, 2003, p. 48.

5 SILVA PEREIRA, Caio Mário da. *Instituições de direito civil*. 11.ed. Volume III. Rio de Janeiro: Forense, 2003, p. 123.

6 CARVALHO SANTOS, J. M. de. *Código civil interpretado*. 6. ed. Volume XV. Rio de Janeiro: Freitas Bastos, 1954, p. 335.

7 RIZZARDO, Arnaldo. *Contratos*. 11. ed. Rio de Janeiro: Forense, 2006, p. 168-170.

d) Cumpre que seja desconhecido o vício do comprador no momento do contrato.
e) É indispensável que se constate certa gravidade nos defeitos, o que não se tipifica se a coisa revelar apenas algumas deficiências secundárias, restrita às aparências.

Em ação *quanti minoris*, o Superior Tribunal de Justiça enfrentou os pressupostos existenciais do vício redibitório, com a seguinte ementa:

"CIVIL E PROCESSUAL CIVIL – AÇÃO *quanti minoris* – VÍCIO OCULTO – PROVA ORAL – UTILIDADE – INDEFERIMENTO – CERCEAMENTO DE DEFESA – ADVOGADO SUBSTABELECIDO – VISTA DOS AUTOS – DIREITO. I – Ação *quanti minoris* pressupõe a existência de vício oculto (Código Bevilácqua; Art. 1.101). Para que seja redibitório, não basta que o defeito da coisa esteja escondido. É necessário que ele seja desconhecido pelo comprador. Provado o anterior conhecimento do defeito redibitório, por testemunho do comprador, o pedido de abatimento é improcedente, porque o vício não era oculto. II – É lícito ao vendedor provar, mediante provas orais, que os vícios redibitórios já eram conhecidos pelo comprador na oportunidade em que o contrato foi celebrado. III – É direito do advogado substabelecido obter vista para conhecimento do processo (REsp 299.661/RJ, Rel. ministro HUMBERTO GOMES DE BARROS, TERCEIRA TURMA, julgado em 2.9.2004, DJ 04.10.2004 p. 282)".

9.4 Coisas vendidas "no estado"

Cabe aqui, desde logo, esclarecer que se a coisa é vendida "no estado" (por exemplo, automóveis, vestuário, brechós, antiguidades, etc.), não há que se falar em vício redibitório, já que o comprador tem conhecimento desde logo de pequenos defeitos da coisa visíveis a olhos nus.

9.5 Aplicação

Os vícios redibitórios podem ser arguidos nos seguintes contratos: Contrato de compra e venda; troca, locação de imóvel urbano (Lei 8.245/91, art. 22, IV),[8] locação de imóvel rural (Lei 4.504/64, art. 95), contrato de empreitada (CC 2002 – Art. 618),[9] doações onerosas (CC 2002 – Arts. 540 e

8 Lei 8.245/91 – Art. 22. O locador é obrigado a: IV – responder pelos vícios ou defeitos anteriores à locação;

9 Art. 618. Nos contratos de empreitada de edifícios ou outras construções consideráveis, o empreiteiro de materiais e execução responderá, durante o prazo irredutível de cinco anos, pela solidez e segurança do trabalho, assim em razão dos materiais, como do solo. Parágrafo único. Decairá do direito assegurado neste artigo o dono da obra que não propuser a ação contra o empreiteiro, nos cento e oitenta dias seguintes ao aparecimento do vício ou defeito.

552),[10] dentre outros.

J. M. de Carvalho Santos apresenta exemplos que justificam a ação redibitória: a) a doença, ou manqueira oculta, ou vício de ânimo de bestas e outros animais; b) o não ter o animal vendido as prendas que o vendedor afirmou que tinha; c) o vício oculto da coisa inanimada vendida, por exemplo, o livro faltando folhas, o fardo de fazendas inferior à amostra, etc.; d) na venda sob amostras, se a mercadoria não é igual a ela.[11]

Outro exemplo interessante apontado por Carvalho Santos: "Tal indivíduo compra ou arrenda uma fazenda, destinando-a a criação de gado. Acontece que, por ocasião da venda, ou por motivos de capina, ou por outro motivo, mesmo que não seja proposital, não apareça aos olhos do comprador, certa planta que produza a morte do gado. O vício é redibitório. Há, evidentemente, lugar à ação do comprador. Este só fez o negócio na suposição de que ele serviria ao fim para que o destinava; é claro que não concluiu para que ficasse iludida a sua intenção e prejudicado o seu capital".[12]

Nas relações de consumo, aplicar-se-á o Código de Defesa do Consumidor, em especial, as regras definidas nos artigos 18 a 26.[13]

---

10 CC 2002 - Art. 540. A doação feita em contemplação do merecimento do donatário não perde o caráter de liberalidade, como não o perde a doação remuneratória, ou a gravada, no excedente ao valor dos serviços remunerados ou ao encargo imposto. CC 2002 - Art. 552. O doador não é obrigado a pagar juros moratórios, nem é sujeito às consequências da evicção ou do vício redibitório. Nas doações para casamento com certa e determinada pessoa, o doador ficará sujeito à evicção, salvo convenção em contrário.

11 CARVALHO SANTOS, *op. cit.*, p. 344-345.

12 *Ibid.*, p. 345.

13 CDC - Art. 18. Os fornecedores de produtos de consumo duráveis ou não duráveis respondem solidariamente pelos vícios de qualidade ou quantidade que os tornem impróprios ou inadequados ao consumo a que se destinam ou lhes diminuam o valor, assim como por aqueles decorrentes da disparidade, com as indicações constantes do recipiente, da embalagem, rotulagem ou mensagem publicitária, respeitadas as variações decorrentes de sua natureza, podendo o consumidor exigir a substituição das partes viciadas. § 1° Não sendo o vício sanado no prazo máximo de trinta dias, pode o consumidor exigir, alternativamente e à sua escolha: I – a substituição do produto por outro da mesma espécie, em perfeitas condições de uso; II – a restituição imediata da quantia paga, monetariamente atualizada, sem prejuízo de eventuais perdas e danos; III – o abatimento proporcional do preço. § 2° Poderão as partes convencionar a redução ou ampliação do prazo previsto no parágrafo anterior, não podendo ser inferior a sete nem superior a cento e oitenta dias. Nos contratos de adesão, a cláusula de prazo deverá ser convencionada em separado, por meio de manifestação expressa do consumidor. § 3° O consumidor poderá fazer uso imediato das alternativas do § 1° deste artigo sempre que, em razão da extensão do vício, a substituição das partes viciadas puder comprometer a qualidade ou características do produto, diminuir-lhe o valor ou se tratar de produto essencial. § 4° Tendo o consumidor optado pela alternativa do inciso I do § 1° deste artigo, e não sendo possível a substituição do bem, poderá haver substituição por outro de espécie, marca ou modelo diversos, mediante complementação ou restituição de eventual diferença de preço, sem prejuízo do disposto nos incisos II e III do § 1° deste artigo. § 5° No caso de fornecimento de produtos in natura, será responsável perante o consumidor o fornecedor imediato, exceto quando identificado claramente seu produtor. § 6°

São impróprios ao uso e consumo: I – os produtos cujos prazos de validade estejam vencidos; II – os produtos deteriorados, alterados, adulterados, avariados, falsificados, corrompidos, fraudados, nocivos à vida ou à saúde, perigosos ou, ainda, aqueles em desacordo com as normas regulamentares de fabricação, distribuição ou apresentação; III – os produtos que, por qualquer motivo, se revelem inadequados ao fim a que se destinam.
CDC – Art. 19. Os fornecedores respondem solidariamente pelos vícios de quantidade do produto sempre que, respeitadas as variações decorrentes de sua natureza, seu conteúdo líquido for inferior às indicações constantes do recipiente, da embalagem, rotulagem ou de mensagem publicitária, podendo o consumidor exigir, alternativamente e à sua escolha: I – o abatimento proporcional do preço; II – complementação do peso ou medida; III – a substituição do produto por outro da mesma espécie, marca ou modelo, sem os aludidos vícios; IV – a restituição imediata da quantia paga, monetariamente atualizada, sem prejuízo de eventuais perdas e danos. § 1° Aplica-se a este artigo o disposto no § 4° do artigo anterior. § 2° O fornecedor imediato será responsável quando fizer a pesagem ou a medição e o instrumento utilizado não estiver aferido segundo os padrões oficiais.
CDC – Art. 20. O fornecedor de serviços responde pelos vícios de qualidade que os tornem impróprios ao consumo ou lhes diminuam o valor, assim como por aqueles decorrentes da disparidade com as indicações constantes da oferta ou mensagem publicitária, podendo o consumidor exigir, alternativamente e à sua escolha: I – a reexecução dos serviços, sem custo adicional e quando cabível; II – a restituição imediata da quantia paga, monetariamente atualizada, sem prejuízo de eventuais perdas e danos; III – o abatimento proporcional do preço. § 1° A reexecução dos serviços poderá ser confiada a terceiros devidamente capacitados, por conta e risco do fornecedor. § 2° São impróprios os serviços que se mostrem inadequados para os fins que razoavelmente deles se esperam, bem como aqueles que não atendam as normas regulamentares de prestabilidade.
CDC – Art. 21. No fornecimento de serviços que tenham por objetivo a reparação de qualquer produto considerar-se-á implícita a obrigação do fornecedor de empregar componentes de reposição originais adequados e novos, ou que mantenham as especificações técnicas do fabricante, salvo, quanto a estes últimos, autorização em contrário do consumidor.
CDC – Art. 22. Os órgãos públicos, por si ou suas empresas, concessionárias, permissionárias ou sob qualquer outra forma de empreendimento, são obrigados a fornecer serviços adequados, eficientes, seguros e, quanto aos essenciais, contínuos. Parágrafo único. Nos casos de descumprimento, total ou parcial, das obrigações referidas neste artigo, serão as pessoas jurídicas compelidas a cumpri-las e a reparar os danos causados, na forma prevista neste código.
CDC – Art. 23. A ignorância do fornecedor sobre os vícios de qualidade por inadequação dos produtos e serviços não o exime de responsabilidade.
CDC – Art. 24. A garantia legal de adequação do produto ou serviço independe de termo expresso, vedada a exoneração contratual do fornecedor.
CDC – Art. 25. É vedada a estipulação contratual de cláusula que impossibilite, exonere ou atenue a obrigação de indenizar prevista nesta e nas seções anteriores. § 1° Havendo mais de um responsável pela causação do dano, todos responderão solidariamente pela reparação prevista nesta e nas seções anteriores. § 2° Sendo o dano causado por componente ou peça incorporada ao produto ou serviço, são responsáveis solidários seu fabricante, construtor ou importador e o que realizou a incorporação.
CDC – Art. 26. O direito de reclamar pelos vícios aparentes ou de fácil constatação caduca em: I – trinta dias, tratando-se de fornecimento de serviço e de produtos não duráveis; II – noventa dias, tratando-se de fornecimento de serviço e de produtos duráveis. § 1° Inicia-se a contagem do prazo decadencial a partir da entrega efetiva do produto ou do término da execução dos serviços. § 2° Obstam a decadência: I – a reclamação comprovadamente formulada pelo consumidor perante o fornecedor de produtos e serviços até a resposta

Vejamos a jurisprudência do Superior Tribunal de Justiça – STJ:

> DIREITO DO CONSUMIDOR. DIREITO À REPARAÇÃO DE DANOS POR VÍCIO DO PRODUTO.
>
> Não tem direito à reparação de perdas e danos decorrentes do vício do produto o consumidor que, no prazo decadencial, não provocou o fornecedor para que este pudesse sanar o vício. Os vícios de qualidade por inadequação dão ensejo, primeiro, ao direito do fornecedor ou equiparado a corrigir o vício manifestado, mantendo-se íntegro o contrato firmado entre as partes. Apenas após o prazo trintídio do art. 18, §1°, do CDC ou a negativa de conserto, abre-se ao consumidor a opção entre três alternativas: *a*) a redibição do contrato; *b*) o abatimento do preço; ou *c*) a substituição do produto, ressalvada em qualquer hipótese a pretensão de reparação de perdas e danos decorrentes. A escolha quanto a alguma das soluções elencadas pela lei consumerista deve ser exercida no prazo decadencial do art. 26 do CDC, contado, por sua vez, após o transcurso do prazo trintídio para conserto do bem pelo fornecedor. Nota-se que toda a construção acerca da tutela dos vícios redibitórios, seja sob o enfoque civilista, seja sob o enfoque consumerista, diz respeito a viabilizar a manutenção do contrato e de seu sinalagma original. Isso faz sentido porque os vícios, embora desconhecidos, são contemporâneos ao contrato ou preexistentes. No entanto, na hipótese, a pretensão não é a de recomposição do equilíbrio contratual, mas tão somente a efetiva reparação de dano decorrente de existência de vício oculto que teria provocado a realização de despesas não condizentes com a legítima expectativa do consumidor. Diante dessa distinção entre o regramento dos vícios redibitórios e a pretensão de mera recomposição de prejuízo decorrente do vício, há precedentes que, aparentemente, concluíram pelo afastamento do prazo decadencial do art. 26 do CDC, fazendo incidir na hipótese o prazo prescricional quinquenal do art. 27 do CDC (AgRg no AREsp 52.038-SP, Quarta Turma, DJe 3/11/2011; e REsp 683.809-RS, Quarta Turma, DJe 3/5/2010). Todavia, a moldura fática daqueles precedentes é essencialmente distinta, uma vez que naqueles houve, mais do que a comprovação da reclamação quanto à existência dos vícios dentro do prazo decadencial, a demonstração de que os vícios não foram devidamente sanados no prazo trintídio. A partir daí,

---

negativa correspondente, que deve ser transmitida de forma inequívoca; [...] III – a instauração de inquérito civil, até seu encerramento. § 3° Tratando-se de vício oculto, o prazo decadencial inicia-se no momento em que ficar evidenciado o defeito.

está constituído o direito à pretensão de reparação, obviamente sujeita a prazo prescricional, e não a prazo decadencial. Diferente é a hipótese em que não foi demonstrada a realização da notificação do fornecedor dentro do prazo decadencial. Desse modo, não se constituiu o direito à reparação civil, de forma que não há que se discutir qual seria o prazo prescricional aplicável, se o civil (art. 206, § 3º, V, do CC) ou o consumerista (art. 27 do CDC). Entender de modo diverso seria admitir que, transcorrido o prazo decadencial, o adquirente lançasse mão de instrumento diverso para, ao fim e ao cabo, atingir o mesmo objetivo perdido exclusivamente em razão de sua desídia. Noutros termos, seria desnaturar a garantia desenhada por lei que, embora destinada precipuamente à proteção do adquirente e, em especial, do consumidor, não perde o caráter geral de garantir previsibilidade e segurança às relações jurídicas, resguardando expectativas mútuas legítimas. REsp 1.520.500-SP, Rel. Min. Marco Aurélio Bellizze, julgado em 27/10/2015, DJe 13/11/2015.

CDC. DEFEITO. CARRO. BANCO.

Trata-se de ação de rescisão contratual cumulada com indenização por danos materiais e morais em desfavor de banco e da sociedade empresarial revendedora de veículo. A recorrida (autora) adquiriu veículo automotor usado que apresentou vícios redibitórios, tornando-o imprestável ao uso, fato incontroverso nos autos. No REsp, o banco suscita violação dos arts. 14 e 18 do CDC, inconformado por ter sido condenado no Tribunal *a quo* solidariamente com a empresa vendedora do veículo. Note-se que são dois contratos distintos, um de compra e venda do veículo e outro de mútuo garantido com alienação fiduciária. Isso posto, ao prosseguir o julgamento, a Turma, por maioria, conheceu do recurso e lhe deu provimento. Considerou-se que, na espécie, a instituição financeira não poderia ser reconhecida como fornecedora do veículo nem solidariamente responsável por eventuais defeitos ocultos que impedissem seu uso. O banco, no caso, é fornecedor, mas do serviço de crédito e de tudo que se relaciona a ele. Observou-se, todavia, que o pleito indenizatório, como o próprio interesse de agir da autora, legitima-se pelo defeito oculto no produto de exclusiva responsabilidade, no caso dos autos, de quem vendeu e lhe deu garantias. Assim, o causador dos danos materiais e morais (revendedora do veículo) deve responder perante a consumidora e essa responsabilidade deve abranger todas as características do negócio jurídico realizado. REsp 1.014.547-DF, Rel. Min. João Otávio de Noronha, julgado em 25/8/2009.

9.6 Vício redibitório diferente de erro quanto à coisa

O instituto jurídico do vício redibitório é diferente do defeito do negócio jurídico denominado erro quanto à coisa (CC 2002 – art. 139, I).[14] Naquele existe um vício ou defeito oculto, neste ocorre um descompasso entre a realidade dos fatos e o que se passa na mente do sujeito que se encontra em erro.

O Tribunal de Justiça de São Paulo apreciou a questão da seguinte forma:

"Compra e venda. Pedido de anulação. Distinção entre vício redibitório e erro essencial. Consequência do primeiro: resolução contrato; do segundo: anulabilidade do negócio jurídico. Não caracterização de ambos na hipótese dos autos. Improcedência declarada. "A existência de vícios redibitórios não geram a anulação do ato, mas apenas a resolução do contrato, pois é problema atinente ao cumprimento do negócio. Já a ocorrência de erro essencial provoca a anulação do ato jurídico, pois se refere a circunstâncias existentes no momento da declaração de vontade. Não comprovados em um, nem outro, é de se declarar improcedente o pedido de anulação formulado." (1º TACSP – Apelação Cível 392957 – Campinas – Rel.: Juiz Amauri Ielo – J. em 3.8.1988 – *Jurisprudência Brasileira* 139/000289)"

9.7 Imprestabilidade da coisa e Diminuição do valor patrimonial da coisa

De acordo com os artigos 441 e 442 o adquirente poderá em vez de rejeitar a coisa, reclamar o abatimento do preço. O adquirente, na primeira hipótese, deverá ingressar com uma ação de rescisão do contrato (*actio redhibitoria*) e no caso de requerer abatimento do preço, a ação proposta será a Ação de abatimento do preço (*actio quanti minoris*).

Opção do Adquirente	Imprestabilidade da coisa	Diminuição do Valor Patrimonial do Bem
Base Legal	Art. 441 – CCB	Art. 442 – CCB
Ação	Ação de rescisão do contrato (*actio redhibitoria*)	Ação de Abatimento do Preço (*actio quanti minoris*)

14 Art. 139. O erro é substancial quando: I – interessa à natureza do negócio, ao objeto principal da declaração, ou a alguma das qualidades a ele essenciais;
Art. 178. É de quatro anos o prazo de decadência para pleitear-se a anulação do negócio jurídico, contado: II – no de erro, dolo, fraude contra credores, estado de perigo ou lesão, do dia em que se realizou o negócio jurídico;.

9.8 Vício Redibitório e Venda *ad mensuram*

Pontes de Miranda alerta que no direito brasileiro, as regras jurídicas do artigo 500 não são regras jurídicas sobre redibição e diminuição do preço de que tratam os artigos 441 a 446.[15]

O artigo 500, *caput*, trata da venda *ad mensuram*, em que o preço da venda do imóvel é estipulado com base nas dimensões do imóvel, isto é, o tamanho da área do imóvel é imprescindível para a aquisição do bem, garantindo o vendedor às dimensões informadas. Em regra ocorre nas vendas imobiliárias de imóveis rurais, como na hipótese do comprador adquirir 100 alqueires ao preço de X reais por alqueire (preço por medida de extensão), ou imóvel de 1.000 metros quadrados ao preço de Y (preço por determinação da área). Se o tamanho da área, em qualquer dos casos, não corresponder às dimensões informadas pelo vendedor, o comprador terá o direito de exigir a complementação da área (área menor), e, se isso não for possível, o de reclamar a resolução do contrato (extinção do contrato) ou abatimento proporcional do preço.

Se a diferença a menor encontrada não exceder de um vigésimo da área total enunciada, ressalvado ao comprador o direito de provar que, em tais circunstâncias, não teria realizado o negócio, presumir-se-á que a referência às dimensões foi simplesmente enunciativa (CCB, art. 500, § 2º) .

A ação para compelir o vendedor a entregar o restante da área é denominada de ação de *ex empto* ou *ex vendito*, de natureza pessoal. Esta ação, também, pode ser ajuizada pelo vendedor na hipótese inversa, ou seja, se em vez de falta de área houver excesso, *"e o vendedor provar que tinha motivos para ignorar a medida exata da área vendida, caberá ao comprador, à sua escolha, completar o valor correspondente ao preço ou devolver o excesso"*, conforme determinado pelo § 2º do artigo em comento. Neste caso, o fundamento é a vedação do enriquecimento sem causa.

Em ambos os casos, decai do direito de propor as ações de *ex empto* o vendedor ou o comprador que não o fizer no prazo de um ano, a contar do registro do título (CCB, art. 501). Todavia, se houver atraso na imissão de posse no imóvel, atribuível ao alienante, a partir dela fluirá o prazo de decadência (CCB, art. 501, parágrafo único).[16]

Dessa maneira, nos casos de compra e venda *ad mensuram*, não é correto a utilização das ações edilícias (relacionadas aos vícios redibitórios). O que pode acontecer, no caso da área não corresponder ás dimensões dadas pelo vendedor, é o comprador ajuizar ação para exigir o complemento da área, e,

---

15 MIRANDA, *op. cit*, p. 400.

16 CC 2002 – Art. 210. Deve o juiz, de ofício, conhecer da decadência, quando estabelecida por lei.
CC 2002 – Art. 211. Se a decadência for convencional, a parte a quem aproveita pode alegá-la em qualquer grau de jurisdição, mas o juiz não pode suprir a alegação.

se isso não for possível, o de reclamar a resolução do contrato (extinção do contrato) ou abatimento proporcional do preço (neste caso, também, poderá ser chamada de *quanti minoris*). Vale destacar que falta de área não significa vício.

9.9 Hipótese de o alienante ter ciência do vício ou defeito da coisa

Preceitua o artigo 443 do Código Civil brasileiro que "se o alienante conhecia o vício ou defeito da coisa, restituirá o que recebeu com perdas e danos; se o não conhecia, tão somente restituirá o valor recebido, mais as despesas do contrato".[17]

Considerando os princípios da probidade e boa-fé objetiva (CC 2002 – Art. 442), o legislador pune com maior rigor a postura de má-fé.

9.10 Perecimento da coisa por vício oculto

O artigo 444 do Código Civil determina que "a responsabilidade do alienante subsiste ainda que a coisa pereça em poder do alienatário, se perecer por vício oculto, já existente ao tempo da tradição".[18]

Com a tradição, a responsabilidade pelo perecimento da coisa é do adquirente, já que este passa a ser o proprietário da mesma. Entretanto, se a coisa perecer em virtude de vício redibitório existente ao tempo da tradição, o alienante será o responsável pelo perecimento da coisa.

Se a coisa perecer por *culpa do adquirente* ou por *caso fortuito*, o comprador não poderá se socorrer das ações redibitórias.

9.11 Prazo de decadência

O adquirente decai do direito de obter a redibição ou abatimento no preço no prazo de trinta dias se a coisa for móvel, e de um ano se for imóvel, contado da entrega efetiva; se já estava na posse, o prazo conta-se da alienação, reduzido à metade (CCB, art. 445).[19]

Quando o vício, por sua natureza, só puder ser conhecido mais tarde, o prazo contar-se-á do momento em que dele tiver ciência, até o prazo máximo

---

17 Correspondente ao art. 1.103 do CCB/1916.

18 Correspondente ao art. 1.104 do CCB/1916.

19 CC 2002 – Da Decadência. Arts. 207 a 211.

CC 2002 – Art. 207. Salvo disposição legal em contrário, não se aplicam à decadência as normas que impedem, suspendem ou interrompem a prescrição.

CC 2002 – Art. 208. Aplica-se à decadência o disposto nos arts. 195 e 198, inciso I.

CC 2002 – Art. 209. É nula a renúncia à decadência fixada em lei.

CC 2002 – Art. 210. Deve o juiz, de ofício, conhecer da decadência, quando estabelecida por lei.

CC 2002 – Art. 211. Se a decadência for convencional, a parte a quem aproveita pode alegá-la em qualquer grau de jurisdição, mas o juiz não pode suprir a alegação.

de cento e oitenta dias, em se tratando de bens móveis; e de um ano, para os imóveis (CCB, art. 445, § 1º).

"Quando o vício oculto, por sua natureza, só puder ser conhecido mais tarde (art. 445, § 1°, CC), o adquirente de bem móvel terá o prazo de trinta dias (art. 445, caput, do CC), a partir da ciência desse defeito, para exercer o direito de obter a redibição ou abatimento no preço, desde que o conhecimento do vício ocorra dentro do prazo de cento e oitenta dias da aquisição do bem. O prazo decadencial para exercício do direito de obter a redibição ou abatimento no preço de bem móvel é o previsto no *caput* do art. 445 do CC, isto é, trinta dias. O § 1º do art. 445 do CC apenas delimita que, se o vício somente se revelar mais tarde, em razão de sua natureza, o prazo de 30 dias fluirá a partir do conhecimento desse defeito, desde que revelado até o prazo máximo de 180 dias, com relação aos bens móveis. Desse modo, no caso de vício oculto em coisa móvel, o adquirente tem o prazo máximo de cento e oitenta dias para perceber o vício e, se o notar neste período, tem o prazo de decadência de trinta dias, a partir da verificação do vício, para ajuizar a ação redibitória. Nesse sentido, o enunciado 174 do CJF dispõe que: "Em se tratando de vício oculto, o adquirente tem os prazos do *caput* do art. 445 para obter redibição ou abatimento do preço, desde que os vícios se revelem nos prazos estabelecidos no parágrafo primeiro, fluindo, entretanto, a partir do conhecimento do defeito". REsp 1.095.882-SP, Rel. Min. Maria Isabel Gallotti, julgado em 9/12/2014, DJe 19/12/2014.

Tratando-se de venda de animais, os prazos de garantia por vícios ocultos serão os estabelecidos em lei especial, ou, na falta desta, pelos usos locais, aplicando-se o disposto no parágrafo antecedente se não houver regras disciplinando a matéria (CCB, art. 445, § 2º).

Em relação aos prazos do caput do artigo 445, o Conselho da Justiça Federal nas Jornadas de Direito Civil afirma que:

> Conselho da Justiça Federal – I Jornada de Direito Civil
>
> • CJF – Enunciado 28 – Art. 445 (§§ 1º e 2º): o disposto no art. 445, §§ 1º e 2º, do Código Civil reflete a consagração da doutrina e da jurisprudência quanto à natureza decadencial das ações edilícias.
>
> Conselho da Justiça Federal – III Jornada de Direito Civil
>
> • CJF – Enunciado 174 – Art. 445: Em se tratando de vício oculto, o adquirente tem os prazos do *caput* do art. 445 para obter redibição ou abatimento de preço, desde que os vícios se revelem nos prazos estabelecidos no parágrafo primeiro, fluindo, entretanto, a partir do conhecimento do defeito.

Se a relação jurídica contratual for de consumo, o prazo será determinado pelo Código de Defesa do Consumidor, conforme artigo 26:

"CDC – Art. 26. O direito de reclamar pelos vícios aparentes ou de fácil constatação caduca em: I – trinta dias, tratando-se de fornecimento de serviço e de produtos não duráveis; II – noventa dias, tratando-se de fornecimento de serviço e de produtos duráveis. § 1° Inicia-se a contagem do prazo decadencial a partir da entrega efetiva do produto ou do término da execução dos serviços. § 2° Obstam a decadência: I – a reclamação comprovadamente formulada pelo consumidor perante o fornecedor de produtos e serviços até a resposta negativa correspondente, que deve ser transmitida de forma inequívoca; II – (Vetado). III – a instauração de inquérito civil, até seu encerramento. § 3° Tratando-se de vício oculto, o prazo decadencial inicia-se no momento em que ficar evidenciado o defeito".

9.12 Prazo de garantia do Produto

O Prazo do Vício Redibitório é diferente do Prazo de Garantia do Produto. Este possui natureza contratual, aquele é garantia legal. O artigo 446 preceitua que "Não correrão os prazos do artigo antecedente na constância de cláusula de garantia; mas o adquirente deve denunciar o defeito ao alienante nos trinta dias seguintes ao seu descobrimento, sob pena de decadência".

9.13 Jurisprudências

VÍCIO REDIBITÓRIO. ANULAÇÃO. CONTRATO.

A Turma negou provimento ao recurso ao entendimento de que, no caso de ação anulatória cumulada com danos morais referente a contrato de compra e venda de produtos (lote de 105 calçados) para revenda, em que seis pares apresentaram defeitos após a venda (quebra de saltos), é cabível a anulação por vício redibitório, mesmo que o defeito não se tenha verificado no lote todo. Com efeito, mesmo que o vício redibitório diferencie-se do vício de consentimento, considerando a existência de defeito nos atos negociais, ambos possibilitam o desfazimento do negócio (arts. 86 e 1.101 do CC/1916, arts. 138 e 441 do CC/2002). Desse modo, o art. 1.138 do CC/1916, integralmente mantido pelo art. 503 do CC/2002, não se aplica ao caso, já que deve ser interpretado com moderação, tendo em vista a necessidade de se verificar o reflexo que o defeito em uma ou mais coisas singulares tem no negócio envolvendo a venda de coisas compostas, coletivas ou de universalidades de fato. REsp 991.317-MG, Rel. Min. Nancy Andrighi, julgado em 3/12/2009.

DIREITO PROCESSUAL CIVIL E DIREITO DO CONSUMIDOR. RECURSO ESPECIAL. DEFICIÊNCIA DE FUNDAMENTAÇÃO DO ACÓRDÃO RECORRIDO. NÃO OCORRÊNCIA. REVESTIMENTO DE PISO

EM PORCELANATO. VÍCIO DO PRODUTO. AÇÃO CONDENATÓRIA. DECADÊNCIA.

1. Inexiste ofensa aos arts. 165 e 458 do CPC quando o *decisum* se manifesta, de modo claro e objetivo, acerca da matéria submetida a sua apreciação.

2. O Código de Defesa do Consumidor estabelece dois regimes jurídicos para a responsabilidade civil do fornecedor: a responsabilidade por fato do produto ou serviço (arts. 12 a 17) e a responsabilidade por vício do produto ou serviço (arts. 18 a 25).

Basicamente, a distinção entre ambas reside em que, na primeira, além da desconformidade do produto ou serviço com uma expectativa legítima do consumidor, há um acontecimento externo (acidente de consumo) que causa dano material ou moral ao consumidor. Na segunda, o prejuízo do consumidor decorre do defeito interno do produto ou serviço (incidente de consumo).

3. Para cada um dos regimes jurídicos, o CDC estabeleceu limites temporais próprios para a responsabilidade civil do fornecedor: prescrição de 5 anos (art. 27) para a pretensão indenizatória pelos acidentes de consumo; e decadência de 30 ou 90 dias (art. 26) para a reclamação pelo consumidor, conforme se trate de produtos ou serviços não duráveis ou duráveis.

4. Tratando-se de vício oculto do produto, o prazo decadencial tem início no momento em que evidenciado o defeito, e a reclamação do consumidor formulada diretamente ao fornecedor obsta o prazo de decadência até a resposta negativa deste.

5. Inexistindo, no caso, prova da resposta negativa, o ajuizamento de cautelar preparatória de produção antecipada de provas evidencia o exaurimento das tratativas negociais, contando-se o prazo decadencial a partir do trânsito em julgado da respectiva sentença, que reconheceu a existência de vício do produto. Ocorrido o trânsito em julgado em 11.4.2002, a ação condenatória, ajuizada em 21.4.2003, cujo pedido se circunscreve ao prejuízo diretamente relacionado ao vício do produto, não abrangendo danos a ele exteriores, encontra-se atingida pela decadência do direito do consumidor. 6. Recurso especial conhecido e desprovido. (REsp 1303510/SP, Rel. ministro JOÃO OTÁVIO DE NORONHA, TERCEIRA TURMA, julgado em 03/11/2015, DJe 06/11/2015).

Capítulo 10
EVICÇÃO

10.1 Conceito

A evicção é uma garantia legal ofertada ao adquirente, no caso dele perder a propriedade, a posse ou o uso em razão de uma decisão judicial ou de um ato administrativo, que reconheça tal direito a terceiro, possa ele recobrar de quem lhe transferiu esse domínio – posse – uso, o que pagou pela coisa (CCB, art. 447). A palavra evicção deriva do latim *evictio*, do verbo *evincere*. Pontes de Miranda ensina que "*evincere é ex vincere*, vencer pondo fora, tirando, afastando. A língua portuguesa possui o verbo "evencer": o terceiro, ou o próprio outorgante que vence, quer como demandante quer como demandado, evence, porque vence e põe fora, no todo ou em parte, o direito do outorgado".[1]

Evencer significa, portanto, despojar; desapossar, ou seja, promover a evicção de.[2] A pessoa que reivindica o bem é denominada evictor ou evincente (vencedor) e aquela pessoa que perde o bem pela evicção é o evicto (vencido).

Washington de Barros Monteiro frisava: "o alienante é obrigado não só a entregar ao adquirente a coisa alienada, como também a garantir-lhe o uso e gozo. Pode suceder, entretanto, que o adquirente venha a perdê-la, total ou parcialmente, por força de decisão judicial, baseada em causa preexistente ao contrato. É a essa perda, oriunda de sentença fundada em motivo jurídico anterior, que se atribui o nome de evicção (*evincere est vincendo in judicio aliquid auferre*)".[3]

10.2 Requisitos

A evicção é uma *obrigação de fazer* do alienante que se encontra implícita em todo e qualquer contrato, já que representa uma garantia legal estabelecida em benefício do adquirente. São requisitos para a configuração da evicção:

---

1 MIRANDA, Pontes de. *Tratado de direito privado*. Tomo 38. Campinas: Bookseller, 2005, p. 221.

2 Dicionário Eletrônico Aurélio Século XXI.

3 MONTEIRO, Washington de Barros. *Curso de direito civil*. Vol. 5. 34. ed. São Paulo: Saraiva, 2003, p. 55.

a) perda da coisa, isto é, o adquirente deve perder o domínio da coisa adquirida;
b) sentença judicial ou ato administrativo[4] que reconhece o direito aquisitivo preexistente ao contrato;
c) vício anterior ao contrato aquisitivo. Vale destacar que consoante o artigo 457 "não pode o adquirente demandar pela evicção, se sabia que a coisa era alheia ou litigiosa".

10.3 Inexigibilidade de sentença judicial

Para que ocorra a evicção, em regra, é necessária a preexistência de sentença judicial, mas essa regra não é absoluta, já que a jurisprudência já entende que a evicção poderá ocorrer independentemente de sentença judicial. Vejamos alguns julgados do Superior Tribunal de Justiça – STJ nesse sentido:

> STJ – REsp 259726 / RJ; RECURSO ESPECIAL. 2000/0049555-7 Relator(a) ministro JORGE SCARTEZZINI (1113) Órgão Julgador T4 – QUARTA TURMA – Data do Julgamento 3.8.2004 Data da Publicação/Fonte DJ 27.09.2004 p. 361 – Ementa. CIVIL – RECURSO ESPECIAL – EVICÇÃO – APREENSÃO DE VEÍCULO POR AUTORIDADE ADMINISTRATIVA – DESNECESSIDADE DE PRÉVIA SENTENÇA JUDICIAL – RESPONSABILIDADE DO VENDEDOR, INDEPENDENTEMENTE DA BOA-FÉ – ART. 1.107, DO CC DE 1916 – DISSÍDIO PRETORIANO EXISTENTE E COMPROVADO. 1 – Divergência jurisprudencial demonstrada entre o v. aresto recorrido e os paradigmas trazidos à colação. Matéria devidamente prequestionada, afastando-se a incidência da Súmula 356/STF. Recurso conhecido por ambas as alíneas. 2 – A evicção é uma forma de garantia, um elemento natural dos contratos onerosos, que se apresenta onde haja obrigação de transferir o domínio, posse ou uso de uma determinada coisa. Como consequência, ao alienante cabe resguardar o adquirente dos riscos por ela produzidos, a não ser que estipulem expressamente em sentido contrário, ou seja, pela dispensa da garantia. Tal responsabilidade, independe da boa-fé ou não do vendedor, sendo, no silêncio das partes, subentendida. Inteligência do art. 1.107, do Código Civil de 1916. 2 – Outrossim, na esteira de precedentes desta Corte (cf. REsp nºs 19.391/SP e 129.427/MG) "para exercício do direito que da evicção resulta ao adquirente, não é exigível prévia sentença judicial, bastando que fique ele privado do bem por ato de autoridade administrativa". 3 – Recurso conhecido, por ambas as alíneas, e provido para,

4 Ver posição jurisprudencial que reconhece a inexigibilidade de sentença judicial.

> reformando *in totum* o v. acórdão de origem, julgar procedente o pedido, condenando a recorrida ao pagamento de Cr$ 550.000,00, corrigidos monetariamente, com a devida conversão da moeda, e com juros de mora a partir da citação. Ficam invertidos os ônus sucumbenciais fixados na r. sentença monocrática, que deverão incidir sobre o valor da condenação. (grifo nosso)
> REsp 69496/SP; RECURSO ESPECIAL. 1995/0033775-4 relator(a) ministro ARI PARGENDLER (1104) Órgão Julgador T3 – TERCEIRA TURMA. Data do Julgamento 9.12.1999. Data da Publicação/Fonte DJ 7.2.2000 p. 149. RSTJ vol. 130 p. 233. Ementa. CIVIL. EVICÇÃO. O direito de demandar pela evicção não supõe, necessariamente, a perda da coisa por sentença judicial. Hipótese em que, tratando-se de veículo roubado, o adquirente de boa-fé não estava obrigado a resistir à autoridade policial; diante da evidência do ato criminoso, tinha o dever legal de colaborar com as autoridades, devolvendo o produto do crime. Recurso especial não conhecido. (grifo nosso)

Como bem delimitou a jurisprudência do STJ, a evicção caracteriza-se igualmente com a perda do bem por ato de autoridade, e não somente em decorrência de sentença judicial.

Em julgamento análogo, o Tribunal de Justiça do Rio Grande do Sul já se posicionou acerca do tema, nos seguintes termos:

> Apelação cível. Responsabilidade civil. Inépcia da inicial. Perda de veiculo por ato de autoridade policial. *Evicção*. Preliminar de inépcia da inicial afastada. Deflui da peça inaugural, de forma clara, a pretensão indenizatória veiculada. Mérito. Obrigação do vendedor em indenizar o adquirente pela perda do veiculo que restou apreendido por ter sido objeto de furto. Desnecessidade de *sentença judicial*, no caso em tela, para caracterização do instituto da *evicção*. Não se evidencia responsabilidade do estado em face das diversas transferências efetuadas e consequente emissão dos certificados de registro. Apelo improvido. (7FLS.D.) (Apelação Cível Nº 70002980027, Quinta Câmara Cível, Tribunal de Justiça do RS, relator: Marta Borges Ortiz, Julgado em 7.11.2002)
> EVICÇÃO. INDENIZAÇÃO. ALIENAÇÃO DE VEÍCULO FURTADO. DESNECESSIDADE DE SENTENÇA JUDICIAL. Tem o adquirente direito à indenização decorrente da evicção, independentemente de sentença judicial, desde que privado do bem por ato de autoridade policial ou administrativa. Apelação desprovida. (Apelação Cível nº 70000223347, Nona Câmara Cível, Tribunal de Justiça do RS, relator: Desa. Rejane Maria Dias de Castro Bins, julgado em 3.11.99)

10.4 Situações em que ocorre a responsabilidade por evicção

O artigo 447 do Código Civil preceitua que o alienante responde pela evicção nos contratos onerosos, subsistindo esta garantia ainda que a aquisição se tenha realizado em hasta pública.[5] Dessa maneira, a evicção ocorre nos contratos onerosos, embora exerça sua influência, também, na doação remuneratória (CCB, art. 540), nas doações para casamento com certa e determinada pessoa, salvo convenção em contrário (CCB, art. 552), o sócio que, a título de quota social, transmitir domínio, posse ou uso, responde pela evicção; e pela solvência do devedor, aquele que transferir crédito (CCB, art. 1.005), no caso da partilha dos quinhões hereditários, em que os coerdeiros são reciprocamente obrigados a se indenizarem, no caso de evicção dos bens aquinhoados (CCB, art. 2.024).[6]

10.5 Reforço, diminuição ou exclusão da garantia

Em face do princípio da Autonomia da Vontade ou Princípio da Autodeterminação dos Contratos, as partes contratantes podem, por cláusula contratual expressa, reforçar (e.g., restituição em dobro), diminuir (e.g., restituição pela metade), ou excluir (cláusula de *non praestanda evictione*) a garantia legal da evicção (CCB, art. 448).[7] Da mesma forma, a renúncia da garantia da evicção também é possível por cláusula expressa. No caso de exclusão o adquirente ainda terá o direito de recobrar o preço que pagou pela coisa evicta. Já no caso de renúncia, o contrato se convola em contrato aleatório, já que uma das partes assume conscientemente o risco de perder a coisa pela evicção.

Dessa maneira, o artigo 449 firma que "não obstante a cláusula que exclui a garantia contra a evicção, se esta se der, tem direito o evicto a receber o preço que pagou pela coisa evicta, se não soube do risco da evicção, ou, dele informado, não o assumiu".[8]

10.6 *Quantum* indenizatório

Ocorrendo a perda da coisa, salvo estipulação em contrário, o adquirente poderá exigir do alienante o seguinte *quantum indenizatório* de acordo com a lei:

---

5 Correspondente ao art. 1.107 *caput* do CCB/1916.

6 Art. 2.026. O evicto será indenizado pelos coerdeiros na proporção de suas quotas hereditárias, mas, se algum deles se achar insolvente, responderão os demais na mesma proporção, pela parte desse, menos a quota que corresponderia ao indenizado.

7 CCB/2002 – Art. 448. Podem as partes, por cláusula expressa, reforçar, diminuir ou excluir a responsabilidade pela evicção. (Correspondente ao art. 1.107 , p.u. do CCB/1916).

8 Correspondente ao art. 1.108 do CCB/1916.

a) a restituição integral do preço ou das quantias que pagou (art. 450, *caput*, CCB);
b) a indenização dos frutos que tiver sido obrigado a restituir (art. 450, I, CCB);
c) a indenização pelas despesas dos contratos e pelos prejuízos que diretamente resultarem da evicção (art. 450, II, CCB);
d) as custas judiciais e aos honorários do advogado por ele constituído (art. 450, III, CCB);

Vale acrescentar que o alienante responde ainda pela "*plus-valia*" da coisa, de acordo com o parágrafo único do artigo 450 do Código Civil brasileiro, é a diferença a maior entre o preço de aquisição da coisa e o seu valor ao tempo em que se evenceu. Melhor dizendo: é o valor de valorização da coisa. Realmente, o parágrafo único do referido artigo estipula que "o preço, seja a evicção total ou parcial, será o do valor da coisa, na época em que se evenceu, e proporcional ao desfalque sofrido, no caso de evicção parcial".

A obrigação do alienante subsiste ainda que a coisa alienada esteja deteriorada, exceto havendo dolo do adquirente. E se o adquirente tiver auferido vantagens das deteriorações, e não tiver sido condenado a indenizá-las, o valor das vantagens será deduzido da quantia que lhe houver de dar o alienante (CCB, artigos 451 e 452).

As benfeitorias podem ser voluptuárias, úteis ou necessárias (CCB, art. 96). São voluptuárias as de mero deleite ou recreio, que não aumentam o uso habitual do bem, ainda que o tornem mais agradável ou sejam de elevado valor (CCB, art. 96, § 1º). São úteis as que aumentam ou facilitam o uso do bem (CCB, art. 96, § 2º). São necessárias as que têm por fim conservar o bem ou evitar que se deteriore (CCB, art. 96, § 3º).

Assim, em face das benfeitorias necessárias ou úteis existentes, se o adquirente as tiver realizado na coisa, e a sentença judicial as não tiver abonado, deverão ser pagas pelo alienante ao adquirente (CCB, art. 453).[9]

O tratamento hermenêutico é o mesmo utilizado na redação do artigo 1.219 do CCB que informa que "o possuidor de boa-fé tem direito à indenização das benfeitorias necessárias e úteis, bem como, quanto às voluptuárias, se não lhe forem pagas, a levantá-las, quando o puder sem detrimento da coisa, e poderá exercer o direito de retenção pelo valor das benfeitorias necessárias e úteis".

10.7 Evicção Total e Evicção Parcial

A evicção poderá ser total ou parcial, já que a perda poderá ser de apenas uma fração da coisa. O artigo 455 determina que "se parcial, mas considerável, for a evicção, poderá o evicto optar entre a rescisão do contrato e a

9 Correspondente ao art. 1113 do CCB/1916.

restituição da parte do preço correspondente ao desfalque sofrido. Se não for considerável, caberá somente direito a indenização".[10]

A "parte considerável" de que fala o artigo 455 é um conceito jurídico indeterminado, já que somente através da análise do caso concreto será possível avaliar se a parte da coisa evicta é ou não considerável.

Se ocorrer a *evicção total*, caberá ao adquirente (evicto) pleitear o *quantum* indenizatório. E no caso de *evicção parcial*, se a *parte for considerável*, caberá ao adquirente a resolução do contrato ou a restituição parcial do preço correspondente ao desfalque sofrido; caso contrário, se a *parte for não considerável* caberá a restituição parcial do preço correspondente ao desfalque sofrido.

10.8 Necessidade de denunciação à lide

O artigo 456 do Código Civil brasileiro afirmava que "para poder exercitar o direito que da evicção lhe resulta, o adquirente notificará do litígio o alienante imediato, ou qualquer dos anteriores, quando e como lhe determinarem as leis do processo". Parágrafo único. O direito regressivo será exercido por ação autônoma quando a denunciação da lide for indeferida, deixar de ser promovida ou não for permitida. Esta regra jurídica foi *revogada* pelo novo Código de Processo Civil (artigo 1.072, II).

O Código de Processo Civil de 2015 diz que é admissível a denunciação da lide, promovida por qualquer das partes, ao alienante imediato, no processo relativo à coisa cujo domínio foi transferido ao denunciante, a fim de que possa exercer os direitos que da evicção lhe resultam (CPC, art. 125, I).

Ora, a regra processual é clara ao afirmar que poderá ocorrer a denunciação da lide ao alienante imediato (aquele com quem foi realizado o negócio jurídico). Logo, ela não é obrigatória. Pelo artigo 456 do Código Civil (atualmente revogado) era possível a denunciação da lide ao alienante imediato ou qualquer dos anteriores. É o que a doutrina chamava de *denunciação per saltum*. Ao possibilitar a denunciação da lide a qualquer dos alienantes anteriores, o revogado artigo 456 teria acolhido a eficácia externa do crédito (tutela externa do crédito) originada no princípio da função social do contrato.

Com a revogação do artigo 456 do Código Civil, o reú poderá denunciar a lide ao alienante imediato e caso não o faça, ele terá direito a ingressar com uma ação autônoma de regresso (parágrafo único do art. 125 do novo CPC).[11]

---

10 Correspondente ao art. 1114 do CCB/1916.

11 O Superior Tribunal de Justiça já vinha decidindo no sentido de que o não oferecimento da denunciação da lide não importava na perda do direito de "recobrar o preço que pagou pela coisa evicta" (REsp 255.639/ SP, Rel. Min. Carlos Alberto Menezes Direito, 3.ª T., j. 24.04.2001, v.u.). No mesmo sentido: REsp 1332112/GO, Rel. Min. Luis Felipe Salomão, 4.ª T., j. 21.03.2013, v.u.; AgRg no Ag 917.314/PR, Rel. Min. Fernando Gonçalves, 4.ª T., j. 15.12.2009, v.u.; REsp 132.258/RJ, Rel. Min. Nilson Naves, 3.ª T., j. 06.12.1999. O

Daí que a denunciação da lide passa a ser facultativa. Nesse diapasão, o Enunciado 120 do III Encontro Permanente de Processualistas Civis que diz: "A ausência de denunciação da lide gera apenas a preclusão do direito de a parte promovê-la, sendo possível ação autônoma de regresso (Grupo: Litisconsórcio e Intervenção de Terceiros)".

De acordo com Luiz Henrique Volpe Camargo, "o CPC/2015 regula a denunciação da lide pela evicção de forma mais adequada porque:

(a) específica que a denunciação deve ser do alienante *imediato*, o que, somado à revogação do art. 456 do CC/2002, elimina a (controvertida) possibilidade de denunciação *per saltum*, isto é, de qualquer dos demais anteriores alienantes da cadeia dominial;

(b) o texto substitui a equívoca expressão "terceiro" que constava do inciso I do art. 70 do CPC/1973 – equívoca porque o "terceiro" era, na verdade, ou o autor ou o réu – pela menção ao "processo relativo à coisa cujo domínio foi transferido ao denunciante", que é mais precisa;

(c) o texto não reproduz a equívoca expressão "reivindica" que constava do inciso I do art. 70 do CPC/1973, pois esta transmitia a errônea impressão de que o direito de regresso em tais termos estaria restrito: (c.1) à discussão envolvendo *propriedade* quando, em verdade, é admissível também no debate relativo à *posse* ou *uso* de bem móvel ou imóvel; (c.2) às ações reivindicatórias ou de usucapião, quando, na realidade, pode ser exercida em outras ações (por exemplo: ação de rescisão, ação declaratória, dentre outras);

(d) o texto do inciso I do art. 125 utiliza-se do plural para se referir aos "direitos que da evicção lhe resultam" em substituição ao singular que constava do inciso I do art. 70, já que, rigorosamente, o evicto pode pleitear o reconhecimento de mais de um direito (restituição do preço pago, indenização dos frutos que tiver de restituir, indenização por outros prejuízos, multa contratual e despesas judiciais)."[12]

10.9 Conhecimento que a coisa era alheia ou litigiosa

Se o adquirente sabia que a coisa era alheia ou litigiosa ele não poderá demandar pela evicção. (CCB, art. 457). Isso porque ele feriu o princípio da boa-fé objetiva que deve permear todo e qualquer negócio jurídico bilateral. Neste caso, ele ficará impedido de utilizar uma garantia legal, pelo simples fato de ter atuado de má-fé, postura que o legislador civilístico condena.

---

fundamento da ação regressiva posterior era o princípio que veda o enriquecimento sem causa.

12 CAMARGO, Luiz Henrique Volpe. In: Passo, CABRAL, Antonio d., CRAMER, (orgs.). *Comentários ao Novo Código de Processo Civil, 2ª edição*. Método, 06/2016. VitalBook file.

10.10 Jurisprudência

A evicção é uma forma de garantia, um elemento natural dos contratos onerosos, que se apresenta onde haja obrigação de transferir o domínio, posse ou uso de uma determinada coisa. Como consequência, ao alienante cabe resguardar o adquirente dos riscos por ela produzidos, a não ser que estipulem expressamente em sentido contrário, ou seja, pela dispensa da garantia. Tal responsabilidade independe da boa-fé ou não do vendedor, sendo, no silêncio das partes, subentendida. [...] "para exercício do direito que da evicção resulta ao adquirente, não é exigível prévia sentença judicial, bastando que fique ele privado do bem por ato de autoridade administrativa". [...] (REsp 259.726/RJ, Rel. ministro JORGE SCARTEZZINI, QUARTA TURMA, julgado em 3.8.2004, DJ 27.9.2004 p. 361)

Evicção. Veículo furtado. Desnecessidade de sentença judicial. Adquirente de boa-fé. CCB, arts. 1.107 e 1.117. "Tratando-se de veículo furtado, o adquirente de boa-fé não estava obrigado a resistir à autoridade policial; diante da evidência do ato criminoso, tinha o dever legal de colaborar com as autoridades, devolvendo o produto do crime sem necessidade de sentença judicial declarando a perda da coisa para caracterizar a evicção." Civil. Evicção. Tratando-se de veículo furtado, o adquirente de boa-fé não estava obrigado a resistir à autoridade policial; diante da evidência do ato criminoso, tinha o dever legal de colaborar com as autoridades, devolvendo o produto do crime sem necessidade de sentença judicial declarando a perda da coisa para caracterizar a evicção. Recurso especial não conhecido. Rec. Esp. 125.656 – SP (1997/0021622-5) – Rel.: Min. Ari Pargendler – Recte.: Tomaz Parra Rizzato e Companhia Ltda. e outro – Advog.: Hercídio Salvador Santil – Recdo.: Madacar Veículos Ltda. – Advog.: Maria Marlene Machado e outros – J. em 15.9.2000 – DJ 16.10.2000 – STJ

Capítulo 11

DOS CONTRATOS ALEATÓRIOS

11.1 Conceito

O contrato aleatório é aquele que está relacionado a uma *alea* (risco, sorte), ou seja, os contraentes não podem verificar antecedentemente se ocorrerá equivalência nas prestações. Isto significa que neste contrato está implícito o risco sobre as vantagens e sacrifícios que podem surgir da avença. Melhor dizendo: a equivalência entre prestação e contraprestação não está assegurada nos moldes do contrato aleatório, em virtude da incerteza do resultado.

O contrato aleatório é um contrato bilateral e oneroso, existindo sempre o risco para um dos contratantes. São exemplos de contrato aleatório: o contrato de seguro, o contrato de jogo e aposta, rifa, loteria.

11.2 Venda de coisas futuras

É possível que o objeto contratual seja *coisa futura*. O artigo 483 do CCB possibilita que a compra e venda tenha por objeto coisa atual ou futura. CCB, art. 483: "A compra e venda pode ter por objeto coisa atual ou futura. Neste caso, ficará sem efeito o contrato se esta não vier a existir, salvo se a intenção das partes era de concluir contrato aleatório".

Na venda de coisas futuras, o risco pode estar relacionado à própria existência da coisa (*emptio spei*) ou em relação à quantidade da coisa esperada (*emptio rei speratae*).

11.2.1 Risco relacionado à própria existência da coisa (*emptio spei*)

O Código Civil brasileiro, no artigo 458, trata do contrato aleatório (*emptio spei*) ou venda da esperança. "Art. 458. Se o contrato for aleatório, por dizer respeito a coisas ou fatos futuros, cujo risco de não virem a existir um dos contratantes assuma, terá o outro direito de receber integralmente o que lhe foi prometido, desde que de sua parte não tenha havido dolo ou culpa, ainda que nada do avençado venha a existir". Neste caso, o objeto do contrato de compra e venda não é a coisa, mas sim a *spes* (expectativa). O comprador assume o risco (*alea*) da existência ou não da coisa vendida. Exemplificando: Uma pessoa, através de contrato aleatório, adquire de um fazendeiro toda a safra de tomates do ano seguinte. Neste momento, essa pessoa (comprador) assume o risco da possibilidade de inexistência da referida safra de tomates, e, ainda assim, terá que cumprir com o pagamento do preço ajustado (salvo se houver culpa do devedor pela perda da safra).

11.2.2 Risco em relação à quantidade da coisa esperada (*emptio rei speratae*).

Já o artigo 459 diz respeito à quantidade maior ou menor da coisa esperada (*emptio rei speratae* ou venda da coisa esperada). O artigo 459 determina que "se for aleatório, por serem objeto dele coisas futuras, tomando o adquirente a si o risco de virem a existir em qualquer quantidade, terá também direito o alienante a todo o preço, desde que de sua parte não tiver concorrido culpa, ainda que a coisa venha a existir em quantidade inferior à esperada. Parágrafo único. Mas, se da coisa nada vier a existir, alienação não haverá, e o alienante restituirá o preço recebido". Neste caso, o risco do comprador está relacionado à quantidade e não à existência da coisa. Utilizando o mesmo exemplo da safra de tomates: comprador e vendedor estimam a quantidade da safra de tomates do próximo ano e a partir daí o seu preço. Se não houver colheita de tomates no próximo ano, o comprador nada deve ao vendedor. Entretanto, se a colheita acontecer, *em quantidade a maior ou a menor* em relação ao estimado no contrato, o comprador será obrigado a pagar o valor total pactuado. É o tipo do negócio jurídico que o comprador somente convenciona acreditando que a quantidade será maior que a firmada no contrato. Isso porque, caso venha a existir alguma quantidade, por menor que seja, o comprador terá a obrigação de pagar todo o preço ajustado.

11.3 Vendas de coisas já existentes, mas expostas a riscO

O artigo 460 do CCB trata da venda de coisas já existentes, mas expostas a risco, da seguinte forma: "Se for aleatório o contrato, por se referir a coisas existentes, mas expostas a risco, assumido pelo adquirente, terá igualmente direito o alienante a todo o preço, posto que a coisa já não existisse, em parte, ou de todo, no dia do contrato".

Esta alienação aleatória poderá ser anulada como dolosa pelo prejudicado, se provar que o outro contratante não ignorava a consumação do risco, a que no contrato se considerava exposta a coisa (CCB, art. 461). Vale lembrar que os negócios jurídicos podem ser anulados por dolo, quando este for a sua causa (CCB, art. 145).

11.4 Jurisprudência

RESPONSABILIDADE CIVIL. CONTRATO ALEATÓRIO. CESSÃO DE DIREITOS SOBRE O PROJETO "CERTO OU ERRADO" PARA A LOTERIA ESPORTIVA. RISCO ASSUMIDO PELO CEDENTE AO AJUSTAR A SUA REMUNERAÇÃO, CASO O PROJETO SUPERASSE O DOBRO DOS VALORES APURADOS ANTES DE SUA IMPLANTAÇÃO. ROMPIMENTO DA PROPORCIONALIDADE ORIGINAL ENTRE TRÊS MODALIDADES DE APOSTAS. ILÍCITO CONTRATUAL NÃO CONFIGURADO. – Hipótese em que se configura o contrato aleatório, pois o autor assumiu o risco de não receber a remuneração, se porventura a arrecadação da "Loteria do Certo ou Errado" não superasse o dobro daquela concernente à "Loteria Esportiva Federal". – Na avença celebrada, a "Caixa Econômica Federal não se obrigou a manter invariável a proporcionalidade entre os preços correspondentes às três modalidades de jogos: a "Loteria do Certo ou Errado, a "Sena" e a "Loto". Inexistência de culpa e, por consequência, de ilícito contratual. Recurso especial não conhecido. (REsp 586.458/DF, Rel. ministro BARROS MONTEIRO, QUARTA TURMA, julgado em 6.12.2005, DJ 20.3.2006 p. 279).

CIVIL. PREVIDÊNCIA PRIVADA. DESFILIAÇÃO. A desfiliação do associado não implica a devolução dos valores por ele pagos a título de pecúlio por invalidez ou morte – tudo porque, enquanto subsistiu a relação, a instituição previdenciária correu o risco, como é próprio dos contratos aleatórios. Agravo regimental não provido (AgRg no REsp 617.152/DF, Rel. ministro ARI PARGENDLER, TERCEIRA TURMA, julgado em 2.8.2005, DJ 19.9.2005 p. 319).

Contrato de compra e venda de safra de laranja. Legitimidade passiva. Prova pericial. Cerceamento de defesa. Prequestionamento. Precedentes da Corte. 1. Não é possível afastar a legitimidade do réu quando o Acórdão recorrido, com apoio na prova documental, afirma que o réu assinou o contrato de compra e venda. Presença da Súmula nº 07 da Corte. 2. Não há falar em cerceamento de defesa, por ausência de prova pericial, se o Acórdão recorrido demonstra que a matéria dependia de interpretação do contrato e, também, que os valores estavam apoiados na cotação oficial de Bolsa e as despesas, como afirmado na sentença, foram inferiores ao que os próprios réus aceitaram. 3. No que concerne à natureza do contrato, o Acórdão recorrido, reconhecendo embora tratar-se de contrato aleatório, não desafiou o art. 1.119 do Código Civil. 4. Recurso especial não conhecido (REsp 184.539/SP, Rel. ministro CARLOS ALBERTO MENEZES DIREITO, TERCEIRA TURMA, julgado em 14.10.1999, DJ 6.12.1999 p. 85).

Capítulo 12
CONTRATO PRELIMINAR

12.1 Conceito

O contrato preliminar é uma avença firmada pelos contraentes na qual se comprometem mutuamente a assinar um contrato definitivo sob as condições e os termos estipulados neste pré-contrato.

12.2 Requisitos

Este contrato preliminar (contrato preparatório), exceto quanto à forma, deve conter todos os requisitos essenciais ao contrato a ser celebrado (contrato definitivo), de acordo com a regra do artigo 462.

Interessante notar que concluído o contrato preliminar e desde que não exista cláusula de arrependimento firmada entre as partes, qualquer um dos contraentes terá o direito subjetivo de exigir a celebração do contrato definitivo (CCB, art. 463). Na realidade, as partes assumem uma obrigação de fazer (obrigação de contratar) de acordo com os termos do contrato preliminar.

Após a realização do contrato preliminar, este deverá ser levado ao registro competente. É o que determina o parágrafo único do artigo 463. Em relação a este ato, o Conselho da Justiça Federal, na I Jornada de Direito Civil, publicou o CJF – Enunciado 30 – Art. 463: a disposição do parágrafo único do art. 463 do novo Código Civil deve ser interpretada como fator de eficácia perante terceiros.

O direito de exigir a celebração do contrato definitivo será precedido por notificação em que se assinará para o contratante prazo para que cumpra o avençado. Se a parte inadimplente não der execução ao contrato preliminar, a outra poderá considerá-lo desfeito, e ainda, pleitear indenização a título de perdas e danos.

Vale destacar que o enunciado 435 da V Jornada de Direito Civil informa que "Art. 462: O contrato de promessa de permuta de bens imóveis é título passível de registro na matrícula imobiliária."

12.3 Execução judicial do contrato preliminar

Esgotado o prazo, o contratante prejudicado pelo inadimplemento do outro poderá ir a juízo pleiteando a supressão da vontade da parte inadimplente. A sentença judicial trará efetividade ao negócio jurídico, ou não sendo o caso, poderá haver solução pela condenação do contratante que descumpriu a avença em perdas e danos. É o que se encontra nas regras dos artigos 463 e 464 do CCB:

"Art. 464 – Esgotado o prazo, poderá o juiz, a pedido do interessado, suprir a vontade da parte inadimplente, conferindo caráter definitivo ao contrato preliminar, salvo se a isto se opuser a natureza da obrigação.

Art. 465. Se o estipulante não der execução ao contrato preliminar, poderá a outra parte considerá-lo desfeito, e pedir perdas e danos".

12.4 Promessa de contrato unilateral

Na promessa unilateral, uma das partes possui a faculdade de exigir o cumprimento contratual. A outra parte contrai obrigação cujo adimplemento fica subordinado à vontade da outra parte que pode exigir o seu cumprimento. Da mesma forma, Arnaldo Rizzardo afirma que promessa de contrato unilateral é "aquela em que, embora ambos os interessados anuindo para a sua realização, somente um deles assume obrigações. Gerando tal contrato obrigações a apenas uma das partes, em princípio à outra se permitiria a negativa de cumprimento das estipulações, pois não tem ela obrigações".[1]

O artigo 466 do CCB trata da promessa unilateral, onde somente o promitente se vincula, cabendo a outra parte optar entre o contrato definitivo ou não. Exemplo típico é a venda a contento, prevista no artigo 509 do diploma civilístico,[2] onde a venda fica subordinada a condição suspensiva de o produto agradar ou não o adquirente. Durante o lapso temporal de opção pelo produto, resta caracterizado o contrato preliminar. A opção de compra e a promessa de doação são exemplos que também configuram a promessa unilateral.

Já os contratos preliminares de compra e venda podem ser agrupados em três modalidades distintas, a saber:

a) promessa unilateral de venda – é aquela em que uma das partes se obriga a vender uma coisa e a outra não se obriga a comprá-la. É o caso dos contratos de leasing, já que o locador se obriga a vender a coisa locada ao locatário, caso este tenha interesse na compra.

---

1 RIZZARDO, , Arnaldo. *Contratos*. 6. ed. Rio de Janeiro: Forense, 2006, p. 194.

2 CC 2002 – Art. 509. A venda feita a contento do comprador entende-se realizada sob condição suspensiva, ainda que a coisa lhe tenha sido entregue; e não se reputará perfeita, enquanto o adquirente não manifestar seu agrado.

Findo o contrato, o locatário poderá devolver a coisa ou renová-lo, não estando, pois, obrigado a adquirir a coisa locada.

b) Promessa unilateral de compra – aqui, o sujeito está obrigado a adquirir determinada coisa de outrem, sendo certo que este não está obrigado a vendê-la àquele. É a hipótese, por exemplo, das denominadas opções de compra, no mercado de capitais.

c) promessa bilateral de compra e venda – Neste caso, um sujeito se obriga a vender determinada coisa e outro se obriga a comprá-la.

12.5 Súmulas

Abaixo, as Súmulas do Supremo Tribunal Federal e Superior Tribunal de Justiça acerca das questões em comento:

- STF Súmula 166: É inadmissível o arrependimento no compromisso de compra e venda sujeito ao regime do Decreto-Lei 58, de 10.12.1937.
- STF Súmula 167: Não se aplica o regime do Decreto-Lei 58, de 10.12.1937, ao compromisso de compra e venda não inscrito no registro imobiliário, salvo se o promitente vendedor se obrigou a efetuar o registro.
- STF Súmula 168: Para os efeitos do Decreto-Lei 58, de 10.12.1937, admite-se a inscrição imobiliária do compromisso de compra e venda no curso da ação.
- STF Súmula 412: No compromisso de compra e venda com cláusula de arrependimento, a devolução do sinal, por quem o deu, ou a sua restituição em dobro, por quem o recebeu, exclui indenização maior, a título de perdas e danos, salvo os juros moratórios e os encargos do processo.
- STF Súmula 413: O compromisso de compra e venda de imóveis, ainda que não loteados, dá direito à execução compulsória, quando reunidos os requisitos legais.
- STJ Súmula 76 – A falta de registro do compromisso de compra e venda de imóvel não dispensa a prévia interpelação para constituir em mora o devedor.
- STJ Súmula 84 – É admissível a oposição de embargos de terceiro fundados em alegação de posse advinda do compromisso de compra e venda de imóvel, ainda que desprovido do registro.
- STJ Súmula 239 – O direito à adjudicação compulsória não se condiciona ao registro do compromisso de compra e venda no cartório de imóveis.

Capítulo 13

CONTRATO COM PESSOA A DECLARAR

13.1 Conceito

O contrato com pessoa a declarar representa uma mitigação do princípio da relatividade dos contratos, já que permite a substituição subjetiva de uma das partes contratantes, com o firme propósito de facilitar a circulação dos contratos.

Mostra Serpa Lopes que ENRICO ENRIETTI define o contrato com pessoa a declarar como: "uma espécie de contrato em que uma pessoa (o "*stipulans*") contrata, por si, com outra pessoa (o "*promittens*"), reservando-se, porém, a faculdade de nomear sucessivamente, como parte contratante, e no seu lugar, outra pessoa: este contrato produz, portanto, imediatamente, os seus efeitos entre "*stipulans*" e "*promittens*". Mas, com o verificar-se a "*electio*", o sujeito da relação originária, passa a ser ("*ex tunc*"), e em lugar do "*stipulans*", o "*electus*", o qual terá de comportar-se, em face do "*promittens*", como verdadeira e própria parte contratante, e adquirirá os direitos em face do "*promittens*" mesmo e em face de quem assumir as obrigações, enquanto o "*stipulans*" perderá a sua qualidade de parte contratante também "*ex tunc*".[1]

No momento da formação do contrato, um dos contraentes se reserva o direito potestativo de indicar um terceiro para assumir a sua posição contratual. Em regra, o outro contratante não poderá se opor a esse terceiro (pessoa física ou pessoa jurídica), a não ser que a pessoa declarada já seja insolvente ou incapaz no momento da nomeação. Por exemplo, Belizário celebra um contrato com Laura, mas reserva o direito de, em certo tempo, indicar uma terceira pessoa para ocupar o seu lugar na relação jurídica contratual. Supondo que ele indique Mário César. Neste caso, Laura é obrigada a aceitar essa indicação, salvo se, no momento da indicação, Mário César seja insolvente ou incapaz. É um tipo de contrato muito utilizado na compra e venda de veículos usados.

Daí não há que se confundir *contrato com pessoa a declarar* com *estipulação em favor de terceiro*. Nesta, indica-se uma terceira pessoa a quem será devida uma obrigação do contrato. Naquele, indica-se uma terceira pessoa que irá

1 SERPA LOPES, Miguel Maria de. *Curso de direito civil*. Vol. III. 6. ed. Rio de Janeiro: Freitas Bastos, 2001, p. 148.

ocupar um dos polos da relação jurídica contratual, assumindo todos os direitos e obrigações daí decorrentes, sendo uma verdadeira sub-rogação (substituição subjetiva). O contratante original é lançado fora da relação contratual e em seu lugar fica a pessoa declarada que não participou das tratativas preliminares e da celebração do contrato.

É o que determina o artigo 467 do Código Civil brasileiro: "No momento da conclusão do contrato, pode uma das partes reservar-se a faculdade de indicar a pessoa que deve adquirir os direitos e assumir as obrigações dele decorrentes".

13.2 Fases

Assim, o *contrato com pessoa a declarar* possui duas fases distintas, a saber:

1ª) Uma contratação originária, na qual um dos contratantes (estipulante) possui a faculdade de indicar um terceiro para assumir a sua posição contratual;

2ª) O segundo momento é a definição da pessoa a declarar, a qual aceitando a indicação, assume a posição do estipulante, desde o momento da contratação originária, com efeitos *ex tunc*. (O artigo 469 informa que "A pessoa, nomeada de conformidade com os artigos antecedentes, adquire os direitos e assume as obrigações decorrentes do contrato, a partir do momento em que este foi celebrado".)

13.3 Prazos

Se as partes contratantes não estabelecerem um prazo para a indicação da pessoa a ser declarada, ele será de cinco dias, a contar da data de celebração do contrato. O artigo 468 prescreve que "Essa indicação deve ser comunicada à outra parte no prazo de cinco dias da conclusão do contrato, se outro não tiver sido estipulado".

O parágrafo único do referido dispositivo alerta que "A aceitação da pessoa nomeada não será eficaz se não se revestir da mesma forma que as partes usaram para o contrato". É nulo o negócio jurídico quando: IV – não revestir a forma prescrita em lei; (CCB, art. 166, IV).

13.4 Eficácia do Contrato

De acordo com a regra do artigo 470, incisos I e II, do CCB, o contrato será eficaz, ou seja, produzirá efeitos somente entre os contratantes originários:

I – se não houver indicação de pessoa, ou se o nomeado se recusar a aceitá-la;

II – se a pessoa nomeada era insolvente, e a outra pessoa o desconhecia no momento da indicação.

Da mesma forma, o artigo 471 dispõe que "se a pessoa a nomear era incapaz ou insolvente no momento da nomeação, o contrato produzirá seus efeitos entre os contratantes originários".

Vale destacar que a validade do negócio jurídico requer: I – agente capaz; II – objeto lícito, possível, determinado ou determinável; III – forma prescrita ou não defesa em lei (CCB, art. 104).

13.5 Direito Comparado

O *contrato com pessoa a declarar* também é encontrado no direito civil português denominado *contrato para pessoa a nomear*, conforme artigos 452º a 456º do Código Civil português. Aqui, também, apresenta-se situação semelhante ao direito civil brasileiro: o contraente, que age em nome próprio, atribui depois a um terceiro a titularidade do contrato.

O jurista luso Almeida Costa firma que existe *contrato para pessoa a nomear* quando "um dos intervenientes se reserva a faculdade de indicar posteriormente outra pessoa que assume a posição de parte, por ele ocupada, na relação jurídica contratual (art. 452º, nº 1). Trata-se de um contrato celebrado com a cláusula "*pro amico eligendo*" ou "*pro amico electo*".[2] [3]

---

2 ALMEIDA COSTA, Mário Júlio de. *Direito das obrigações*. 10. ed. Coimbra: Almedina, 2006, p. 355.

3 Vejamos o teor da legislação portuguesa: SUBSECÇÃO X - Contrato para pessoa a nomear
ARTIGO 452º (Noção)
1. Ao celebrar o contrato, pode uma das partes reservar o direito de nomear um terceiro que adquira os direitos e assuma as obrigações provenientes desse contrato.
2. A reserva de nomeação não é possível nos casos em que não é admitida a representação ou é indispensável a determinação dos contraentes.
ARTIGO 453º (Nomeação)
1. A nomeação deve ser feita mediante declaração por escrito ao outro contraente, dentro do prazo convencionado ou, na falta de convenção, dentro dos cinco dias posteriores à celebração do contrato.
2. A declaração de nomeação deve ser acompanhada, sob pena de ineficácia, do instrumento de ratificação do contrato ou de procuração anterior à celebração deste.
ARTIGO 454º (Forma da ratificação)
1. A ratificação deve constar de documento escrito.
2. Se, porém, o contrato tiver sido celebrado por meio de documento de maior força probatória, necessita a ratificação de revestir igual forma.
ARTIGO 455º (Efeitos)
1. Sendo a declaração de nomeação feita nos termos do art. 453º, a pessoa nomeada adquire os direitos e assume as obrigações provenientes do contrato a partir da celebração dele.
2. Não sendo feita a declaração de nomeação nos termos legais, o contrato produz os seus efeitos relativamente ao contraente originário, desde que não haja estipulação em contrário.
ARTIGO 456º (Publicidade)
1. Se o contrato estiver sujeito a registo, pode este ser feito em nome do contraente originário, com indicação da cláusula para pessoa a nomear, fazendo-se posteriormente os necessários averbamentos.
2. O disposto no número anterior é extensivo a qualquer outra forma de publicidade a que o contrato esteja sujeito.

Capítulo 14

CESSÃO DOS CONTRATOS

14.1 Conceito

A cessão de contrato quando a posição contratual de uma das partes é assumida por terceiro. Dessa maneira, a cessão consiste na substituição de um dos polos da relação jurídica contratual por outra pessoa que passa a figurar como parte contratante.

Para que ocorra a cessão do contrato é necessária à existência de três figuras, a saber: o cedente, o cessionário e o cedido. O cedente é aquele contratante originário que transfere a terceiro sua posição contratual. O cessionário é a pessoa a quem o substitui. A outra parte, que permanece no negócio jurídico, é conhecida como contratante cedido, cujo consentimento é indispensável.

A cessão do contrato é praxe nas relações econômicas visando uma maior celeridade na circulação do contrato.

A cessão do contrato não se confunde com a cessão de crédito, nem com a cessão de débito. Na cessão de contrato, uma terceira pessoa, alheia à formação contratual originária, passa a compor a relação jurídica contratual em substituição de uma das partes primitivas.

Orlando Gomes ensina que a cessão de contrato, de acordo com a construção unitária, é a "relação contratual que se modifica subjetivamente, saindo um contratante para que outrem lhe tome o lugar. Esse sentido unitário da cessão como veículo da circulação do contrato exprime-se, na linguagem corrente, pelo expressivo termo traspasse, que, entre nós, se usa na cessão da promessa irrevogável de venda. O negócio de cessão é, assim, ato único e simples".[1]

O jurista português Mário Júlio de Almeida Costa ensina que a cessão da posição contratual consiste na "faculdade concedida a qualquer dos contraentes (*cedente*), em contratos com prestações recíprocas, de transmitir a sua inteira posição contratual, isto é, o complexo unitário constituído pelos créditos e dívidas que para ele resultarem do contrato, a um terceiro (*cessionário*), desde que o outro contraente (*cedido*) consinta na transmissão".[2]

---

1 GOMES, Orlando. *Contratos*. Rio de Janeiro: Forense, 2001, p. 149.

2 ALMEIDA COSTA, Mário Júlio de. *Direito das obrigações*. 10. ed. Coimbra: Almedina, 2006, p.

A cessão do contrato é muito utilizada nos contratos de promessa de venda, compra e venda, locação e mútuo. Por exemplo, o artigo 31 da Lei 6.766/79 prescreve que "o contrato particular pode ser transferido por simples trespasse, lançado no verso das vias em poder das partes, ou por instrumento em separado, declarando-se o número do registro do loteamento, o valor da cessão e a qualificação do cessionário, para o devido registro".

Uma outra hipótese de cessão de contrato pode ser encontrada nos contratos de locação, já que a lei de locação em seu artigo 13 determina que "A cessão da locação, a sublocação e o empréstimo do imóvel, total ou parcialmente, dependem do consentimento prévio e escrito do locador. "No parágrafo primeiro do referido artigo encontramos que "não se presume o consentimento pela simples demora do locador em manifestar formalmente a sua oposição". E o parágrafo segundo informa que "desde que notificado por escrito pelo locatário, de ocorrência de uma das hipóteses deste artigo, o locador terá o prazo de trinta dias para manifestar formalmente a sua oposição".

A substituição de posição contratual na locação também ocorre no momento em que a coisa locada é alienada na vigência do contrato. O adquirente é obrigado a respeitar o contrato de locação, caso esteja pactuada cláusula da sua vigência no caso de alienação, bem como o contrato constar de respectivo registro público. Neste caso, o adquirente do bem locado, assume a posição jurídica contratual do alienante.

14.2 Requisitos

Os dois requisitos indispensáveis para a ocorrência da cessão do contrato são: 1°) que o contrato seja bilateral (sinalagmático); 2°) que as prestações não tenham sido satisfeitas, no todo, pelos contratantes; 3°) o consentimento do outro contraente (cedido) na transmissão.

Portanto, não há cessão de contrato unilateral, nem de contrato já executado por uma das partes. É possível a realização da cessão do contrato naqueles em que o cumprimento da obrigação for de trato sucessivo, podendo já ter sido cumpridas algumas prestações.

Para Orlando Gomes é intuitiva a razão por que somente nos contratos sinalagmáticos pode haver cessão: "Nos contratos unilaterais, cada sujeito situa-se em posição exclusiva. Um é credor, o outro devedor. Haverá, portanto, cessão de crédito ou cessão de débito. É da essência da cessão de contrato que a transferência tenha como objeto um complexo de elementos ativos e passivos, isto é, um conjunto de créditos e dívidas de cada parte. Incompatível, pois, nos contratos unilaterais. Não se configura igualmente cessão do contrato se já cumpridas completamente as obrigações de um dos contratantes. É que o outro fica na posição exclusiva de devedor, uma vez que

833-834.

seu crédito se acha esgotado, assemelhando-se a situação à de um contrato unilateral, e, pela mesma razão, assumindo qualquer transferência a natureza de uma cessão de crédito ou de débito".[3]

14.3 Espécies de cessão de contrato

A cessão de contrato pode ser realizada a partir de três espécies, a saber:
a) cessão com liberação do cedente;
b) cessão sem liberação do cedente;
c) cessão mediante endosso.

14.3.1 Cessão do contrato com liberação do cedente

A primeira modalidade, cessão com liberação do cedente, é a mais comum, já que representa o afastamento completo do cedente da relação jurídica contratual. Ele cede a sua posição jurídica contratual porque deseja ficar liberado do vínculo originalmente estabelecido, saindo da relação contratual. O que o cedente quer, na realidade, é desvincular-se definitivamente da avença assumida, razão pela qual se faz necessário o consentimento do contratante cedido.

14.3.2 Cessão do contrato sem liberação do cedente

Na segunda hipótese (cessão sem liberação do cedente), o outro contraente não admite a liberação do cedente. Poderá ocorrer a cessão desde que o cedente continue responsável pelas obrigações que pretende transferir ao cessionário. Daí que a responsabilidade do cedente, neste caso, é subsidiária. Melhor dizendo, não ocorrendo a liberação do cedente, o contraente cedido deverá exigir o cumprimento das obrigações contratuais do terceiro cessionário. Somente no caso deste não cumprir a avença, poderá o cedido agir contra o cedente.

A cessão sem liberação do cedente deverá ser realizada de forma expressa, já que possui caráter de excepcionalidade.

14.3.3 Cessão do contrato mediante endosso

A terceira modalidade de cessão de contrato ocorre mediante endosso, em especial, nos casos de transferência de títulos de crédito.

14.4 Efeitos

A cessão de contrato resulta em direitos e obrigações para o cedente, o cedido e o cessionário, produzindo, pois, três ordens de efeitos:

1) entre cedente e cessionário;

3 *Ibid*, p. 149.

2) entre cedente e contratante cedido;
3) entre cessionário e contratante cedido.

14.4.1 Efeitos entre o cedente e o cessionário

Entre cedente e cessionário, o efeito principal é a substituição de um pelo outro em um dos polos da relação jurídica contratual, já que o cessionário assume a posição do cedente. Assim, todos os direitos e obrigações advindos do contrato são transferidos ao cessionário, uma vez que ele assume a posição jurídica contratual.

14.4.2 Efeitos entre o cedente e o cedido

Entre o cedente e o contraente cedido os efeitos do negócio jurídico dependem da modalidade da cessão. Se a cessão ocorrer com a liberação do cedente, este não fará mais parte da relação jurídica contratual, não ficando mais responsável pelas obrigações anteriormente assumidas. Pelo contrário, se a cessão do contrato for estipulada, de forma expressa, sem a liberação do cedente, este ficará subsidiariamente responsável pelo cumprimento das obrigações. Vale destacar que, neste caso, ocorrerá a extinção das garantias pessoais ou reais que o cedente tiver oferecido em garantia ao contrato, salvo se desejar mantê-las, o que deverá ser feito de forma expressa.

14.4.3 Efeitos entre o cessionário e o cedido

Entre o cessionário e o contraente cedido o efeito fundamental é a inserção daquele em um dos polos da avença, em substituição ao cedente. O cessionário assume, desde já, a totalidade de direitos e obrigações que lhe é transferida. A partir daí, poderá agir como se fora o contratante originário.

Capítulo 15
EXTINÇÃO DO CONTRATO

15.1 Conceito

A matéria relativa à extinção dos contratos, em especial, quanto à sua classificação não é pacífica na doutrina e na jurisprudência, já que inexiste uma teoria geral alinhando os conceitos, as classificações e distinções pertinentes.

Em linhas gerais, o negócio jurídico bilateral possui três fases: o nascimento, o desenvolvimento e a extinção. Isto porque os contratos são firmados com o firme propósito de serem cumpridas as cláusulas contratuais pactuadas. As partes devem executar o contrato visando o atingimento de sua finalidade.

A extinção contratual é o momento em que a avença deixa de existir. A extinção poderá ocorrer de forma *normal* ou *anormal*.

15.2 Extinção contratual de modo normal

Com o cumprimento (adimplemento) das obrigações firmadas entre os contraentes, dá-se, pois, a execução do contrato de forma normal. Daí poder-se-ia dizer que ocorreu a extinção normal do contrato. Esta poderá ocorrer de forma *instantânea*, *diferida* ou *continuada*. É em relação ao cumprimento da obrigação que o contrato é classificado como contrato de execução *imediata*, *diferida* e *trato sucessivo*.

O contrato de *execução imediata* é aquele em que sua execução se dá em um único ato, como exemplo, o contrato de compra e venda à vista. Assim, executado o contrato, consequentemente, estarão extintas as obrigações e direitos constantes do pacto. O contrato de *execução diferida* é aquele cuja execução se dá em vários atos, ex.: compra e venda a prazo. Aqui, o atingimento do termo final do contrato revela a sua extinção. Já o contrato de *trato sucessivo* (execução continuada ou periódica), no qual a sua execução se protrai (prolonga) no tempo, típico exemplo do contrato de locação com prazo indeterminado, a extinção se dará por vontade das partes.

15.3 Extinção contratual de modo anormal

A extinção contratual poderá ocorrer de *forma anormal*, já que muitas vezes as obrigações não são adimplidas, o que dará azo à extinção contratual antes do atingimento da finalidade pactuada. É neste ponto que a doutrina e jurisprudência não são unânimes na classificação e apontamento dos termos e conceitos, daí a necessidade de sua distinção.

Assim, a extinção contratual de forma anormal poderá ocorrer por:

a) Circunstâncias anteriores ou concomitantes à formação dos contratos;
b) Circunstâncias posteriores (supervenientes) à formação dos contratos.

15.3.1 Extinção contratual de modo anormal por circunstâncias anteriores ou concomitantes à formação dos contratos.

A extinção dos contratos em razão de causas anteriores ou concomitantes à sua formação verifica-se pelos seguintes modos:

a) nulidade;
b) anulabilidade;
c) redibição;
d) direito de arrependimento.

15.3.1.1 Nulidade e Anulabilidade

Nos casos de nulidade e anulabilidade os contratos são suscetíveis de *anulação*. Discute, neste caso, o plano de validade dos negócios jurídicos. A anulação do contrato decorre sempre de causas ou circunstâncias anteriores à sua formação, ou seja, representa um defeito na estrutura interna do negócio jurídico. O contrato já nasce com defeito em um dos seus elementos essenciais de validade e em função de tais defeitos, o contrato será extinto pela sua *anulação*.

O artigo 104 do Código Civil brasileiro determina que a validade do negócio jurídico requer: agente capaz; objeto lícito, possível, determinado ou determinal; forma prescrita ou não defesa (proibida) em lei. Isso sem contar que a vontade deve ser livre e consciente, sem qualquer vício ou defeito que iniba a liberdade e conteúdo manifestado pela parte.

Assim, a *anulação* é um modo de extinção dos contratos, por circunstâncias anteriores à sua formação, sempre que um defeito recair em qualquer um dos seus elementos essenciais.

É nulo o negócio jurídico quando (CCB, art. 166):

I – celebrado por pessoa absolutamente incapaz;
II – for ilícito, impossível ou indeterminável o seu objeto;
III – o motivo determinante, comum a ambas as partes, for ilícito;
IV – não revestir a forma prescrita em lei;
V – for preterida alguma solenidade que a lei considere essencial para a sua validade;
VI – tiver por objetivo fraudar lei imperativa;
VII – a lei taxativamente o declarar nulo, ou proibir-lhe a prática, sem cominar sanção.

O artigo 167 do Código Civil brasileiro informa que também é nulo o negócio jurídico simulado.

Já o artigo 171 prescreve que além dos casos expressamente declarados na lei, é anulável o negócio jurídico:

I – por incapacidade relativa do agente;
II – por vício resultante de erro, dolo, coação, estado de perigo, lesão ou fraude contra credores.

Dessa maneira, um contrato poderá ser extinto, em face de sua *anulação*, por exemplo:

1) celebração de contrato no qual um dos contraentes era incapaz e o firmou diretamente, sem a assistência ou a representação do seu representante legal. Ocorre defeito do negócio jurídico em seu elemento essencial, que é a capacidade das partes. Isto dá azo a anulação do contrato;
2) verifica-se que o objeto do contrato é impossível ou ilícito. Ora, as partes não podem celebrar um contrato no qual o seu objeto seja o assassinato de uma pessoa ou a compra e venda de substância entorpecente;
3) verifica-se que um dos contraentes firmou o contrato cuja vontade encontrava-se em erro ou ele tenha sido vítima de um dolo da outra parte, ou, quem sabe, porque uma das partes foi coagida pela outra a firmar o contrato. Estes são defeitos que contaminam a vontade, possibilitam a anulação do negócio jurídico bilateral.

Outras hipóteses que podem ocasionar a *anulação do negócio jurídico* são os casos de *Estado de Perigo* e *Lesão*.

Este é um dos pontos que apresenta distonia quanto à utilização dos termos empregados pela doutrina e jurisprudência. Civilistas de escol, certamente, ancorados nas doutrinas estrangeiras de FRANCESCO MESSINEO[1] e ENZO ROPPO,[2] utilizam o termo rescisão como forma de extinção de contratos em que tenha ocorrido lesão ou estado de perigo.

1 MESSINEO, Francesco. *Doctrina general del contrato*. Tradução de Fontanarossa, Melendo e Volterra. Tomo II. Buenos Aires: EJEA, 1952, p. 210.
2 ROPPO, *op. cit*, p. 249-251.

É o caso de Orlando Gomes que entende que[3]

"O termo rescisão é usado no sentido de resilição e, mesmo, de resolução. Deve reservar-se, porém, para o modo específico de dissolução de certos contratos.

Rescisão é ruptura de contrato em que houve lesão. Não é sempre que a lesão determina a dissolução do contrato, porquanto pode ser salvo, restabelecendo-se o equilíbrio das prestações com a suplementação do preço.

[...]

Outra hipótese da rescisão é a do contrato estipulado em estado de perigo, muito semelhante à anulação pelo vício da coação. Não se confundem, todavia, porque a rescisão requer, para ser decretada, o concurso de dois elementos: a) a ciência, por uma das partes, do estado de necessidade em que se encontra a outra; b) a iniquidade das condições nas quais as obrigações são contraídas".

Da mesma forma, Carlos Roberto Gonçalves afirma que "entre nós, o termo *rescisão* é usado como sinônimo de resolução e de resilição. Deve ser empregado, no entanto, em boa técnica, nas hipóteses de dissolução de determinados contratos, como aqueles em que ocorreu *lesão* ou que foram celebrados em *estado de perigo*".[4]

O *estado de perigo* é um defeito do negócio jurídico previsto no artigo 156 do Código Civil brasileiro caracterizado quando uma das partes assume obrigação excessivamente onerosa, em situação de extrema necessidade, conhecida da outra parte. Os efeitos da sentença judicial de anulação do ato jurídico retroagem à data da celebração do contrato. Melhor dizendo: no estado de perigo, um dos contraentes se aproveita da desesperada necessidade do outro em salvar a sua vida ou a vida de um parente, ou, ainda, de um amigo íntimo e, em razão disso, lhe impõe uma obrigação excessivamente onerosa. É necessário que a parte beneficiada dessa circunstância tivesse conhecimento dela, já que somente ocorre o defeito se a parte que tirou proveito tinha ciência do risco a que estava submetido o outro contratante.

Marco Aurélio Bezerra de Melo informa que sofre estado de perigo "o contratante que para salvar a si próprio, pessoa de sua família ou alguém querido, neste último caso, aferido pelo juiz, de grave dano conhecido pela outra parte, assume obrigação excessivamente onerosa. No estado de perigo, um dos contratantes, ciente da fragilidade momentânea do outro contraente, se aproveita disso para obter um lucro desmedido. [...] Configura estado de perigo, por exemplo, cobrar de um paciente que corre risco de vida ou com insuportável dor de dente, ouvido ou rim, um valor muito superior ao justo para o serviço prestado".[5]

---

3 GOMES, Orlando. *Contratos*. Rio de Janeiro: Forense, 2001, p. 188-189.

4 GONÇALVES, Carlos Roberto. *Direito civil brasileiro*. Vol. III. São Paulo: Saraiva, 2004, p. 183.

5 MELO, Marco Aurélio Bezerra de. *Novo código civil anotado*. Vol. III, tomo I. Rio de Janeiro: Lumen Juris, p. 104-105.

A lesão é caracterizada no momento em que alguém, aproveitando-se da premente necessidade de outrem ou da sua inexperiência, lhe impõe uma prestação manifestamente desproporcional à contraprestação.

O nosso ordenamento jurídico civilista indica a lesão no artigo 157 prescrevendo que "ocorre a lesão quando uma pessoa, sob premente necessidade, ou por inexperiência, se obriga a prestação manifestamente desproporcional ao valor da prestação oposta".

Verifica-se, pois, que tanto o estado de perigo quanto a lesão referem-se a premente necessidade. Todavia, no *estado de perigo*, a premente necessidade está relacionada à salvação da vida (própria ou de terceiro: parente ou amigo), enquanto que na *lesão* pode ser uma premente necessidade de contratar, de ter acesso àquele produto ou serviço, não para salvar a vida, mas para satisfazer uma necessidade de consumo.

A lesão refere-se, ainda, à inexperiência, também denominada de vulnerabilidade técnica do contratante. Isto sem contar que na lesão ocorre a desproporção entre o valor da prestação assumida e o da contraprestação a ser recebida.

A proteção aos princípios da boa-fé e função social do contrato representa o fundamento último da lesão e do estado de perigo.

Já a simulação é causa de *nulidade absoluta* do contrato (no CCB de 1916, a simulação era causa de anulabilidade do contrato). O artigo 167 do CCB estabelece que é nulo o negócio simulado. A simulação, também, afronta o princípio da boa-fé objetiva, já que existe emissão de vontade com o propósito de enganar a outra pessoa ou fraudar a lei. É uma manifestação de vontade que procura enganar a outra parte, já que se declara algo que se sabe falso, não correspondendo à realidade. Assim, na simulação faz-se uma declaração enganosa para prejudicar terceiro ou fraudar a lei.

15.3.1.2 Redibição

A redibição, também, poderá dar azo à extinção contratual. Isto porque o artigo 442 do Código Civil brasileiro garante ao adquirente da coisa defeituosa a possibilidade de redibir o contrato com a consequente extinção do contrato ou reclamar o abatimento do preço através da ação *quanti minoris*.

A redibição trata-se de uma hipótese de extinção contratual por circunstâncias anteriores à formação do contrato. A razão está com Serpa Lopes ao afirmar que uma das condições necessárias à configuração dos vícios redibitórios é a existência do vício no momento do contrato. Ele afirma que "vícios supervenientes ao momento do nascimento do contrato já não podem ser invocados como fundamento da responsabilidade por vícios redibitórios. Se, no momento do nascimento do contrato, o vício já existia em germe, desenvolvendo-se posteriormente, é claro que subsiste a responsabilidade do que fez a entrega da coisa já assim contaminada".[6]

15.3.1.3 Direito de arrependimento

O direito de arrependimento é uma forma de extinção contratual estabelecida pelas partes contratantes nos termos da avença. É, pois, uma cláusula contratual expressa, que permite aos contraentes não efetivar as prestações previstas nos termos do contrato. Pode-se afirmar que o arrependimento em si é um direito subjetivo previsto no contrato e, neste caso, não há falar-se em inadimplemento obrigacional.

Em nosso ordenamento jurídico civilístico, o direito de arrependimento está previsto no artigo 420 que prescreve: "Se no contrato for estipulado o direito de arrependimento para qualquer das partes, as arras ou sinal terão função unicamente indenizatória. Nesse caso, quem as deu perdê-las-á em benefício da outra parte; e quem as recebeu devolvê-las-á, mas o equivalente. Em ambos os casos não haverá direito a indenização suplementar".

Dessa maneira, as arras penitenciais possuem função indenizatória no caso de qualquer das partes exercer o direito de arrependimento.

O Supremo Tribunal Federal - STF, na Súmula 412, estabeleceu que "No compromisso de compra e venda com cláusula de arrependimento, a devolução do sinal, por quem o deu, ou a sua restituição em dobro, por quem o recebeu, exclui indenização maior, a título de perdas e danos, salvo os juros moratórios e os encargos do processo".

15.3.2 Extinção contratual de modo anormal por circunstâncias posteriores à formação dos contratos (*dissolução contratual*)

A extinção dos contratos em razão de causas posteriores ou supervenientes à sua formação, denominado de *dissolução contratual*, verifica-se pelos seguintes modos:

a) resilição;
b) resolução;
c) rescisão.

Aqui, também, é necessário muito cuidado para afastar a confusão e imprecisão dos termos e figuras jurídicas. Vejamos algumas premissas:

a) A *resilição* é uma forma de extinção contratual por vontade de uma das partes (resilição unilateral) ou de acordo com a vontade de ambos os contraentes (resilição bilateral ou distrato). Neste caso, não há falar-se em inadimplemento contratual.

6 SERPA LOPES, Miguel Maria de. *Curso de direito civil*. Vol. III. 6. ed. Rio de Janeiro: Freitas Bastos, 2001, p. 180-181.

b) A *resolução* decorre sempre do inadimplemento do contrato, quer de forma culposa ou não.
c) A *rescisão* que sempre esteve associada à ideia de *inadimplemento culposo da obrigação*, em tese, uma espécie do gênero dissolução contratual, nos dias atuais é muito utilizada como sinônimo desta.

A partir das premissas apontadas, vamos analisar cada uma das referidas modalidades:

15.3.2.1 Resilição

A resilição unilateral está prevista no artigo 473 do Código Civil brasileiro ao afirma que "A resilição unilateral, nos casos em que a lei expressa ou implicitamente o permita, opera mediante denúncia notificada à outra parte". O parágrafo único do referido artigo prescreve: "Se, porém, dada a natureza do contrato, uma das partes houver feito investimentos consideráveis para a sua execução, a denúncia unilateral só produzirá efeito depois de transcorrido prazo compatível com a natureza e o vulto dos investimentos".

Verifica-se, pois, que a *resilição* não possui nenhuma vinculação com o cumprimento ou inadimplemento obrigacional, já que decorre somente da livre vontade das partes em continuar ou extinguir a relação jurídica contratual. É o princípio da autonomia da vontade que permeia o referido ato jurídico.

15.3.2.1.1 Resilição unilateral

15.3.2.1.1.1 Conceito

A *relisição unilateral*, como dito acima, é a extinção do vínculo contratual a partir da vontade de um dos contratantes. São exemplos de resilição unilateral: a) a denúncia na lei do inquilinato; b) a revogação do mandato; c) a renúncia do mandato; d) o resgate, etc.

A cláusula que prevê a resilição unilateral deve estar prevista expressamente nos termos da avença, até mesmo para que um dos contraentes não seja surpreendido com o ato jurídico unilateral do parceiro contratual. A faculdade jurídica de resilir o contrato além de prevista expressamente no contrato, deve ser assegurada a ambos os contraentes, salvo quando a referida faculdade for assegurada por lei. Por exemplo: No artigo 581 do CCB "Se o comodato não tiver prazo convencional, presumir-se-lhe-á o necessário para o uso concedido; não podendo o comodante, salvo necessidade imprevista e urgente, reconhecida pelo juiz, suspender o uso e gozo da coisa emprestada, antes de findo o prazo convencional, ou o que se determine pelo uso outorgado". O artigo 4º da Lei 8.245/91 determina que "Durante o prazo estipulado para a duração do contrato, não poderá o locador reaver o imóvel alugado. O locatário, todavia, poderá devolvê-lo, pagando a multa pactuada, segundo a proporção prevista no art. 924 do Código Civil e, na sua falta, a que for judicialmente estipulada. Parágrafo único. O locatário ficará dispensado da multa se a devolução do imóvel decorrer de transferência, pelo seu empregador, privado ou público, para prestar serviços em localidades diversas daquela do início do contrato, e se notificar, por escrito, o locador com prazo de, no mínimo, trinta dias de antecedência".

Vale destacar que nos contratos fiduciários, envoltos pela "confiança", a resilição unilateral está implícita no próprio contrato. O contrato de mandato é um exemplo clássico. Daí a regra do artigo 682 ao determinar que cessa o mandato: I – pela revogação ou pela renúncia.

Por cautela, o legislador impõe que a resilição unilateral, implícita ou explícita, seja operada por notificação a outra parte. É uma conduta de boa-fé que se espera dos contraentes.

Já o parágrafo único do referido artigo alberga um conteúdo normativo que desvela os princípios da eticidade e socialidade presentes no novo diploma civilístico. Repita-se o teor normativo: "Se, porém, dada a natureza do contrato, uma das partes houver feito investimentos consideráveis para a sua execução, a denúncia unilateral só produzirá efeito depois de transcorrido prazo compatível com a natureza e o vulto dos investimentos."

Caberá ao magistrado ao analisar o caso concreto decidindo avaliar a "natureza do contrato" e os "investimentos consideráveis". Considerando a análise destes elementos, o juiz informará o "prazo compatível" de duração do contrato. Aqui se destaca a hermenêutica jurídica e sua concretude judicial. É um atuar dinâmico da magistratura em prol da justiça substantiva, a partir da discricionariedade judicial. Atente-se que discricionariedade não representa arbitrariedade.

Em relação à denúncia, o Conselho da Justiça Federal, na IV Jornada de Direito Civil, editou o Enunciado 390 que determina que "Em regra, é livre a retirada de sócio nas sociedades limitadas e anônimas fechadas, por prazo indeterminado, desde que tenham integralizado a respectiva parcela do capital, operando-se a denúncia (arts. 473 e 1.029)".[7]

---

7 Vejamos, abaixo, algumas decisões acerca da resilição unilateral:

Ação de cobrança de honorários. Cláusula regulando o efeito da resilição unilateral do contrato exercida pelo advogado. 1. Os efeitos da resilição unilateral operam *ex nunc*. Todavia, é possível que as partes estabeleçam restrição sem que haja ofensa a nenhum dispositivo de lei federal. 2. Estabelecido no contrato que havendo resilição unilateral, no caso provocada pelo advogado credenciado, não terá ele direito à percepção de quaisquer outras verbas além das já recebidas por parte do contrato, não há falar em direito ao recebimento de honorários que ficaram pendentes. Acolher outra orientação seria distorcer a vontade das partes, ainda mais quando aquele que postula nestes autos é advogado e tinha, portanto, conhecimento técnico do que estava assinando, não alcançando, neste caso, honorários da sucumbência. 3. Recurso especial conhecido e provido (REsp 762.039/RS, Rel. ministro CARLOS ALBERTO MENEZES DIREITO, TERCEIRA TURMA, julgado em 10.8.2006, DJ 25.9.2006 p. 268).

CIVIL. PROMESSA DE COMPRA E VENDA. DESISTÊNCIA. AÇÃO PRETENDENDO A RES-

15.3.2.1.2 Resilição bilateral ou distrato

A *resilição bilateral* ou *distrato* ocorre quando ambos os contraentes desejam pôr fim ao contrato antes de seu término. Melhor dizendo: nenhuma das partes do contrato quer continuar com os termos da avença.

O artigo 472 do CCB exige que o distrato se realize da mesma forma que o contrato. Um exemplo de distrato previsto em lei é aquele previsto no artigo 9º da lei de locação que informa que "a locação também poderá ser desfeita: I – por mútuo acordo".

Orlando Gomes define a resilição bilateral como "modalidade de revogação que se realiza pelo *contratius consensus*. As próprias partes do contrato deliberam dissolvê-lo mediante negócio extintivo. O que criaram pela vontade comum, pela vontade comum destroem. E assim o vínculo contratual pode, a todo tempo, desatar-se pelo concurso das vontades que o procriaram.

O modo normal de resilição bilateral é o distrato, negócio jurídico pelo qual as partes, declarando conjuntamente a vontade de dar cabo do contrato, rompem o vínculo extinguindo a relação jurídica. É, em síntese, um contrato para extinguir outro".[8]

Vale mencionar o enunciado 584 (VII Jornada de Direito Civil) que informa: "Desde que não haja forma exigida para a substância do contrato, admite-se que o distrato seja pactuado por forma livre. Parte da legislação: art. 472 do Código Civil Justificativa: O art. 472 do Código Civil não dispõe que o distrato deva obedecer a forma utilizada, por livre decisão das partes, para a celebração do contrato originário, mas sim que deva ser implementado "pela mesma forma exigida para o contrato" originário. Não é, pois, exatamente a forma do contrato originário que subordina a forma do distrato, mas a forma prescrita para o contrato. O que define a forma do distrato é aquela exigida pela lei para o contrato originário. Portanto, a coincidência formal entre contrato e distrato nem sempre é obrigatória. Só o será nas hipóteses de contratos de forma especial. Nesse sentido, eventual distrato que tenha

---

CISÃO E RESTITUIÇÃO DAS IMPORTÂNCIAS PAGAS. RETENÇÃO PARCIAL EM FAVOR DA VENDEDORA, COMO RESSARCIMENTO DE DESPESAS. CÓDIGO DE DEFESA DO CONSUMIDOR, ARTS. 51, II, 53 E 54. CÓDIGO CIVIL, ART. 924. MULTA PROCRASTINATÓRIA APLICADA NO TRIBUNAL DE ORIGEM. SÚMULA Nº 98-STJ. INCIDÊNCIA. I. A C. 2ª Seção do STJ, em posição adotada por maioria, admite a possibilidade de resilição do compromisso de compra e venda por iniciativa do devedor, se este não mais reúne condições econômicas para suportar o pagamento das prestações avençadas com a empresa vendedora do imóvel (EREsp nº 59.870/SP, Rel. Min. Barros Monteiro, por maioria, DJU de 9.12.2002). II. O desfazimento do contrato dá ao comprador o direito à restituição das parcelas pagas, porém não em sua integralidade. Fixação de percentual de retenção. III. "Embargos de declaração manifestados com notório propósito de prequestionamento não tem caráter protelatório" – Súmula nº 98-STJ. IV. Recurso especial conhecido e parcialmente provido (REsp 188.951/DF, Rel. ministro ALDIR PASSARINHO JÚNIOR, QUARTA TURMA, julgado em 4.9.2003, DJ 6.10.2003 p. 273).

8 GOMES, Orlando. *Contratos*. 24. ed. Rio de Janeiro: Forense, 2001, p. 184-185.

sido celebrado de forma tácita é plenamente eficaz mesmo que o contrato tenha tido forma escrita, desde que a forma escrita não seja exigida para o contrato. Se o chamado "princípio do consensualismo" corresponde à regra geral aplicável às relações contratuais, não há razão para um maior apego à forma, em relação ao distrato, quando a lei assim não o determina.

15.3.2.2 Resolução

15.3.2.2.1 Conceito

Na *resolução*, a relação jurídica contratual era dissolvida em função do inadimplemento contratual ou em razão da impossibilidade de se cumprir o contrato por fato inimputável as partes.

Orlando Gomes ao comentar sobre o instituto jurídico da resolução ensina que "Situações supervenientes impedem muitas vezes que o contrato seja executado. Sua extinção mediante resolução tem como causa, pois, a inexecução por um dos contratantes, denominando-se, entre nós, rescisão, quando promovida pela parte prejudicada com o inadimplemento. Resolução é, portanto, um remédio concedido à parte para romper o vínculo contratual mediante ação judicial.

A inexecução pode ser culposa, ou não. Se o devedor não cumpre as obrigações contraídas, pode o credor exigir a execução do contrato, compelindo-o a cumpri-las, ou exigir que lhe pague perdas e danos, além da resolução do contrato".[9]

15.3.2.2.2 Cláusula resolutiva

A cláusula resolutiva provoca a resolução do contrato. Em todo contrato bilateral encontra-se implícita uma cláusula resolutiva, já que o contratante poderá resolver o contrato, diante do inadimplemento de uma das partes.

A cláusula resolutiva pode ser *expressa* ou *tácita*. A cláusula resolutiva expressa opera de pleno direito; a tácita depende de interpelação judicial (CCB, art. 474).

A cláusula resolutiva tácita se encontra prevista em todo contrato bilateral, já que garante seu equilíbrio ético e econômico, equilíbrio que deve conduzir toda relação jurídica contratual. A cláusula resolutiva tácita encontra-se implícita em todo e qualquer contrato bilateral, já que não é possível que uma das partes cumpra com suas obrigações contratuais, enquanto a outra parte permanece inadimplente. O fundamento da cláusula resolutiva tácita é controvertido. É o que nos ensina, mais uma vez, Orlando Gomes: "O fundamento desse princípio é controvertido. Alguns extraem-no da noção de causa, tomando o termo no significado em que o empregam os partidários da teoria clássica. Admitindo-se que, nos contratos bilaterais, a obrigação de

9 GOMES, *op. cit.*, p. 172.

uma das partes é a causa da obrigação da outra, o inadimplemento acarretará resolução do contrato, porque a contraobrigação perde sua causa. Outros fundamentam o princípio no consentimento condicional das partes, baseados na reciprocidade das obrigações, sem atentarem que se as partes preveem a inexecução, não se justifica a omissão de cláusula que estabeleça a condição resolutória. Outros, ainda, justificam o princípio pelo vínculo que, no contrato, liga as obrigações dos contratantes, socorrendo-se da noção de causa-fim, como a depreendeu Capitant, da de equivalência sugerida por Maury ou do equilíbrio entre as obrigações essenciais do contrato e realizações de seus fins práticos. Por fim, sustenta-se que a faculdade de resolução se explica pela interdependência das obrigações, próprias dos contratos bilaterais. Nenhuma dessas teorias é satisfatória porquanto, como observa Ripert, a ideia profunda que a todos inspira é a consagração legal da ideia de justiça contratual, muito vaga do ponto de vista técnico-jurídico, segundo nos parece, para explicar o princípio".[10]

Para Orlando Gomes "Nos contratos bilaterais a interdependência das obrigações justifica a sua resolução quando uma das partes se torna inadimplente. Na sua execução, cada contratante tem a faculdade de pedir a resolução, se o outro não cumpre as obrigações contraídas".[11]

O artigo 53 do CDC determina que "Nos contratos de compra e venda de móveis ou imóveis mediante pagamento em prestações, bem como nas alienações fiduciárias em garantia, consideram-se nulas de pleno direito as cláusulas que estabeleçam a perda total das prestações pagas em benefício do credor que, em razão do inadimplemento, pleitear a resolução do contrato e a retomada do produto alienado".

A cláusula resolutiva expressa produz efeitos extintivos independentemente de pronunciamento judicial. (Enunciado 436, da V Jornada de Direito Civil).

15.3.2.2.2.1 Na cláusula resolutiva expressa é necessária a sentença judicial?

A questão que se impõe é saber se a cláusula resolutiva expressa opera de pleno direito extinguindo o contrato ou é preciso à sentença judicial?

Mais uma vez, quem responde essa questão é Orlando Gomes.[12] Ele se apoia nos sistemas jurídicos *francês* e *alemão* para enfrentar a discussão:

> "O exercício da faculdade de resolução não está disciplinado uniformemente nas legislações. Dois são os sistemas admitidos: o francês e o alemão.

10 GOMES, *op. cit.*, p. 172.
11 GOMES, *op. cit.*, p. 173.
12 GOMES, *op. cit.*, p. 174.

Pelo sistema francês, o contrato não se resolve de pleno direito. Se uma das partes não cumpre as obrigações que lhe incumbem, a outra pode optar entre exigir o cumprimento, quando possível, ou pedir a resolução do contrato, pleiteando, concomitantemente, a indenização das perdas e danos. O que caracteriza esse sistema é que a resolução tem de ser pedida ao juiz, requerendo, por conseguinte, sentença judicial. O Código Civil francês autoriza o magistrado a conceder à parte inadimplente um prazo para que cumpra as obrigações, mas essa permissão é particularidade que não constitui elemento essencial do sistema.

Substancialmente, distingue-se por exigir a intervenção judicial para a resolução do contrato. A faculdade de resolução, no caso da cláusula resolutiva tácita, se exerce por conseguinte, mediante ação judicial. Resume-se, afinal, ao direito de provocá-la. Não é o contratante que resolve o contrato, mas o juiz, a seu pedido. Nisso, precisamente, se diferencia, no particular, a resolução decorrente da existência de cláusula resolutiva expressa daquela em que é tácita.

O sistema alemão, ao contrário, admite a resolução sem intervenção judicial. O contrato resolve-se de pleno direito. Se um dos contratantes não cumpre suas obrigações, pode o outro declarar resolvido o contrato, independentemente de pronunciamento judicial, funcionando a cláusula tácita como verdadeira condição.

Em favor do sistema francês alega-se que, sendo a condição presumida, a lei não pode resolver o contrato, mas apenas autorizar que a resolução seja pedida, visto que ela confere a faculdade de resolver apenas a título de proteção. Diz-se, ademais, que permitir a resolução pela vontade exclusiva da parte seria admitir que a fizesse pelas suas próprias mãos. Justifica-se a superioridade do sistema francês pelas seguintes vantagens: a) não arrebata de logo ao devedor, talvez de boa-fé, a vantagem do contrato, pois, ao se exigir a sentença judicial, concede-se ao juiz a faculdade de outorgar um prazo se o julga conveniente; b) o juiz pode repelir a resolução pura e simples e atribuir ao credor lesado o direito à indenização de perdas e danos, se é inexecução parcial tão exígua que o credor tire o proveito essencial do contrato. É que, nesse sistema, a resolução do contrato não é propriamente efeito da cláusula resolutiva tácita, mas resultado de uma decisão judicial provocada em ação própria na qual se aprecia a pedido para que a inexecução alegada seja certificada e suas consequências definidas.

Não obstante, o sistema alemão, seguido pela maioria dos códigos, é, por outros, considerado mais vantajoso. O mecanismo da resolução funciona de modo mais adequado, pois, independentemente de pronunciamento judicial, a parte prejudicada com a inexecução da outra, total ou parcial, pode exigir a reparação do dano ou resolver o contrato. Basta a simples declaração nesse sentido, comunicada ao outro contratante. Não se afasta inteiramente a intervenção judicial, pois o devedor inadimplente pode propor a competente ação para demonstrar que não deve responder pela inexecução, inclusive comprovando que a outra parte não cumpriu a sua obrigação, ou lhe deu cumprimento incompleto. Quanto ao prazo que, no sistema francês, cabe ao juiz conceder para que o contrato ainda venha a ser executado, no sistema alemão fica ao arbítrio do credor".

Orlando Gomes admite que o direito pátrio adotou o sistema francês, sendo, portanto, necessária a intervenção judicial.[13]

Vejamos, em síntese, os efeitos da cláusula resolutiva:

Doutrina Alemã	Doutrina Francesa
O contrato se dissolve automaticamente, sem necessidade de qualquer provimento judicial.	A cláusula resolutiva expressa apenas dispensa a interpelação judicial. A dissolução do contrato somente poderá ocorrer por meio de sentença judicial.
Doutrina Alemã	**Doutrina Francesa**
Seria injusta a parte prejudicada ter de aguardar o trânsito em julgado da sentença judicial, agravando, destarte, o seu prejuízo.	Não é possível afastar da apreciação do judiciário o conflito de interesses.
Em regra, não justifica a anulação e sim o seu reequilíbrio.	Adotada majoritariamente pela doutrina e jurisprudência pátria.

15.3.2.2.2.2 Opção da parte lesada pelo inadimplemento

O Código Civil brasileiro permite que a parte lesada opte pela execução compulsória (execução forçada) do contrato, quando possível ou peça a sua resolução. Em qualquer dos casos é possível à indenização por perdas e danos. É o que informa o teor do artigo 475: "A parte lesada pelo inadimplemento pode pedir a resolução do contrato, se não preferir exigir-lhe o cumprimento, cabendo, em qualquer dos casos, indenização por perdas e danos".

Da mesma forma a regra do artigo 389 informa que não cumprida a obrigação, responde o devedor por perdas e danos acrescidos de juros, correção monetária e honorários advocatícios.

O Conselho da Justiça Federal ao analisar o artigo em comento editou nas I e IV Jornadas de Direito Civil os seguintes enunciados:

13 GOMES, *op. cit.*, p. 175.

Conselho da Justiça Federal – I Jornada de Direito Civil

- CJF – Enunciado 31 – Art. 475: as perdas e danos mencionados no art. 475 do novo Código Civil dependem da imputabilidade da causa da possível resolução.

Conselho da Justiça Federal – IV Jornada de Direito Civil

- CJF – Enunciado 361 – Arts. 421, 422 e 475. O adimplemento substancial decorre dos princípios gerais contratuais, de modo a fazer preponderar a função social do contrato e o princípio da boa-fé objetiva, balizando a aplicação do art. 475.

Conselho da Justiça Federal – V Jornada de Direito Civil

- CJF – Enunciado 437 – Art. 475: A resolução da relação jurídica contratual também pode decorrer do inadimplemento antecipado.

Conselho da Justiça Federal – VI Jornada de Direito Civil

- CJF – Enunciado 548 – Art. 475 - Caracterizada a violação de dever contratual, incumbe ao devedor o ônus de demonstrar que o fato causador do dano não lhe pode ser imputado. Artigo: 389 e 475 do Código Civil Justificativa: O Direito, sistema composto por regras, princípios e valores coerentes entre si, impõe que, tanto nas hipóteses de mora e de inadimplemento da obrigação quanto nos casos de cumprimento imperfeito desta, seja atribuído ao devedor – e, na última situação, ao solvens –, o ônus de demonstrar que a violação do dever contratual não lhe pode ser imputada.

Conselho da Justiça Federal – VII Jornada de Direito Civil

- CJF – Enunciado 586 - Para a caracterização do adimplemento substancial (tal qual reconhecido pelo Enunciado 361 da IV Jornada de Direito Civil – CJF), levam-se em conta tanto aspectos quantitativos quanto qualitativos. Parte da legislação: art. 475 do Código Civil Justificativa: A jurisprudência brasileira, com apoio na doutrina (Enunciado 361 da IV JDC – CFJ), já absorveu a teoria do adimplemento substancial, que se fundamenta no ordenamento brasileiro na cláusula geral da boa-fé objetiva. Superada a fase de acolhimento do adimplemento substancial como fator limitador de eficácias jurídicas, cabe ainda a tarefa de delimitá-lo conceitualmente. Nesse sentido, entende-se que ele não abrange somente "a quantidade de prestação cumprida", mas também os aspectos qualitativos da prestação. Importa verificar se a parte adimplida da obrigação, ainda que incompleta ou imperfeita, mostrou-se capaz de satisfazer essencialmente o interesse do credor, ao ponto de deixar incólume o sinalagma contratual. Para isso, o intérprete deve levar em conta também aspectos qualitativos que compõem o vínculo.

15.3.2.2.2.3 Jurisprudência

RECURSO ESPECIAL - AÇÃO DE REINTEGRAÇÃO DE POSSE - POSSIBILIDADE - CONTRATO DE ARRENDAMENTO MERCANTIL - CÓDIGO DE DEFESA DO CONSUMIDOR - NOTIFICAÇÃO E CLÁUSULA RESOLUTIVA EXPRESSA - VALIDADE. Como assentado em precedentes da Terceira Turma, contendo o contrato cláusula resolutiva expressa, realizada a condição, a posse do devedor torna-se injusta, desnecessária a notificação prévia. Recurso especial a que se nega provimento (REsp 441.964/SP, Rel. ministro CASTRO FILHO, TERCEIRA TURMA, julgado em 16.10.2003, DJ 3.11.2003 p. 316).

Processual civil. Ação de rescisão de promessa de compra e venda, cumulada com pedido de reintegração de posse. Cláusula resolutiva expressa. Ineficácia. Necessidade de prévia interpelação para constituição do devedor em mora. Decreto-Lei nº 745/69, art. 1º. Aplicação imediata. I – "A falta de registro do compromisso de compra e venda de imóvel não dispensa a prévia interpelação para constituir em mora o devedor" (Súmula 76/STJ). II – A exigência de notificação prévia, instituída pelo art. 1º do Decreto-Lei nº 745/69, para a constituição em mora do devedor, tem aplicação imediata, por se tratar de norma de direito processual. III – A falta de interpelação para constituição da mora acarreta a extinção do processo. IV – Recurso especial conhecido e provido (REsp 45.845/SP, Rel. ministro ANTÔNIO DE PÁDUA RIBEIRO, TERCEIRA TURMA, julgado em 6.8.2002, DJ 23.09.2002 p. 350).

TERMO DE OCUPAÇÃO - COMPROMISSO DE COMPRA E VENDA - NÃO CONFIGURAÇÃO - CLÁUSULA RESOLUTIVA EXPRESSA - VALIDADE - EFEITOS. O termo de ocupação ou outro documento prévio à alienação não configura, necessariamente, compromisso de compra e venda, mormente quando não resta fixado, sequer, preço, somente surgindo o direito à compra com o cumprimento do pactuado, e sendo lícita e eficaz a cláusula resolutiva expressa. Recurso conhecido e provido (REsp 184.399/SP, Rel. ministro CASTRO FILHO, TERCEIRA TURMA, julgado em 25.6.2002, DJ 16.9.2002 p. 180).

CIVIL E PROCESSUAL CIVIL. CONTRATO DE LEASING. CLÁUSULA RESOLUTIVA EXPRESSA. AÇÃO DE REINTEGRAÇÃO NA POSSE. INTERPELAÇÃO PRÉVIA AO DEVEDOR. NECESSIDADE. CONSTITUIÇÃO EM MORA. AUSÊNCIA. ORIENTAÇÃO DA QUARTA TURMA. DISSÍDIO CARACTERIZADO. PRECEDENTES. RECURSO DESPROVIDO. – Para fins de ajuizamento de ação de reintegração na posse, é necessária a notificação prévia ao devedor, para a sua constituição em mora, nos contratos de arrendamento mercantil (leasing), ainda que o contrato contenha cláusula expressa que a dispense (REsp 185.984/SP, Rel. ministro SÁLVIO DE FIGUEIREDO TEIXEIRA, QUARTA TURMA, julgado em 27.6.2002, DJ 2.9.2002 p. 192).

Contrato de arrendamento mercantil. Cláusula resolutiva expressa. Constituição em mora. Protesto do título com intimação editalícia. Precedentes da Corte. 1. Como assentado em precedentes da Terceira Turma, contendo o contrato cláusula resolutiva, realizada a condição, a posse do devedor torna-se injusta, desnecessária a notificação prévia. 2. Recurso especial conhecido e provido (REsp 333.322/MG, Rel. ministro CARLOS ALBERTO MENEZES DIREITO, TERCEIRA TURMA, julgado em 24.6.2002, DJ 2.9.2002 p. 184).

Recurso Especial. Processual Civil. "Leasing". Reintegração de Posse. Liminar. Notificação Prévia. Cláusula Resolutória expressa. – A resolução do contrato de "leasing" opera-se de plano a partir do momento em que restou configurado o inadimplemento da arrendatária, independentemente de notificação premonitória, se existente no contrato cláusula resolutória expressa. – A retenção do bem após a rescisão automática do contrato, torna injusta a posse, caracterizando esbulho possessório, autorizador da reintegração liminar da posse. – Se o Tribunal limita a discussão unicamente à questão da possibilidade de reintegrar-se a credora liminarmente à posse do bem, quando no contrato há cláusula resolutiva expressa, impertinentes, para esta via, se afiguram as discussões sobre a demudação do contrato de arrendamento mercantil em compra e venda em razão da cobrança antecipada do valor residual garantido (REsp 329.932/SP, Rel. Ministra NANCY ANDRIGHI, TERCEIRA TURMA, julgado em 11.12.2001, DJ 3.6.2002 p. 202).

CLÁUSULA RESOLUTIVA EXPRESSA – INADIMPLEMENTO X REINTEGRAÇÃO. 1. O contrato com cláusula resolutiva expressa, para ser rescindido por inadimplemento, dispensa rescisão formal pelo Judiciário. 2. Ação de reintegração, com pedido de liminar, que deve ser examinada sem o óbice da rescisão. 3. Recurso especial provido (REsp 64.170/SP, Rel. Ministra ELIANA CALMON, SEGUNDA TURMA, julgado em 15.8.2000, DJ 5.3.2001 p. 143).

COMPROMISSO DE COMPRA E VENDA. MORA DO PROMITENTE VENDEDOR. INAPLICABILIDADE DO ART. 1° DO DECRETO-LEI 745/69. INTERPRETAÇÃO EXTENSIVA. IMPOSSIBILIDADE. CLÁUSULA RESOLUTIVA TÁCITA. CONTRATOS BILATERAIS. PRESENÇA. CÓDIGO CIVIL, ARTS. 1.092, PARÁGRAFO ÚNICO, E 119, PARÁGRAFO ÚNICO. EXIGÊNCIA DE INTERPELAÇÃO PRÉVIA. CARACTERIZAÇÃO DA MORA. NÃO CONFIGURAÇÃO DE PRAZO CERTO. MORA *EX PERSONA*. CASO CONCRETO. RECURSO DESACOLHIDO. I – Não se aplica o art. 1° do DL 745/69 aos contratos de compromisso de compra e venda, quando a pretensão diz respeito à caracterização da mora do promitente vendedor, e não, do promissário comprador. Diante da expressa dicção legal, sequer há espaço para a interpretação extensiva. II – A cláusula resolutiva tácita pressupõe-se presente em todos os contratos bilaterais, independentemente de estar expressa, o que significa que qualquer das partes pode requerer a resolução do contrato diante do inadimplemento da outra. III – A resolução do contrato, pela via prevista no art. 1.092, parágrafo único, CC, depende de prévia interpelação judicial do devedor, nos termos do art. 119, parágrafo único, do mesmo diploma, a fim de convocá-lo ao cumprimento da obrigação. IV – Uma vez constatada a inexistência de prazo certo para o cumprimento da obrigação, a configuração da mora não prescinde da prévia interpelação do devedor. V – A citação inicial somente se presta a constituir mora nos casos em que a ação não se funda na mora do réu, hipótese em que esta deve preceder ao ajuizamento (REsp 159.661/MS, Rel. ministro SÁLVIO DE FIGUEIREDO TEIXEIRA, QUARTA TURMA, julgado em 9.11.1999, DJ 14.2.2000 p. 35).

15.3.2.2.3 Da exceção do contrato não cumprido

15.3.2.2.3.1 Conceito

A exceção é uma *defesa* contra o contrato não cumprido. A *defesa ao contrato não cumprido* somente poderá ocorrer nos contratos bilaterais, já que nestes existe a presença do sinalagma. A parte prejudicada poderá alegar: "não cumpro a minha obrigação, enquanto você não cumprir a sua parte".

Não seria justo, leal ou ético que uma das partes fosse obrigada a cumprir sua obrigação junto à outra parte que não cumpre a sua prestação.

Vale destacar que se as partes pactuaram expressamente no instrumento contratual que as obrigações devam ser estabelecidas em ordem cronológica, não há que se falar da *exceção do contrato não cumprido*.

Em alinhamento com o princípio da autonomia da vontade as partes podem de *forma expressa* e *conjuntamente* renunciar a esta defesa. Esta cláusula somente seria considerada cláusula abusiva na hipótese de apenas uma das partes renunciar a referida defesa.

O artigo 476 do CCB estabelece que "nos contratos bilaterais, nenhum dos contratantes, antes de cumprida a sua obrigação, pode exigir o implemento da do outro".[14]

Já o artigo 477 do mesmo diploma civilístico informa que "se, depois de concluído o contrato, sobrevier a uma das partes contratantes diminuição em seu patrimônio capaz de comprometer ou tornar duvidosa a prestação pela qual se obrigou, pode a outra recusar-se à prestação que lhe incumbe, até que aquela satisfaça a que lhe compete ou dê garantia bastante de satisfazê-la". O fundamento do referido dispositivo legal é a teoria da imprevisão. Aqui não é o caso de extinção do contrato, mas sim a possibilidade de inversão da ordem das prestações ou a exigência de uma garantia para a satisfação obrigacional.

De acordo com o enunciado 438, da V Jornada de Direito Civil, "A exceção de inseguridade, prevista no art. 477, também pode ser oposta à parte cuja conduta põe, manifestamente em risco, a execução do programa contratual."

---

14 Correspondente ao art. 1092, *caput* do CCB/1916.

15.3.2.2.3.2 Jurisprudência

Na ação ordinária, o promitente comprador do imóvel, declarando-se devedor do saldo do preço, requereu que esse valor, no montante de R$ 16.625,00, fosse depositado judicialmente e pediu que a promitente vendedora fosse condenada a entregar o prédio com o "habite-se" e a escritura definitiva do imóvel, bem como a indenizar os prejuízos resultantes do inadimplemento contratual. Na reconvenção, a promitente vendedora declarou-se credora de R$ 116.624,03 e pediu fosse o promitente comprador condenado ao respectivo pagamento. O promitente comprador respondeu que a aludida quantia estava paga e restava, como prestação não adimplida, para além do "habite-se", a outorga da escritura definitiva do imóvel, obrigações não cumpridas à alegação de que, sem a sua prestação, nada tem a exigir a reconvinte. O Tribunal *a quo*, decidindo a ação e a reconvenção, declarou o promitente comprador devedor da quantia de R$ 116.624,00 e a promitente vendedora, inadimplente quanto às obrigações de entregar o imóvel com o "habite-se" e de outorgar a escritura definitiva de compra e venda. O Min. relator não conheceu do recurso por entender que o art. 1.092 do CC/1916 é impertinente à espécie. O Min. Ari Pargendler considerou que, evidentemente, havendo saldo devedor imputável ao promitente comprador, não pode a promitente vendedora ser obrigada a outorgar a escritura definitiva de compra e venda. Mas questionou se, embora a promitente vendedora esteja reconhecidamente inadimplente, o promitente comprador foi condenado a antecipar o pagamento do preço antes da entrega do imóvel provido do indispensável "habite-se". Entendeu o Min. Ari Pargendler que o art. 1.092 do CC/1916 foi, nesse ponto, contrariado. Enquanto o imóvel não for entregue nas condições contratadas ou, enquanto, na forma da sentença, o promitente comprador não ultimar a obra por conta própria, abatendo do saldo remanescente do preço as respectivas despesas, o crédito da promitente vendedora (correspondente ao saldo do preço do negócio devido pelo promitente comprador) é inexigível. A não ser assim, a execução do acórdão quanto à reconvenção pode ser iniciada e concluída sem que o imóvel seja entregue nas condições contratadas. A exceção de contrato não cumprido constitui fato impeditivo à procedência do pedido. E, concluindo o Min. relator, aduziu que fatos impeditivos são os que obstam a procedência do pedido do autor. O que se tem, rigorosamente, é uma ação com apoio no art. 1.092 do CC, ou seja, exceção de contrato não cumprido. Isso posto, a Turma, ao prosseguir na renovação do julgamento, por maioria, conheceu do recurso e lhe deu parcial provimento. Precedente citado: REsp 142.939-SP, DJ 13.10.1998. REsp 869.354-RS, Rel. originário Min. Humberto Gomes de Barros, Rel. para o acórdão Min. Ari Pargendler, julgado em 14.6.2007.

CIVIL. PENHOR. JOIAS. ASSALTO À AGÊNCIA BANCÁRIA. PERDA DO BEM. RESOLUÇÃO DO CONTRATO. RESSARCIMENTO DO PROPRIETÁRIO DO BEM. PAGAMENTO DO CREDOR. COMPENSAÇÃO. POSSIBILI-

DADE. EXCEÇÃO DE CONTRATO NÃO CUMPRIDO. ART. 1.092 DO CÓDIGO CIVIL/1916 E ART. 476, DO CÓDIGO CIVIL/2002. – O perecimento por completo da coisa empenhada não induz à extinção da obrigação principal, pois o penhor é apenas acessório desta, perdurando, por conseguinte, a obrigação do devedor, embora com caráter pessoal e não mais real. – Segundo o disposto no inciso IV do art. 774, do Código Civil/1916, o credor pignoratício é obrigado, como depositário, a ressarcir ao dono a perda ou deterioração, de que for culpado. – Havendo furto ou roubo do bem empenhado, o contrato de penhor fica resolvido, devolvendo-se ao devedor o valor do bem empenhado, cabendo ao credor pignoratício o recebimento do valor do mútuo, com a possibilidade de compensação entre ambos, de acordo com o art. 775, do Código Civil/1916. – Na hipótese de roubo ou furto de joias que se encontravam depositadas em agência bancária, por força de contrato de penhor, o credor pignoratício, vale dizer, o banco, deve pagar ao proprietário das joias subtraídas a quantia equivalente ao valor de mercado das mesmas, descontando-se os valores dos mútuos referentes ao contrato de penhor. Trata-se de aplicação, por via reflexa, do art. 1.092 do Código Civil/1916 (art. 476, do Código Civil atual). Recurso especial não conhecido (REsp 730.925/RJ, Rel. Ministra NANCY ANDRIGHI, TERCEIRA TURMA, julgado em 20.4.2006, DJ 15.5.2006 p. 207).

CONDOMÍNIO. DESPESAS CONDOMINIAIS. RECUSA DO CONDÔMINO DE PAGÁ-LAS, SOB A ALEGAÇÃO DE QUE O CONDOMÍNIO NÃO CUMPRIU A OBRIGAÇÃO DE REPARAR OS DANOS HAVIDOS EM SUA UNIDADE HABITACIONAL. *EXCEPTIO NON ADIMPLETI CONTRACTUS*. INADMISSIBILIDADE DA ARGUIÇÃO. ART. 1.092 DO CÓDIGO CIVIL DE 1916. – Não ostentando a Convenção de Condomínio natureza puramente contratual, inadmissível é ao condômino invocar a exceção de contrato não cumprido para escusar-se ao pagamento das cotas condominiais. Recurso especial não conhecido (REsp 195.450/SP, Rel. ministro BARROS MONTEIRO, QUARTA TURMA, julgado em 8.6.2004, DJ 4.10.2004 p. 301).

CONTRATOS COLIGADOS. Exceção de contrato não cumprido. Prova. Cerceamento de defesa. Arrendamento de gado. "Vaca-Papel". – Contrato de permuta de uma gleba rural por outros bens, incluído na prestação o arrendamento de 600 cabeças de gado. – Sob a alegação de descumprimento do contrato de permuta, faltando a transferência da posse de uma parte da gleba, o adquirente pode deixar de pagar a prestação devida pelo arrendante e alegar a exceptio. – A falta de produção da prova dessa defesa constitui cerceamento de defesa. – Recurso conhecido em parte e provido. Voto vencido do relator originário (REsp 419.362/MS, Rel. ministro CÉSAR ASFOR ROCHA, Rel. p/ Acórdão ministro RUY ROSADO DE AGUIAR, QUARTA TURMA, julgado em 17.6.2003, DJ 22.3.2004 p. 311).

SHOPPING CENTER. Contrato de reserva. *Res sperata*. Exceção de contrato não cumprido. O lojista pode deixar de efetuar o pagamento das prestações previstas no "contrato de direito de reserva de área comercial para instalação de loja e de integração no '*tenant mix*' do centro comercial" se o empreendedor descumpre com a sua obrigação de instalar loja âncora no local previsto, em prejuízo do pequeno lojista. Para isso, não há necessidade de também rescindir o contrato de locação da loja. Art. 1.092 do C. Civil. Recurso conhecido e provido (REsp 152.497/SP, Rel. ministro RUY ROSADO DE AGUIAR, QUARTA TURMA, julgado em 15.8.2002, DJ 30.9.2002 p. 263).

15.3.2.2.4 Da resolução por onerosidade excessiva

15.3.2.2.4.1 Conceito

O artigo 478 do CCB reproduz a positivação da onerosidade excessiva como causa de resolução dos contratos. Antes do Código Civil de 2002, a Teoria da Onerosidade Excessiva era reconhecida somente pela *jurisprudência nacional* e pela *construção doutrinária*. A regra do artigo 478 é apresenta nos seguintes termos:

> Nos contratos de execução continuada ou diferida, se a prestação de uma das partes se tornar excessivamente onerosa, com extrema vantagem para a outra, em virtude de acontecimentos extraordinários e imprevisíveis, poderá o devedor pedir a resolução do contrato. Os efeitos da sentença que a decretar retroagirão à *data da citação*. (grifo nosso)

O contrato de *execução continuada* é aquele em que os atos de execução se protraem (prolongam) no tempo. O contrato de *execução diferida* é um contrato instantâneo (executado em um único ato), porém a prestação de uma das partes se projeta no tempo, ou seja, será cumprida a termo. Os contratos instantâneos podem ser de execução imediata ou de execução diferida.

Destaca-se que os efeitos da sentença que decretar a resolução do contrato retroagirão à data da citação e não à data da celebração da avença. Isso representa que os efeitos produzidos até a data da citação se manterão válidos, já que a sentença judicial produzirá efeitos *ex tunc* até a data da citação.

15.3.2.2.4.2 Cláusula *rebus sic stantibus* e teoria da imprevisão

O princípio do *pacta sunt servanda* já sofria uma mitigação da cláusula *rebus sic stantibus*, originada do direito canônico,[15] segundo a qual o contra-

15 De acordo com Geraldo Serrano Neves, o instituto é de "criação canonista, embora romanos a ela se referissem claramente, a "latinamente bruta, mas conceituadamente energica" cláusula *rebus sic stantibus*, teve origem no princípio de moral cristã que considerava injusto o lucro de alguém derivado da mudança ulterior das circunstâncias sob o império das quais as obrigações foram estipuladas. Princípio medieval de moral e de direito, não é exatamente – como afirmam alguns – conquista do direito moderno, pois sua origem

to deveria ser executado em consonância com as condições econômicas ao tempo de sua celebração, ou seja, caso ocorresse uma alteração que tornasse a prestação excessivamente gravosa para uma das partes, seria possível a extinção do instrumento contratual.

Todavia, a cláusula *rebus sic stantibus* não era muito invocada pelos contratantes, já que no auge do liberalismo predominavam-se nos sistemas jurídicos da época (séculos XVIII e XIX), o culto ao princípio da *força obrigatória dos contratos*, a *liberdade contratual* e a *autonomia da vontade*. De modo geral, uma vez concluído o contrato, as partes deveriam cumpri-lo, como se fora uma lei, de acordo com as cláusulas estipuladas no instrumento contratual, já que predominava à época o princípio da intangibilidade do pactuado.

Não obstante a existência de tais princípios, na primeira metade do século XX, a Teoria da Imprevisão procurou reviver de certa forma a cláusula *rebus sic stantibus*, já que seria possível resolver o contrato ou rever o conteúdo de suas cláusulas, a partir da ocorrência de acontecimentos novos e imprevisíveis, não imputáveis aos contraentes.

Trata-se de um contexto histórico que apresentava evidências de novos paradigmas. Geraldo Serrano Neves, em 1956, já alertava:[16]

> Apesar da intransigência dos "radicais-tradicionalistas", o texto de um código não pode permanecer inerte, apático, letárgico, quando no campo das relações jurídicas surgem espécies novas; novas e imprevistas situações. O direito é obrigado a ir se adaptando aos fatos

---

lança profundas raizes nos mais remotos socavões da história.
O que fez o direito moderno foi reconquistar, readaptar e condicionar ás exigências atuais o antigo e sábio mandamento. Não foi tambem abandonado, cedendo logar à autonomia da vontade, como dá a entender a silêncio do Código NAPOLEÃO, que pontificou no século XIX. É verdade que durante muitos anos a teoria esteve afastada das cogitações dos legisladores e dos arestos dos Tribunais; mas, como a Phoenix, iria ressurgir das próprias cinzas. Esteve, por assim dizer, licenciada emquanto a vida corria "mansa e pacífica", sem altos e baixos, sem eventos de vulto tendentes a modificar na sua estrutura a situação econômica do mundo, influindo profundamente na exequibilidade dos contratos, que podiam, assim, prever muito tranquilamente a prestação de uma obrigação futura, sem receio de mudanças, subversões ou reviravolta bruscas e imprevisíveis.
Tanto isso é verdade que bastou a convulsão mundial de 1914-1918 pára que a teoria ressurgisse, revivesse em toda a plenitude da sua vitalidade, pois até então apenas espontava timidamente em dispositivos reguladores da proibição do enriquecimento ilícito, do abuso de direito e do estado de necessidade. Amplamente e generosamente foi aplicada pelos juizes e Tribunais toda vez que surgiram imposições onerosas criadas por modificações imprevistas e imprevisíveis no âmbito objetivo do contrato e sempre que se tornou imperioso remediar situações nascidas de alteração viceral nas condições ou circunstâncias econômicas existentes ao tempo da celebração do pacto obrigacional". NEVES, Geraldo Serrano. *Teoria da imprevisão e cláusula rebus sic stamtibus*. In: www.ebookbrasil.org

16 NEVES, Geraldo Serrano. *Teoria da imprevisão e cláusula rebus sic stamtibus*. In: www.ebookbrasil.org

novos, que novos fatores fazem relumbrar; não pode ficar inativo, estável, emperrado; não pode se ostrear a princípios rígidos apenas porque são sábios ou porque atravessam incólumes umas centenas de anos. Em contrário à incolumidade do *pacta sunt servanda*, poder-se-ia opôr, com justeza, que já em 1756 o Codex Maximilianus Bavarius Civilis, incluía a CLÁUSULA *rebus sic stantibus* e tolerava a revisão contratual em casos especiais. Certo que a sua aplicação entrou em desvigoramento e quase desaparece lá pelas alturas do século XVIII. Não importa, porém, o declínio que sofreu. Tão logo surgiram condições sociais e econômicas capazes de impedir uma previsão, voltou revigorada a velha e eficiente cláusula resolutória.

Quando, em 1914, os Tribunais europeus começaram a aplicar a teoria da imprevisão aos contratos que se tornaram inexequíveis dada a superveniência de circunstâncias impeditivas imprevisíveis, ainda não haviam os Códigos da França, da Alemanha e da Itália restabelecido expressamente o princípio.

Não há motivo, pois, para que o eminente CARVALHO SANTOS se insurja contra a aplicação de teoria apenas porque "... não há uma lei especial que a consagre para determinados efeitos".

CAIO TÀCITO, em parecer solicitado pelo Ministério da Viação e Obras Públicas, assim se expressa, quando historia a ressurreição da cláusula *rebus sic stantibus*: "As violentas flutuações econômicas geradas pelo desequilíbrio social e político oriundo da guerra exigiram dos interpretes e dos Tribunais a mitigação do princípio rígido da imutabilidade dos contratos. Sem atingir o limite de impossibilidade absoluta, a execução dos contratos pactuados, sob condições anteriores substancialmente modificadas, tornava a obrigação excessivamente onerosa para o devedor e gerava consequências ruinosas para o comércio e a indústria, tanto em suas relações internas como internacionais". (Revista Forense, 155-99).

É verdade que não se encontra no Código Civil brasileiro qualquer texto, qualquer dispositivo particularizado que consagre como regra dominante o princípio expresso na fórmula da cláusula *rebus sic stantibus* (Vide Recurso Extraordinário 9.346 de 16-4-1946), embora ele se vá insinuando direta ou indiretamente na lei e na jurisprudência por imposição da própria necessidade de humanização e moralização do Direito, sob pressão de fatores inelutáveis.

"O princípio básico da teoria da imprevisão, como conquista definitiva do direito moderno, pode ser aplicado em certos casos, com fundamento em uma das mais generosas fontes do direito que são os princípios gerais. A ocorrência de certa álea nos negócios comerciais a termo, não elimina a possibilidade da aplicação da teoria da imprevisão" (NONATO).

Carlos Roberto Gonçalves afirma que a teoria que se desenvolveu com o nome de *rebus sic stantibus* consiste "em presumir, nos contratos comutativos, de trato sucessivo e de execução diferida, a existência implícita (não expressa) de uma *cláusula*, pela qual a obrigatoriedade de seu cumprimento pressupõe a inalterabilidade da situação de fato. Se esta, no entanto, modificar-se em razão de acontecimentos extraordinários, como uma guerra, por exemplo, que tornem excessivamente oneroso para o devedor o seu adimplemento, poderá este requerer ao juiz que o isente da obrigação, parcial ou totalmente".[17]

15.3.2.2.4.3 Diferença da cláusula *rebus sic stantibus* e teoria da imprevisão

Assim, Geraldo Serrano Neves apresenta a diferença entre a teoria da imprevisão e a cláusula *rebus sic stantibus* na palavra de NOÉ DE AZEVEDO: "Quando o Jurista considera a matéria sob o ponto de vista pelo qual os contratantes não prevem naturalmente o que possa acontecer no futuro fora do comum, ele dá à solução do problema jurídico o nome de teoria da imprevisão. Quando ele examina o mesmo problema pressupondo que, na época do cumprimento do contrato, as partes consideram que as coisas permaneceriam como estavam quando se obrigaram, ele a denomina de CLÁUSULA *rebus sic stantibus*. Certa que o nome que possa ter o instituto jurídico tem importância secundária".[18]

Dessa forma, verifica-se, pois, o caminho ou percurso "revisionista" dado ao direito contratual. O princípio do *pacta sunt servanda* sofre cada vez mais interesses de índole coletiva, em especial com a cláusula *rebus sic stantibus*, que de forma progressiva passa a compor a disciplina contratual. Isto é necessário para que o magistrado possa de certa forma equilibrar a relação jurídica contratual, protegendo o devedor da ruína em potencial.

Nesse sentido lembra FRANCISCO CAMPOS que "O risco que os contraentes assumem no contrato, não pode ser concebido como excedendo o risco normal, isto é, o que se compreende nos limites da previsão humana. Levar mais longe o dogma da intangibilidade do contrato, seria, sob pretexto de garantir a liberdade contratual, destruir o fundamento mesmo do contrato, a sua base econômica e moral, como instrumento de comércio e de cooperação entre homens, o

17 GONÇALVES, Carlos Roberto. *Direito Civil brasileiro*. Vol.III. São Paulo: Saraiva, 2004, p. 169.

18 NEVES, Geraldo Serrano. *Teoria da imprevisão e cláusula rebus sic stamtibus*. In: www.ebookbrasil.org

elemento de boa-fé e de justiça, sem o qual a liberdade dos contratos seria apenas uma aparência destinada a legitimar o locupletamento injusto de uma parte é custa do patrimônio da outra, sobre uma recaindo de modo exclusivo os riscos estranhos à natureza do contrato e que, se previsíveis na ocasião de atar-se o vínculo, teria impedido a sua formação".[19]

Geraldo Serrano Neves apresenta no final de sua obra *Teoria da Imprevisão e Cláusula rebus sic stamtibus* diversas decisões e citações de trechos de pareceres e estudos sobre o assunto. A importância histórica da obra de NEVES e a cuidadosa seleção dos textos selecionados nos pedem a palavra:[20]

1) "Especialmente no direito administrativo, ainda mais do que no direito civil, há margem para a admissão da revisão contratual sob a pressão de novas condições econômicas, pois, se em via de regra os contratos de direito civil se executam num ambiente limitado e em tempo restrito, os contratos de direito administrativo se dilatam em seu exercício, no tempo e no espaço, sofrendo mais, e, por isso mesmo, as variações inerentes as mutações sociais. A cláusula "*rebus sic stantivus*" atenua a responsabilidade por efeito de circunstâncias imprevistas que tornam impossível o cumprimento da obrigação" (Supremo Tribunal Federal, Rec. Ext. nº11.415; recorrente o Estado do Ceará; recorrido Cristiani & Nielsen, 13.9.48, Rev. For.; CXXI, 399 / 401).

2) "Justifica-se pois, em casos excepcionais, a aplicação da teoria da imprevisão, sendo que, com esse alcance, na hipótese concreta, não há vislumbrar nos lances do aresto, violação à letra do art. 1.080 do Código Civil, de vez que admite se desobrigue o proponente se o contrário da proposta de contrato, resultar das circunstâncias do caso" (Idem, idem, idem; voto do ministro RIBEIRO DA COSTA).

3) Amparando com prudência as expansões da cláusula, assim decidiu o Supremo Tribunal Federal, ao julgar o Rec. Ext. 8.599, em 21.12.48: "Não tem aplicação a cláusula "*rebus sic stantibus*" quando o contrato prevê a alteração das condições em que foi celebrado e estabelece a faculdade da alteração dos preços" (*Rev. For.*, CXXIV, 432).

4) Demonstrando aplaudir a afirmação de EMANUEL LEVI de que "aos direitos individuais e perpétuos, substituem-se os direitos coletivos e temporários de Pernambuco", CUNHA BARRETO, assim se expressa sobre a momentosa questão: "A intervenção estatal nos contratos de adesão ou na estipulação em favor de terceiros é coisa de nossos dias que se pratica sem rodeios. Como sinal da primeira intervenção, exumou-se do direito romano, depois da primeira conflagração europeia, a cláusula "*rebus sic stantibus*", como remédio heroico dos males produzidos pela interferência de fatores econômicos, de modo a restaurar a regra de que, nos contratos de trato sucessivo e a termo, o

19 *Ibid.*
20 *Ibid.*

vínculo obrigacional deveria ser entendido como subordinado àquele estado de fato vigente ao tempo da estipulação. Os direitos individuais são dados, não para gozo do homem, mas para ele exercer sua função social" (*Rev. For.*, CXVI, 283 / 289).

5) "O estado atual da nossa legislação não proíbe os efeitos benéficos da teoria da imprevisão e a jurisprudência já se encaminha nesse sentido. Essa teoria não se confunde com o caso fortuito, sinônimo da força maior. Apesar dos grandes contatos entre os institutos, eles não são iguais. Diante da alteração do ambiente objetivo no qual se formou o contrato, acarretando para o devedor uma onerosidade excessiva e para o credor um lucro inesperado, a solução só pode ser a resolução do vínculo, optando *ex nunc*, substituindo seus direitos, pelo respectivo equivalente econômico, com observância do disposto no art. 1.050, § Único do Código Civil" (Parecer: NOÉ AZEVEDO e FILOMENO COSTA, São Paulo, 1945).

6) "Não está ainda incorporada ao direito brasileiro (a cláusula "*rebus sic stantibus*") podendo ser aplicada, em certos casos, com base nos princípios gerais de direito" (Supremo Tribunal Federal e Tribunal de Justiça do Rio Grande do Sul, *Rev. For.*, 113-93 e 108-108).

7) "Existindo nos contratos de execução sucessiva ou a termo, uma presunção jurídica absoluta, limitando a responsabilidade dos riscos a previsão comum na época do acordo, a superveniência decorrente de imprevisão cria um regime novo, que deve ser demarcado com as ideias de equidade. E, como o direito positivo brasileiro não veda a aplicação da cláusula "*rebus sic stantibus*" havendo mesmo dispositivos que lhe facultam a invocação, principalmente na legislação posterior ao Código Civil, segue-se que, nos casos omissos, o Juiz, com fundamento no art. 4º da Lei de Introdução ao Código Civil, a pedido do devedor, pode modificar o cumprimento da obrigação, uma vez verificado o acontecimento excepcional e imprevisível ao tempo do contrato, e que, alterando profundamente o equilíbrio das prestações, possa ocasionar a ruína ou prejuízo exorbitante para uma das partes. A mencionada cláusula, como condição ingênita do contrato, é uma presunção de direito absoluta e não condição tácita do contrato ou acessória da vontade" (Parecer, OSVALDO CARVALHO MONTEIRO, *Rev. For.*, 94-242).

8) "Só a impossibilidade superveniente exonera o devedor da obrigação" (Rec. Ext. 18.120, relator O. ROZIMBO NONATO, *Rev. For.* CXXXV,71).

9) "É necessário o advento de condições econômicas imprevisíveis que, tornando iníqua e ruinosa a prestação, importem lucro exorbitante e injusto do credor, traduzindo insuportável gravame para o devedor. Caracterizada essa situação excepcional e inesperada, o contrato deverá ser reajustado ao novo e imprevisto estado de fato, restabelecendo-se o equilíbrio das obrigações extremamente desproporcionadas" (Parecer, 1945, CÁIO TÁCITO. Aprovado pelo ministro do Trabalho, conforme despacho no Diário Oficial, p. 11.874).

10) "O dirigismo contratual, o poder de revisão conferindo ao juiz, a possibilidade da sua intervenção na trama contratual, estão na ordem do dia. Cada vez mais se contrai o princípio da autonomia da vontade sob a pressão dos limites impostos pela ordem pública e pelos bons costumes. JOSSERAND, que põe em relevo o fenômeno, crisma-o com a denominação de "publicização do contrato" (Tribunal de Justiça da Bahia, Bem. nº 2.531, relator Dez. ADALÍCIO NOGUEIRA, *Rev. For.* 144-383).

11) "O princípio da autonomia da vontade, expresso na liberdade contratual e na liberdade de contratar, não foi, porém, jamais entendido e afirmado como princípio absoluto, a salvo de contrastes e limitações. Assim como nunca se concebeu o direito de propriedade como senhoria absoluta e ilimitada, afirmando-se, pelo contrário, limitações legais de ordem pública e privada aos direitos do proprietário, assim, nunca se afirmou o principio da autonomia da vontade com faculdade de contratar tudo que aprouvesse às partes, sem limites e censuras de ordem jurídica e moral" (SANTIAGO DANTAS, Rev. For. 139-6).

12) "Há, sem dúvida, nos contratos, uma álea normal, que é um dos característicos constitutivos do contrato. Há, entretanto, uma álea extraordinária, que resulta de circunstâncias excepcionais, como a guerra, que se não pode imputar exclusivamente à parte sacrificada, porque essa alteração radical não estava na previsão das partes" (EDUARDO ESPÍNOLA, Rev. For., 137-281).

13) "Se a parte, expressamente, no contrato, não assume toda e qualquer álea, isto é, se ela, claramente não mostra que previu toda e qualquer alteração nas condições existentes, o que é curial e o que se presume é que a sua previsão e, pois, seu consentimento, não tenha ido além do limite em que o contrato, deixando de ser uma manifestação de vontade sã e honesta, seja um delírio de louco ou um suicídio econômico, absurdo que o direito, em todos os tempos e em todos os lugares, não tem sancionado, não sanciona e não sancionará, sob pena de fugir de sua conceituação básica, para se tornar em puro jogo de azar" (JAIR LINS).

14) "A responsabilidade dos contratos de execução futura, em virtude de subsequente mudança radical do estado de fato, não é contemplada expressamente em nossa lei civil, mas decorre dos princípios gerais do direito e exprime um mandamento de equidade" (NÉLSON HUNGRIA, Sentença).

ESTUDOS & PARECERES

1 – NOÉ DE AZEVEDO e FILOMENO COSTA – O estado atual da nossa legislação não proíbe os efeitos benéficos da teoria da imprevisão e a jurisprudência já se encaminha decisivamente nesse sentido. Essa teoria não se confunde com o caso fortuito, sinônimo da força maior. Apesar de haver grandes contatos entre os institutos, eles não são iguais. Diante da alteração do ambiente objetivo no qual se formou o contrato, acarretando para o devedor uma onerosidade excessiva e para o credor um lucro inesperado, a solução só pode ser a

resolução do vínculo operando *ex nunc*, substituindo para o credor o exercício em forma específica, dos seus direitos, pelo respectivo equivalente econômico, com observância do disposto no artigo 1.050, § Único do Código Civil (*Revista Forense*, Vol. 115, pg. 393).

2 – CUNHA BARRETO – Não vale mais a regra de que o contrato vale como lei, pela faculdade as partes, em negócios lícitos, poderem criar direito subjetivo. A autonomia da vontade cedeu à pressão dos casos excepcionais. Os direitos individuais são dados, não para gozo do homem, mas para que ele exerça a sua função social. O jurista moderno, libertado, pela inteligência e saber, tem necessidade de quebrar esses grilhões, para ter desimpedido o caminho encetado em direção a perfeição da Justiça. Não era possível compreender a evolução jurídica com os olhos vendados pelo tradicionalismo e com os movimentos presos pelos grilhões de um conservantismo enervante (Conferência pronunciada no Instituto dos Advogados, Estado da Paraíba, em 18 de agosto de 1947 – In *Rev. Forense*, Vol. 116, pg. 283).

3 – Tal como no contrato, há um conjunto de circunstancias que contribuem para constituir o ambiente objetivo em que se verifica a formação da sentença. Se esse ambiente se modifica, se as circunstâncias determinantes da disposição judicial experimentam modificações de tal modo consideráveis que dificultem ou impossibilitem efetivamente a realização dos fins colimados pela sentença, a sua revisão se impõe, por força da cláusula implícita: *rebus sic stantibus* (PEDRO BATISTA MARTINS. *Comentários*, Vol. III, pg. 357).

4 – ENRICO TULIO LIEBMANN – Em certo sentido, todas as sentenças contêm implicitamente a cláusula *rebus sic stantibus* porque a coisa julgada não impede, de fato, que se tenham em conta fatores supervenientes à sentença. (*Efficacia e autoritá della sentenza*, pgs. 17 / 18).

5 – CHIOVENDA – A competência para a revisão da sentença é a do Juiz de 1ª Instância, o mesmo a quem compete processar a liquidação (*Principii*, p. 1.328).

6 – GUIMARÃES MENEGALE – A teoria da imprevisão se torna mais aleatória a obrigação, torna menos aleatória a execução. A primeira circunstância favorável ao acolhimento da teoria da imprevisão no direito administrativo, reside, exatamente, na flexibilidade de seus contratos, em oposição aos do direito civil, teoricamente imutáveis. Essa disposição filia-se a outra, e vem a ser que, pela emancipação do direito administrativo, o doutrinador e o juiz encontraram na exegese das normas legais uma liberdade maior, indispensável, de resto, à coadunação dos textos aos fatos. (Parecer, in *Revista Forense*, Vol. CXXXIII, p. 46).

7 – GORDILHO DE FARIA – A lei deve ser obra da inteligência humana, tendendo para o bem geral. O grande dever do Estado consiste em manter a ordem jurídica, necessária ao equilíbrio social. A lei para atingir a sua finalidade

há de ser aplicada humanamente. É necessário sentir como necessitado o anseio de sua necessidade. A função de aplicar o direito vive e revive em razão e em correspondência das necessidades humanas. As leis devem ser entendidas dentro no círculo das objetividades sociais. As leis, os textos, as normas, são fontes do direito; não constituem finalidade, porque são meios de atingir a finalidade, que reside na justiça. (Humanização do direito, estudo. In *Revista Forense*, Vol. CXXXIV, p. 585).

8 – ALÍPIO SILVEIRA – noção de direito positivo – O direito social – Noção de interpretação jurídica – Tendências subjetivista e objetivista – Os fins sociais e as exigências do bem comum na aplicação da lei – Limites aos métodos modernos de interpretação. (Hermenêutica do direito social, estudo. In *Revista Forense*, vol. CXXXV, p. 12).

9 – EDUARDO ESPINOLA – Apresentação do problema – O intervencionismo do Estado nos contratos – A cláusula *rebus sic stantibus*, a jurisprudência francesa – A cláusula na Bélgica, na Itália e na Rumânia – Na Alemanha, na Suíssa e na Inglaterra – O direito brasileiro em matéria de imprevisão – A cláusula *rebus sic stantibus* em nosso direito positivo e na jurisprudência dos Tribunais – Orientação da doutrina – Conclusões ("Cláusula *rebus sic stantibus* no direito contemporâneo. Estudo. In *Revista Forense* CXXXVII, p. 281).

10 – ALMEIDA PAIVA – O artigo 1.246 do Código Civil e a inalterabilidade do preço nas empreitadas de construção – A cláusula *rebus sic stantibus*, modernamente denominada teoria da imprevisão ou da superveniência – O direito alienígena e o Direito brasileiro – Orientação da jurisprudência – Requisitos que justificam a invocação da cláusula *rebus sic stantibus* – Aplicação ás empreitadas de construção – Hipótese na esfera de direito administrativo – Conclusões. (A cláusula *rebus sic stantibus* nas empreitadas de construção. Estudo. In *Revista Forense*, Vol. CXLI, p. 29).

11 – GERALDO SERRANO NEVES – "Criação canonista, embora romanos a ela se referissem claramente, a latinamente bruta mas conceituadamente enérgica cláusula *rebus sic stantibus* teve origem no princípio de moral cristã que considerava injusto o lucro de alguém derivado da mudança ulterior das circunstâncias sob o império das quais as obrigações foram estipuladas" (Teoria da imprevisão. In *Revista Forense*, Vol. CXLII, pg. 513).

12 – SEABRA FAGUNDES – Intervenção do Estado na ordem econômica, *Rev. Forense*, CXLVII, p. 66)

13 – ALCINO DE PAULA SALAZAR – "Eis aí, contidos em síntese primorosa, os lineamentos fundamentais do princípio da revisão, ligados a motivo de ordem econômica e moral, ao contrário do que pretendem, *data venia*, os opositores de tal principio." (Cit.) "A teoria da revisão aos poucos vai sendo acolhida pela jurisprudência, porque, em face da injustiça do convencionado, do desequilíbrio evidente, da ruína talvez e alguma das partes, não é possível

que o Juiz cruze os braços." Não se justifica pois, *data venia*, o movimento reacionário com que o acórdão em exame pretendeu resolver o problema para regredir à fórmula inatural e superada, sustentando, nesta época de franca evolução socialista, que, ainda agora, *pacta sunt servanda* (Comentário a acórdão do Tribunal de Justiça do Distrito Federal. Apelação 19.037 de 6 de outubro de 1952. In *Revista Forense*, Vol. CL, p. 248).

14 – CASTRO NUNES – Intervenção do Estado em ordem econômica. Parecer. 1952 – *Revista Forense*, Vol. CL, p. 92).

15 – AGUIAR DIAS – A justiça e as liberdades essenciais – Recordando a Constituição – Igualdade perante a lei – Intervenção na ordem econômica – Liberdade de pensamento – Liberdade individual – Direito de trânsito – Artigo 142 da Constituição – *Habeas Corpus* e mandado de segurança. (*Revista Forense*, CL, p. 36).

16 – CÁIO TÁCITO – A teoria da imprevisão apenas cogita da álea econômica extraordinária, que, pela impossibilidade de previsão e pelo excessivo peso de sua incidência, deve ser dividida entre ambos os contratantes. Reconhecendo a realidade social, essa doutrina jurídica moderna admite a revisão dos contratos quando a superveniência de condições imprevisíveis à época de sua formação, tornando excessivamente onerosa a obrigação, gera a impossibilidade subjetiva de execução do contrato. A teoria da imprevisão é uma ressalva ao princípio da imutabilidade dos contratos, de aplicação excepcional e restrita, sobretudo quando contraria norma legal expressa, como no caso do artigo 1.246 do Código Civil. A sua invocação pressupõe um estado de crise, uma resolução na matéria de fato que tenha, inesperadamente, submetido o empreiteiro a um prejuízo intolerável. (Parecer, *Revista Forense*, vol. XLV, p. 97).

17 – HERMES LIMA – O estado e o uso legal da força – Relações do Estado com a estrutura social – Defesa da ordem – A intervenção na ordem econômica em face das Constituições brasileiras – Política protecionista – Intervenção para fortalecer a iniciativa privada – Sistema capitalista – Crise no mundo atual – O intervencionismo moderno – Os arts. 145, 146 e 147 da Constituição – A preocupação da justiça social – Necessidade de pensamento politico organizado. ("Intervenção econômica no Estado moderno, Palestra realizada no auditório do IPASE. In *Revista Forense*, Vol. CLV, p. 471).

JURISPRUDÊNCIA DE NOSSOS TRIBUNAIS

1 – Especialmente no direito administrativo, ainda mais que no direito civil, há margem para a admissão da revisão contratual sob a pressão de novas condições econômicas, pois, se em via de regra os contratos de direito civil se executam num ambiente limitado e em tempo restrito, os contratos de direito administrativo se dilatam em seu exercício no tempo e no espaço,

sofrendo mais, e, por isso mesmo, as variações inerentes às mutações sociais. A cláusula *rebus sic stantibus* atenua a responsabilidade por efeito de circunstâncias imprevistas que tornam impossível o cumprimento da obrigação (Recurso Extraordinário Nº 11.415. Estado do Ceará versus Cristiani & Nielsen. Supremo Tribunal Federal, 13 de setembro de 1948).

2 – Não cabe ao Juiz tomar em consideração o tempo e as circunstâncias para modificar a convenção das partes e substituir as cláusulas aceitas livremente. O juiz só deve conhecer uma regra: O respeito à palavra empenhada. – A cláusula *rebus sic stantibus* entra progressivamente na consciência jurídica universal como corretivo necessário das iniquidades geradas pelas circunstâncias. Óbvio que não é útil, mas pernicioso à coletividade, impor o cumprimento de um contrato que arruíne o devedor (AGUIAR DIAS) (Apelação Nº 9.475. José Costa & Irmão versus The Baker Castor Oil Cy. Tribunal de Justiça da Bahia – 22 de julho de 1948).

3 – Não tem aplicação a cláusula *rebus sic stantibus* quando o contrato prevê a alteração das condições em que foi celebrado e estabelece a faculdade de alteração de preços (Recurso Extraordinário Nº 8.599. Empresa de Construções Gerais Ltda. Versus Quintela & Cia. Ltda. Supremo Tribunal Federal, 21 de dezembro de 1948).

4 – A sentença está sujeita à cláusula *rebus sic stantibus*. A mudança do estado das coisas pode torná-la inexequível e fazê-la operar no vazio, em certos casos. Mas, pela sistemática do Código de Processo Civil, não ocorrendo esses casos, a sentença não se pode alterar por amor de fundamentos repelidas pelo juiz da ação e produzidos teimosamente na execução. Só fatos supervenientes, podem trazer alteração do julgado (Recurso Extraordinário Nº 4.909 – Francisco Marengo versus A. Joaquim Teixeira – Supremo Tribunal Federal, 18 de julho de 1947).

5 – Não há em nosso direito, subentendida a cláusula *rebus sic stantibus*. A impossibilidade relativa da prestação não invalida os contratos, se não houver estipulação a respeito. No contrato de compra e venda mercantil há, inevitavelmente, certa álea, pela alternativa de ganho e perda. A oscilação de preços, pelos mais variados motivos, é fator constante, inafastável, nos cálculos das operações mercantis (Apelação Nº 3.328 – Tribunal de Justiça do Rio Grande do Sul, 25 de junho de 1946).

6 – A possibilidade de lucro reside na oscilação do valor da mercadoria, mas há causas imprevisíveis, como a falta repentina de um produto em determinada praça, motivando alta extraordinária, capaz de ocasionar lucro excepcional que não pode ser objeto de indenização por inadimplemento de obrigação contratual. VOTO VENCIDO do ministro NONATO: – Não se encontra no Código Civil qualquer texto que consagre, como regra dominante, o principio expresso na fórmula da cláusula *rebus sic stantibus* embora ele se vá insinuando direta ou

indiretamente na lei e na jurisprudência por imposição da própria necessidade de humanização e moralização do direito, sob a pressão de fatores inelutáveis. A ocorrência de certa álea nos negócios comerciais a termo não elimina a possibilidade de aplicação da teoria da imprevisão. Enquanto os doutos deitam sondas na pesquisa dos fundamentos da teoria da imprevisão e tecem o aranhol das doutrinas em torno do elegante problema jurídico (teoria moralista de RIPPERT et VOISIN; a da boa-fé de KLENK, ROBERT VOUIN E OUTROS; a da equidade, do solidarismo e da situação extracontratual de BRUZIN; do erro, de GIOVENE; da causa, de YANASCO; da pressuposição, de WINDSCHEID; a da vontade marginal, de OSTI; a da equivalência das questões e ainda outras) o princípio desenvolve-se em afirmações legislativas e jurisprudenciais. E nem tal poderia ser, dada a expansão das ideias de boa-fé, de equidade, de enriquecimento injusto, de vedação da usura e outras que lhes são afins e cercãs, e que cada vez mais tendem a humanização e à moralização do direito sob a pressão de fatores inelutáveis. Como disse DE MONZIE, "le mouvement des choses commande une stratégie des idèes" (Recurso Extraordinário nº 9.346. Tude, irmão & Cia. versus Andrônico Silva. Supremo Tribunal Federal, 27 de dezembro de 1946.

7 – O nosso Código Civil não repele a teoria da imprevisão, mas, vem ao contrário, a sufraga. Nos contratos deve ser procurada a intenção comum das partes, para fazer cessar a obrigação, sempre que, pela alteração da primitiva situação econômica, sofra profunda e imprevista agravação. Pela teoria da imprevisão concede-se ao juiz a faculdade ou tarefa de rever o contrato desde que acontecimentos imprevistos ou imprevisíveis alteraram as circunstâncias em que o vínculo se tinha formado e acarretaram para o obrigado uma onerosidade excessiva da prestação (Apelação Nº 5.362 – Vicente Durante versus Augusto Teixeira – 1ª Câmara do Tribunal de Apelação do Distrito Federal, 24 de abril de 1945).

8 – A revisão dos contratos pelo juiz substituiu-se à doutrina do absolutismo contratual. O dirigismo contratual, o poder de revisão conferido ao Juiz, a possibilidade da sua intervenção na trama contratual, estão na ordem do dia. Cada vez mais se contrai o princípio da autonomia da vontade, sob a pressão dos limites impostos pela ordem pública e pelos bons costumes. A revisão dos contratos pelo juiz, no direito inglês e no alemão é matéria passada em julgado (Embargos nº 2.531. Tribunal de Justiça da Bahia, 1952).

9 – A revisão dos contratos tem sido admitida em casos excepcionalíssimos entre nós, pressupondo sempre circunstâncias imprevistas e alheias à vontade das partes, que tornam impossível o cumprimento da obrigação. Não pode invocá-la quem praticou ato ilícito contra o credor, quer desviando bens apenhados, quer desvirtuando a finalidade do empréstimo (Apelação Nº 1.918, Tribunal de Justiça do Rio Grande do Norte, 1952).

15.3.2.2.4.4 Quando um contrato será considerado excessivamente oneroso?

O contrato será considerado excessivamente oneroso a partir do momento em que causar um desequilíbrio economicamente insuportável para um dos contraentes. É uma espécie de cláusula aberta. Neste caso, o magistrado deverá utilizar a discricionariedade para decidir o caso concreto decidendo. Mais uma vez lembramos que discricionariedade não significa arbitrariedade. No caso concreto decidendo o juiz deverá analisar a possibilidade de ocorrência de um prejuízo patrimonial sofrido por uma das partes contratantes que venha a modificar o equilíbrio econômico da avença.

Ao verificarmos a regra do artigo 478, constata-se que o pedido de resolução do contrato ocorre em razão da "imprevisibilidade" e "extraordinariedade" do acontecimento. Assim, de certa forma, o referido artigo se aproxima da teoria da imprevisão *stricto sensu*, já que o magistrado para acolher a pretensão resolutória, deverá verificar se o acontecimento invocado pela parte era imprevisível ao homem comum.

Portanto, a resolução por onerosidade excessiva apresenta as seguintes exigências: que o acontecimento seja extraordinário, imprevisível e excessivamente oneroso para uma das partes, além de informar que exista extrema vantagem para outra parte contratante.

15.3.2.2.4.5 Resolução ou modificação do contrato?

Verificou-se acima que a redação do artigo 478 menciona somente a possibilidade de o devedor requerer ao magistrado a *resolução* do contrato. A redação é muito criticada por juristas de escol, já que não prevê a possibilidade de revisão contratual com o firme propósito de reequilibrar a equação econômica da relação jurídica contratual. Em regra, *o que a parte prejudicada deseja é o reequilíbrio do contrato e não a sua extinção* (resolução).

O Conselho da Justiça Federal, nas III e IV Jornadas de Direito Civil, editou enunciados sobre a questão:

Conselho da Justiça Federal – III Jornada de Direito Civil

- CJF – Enunciado 175 – Art. 478: A menção à imprevisibilidade e à extraordinariedade, insertas no art. 478 do Código Civil, deve ser interpretada não somente em relação ao fato que gere o desequilíbrio, mas também em relação às consequências que ele produz.
- CJF – Enunciado 176 – Art. 478: Em atenção ao princípio da conservação dos negócios jurídicos, o art. 478 do Código Civil de 2002 deverá conduzir, sempre que possível, à revisão judicial dos contratos e não à resolução contratual.

Conselho da Justiça Federal – IV Jornada de Direito Civil

- CJF – Enunciado 365 – Art. 478. A extrema vantagem do art. 478 deve ser interpretada como elemento acidental da alteração de circunstâncias, que comporta a incidência da resolução ou revisão do negócio por onerosidade excessiva, independentemente de sua demonstração plena.
- CJF – Enunciado 366 – Art. 478. O fato extraordinário e imprevisível causador de onerosidade excessiva é aquele que não está coberto objetivamente pelos riscos próprios da contratação.

Conselho da Justiça Federal – V Jornada de Direito Civil

- CJF – Enunciado 439 Art. 478: A revisão do contrato por onerosidade excessiva fundada no Código Civil deve levar em conta a natureza do objeto do contrato. Nas relações empresariais, observar-se-á a sofisticação dos contratantes e a alocação de riscos por eles assumidas com o contrato.
- CJF – Enunciado 440 Art. 478: É possível a revisão ou resolução por excessiva onerosidade em contratos aleatórios, desde que o evento superveniente, extraordinário e imprevisível não se relacione com a álea assumida no contrato.

O Projeto 6.960/2002 procura suprir a deficiência na redação do referido artigo.[21]

---

21 Projeto de Lei 6.960/2002. Item 26. Arts. 472, 473, 474, 475, 478, 479, e 480 : a atual redação dada ao art. 478 do NCC, torna-se impertinente, inclusive por eleger a resolução do contrato como regra; convindo reconhecer, ainda, albergar o reportado dispositivo um sério equívoco doutrinário. A onerosidade excessiva da prestação de uma das partes, acha-se vinculada, "*ratio legis*", ao resultado de extrema vantagem para a outra, para tipificar o desequilíbrio contratual. REGINA BEATRIZ TAVARES DA SILVA, com elevada atenção ao tema, discorda : "casos há em que a onerosidade excessiva para uma das partes não implica lucro excessivo para a outra, mas, sim, até em algum prejuízo, por sofrer também as consequências da alteração das circunstâncias", enfatizando preponderar a finalidade principal da teoria da imprevisão, a de socorrer o contratante que será lesado pelo desequilíbrio contratual. Sua discordância é escorreita. De fato, não se deve configurar a onerosidade excessiva, na dependência do contraponto de um grau de extrema vantagem. Isto significaria atenuar o instituto, sopesado por uma compreensão menor. Desinfluente ao tema, quando já fora de propósito, o atual artigo 478 deve ser redirecionado ao tratamento da revisão dos contratos, em presença da teoria da imprevisão. Assim como o atual 480 do NCC, por se referir à revisão contratual deve ser deslocado para a seção adequada, figurando como parágrafo 2º do dispositivo matriz de revisão do contrato. Em razão dessas considerações e sopesando também a necessidade de se reposicionar alguns dispositivos, proponho a alteração dos arts. 472, 473, 474, 475, 478, 479, e 480, bem como a renomeação do título e das Seções do Capítulo II do Título V do Livro I da Parte Especial do Novo Código Civil, dada a impropriedade da nominação dada ao Capitulo II do Título V do Livro I da Parte Especial : "Da Extinção do Contrato", já que contém dispositivos acerca da revisão contratual (arts. 479 e 480), cumprindo-se-lhe renominá-lo : "Da Revisão e da Extinção

Preceitua o artigo 479 que "a resolução poderá ser evitada, oferecendo-se o réu a modificar equitativamente as condições do contrato".

Também, o Conselho da Justiça Federal, na IV Jornada de Direito Civil, em relação ao artigo 479, publicou o seguinte enunciado: "CJF – Enunciado 367 – Art. 479. Em observância ao princípio da conservação do contrato, nas ações que tenham por objeto a resolução do pacto por excessiva onerosidade, pode o juiz modificá-lo equitativamente, desde que ouvida a parte autora, respeitada a sua vontade e observado o contraditório".

Por fim, dispõe o artigo 480 do Código Civil: "Art. 480. Se no contrato as obrigações couberem a apenas uma das partes, poderá ela pleitear que a sua prestação seja reduzida, ou alterado o modo de executá-la, a fim de evitar a onerosidade excessiva".

15.3.2.2.4.6 A onerosidade excessiva no Código de Defesa do Consumidor – CDC

O Código de Defesa do Consumidor, em seu artigo 6º, inciso V, não faz referência a acontecimento imprevisível, exigindo apenas que os fatos sejam supervenientes. Vejamos a redação do dispositivo legal: "CDC – Art. 6º São direitos básicos do consumidor: V – a modificação das cláusulas contratuais que estabeleçam prestações desproporcionais ou sua revisão em razão de fatos supervenientes que as tornem excessivamente onerosas;"[22]

Nesse sentido, o artigo 51 do CDC determina que "são nulas de pleno direito, entre outras, as cláusulas contratuais relativas ao fornecimento de produtos e serviços que: IV – estabeleçam obrigações consideradas iníquas, abusivas, que coloquem o consumidor em desvantagem exagerada, ou sejam incompatíveis com a boa-fé ou a equidade;" E no artigo 51, § 1º, dispõe que "Presume-se exagerada, entre outros casos, a vontade que: III – se mostra excessivamente onerosa para o consumidor, considerando-se a natureza e conteúdo do contrato, o interesse das partes e outras circunstâncias peculiares ao caso".

15.3.2.2.4.7 A teoria da onerosidade excessiva é diferente do instituto jurídico da lesão.

Vejamos as diferenças:

---

do Contrato". Torna-se , ainda, indispensável incluir seção própria acerca da Revisão, para melhor disciplinar o emprego da teoria da imprevisão .

22 Dessa maneira, alguns autores informam que o CDC adota a teoria da onerosidade excessiva e o CC/02 determina a teoria da imprevisão, já que o CDC não faz referência a acontecimento *imprevisível*.

Teoria da Onerosidade Excessiva (CC 2002 - Art. 478)	Lesão (CC 2002 - Art. 157)[182] Defeito do Negócio Jurídico. Vício de Vontade
É subsequente ao contrato.	A lesão ocorre no momento de formação do contrato, ou seja, no momento de nascimento do contrato.
Decorre de fatos extraordinários e imprevisíveis inimputáveis às partes contratantes.	O contrato já nasce desequilibrado economicamente.
Em regra, não justifica a resolução e sim o seu reequilíbrio.	A consequência é a anulação do contrato, entretanto, nada impede que se peça a modificação do negócio jurídico.

15.3.2.2.4.8 Diferença entre o artigo 317 e o artigo 478, ambos do CC-2002

O artigo 317 do CC-2002 enuncia:[23]

> Art. 317. Quando, por motivos imprevisíveis, sobrevier desproporção manifesta entre o valor da prestação devida e o do momento de sua execução, poderá o juiz corrigi-lo, a pedido da parte, de modo que assegure, quanto possível, o valor real da prestação.

A regra do artigo 478 é apresentada nos seguintes termos:

> Nos contratos de execução continuada ou diferida, se a prestação de uma das partes se tornar excessivamente onerosa, com extrema vantagem para a outra, em virtude de acontecimentos extraordinários e imprevisíveis, poderá o devedor pedir a resolução do contrato. Os efeitos da sentença que a decretar retroagirão à data da citação.

Pelo artigo 317 do CCB a parte prejudicada poderá requerer ao magistrado que corrija, quando possível, o valor real da prestação, caso venha a ocorrer um fato imprevisível, gerando desproporção manifesta entre o valor da prestação devida e o do momento de sua execução. Neste caso, o que se deseja é a manutenção do contrato e a consequente restauração do valor real de sua prestação e não a sua extinção.

Já o artigo 478 permite a *resolução* do contrato (ou sua modificação/revisão na busca de seu reequilíbrio ético e econômico).

23 CC 2002 – Art. 157. Ocorre a lesão quando uma pessoa, sob premente necessidade, ou por inexperiência, se obriga a prestação manifestamente desproporcional ao valor da prestação oposta. § 1º Aprecia-se à desproporção das prestações segundo os valores vigentes ao tempo em que foi celebrado o negócio jurídico. § 2º Não se decretará a anulação do negócio, se for oferecido suplemento suficiente, ou se a parte favorecida concordar com a redução do proveito.
CC 2002 – Art. 171. Além dos casos expressamente declarados na lei, é anulável o negócio jurídico: II – por vício resultante de erro, dolo, coação, estado de perigo, lesão ou fraude contra credores.

15.3.2.2.4.9 Quadro comparativo *

Fundamento legal	Art. 157 do Código Civil	Art. 317 do Código Civil	Art. 478 do Código Civil
Redação	Ocorre lesão quando uma pessoa sob premente necessidade, ou por inexperiência, se obriga a prestação manifestamente desproporcional ao valor da prestação oposta.	Quando, por motivos imprevisíveis, sobrevier desproporção manifesta entre o valor da prestação devida e o do momento de sua execução, poderá o juiz corrigi-lo, a pedido da parte de modo que assegure, quanto possível, o valor real da prestação.	Nos contratos de execução continuada ou diferida, se a prestação de uma das partes se tornar excessivamente onerosa, com extrema vantagem para a outra, em virtude de acontecimentos extraordinários e imprevisíveis, poderá o devedor pedir a resolução do contrato. Os efeitos da sentença que decretar retroagirão à data da citação.
Natureza jurídica	Defeito do negócio jurídico.	Causa de revisão obrigacional	Causa de resolução (ou reequilíbrio) do contrato por impossibilidade absoluta do reequilíbrio entre as prestações das partes.
Requisitos	Ocorrer no momento da realização do negócio jurídico (da declaração da vontade); A pessoa se encontrar sob premente necessidade ou ser inexperiente (requisito subjetivo); A prestação ser desproporcional em relação ao objeto do contrato (requisito objetivo); Só é admissível nos contratos comutativos, bilaterais e onerosos;	Tem incidência no campo obrigacional, ou seja, está ligada às obrigações assumidas; Haver desproporção entre a obrigação assumida e o seu cumprimento; Exige somente a imprevisibilidade (a interpretação da expressão "motivos imprevisíveis" deve abarcar tanto causas de desproporção não-previsíveis como também causas previsíveis, mas de resultados imprevisíveis), não mencionando a extraordinariedade; Ocorre supervenientemente a formação da obrigação;	Tem incidência em contratos comutativos, de execução continuada ou diferida, sendo vedado nos contratos aleatórios (embora alguns autores, em condições excepcionalíssimas, admitam esta hipótese); A prestação torna-se excessivamente onerosa, sendo imensamente vantajosa para uma das partes e extremamente onerosa para a outra, sob absoluta impossibilidade de reequilíbrio contratual entre as partes; Decorre de fatos extraordinários (*Extraordinário será o fato que foge à normalidade dos acontecimentos quotidianos*, como é o caso das guerras, incêndio *catastrófico, estiagens prolongadas, enfim, todas as situações que não podem ser consideradas como corriqueiras em determinado cenário*) e imprevisíveis (*Por fato imprevisível tem-se aquele que não era possível de ser previsto pelas partes, verificando-se a diligência do homem médio, quando da vinculação contratual.*). Este requer a extraordinariedade e a imprevisibilidade, simultaneamente; Ocorre supervenientemente, ou seja, após a assunção do contrato;

Fundamento legal	**Art. 157 do Código Civil**	**Art. 317 do Código Civil**	**Art. 478 do Código Civil**
Tutela Jurisdicional pretendida	Anulação do negócio jurídico (art.171, II do CC/02). A sentença tem efeito *ex tunc*.	Pede-se o reequilíbrio da obrigação para que a esta possa ser cumprida. A sentença tem efeito *ex nunc*.	Pleiteia-se a resolução (ou reequilíbrio) do contrato, embora o juiz possa determinar a redução do excesso para reequilibrar a obrigação; A sentença tem efeito *ex nunc*;
Considerações gerais	Este não se refere à teoria da imprevisão, trata-se de defeito do negócio jurídico; Em regra, há dolo da parte a quem aproveita (dolo de aproveitamento); Não se decretará a anulação do negócio jurídico, se for oferecido suplemento suficiente, ou se a parte favorecida concordar com a redução do proveito (art.157 § 2º do CC/02);	Este se refere à teoria da imprevisão; Não há dolo na intenção da parte a quem aproveita, independe da vontade de ambas as partes;	Este se refere à teoria da onerosidade excessiva; É também chamada de cláusula rebus sic standibus (que significa "estando as coisas assim". Dentro da relação contratual significa "que as coisas permaneçam como no momento em que foi pactuado o negócio jurídico"). Não há dolo na intenção da parte a quem aproveita, independe da vontade das partes;
Prazos prescricionais e decadenciais	O prazo decadencial é de 4 anos (art. 178, II, CC/02).	O prazo prescricional varia de acordo com a natureza e o objeto da obrigação.	O prazo prescricional varia de acordo com a natureza e o objeto do contrato.

Fundamento legal	Art. 157 do Código Civil	Art. 317 do Código Civil	Art. 478 do Código Civil
Exemplos	Imagine que um servidor público federal seja transferido do Rio de Janeiro para o Amazonas. Desconhecendo o local, aluga pela internet um imóvel de 2 quartos e dependências, num bairro classe média, por R$ 1.200,00. Julga ter feito um bom negócio, pois no Rio paga R$ 1.800,00 por um imóvel semelhante. Após, descobre que o máximo pago num imóvel com as mesmas descrições do seu é de R$ 650,00.	José adquire um carro zero km, em novembro de 1998, no valor de R$ 18 mil. Decide parcelar o pagamento em 60 prestações, usando como indexador de reajuste a variação cambial da moeda americana (dólar), tendo em vista que com o advento do Real a moeda brasileira equiparou-se ao dólar, ou seja, R$ 1 era igual a US$1. Ocorre que em janeiro de 1999 a moeda brasileira desvalorizou-se, e US$ 1 passou a ser igual a R$ 2,064. Logo, o valor da prestação de José duplicou, provocando um imenso desequilíbrio da obrigação por ele assumida.	Maria, diretora do hospital KWY, celebra com João, dono da empresa Boa Boca, um contrato para o fornecimento de quentinha para seu hospital, em janeiro de 1998. Foi estipulado que seriam entregues, diariamente, mil refeições ao custo de R$ 2, cada, pelo prazo de 60 meses, tendo o contrato reajuste anual pelo IPCA (na data em 1,65%). O contrato vinha sendo fielmente cumprido por ambas as partes. Ocorre que em 1999 o IPCA, pressionado por uma crise financeira, teve seu índice fixado em 8,94%, tornando a prestação extremamente onerosa para Maria e extremamente vantajosa para João.
Observação	Se a premente necessidade for oriunda de perigo de vida ou de saúde, da própria parte lesada, de alguém de sua família, ou até mesmo de um terceiro, não estaremos diante do instituto da lesão (art. 157) e sim, do estado de perigo (art. 156).	Observe-se que os art. 317 e 478 do Código Civil têm disposições muito semelhantes e na prática podem trazer certa confusão. Entretanto, observe-se que o art. 317 trata de obrigações (vem inserido no título do adimplemento e extinção das obrigações), enquanto o art. 478 trata de contratos (vem inserido no título dos contratos em geral).	

15.3.2.3 Rescisão

Conforme dito anteriormente, a rescisão que sempre esteve associada à ideia de inadimplemento culposo da obrigação, em tese, uma espécie do gênero dissolução contratual, nos dias atuais é muito utilizada como sinônimo desta.

Capítulo 16

DA COMPRA E VENDA

16.1 Conceito

O contrato de compra e venda é aquele em que um dos contratantes (vendedor) se obriga a transferir o domínio de certa coisa, e o outro (adquirente), a pagar-lhe certo preço em dinheiro, conforme estabelecido no artigo 481 do CCB.[1] Do conceito extraído do Código Civil é possível afirmar que a compra e venda cria o vínculo obrigacional de transferir o domínio da coisa vendida, ou seja, o vendedor se obriga a transferir certa coisa (móvel ou imóvel) mediante a contraprestação do pagamento em dinheiro.

Em relação aos bens móveis, o artigo 1.267 do CCB informa que "a propriedade das coisas não se transfere pelos negócios jurídicos antes da tradição". Já em relação aos bens imóveis, o artigo 1.245 dispõe que "transfere-se entre vivos a propriedade mediante o registro do título translativo no Registro de Imóveis". E o seu § 1º determina que "enquanto não se registrar o título translativo, o alienante continua a ser havido como dono do imóvel". Arnaldo Rizzardo observa que "há o contrato mesmo que não ocorra a tradição do bem móvel visado, ou não se verifique a transcrição do imóvel no registro cartorário competente. Se não consumado o segundo passo, a avença se resume em um direito pessoal. Para a configuração do direito real, importa se realize a tradição, ou o registro imobiliário".[2] Da mesma forma, Caio Mário da Silva Pereira ensina que para o direito brasileiro "o contrato por si só é inábil a gerar a translação da propriedade, embora seja dela uma causa determinante. É mister a realização de um daqueles atos a que a lei reconhece o efeito translatício: a tradição da *res vendita*, se se tratar de coisa móvel; ou a inscrição do título aquisitivo no registro, se for imóvel o seu objeto".[3]

Assim, o contrato de compra e venda possui caráter meramente obrigatório, já que para o vendedor (alienante) gera uma obrigação de entregar a coisa (*res vendita*), proporcionando ao comprador (adquirente) a faculdade de acioná-lo caso não o faça. (Indenização por perdas e danos).

1 Correspondente ao art. 1.122 do CCB/1916.
2 RIZZARDO, Arnaldo. *Contratos*. 6. ed. Rio de Janeiro: Forense, 2006, p. 294.
3 PEREIRA, Caio Mário da Silva. *Instituições de direito civil*. 11. ed. Vol. III. Rio de Janeiro: Forense, 2003, p. 173.

Contrato de Compra e Venda (2 fases)

1ª Fase: Obrigacional	2ª Fase: Real	
Ato contratual	Ato de transferência	
Contrato gerador de obrigação de transferir	Inscrição do título no RGI (bens imóveis) [4]	Tradição (bens móveis)

16.1.1 Outros sistemas jurídicos contemporâneos

No Direito francês (Código de Napoleão – Art. 1.582), o contrato de compra e venda cria ao mesmo tempo o vínculo obrigacional e transfere o domínio da coisa vendida.

O sistema do Código Civil português atribui efeitos reais ao contrato de compra e venda. "Artigo 874. (Noção) Compra e venda é o contrato pelo qual se transmite a propriedade de uma coisa, ou outro direito, mediante um preço". Dessa forma, em Portugal, o contrato é suficiente para transferir o domínio da coisa vendida.

No Código civil alemão (B.G.B. – Artigo 433), o contrato gera exclusivamente uma obrigação de dar. A transferência do domínio depende de outro ato relevante, a tradição da coisa vendida. Neste ponto, Serpa Lopes ensina que o direito germânico resulta de dois princípios fundamentais peculiares aos dois direitos: "1º) o contrato de compra e venda produz a obrigação de transferir o domínio da coisa vendida; 2º) essa transferência, porém, não decorre do ato da obrigação, senão de uma segunda formalidade, consequência da primeira, que, a seu turno, constitui uma dupla obrigação – a de dar a posse ao comprador e a de transferir-lhe a propriedade".[5]

16.2 Classificação do contrato de compra e venda

O contrato de compra e venda pode ser classificado como:

a) *Bilateral*, já que cria obrigações para ambas as partes contratantes;
b) *Oneroso*, uma vez que ambas as partes possuem proveitos e vantagens. Ademais, o preço é a contraprestação pela entrega da coisa;
c) *Comutativo* ou *aleatório*, porque, em regra, as prestações são equivalentes, ou seja, existe um equilíbrio entre prestação e contraprestação; o contrato será aleatório quando envolver uma álea (risco). A *emptio spei* envolve um contrato tipicamente aleatório.

4 CC 2002 – Art. 108. Não dispondo a lei em contrário, a escritura pública é essencial à validade dos negócios jurídicos que visem à constituição, transferência, modificação ou renúncia de direitos reais sobre imóveis de valor superior a trinta vezes o maior salário-mínimo vigente no País.

5 SERPA LOPES, Miguel Maria de. *Curso de direito civil*. 5. ed. Vol. III. Rio de Janeiro: Freitas Bastos, 2001, p. 269.

d) *Consensual* ou *solene*, de modo geral, o contrato de compra e venda é consensual, já que o contrato se forma através do acordo de vontades; em certos casos, poderá ser solene, uma vez que a lei exige determinada formalidade, como no caso de compra e venda de imóveis, em que se exige a forma (escritura pública).
e) *Paritário* ou *adesão*. O contrato será paritário se as cláusulas contratuais forem discutidas livremente entre os parceiros contratuais, e de adesão se as cláusulas contratuais forem previamente estipuladas;
f) *Execução imediata* ou *diferida no tempo*. O contrato de compra e venda será de execução imediata se a execução da prestação ocorrer em apenas um ato (por exemplo, compra e venda à vista), e diferida no tempo, se a execução da prestação ocorrer em vários atos (e.g., compra e vista a prazo).

16.3 Compra e venda de lote

Se for lote[6] a alienação poderá ser efetuada por instrumento particular, conforme art. 26 da Lei nº 6.766/79, que dispõe sobre o parcelamento do solo urbano e dá outras providências. Vejamos: Art 26. Os compromissos de compra e venda, as cessões ou promessas de cessão poderão ser feitos por escritura pública ou por instrumento particular, de acordo com o modelo depositado na forma do inciso VI do art. 18 e conterão, pelo menos, as seguintes indicações: I – nome, registro civil, cadastro fiscal no Ministério da Fazenda, nacionalidade, estado civil e residência dos contratantes; II – denominação e situação do loteamento, número e data da inscrição; III – descrição do lote ou dos lotes que forem objeto de compromissos, confrontações, área e outras características; IV – preço, prazo, forma e local de pagamento bem como a importância do sinal; V – taxa de juros incidentes sobre o débito em aberto e sobre as prestações vencidas e não pagas, bem como a cláusula penal, nunca excedente a 10% (dez por cento) do débito e só exigível nos casos de intervenção judicial ou de mora superior a 3 (três) meses; VI – indicação sobre a quem incumbe o pagamento dos impostos e taxas incidentes sobre o lote compromissado; VII – declaração das restrições urbanísticas convencionais do loteamento, supletivas da legislação pertinente. § 1º O contrato deverá ser firmado em 3 (três) vias ou extraídas em 3 (três) traslados, sendo um para cada parte e o terceiro para arquivo no registro imobiliário, após o registro e anotações devidas. § 2º Quando o contrato houver sido firmado por procurador de qualquer das partes, será obrigatório o arquivamento da procuração no registro imobiliário.

6 Decreto-Lei Nº 58, de 10 de dezembro de 1937. Dispõe sobre o loteamento e a venda de terrenos para pagamento em prestações. Art. 22. As escrituras de compromisso de compra e venda de imóveis não loteados, cujo preço deva pagar-se a prazo, em uma ou mais prestações, serão averbadas à margem das respectivas transcrições aquisitivas, para os efeitos desta lei.

16.4 Pressupostos existenciais

São pressupostos existenciais do contrato de compra e venda: Coisa (*res*), preço (*pretium*) e consenso (*consensus*). Se a coisa vendida for um imóvel de valor superior a trinta vezes o maior salário-mínimo vigente no País (CC 2002, art. 108), deve-se acrescer a *forma* (escritura pública).

16.4.1 Coisa (res)

A coisa (*res*) é o objeto da relação jurídica contratual. A coisa pode ser classificada em corpórea/incorpórea; móvel/imóvel; fungível/infungível; consumível/não consumível; singular/coletiva; divisível/indivisível. No contrato de compra e venda a coisa deve possuir algumas qualidades fundamentais, a saber:

a) *Existência*, ou seja, que a coisa exista ou venha a existir no momento de formação do contrato. Isso porque se exige a coisa certa e determinada no momento de formação do contrato. Caso alguém venda coisa inexistente, será nulo o contrato. Todavia, é possível que o objeto contratual seja *coisa futura*. O artigo 483 do CCB possibilita que a compra e venda tenha por objeto coisa atual ou futura. CCB, art. 483: "A compra e venda pode ter por objeto coisa atual ou futura. Neste caso, ficará sem efeito o contrato se esta não vier a existir, salvo se a intenção das partes era de concluir contrato aleatório".

Na venda de coisas futuras, o risco pode estar relacionado à própria existência da coisa (*emptio spei*) ou em relação à quantidade da coisa esperada (*emptio rei speratae*). Vejamos:

1) O Código Civil brasileiro, no artigo 458, trata do contrato aleatório (*emptio spei*) ou venda da esperança. "Art. 458. Se o contrato for aleatório, por dizer respeito a coisas ou fatos futuros, cujo risco de não virem a existir um dos contratantes assuma, terá o outro direito de receber integralmente o que lhe foi prometido, desde que de sua parte não tenha havido dolo ou culpa, ainda que nada do avençado venha a existir." Neste caso, o objeto do contrato de compra e venda não é a coisa, mas sim a *spes* (expectativa). O comprador assume o risco (*alea*) da existência ou não da coisa vendida. Exemplificando: Uma pessoa, através de contrato aleatório, adquire de um fazendeiro toda a safra de tomates do ano seguinte. Neste momento, essa pessoa (comprador) assume o risco da possibilidade de inexistência da referida safra de tomates, e, ainda assim, terá que cumprir com o pagamento do preço ajustado (salvo se houver culpa do devedor pela perda da safra).

2) Já o artigo 459 diz respeito à quantidade maior ou menor da coisa esperada (*emptio rei speratae* ou venda da coisa esperada). O artigo 459 determina que "se for aleatório, por serem objeto dele coisas futuras, tomando o adquirente a si o risco de virem a existir em qualquer quantidade, terá também direito o alienante a todo o preço, desde que de sua parte não tiver concorrido culpa, ainda que a coisa venha a existir em quantidade inferior à esperada. Parágrafo único. Mas, se da coisa nada vier a existir, alienação não haverá, e o

alienante restituirá o preço recebido". Neste caso, o risco do comprador está relacionado à quantidade e não à existência da coisa. Utilizando o mesmo exemplo da safra de tomates: comprador e vendedor estimam a quantidade da safra de tomates do próximo ano e a partir daí o seu preço. Se não houver colheita de tomates no próximo ano, o comprador nada deve ao vendedor. Entretanto, se a colheita acontecer, *em quantidade a maior ou a menor* em relação ao estimado no contrato, o comprador será obrigado a pagar o valor total pactuado. É o tipo do negócio jurídico que o comprador somente convenciona acreditando que a quantidade será maior que a firmada no contrato. Isso porque, caso venha a existir alguma quantidade, por menor que seja, o comprador terá a obrigação de pagar todo o preço ajustado.

b) *Individualização*. A coisa deve ser individuada, determinada ou determinável. É possível que o objeto contratual possua uma indeterminação relativa, como na hipótese da compra e venda alternativa, cujo processo de individualização se dá com a concentração.

c) *Disponibilidade para o comércio*. A coisa deve estar disponível no comércio, isto é, o objeto deve ser suscetível de apropriação e alienável. Melhor dizendo: o objeto não pode ser impossível (natural, física ou juridicamente).

16.4.2 Preço (*pretium*)

Para que exista o contrato de compra e venda, além da coisa, é necessário que haja preço. Preço é o valor em dinheiro dado em contraprestação pela entrega da coisa, ou seja, o preço é uma espécie de medição da coisa comprada. O preço deve ser sério, justo e verdadeiro.[7]

É nulo o contrato de compra e venda, quando se deixa ao arbítrio exclusivo de uma das partes a fixação do preço (CCB, art. 489).[8] Nesse sentido o Superior Tribunal de Justiça entendeu que:

> COMPRA E VENDA. Laranja. Preço. Modificação substancial do mercado. O contrato de compra e venda celebrado para o fornecimento futuro de frutas cítricas (laranja) não pode lançar as despesas à conta de uma das partes, o produtor, deixando a critério da compradora a fixação do preço. Modificação substancial do mercado que deveria ser suportada pelas duas partes, de acordo com a boa-fé objetiva (art. 131 do C. Comercial). Recurso conhecido e provido (REsp 256.456/SP, Rel. ministro RUY ROSADO DE AGUIAR, QUARTA TURMA, julgado em 22.03.2001, DJ 7.5.2001 p. 147).

7 CC 2002 – Art. 318. São nulas as convenções de pagamento em ouro ou em moeda estrangeira, bem como para compensar a diferença entre o valor desta e o da moeda nacional, excetuados os casos previstos na legislação especial.

8 CC 2002 – Art. 122. São lícitas, em geral, todas as condições não contrárias à lei, à ordem pública ou aos bons costumes; entre as condições defesas se incluem as que privarem de todo efeito o negócio jurídico, ou o sujeitarem ao puro arbítrio de uma das partes.

Caio Mário da Silva Pereira alerta que não caracteriza a fixação do preço por apenas uma das partes quando a coisa exposta à venda já traz a determinação do preço, já que este integra a proposta. Da mesma forma é o caso do leilão, "em que o maior lanço parece indicar que o preço é deixado ao comprador, mas sim caracteriza condição da oferta, que o adquirente será aquele que mais alto oferecer".[9]

A fixação do preço pode ser deixada ao arbítrio de terceiro, que os contratantes logo designarem ou prometerem designar. Se o terceiro não aceitar a incumbência, ficará sem efeito o contrato, salvo quando acordarem os contratantes designar outra pessoa (CCB, art. 485). Da mesma forma, também se poderá deixar a fixação do preço à taxa de mercado ou de bolsa, em certo e determinado dia e lugar (CCB, art. 486). É lícito às partes fixar o preço em função de índices ou parâmetros, desde que suscetíveis de objetiva determinação. (CCB, art. 487).

Vale destacar que o enunciado 441, da V Jornada de Direito Civil, diz que "Art. 488, parágrafo único: Na falta de acordo sobre o preço, não se presume concluída a compra e venda. O parágrafo único do art. 488 somente se aplica se houverem diversos preços habitualmente praticados pelo vendedor, caso em que prevalecerá o termo médio."

16.4.3 Consenso *(consensus)*

É a declaração volitiva das partes contratantes que representa a vontade de um sujeito em adquirir e a vontade de outra pessoa em alienar determinada coisa por certo preço. Através dessas vontades, o pacto é firmado, surgindo para um (alienante) a obrigação de entregar a coisa e para outro (adquirente) a obrigação de pagar o preço. Daí, o contrato de compra e venda é tipicamente um negócio jurídico bilateral. O mútuo acordo envolve a concordância sobre a existência e natureza da compra e venda; o conteúdo das cláusulas contratuais; o objeto e seu preço.

As partes contratantes devem possuir capacidade genérica para a realização do ato jurídico. As incapacidades previstas nos artigos 3° e 4° do CCB[10] não impedem a realização do negócio jurídico, já que podem ser supridas pelos institutos jurídicos da *representação* e da *assistência* ou pela autorização judicial. Vejamos os dispositivos legais pertinentes:

---

9 PEREIRA, *op. cit*, p. 184.

10 CC 2002 – Art. 3° São absolutamente incapazes de exercer pessoalmente os atos da vida civil: I – os menores de dezesseis anos; II – os que, por enfermidade ou deficiência mental, não tiverem o necessário discernimento para a prática desses atos; III – os que, mesmo por causa transitória, não puderem exprimir sua vontade. Art. 4° São incapazes, relativamente a certos atos, ou à maneira de os exercer: I – os maiores de dezesseis e menores de dezoito anos; II – os ébrios habituais, os viciados em tóxicos, e os que, por deficiência mental, tenham o discernimento reduzido; III – os excepcionais, sem desenvolvimento mental completo; IV – os pródigos. Parágrafo único. A capacidade dos índios será regulada por legislação especial.

a) CCB, Art. 1.634. Compete aos pais, quanto à pessoa dos filhos menores: [...] V – representá-los, até aos dezesseis anos, nos atos da vida civil, e assisti-los, após essa idade, nos atos em que forem partes, suprindo-lhes o consentimento;

b) CCB, Art. 1.691. Não podem os pais alienar, ou gravar de ônus real os imóveis dos filhos, nem contrair, em nome deles, obrigações que ultrapassem os limites da simples administração, salvo por necessidade ou evidente interesse da prole, mediante prévia autorização do juiz;

c) CCB, Art. 1.748. Compete também ao tutor, com autorização do juiz: [...] IV – vender-lhe os bens móveis, cuja conservação não convier, e os imóveis nos casos em que for permitido;

d) CCB, Art. 1.774. Aplicam-se à curatela as disposições concernentes à tutela, com as modificações dos artigos seguintes.

16.4.3.1 Falta de legitimação do contratante na compra e venda

Situação diversa ocorre nos casos de restrição legal à liberdade de realização do contrato de compra e venda. São hipóteses de *falta de legitimação.*

16.4.3.1.1 Venda de ascendente a descendente

É anulável a venda de ascendente a descendente,[11] salvo se os outros descendentes e o cônjuge do alienante expressamente houverem consentido (CCB, art. 496).[12] Em ambos os casos, dispensa-se o consentimento do cônjuge se o regime de bens for o da separação obrigatória (CCB, art. 496, parágrafo único). O fundamento é o Princípio da Isonomia entre os herdeiros. É uma espécie de fiscalização prévia com a finalidade de evitar uma doação trajada de compra e venda (Herdeiros necessários. CC 2002 – Arts. 1.845 e 1.846).

Em relação ao artigo em comento, o Conselho da Justiça Federal editou os seguintes enunciados:

a) CJF – Enunciado 177 – Art. 496: Por erro de tramitação, que retirou a segunda hipótese de anulação de venda entre parentes (venda de descendente para ascendente), deve ser desconsiderada a expressão "em ambos os casos", no parágrafo único do art. 496 (III Jornada de Direito Civil);
b) CJF – Enunciado 368 – Art. 496. O prazo para anular venda de ascendente para descendente é decadencial de dois anos (art. 179 do Código Civil) (IV Jornada de Direito Civil).

11 CC 2002 – Art. 179. Quando a lei dispuser que determinado ato é anulável, sem estabelecer prazo para pleitear-se a anulação, será este de dois anos, a contar da data da conclusão do ato.

12 Correspondente ao art. 1.132 do CCB/1916.

Vale lembrar que na vigência do artigo 1.132 do Código Civil de 1916 a doutrina e a jurisprudência discutiam se a venda de ascendente para descendente era um ato jurídico inexistente, nulo ou anulável. Com o advento do Código Civil de 2002, a redação do artigo 496 acolheu o entendimento de que "é anulável a venda de descendente a ascendente, salvo se os outros descendentes expressamente houverem consentido".

Não é possível ao magistrado reconhecer a procedência do pedido no âmbito de ação anulatória da venda de ascendente a descendente com base apenas em presunção de prejuízo decorrente do fato de o autor da ação anulatória ser absolutamente incapaz quando da celebração do negócio por seus pais e irmão. Com efeito, tratando-se de negócio jurídico anulável, para que seja decretada a sua invalidade é imprescindível que se comprove, no caso concreto, a efetiva ocorrência de prejuízo, não se admitindo, na hipótese em tela, que sua existência seja presumida. REsp 1.211.531-MS, Rel. Min. Luis Felipe Salomão, julgado em 5/2/2013.

Destaque-se, dessa forma, os seguintes julgados do STJ:

Trata-se de ação anulatória de venda de imóvel urbano em que a alienação foi realizada entre o pai dos autores (irmãos por parte de pai) e o neto (filho de outro irmão por parte de pai já falecido). Ressalta o Min. relator que o entendimento doutrinário e jurisprudencial majoritário considera, desde o CC/1916 (art. 1.132), que a alienação feita por ascendente a descendente é ato jurídico anulável, sendo que essa orientação se consolidou de modo expresso no novo CC/2002 (art. 496). Explica que, no caso dos autos, regido pelo CC/1916, não há dúvida a respeito dos três requisitos objetivos exigidos, ou seja, o fato da venda, a relação de ascendência e descendência entre vendedor e comprador e a falta de consentimento dos outros descendentes, o que já demonstra presente a nulidade. Os demais requisitos, a configuração de simulação ou, alternativamente, a demonstração de prejuízo, que também estão presentes no caso, são resultantes da evolução da doutrina e jurisprudência, mas ainda sob a regência do CC/1916. Assim, para o Min. relator, o que era de início apenas anulável consolidou-se nos autos como nulo, devendo subsistir o julgamento do TJ de que a transmissão de bens do ascendente ao descendente, se onerosa, deverá obedecer ao mandamento contido no art. 1.132 do CC/1916 e, em seguida, obrigará o donatário a colacionar, no inventário, aquilo que recebeu (art. 1.785 do CC/1916). Diante do exposto, a Turma negou provimento ao recurso do neto. Precedentes citados: REsp 476.557-PR, DJ 22/3/2004; EREsp 661.858-PR, DJe 19/12/2008, e REsp 752.149-AL, DJe 2/12/2010. REsp 953.461-SC, Rel. Min. Sidnei Beneti, julgado em 14/6/2011.

Quando houver recusa injustificada do cônjuge ou de descendentes para a realização do ato ou hipótese de impossibilidade de manifestação de vontade de qualquer deles, o interessado poderá se socorrer do Poder Judiciário com a finalidade de possibilitar a realização do negócio jurídico.

Por fim, o Enunciado 545 publicado na VI Jornada de Direito Civil diz que "*o prazo para pleitear a anulação de venda de ascendente a descendente sem anuência dos demais descendentes e/ou do cônjuge do alienante é de 2 (dois) anos, contados da ciência do ato, que se presume absolutamente, em se tratando de transferência imobiliária, a partir da data do registro de imóveis.*" Justificativa: O art. 496 do Código Civil não estabeleceu prazo para o requerimento da anulação da venda de ascendente a descendente, impondo ao intérprete a necessidade de conhecer o prazo prescricional no capítulo que trata da invalidade do negócio jurídico. No referido capítulo, por sua vez, encontra-se a regra do art. 179, que assim dispõe: "Quando a lei dispuser que determinado ato é anulável, sem estabelecer prazo para pleitear-se a anulação, será este de dois anos, a contar da data da conclusão do ato". O artigo, porém, limitou-se a dizer que o prazo inicia-se da conclusão do ato. A regra, como está posta e por ser de ordem geral, não considera que, no caso de compra e venda, a parte interessada muitas vezes tem ciência do ato e, consequentemente, da sua conclusão. No caso de transferência imobiliária, o termo *a quo* flui a partir do momento em que for realizado o registro em nome do adquirente. O enunciado, no entanto, não exclui outras hipóteses distintas da transferência imobiliária.

16.4.3.1.2 Sujeitos que têm por dever de ofício ou por profissão zelar pelos bens alheios

Determinados sujeitos não podem figurar como comprador em determinadas relações jurídicas de compra e venda, conforme determinação expressa do artigo 497 do Código Civil brasileiro.

> Art. 497. Sob pena de nulidade, não podem ser comprados, ainda que em hasta pública:
> *Correspondente ao art. 1.133, caput, do CCB/1916*
> I – pelos tutores, curadores, testamenteiros e administradores, os bens confiados à sua guarda ou administração;
> *Correspondente ao art. 1.133, I, do CCB/1916*
> II – pelos servidores públicos, em geral, os bens ou direitos da pessoa jurídica a que servirem, ou que estejam sob sua administração direta ou indireta;[13]
> *Correspondente ao art. 1.133, III, do CCB/1916*
> III – pelos juízes, secretários de tribunais, arbitradores, peritos e outros serventuários ou auxiliares da justiça, os bens ou direitos sobre que se litigar em tribunal, juízo ou conselho, no lugar onde servirem, ou a que se estender a sua autoridade;

13 STF – Súmula 165. A venda realizada diretamente pelo mandante ao mandatário não é atingida pela nulidade do Art. 1.133, II, do Código Civil.

> *Correspondente ao art. 1.133, IV, do CCB/1916*
> IV – pelos leiloeiros e seus prepostos, os bens de cuja venda estejam encarregados.
> *Correspondente ao art. 1.133, II, do CCB/1916*
> Parágrafo único. As proibições deste artigo estendem-se à cessão de crédito.
> *Correspondente ao art. 1.134, do CCB/1916*

Assim, as pessoas elencadas nos incisos I a IV do referido dispositivo legal não estão legitimadas a praticar o negócio jurídico contratual de compra e venda (não é questão de incapacidade, mas sim de legitimidade para a prática do ato). A lei comina a pena de nulidade, não produzindo qualquer efeito jurídico o negócio realizado por tais pessoas. O fundamento desta norma é de cunho moral e ético, já que tais pessoas poderiam obter vantagens na compra e venda. Portanto, é caso de nulidade absoluta.

No que se refere ao tutor, o artigo 1.749 do CCB determina que "ainda com a autorização judicial, não pode o tutor, sob pena de nulidade: I – adquirir por si, ou por interposta pessoa, mediante contrato particular, bens móveis ou imóveis pertencentes ao menor; II – dispor dos bens do menor a título gratuito; III – constituir-se cessionário de crédito ou de direito, contra o menor". As regras a respeito do exercício da tutela aplicam-se ao da curatela (CCB, art. 1.781).

16.4.3.1.3 Falta de legitimação decorrente de casamento

Salvo no regime da separação absoluta, e, em decorrência da feitura de pacto antenupcial, que adotar o regime de participação final nos aquestos, a pessoa não poderá alienar ou gravar de ônus real os bens imóveis sem a autorização do outro cônjuge. Vejamos:

> CCB – Art. 1.647. Ressalvado o disposto no art. 1.648, nenhum dos cônjuges pode, sem autorização do outro, exceto no regime da separação absoluta: I – alienar ou gravar de ônus real os bens imóveis;
> CCB – Art. 1.656. No pacto antenupcial, que adotar o regime de participação final nos aquestos, poder-se-á convencionar a livre disposição dos bens imóveis, desde que particulares.

16.4.3.1.4 Compra e venda entre os cônjuges

A realização da compra e venda entre os cônjuges é proibida, salvo com relação a bens excluídos da comunhão (CCB, art. 499). Isso porque não é possível ninguém adquirir o que já lhe pertence. Todavia, é possível a feitura da compra e venda em relação aos bens excluídos da comunhão:

CC 2002 – Art. 1.659. Excluem-se da comunhão: I – os bens que cada cônjuge possuir ao casar, e os que lhe sobrevierem, na constância do casamento, por doação ou sucessão, e os sub-rogados em seu lugar; II – os bens adquiridos com valores exclusivamente pertencentes a um dos cônjuges em sub-rogação dos bens particulares; III – as obrigações anteriores ao casamento; IV – as obrigações provenientes de atos ilícitos, salvo reversão em proveito do casal; V – os bens de uso pessoal, os livros e instrumentos de profissão; VI – os proventos do trabalho pessoal de cada cônjuge; VII – as pensões, meios-soldos, montepios e outras rendas semelhantes.
CC 2002 – Art. 1.668. São excluídos da comunhão: I – os bens doados ou herdados com a cláusula de incomunicabilidade e os sub-rogados em seu lugar; II – os bens gravados de fideicomisso e o direito do herdeiro fideicomissário, antes de realizada a condição suspensiva; III – as dívidas anteriores ao casamento, salvo se provierem de despesas com seus aprestos, ou reverterem em proveito comum; IV – as doações antenupciais feitas por um dos cônjuges ao outro com a cláusula de incomunicabilidade; V – Os bens referidos nos incisos V a VII do art. 1.659.

16.4.3.1.5 Condômino na venda a estranho de coisa indivisa

O artigo 504 do CCB determina que "não pode um condômino em coisa indivisível vender a sua parte a estranhos, se outro consorte a quiser, tanto por tanto. O condômino, a quem não se der conhecimento da venda, poderá, depositando o preço, haver para si a parte vendida a estranhos, se o requerer no prazo de cento e oitenta dias, sob pena de decadência".[14] O parágrafo único estabelece uma ordem de preferência: "Sendo muitos os condôminos, preferirá o que tiver benfeitorias de maior valor e, na falta de benfeitorias, o de quinhão maior. Se as partes forem iguais, haverão a parte vendida os comproprietários, que a quiserem, depositando previamente o preço".

Daí que o condômino de coisa indivisível[15] somente poderá vender a sua quota-parte a estranhos após oferecer, através de comunicação judicial ou extrajudicial expressa, aos demais comunheiros.[16]

---

14 Correspondente ao art. 1.139, *caput*, do CCB/1916.

15 CC 2002 – Art. 87. Bens divisíveis são os que se podem fracionar sem alteração na sua substância, diminuição considerável de valor, ou prejuízo do uso a que se destinam. CC 2002 – Art. 88. Os bens naturalmente divisíveis podem tornar-se indivisíveis por determinação da lei ou por vontade das partes.

16 CPC - Da Alienação Judicial - Art. 730. Nos casos expressos em lei, não havendo acordo entre os interessados sobre o modo como se deve realizar a alienação do bem, o juiz, de ofício ou a requerimento dos interessados ou do depositário, mandará aliená-lo em leilão, observando-se o disposto na Seção I deste Capítulo e, no que couber, o disposto nos arts. 879 a 903.

16.5 Compra e venda pura

O contrato de compra e venda pura é aquele se ocorre sem a dependência de condições suspensivas[17] ou resolutivas,[18] ou seja, o contrato está perfeito com a sua celebração. Daí o artigo 482 do CCB estabelecer que "a compra e venda, quando pura, considerar-se-á obrigatória e perfeita, desde que as partes acordarem no objeto e no preço".

16.6 Compra e venda condicional

A compra e venda condicional é aquela que está subordinada a uma condição suspensiva ou resolutiva. Se a condição for suspensiva, a transferência do domínio apenas ocorrerá quando implementada a condição ou advindo o termo. Se o contrato de compra e venda estiver sob a égide de uma condição resolutiva, o negócio jurídico produzirá efeitos desde logo até que seja implementada a referida condição (e.g, a propriedade resolúvel).

16.7 Compra e venda à vista de amostras, protótipos ou modelos

O contrato de compra e venda pode ser realizado à vista de amostras, protótipos ou modelos e, neste caso, o vendedor deverá assegurar ter a coisa as qualidades que a elas correspondem. É o que diz o artigo 484 do Código Civil brasileiro. Amostra é o pedaço pequeno de mercadoria, apresentado ao freguês para dar uma ideia do todo,[19] protótipo é uma espécie de exemplar a ser alienado e modelo é uma representação em pequena escala de algo que se pretende executar em grande.[20] A compra e venda realizada por amostragem é aquele que apresenta uma condição suspensiva, ou seja, a coisa deve possuir as mesmas qualidades apresentadas na amostra, sob pena do adquirente resolver o contrato, independentemente de pleitear perdas e danos. Melhor dizendo: a coisa adquirida deve estar em conformidade com a amostra apresentada pelo vendedor.[21] Um exemplo de compra e venda à vista de amostra é o punhado de amendoim dado por ambulantes nas areias da praia ou nas mesas de bares e lanchonetes. Também a "prova" de vinho, sucos, biscoitos realizados em feiras ou supermercados. Já um exemplo de protótipo é a ma-

17 CC 2002 – Art. 126. Se alguém dispuser de uma coisa sob condição suspensiva, e, pendente esta, fizer quanto àquela novas disposições, estas não terão valor, realizada a condição, se com ela forem incompatíveis.

18 CC 2002 – Art. 127. Se for resolutiva a condição, enquanto esta se não realizar, vigorará o negócio jurídico, podendo exercer-se desde a conclusão deste o direito por ele estabelecido.

19 Dicionário eletrônico Aurélio Século XXI.

20 Dicionário eletrônico Aurélio Século XXI.

21 Da mesma forma: CDC – Art. 30. Toda informação ou publicidade, suficientemente precisa, veiculada por qualquer forma ou meio de comunicação com relação a produtos e serviços oferecidos ou apresentados, obriga o fornecedor que a fizer veicular ou dela se utilizar e integra o contrato que vier a ser celebrado.

quete (maqueta), ou seja, uma miniatura de projeto arquitetônico ou de engenharia na construção civil.

16.8 Compra e venda *ad corpus* e *ad mensuram*

A compra e venda de imóvel como corpo certo e determinado (venda *ad corpus*) e a venda de imóvel por medida certa (venda *ad mensuram*) é determinada pelo CCB, artigo 500 e seus parágrafos:

> Art. 500. Se, na venda de um imóvel, se estipular o preço por medida de extensão, ou se determinar a respectiva área, e esta não corresponder, em qualquer dos casos, às dimensões dadas, o comprador terá o direito de exigir o complemento da área, e, não sendo isso possível, o de reclamar a resolução do contrato ou abatimento proporcional ao preço.
> *Correspondente ao art. 1.136, caput, do CCB/1916*
> § 1º Presume-se que a referência às dimensões foi simplesmente enunciativa, quando a diferença encontrada não exceder de um vigésimo da área total enunciada, ressalvado ao comprador o direito de provar que, em tais circunstâncias, não teria realizado o negócio.
> *Correspondente ao art. 1.136, parágrafo único, do CCB/1916*
> § 2º Se em vez de falta houver excesso, e o vendedor provar que tinha motivos para ignorar a medida exata da área vendida, caberá ao comprador, à sua escolha, completar o valor correspondente ao preço ou devolver o excesso.
> *Sem correspondência ao CCB de 1916*
> § 3º Não haverá complemento de área, nem devolução de excesso, se o imóvel for vendido como coisa certa e discriminada, tendo sido apenas enunciativa a referência às suas dimensões, ainda que não conste, de modo expresso, ter sido a venda *ad corpus*.
> *Correspondente ao art. 1.136, caput, do CCB/1916*

16.8.1 Venda *ad mensuram*

O artigo 500, *caput*, trata da venda *ad mensuram*, em que o preço da venda do imóvel é estipulado com base nas dimensões do imóvel, isto é, o tamanho da área do imóvel é imprescindível para a aquisição do bem, garantindo o vendedor as dimensões informadas. Em regra ocorre nas vendas imobiliárias de imóveis rurais, como na hipótese do comprador adquirir 100 alqueires ao preço de X reais por alqueire (preço por medida de extensão), ou imóvel de 1.000 metros quadrados ao preço de Y (preço por determinação da área). Se o tamanho da área, em qualquer dos casos, não corresponder às dimensões informadas pelo vendedor, o comprador terá o direito de exigir a complementação da área (área a menor), e, se isso não for possível, o de reclamar a resolução do contrato (extinção do contrato) ou abatimento proporcional do preço. Vale lembrar que a área a ser complementada pelo vendedor deve ser contígua ou contínua ao imóvel, para que o comprador não tenha maiores prejuízos.

Se a diferença a menor encontrada não exceder de um vigésimo da área total enunciada, ressalvado ao comprador o direito de provar que, em tais circunstâncias, não teria realizado o negócio, presumir-se-á que a referência às dimensões foi simplesmente enunciativa (CCB, art. 500, § 2º).

A ação para compelir o vendedor a entregar o restante da área é denominada de ação de *ex empto* ou *ex vendito*, de natureza pessoal. Esta ação, também, pode ser ajuizada pelo vendedor na hipótese inversa, ou seja, se em vez de falta de área houver excesso, "*e o vendedor provar que tinha motivos para ignorar a medida exata da área vendida, caberá ao comprador, à sua escolha, completar o valor correspondente ao preço ou devolver o excesso*", conforme determinado pelo § 2º do artigo em comento. Neste caso, o fundamento é a vedação do enriquecimento sem causa.

Em ambos os casos, decai do direito de propor as ações de *ex empto* o vendedor ou o comprador que não o fizer no prazo de um ano, a contar do registro do título (CCB, art. 501). Todavia, se houver atraso na imissão de posse no imóvel, atribuível ao alienante, a partir dela fluirá o prazo de decadência (CCB, art. 501, parágrafo único).[22]

O Superior Tribunal de Justiça – STJ decidiu o Recurso Especial 594.610/PR da seguinte forma:

> Ação *ex empto*. Venda *ad corpus* e *ad mensuram*. Diferença entre a metragem real e a propaganda e recibo de pagamento. Posterior assinatura de escritura com metragem menor do que a da propaganda. Ausência de fundamentação nesse ponto. Decisão dita implícita. Art. 458 do Código de Processo Civil. 1. Um dos aspectos relevantes levados à consideração do Tribunal de origem, posto com claridade nos embargos declaratórios, foi a questão das escrituras de compra e venda assinadas pelas partes conterem dimensão menor do que aquela indicada na propaganda ou no recibo de pagamento. Isso significaria que não seria possível considerar mais a diferença entre a metragem divulgada e aquela real do bem. Em consequência, outra questão deveria ser enfrentada, assim, aquela do parágrafo único do art. 1.136 do Código Civil de 1916, porquanto não haveria diferença superior a 1/20, sendo, portanto, a referência às metragens meramente enunciativa. O Tribunal não cuidou desse aspecto, limitando-se

22 CC 2002 – Art. 210. Deve o juiz, de ofício, conhecer da decadência, quando estabelecida por lei.

CC 2002 – Art. 211. Se a decadência for convencional, a parte a quem aproveita pode alegá-la em qualquer grau de jurisdição, mas o juiz não pode suprir a alegação.

> a afirmar no acórdão dos declaratórios que haveria decisão implícita suficiente para afastar alegada omissão. Ocorre que não é factível aceitar a decisão sem apropriados fundamentos, impedindo o acesso ao especial, sob pena de violação do art. 458 do Código de Processo Civil. 2. Recurso especial conhecido e provido (REsp 594.610/PR, Rel. ministro CARLOS ALBERTO MENEZES DIREITO, TERCEIRA TURMA, julgado em 7.12.2004, DJ 04.04.2005 p. 308).

16.8.2 Venda *ad corpus*

Na venda *ad corpus* a área é irrelevante para o preço, ou seja, as metragens do imóvel não influem na fixação e aceitação do preço. Daí que uma eventual diferença na área do imóvel não importará na extinção do contrato, nem permitirá a redução do preço. Neste caso, o imóvel é vendido como coisa certa e discriminada (por exemplo, a vila João, a chácara Petrópolis, etc.), tendo sido apenas enunciativa a referência às suas dimensões (CCB, art. 500, § 3º).

O Superior Tribunal de Justiça – STJ apreciou a questão da venda *ad corpus* no Recurso Especial 168.862/GO:

> COMPRA E VENDA DE IMÓVEL. FALTA DE ÁREA. VENDA "*Ad corpus*". MATÉRIA PROBATÓRIA. FUNDAMENTAÇÃO. ACÓRDÃO QUE A CONTÉM DE MODO SUFICIENTE. PRESCINDIBILIDADE DA DILAÇÃO PROBATÓRIA PRETENDIDA. RECONVENÇÃO. ADMISSIBILIDADE QUANDO CONEXA COM O FUNDAMENTO DA DEFESA. HONORÁRIOS DEVIDOS PELA SUCUMBÊNCIA NELA HAVIDA. 1. Acórdão que contém fundamentação suficiente quanto ao cabimento do julgamento antecipado da lide. Cerceamento de defesa, de todo modo, inexistente, porquanto, tratando-se de questão de direito e de fato, prescindível era a coleta de novos elementos de prova, tanto mais que os recorrentes não especificaram o gravame que teriam suportado em virtude do procedimento adotado. 2. Direito ao abatimento proporcional do preço denegado em razão de tratar-se no caso de venda "*ad corpus*". A determinação da natureza da venda, se "*ad corpus*" ou "*ad mensuram*" envolve matéria de prova, o que veda o acesso ao recurso especial. Precedentes do STJ. 3. Admissível o pedido reconvencional que se apresenta conexo com o fundamento exposto na defesa (art. 315 do CPC). 4. É cabível a aplicação dos ônus sucumbenciais relativos à reconvenção independentemente do resultado e da sucumbência havidos na ação principal. Precedentes Recurso especial não conhecido. (REsp 168.862/GO, Rel. ministro BARROS MONTEIRO, QUARTA TURMA, julgado em 1.12.1998, DJ 5.4.1999 p. 133)

16.9 Lugar da tradição no contrato de compra e venda

O artigo 493 trata do lugar da tradição no contrato de compra e venda. É uma norma dispositiva, aceitando estipulação em contrário. Vejamos: "Art. 493. A tradição da coisa vendida, na falta de estipulação expressa, dar-se-á no lugar onde ela se encontrava, ao tempo da venda".

16.10 Os riscos da coisa no contrato de compra e venda

Até o momento da tradição, os riscos da coisa correm por conta do devedor (*res perit domino*) e os risco do preço por conta do comprador (CCB, art. 492[23]).[24]

O § 1º do referido artigo 492 trata da tradição simbólica dispondo que "os casos fortuitos, ocorrentes no ato de contar, marcar ou assinalar coisas, que comumente se recebem, contando, pesando, medindo ou assinalando, e que já tiverem sido postas à disposição do comprador, correrão por conta deste". Carlos Roberto Gonçalves exemplifica com a compra e venda de gado, já que o comprador costuma contar, pesar e marcar os animais, ao retirá-los. Assim, "enquanto tais operações não forem feitas, não se pode considerar certa a coisa vendida, principalmente porque ainda se encontram na propriedade do vendedor. Mas se este os colocou à disposição do comprador, que os contou e marcou nessa mesma propriedade, os casos fortuitos ocorridos durante tais atos correrão por conta deste".[25]

Da mesma forma, se a coisa for expedida para lugar diverso, por ordem do comprador, por sua conta correrão os riscos, uma vez entregue a quem haja de transportá-la, salvo se das instruções dele se afastar o vendedor (CCB, art. 494). Aqui, a tradição ocorre no momento em que a coisa é entregue ao transportador.

Também correrão os riscos por conta do comprador caso ele esteja em mora de receber as coisas, já que o vendedor colocou-as à sua disposição no tempo, lugar e modos pactuados no contrato de compra e venda (CCB, art. 492, § 2º).[26] Da mesma forma o teor do artigo 394 do CCB: "Considera-se em mora o devedor que não efetuar o pagamento e o credor que não quiser recebê-lo no tempo, lugar e forma que a lei ou a convenção estabelecer".

---

23 Correspondente ao art. 1.127, *caput*, do CCB/1916.

24 CC 2002 – Art. 237. Até a tradição pertence ao devedor a coisa, com os seus melhoramentos e acrescidos, pelos quais poderá exigir aumento no preço; se o credor não anuir, poderá o devedor resolver a obrigação. Parágrafo único. Os frutos percebidos são do devedor, cabendo ao credor os pendentes.

25 GONÇALVES, Carlos Roberto. *Direito civil brasileiro*. Vol. III. São Paulo: Saraiva, 2004, p. 206.

26 Correspondente ao art. 1.127, § 2º, do CCB/1916.

Quanto aos cômodos (melhoramentos e acrescidos) a regra a ser aplicada é aquela expressa no artigo 237 do CCB: "Até a tradição pertence ao devedor a coisa, com os seus melhoramentos e acrescidos, pelos quais poderá exigir aumento no preço; se o credor não anuir, poderá o devedor resolver a obrigação. Parágrafo único. Os frutos percebidos são do devedor, cabendo ao credor os pendentes".

16.11 Despesas de transferência e débitos que gravem a coisa

As despesas com escritura e registro ficarão a cargo do comprador e as da tradição a cargo do vendedor. É o que dispõe o teor do artigo 490 do CCB. Considerando que a regra é dispositiva, os contratantes podem dispor de forma contrária.

Já os débitos que gravem a coisa até o momento da tradição são de responsabilidade do vendedor, salvo convenção em contrário (CCB, art. 502).

16.12 Retenção da coisa ou do preço

Não sendo a venda a crédito, o vendedor não é obrigado a entregar a coisa antes de receber o preço (CCB, art. 491).[27] Esta regra encontra-se em harmonia com o princípio *exceptio non adimpleti contractus*, já que o artigo 476 do CCB dispõe que "nos contratos bilaterais, nenhum dos contratantes, antes de cumprida a sua obrigação, pode exigir o implemento da do outro".

16.13 Insolvência do comprador

Se antes da tradição o comprador cair em insolvência, o vendedor poderá sobrestar na entrega da coisa, até que o comprador lhe dê caução de pagar no tempo ajustado (CCB, art. 495). No mesmo diapasão é a regra do artigo 477 do CCB: "Se, depois de concluído o contrato, sobrevier a uma das partes contratantes diminuição em seu patrimônio capaz de comprometer ou tornar duvidosa a prestação pela qual se obrigou, pode a outra recusar-se à prestação que lhe incumbe, até que aquela satisfaça a que lhe compete ou dê garantia bastante de satisfazê-la".

16.14 Defeito oculto nas vendas de coisa conjuntas

Nas coisas vendidas conjuntamente, o defeito oculto de uma não autoriza a rejeição de todas. (CCB, art. 503).[28] O artigo refere-se a coisas vendidas autonomamente, por exemplo, a aquisição de 10 caixas de laranja, na hipótese de existir uma caixa com frutas apodrecidas.

---

27 Correspondente ao art. 1.130 do CCB/1916.

28 Correspondente ao art. 1.138 do CCB/1916.

16.15 Direito de Preferência do Condômino

O *caput* do artigo 504 do CCB trata da hipótese de compra e venda do quinhão de um dos condôminos. A regra é clara: "Não pode um condômino em coisa indivisível vender a sua parte a estranhos, se outro consorte a quiser, tanto por tanto. O condômino, a quem não se der conhecimento da venda, poderá, depositando o preço, haver para si a parte vendida a estranhos, se o requerer no prazo de cento e oitenta dias, sob pena de decadência".

Dessa maneira, o condômino que desejar vender o seu quinhão, deverá oferecer a preferência aos demais condôminos. Ele deverá notificar todos os condôminos, indicando em que condições ele pretende alienar a sua fração, com o firme propósito de verificar se algum deles está interessado em adquirir a referida fração. Caso não existam interessados, o alienante (retirante) poderá vender a sua fração a terceiro, desde que nas mesmas condições.

Caso seja ferido o direito de preferência, no condomínio voluntário, os demais condôminos poderão anular o contrato de compra e venda realizado com o terceiro e requerer a adjudicação da fração do retirante, depositando o preço pago pelo terceiro.

E se vários condôminos resolverem exercer a preferência?

O parágrafo único do artigo 504 do CCB estabelece o critério: "Sendo muitos os condôminos, preferirá o que tiver benfeitorias de maior valor e, na falta de benfeitorias, o de quinhão maior. Se as partes forem iguais, haverão a parte vendida os comproprietários, que a quiserem, depositando previamente o preço".

E na falta de benfeitorias, sendo os quinhões iguais?

Neste caso, o critério a ser seguido será aquele determinado pelo artigo 1.322 do CCB. Vejamos: "Quando a coisa for indivisível, e os consortes não quiserem adjudicá-la a um só, indenizando os outros, será vendida e repartido o apurado, preferindo-se, na venda, em condições iguais de oferta, o condômino ao estranho, e entre os condôminos aquele que tiver na coisa benfeitorias mais valiosas, e, não as havendo, o de quinhão maior.

Parágrafo único. Se nenhum dos condôminos tem benfeitorias na coisa comum e participam todos do condomínio em partes iguais, realizar-se-á licitação entre estranhos e, antes de adjudicada a coisa àquele que ofereceu maior lanço, proceder-se-á à licitação entre os condôminos, a fim de que a coisa seja adjudicada a quem afinal oferecer melhor lanço, preferindo, em condições iguais, o condômino ao estranho".

16.16 Promessa de compra e venda

16.16.1 Conceito e Características

O contrato de promessa de compra e venda é uma relação jurídica obrigacional com eficácia real. Com o advento do Decreto-Lei nº 58/37, desvela-

-se a eficácia real ao compromisso de imóveis loteados. O artigo 16 do referido dispositivo determina que "recusando-se os compromitentes a passar a escritura definitiva no caso do art. 15, serão intimados, por despacho judicial e a requerimento do compromissário, a dá-la nos 10 dias seguintes à intimação, correndo o prazo em cartório".

A promessa em relação à aquisição de imóveis encontra-se regulada através das seguintes normas:

1) O Decreto-Lei nº 58, de 10 de dezembro de 1937, em seu artigo 22 determina que "As escrituras de compromisso de compra e venda de imóveis não loteados, cujo preço deva pagar-se a prazo, em uma ou mais prestações, serão averbadas à margem das respectivas transcrições aquisitivas, para os efeitos desta lei".

2) A Lei nº 6.766, de 19 de dezembro de 1979, que dispõe sobre o parcelamento do solo urbano e dá outras providências, preceitua no artigo 25: "São irretratáveis os compromissos de compra e venda, cessões e promessas de cessão, os que atribuam direito a adjudicação compulsória e, estando registrados, confiram direito real oponível a terceiros";

3) O Código Civil brasileiro de 2002, em relação ao direito do Promitente Comprador, informa em seus artigos 1.417 e 1.418.

Assim, é possível dizer que a promessa de compra e venda é um pacto firmado entre compromitente-vendedor e compromissário-comprador através do qual aquele se obriga com este a vender determinado imóvel, no preço, condições e modos ajustados no instrumento público ou particular. Com o adimplemento de todas as prestações, o compromissário-comprador tem o direito de obter a escritura definitiva do referido imóvel, já que possui o direito real sobre o imóvel, podendo, inclusive, obter adjudicação compulsória do imóvel através da tutela jurisdicional, no caso de recusa por parte do compromitente-vendedor (ou terceiros no caso de cessão de direitos).

Diz o artigo 1.417 que "mediante promessa de compra e venda, em que se não pactuou arrependimento, celebrada por instrumento público ou particular, e registrada no Cartório de Registro de Imóveis, adquire o promitente comprador direito real à aquisição do imóvel".[29] [30] [31]

29 Sem correspondência ao CCB de 1916.

30 LRP – Art. 167 – No Registro de Imóveis, além da matrícula, serão feitos. I – o registro: [...] 9) dos contratos de compromisso de compra e venda de cessão deste e de promessa de cessão, com ou sem cláusula de arrependimento, que tenham por objeto imóveis não loteados e cujo preço tenha sido pago no ato de sua celebração, ou deva sê-lo a prazo, de uma só vez ou em prestações;

31 Lei 4.591/64 – Dispõe sobre o condomínio em edificações e as incorporações imobiliárias. Art. 32. O incorporador somente poderá negociar sobre unidades autônomas após ter arquivado, no cartório competente de Registro de Imóveis, os seguintes documentos: [...] § 2º Os contratos de compra e venda, promessa de venda, cessão ou promessa de cessão de unidades autônomas são irretratáveis e, uma vez registrados, conferem direito real oponível a terceiros, atribuindo direito a adjudicação compulsória perante o incorporador

Portanto, exige-se os seguintes requisitos: a) inexistência de cláusula de arrependimento e b) registro no RGI.

A promessa de compra e venda precisa ser registrada em cartório para ser válida? Não. A promessa de compra e venda é válida mesmo sem registro no cartório. Quando a promessa de compra e venda é registrada em cartório, esse compromisso passa a ter *natureza jurídica de direito real à aquisição*.

Márcio André Lopes Cavalcante explica que "a promessa de compra e venda (ou compromisso de compra e venda) é uma espécie de contrato preliminar por meio do qual uma pessoa (promitente vendedor) se compromete a vender o seu bem ao promissário comprador após este pagar integralmente o preço que foi ajustado. Se o promitente vendedor, mesmo após receber o preço integral combinado, recusar-se a outorgar a escritura pública, o promissário comprador poderá ajuizar ação de adjudicação compulsória. Existe um prazo para que o promissário comprador proponha a ação de adjudicação compulsória? Depois de pago integralmente o preço, se o promitente vendedor se recusar a outorgar a escritura pública, qual o prazo que o promissário comprador possui para requerer a adjudicação compulsória? Não há prazo. O promitente comprador, amparado em compromisso de compra e venda de imóvel cujo preço já tenha sido integralmente pago, tem o direito de requerer judicialmente, a qualquer tempo, a adjudicação compulsória do imóvel. STJ. 4ª Turma. REsp 1.216.568-MG, Rel. Min. Luis Felipe Salomão, julgado em 3/9/2015."[32]

O Conselho da Justiça Federal, na III Jornada de Direito Civil, editou o Enunciado 253: "Art. 1.417: O promitente comprador, titular de direito real (art. 1.417), tem a faculdade de reivindicar de terceiro o imóvel prometido à venda".

É, pois, o chamado *direito real de aquisição* que pela primeira vez se desvela no Código Civil.

16.16.2. Evolução Histórica do Direito do Promitente Comprador

O compromisso de compra e venda de bem imóvel foi estabelecido pelo *Decreto-Lei nº 58, de 10 de dezembro de 1937* que dispõe sobre o loteamento e a venda de terrenos para pagamento em prestações. Inicialmente esse direito era reconhecido apenas para os promitentes-compradores de imóveis loteados.

A posteriori, este direito real de aquisição foi estendido a todo e qualquer imóvel, loteado ou não. O artigo 22 do Decreto-Lei nº 58 diz que "os contra-

---

ou a quem o suceder, inclusive na hipótese de insolvência posterior ao término da obra. (Redação dada pela Lei nº 10.931, de 2004)

32 Disponível em: < https://dizerodireitodotnet.files.wordpress.com/2015/11/info-570-stj.pdf>. Acesso em: 26 set. 2016.

tos, sem cláusula de arrependimento, de compromisso de compra e venda e cessão de direitos de imóveis não loteados, cujo preço tenha sido pago no ato de sua constituição ou deva sê-lo em uma, ou mais prestações, desde que, inscritos a qualquer tempo, atribuem aos compromissos direito real oponível a terceiros, e lhes conferem o direito de adjudicação compulsória nos termos dos artigos 16 desta lei, 640 e 641 do Código de Processo Civil (Redação dada pela Lei nº 6.014, de 1973)".

A promessa de compra e venda, como um contrato preliminar, até o advento do Decreto-Lei nº 58/37, gerava direitos obrigacionais (direitos pessoais) entre as partes. Logo, o promitente-comprador ficava impossibilitado de compelir o promitente-vendedor a lhe outorgar a escritura definitiva, já que o inadimplemento obrigacional gerava perdas e danos. Daí que o promitente-comprador não adquiria a propriedade, uma vez que a promessa de compra e venda gerava entre as partes direitos obrigacionais.

Todavia, a partir do momento que o referido direito se transformou num *direito real de aquisição*, aderindo ao imóvel (oponível *erga omnes*), o promitente-comprador poderia exigir o domínio e, em caso de recusa do promitente-vendedor, exigir o imóvel por intermédio da *adjudicação compulsória*, cuja sentença judicial tem força de título aquisitivo de domínio, levando-a para registro no Cartório de Registro de Imóveis. Ora, *in casu*, a sentença judicial substitui a escritura de compra e venda.

O promitente-comprador de mero credor de uma obrigação de fazer se transforma em *titular do direito real de aquisição*.

Vale destacar que a promessa de compra e venda era denominada de compromisso de compra e venda pelo Decreto-Lei nº 58/37.[33]

---

33 O PRESIDENTE DA REPÚBLICA DOS ESTADOS UNIDOS DO BRASIL, usando da atribuição que lhe confere o artigo 180 da Constituição: Considerando o crescente desenvolvimento da loteação de terrenos para venda mediante o pagamento do preço em prestações; Considerando que as transações assim realizadas não transferem o domínio ao comprador, uma vez que o art. 1.088 do Código Civil permite a qualquer das partes arrepender-se antes de assinada a escritura da compra e venda; Considerando que esse dispositivo deixa praticamente sem amparo numerosos compradores de lotes, que têm assim por exclusiva garantia a seriedade, a boa-fé e a solvabilidade das empresas vendedoras; Considerando que, para segurança das transações realizadas mediante contrato de compromisso de compra e venda de lotes, cumpre acautelar o compromissário contra futuras alienações ou onerações dos lotes comprometidos; Considerando ainda que a loteação e venda de terrenos urbanos e rurais se opera frequentemente sem que aos compradores seja possível a verificação dos títulos de propriedade dos vendedores;
DECRETA:
Art. 1º Os proprietários ou coproprietários de terras rurais ou terrenos urbanos, que pretendam vendê-los, divididos em lotes e por oferta pública, mediante pagamento do preço a prazo em prestações sucessivas e periódicas, são obrigados, antes de anunciar a venda, a depositar no cartório do registo de imóveis da circunscrição respectiva: I, um memorial por eles assinado ou por procuradores com poderes especiais, contendo: a) denominação, área, limites, situação e outros característicos do imóvel; b) relação cronológica dos títulos

de domínio, desde 30 anos, com indicação da natureza e data de cada um, e do número e data das transcrições, ou cópia autêntica dos títulos e prova de que se acham devidamente transcritos; c) plano de loteamento, de que conste o programa de desenvolvimento urbano, ou de aproveitamento industrial ou agrícola; nesta última hipótese, informações sôbre a qualidade das terras, águas, servidões ativas e passivas, estradas e caminhos, distância de sede do município e das estações de transporte de acesso mais fácil; II, planta do imóvel, assinada também pelo engenheiro que haja efetuado a mediação e o loteamento e com todos os requisitos técnicos e legais; indicadas a situação, as dimensões e a numeração dos lotes, as dimensões e a nomenclatura das vias de comunicação e espaços livres, as construções e benfeitorias, e as vias públicas de comunicação; III, exemplar de caderneta ou do contrato-tipo de compromisso de venda dos lotes; IV, certidão negativa de impostos e de ônus reais; V, certidão dos documentos referidos na letra b do nº I. § 1º Tratando-se de propriedade urbana, o plano e a planta de loteamento devem ser previamente aprovados pela Prefeitura Municipal, ouvidas, quanto ao que lhes disser respeito, as autoridades sanitárias, militares e, desde que se trata de área total ou parcialmente florestada as autoridades florestais. (Redação dada pela Lei nº 4.778, de 1965). § 2º As certidões positivas da existência de ônus reais, de impostos e de qualquer ação real ou pessoal, bem como qualquer protesto de título de dívida civil ou comercial não impedir o registro. § 3º Se a propriedade estiver gravada de ônus real, o memorial será acompanhado da escritura pública em que o respectivo titular estipule as condições em que se obriga a liberar os lotes no ato do instrumento definitivo de compra e venda. § 4º O plano de loteamento poderá ser modificado quanto aos lotes não comprometidos e o de arruamento desde que a modificação não prejudique os lotes comprometidos ou definitivamente adquiridos, se a Prefeitura Municipal aprovar a modificação. A planta e o memorial assim aprovados serão depositados no cartório do registo para nova inscrição, observando o disposto no art. 2º e parágrafos. § 5º O memorial, o plano de loteamento e os documentos depositados serão franqueados, pelo oficial do registo, ao exame de qualquer interessado, independentemente do pagamento de emolumentos, ainda que a título de busca. O oficial, neste caso, receberá apenas as custas regimentais das certidões que fornecer. § 6º Sob pena de incorrerem em crime de fraude, os vendedores, se quiserem invocar, como argumento de propaganda, a proximidade do terreno com algum acidente geográfico, cidade, fonte hidromineral ou termal ou qualquer outro motivo de atração ou valorização, serão obrigados a declarar no memorial descritivo e a mencionar nas divulgações, anúncios e prospectos de propaganda, a distância métrica a que se situa o imóvel do ponto invocado ou tomado como referência. (Incluído pela Lei nº 5.532, de 1968).

Art. 2º Recebidos o memorial e os documentos mencionados no art. 1º, o oficial do registo dará recibo ao depositante e, depois de autuá-los e verificar a sua conformidade com a lei, tornará público o depósito por edital afixado no lugar do costume e publicado três vezes, durante 10 dias, no jornal oficial do Estado e em jornal da sede da comarca, ou que nesta circule. § 1 º Decorridos 30 dias da última publicação, e não havendo impugnação de terceiros, o oficial procederá ao registro se os documentos estiverem em ordem. Caso contrário, os autos serão desde logo conclusos ao Juiz competente para conhecer da dúvida ou impugnação, publicada a sentença em cartório pelo oficial, que dela dará ciência aos interessados. (Redação dada pela Lei nº 6.014, de 1973). § 2º Da sentença que negar ou conceder o registro caberá apelação. (Redação dada pela Lei nº 6.014, de 1973).

Art. 3º A inscrição torna inalienáveis, por qualquer título, as vias de comunicação e os espaços livres constantes do memorial e da planta.

Art. 4º Nos cartórios do registo imobiliatório haverá um livro auxiliar na forma da lei respectiva e de acordo com o modelo anexo. Nele se registrarão, resumidamente: a) por inscrição, o memorial de propriedade loteada; b) por averbação, os contratos de compromisso de venda e de financiamento, suas transferências e rescisões. Parágrafo

único. No livro de transcrição, e à margem do registo da propriedade loteada, averbar-se-á a inscrição assim que efetuada.
Art. 5º A averbação atribui ao compromissário direito real aponível a terceiros, quanto à alienação ou oneração posterior, e far-se-á à vista do instrumento de compromisso de venda, em que o oficial lançará a nota indicativa do livro, página e data do assentamento.
Art. 6º A inscrição não pode ser cancelada senão: a) em cumprimento de sentença; b) a requerimento do proprietário, enquanto nenhum lote for objeto de compromisso devidamente inscrito, ou mediante o consentimento de todos os compromissários ou seus cessionários, expresso em documento por eles assinado ou por procuradores com poderes especiais.
Art. 7º Cancela-se a averbação: a) a requerimento das partes contratantes do compromisso de venda; b) pela resolução do contrato; c) pela transcrição do contrato definitivo de compra e venda; d) por mandado judicial.
Art. 8º O registo instituído por esta lei, tanto por inscrição quanto por averbação, não dispensa nem substitui o dos atos constitutivos ou translativos de direitos reais na forma e para os efeitos das leis e regulamentos dos registos públicos.
Art. 9º O adquirente por ato inter vivos, ainda que em hasta pública, ou por sucessão legítima ou testamentária, da propriedade loteada e inscrita, sub-roga-se nos direitos e obrigações dos alienantes, autores da herança ou testadores, sendo nula qualquer disposição em contrário.
Art. 10. Nos anúncios e outras publicações de propaganda de venda de lotes a prestações, sempre se mencionará o número e data da inscrição do memorial e dos documentos no registo imobiliário.
Art. 11. Do compromisso de compra e venda a que se refere esta lei, contratado por instrumento público ou particular, constarão sempre as seguintes especificações: a) nome, nacionalidade, estado e domicílio dos contratantes; b) denominação e situação da propriedade, número e data da inscrição; c) descrição do lote ou dos lotes que forem objeto do compromisso, confrontações, áreas e outros característicos, bem como os números correspondentes na planta arquivada; d) prazo, preço e forma de pagamento, e importância do sinal; e) juros devidos sobre o débito em aberto e sobre as prestações vencidas e não pagas; f) cláusula penal não superior a 10 % do débito, e só exigível no caso de intervenção judicial; g) declaração da existência ou inexistência de servidão ativa ou passiva e outros ônus reais ou quaisquer outras restrições ao direito de propriedade; h) indicação do contratante a quem incumbe o pagamento das taxas e impostos. § 1º O contrato, que será manuscrito, dactilografado ou impresso, com espaços em branco preenchíveis em cada caso, lavrar-se-á em duas vias, assinadas pelas partes e por duas testemunhas devidamente reconhecidas as firmas por tabelião. Ambas as vias serão entregues dentro em 10 dias ao oficial do registo, para averbá-las e restituí-las devidamente anotadas a cada uma das partes. § 2º É indispensável a outorga uxória quando seja casado o vendedor. § 3º As procurações dos contratantes que não tiverem sido arquivadas anteriormente sê-lo-ão no cartório do registo, junto aos respectivos autos.
Art. 12. Subentende-se no contrato a condição resolutiva da legitimidade e validade do título de domínio. § 1º Em caso de resolução, além de se devolverem as prestações recebidas, com juros convencionados ou os da lei, desde a data do pagamento, haverá, quando provada a má-fé, direito à indenização de perdas e danos. § 2º O falecimento dos contratantes não resolve o contrato, que se transmitirá aos herdeiros. Também, não o resolve a sentença declaratória de falência; na dos proprietários, dar-lhe-ão cumprimento o síndico e o liquidatário; na dos compromissários, será ele arrecadado pelo síndico e vendido, em hasta pública, pelo liquidatário.
Art. 13. O contrato transfere-se por simples trespasse lançado no verso das duas vias, ou por instrumento separado, sempre com as formalidades dos parágrafos do art. 11. §

1º No primeiro caso, presume-se a anuência do proprietário. A falta do consentimento não impede a transferência, mas torna os adquirentes e os alienantes solidários nos direitos e obrigações contratuais. § 2º Averbando a transferência para a qual não conste o assentimento do proprietário, o oficial dela lhe dará, ciência por escrito.

Art. 14. Vencida e não paga a prestação, considera-se o contrato rescindido 30 dias depois de constituído em mora o devedor. § 1º Para este efeito será ele intimado a requerimento do compromitente, pelo oficial do registo a satisfazer as prestações vencidas e as que se vencerem até a data do pagamento, juros convencionados e custas da intimação. § 2º Purgada a mora, convalescerá o compromisso. § 3º Com a certidão de não haver sido feito pagamento em cartório, os compromitentes requererão ao oficial do registo o cancelamento da averbação.

Art. 15. Os compromissários têm o direito de, antecipando ou ultimando o pagamento integral do preço, e estando quites com os impostos e taxas, exigir a outorga da escritura de compra e venda.

Art. 16. Recusando-se os compromitentes a outorgar a escritura definitiva no caso do artigo 15, o compromissário poderá propor, para o cumprimento da obrigação, ação de adjudicação compulsória, que tomará o rito sumaríssimo. (Redação dada pela Lei nº 6.014, de 1973) § 1 º A ação não será acolhida se a parte, que a intentou, não cumprir a sua prestação nem a oferecer nos casos e formas legais. (Redação dada pela Lei nº 6.014, de 1973) § 2 º Julgada procedente a ação a sentença, uma vez transitada em julgado, adjudicará o imóvel ao compromissário, valendo como título para a transcrição. (Redação dada pela Lei nº 6.014, de 1973) § 3 º Das sentenças proferidas nos casos deste artigo, caberá apelação. (Redação dada pela Lei nº 6.014, de 1973) § 4º Das sentenças proferidas nos casos deste artigo caberá o recurso de agravo de petição. § 5º Estando a propriedade hipotecada, cumprido o dispositivo do § 3º, do art. 1º, será o credor citado para, no caso deste artigo, autorizar o cancelamento parcial da inscrição, quanto aos lotes comprometidos.

Art. 17. Pagas todas as prestações do preço, é lícito ao compromitente requerer a intimação judicial do compromissário para, no prazo de trinta dias, que correrá em cartório, receber a escritura de compra e venda. Parágrafo único. Não sendo assinada a escritura nesse prazo, depositar-se-á o lote comprometido por conta e risco do compromissário, respondendo este pelas despesas judiciais e custas do depósito.

Art. 18. Os proprietários ou coproprietários dos terrenos urbanos loteados a prestação, na forma desta lei, que se dispuserem a fornecer aos compromissários, por empréstimo, recursos para a construção do prédio, nos lotes comprometidos, ou tomá-la por empreitada, por conta dos compromissários, depositarão no cartório do Registo Imobiliário um memorial indicando as condições gerais do empréstimo ou da empreitada e da amortização da dívida em prestações. § 1º O contrato, denominado de financiamento, será feito por instrumento público ou particular, com as especificações do art. 11 que lhe forem aplicáveis. Esse contrato será registado, por averbação, no livro a que alude o art. 4º, fazendo-se-lhe resumida referência na coluna apropriada. § 2º Com o memorial também se depositará o contrato-tipo de financiamento, contendo as cláusulas gerais para todos os casos, com os claros a serem preenchidos em cada caso.

Art. 19. O contrato de compromisso não poderá ser transferido sem o de financiamento, nem este sem aquele. A rescisão do compromisso de venda acarretará a do contrato de financiamento e vice-versa, na forma do art. 14.

Art. 20. O adquirente, por qualquer título, do lote, fica solidariamente responsável, com o compromissário, pelas obrigações constantes e decorrentes do contrato de financiamento, se devidamente averbado.

Art. 21. Em caso de falência, os contratos de compromisso de venda e de financiamento serão vendidos conjuntamente em hasta pública, anunciada dentro de 15 dias depois da primeira assembleia de credores, sob pena de destituição do liquidatário. Essa pena será

Pela Súmula 239 do STJ, o direito à adjudicação compulsória não se condiciona ao registro do compromisso de compra e venda no cartório de imóveis. Ocorre que com a entrada em vigor do novo Código Civil de 2002, para se estabelecer o direito real de aquisição (art. 1.417) é necessário que a promessa esteja registrada no RGI. A Súmula 239 do STJ é, pois, *contra legis*.

Outrossim, nada impede que o promitente vendedor aliene o imóvel a terceira pessoa. Para tanto, é necessário que a promessa tenha sido registrada no RGI.

São efeitos produzidos após o competente registro no RGI: a) oponibilidade *erga omnes*, já que os direitos reais são oponíveis a terceiros; b) trans-

---

aplicada pelo juiz a requerimento dos interessados, que poderão pedir designação de dia e hora para a hasta pública.
Disposições gerais
Art. 22. Os contratos, sem cláusula de arrependimento, de compromisso de compra e venda e cessão de direitos de imóveis não loteados, cujo preço tenha sido pago no ato de sua constituição ou deva sê-lo em uma, ou mais prestações, desde que, inscritos a qualquer tempo, atribuem aos compromissos direito real oponível a terceiros, e lhes conferem o direito de adjudicação compulsória nos termos dos artigos 16 desta lei, 640 e 641 do Código de Processo Civil. (Redação dada pela Lei nº 6.014, de 1973)
Art. 23. Nenhuma ação ou defesa se admitirá, fundada nos dispositivos desta lei, sem apresentação de documento comprobatório do registo por ela instituído.
Art. 24. Em todos os casos de procedimento judicial, o foro competente será o da situação do lote comprometido ou o a que se referir o contrato de financiamento, quando as partes não hajam contratado outro foro.
Art. 25. O oficial do registo perceberá: a) pelo depósito e inscrição, a taxa fixa de 100$000, além das custas que forem devidas pelos demais atos; b) pela averbação, a de 5$000 por via de compromisso de venda ou de financiamento; c) pelo cancelamento de averbação, a de 5$000. Art. 26. Todos os requerimentos e documentos atinentes ao registro se juntarão aos autos respectivos, independentemente do despacho judicial.
Disposições transitórias
Art. 1º Os proprietários de terras e terrenos loteados em curso de venda deverão, dentro de três meses, proceder ao depósito e registo, nos termos desta lei, indicando no memorial os lotes já comprometidos cujas prestações estejam em dia. Se até 30 dias depois de esgotado esse prazo não houverem cumprido o disposto na lei, incorrerão os vendedores em multas de 10 a 20 contos de réis, aplicadas no dobro quando decorridos mais três meses. (Prorrogação). Parágrafo único. Efetuada a inscrição da propriedade loteada, os compromissários apresentarão as suas cadernetas ou contratos para serem averbados, ainda que não tenham todos os requisitos do artigo 11, contanto que sejam anteriores a esta lei.
Art. 2º As penhoras, arrestos e sequestros de imóveis, para os efeitos da apreciação da fraude de alienações posteriores, serão inscritos obrigatoriamente, dependendo da prova desse procedimento o curso da ação.
Art. 3º A mudança de numeração, a construção, a reconstrução, a demolição, a adjudicação, o desmembramento, a alteração do nome por casamento ou desquite serão obrigatoriamente averbados nas transcrições dos imóveis a que se referirem, mediante prova, a crédito do oficial do registo de imóveis.
Art. 4º Esta lei entrará em vigor na data da sua publicação, revogadas as disposições em contrário.
Rio de Janeiro, 10 de dezembro de 1937, 116º da Independência e 49º da República.

missibilidade aos herdeiros; c) direito de sequela; d) imissão na posse; e) cessibilidade da promessa; f) purgação da mora; g) adjudicação compulsória.

A execução da promessa de compra e venda ocorrerá por força da escritura definitiva ou pela sentença constitutiva de adjudicação compulsória.

Poderá ocorrer a extinção do direito real do compromissário-comprador nas seguintes hipóteses: a) execução voluntária ou compulsória; b) distrato; c) resolução; d) impossibilidade superveniente; e) vício redibitório; f) pela evicção.[34] [35] [36]

16.16.3. Direito à Escritura Definitiva

De acordo com o artigo 1.418 do nosso Código Civil, "o promitente comprador, titular de direito real, pode exigir do promitente vendedor, ou de terceiros, a quem os direitos deste forem cedidos, a outorga da escritura definiti-

34 PROMESSA. COMPRA. VENDA. DESISTÊNCIA. RESTITUIÇÃO. PAGAMENTO. O Tribunal *a quo* rescindiu o contrato de promessa de compra e venda do imóvel em razão da desistência dos autores, que alegavam não mais possuir condições de arcar com seus custos, anotado terem adquirido outro imóvel no mesmo empreendimento, alvo de uma outra ação. Insurgiram-se as rés com a forma em que foi determinada a restituição das quantias pagas. Nesta sede especial, anotou-se que o caso dos autos não guarda identidade com os diversos precedentes do STJ, pois não se trata de mera desistência no curso da construção, mas depois de construído o imóvel, o que denota extrema vantagem aos autores: apesar de somente paga uma parte do imóvel, residiram nele por muito tempo, obtendo um benefício econômico com a moradia (alugavam a terceiros o outro imóvel), além de causar a óbvia depreciação do bem por não mais se cuidar de imóvel novo. Dessarte, a Turma concedeu a retenção automática às rés de 25% de todas as quantias pagas, conforme a jurisprudência. Porém o tratamento equânime exige compensar o uso e o desgaste maior do imóvel, na peculiar espécie dos autos, mediante a possibilidade de as rés serem adicionalmente ressarcidas até o limite da cláusula penal prevista no contrato, apurando-se, em liquidação de sentença, o valor referente ao tempo transcorrido entre a posse do apartamento pelos autores e a entrega às rés. Precedentes citados: REsp 723.034-MG, DJ 12.6.2006; Ag 787.576-MS, DJ 27.9.2006; Ag 891.473-SP, DJ 22.6.2007; Ag 681.996-MG, DJ 16.3.2007, e Ag 884.120-SP, DJ 1.8.2007. REsp 474.388-SP, Rel. Minº Aldir Passarinho Junior, julgado em 28.8.2007.

35 DIREITO CIVIL. CONTRATO DE PROMESSA DE COMPRA E VENDA DE IMÓVEL. INADIMPLÊNCIA DO PROMITENTE-COMPRADOR. RESCISÃO DO CONTRATO. INDENIZAÇÃO PELO USO DO IMÓVEL DURANTE A INADIMPLÊNCIA. CABIMENTO. 1. A rescisão de contrato de promessa de compra e venda de imóvel, na hipótese em que o promitente-comprador deixa de pagar a prestação e continua usufruindo do imóvel, enseja ao promitente-vendedor o direito à indenização pelo uso do imóvel durante o período de inadimplência. 2. Recurso especial conhecido e provido (REsp 688.521/DF, Rel. ministro JOÃO OTÁVIO DE NORONHA, QUARTA TURMA, julgado em 8.4.2008, DJe 28.4.2008).

36 AGRAVO REGIMENTAL. PROMESSA DE COMPRA E VENDA. INADIMPLÊNCIA PELO PROMITENTE COMPRADOR. RESCISÃO DO CONTRATO. INDENIZAÇÃO PELO USO DO IMÓVEL A PARTIR DO MOMENTO EM QUE O COMPRADOR PERMANECEU NO IMÓVEL SEM PAGAR AS PARCELAS. - É devido o pagamento de indenização pela fruição do bem a partir do momento em que o promitente comprador permanece no imóvel sem pagar as parcelas (AgRg no AgRg no REsp 982.176/MG, Rel. ministro HUMBERTO GOMES DE BARROS, TERCEIRA TURMA, julgado em 12.2.2008, DJe 3.3.2008).

va de compra e venda, conforme o disposto no instrumento preliminar; e, se houver recusa, requerer ao juiz a adjudicação do imóvel".[37] [38]

Ora, é o direito de sequela que permite ao compromissário comprador exigir o cumprimento da promessa de compra e venda, esteja o imóvel com o promitente vendedor ou terceira pessoa a quem tenha sido alienada.

O Conselho da Justiça Federal, na I Jornada de Direito Civil, editou o Enunciado 95 – "Art. 1.418: O direito à adjudicação compulsória (art. 1.418 do novo Código Civil), quando exercido em face do promitente vendedor, não se condiciona ao registro da promessa de compra e venda no cartório de registro imobiliário (Súmula nº 239 do STJ)".

16.16.4. Necessidade de Outorga Uxória

Aquele que é casado pelo regime de comunhão parcial de bens necessita da outorga uxória para a alienação de bem imóvel independentemente de a coisa integrar ou não a meação do outro cônjuge (art. 1.647, I, do Código Civil); a ausência injustificada da outorga pode ser suprida pelo Judiciário. Art. 1.648 do Código Civil.

Dessa maneira, decidiu o desembargador FERNANDO FOCH LEMOS, do Tribunal de Justiça do Estado do Rio de Janeiro – TJRJ, na Apelação 2008.001.30166, com julgamento em 4.11.2008: "DIREITO CIVIL. Ação que busca adjudicação compulsória de imóvel e suprimento de outorga uxória, de modo a permitir registro imobiliário. Aquisição do bem ocorrida pela autora em condomínio com o primeiro réu, que posteriormente vendeu sua parte àquela, recebendo integralmente o preço. Sentença de improcedência por dois fundamentos: falta de registro do pretenso pré-contrato e ausência da outorga da segunda ré, esposa do primeiro. 1. Adjudicação compulsória, quando intentada em face do promitente vendedor, não se condiciona ao registro da promessa de compra e venda. Súmula 239 do STJ e Enunciado 95 do Centro de Estudos Jurídicos da Justiça Federal. 2. Promessa de compra e venda que não tem por objeto imóvel loteado, urbano ou rural, tampouco incorporado, admite arrependimento, desde que por cláusula expressa. O silêncio implica a impossibilidade de retratação, pois a irretratabilidade é a regra. 3. Aquele que é casado pelo regime de comunhão parcial de bens necessita da outorga uxória para a alienação de bem imóvel independentemente de a coisa integrar ou não a meação do outro cônjuge (art. 1.647, I, do Código Civil); a ausência injustificada da outorga pode ser suprida pelo Judiciário. Art. 1.648 do Código Civil. 4. Apelo conhecido e provido. Unânime".

---

37 Sem correspondência ao CCB de 1916.

38 Lei Nº 6.766, de 19 de dezembro de 1979. Dispõe sobre o parcelamento do solo urbano e dá outras providências. Art 25. São irretratáveis os compromissos de compra e venda, cessões e promessas de cessão, os que atribuam direito a adjudicação compulsória e, estando registrados, confiram direito real oponível a terceiros.

16.16.5 Mora do Compromissário Comprador

De acordo com o Decreto-Lei nº 745/69, torna-se necessário, em caso de inadimplemento do pagamento da prestação, a interpelação judicial ou extrajudicial do devedor. Vejamos as decisões judiciais proferidas pelo Superior Tribunal de Justiça:

a) Contrato de promessa de compra e venda de gleba de terra. Art. 1° do Decreto-Lei n° 745/69. Súmula n° 76. Precedentes da Corte. 1. A interpelação a que se refere o art. 1° do Decreto-Lei n° 745/69 é indispensável para constituição do devedor em mora. 2. Recurso especial conhecido e provido (REsp 697.689/RS, Rel. ministro CARLOS ALBERTO MENEZES DIREITO, TERCEIRA TURMA, julgado em 19.10.2006, DJ 19.3.2007 p. 324).

b) CIVIL. PROMESSA DE COMPRA E VENDA. INTERPELAÇÃO. A falta de registro do compromisso de compra e venda de imóvel não dispensa a prévia interpelação para constituir em mora o devedor (STJ – Súmula 76). Recurso especial conhecido e provido (REsp 148.699/PE, Rel. ministro ARI PARGENDLER, TERCEIRA TURMA, julgado em 3.9.2002, DJ 16.12.2002, p. 309).

c) Processual civil. Ação de rescisão de promessa de compra e venda, cumulada com pedido de reintegração de posse. Cláusula resolutiva expressa. Ineficácia. Necessidade de prévia interpelação para constituição do devedor em mora. Decreto-Lei nº 745/69, art. 1º.

Aplicação imediata. I – "A falta de registro do compromisso de compra e venda de imóvel não dispensa a prévia interpelação para constituir em mora o devedor" (Súmula 76/STJ). II – A exigência de notificação prévia, instituída pelo art. 1º do Decreto-Lei nº 745/69, para a constituição em mora do devedor, tem aplicação imediata, por se tratar de norma de direito processual. III – A falta de interpelação para constituição da mora acarreta a extinção do processo. IV – Recurso especial conhecido e provido (REsp 45.845/SP, Rel. ministro ANTÔNIO DE PÁDUA RIBEIRO, TERCEIRA TURMA, julgado em 6.8.2002, DJ 23.9.2002 p. 350).

16.16.6 Cláusula de Perdimento

A cláusula de perdimento é aquela em que o compromissário comprador perde as prestações pagas em razão do inadimplemento de uma ou mais parcelas. Ora, esta cláusula se firmada entre o compromissário comprador e o promitente vendedor deve ser considerada abusiva lastreada, pois, no princípio do enriquecimento sem causa.

Se o *contrato firmado se fundamenta numa relação jurídica consumeira*, deve-se, pois, aplicar diretamente a regra do artigo 53 do Código de Defesa do Consumidor, que estabelece "nos contratos de compra e venda de móveis ou imóveis mediante pagamento em prestações, bem como nas alienações fiduciárias em garantia, consideram-se nulas de pleno direito as cláusulas que estabeleçam a perda total das prestações pagas em benefício do credor que, em razão do inadimplemento, pleitear a resolução do contrato e a retomada do produto alienado".

Se o *contrato de promessa de compra e venda foi firmado na vigência do Código Civil de 2002*, aplica-se, pois, a regra do artigo 413, *verbis*: "a penalidade deve ser reduzida equitativamente pelo juiz se a obrigação principal tiver sido cumprida em parte, ou se o montante da penalidade for manifestamente excessivo, tendo-se em vista a natureza e a finalidade do negócio".[39] O artigo 413 do CCB de 2002 é uma regra de equidade.

Em relação à regra do artigo 413, o Conselho da Justiça Federal, nas III e IV Jornadas de Direito Civil editou os seguintes enunciados:

a) Conselho da Justiça Federal – III Jornada de Direito Civil:
CJF – Enunciado 165 – Art. 413: Em caso de penalidade, aplica-se a regra do art. 413 ao sinal, sejam as arras confirmatórias ou penitenciais
b) Conselho da Justiça Federal – IV Jornada de Direito Civil:
CJF – Enunciado 355 – Art. 413. Não podem as partes renunciar à possibilidade de redução da cláusula penal se ocorrer qualquer das hipóteses previstas no art. 413 do Código Civil, por se tratar de preceito de ordem pública.
CJF – Enunciado 356 – Art. 413. Nas hipóteses previstas no art. 413 do Código Civil, o juiz deverá reduzir a cláusula penal de ofício.
CJF – Enunciado 357 – Art. 413. O art. 413 do Código Civil é o que complementa o art. 4º da Lei nº 8.245/91. Revogado o Enunciado 179 da III Jornada.
CJF – Enunciado 358 – Art. 413. O caráter manifestamente excessivo do valor da cláusula penal não se confunde com a alteração de circunstâncias, a excessiva onerosidade e a frustração do fim do negócio jurídico, que podem incidir autonomamente e possibilitar sua revisão para mais ou para menos.
CJF – Enunciado 359 – Art. 413. A redação do art. 413 do Código Civil não impõe que a redução da penalidade seja proporcionalmente idêntica ao percentual adimplido.

Se o *contrato de promessa de compra e venda foi firmado na vigência do Código Civil de 1916*, aplicar-se-á a regra do artigo 924.

Neste sentido, a decisão do ministro Aldir Passarinho Junior, em 6.11.2006: "AGRAVO DE INSTRUMENTO Nº 797.079 - RS (2006/0165725-2) RELATOR: MINISTRO ALDIR PASSARINHO JÚNIOR. DECISÃO: Vistos.

39 Correspondente ao artigo 924 do CCB/16.

Trata-se de agravo de instrumento manifestado por ADM do Brasil LTDA. contra decisão que negou seguimento a recurso especial, interposto pelas alíneas "a" e "c" do permissivo Constitucional, no qual se aponta violação aos artigos 535, I, do Código de Processo Civil, 916, 917, 920, 924 e 927 do vetusto Código Civil, além do dissídio jurisprudencial. O acórdão recorrido restou assim ementado (fl. 29): "AÇÃO MONITÓRIA. INSTRUMENTO DE CONFISSÃO DE DÍVIDA. INADIMPLEMENTO CONTRATUAL. INAPLICABILIDADE DO CÓDIGO CONSUMERISTA. Não se tratando de contrato envolvendo destinatário final, inaplicável é a incidência do Código de Defesa do Consumidor. CLÁUSULA PENAL. REDUÇÃO. POSSIBILIDADE. ARTIGO 924 DO CÓDIGO CIVIL REVOGADO. Tendo a obrigação como um todo sido parcialmente cumprido, é perfeitamente possível, com espeque no artigo 924 do CC, a redução da pena total, em caso de inexecução do restante. JUROS DE MORA. Tendo sido convencionado os juros de mora, obedecem ao pacto, nos termos do art. 1.062 do Código Civil. Apelo parcialmente provido". Sem razão o agravante. Não vislumbro omissão, contradição ou obscuridade no acórdão recorrido a serem declaradas pela via dos embargos, decidindo meramente contrário aos interesses do agravante. Afastada, pois, a violação ao artigo 535 do Código de Processo Civil. O recorrente insurge-se contra aresto que reduziu o valor da multa estipulado em cláusula penal, de 50% para 10%, por descumprimento do contrato. Todavia, bem consignado no acórdão enfrentado ser "perfeitamente possível visualizar que a obrigação foi parcialmente cumprida. Aliás, questão confessada no contrato" (fl. 34) de confissão da dívida. Nesse ínterim, entende esta Corte que a pena deve ser igualmente reduzida, visto, do contrário, incidir, também, sobre a parcela adimplida. Confira-se: "CIVIL – CLÁUSULA PENAL – CUMPRIMENTO PARCIAL DA OBRIGAÇÃO. EMBARGOS DECLARATÓRIOS, MULTA. I – A jurisprudência, acolhendo lição doutrinária, na exegese do artigo 924 do Código Civil, delineia entendimento no sentido de que, cumprida em parte a obrigação, em caso de inexecução da restante, não pode receber a pena total, porque isso importaria em locupletar-se à custa alheia, recebendo ao mesmo tempo, parte da coisa e o total da indenização na qual está incluída justamente aquela já recebida, sendo certo que a cláusula penal corresponde aos prejuízos pelo inadimplemento integral da obrigação. II – Matéria de fato (Súmulas 05 e 07 - STJ). III – Embargos com o fim de prequestionamento não podem ser tidos como meramente procrastinatórios (Súmula 98/STJ). IV – Recurso parcialmente conhecido e provido" (REsp 162909/PR, Rel. Min° Waldemar Zveiter, Terceira Turma, Unânime, DJ 10.8.1998 p. 66) Outrossim, a redução operada leva em consideração o acervo fático-probatório da causa, o que não pode ser reexaminado na seara do recurso especial, a teor do óbice apontado no verbete n° 7 da Súmula do Superior Tribunal de Justiça. Consentâneo, pois, o acórdão fustigado com jurisprudência desta Corte, é de se aplicar ao caso o Enunciado nº 83 da Súmula. Ante o exposto, nego provimento ao presente agravo. Publique-se. Brasília (DF), 19 de outubro de 2006. MINISTRO ALDIR PASSARINHO JÚNIOR, relator (ministro ALDIR PASSARINHO JÚNIOR, 6.11.2006)".

No mesmo diapasão, "RECURSO ESPECIAL Nº 811.378 - ES (2006/0010553-1) RELATOR: MINISTRO HUMBERTO GOMES DE BARROS. DECISÃO: Recurso especial (alínea "c") desafia acórdão, no que interessa, assim ementado: "(...) 1. Configura-se abusiva a cláusula que prevê a devolução de parte ínfima da importância já paga pelo promitente comprador no caso de rescisão contratual. (...)" (fl. 378) Embargos de declaração opostos e rejeitados. A recorrente aponta divergência jurisprudencial quanto ao percentual que poderá ser retido pela construtora, promitente vendedora, dos valores pagos pelo promitente comprador quando da rescisão contratual. Requer a retenção a título de despesas administrativas em 25% das prestações adimplidas pelos recorridos. Contrarrazões às fls. 433/445. DECIDO: O Tribunal *a quo*, louvado nos fatos e provas, fixou o percentual em 10% para perdimento das parcelas pagas. Esta conclusão está em harmonia com o entendimento firmado por esta Corte. Confira-se: "PROMESSA DE COMPRA E VENDA. Extinção do contrato. Comprador inadimplente. – A orientação que terminou prevalecendo na Segunda Seção, depois de inicial controvérsia, é no sentido de que o promissário comprador que se torna inadimplente em razão da insuportabilidade do contrato assim como pretendido executar pela promitente vendedora tem o direito de promover a extinção da avença e de receber a restituição de parte substancial do que pagou, retendo a construtora uma parcela a título de indenização pelo rompimento do contrato.

– Essa quantia a ficar retida varia de caso para caso; ordinariamente tem sido estipulada entre 10% e 20%, para cobertura das despesas com publicidade e corretagem, podendo ser majorada quando o imóvel vem a ser ocupado pelo comprador. Não há razão para que tudo ou quase tudo do que foi pago fique com a vendedora, uma vez que por força do desfazimento do negócio ela fica com o imóvel, normalmente valorizado, construído também com o aporte do comprador. – Precedente. – Recurso conhecido e provido em parte". (REsp 476.775/ROSADO) "DIREITO CIVIL. COMPROMISSO DE COMPRA E VENDA DE IMÓVEL. DEVOLUÇÃO DAS PARCELAS PAGAS. REDUÇÃO. ART. 924, CC/1916. POSSIBILIDADE. PRECEDENTES. AGRAVO DESPROVIDO. I – Na linha da jurisprudência desta Corte, o juiz pode reduzir a patamar justo, conforme as circunstâncias do caso concreto, a pena convencional de perda total das prestações pagas pelos compromissários compradores, nos termos do art. 924, CC/1916. II – Na espécie, mostra-se razoável a condenação da promitente vendedora à restituição do valor pago, com a dedução dos lucros cessantes relativos ao período de ocupação do imóvel e da quantia já restituída quando do distrato" (AgRg no Ag 430.052/SÁLVIO).

Rever o percentual fixado pelo Tribunal desafiaria a Súmula 7. Nesse sentido, a jurisprudência: "(...) I – A jurisprudência deste Superior Tribunal de Justiça está hoje pacificada no sentido de que, em caso de extinção de contrato de promessa de compra e venda, inclusive por inadimplência justificada do devedor, o contrato pode prever a perda de parte das prestações pagas, a título de indenização à promitente vendedora pelas despesas decorrentes do próprio negócio.

II – Havendo a corte de origem fixado o percentual a ser retido com base nas circunstâncias do caso, não há como alterar o julgamento sob pena de afronta à Súmula 7 desta Corte. (...)" (REsp 788.143/CASTRO FILHO). Nego seguimento ao recurso especial. Brasília (DF), 22 de fevereiro de 2006. MINISTRO HUMBERTO GOMES DE BARROS, relator (ministro HUMBERTO GOMES DE BARROS, 16.3.2006)."

16.16.7 Tutela Processual

Diz o artigo 501 do Código de Processo Civil brasileiro que "Na ação que tenha por objeto a emissão de declaração de vontade, a sentença que julgar procedente o pedido, uma vez transitada em julgado, produzirá todos os efeitos da declaração não emitida."[40]

---

40 CPC - Do Julgamento das Ações Relativas às Prestações de Fazer, de Não Fazer e de Entregar Coisa

Art. 497. Na ação que tenha por objeto a prestação de fazer ou de não fazer, o juiz, se procedente o pedido, concederá a tutela específica ou determinará providências que assegurem a obtenção de tutela pelo resultado prático equivalente.

Parágrafo único. Para a concessão da tutela específica destinada a inibir a prática, a reiteração ou a continuação de um ilícito, ou a sua remoção, é irrelevante a demonstração da ocorrência de dano ou da existência de culpa ou dolo.

Art. 498. Na ação que tenha por objeto a entrega de coisa, o juiz, ao conceder a tutela específica, fixará o prazo para o cumprimento da obrigação.

Parágrafo único. Tratando-se de entrega de coisa determinada pelo gênero e pela quantidade, o autor individualizá-la-á na petição inicial, se lhe couber a escolha, ou, se a escolha couber ao réu, este a entregará individualizada, no prazo fixado pelo juiz.

Art. 499. A obrigação somente será convertida em perdas e danos se o autor o requerer ou se impossível a tutela específica ou a obtenção de tutela pelo resultado prático equivalente.

Art. 500. A indenização por perdas e danos dar-se-á sem prejuízo da multa fixada periodicamente para compelir o réu ao cumprimento específico da obrigação.

Art. 501. Na ação que tenha por objeto a emissão de declaração de vontade, a sentença que julgar procedente o pedido, uma vez transitada em julgado, produzirá todos os efeitos da declaração não emitida.

Capítulo 17

CLÁUSULAS ESPECIAIS À COMPRA E VENDA

17.1 Da Retrovenda

A retrovenda é uma cláusula especial à compra e venda através da qual o alienante poderá recomprar o *bem imóvel* do adquirente no prazo ajustado no contrato (prazo máximo de 3 anos).[1] É um direito potestativo do vendedor, isto é, o adquirente fica em estado de sujeição durante o período acordado. O preço pago deverá ser acrescido das despesas do contrato, correção monetária (para evitar enriquecimento sem causa)[2] e indenização das benfeitorias necessárias realizadas pelo comprador. As benfeitorias podem ser voluptuárias, úteis ou necessárias (CCB, art. 96). São necessárias as que têm por finalidade conservar o bem ou evitar que o mesmo se deteriore. E quanto ao reembolso das benfeitorias úteis e voluptuárias? A regra do artigo 505 do CCB é clara, referindo-se apenas às benfeitorias necessárias. Neste caso, se assim desejarem, as partes podem pactuar expressamente no contrato o reembolso das benfeitorias úteis ou voluptuárias. O perigo é esta avença acabar inviabilizando o direito de retrato.

Uma vez firmada a cláusula de retrovenda a propriedade torna-se resolúvel, já que exercido o direito de retrato, o contrato resolve-se, voltando as partes ao estado original, isto é, ao *statu quo ante*. O imóvel retorna ao vendedor, nada podendo fazer o comprador.

De acordo com a redação do artigo 505 do CCB, o prazo máximo para o resgate ou retrato não poderá ultrapassar 3 anos. É um prazo decadencial com vistas a assegurar maior segurança nas relações jurídicas e econômicas. Se as partes contratantes não estabelecerem um prazo, deve-se presumi-lo de 3 anos. E se as partes acordarem um prazo superior a 3 anos?

---

1 Já existem decisões judiciais que admitem a cláusula de retrovenda para bens móveis, em especial, em relação aos veículos automotores.

2 Neste caso é mais seguro as partes convencionarem no próprio corpo do contrato uma cláusula de reajuste.

Neste caso o contrato de compra e venda não deve ser considerado nulo ou anulável, já que é hipótese de ineficácia relativa, ou seja, o prazo que excede aos 3 anos é considerado como não escrito.

Se aquele que comprou o imóvel se recusar a devolvê-lo, o vendedor deverá depositar judicialmente os valores a que o comprador faz jus (preço e demais despesas) e ingressar com a ação de reivindicação do imóvel. Isso porque o artigo 1.359 do CCB determina que "resolvida a propriedade pelo implemento da condição ou pelo advento do termo, entendem-se também resolvidos os direitos reais concedidos na sua pendência, e o proprietário, em cujo favor se opera a resolução, pode reivindicar a coisa do poder de quem a possua ou detenha".

O direito de retrato é cessível e transmissível a herdeiros e legatários, podendo ser exercido contra terceiro adquirente, nos termos do artigo 507 do CCB. Assim, o vendedor poderá exercer o direito de retrato contra terceiro que vier adquirir o imóvel que contenha a referida cláusula de retrovenda. No entanto, o terceiro que vier adquirir o imóvel, o faz condicionado a cláusula de retrato (também, como propriedade resolúvel). Nesse sentido, Washington de Barros Monteiro afirma que "quem comprar, portanto, imóvel sobre o qual pese pacto adjeto de retrovenda adquire propriedade resolúvel, nos termos do artigo 1.359 do Código Civil de 2002. A aquisição é condicional; se o vendedor exercitar o direito de retrato, resolver-se-á também posterior alienação do aquirente para terceiro, ainda que a cláusula não tenha sido averbada no registro de imóveis. Não se trata, no entanto, de direito real, mas exclusivamente de *jus ad rem*".[3] Isso quer dizer que a cláusula de retrovenda apresenta eficácia *erga omnes*, isto é, pode ser exercida contra qualquer pessoa que venha adquirir o referido imóvel.

Se a duas ou mais pessoas couber o direito de retrato sobre o mesmo imóvel, e só uma o exercer, o comprador poderá intimar os outros condôminos para nele acordarem, prevalecendo o pacto em favor de quem haja efetuado o depósito, contanto que seja integral (art. 508, CCB).

Há algum tempo, a cláusula de retrovenda era muito associada à prática de agiotagem, já que o agiota emprestava dinheiro ao sujeito firmando um contrato de compra e venda com cláusula de retrovenda (ao invés de firmar um contrato de mútuo). Caso o sujeito ("mutuário") não conseguisse honrar seus compromissos perdia seu imóvel. A jurisprudência passou a interpretar tais contratos como negócios jurídicos simulados, já que não representavam um contrato de compra e venda e sim um contrato de mútuo com juros exor-

3 MONTEIRO, Washington de Barros. *Curso de direito civil*: direito das obrigações. 2ª Parte. Vol. 5. 34. ed. São Paulo: Saraiva, 2003, p. 115.

bitantes. Vejamos:

> COMPRA E VENDA. Retrovenda. Simulação. Medida Cautelar. – É cabível o deferimento de medida liminar para suspender os efeitos de escritura de compra e venda de imóveis que teria sido lavrada com o propósito de encobrir negócio usurário. Fatos processuais que reforçam essa ideia. Conveniência, porém, de que seja prestada caução (art. 804 do CPC). Recurso conhecido em parte e nessa parte provido (REsp 285.296/MT, Rel. ministro RUY ROSADO DE AGUIAR, QUARTA TURMA, julgado em 22.3.2001, DJ 7.5.2001 p. 150).

17.2 Da Venda a Contento e da Sujeita à Prova

A venda a contento é uma compra e venda realizada sob a condição suspensiva, ou seja, a contrato não se reputará perfeito, enquanto o adquirente não manifestar seu agrado (Art. 509, CCB).[4]

Dispõe o artigo 510 do CCB que: "também a venda sujeita à prova presume-se feita sob a condição suspensiva de que a coisa tenha as qualidades asseguradas pelo vendedor e seja idônea para o fim a que se destina".

As obrigações do comprador, na *venda a contento* e na *venda sujeita à prova,* se realizadas sob condição suspensiva, são as de mero comodatário. Ambas as hipóteses se aplicam à compra e venda de bens móveis.

O referido negócio jurídico pode ser realizado sob condição suspensiva ou resolutiva. Neste caso, deve ser expressamente firmado no instrumento contratual, já que a regra geral é a *venda a contento* e a *venda sujeita à prova* realizadas sob condição suspensiva.

Vejamos os efeitos, os riscos da coisa e a situação de falecimento do comprador sem a manifestação da aceitação em ambas as condições:

4 Correspondente ao art. 1.144, *caput*, do CCB/1916

Condição	Efeitos	Riscos da coisa	Falecimento do comprador sem a manifestação da aceitação
Suspensiva	O comprador é considerado mero comodatário, enquanto não manifestar sua aceitação. O domínio pertence ao vendedor até o momento da manifestação de vontade do adquirente.	Por conta do vendedor. Neste caso, o comprador é mero comodatário e de acordo com regra do artigo 583 do CCB: "Se, correndo risco o objeto do comodato juntamente com outros do comodatário, antepuser este a salvação dos seus abandonando o do comodante, responderá pelo dano ocorrido, ainda que se possa atribuir a caso fortuito, ou força maior".	A aceitação da coisa ou a manifestação de desagrado é um ato personalíssimo do comprador. Neste caso, o contrato se torna ineficaz e o preço não é devido.[5]
Resolutiva	Após a tradição o domínio é transferido ao comprador. O contrato opera efeitos desde logo e o preço já é devido. Se a coisa desagradar ao comprador ou não lhe convir, este poderá desfazer o negócio jurídico, recebendo, destarte, o preço pago.	Por conta do comprador, até a manifestação de desagrado.	O contrato se consolida, operando seus efeitos.

O comodato é o empréstimo gratuito de coisas não fungíveis. Perfaz-se com a tradição do objeto (art. 579, CCB). Ademais, o comodatário é obrigado a conservar, como se sua própria fora, a coisa emprestada, não podendo usá-la senão de acordo com o contrato ou a natureza dela, sob pena de responder por perdas e danos. O comodatário constituído em mora, além de por ela

5 CC 2002 – Art. 125. Subordinando-se a eficácia do negócio jurídico à condição suspensiva, enquanto esta se não verificar, não se terá adquirido o direito, a que ele visa.

responder, pagará, até restituí-la, o aluguel da coisa que for arbitrado pelo comodante. (art. 582, CCB).

Washington de Barros Monteiro afirma que, em qualquer situação, a inserção de cláusula suspensiva ou resolutiva confere ao comprador o *jus poenitendi*, isto é, o direito de revogar ou desfazer o negócio a seu inteiro arbítrio, não cabendo ao vendedor discutir ou impugnar a vontade declarada pelo adquirente.[6]

O artigo 512 do CCB estabelece que "não havendo prazo estipulado para a declaração do comprador, o vendedor terá direito de intimá-lo, judicial ou extrajudicialmente, para que o faça em prazo improrrogável".[7]

17.3 Cláusula de Venda a Contento no CDC

O artigo 49 do CDC prescreve que "o consumidor pode desistir do contrato, no prazo de 7 dias a contar de sua assinatura ou do ato de recebimento do produto ou serviço, sempre que a contratação de fornecimento de produtos e serviços ocorrer fora do estabelecimento comercial, especialmente por telefone ou a domicílio". É o chamado prazo de reflexão.

Por seu turno, o parágrafo único determina que "Se o consumidor exercitar o direito de arrependimento previsto neste artigo, os valores eventualmente pagos, a qualquer título, durante o prazo de reflexão, serão devolvidos, de imediato, monetariamente atualizados".

17.4 Da Preempção ou Preferência

A preempção ou preferência é um pacto adjeto ao contrato de compra e venda de coisa móvel ou imóvel através do qual o comprador, no caso de querer vender ou dar em pagamento a coisa, se obriga a oferecê-la ao vendedor, para que este tenha a preferência na recuperação da coisa vendida, em detrimento de qualquer outra pessoa, em igualdade de condições com esta. É o denominado direito de prelação, previsto no artigo 513 do CCB, originado no direito romano sob o nome de *pactum de protimeseos*. Melhor dizendo: através da cláusula de preferência, o comprador na hipótese de querer vender ou dar em pagamento a coisa, terá que oferecê-la inicialmente ao vendedor original, para que este possa exercer o seu direito de prelação, nas mesmas condições oferecidas a terceiros.

O parágrafo único do artigo 513 informa que o prazo para exercer o direito de preferência não poderá exceder a cento e oitenta dias, se a coisa for móvel, ou a dois anos, se imóvel. Vale destacar que este é o prazo que o titular do direito de prelação possui para exercitar o seu direito, a partir do momento em que é notificado da intenção do primitivo comprador em querer vender

6 MONTEIRO, *op. cit.*, p. 116.

7 Correspondente ao art. 1.147 do CCB/1916.

ou dar em pagamento a coisa comprada. Daí que o direito de preferência ou preempção não caduca. É dessa forma que Álvaro Villaça Azevedo afirma que o termo inicial dos prazos estabelecidos no parágrafo único do artigo 513 "é o do conhecimento, pelo primitivo vendedor, da intenção do primitivo comprador de alienar (vender ou dar em pagamento) a coisa comprada".[8]

O prazo estabelecido no parágrafo único do artigo 513 é aquele destinado para a manifestação de vontade do titular do direito de prelação, ou seja, dois anos se a coisa for imóvel ou cento e oitenta dias se a coisas for móvel. Nada obsta que com fulcro no princípio da autonomia da vontade, as partes pactuem a redução de tais prazos. No silêncio das partes, os prazos máximos serão aqueles previstos no artigo 516 do CCB: "Inexistindo prazo estipulado, o direito de preempção caducará, se a coisa for móvel, não se exercendo nos três dias, e, se for imóvel, não se exercendo nos sessenta dias subsequentes à data em que o comprador tiver notificado o vendedor".

De forma contrária, alguns autores, tais como Caio Mário da Silva Pereira,[9] Carlos Roberto Gonçalves[10] e Sílvio de Salvo Venosa[11] entendem que findos os prazos legais do parágrafo único do artigo 513, o adquirente (primitivo comprador) estaria livre para revender o bem sem respeitar o direito de preferência do vendedor.

Data maxima venia, entende-se que o direito de preferência somente não será exercido, caso o titular do direito de prelação não queira recuperar a coisa nos prazos estabelecidos no referido dispositivo legal, a partir do momento do conhecimento da intenção do primitivo comprador em alienar (vender ou dar em pagamento) a coisa comprada.

O artigo 514 do CCB possibilita o direito de preferência ao vendedor, já que este pode antecipar o seu direito, antes de receber a interpelação do primitivo comprador. Vejamos o teor do dispositivo legal: "O vendedor pode também exercer o seu direito de prelação, intimando o comprador, quando lhe constar que este vai vender a coisa".

O pacto de preempção ou preferência é de natureza pessoal e não real.[12] Dessa maneira, se o primitivo comprador vender ou der em pagamento a coisa a terceiro, o negócio jurídico é válido. Logo, o primitivo vendedor não possui nenhuma ação contra o terceiro adquirente, restando apenas a indenização por perdas e danos em face do primitivo comprador (art. 518, CCB[13]).

8 AZEVEDO, Álvaro Villaça. *Comentários ao novo código civil*. Vol VII. Rio de Janeiro: Forense, 2005, p. 303.

9 PEREIRA, Caio Mário da. *Instituições de direito civil*. Vol. III. Rio de Janeiro: Forense, 2003, p. 217.

10 GONÇALVES, Carlos Roberto. *Direito civil brasileiro*. Vol. III. São Paulo: Saraiva, 2004, p. 235.

11 VENOSA, Silvio de Salvo. *Direito civil*. Vol. III. 6.ed. São Paulo: Atlas, 2006, p. 71.

12 Os direitos reais são originados de preceitos legais, em *numerus clausus*.

13 Correspondente ao art. 1.156 do CCB/1916.

Neste último caso, o terceiro adquirente responde solidariamente se tiver agido de má-fé.[14] Isso porque os contratantes são obrigados a guardar, assim na conclusão do contrato, como em sua execução, os princípios de probidade e boa-fé (art. 422, CCB).

Ademais, o direito de preferência é um direito personalíssimo ligado ao primitivo vendedor, razão pela qual não se pode ceder ou passar aos herdeiros, conforme resta expresso no artigo 520 do CCB. Todavia, se o primitivo comprador falece, os seus herdeiros devem honrar a cláusula de preferência.

17.4.1 O pacto de preferência estipulado a favor de dois ou mais indivíduos em comum

Quando dois ou mais condôminos vendem a coisa em comum, o direito de preferência deverá ser exercido sobre toda a coisa, de forma indivisível. Esclarece nesse ponto J. M. de Carvalho Santos: "O direito de preempção é indivisível. Cada um dos titulares, na hipótese da multiplicidade de preemptores, não pode exercê-lo em relação à parcela que lhes corresponde, mas unicamente em relação ao todo".[15] É o que estabelece a redação do artigo 517 do CCB: "Quando o direito de preempção for estipulado a favor de dois ou mais indivíduos em comum, só pode ser exercido em relação à coisa no seu todo. Se alguma das pessoas, a quem ele toque, perder ou não exercer o seu direito, poderão as demais utilizá-lo na forma sobredita".[16] Daí que mesmo na hipótese de um dos condôminos não exercer ou perder o seu direito de preferência, aquele que o vier a exercitá-lo deverá fazê-lo sobre toda a coisa de forma indivisível.

17.4.2 O direito de preferência do inquilino

A Lei do Inquilinato (Lei 8.245/91) confere direito real ao inquilino. O artigo 27 da referida lei determina que "no caso de venda, promessa de venda, cessão ou promessa de cessão de direitos ou dação em pagamento, o locatário tem preferência para adquirir o imóvel locado, em igualdade de condições com terceiros, devendo o locador dar-lhe conhecimento do negócio mediante notificação judicial, extrajudicial ou outro meio de ciência inequívoca".[17]

---

14 CC 2002 – Da Solidariedade Passiva. Arts. 275 a 285.

15 SANTOS, J. M. de Carvalho. *Código civil brasileiro Interpretado*. 6. ed. Vol. XVI. Rio de Janeiro: Freitas Bastos, 1955, p. 243.

16 Correspondente ao art. 1.154 do CCB/1916.

17 Lei 8.245/91Art. 31. Em se tratando de alienação de mais de uma unidade imobiliária, o direito de preferência incidirá sobre a totalidade dos bens objeto da alienação. Art. 32. O direito de preferência não alcança os casos de perda da propriedade ou venda por decisão judicial, permuta, doação, integralização de capital, cisão, fusão e incorporação. Parágrafo único. Nos contratos firmados a partir de 1º de outubro de 2001, o direito de preferência de que trata este artigo não alcançará também os casos de constituição

De forma contrária ao direito de preferência ou preempção que representa um direito obrigacional, a Lei do Inquilinato confere um direito real ao locatário, já que este preterido no seu direito de preferência poderá reclamar do alienante as perdas e danos ou, depositando o preço e demais despesas do ato de transferência, *haver para si o imóvel locado*, se o requerer no prazo de seis meses, a contar do registro do ato no cartório de imóveis, desde que o contrato de locação esteja averbado pelo menos trinta dias antes da alienação junto à matrícula do imóvel, nos termos do artigo 33 da Lei 8.245/91. Portanto, o locatário possui um direito real de preferência, podendo anular o negócio jurídico de compra e venda e haver para si o imóvel locado. É diferente da cláusula de preempção que representa um direito pessoal, cabendo apenas ao primitivo vendedor a indenização em perdas e danos.[18]

17.4.3 O pacto de preferência e a retrocessão

A desapropriação é a perda da propriedade por necessidade ou utilidade pública, ou por interesse social, mediante justa e prévia indenização em dinheiro, conforme estabelecido no artigo 5°, XXIV, da Constituição da República Federativa do Brasil de 1988.

Daí que se a coisa expropriada para fins de necessidade ou utilidade pública, ou por interesse social, não tiver o destino para que se desapropriou, ou não for utilizada em obras ou serviços públicos, caberá ao expropriado direito de preferência, pelo preço atual da coisa, conforme prescrito no artigo 519 do CCB.[19] Neste caso, ocorre a prelação legal, uma vez que o expropriado readquire o bem que foi objeto de desapropriação, já que este não foi destinado conforme decreto de expropriação. O retorno da coisa ao expropriado recebe o nome de retrocessão.

O Decreto-Lei 3.365/41 dispõe sobre as desapropriações por utilidade pública e seu artigo 5° considera casos de utilidade pública: *a)* a segurança nacional; *b)* a defesa do Estado; *c)* o socorro público em caso de calamidade; *d)* a salubridade pública; *e)* a criação e melhoramento de centros de população, seu abastecimento regular de meios de subsistência; *f)* o aproveitamento industrial das minas e das jazidas minerais, das águas e da energia hidráulica; *g)* a assistência pública, as obras de higiene e decoração, casas de saúde, clínicas, estações de clima e fontes medicinais; *h)* a exploração ou a conservação dos serviços públicos; *i)* a abertura, conservação e melhoramento de vias ou logradouros públicos; a execução de planos de urbanização; o parcelamento

---

da propriedade fiduciária e de perda da propriedade ou venda por quaisquer formas de realização de garantia, inclusive mediante leilão extrajudicial, devendo essa condição constar expressamente em cláusula contratual específica, destacando-se das demais por sua apresentação gráfica. (Incluído pela Lei n° 10.931, de 2004)

18 Idêntica será a situação do locatário que não tenha registrado o contrato de locação no RGI.

19 Correspondente ao art. 1.150 do CCB/1916.

do solo, com ou sem edificação, para sua melhor utilização econômica, higiênica ou estética; a construção ou ampliação de distritos industriais; (Redação dada pela Lei nº 9.785, de 1999) *j)* o funcionamento dos meios de transporte coletivo; *k)* a preservação e conservação dos monumentos históricos e artísticos, isolados ou integrados em conjuntos urbanos ou rurais, bem como as medidas necessárias a manter-lhes e realçar-lhes os aspectos mais valiosos ou característicos e, ainda, a proteção de paisagens e locais particularmente dotados pela natureza; *l)* a preservação e a conservação adequada de arquivos, documentos e outros bens móveis de valor histórico ou artístico; *m)* a construção de edifícios públicos, monumentos comemorativos e cemitérios; *n)* a criação de estádios, aeródromos ou campos de pouso para aeronaves; *o)* a reedição ou divulgação de obra ou invento de natureza científica, artística ou literária; *p)* os demais casos previstos por leis especiais.

A Lei 4.132/62 define os casos de desapropriação por interesse social. O artigo 2º considera as seguintes hipóteses de interesse social:

a) o aproveitamento de todo bem improdutivo ou explorado sem correspondência com as necessidades de habitação, trabalho e consumo dos centros de população a que deve ou possa suprir por seu destino econômico;
b) o estabelecimento e a manutenção de colônias ou cooperativas de povoamento e trabalho agrícola;
c) a manutenção de posseiros em terrenos urbanos onde, com a tolerância expressa ou tácita do proprietário, tenham construído sua habitação, formando núcleos residenciais de mais de 10 (dez) famílias;
d) a construção de casas populares;
e) as terras e águas suscetíveis de valorização extraordinária, pela conclusão de obras e serviços públicos, notadamente de saneamento, portos, transporte, eletrificação armazenamento de água e irrigação, no caso em que não sejam ditas áreas socialmente aproveitadas;
f) a proteção do solo e a preservação de cursos e mananciais de água e de reservas florestais;
g) a utilização de áreas, locais ou bens que, por suas características, sejam apropriados ao desenvolvimento de atividades turísticas.

17.5 Da Venda com Reserva de Domínio

O contrato de compra e venda com cláusula de reserva de domínio, originado do direito romano (*pactum reservati dominii*), se aplica à compra e venda de coisas móveis com pagamento parcelado do preço. Esta cláusula possibilita o vendedor reservar para si a propriedade, até que o preço esteja integralmente pago (art. 521, CCB). Assim, o comprador fica com a posse direta do bem, e o alienante com a posse indireta (propriedade resolúvel)[20] até que a dívida esteja quitada. Neste caso, a tradição não transfere o domínio, mas sim a posse da coisa móvel.

Da definição é possível à identificação dos elementos característicos da compra e venda com reserva de domínio:

a) Compra e venda a crédito com o preço pago em prestações. Aqui cumpre ter em vista o disposto no artigo 524 do CCB: "A transferência de propriedade ao comprador dá-se no momento em que o preço esteja integralmente pago. Todavia, pelos riscos da coisa responde o comprador, a partir de quando lhe foi entregue".[21]
b) O negócio jurídico deve incidir sobre objeto individuado e infungível. Nesse sentido, o Código Civil informa na norma do artigo 523 que "não pode ser objeto de venda com reserva de domínio a coisa insuscetível de caracterização perfeita, para estremá-la de outras congêneres. Na dúvida, decide-se a favor do terceiro adquirente de boa-fé".[22]
c) A entrega do objeto contratual pelo vendedor ao comprador, já que se torna necessário à transferência da posse da coisa.
d) Pagamento do preço nas condições estipuladas no contrato.
e) A transferência do domínio ao comprador tão logo este complete o pagamento do preço.
f) Estipulação da cláusula de reserva de domínio por escrito e posterior registro do contrato, conforme previsão legal expressa no artigo 522: "A cláusula de reserva de domínio será estipulada por escrito e depende de registro no domicílio do comprador para valer contra terceiros".[23] Da mesma forma, o artigo 129, item 5º, da Lei de Registros Públicos (Lei 6.015/73) determina que "os contratantes de compra e venda em prestações, com reserva de domínio ou não, qualquer que seja a forma de que se revistam, os de alienação ou de promessas de venda referentes a bens móveis e os de alienação fiduciária".

---

20 CC 2002 – Art. 1.359. Resolvida a propriedade pelo implemento da condição ou pelo advento do termo, entendem-se também resolvidos os direitos reais concedidos na sua pendência, e o proprietário, em cujo favor se opera a resolução, pode reivindicar a coisa do poder de quem a possua ou detenha.

21 CC 2002 – Art. 237. Até a tradição pertence ao devedor a coisa, com os seus melhoramentos e acrescidos, pelos quais poderá exigir aumento no preço; se o credor não anuir, poderá o devedor resolver a obrigação. Parágrafo único. Os frutos percebidos são do devedor, cabendo ao credor os pendentes.
CC 2002 – Art. 238. Se a obrigação for de restituir coisa certa, e esta, sem culpa do devedor, se perder antes da tradição, sofrerá o credor a perda, e a obrigação se resolverá, ressalvados os seus direitos até o dia da perda.

22 CC 2002 – Art. 85. São fungíveis os móveis que podem substituir-se por outros da mesma espécie, qualidade e quantidade.

23 CC 2002 – Art. 166. É nulo o negócio jurídico quando: [...] IV – não revestir a forma prescrita em lei;

17.5.1 Hipótese de o vendedor receber o pagamento à vista. Financiamento do valor do bem, por instituição de mercado de capitais

Se o vendedor receber o pagamento à vista, ou, posteriormente, mediante financiamento de instituição do mercado de capitais, a esta caberá exercer os direitos e ações decorrentes do contrato, a benefício de qualquer outro. A operação financeira e a respectiva ciência do comprador constarão do registro do contrato (CCB, art. 528).

Ao explicar este artigo, Álvaro Villaça de Azevedo traça os seguintes comentários: "A instituição do mercado de capitais passa a exercer, definitivamente, os direitos e ações decorrentes do contrato. A entidade financeira tem como garantia o exercício desses direitos e ações, recebendo as prestações, beneficiando-se de outras garantias, como fiança, até final do pagamento do preço. A aludida sub-rogação decorre da vontade dos interessados, sendo, portanto convencional e regida pelo art. 347 do Código Civil. Realmente, o vendedor, recebendo o preço da financiadora, poderá, ante o art. 528, transferir-lhe todos os direitos de seu crédito, sem que haja necessidade de anuência do devedor".[24]

Arnaldo Rizzardo destaca que na questão em tela ocorre um duplo financiamento. Vejamos as suas lições: "A compra e venda com reserva de domínio constitui uma forma de financiamento direto. Com a nova regra, o vendedor contrai um financiamento para a venda com reserva de domínio. Ele contrata com uma instituição de mercado de capitais, ou um mesmo um banco, a concessão de um crédito, a qual lhe possibilita vender pelo regime da reserva de domínio, recebendo, pois, à vista o preço. Seus direitos de garantia são transferidos ao financiador da venda que fez, o qual passará a exercê-los, e a receber as prestações. Em princípio, há dois negócios distintos: de um lado, o de compra e venda com reserva de domínio; e de outro, o da operação financeira, envolvendo o vendedor e a instituição. As contratações são distintas, mas, com a transferência dos direitos e da garantia, aquele que financia é que assume os direitos do vendedor. É notificado o comprador para que satisfaça seus deveres à entidade que financiou".[25]

A Lei 4.728/65 disciplina o mercado de capitais e estabelece medidas para o seu desenvolvimento.

Em relação ao artigo 528 do CCB, o Conselho da Justiça Federal, na III Jornada de Direito Civil, editou o Enunciado 178: "Na interpretação do art. 528, devem ser levadas em conta, após a expressão "a benefício de", as palavras "seu crédito, excluída a concorrência de", que foram omitidas por manifesto erro material".

24 AZEVEDO, Álvaro Villaça. *Comentários ao novo código civil*. Vol. VII. Rio de Janeiro: Forense, 2005, p. 382.

25 RIZZARDO, Arnaldo. *Contratos*. 6. ed. Rio de Janeiro: Forense, 2006, p. 388.

17.6 Da Venda sobre Documentos

Na venda sobre documentos, a tradição da coisa é substituída pela entrega do título. O artigo 529 do CCB informa que "Na venda sobre documentos, a tradição da coisa é substituída pela entrega do seu título representativo e dos outros documentos exigidos pelo contrato ou, no silêncio deste, pelos usos". Ocorre em especial nos contratos internacionais de importação e exportação.

17.6.1 Impossibilidade da recusa do pagamento

O parágrafo único do artigo 529 determina que "achando-se a documentação em ordem, não pode o comprador recusar o pagamento, a pretexto de defeito de qualidade ou do estado da coisa vendida, salvo se o defeito já houver sido comprovado".[26]

17.6.2 Efetivação do pagamento

Salvo estipulação em contrário, o pagamento deve ser efetuado na data e no lugar da entrega dos documentos (CCB, art. 530). Daí é possível afirmar que o ato de entregar os documentos efetiva o contrato de compra e venda.

17.6.3 Entrega de documentos e apólice de seguro

A redação do artigo 531 determina que "se entre os documentos entregues ao comprador figurar apólice de seguro que cubra os riscos do transporte, correm estes à conta do comprador, salvo se, ao ser concluído o contrato, tivesse o vendedor ciência da perda ou avaria da coisa".

Neste caso, a coisa vendida está sendo objeto de transporte,[27] coberta pela apólice de seguros. A regra é de que os riscos da coisa corram por conta do proprietário até o momento da tradição, salvo cláusula contratual dispondo o contrário.

Se entre os documentos entregues ao comprador figurar apólice de seguro que cubra os riscos do transporte, correm estes à conta do comprador. Todavia, com o contrato de seguro, o perecimento total e parcial da coisa será suportado pela seguradora,[28] cabendo ao comprador ressarcir-se de eventual

26 CC 2002 – Art. 441. A coisa recebida em virtude de contrato comutativo pode ser enjeitada por vícios ou defeitos ocultos, que a tornem imprópria ao uso a que é destinada, ou lhe diminuam o valor. Parágrafo único. É aplicável a disposição deste artigo às doações onerosas.

27 CC 2002 – Art. 734. O transportador responde pelos danos causados às pessoas transportadas e suas bagagens, salvo motivo de força maior, sendo nula qualquer cláusula excludente da responsabilidade. Parágrafo único. É lícito ao transportador exigir a declaração do valor da bagagem a fim de fixar o limite da indenização.

28 CC 2002 – Art. 757. Pelo contrato de seguro, o segurador se obriga, mediante o pagamento do prêmio, a garantir interesse legítimo do segurado, relativo a pessoa ou a coisa, contra riscos predeterminados. Parágrafo único. Somente pode ser parte, no contrato de seguro, como segurador, entidade para tal fim legalmente autorizada.
CC 2002 – Art. 760. A apólice ou o bilhete de seguro serão nominativos, à ordem ou ao

prejuízo.

Por outro lado, acentua Arnaldo Rizzardo que "partindo a coisa para o destino determinado pela venda, ou encontrando-se em viagem, naturalmente este fato deve ser do conhecimento do comprador, a quem compete, então, diligenciar para que chegue a ele na sua devida integridade. Não conhecendo ele, entrementes, a remessa, não se lhe imputa a responsabilidade, pois seria obrigá-lo a submeter-se ao princípio da surpresa, ou se estaria impedindo que algo pudesse fazer. Todavia, o contrato de seguro dá a cobertura dos danos, beneficiando, então, o vendedor.

Para que se debite o risco do transportador ao comprador, é mister que, entre os documentos recebidos, se encontre a apólice de seguro, e que conste a sua pessoa como beneficiária. Não efetuando-se a entrega da apólice, os riscos não serão transferidos, permanecendo com o vendedor".[29]

17.6.4 Efetivação do pagamento por estabelecimento bancário

O pagamento poderá ser efetuado por intermédio de estabelecimento bancário, desde que as partes assim estabeleçam as regras no instrumento contratual. Dessa maneira, o vendedor receberá o pagamento junto ao banco, desde que sejam apresentados os documentos da transação.

É o que determina o teor do artigo 532 do Código Civil brasileiro: "Estipulado o pagamento por intermédio de estabelecimento bancário, caberá a este efetuá-lo contra a entrega dos documentos, sem obrigação de verificar a coisa vendida, pela qual não responde".

É o que ocorre sobretudo nos negócios jurídicos de importação e exportação. Arnaldo Rizzardo explica que na efetivação do pagamento por estabelecimento bancário existem três fases distintas, a saber:[30]

a) Primeiramente, o comprador e o vendedor acertam a transação, estipulando que o pagamento se fará por meio de um banco, contra a apresentação de documentos;
b) Trata o comprador com o banco a abertura do crédito para determinada finalidade a favor do vendedor;
c) Na execução do contrato, é encaminhada a documentação, seja do exportador ou do vendedor, ao banco que, após o exame, liberará o pagamento, ou aceitará a letra de câmbio, ou a nota promissória, ou a fatura, que o vendedor emite, honrando o documento no devido tempo.

Se houver recusa do estabelecimento bancário a efetuar o pagamento, poderá o vendedor pretendê-lo, diretamente do comprador (CCB, art. 532, parágrafo único).

---

portador, e mencionarão os riscos assumidos, o início e o fim de sua validade, o limite da garantia e o prêmio devido, e, quando for o caso, o nome do segurado e o do beneficiário. Parágrafo único. No seguro de pessoas, a apólice ou o bilhete não podem ser ao portador.

29 RIZZARDO, Arnaldo. *Contratos*. 6. ed. Rio de Janeiro: Forense, 2006, p. 391.

30 *Ibid.*, p. 392-393.

Capítulo 18

DA TROCA OU PERMUTA

18.1 Conceito

Permuta quer dizer troca, escambo, barganha. O contrato de troca ou permuta era muito utilizado em tribos primitivas e com o advento da moeda ele perde a sua força, já que as pessoas passam a trocar as coisas por dinheiro.

No contrato de troca, os permutantes ficam obrigados a transferir, um para o outro, a propriedade de determinada coisa. Daí ser classificado como um contrato bilateral, comutativo, oneroso, consensual (se aperfeiçoa apenas com o acordo de vontades), não solene (em regra, conforme disposto no artigo 108 do CCB[1]), instantâneo (perfaz-se em um só ato) e típico (ou nominado, já que encontra-se tipificado em lei).

18.2 Objeto

O objeto do contrato de permuta pode ser qualquer coisa que esteja no comércio, bem como direitos disponíveis. Dessa maneira torna-se possível realizar um contrato de permuta, desde que as partes troquem um bem móvel por imóvel, móvel por móvel, imóvel por imóvel, bem como uma coisa por um direito disponível. É possível, pois, a permuta de um bem móvel por um usufruto, ou de um usufruto por uma servidão.[2]

Sylvio Capanema de Souza destaca que "não se considera como permuta a entrega de um bem móvel, por exemplo, contra a obrigação de quem o recebeu ministrar ao transmitente aulas de português, ou realizar qualquer outro serviço. Nesse caso, o contrato será inominado ou atípico, mas não de troca".[3]

---

1 Art. 108. Não dispondo a lei em contrário, a escritura pública é essencial à validade dos negócios jurídicos que visem à constituição, transferência, modificação ou renúncia de direitos reais sobre imóveis de valor superior a trinta vezes o maior salário-mínimo vigente no País.

2 SOUZA, Sylvio Capanema de. *Comentários ao novo código civil*. Volume VIII. Rio de Janeiro: Forense, 2004, p. 11.

3 *Ibid*. p. 11.

18.3 Diferença entre o contrato de compra e venda e o contrato de troca

Carvalho Santos, citando Vampré e Carvalho de Mendonça, afirma que a troca difere da compra e venda em duplo ponto de vista: "de um lado, na compra e venda, não há senão uma coisa vendida e um só preço, enquanto que na troca há duas coisas, das quais uma pode ser considerada como representação da outra: de outro lado, na venda, o preço consiste em uma quantia em dinheiro, enquanto que na troca ele consiste numa coisa dada, que exerce ao mesmo tempo as funções de objeto e de preço. Em verdade, como está firmado na melhor doutrina, a troca, em última análise, não é senão uma dupla venda, na qual as coisas representam reciprocamente as funções de objeto e de preço".[4]

18.4 Diferença de valor entre as coisas trocadas

Nem sempre as coisas trocadas possuem o mesmo valor, razão pela qual a parte contratante que recebe a coisa de menor valor, geralmente, recebe uma torna (reposição ou volta) em dinheiro daquele que ficou com a coisa de maior valor. Daí a pergunta: qual o valor da troca? De acordo com Carvalho Santos as opiniões estão divididas em dois sistemas, a saber:[5]

Sistema	Defensores
Primeiro sistema: O sistema será de troca ou de compra e venda, dependendo da circunstância da volta ou reposição ser superior ou inferior ao valor da coisa a que vem se acrescer, para tornar perfeita a equivalência. É um critério objetivo que repousa no valor da torna.	Pothier, Laurent, Aubry et Rau, Tropolong, Carvalho Santos.
Segundo sistema: o valor da reposição em dinheiro não é o único critério diferenciador do contrato. Deve se levar em consideração a intenção das partes contratantes.	Marcadé, em seus comentários ao Código de Napoleão.

18.5 Despesas do Contrato

De acordo com a redação do artigo 533, aplicam-se à troca as disposições referentes à compra e venda, com as seguintes modificações:[6]

4 SANTOS, J. M. de Carvalho. *Código civil brasileiro interpretado*. 6. ed. Vol XVI. Rio de Janeiro: Freitas Bastos, 1955, p. 278.

5 *Ibid.*, p. 278-279.

6 Correspondente ao art. 1.164, *caput*, do CCB/1916.

I – salvo disposição em contrário, cada um dos contratantes pagará por metade as despesas com o instrumento da troca.[7]

Verifica-se, pois, que a regra do inciso I do artigo 533 do CCB é dispositiva, sendo possível as partes contraentes dispor em de forma em contrário.

18.6 Troca de valores desiguais entre ascendentes e descendentes

De acordo com a redação do inciso II do artigo 533, "é anulável a troca de valores desiguais entre ascendentes e descendentes, sem consentimento dos outros descendentes e do cônjuge do alienante".

Vale lembrar que é anulável a venda de ascendente a descendente, salvo se os outros descendentes e o cônjuge do alienante expressamente houverem consentido. Parágrafo único. Em ambos os casos, dispensa-se o consentimento do cônjuge se o regime de bens for o da separação obrigatória (CCB, artigo 496).

O objetivo fundamental em ambos os dispositivos (artigos 496 e 533, II do CCB) é a proteção dos herdeiros necessários, caso o ascendente procure beneficiar algum descendente.

O Supremo Tribunal Federal, através da Súmula nº 494, determina que "a ação para anular venda de ascendente a descendente, sem consentimento dos demais, prescreve em vinte anos, contados da data do ato, revogada a Súmula nº 152".

Por analogia, os nossos tribunais de justiça aplicavam o teor da referida súmula aos contratos de permuta com valores desiguais.

Todavia, o artigo 179 do CCB determina que "quando a lei dispuser que determinado ato é anulável, sem estabelecer prazo para pleitear-se a anulação, será este de dois anos, a contar da data da conclusão do ato".

E o artigo 2.028 do CCB prescreve que "serão os da lei anterior os prazos, quando reduzidos por este Código, e se, na data de sua entrada em vigor, já houver transcorrido mais da metade do tempo estabelecido na lei revogada".

Trata-se, pois, de um caso de conflito intemporal?

Capanema responde a questão informando que "o prazo extintivo de vinte anos não estava cominado em lei, e sim na Súmula nº 494, que não tem força vinculante.

Parece-nos, assim, mais acertado entender que as partes disporão do prazo integral de dois anos, a contar da entrada em vigor do novo Código, para a ação de anulação da permuta".[8]

7 CC 2002 – Art. 490. Salvo cláusula em contrário, ficarão as despesas de escritura e registro a cargo do comprador, e a cargo do vendedor as da tradição.

8 SOUZA, Sylvio Capanema de. *Comentários ao novo código civil*. Volume VIII. Rio de Janeiro: Forense, 2004, p. 41-42.

18.7 Jurisprudência

AÇÃO DE INDENIZAÇÃO POR PERDAS E DANOS. INSTITUTO DO AÇÚCAR E DO ÁLCOOL. CONTRATO DE PERMUTA DE SACAS DE AÇÚCAR. ATRASO NO CARREGAMENTO (DEMURRAGE). NAVIO CARGUEIRO. AUSÊNCIA DE CONTRATO DE INTERMEDIAÇÃO OU OBRIGAÇÃO DE ENTREGAR AS SACAS A TERCEIRO ADQUIRENTE. NEXO CAUSAL NÃO CONFIGURADO. Do exame acurado dos autos, depreende-se que o IAA alienou sacas de açúcar a sociedade comercial estrangeira sem que dispusesse, em seus armazéns, de quantidade suficiente para embarcar na data preestabelecida. Tal negócio jurídico foi celebrado sem qualquer espécie de participação da recorrida, que nenhuma obrigação assumiu perante a mencionada pessoa jurídica estrangeira. Cumpre ressaltar, desde logo, que a obrigação contratual firmada entre a recorrida e o IAA, em momento algum, fazia alusão a prazo de entrega a terceiro adquirente ou mesmo qualquer espécie de intermediação. Se o IAA não dispunha de estoque suficiente para cumprir com a obrigação contratual autônoma assumida junto à sociedade comercial estrangeira, não deveria ter arcado com a responsabilidade pela entrega na data convencionada e tampouco transferido à recorrida o ônus pela insuficiência de sacas. A alegação de suposta prática de conduta típica por parte dos sócios gerentes da recorrida na celebração do contrato de permuta celebrado entre o IAA e a recorrida não possui a virtude de ensejar a formação do nexo de causalidade, uma vez que, consoante preceitua o artigo 935 do Código Civil, a responsabilidade civil é independente da criminal. Recurso especial improvido (REsp 266.504/PE, Rel. ministro FRANCIULLI NETTO, SEGUNDA TURMA, julgado em 18.5.2004, DJ 18.10.2004 p. 199).

CONTRATOS COLIGADOS. Exceção de contrato não cumprido. Prova. Cerceamento de defesa. Arrendamento de gado. "Vaca-Papel". Contrato de permuta de uma gleba rural por outros bens, incluído na prestação o arrendamento de 600 cabeças de gado. Sob a alegação de descumprimento do contrato de permuta, faltando a transferência da posse de uma parte da gleba, o adquirente pode deixar de pagar a prestação devida pelo arrendante e alegar a exceptio. A falta de produção da prova dessa defesa constitui cerceamento de defesa. Recurso conhecido em parte e provido. Voto vencido do relator originário. (REsp 419.362/MS, Rel. ministro CÉSAR ASFOR ROCHA, Rel. p/ Acórdão ministro RUY ROSADO DE AGUIAR, QUARTA TURMA, julgado em 17.6.2003, DJ 22.3.2004 p. 311).

DIREITO CIVIL. CONTRATO. PERMUTA. DESCUMPRIMENTO DE CLÁUSULA CONTRATUAL. OBRA NÃO CONCLUÍDA. VENDA DAS UNIDADES A TERCEIROS DE BOA-FÉ. RESCISÃO DO CONTRATO. REINTEGRAÇÃO NA POSSE. DEFERIMENTO. ART. 40, § 2º, LEI Nº 4.591/64. EXE-

GESE. COMUNICAÇÃO AOS TERCEIROS INTERESSADOS. RECURSO DOS AUTORES PARCIALMENTE PROVIDO. RECURSO DOS RÉUS NÃO CONHECIDO. I – Em contrato de permuta, no qual uma das partes entra com o imóvel e outra com a construção, não tendo os proprietários do terreno exercido atos de incorporação – uma vez que não tomaram a iniciativa nem assumiram a responsabilidade da incorporação, não havendo contratado a construção do edifício – não cumprida pela construtora sua parte, deve ser deferida aos proprietários do imóvel a reintegração na posse. II – O deferimento, no entanto, fica condicionado às exigências do § 2º do art. 40 da Lei das Incorporações, Lei nº 4.591/64, para inclusive resguardar os interesses de eventuais terceiros interessados. III – Os terceiros deverão ser comunicados do decidido, podendo essa comunicação ser feita extrajudicialmente, em cartório (REsp 489.281/SP, Rel. ministro RUY ROSADO DE AGUIAR, Rel. p/ Acórdão ministro SÁLVIO DE FIGUEIREDO TEIXEIRA, QUARTA TURMA, julgado em 3.6.2003, DJ 15.3.2004 p. 276)

Capítulo 19

DO CONTRATO ESTIMATÓRIO

19.1 Conceito

O contrato estimatório ou contrato de vendas em consignação é aquele contrato em que o consignante entrega bens móveis ao consignatário na expectativa de que este os venda ao preço estimado. O consignatário fica obrigado a pagar ao consignante o preço ajustado, salvo se preferir, no prazo estabelecido, restituir-lhe a coisa consignada (artigo 534, CCB).

O Conselho da Justiça Federal, na I Jornada de Direito Civil, publicou o Enunciado 32 referente ao artigo 534, informando que "no contrato estimatório (art. 534), o consignante transfere ao consignatário, temporariamente, o poder de alienação da coisa consignada com opção de pagamento do preço de estima ou sua restituição ao final do prazo ajustado".

Washington de Barros Monteiro nos ensina que o contrato estimatório é: a) de natureza real, pois se aperfeiçoa com a entrega do bem ao consignatário; b) oneroso, uma vez que ambas as partes obtêm proveito; c) comutativo, por não envolver risco; d) bilateral ou sinalagmático, pois acarreta obrigações recíprocas.[1]

19.2 Impossibilidade de restituição da coisa

O consignatário assume o risco pelo perecimento ou pela deteriorização da coisa. É uma espécie de responsabilidade civil objetiva, face a aplicação da teoria do risco-proveito. O artigo 535 preceitua que "o consignatário não se exonera da obrigação de pagar o preço, se a restituição da coisa, em sua integridade, se tornar impossível, ainda que por fato a ele não imputável".

Mesmo nas hipóteses de caso fortuito e força maior, o consignatário não se eximirá da responsabilidade pelo perecimento da coisa. É o que determina o *caput* do artigo 393: "O devedor não responde pelos prejuízos resultantes de caso fortuito ou força maior, se expressamente não se houver por eles respon-

1 MONTEIRO, Washington de Barros. *Curso de direito civil*: direito das obrigações. 2ª parte. Vol. 5. 34. ed. São Paulo: Saraiva, 2003, p. 131.

sabilizado. Parágrafo único. O caso fortuito ou de força maior verifica-se no fato necessário, cujos efeitos não era possível evitar ou impedir".

No mesmo diapasão afirma Marco Aurélio Bezerra de Melo que a única escusa do consignatário seria a alegação de fato exclusivo do consignante.[2]

Paulo Luiz Netto Lobo ensina que "o consignatário contrai dívida e obrigação alternativas. Dentro do prazo determinado, deverá pagar o preço ou restituir a coisa. O preço, ou ele entrega após ter vendido a coisa, ou o paga do próprio bolso, para ficar com ela".[3] *Dessa forma, o consignatário se obriga pessoalmente pelo bem que lhe foi entregue pelo consignante, o qual lhe transferiu a posse para que fosse alienado a terceiro.*

19.3 Impenhorabilidade da coisa consignada

A coisa consignada não pode ser objeto de penhora[4] pelos credores do consignatário, enquanto não pago integralmente o preço (CCB, artigo 536).[5] Isso porque a coisa pertence ao consignante enquanto o consignatário não exercer a opção.

19.4 Indisponibilidade da coisa consignada

O consignante não pode dispor da coisa antes de lhe ser restituída ou de lhe ser comunicada a restituição, já que seria uma conduta desleal com o consignatário. A referida conduta tem como fundamento os princípios da boa-fé objetiva, eticidade e transparência. Daí a norma do artigo 537 que determina que "o consignante não pode dispor da coisa antes de lhe ser restituída ou de lhe ser comunicada a restituição".

---

2 MELO, Marco Aurélio Bezerra de. *Novo código civil anotado*. Vol. III, tomo I. Rio de Janeiro: Lumen Juris, p. 177.

3 LOBO, Paulo Luiz Neto. *Comentários ao código civil,*. vol. 6. São Paulo: Saraiva, 2003, p. 256.

4 CPC – Art. 831. Art. 831. A penhora deverá recair sobre tantos bens quantos bastem para o pagamento do principal atualizado, dos juros, das custas e dos honorários advocatícios.

5 CPC - Art. 674. Quem, não sendo parte no processo, sofrer constrição ou ameaça de constrição sobre bens que possua ou sobre os quais tenha direito incompatível com o ato constritivo, poderá requerer seu desfazimento ou sua inibição por meio de embargos de terceiro. § 1º Os embargos podem ser de terceiro proprietário, inclusive fiduciário, ou possuidor. § 2º Considera-se terceiro, para ajuizamento dos embargos: I - o cônjuge ou companheiro, quando defende a posse de bens próprios ou de sua meação, ressalvado o disposto no art. 843; II - o adquirente de bens cuja constrição decorreu de decisão que declara a ineficácia da alienação realizada em fraude à execução; III - quem sofre constrição judicial de seus bens por força de desconsideração da personalidade jurídica, de cujo incidente não fez parte; IV - o credor com garantia real para obstar expropriação judicial do objeto de direito real de garantia, caso não tenha sido intimado, nos termos legais dos atos expropriatórios respectivos.

19.5 Jurisprudência

EMBARGOS DE DIVERGÊNCIA EM RESP nº 710658 - RJ (2005/0182971-3). RELATOR: MIN. BARROS MONTEIRO. DECISÃO Vistos, etc. Trata-se de embargos de divergência opostos por "Lundgren Irmãos Tecidos Indústria e Comércio S/A – Casas Pernambucanas – Massa Falida" ao acórdão de fls. 306/314, da lavra da eminente Ministra Nancy Andrighi, proferido pela C. Terceira Turma desta Corte, assim ementado: "DIREITO COMERCIAL. FALÊNCIA. PEDIDO DE RESTITUIÇÃO DE DINHEIRO. ALIENAÇÃO DE MERCADORIAS RECEBIDAS EM CONSIGNAÇÃO ANTES DA QUEBRA. CONTABILIZAÇÃO INDEVIDA PELA FALIDA DO VALOR EQUIVALENTE ÀS MERCADORIAS. DEVER DA MASSA RESTITUIR OU AS MERCADORIAS OU O EQUIVALENTE EM DINHEIRO. SÚMULA 417 DO STF. – O que caracteriza o contrato de venda em consignação, também denominado pela doutrina e pelo atual Código Civil (arts. 534 a 537) de contrato estimatório, é que (i) a propriedade da coisa entregue para venda não é transferida ao consignatário e que, após recebida a coisa, o consignatário assume uma obrigação alternativa de restituir a coisa ou pagar o preço dela ao consignante. – Os riscos são do consignatário, que suporta a perda ou deterioração da coisa, não se exonerando da obrigação de pagar o preço, ainda que a restituição se impossibilite sem culpa sua. – Se o consignatário vendeu as mercadorias entregues antes da decretação da sua falência e recebeu o dinheiro da venda, inclusive contabilizando-o indevidamente, deve devolver o valor devidamente corrigido ao consignante. Incidência da Súmula n° 417 do STF. – A arrecadação da coisa não é fator de obstaculização do pedido de restituição em dinheiro quando a alienação da mercadoria é feita pelo comerciante anteriormente à decretação da sua quebra. Recurso especial ao qual se nega provimento". Aponta o embargante dissenso com os REsps 259.752/MG, 25.715/SP, Quarta Turma, relator Sálvio de Figueiredo Teixeira. Inicialmente, ressalto que não restou demonstrada a divergência porque não foram observadas as exigências previstas nos arts. 541, parágrafo único, do CPC e 255, § 2º, do RISTJ, porquanto deixou o recorrente de mencionar as circunstâncias que identifiquem ou assemelhem os casos confrontados. Não fosse isso, não se encontra evidenciada a dissidência pretoriana, porquanto não demonstrada a mesma moldura fática entre os julgados. No acórdão embargado a relatora considerou que ser possível a restituição em dinheiro decorrente de venda de mercadoria dada em consignação antes da falência, circunstância que não se mostra presente no aresto paradigma. Assevera a relatora que a relação entre consignante e consignatário não é equivalente à de vendedor e comprador: neste caso a propriedade da coisa entregue para venda não é transferida ao consignatário, sendo que o consignante permanece como proprietário da coisa; ademais o consignatário assume obrigação alternativa de restituir a coisa ou pagar o preço dela ao consignante. Assim, não demonstrado que os arestos em confronto possuem a mesma moldura fática, não há divergência, mas decisões que diferem em razão da situação de fato peculiar a cada caso. Ante o exposto, indefiro liminarmente os embargos com fundamento no art. 266, § 3º, do RISTJ. Publique-se. Intime-se. Brasília (DF), 03 de fevereiro de 2006 MINISTRO BARROS MONTEIRO RELATOR (ministro BARROS MONTEIRO, 9.2.2006).

DIREITO COMERCIAL. FALÊNCIA. PEDIDO DE RESTITUIÇÃO DE DINHEIRO. ALIENAÇÃO DE MERCADORIAS RECEBIDAS EM CONSIGNAÇÃO ANTES DA QUEBRA. CONTABILIZAÇÃO INDEVIDA PELA FALIDA DO VALOR EQUIVALENTE ÀS MERCADORIAS. DEVER DA MASSA RESTITUIR OU AS MERCADORIAS OU O EQUIVALENTE EM DINHEIRO. SÚMULA 417 DO STF. – O que caracteriza o contrato de venda em consignação, também denominado pela doutrina e pelo atual Código Civil (arts. 534 a 537) de contrato estimatório, é que (i) a propriedade da coisa entregue para venda não é transferida ao consignatário e que, após recebida a coisa, o consignatário assume uma obrigação alternativa de restituir a coisa ou pagar o preço dela ao consignante. – Os riscos são do consignatário, que suporta a perda ou deterioração da coisa, não se exonerando da obrigação de pagar o preço, ainda que a restituição se impossibilite sem culpa sua. – Se o consignatário vendeu as mercadorias entregues antes da decretação da sua falência e recebeu o dinheiro da venda, inclusive contabilizando-o indevidamente, deve devolver o valor devidamente corrigido ao consignante. Incidência da Súmula n° 417 do STF. – A arrecadação da coisa não é fator de obstaculização do pedido de restituição em dinheiro quando a alienação da mercadoria é feita pelo comerciante anteriormente à decretação da sua quebra. Recurso especial ao qual se nega provimento. (REsp 710.658/RJ, Rel. Ministra NANCY ANDRIGHI, TERCEIRA TURMA, julgado em 06.09.2005, DJ 26.09.2005 p. 373).

Posse e propriedade de bem móvel. Contrato de compra e venda de veículo automotor mediante contrato estimatório (art. 534 do CCB). Ação de rescisão de contrato c/c indenização de perdas e danos. Preliminar de ilegitimidade passiva rejeitada e veredicto de procedência da ação mantido, ante a constatação de que o réu vendeu o veículo furtado, objeto do contrato, ao autor, mediante intermediação de pessoa jurídica (não integrante do processo). Apelo improvido. (Apelação Cível Nº 70004933164, Décima Quarta Câmara Cível, Tribunal de Justiça do RS, relator: Aymoré Roque Pottes de Mello, Julgado em 27.11.2003).

AÇÃO DE COBRANÇA. CONTRATO ESTIMATÓRIO (CONSIGNATÓRIO). O consignatário se obriga pessoalmente pela mercadoria que recebeu em razão de contrato de consignação. Decorrido o prazo estipulado em contrato, deve devolver o bem consignado ou pagar o preço estipulado, nos termos do art. 534 do Código Civil. Recurso provido (Recurso Cível Nº 71001080308, Primeira Turma Recursal Cível, Turmas Recursais, relator: Ricardo Torres Hermann, Julgado em 1.3.2007).

Capítulo 20

DA DOAÇÃO

20.1 Conceito

O contrato de doação é um negócio jurídico bilateral que traduz uma liberalidade, ou seja, uma doação feita por uma pessoa à outra, enseja o empobrecimento daquela e um enriquecimento desta.

A definição do contrato de doação é encontrada no artigo 538 do Código Civil brasileiro: "Art. 538. Considera-se doação o contrato em que uma pessoa, por liberalidade, transfere do seu patrimônio bens ou vantagens para o de outra".[1]

Luiz Roldão de Freitas Gomes ensina que de acordo com o Código Civil francês, a doação e o testamento são modos de aquisição da propriedade. Segundo o Código Civil alemão e o nosso, é um contrato.[2]

Da mesma forma, Serpa Lopes afirma que a doação é um contrato. Ele observa que "O Código Civil francês (art. 894) considerou a doação um ato e não um contrato: *la donation entre vifs est un acte par lequel le donateur se depouille actuellement et irrévocablement de la chose donnée, em faveur du donataire qui l´accepte*. Trata-se, porém, de um erro de conceito, por se entender inexistente na doação qualquer obrigação recíproca, confundindo-se, como o indica LAFAILLE, a unilateralidade das obrigações derivadas da convenção com a unilateralidade na formação do ato jurídico. De todos os modos, porém, a doação é um contrato. Tal é a diretiva da doutrina moderna e a preponderante nos Códigos alemão, suíço, tendo sido este o critério de TEIXEIRA DE FREITAS adotado pelo Código Civil argentino".[3]

20.2 Características e Requisitos

De acordo com Luiz Roldão de Freitas Gomes, suas principais características são: a) ser um contrato; b) com ânimo de liberalidade; c) que visa à

1 Correspondente ao art. 1.165 do CCB/1916.

2 GOMES, Luiz Roldão de Freitas. *Contrato*. 2. ed. Rio de Janeiro: Renovar, 2002, p. 227.

3 SERPA LOPES, Miguel Maria de. *Curso de direito civil*. 5. ed. Vol. III. Rio de Janeiro: Freitas Bastos, 2001, p. 386.

translação de direito do patrimônio do doador para o donatário, que se enriquece com a disposição; d) a aceitação deste.[4]

Rizzardo, porém, afirma que o contrato de doação deve reunir as seguintes condições:[5]

a) Que haja uma atribuição patrimonial, a qual vem a favorecer o donatário, conforme refere o direito alemão, o que significa a diminuição em um patrimônio e o aumento correspondente em outro, o que vem a formar o elemento objetivo da doação;
b) Que esteja presente o ânimo de doar – *animus donandi* –, o qual corresponde ao elemento subjetivo;
c) Pressupõe o contrato a translação de alguma coisa, ou de algum direito;
d) Cumpre que o donatário aceite a liberalidade, o que representa o ânimo de aceitar;
e) A atribuição patrimonial será realizada a título gratuito;
f) Trata-se de um ato jurídico *inter vivos*.

Portanto, o contrato de doação é um contrato *unilateral* (porque cria obrigações apenas para o doador), *gratuito* (já que gera benefícios apenas para uma das partes contratantes), *formal* (conforme a espécie e o valor do bem doado).[6]

20.3 Doação com cláusula de inalienabilidade e cláusula de incomunicabilidade

20.3.1 Doação com cláusula de inalienabilidade

É o contrato de doação no qual o donatário encontra-se impedido de alienar (de forma onerosa ou gratuita) o bem doado.

Aqui, vale destacar o teor do *caput* do artigo 1.911 do nosso Código Civil: "A cláusula de inalienabilidade, imposta aos bens por ato de liberalidade, implica impenhorabilidade e incomunicabilidade".[7]

Da mesma forma, a Súmula 49 do STF dispõe que "A cláusula de inalienabilidade inclui a incomunicabilidade dos bens".

Já o parágrafo único do referido artigo 1.911 informa que "no caso de desapropriação de bens clausulados, ou de sua alienação, por conveniência econômica do donatário ou do herdeiro, mediante autorização judicial, o

4 GOMES, Luiz Roldão de Freitas. *Contrato*. 2.ed. Rio de Janeiro: Renovar, 2002, p. 227.
5 RIZZARDO, Arnaldo. *Contratos*. 6.ed. Rio de Janeiro: Forense, 2006, p. 440-442.
6 De acordo com Caio Mario da Silva Pereira, o contrato de doação é um contrato formal, porque tem de obedecer a forma prescrita em lei. No entanto, afirma que é comum encontrar-se, nos nossos melhores escritores (M. I. Carvalho de Mendonça, Orlando Gomes), a sua classificação entre os contratos consensuais. PEREIRA, Caio Mário da Silva. *Instituições de direito civil*. 11. ed. Vol. III. Rio de Janeiro: Forense, 2003, p. 246.
7 Correspondente ao art. 1.676 no CCB de 1916.

produto da venda converter-se-á em outros bens, sobre os quais incidirão as restrições apostas aos primeiros".[8]

20.3.2 Doação com cláusula de incomunicabilidade

Neste caso, o bem doado não integra o patrimônio comum do casal.

20.3.3 Extinção da cláusula de Inalienabilidade

O gravame imposto ao contrato de doação é hodiernamente temperado pela jurisprudência a partir das especificidades do caso concreto decidendo.[9]

---

8 Correspondente ao art. 1.676 e 1.677 no CCB de 1916.

9 Vejamos a decisão proferida pelo desembargador José Francisco Pellegrini, do Tribunal de Justiça do Estado do Rio Grande do Sul: Ação de extinção de gravame. REGISTRO DE IMÓVEIS. Doação com reserva de usufruto. CLÁUSULA DE INALIENABILIDADE, IMPENHORABILIDADE E INCOMUNICABILIDADE. (Apelação Cível 70017200700). 1. A morte da doadora implica extinção do usufruto. 2. Diante do falecimento dos outros donatários perde a finalidade a manutenção das cláusulas de inalienabilidade, impenhorabilidade e incomunicabilidade sobre os imóveis de propriedade dos requerentes. [...]
Historiaram que o primeiro requerente recebeu por escritura pública de sua mãe parte de três imóveis em São Gabriel, dentre eles um imóvel de moradia e uma fração de terras, ambos descritos na inicial. Disseram que as restrições não mais se justificam, pelo que postula a extinção do usufruto, bem como das cláusulas de inalienabilidade, incomunicabilidade e impenhorabilidade por falta de justa causa.
Juntou documentos.
O Ministério Público opinou desfavoravelmente ao pedido.
Vieram os autos conclusos".
Acrescento que sobreveio sentença, julgando procedente o pedido para determinar o cancelamento do usufruto e dos gravames de inalienabilidade, impenhorabilidade e incomunicabilidade vitalícias que oneram os imóveis descritos na inicial, sendo as custas suportadas pelos requerentes.
O Ministério Público apelou, aduzindo que o Código Civil em vigor continua a prever a possibilidade de impor gravames, desde que devidamente justificado pelo testador, conforme preconizado no art. 1.848. Necessária, portanto, a justa causa. Dito Código também determinou no art. 2.042 que o doador ou testador justifique a imposição do gravame no período de um ano, sob pena de não subsistir a restrição. Ocorre que, no caso, a doadora faleceu em 6.12.93, não podendo, portanto, justificar o gravame. Diante disso, vigem as regras do Código Civil de 1916, que vigorava na data da abertura da sucessão, consoante determina o art. 1.787 do novel Código Civil, que ratifica o disposto no art. 1.577 do CC/16. Logo, considerando o disposto no art. 1.676 do CC revogado, referidas cláusulas não podem ser invalidadas ou dispensadas por atos judiciais de qualquer espécie, sob pena de nulidade, norma cogente que não pode ser afastada pelo julgador. Nesses termos, postulou a reforma da sentença para julgar improcedente o procedimento de jurisdição voluntária.
Os requerentes ofereceram contrarrazões pela manutenção do comando sentencial.
Nessa instância, veio parecer do Órgão do Ministério Público pelo improvimento do recurso.
É o relatório.
VOTOS
Des. José Francisco Pellegrini (RELATOR)
Pelo que se depreende dos autos, os requerentes postulam a extinção do usufruto e das cláu-

Da mesma forma, em relação à extinção da cláusula de inalienabilidade, vale destacar o voto de Luiz Roberto Imperatore de Assis Brasil, na Apelação Cível Nº 70009365214 da Décima Nona Câmara Cível do Tribunal de Justiça do Rio Grande do Sul, julgado em 29.3.2005.[10]

---

sulas de inalienabilidade, impenhorabilidade e incomunicabilidade que gravam os imóveis de sua propriedade. Ditos gravames – cláusulas restritivas – foram instituídos quando efetivada a doação feita por Maria Alice de Barros Machado a seus três filhos, um deles o autor. Como se percebe, o fundamento para o ordenamento jurídico permitir a incidência destes gravames sobre bens imóveis foi o de proteger o núcleo familiar, impedindo a dilapidação do patrimônio, vez que vedada a alienação a terceiros. E isso resta claro dentro dos ditames da própria escritura pública de doação ao constar ".... que os outorgados donatários poderão transacionar, somente entre si, as partes ideais dos imóveis que receberam por esta doação, transmitindo, entretanto, uns aos outros, com todas as cláusulas e condições impostas pela doadora..." (fls.11/12).
Entretanto, a jurisprudência vem afastando ditas cláusulas restritivas quando essas deixam de ter sentido, ou seja, perdem a sua finalidade nos termos do caso concreto, causando prejuízo aos donatários, como se vê de decisão desta Câmara citada à fl. 61, que ora transcrevo, *verbis*:
"APELAÇÃO CÍVEL. REGISTRO DE IMÓVEIS. AÇÃO DE EXTINÇÃO DE GRAVAME. Viável a extinção da cláusula de inalienabilidade do imóvel doado, visto que de interesse único dos donatários. Inaplicável o disposto no artigo. 1.676 – CC/16 e 1.911, do NCC. A manutenção da cláusula revela-se prejudicial aos requerentes e a própria sociedade. APELAÇÃO PROVIDA (Apelação Cível Nº 70009365214, Décima Nona Câmara Cível, Tribunal de Justiça do RS, relator: Luiz Roberto Imperatore de Assis Brasil, Julgado em 29.3.2005)
No caso, dos três donatários beneficiados, os outros dois já faleceram, conforme se verifica às fls. 18 e 19.
Como bem salientado no parecer do Órgão Ministerial junto a esta Câmara (fl. 61):
"Assim, o falecimento dos outros dois donatários (fls. 18/19), de modo que seus herdeiros (netos da doadora) já dispõem dos bens livres e desembaraçados, retira o propósito que norteou a instituição das cláusulas citadas alhures, uma vez que a manutenção dos bens no seio familiar não mais é impositiva, podendo os herdeiros dos outros donatários alienar livremente tais bens a terceiros.
Desta feita, observando-se o objetivo das cláusulas em manter os bens no seio familiar, diante do falecimento dos demais donatários, não mais existe justificativa para manter-se as cláusulas, impedindo somente os apelados de disporem de seus bens".
E, no tocante ao usufruto, sua extinção decorre pela morte da usufrutuária, o que vem demonstrado pela certidão de óbito à fl. 17. Por fim, tratando-se de cláusulas restritivas ao direito de propriedade, devem ter interpretação também restritiva e, dentre duas interpretações, deve se prestigiar a mais liberal.
Por esses fundamentos, nego provimento à apelação. Des. Guinther Spode (REVISOR) – De acordo. Des. Mário José Gomes Pereira – De acordo. DES. JOSÉ FRANCISCO PELLEGRINI – Presidente – Apelação Cível nº 70017200700, Comarca de São Gabriel: "NEGARAM PROVIMENTO À APELAÇÃO. UNÂNIME". Julgador(a) de 1º Grau: CRISTIANO VILHALBA FLORES/ dfs

10 "A cláusula de inalienabilidade foi instituída pelo pai dos requerentes em escritura pública de compra e venda do imóvel lavrada em 26 de março de 1970 (folhas 10 a 12). Não se trata, portanto, de cláusula inserida em ato de liberalidade. Inaplicáveis então os artigos 1.676 do Código Civil revogado e 1.911 do Código vigente. A cláusula de inalienabilidade em regra só pode ser constituída através de doação ou testamento, pois em regra, afora o caso de bem de família, ninguém pode tornar inalienável, e, por conseguinte, impenhorá-

vel, um bem de seu patrimônio, como já advertia o professor Sílvio Rodrigues (*Direito civil, vol 7, Direito das sucessões, nº 68*).

A propósito da cláusula o mesmo Silvio Rodrigues relaciona as objeções que a doutrina tem levantado (insegurança no campo das relações jurídicas pela intocabilidade do bem e restrição da finalidade natural de todo patrimônio).

Cita Ferreira Alves, que diz: "*A inalienabilidade está em oposição com uma lei fundamental da economia política, a que exige a livre circulação dos bens, lei esta que interessa em mais alto grau a riqueza pública, e portanto, toda condição que derroga esta lei é contrária ao interesse geral, e assim ilícita. A cláusula de não alienar estipulada atende ao interesse privado; ora, o interesse dos indivíduos deve ser subordinado ao interesse geral, sob pena de não haver mais vida comum possível. Mesmo que seja a inalienabilidade temporária, e não vitalícia, o interesse geral não pode ser ofendido durante certo tempo*" (*Manual do código civil brasileiro*, vol. XIX, p. 190, nº 83).

Note-se que a cláusula, em sua origem, por construção jurisprudencial, só foi permitida sob a dupla condição de que fosse de pouca duração e viesse justificada por um sério interesse, como replicam Planiol e Ripert, em seu *Tratado practico de derecho civil francés*, vol. III, p. 207.

No presente caso, a aquisição do imóvel em nome dos então filhos menores absolutamente incapazes, até poderia ser justificada com a aposição da referida cláusula no intuito de proteção dos mesmos. Ainda assim verifica-se que a disposição não era absoluta, uma vez que na escritura pública de compra e venda constou "*cláusula esta modificável somente por ato entre vivos do pagador do preço e pai dos adquirentes*".

Ora, isto foi estipulado 35 anos atrás, e o pai dos requerentes faleceu em 1987 (certidão de folha 8) não havendo qualquer justificativa para a permanência daquela cláusula, até porque não vive mais a única pessoa que poderia amenizá-la ou mesmo insurgir-se contra a tentativa de venda do imóvel. Sobre este, é importante ressaltar que se trata de edifício comercial na cidade de Caxias do Sul, não servindo de residência a nenhum dos requerentes, todos maiores e capazes, sendo dois médicos e uma professora.

Desafia o bom-senso obrigar os requerentes a manter indisponível o imóvel de sua propriedade. A cláusula, tudo indica, foi estabelecida em favor dos filhos menores, mas hoje, passados 35 anos, não encontra qualquer justificativa.

A jurisprudência tem sido sensível a esta realidade. Neste Tribunal de Justiça temos precedentes a serem seguidos:

Testamento. Bens deixados com cláusulas de inalienabilidade, incomunicabilidade e impenhorabilidade. Disposição antiga, visando claramente determinada conjuntura. Modificada, de modo frontal, a situação de fato, nada impede, na época atual, a liberação dos bens. Não deve o juiz obrigar permaneçam hígidos preceitos antissociais e antieconômicos. Liberação autorizada, em caráter excepcional. Pedido alternativo, na aparência. Caso em que o segundo era subsidiário. Negado o primeiro, embora autorizado o segundo, é possível à parte recorrer. Apelação conhecida e provida (APELAÇÃO CÍVEL Nº 26.191, QUARTA CÂMARA Cível, TRIBUNAL DE JUSTIÇA DO RS, RELATOR ANTÔNIO V. A. BRAGA, JULGADO EM 23.6.1976).

INALIENABILIDADE E INCOMUNICABILIDADE. CANCELAMENTO DAS CLÁUSULAS IMPOSTAS EM DOAÇÃO DE IMÓVEL. CASO CONCRETO A AUTORIZAR O CANCELAMENTO DO GRAVAME, DESAPARECIDAS QUE ESTÃO AS NOBRES FINALIDADES DE SUA IMPOSIÇÃO, QUE AGORA SE VOLTA CONTRA AQUELES QUE OBJETIVOU PROTEGER. INTERPRETAÇÃO DO ART-1676 DO CCB. (APELAÇÃO CÍVEL Nº 585046790, QUINTA CÂMARA CÍVEL, TRIBUNAL DE JUSTIÇA DO RS, RELATOR: SÉRGIO PILLA DA SILVA, JULGADO EM 26.11.1985);

DOAÇÃO. CLÁUSULAS DE INALIENABILIDADE E IMPENHORABILIDADE. CANCELAMENTO. MITIGAÇÃO. LEITURA DA LEGISLAÇÃO INFRACONSTITUCIONAL À LUZ DOS PRINCÍPIOS ENCARTADOS NA LEI FUNDAMENTAL. RELATIVIZAÇÃO DE DIREITOS.

CASO CONCRETO. FRUSTRAÇÃO DAS EXPECTATIVAS QUE DETERMINARAM OS GRAVAMES. AUSTERIDADE DA REGRA CIVIL SUPERADA PELA CONVENIÊNCIA OU VANTAGEM CONCRETA. DEFERIMENTO DO PEDIDO. AS REGRAS DE PROIBIÇÃO CONTIDAS NO ESTATUTO CIVIL MERECEM O DEVIDO TEMPERAMENTO, EIS QUE A INTENÇÃO DE PRESERVAR O PATRIMÔNIO, PARA A FRUIÇÃO DOS DESCENDENTES, SE SUBJUGA À SITUAÇÃO VIGORANTE, DIVERSA DE QUANDO FORAM ESTABELECIDAS AS CLÁUSULAS, E O ABRANDAMENTO DA AUSTERIDADE CANÔNICA MIRA-SE NA REAL CONVENIÊNCIA OU VANTAGEM PARA OS INTERESSADOS. ALÉM DISSO, A LEITURA DA LEGISLAÇÃO INFRACONSTITUCIONAL DEVE SER FEITA SOB A ÓTICA DOS VALORES FUNDAMENTAIS CONTIDOS NA CARTA FEDERAL, PARA QUE OCORRA A PREVALÊNCIA DOS PRINCÍPIOS NELA CONTIDOS SOBRE NORMAS ELABORADAS EM OUTRO SÉCULO. APELAÇÃO PROVIDA, PARA AUTORIZAR O CANCELAMENTO DE CLÁUSULAS DE RESTRIÇÃO./FLS.19/ (APELAÇÃO CÍVEL Nº 70002609295, SÉTIMA CÂMARA CÍVEL, TRIBUNAL DE JUSTIÇA DO RS, RELATOR: JOSÉ CARLOS TEIXEIRA GIORGIS, JULGADO EM 6.6.2001);

APELAÇÃO CÍVEL. SUCESSÕES. CLÁUSULA DE INALIENABILIDADE. Tal cláusula não pode ser vista de modo absoluto, devendo ceder em casos particulares de efetiva necessidade. RECURSO DESPROVIDO (APELAÇÃO CÍVEL Nº 70003128204, OITAVA CÂMARA CÍVEL, TRIBUNAL DE JUSTIÇA DO RS, RELATOR: ALFREDO GUILHERME ENGLERT, JULGADO EM 13.3.2003).

No Superior Tribunal de Justiça aponto:

DIREITO CIVIL. ART. 1.676 DO CÓDIGO CIVIL. CLÁUSULA DE INALIENABILIDADE. PROMESSA DE COMPRA E VENDA. VALIDADE, PELAS PECULIARIDADES DA ESPÉCIE. A REGRA RESTRITIVA À PROPRIEDADE ENCARTADA NO ART. 1.676 DO CÓDIGO CIVIL DEVE SER INTERPRETADA COM TEMPERAMENTO, POIS A SUA FINALIDADE FOI A DE PRESERVAR O PATRIMÔNIO A QUE SE DIRIGE, PARA ASSEGURAR A ENTIDADE FAMILIAR, SOBRETUDO AOS PÓSTEROS, UMA BASE ECONÔMICA E FINANCEIRA SEGURA E DURADOURA. TODAVIA, NÃO PODE SER TÃO AUSTERAMENTE APLICADA A PONTO DE SE PRESTAR A SER FATOR DE LESIVIDADE DE LEGÍTIMOS INTERESSES, SOBRETUDO QUANDO O SEU ABRANDAMENTO DECORRE DE REAL CONVENIÊNCIA OU MANIFESTA VANTAGEM PARA QUEM ELA VISA PROTEGER ASSOCIADO AO INTUITO DE RESGUARDAR OUTROS PRINCÍPIOS QUE O SISTEMA DA LEGISLAÇÃO CIVIL ENCERRA, COMO SE DÁ NO CASO EM EXAME, PELAS PECULIARIDADES QUE LHE CERCAM. RECURSO ESPECIAL NÃO CONHECIDO. (REsp 10.020, T-4, QUARTA TURMA, j. 9.9.1996, Rel. Min. CÉSAR ASFOR ROCHA).

O próprio Clóvis Bevilácqua, invocando Francisco Morato, admitiu que tal cláusula não pode ser encarada de forma absoluta, devendo antes ser consultado o interesse maior do clausulado, de modo a não impedir a legítima disponibilidade do patrimônio, pela prudente análise das circunstâncias demonstradas em juízo (*Comentários ao CCB*, ed. 1953, p. 141). Da excepcionalidade da cláusula refere o mestre:

"A inalienabilidade immobiliza os bens, impede a circulação normal das riquezas, é, portanto, antieconômica, do ponto de vista social. Por considerações especiaes, para defender a inexperiencia dos indivíduos, para assegurar o bem estar da família, para impedir a delapidação dos prodigos, o direito consente em que seja, temporariamente, entravada a circulação de determinados bens. Retira-los em absoluto e para sempre, do commercio seria sacrificar a prosperidade de todos ao interesse de alguns, empobrecer a sociedade, para assegurar o bem estar de um indivíduo, ou uma série de indivíduos".

O caso sub judice não apresenta nenhuma das justificativas acima apontadas; ao contrário, a manutenção da cláusula revela-se prejudicial aos requerentes e a própria sociedade. Posto isso, voto pelo provimento da apelação".

20.3.4 Jurisprudência

CIVIL. DOAÇÃO. CLÁUSULA DE INALIENABILIDADE E IMPENHORABILIDADE. PRETENSÃO DE EXTINÇÃO DAS RESTRIÇÕES PELOS DONATÁRIOS. ALEGAÇÃO DE MAU ESTADO DO IMÓVEL. JUSTIFICATIVA NÃO ADMITIDA PELAS INSTÂNCIAS ORDINÁRIAS. ADMISSÃO DE VENDA COM SUB-ROGAÇÃO DA CLÁUSULA SOBRE OUTRO BEM A SER ADQUIRIDO. AUSÊNCIA DE INTERESSE A TANTO DEMONSTRADA PELOS DONATÁRIOS. EXTINÇÃO DO PROCESSO. CC, ART. 1.676. I. Conquanto admissível temperar-se o disposto no art. 1.676 do Código Civil anterior, de modo a ser eventualmente possível, em circunstâncias excepcionais, atenuar as cláusulas de impenhorabilidade e inalienabilidade impostas pelo doador, para evitar prejuízo aos donatários, é necessário que as justificativas apresentadas convençam as instâncias ordinárias, o que, no caso, não ocorreu, porquanto se o imóvel é velho e necessita de reparos, impedindo a auferição de lucro, a solução aberta pelo Tribunal *a quo*, de autorização de venda vinculada à aquisição de outro, com sub-rogação da cláusula, se afigurou mais harmônica com a necessidade dos requerentes e a vontade do doador, mas aqueles por ela não se interessaram, resultando no indeferimento do pleito. II. "A pretensão de simples reexame de prova não enseja recurso especial" – Súmula nº 7-STJ. III. Recurso especial não conhecido. (REsp 327.156/MG, Rel. ministro ALDIR PASSARINHO JÚNIOR, QUARTA TURMA, julgado em 7.10.2004, DJ 9.2.2005 p. 194).

20.4 Promessa de Doação

A promessa de doação é um tema controvertido. Em linhas gerais, existem três correntes doutrinárias distintas: a primeira corrente nega a possibilidade de promessas de doação, já que significaria uma espécie de doação forçada (compulsória); a segunda corrente, admite a promessa de doação desde que seja uma espécie de doação remuneratória, uma vez que a contraprestação legitimaria o ato forçado; e a terceira corrente, aceita a existência da promessa de doação como uma espécie de contrato preliminar, conforme a regra do artigo 463.[11]

CUNHA GONÇALVES inadmite a promessa de doação, ensinando que "não é possível, ou não tem valor algum uma promessa de doar. A doação ou existe, ou não existe. Sendo um favor, ela não pode ser exigida, sob pena de perdas e danos; teríamos, assim, uma doação forçada; e um benefício não se impõe. Faltaria à doação o seu caráter de espontaneidade. O doador, não fazendo a doação prometida, poderá causar uma decepção ao donatário, mas

11 MELO, Marco Aurélio Bezerra de. *Novo código civil anotado*. Vol. III, tomo I. Rio de Janeiro: Lumen Juris, p. 182-183.

não comete ato ilícito. As promessas só são exigíveis nos contratos a título oneroso, que são negócios com prestação recíproca".[12]

Na mesma linha o entendimento de Serpa Lopes ao afirmar que a doação é um contrato de natureza gratuita, o que torna inadimissível poder constituir-se em objeto de uma promessa de contrato. Ele faz a seguinte consideração: "Na verdade, se alguém se comprometesse a doar, a outorgar uma escritura de doação, e no momento da exigibilidade dessa prestação, não a quisesse realizar? Qual a consequência jurídica desse inadimplemento? Poder-se-ia pedir a execução coativa dessa obrigação a título gratuito ou uma indenização por perdas e danos? Entendemos impossível qualquer das duas soluções, já que, nos atos a título gratuito, só por dolo responde aquele a quem o contrato não favoreça".[13]

CAIO MÁRIO DA SILVA PEREIRA também nega a possibilidade da doação pura ser objeto de contrato preliminar, já que feriria seus aspectos ontológicos. O autor assim escreve: "É da própria essência da promessa de contratar a criação de compromisso dotado de exigibilidade. O promitente obriga-se. O promissário adquire a faculdade de reclamar-lhe a execução. Sendo assim, o mecanismo natural dos efeitos do pré-contrato levaria a esta conclusão: se o promitente-doador recusasse a prestação, o promitente-donatário teria ação para exigi-la, e, então, ter-se-ia uma doação coativa, doação por determinação da Justiça, liberalidade por imposição do juiz e ao arrepio da vontade do doador. No caso da prestação em espécie já não ser possível haveria a sua conversão em perdas e danos, e o beneficiado lograria reparação judicial, por não ter o benfeitor querido efetivar o benefício. Nada disso se coaduna com a essência da doação, e, conseguintemente, a doação pura não pode ser objeto de contrato preliminar".[14]

Nesse mesmo diapasão assim se manifestou o ministro Jorge Scartezzini, da Quarta Turma, do Superior Tribunal de Justiça, em decisão no REsp 730.626/SP, julgado em 17.10.2006: "RECURSO ESPECIAL – AÇÃO DE COBRANÇA – PROMESSA DE DOAÇÃO – ATO DE LIBERALIDADE – INEXIGIBILIDADE – PROVIDO O RECURSO DO RÉU – PREJUDICADO O RECURSO DA AUTORA. 1. A análise da natureza jurídica da promessa de doação e de sua exigibilidade não esbarra nos óbices impostos pelas Súmulas 05 e 07 deste Tribunal Superior, pois as consequências jurídicas decorrem da qualificação do ato de vontade que motiva a lide, não dependendo de reexame fático-probatório, ou de cláusulas do contrato. 2. *Inviável juridicamente a*

12 GONÇALVES, Cunha. Tratado de direito civil, vol. VIII, p. 52. In: SOUZA, Sylvio Capanema de. *Comentários ao novo código civil.* Volume VIII. Rio de Janeiro: Forense, 2004, p. 102-103.

13 SERPA LOPES, Miguel Maria de. *Curso de direito civil.* 5. ed. Vol. III. Rio de Janeiro: Freitas Bastos, 2001, p. 388.

14 PEREIRA, Caio Mário da Silva. *Instituições de direito civil.* 11. ed. Vol. III. Rio de Janeiro: Forense, 2003, p. 257-258.

promessa de doação ante a impossibilidade de se harmonizar a exigibilidade contratual e a espontaneidade, característica do animus donandi. Admitir a promessa de doação equivale a concluir pela possibilidade de uma doação coativa, incompatível, por definição, com um ato de liberalidade. 3. Há se ressaltar que, embora alegue a autora ter o pacto origem em concessões recíprocas envolvendo o patrimônio familiar, nada a respeito foi provado nos autos. Deste modo, o negócio jurídico deve ser tomado como comprometimento à efetivação de futura doação pura. 4. Considerando que a presente demanda deriva de promessa de doação pura e que esta é inexigível judicialmente, revele-se patente a carência do direito de ação, especificamente, em razão da impossibilidade jurídica do pedido. 5. Recurso especial do réu conhecido e provido. Prejudicado o exame do recurso especial da autora" (grifo nosso).

SÉRGIO CAVALIERI FILHO, do Tribunal de Justiça do Estado do Rio de Janeiro, também enfrentou a referida questão e decidiu da seguinte forma: "TJRJ - 1995.001.02558 - APELAÇÃO CÍVEL. DES. SÉRGIO CAVALIERI FILHO - Julgamento: 15.8.1995 - SEGUNDA CÂMARA CÍVEL. Doação. Promessa de doação de imóvel. Descumprimento de acordo. Indenização. Doação pura. Promessa de doar. Incompatibilidade essencial entre os dois institutos. Perdas e danos pelo descumprimento da promessa. Inadmissibilidade do pedido. *Entre a doação pura e a promessa de doar há incompatibilidade absoluta, porquanto, enquanto a liberalidade é da essência da primeira, o compromisso dotado de exigibilidade é da essência dos contratos preliminares. E como a doação não pode ser coativa, nem imposta pelo juiz, é de se concluir que a promessa de doar, se não espontaneamente cumprida, torna-se ineficaz. Tão pouco pode gerar esse descumprimento indenização por perdas e danos porque esta só tem lugar quando há violação de dever jurídico.* Desprovimento do recurso." (grifo nosso).

20.5 Promessa de Doação efetivada por cônjuges no acordo de separação judicial ou divórcio em favor dos filhos

WASHINGTON DE BARROS MONTEIRO afirma que inexiste razão para desconhecer ou excluir a promessa de doação, já que, inclusive, ela é admitida pelo direito alemão (BGB, art. 2.031). Aponta, ainda, que ela pode ser formulada, por exemplo, pelos cônjuges, em processo de separação consensual, em benefício dos filhos do casal, executando-se posteriormente a relação jurídica, em caso de inadimplemento, conforme artigo 639 do Código de Processo Civil.[15]

Ademais, aponta casos expressivos da promessa de doação em nosso ordenamento jurídico, a saber: a) a Lei nº 2.378, de 24 de dezembro de 1954, art. 1º, dispõe que à família do expedicionário falecido o Governo fará do-

15 MONTEIRO, Washington de Barros. *Curso de direito civil*: direito das obrigações. 2ª Parte. Vol. 5. 34. ed. São Paulo: Saraiva, 2003, p. 137.

ação de casa residencial; b) o antigo Código de caça (Dec.-lei nº 5.894, de 20.10.1943, art.18, revogado pela Lei n.5.197, de 3.1.1967, art. 38) preceituava que as sociedades de tiro poderiam abater pombos domésticos em qualquer época do ano, desde que se obrigassem a doar às casas de caridade parte das aves abatidas.[16]

Acresce, além disso, decisões judiciais neste sentido:

"DOAÇÃO. Promessa de doação. Dissolução da sociedade conjugal. Eficácia. Exigibilidade. Ação cominatória. O acordo celebrado quando do desquite amigável, homologado por sentença, que contém promessa de doação de bens do casal aos filhos, é exigível em ação cominatória. Embargos de divergência rejeitados (EREsp 125.859/RJ, Rel. ministro RUY ROSADO DE AGUIAR, SEGUNDA SEÇÃO, julgado em 26.6.2002, DJ 24.3.2003 p. 136)".

"DIREITO CIVIL – SEPARAÇÃO CONSENSUAL – PARTILHA DE BENS – DOAÇÃO PURA E SIMPLES DE BEM IMÓVEL AO FILHO – HOMOLOGAÇÃO – SENTENÇA COM EFICÁCIA DE ESCRITURA PÚBLICA – ADMISSIBILIDADE. Doado o imóvel ao filho do casal, por ocasião do acordo realizado em autos de separação consensual, a sentença homologatória tem a mesma eficácia da escritura pública, pouco importando que o bem esteja gravado por hipoteca. Recurso especial não conhecido, com ressalvas do relator quanto à terminologia (REsp 32.895/SP, Rel. ministro CASTRO FILHO, TERCEIRA TURMA, julgado em 23.4.2002, DJ 1.7.2002 p. 335)".

"CIVIL. DESQUITE. PROMESSA DE QUE OS BENS DO CASAL SERIAM DOADOS AOS FILHOS. A promessa de doação obriga, se não foi feita por liberalidade, mas como condição do desquite. Recurso especial conhecido e provido (REsp 125.859/RJ, Rel. ministro ARI PARGENDLER, TERCEIRA TURMA, julgado em 6.3.2001, DJ 23.4.2001 p. 158)".

Em sentido contrário, admitindo-se a retratação da doação:

PROMESSA DE DOAÇÃO FEITA ÀS FILHAS PELOS EX-CÔNJUGES EM SEPARAÇÃO CONSENSUAL. RETRATABILIDADE, ENQUANTO NÃO FORMALIZADA A DOAÇÃO. JULGAMENTO EM 2ª INSTÂNCIA. ARGUIÇÃO DE NULIDADE PELA PARTICIPAÇÃO DE DOIS JUÍZES DE DIREITO. 1. A irregularidade na composição da Turma Julgadora deve ser arguida como preliminar de julgamento da causa. Hipótese em que não alegada na oportunidade da apreciação do recurso apelatório, nem tampouco nos embargos de declaração opostos. 2. É da substância do ato (doação) a escritura pública (art. 134, II, do Código Civil). 3. Tratando-se de mera liberalidade, uma promessa de doação sem encargo, é ela por natureza retratável: enquanto não formalizada a doação, é lícito ao promitente-doador arrepender-se. Recursos especiais interpostos por Giovana Azambuja Centeno Bocchese não conhecidos; 1º recurso especial não conhecido; 2º REsp conhecido, em parte, pelo

16 *Ibid.*, p. 137.

dissídio, mas improvido (REsp 30.647/RS, Rel. ministro BARROS MONTEIRO, QUARTA TURMA, julgado em 23.11.1998, DJ 12.4.1999 p. 152).

20.6 Admissibilidade da Promessa de Doação

Não obstante aqueles que inadimitem a promessa de doação, novas vozes surgem a favor da admissibilidade deste negócio jurídico. Além de Washinton de Barros Monteiro que inclusive aponta casos expressivos da promessa de doação em nosso ordenamento jurídico, conforme acima mencionado, Arnaldo Rizzardo afirma que "o argumento de que a doação perderia a natureza de liberalidade, transformando-se numa doação coativa, se obrigado o promitente-doador a dar cumprimento ao contrato preliminar, não prevalece, eis que a liberalidade, como elemento essencial da doação, se consuma justamente quando o proprietário promete doar livremente. Este é o momento em que se forma o consenso quanto ao ânimo de liberalidade, ou o ânimo de doar pelo promitente-doador, e de aceitar, pelo promitente-donatário".[17] Dessa forma, o vínculo obrigacional é firmado na oportunidade da formalização da promessa.

Vai mais além RIZZARDO ao esclarecer: "De modo que se apresenta perfeitamente normal a promessa de doação de um bem, formando-se um vínculo unilateral do promitente relativamente ao compromissário. Ao assumir a avença, cria-se o liame da responsabilidade, o que permite ao donatário impor o cumprimento, ou, pelo menos a indenização".[18]

Assim, é possível perceber que o tema é eivado de complexidade e controvérsias e ainda suscitará debates calorosos entre os doutrinadores e operadores do direito. Contudo, entendemos que a promessa de doação deve ser aceita e reconhecida sob os seguintes argumentos:

a) A manifestação da liberalidade (*animus donandi*) já teria ocorrido no momento da promessa e as partes devem guardar, assim na conclusão do contrato, como em sua execução, os princípios de probidade e boa-fé, conforme preceito do artigo 422 do CCB;
b) O Código Civil brasileiro regulamentou os contratos preliminares e em nenhum momento excepcionou a questão da doação;
c) A admissibilidade da promessa de doação já é reconhecida no juízo de família;
d) Já existem casos expressivos da promessa de doação em nosso ordenamento jurídico, conforme apontado por Washinton de Barros Monteiro.

---

17 RIZZARDO, Arnaldo. *Contratos*. 6. ed. Rio de Janeiro: Forense, 2006, p. 451-452.
18 *Ibid.*, p. 453.

Vale destacar o enunciado 549, aprovado na VI Jornada de Direito Civil, que diz: "*A promessa de doação no âmbito da transação constitui obrigação positiva e perde o caráter de liberalidade previsto no art. 538 do Código Civil.* Artigo: 538 do Código Civil Justificativa: Na jurisprudência, comum é a identificação de que, nos casos em que a promessa de doação é realizada no âmbito de uma transação relacionada a pacto de dissolução de sociedade conjugal, inexiste a possibilidade de retratação do doador (precedentes do STJ: REsp nº 742.048/RS, relator ministro Sidnei Beneti, Terceira Turma, julgado em 14/4/2009, DJe de 24/4/2009; REsp n. 853.133/SC, relator ministro Humberto Gomes de Barros, relator para o acórdão ministro Ari Pargendler, Terceira Turma, julgado em 6/5/2008, DJe de 20/11/2008). Todavia, inegável é que a promessa expressa vontade negocial e, no âmbito da autonomia, não é sustentável restringir tal possibilidade somente aos negócios bilaterais comutativos e onerosos. É, pois, legítimo cogitar-se de promessa de cumprir liberalidade que, após a chancela estatal, deixa de apresentar tal caráter.

MARIA CELINA BODIN DE MORAES alerta que o instituto jurídico da *promessa de doação* deve ser revisitado já que "a autonomia da vontade e a concepção liberalista cederam a posição de centralidade no direito civil, dando lugar a princípios tais como a boa-fé, a confiança e a solidariedade, quer em virtude da aplicação direta da Constituição às relações intersubjetivas, quer pela renovação da disciplina codicista. Será preciso verificar, então, se, à luz dos novos paradigmas, a promessa de doar deve continuar a ser inadmitida, por configurar verdadeira e injustificável "doação coativa", ou se, neste novo sistema, será razoável aceitá-la.[19]

Neste sentido, BODIN DE MORAES ensina que "[...] dar guarida a promessas descumpridas, quando sua configuração é toda ela contratual, não parece, na atualidade, um comportamento eticamente adequado ou moralmente sustentável.

Mas os argumentos a favor da promessa não são apenas morais, éticos ou culturais. Juridicamente, parecerá estranho afirmar que não há manifestação da vontade de doar quando se manifestou esta mesma vontade no momento da celebração do preliminar. Não por isso a vontade deixou de ser espontânea; ela o foi quando da declaração. Seria preciso garantir ao promitente-doador o direito ao arrependimento? Mas o contrato preliminar pode prever tal cláusula (Código Civil, art. 463). A liberalidade não seria compatível com a coatividade ínsita aos preliminares? Não houve coatividade, pois, quando o promitente-doador expressou a sua vontade; ele o fez livremente, sem nenhuma coação, *nullo iure* cogente, e de livre e espontânea vontade decidiu que o promissário-donatário deveria receber, seja pelo motivo que for,

19 BODIN DE MORAES, Maria Celina. Notas sobre a promessa de doação. Civilistica.com. Rio de Janeiro, a. 2, nº 3, jul.-set./2013. Disponível em: < http://civilistica.com/notas-sobre-a-promessade-doacao/>. Acesso em: 22 out. 2016.

mais tarde, num momento futuro, uma atribuição patrimonial sem contraprestação.

Quis o doador, então, desistir: pensou melhor e, não obstante tenha declarado, por escrito, sua livre vontade de enriquecer o donatário, voltou atrás. Deve o ordenamento jurídico dar garantia a este seu arrependimento? Se o contrato preliminar tiver previsto a cláusula, tudo estará resolvido. Mas se não houver cláusula de arrependimento é porque as partes decidiram que ela não seria necessária, uma vez que não haveria arrependimentos. O doador é agente capaz, pessoa adulta.

De outro lado, está o donatário, confiante de que receberá o bem que lhe foi prometido. Fez planos, já decidiu o que fará com a coisa, cumprirá, se for necessário, o encargo estipulado no interesse do doador. Estará ele recebendo algo "de graça"? Dificilmente alguém recebe uma doação "à toa", sem que algo tenha sido feito em prol do doador. Os motivos do doador podem ser os mais diversos, mas a causa da doação é sempre única, como o são as causas de cada um dos contratos: a obrigação de transferir um bem, ou um direito, por liberalidade, isto é, sem uma contraprestação patrimonial."[20]

A jurista conclui que "Assim, se é repugnante uma doação "coativa", igualmente deplorável é uma promessa descumprida. Tendo a manifestação da vontade por parte do promitente-doador se expressado livre e espontaneamente, lícita deve ser a exigibilidade da promessa."[21]

20.7 Aceitação da Doação

De acordo com o artigo 539 do CCB, o doador pode fixar prazo ao donatário, para declarar se aceita ou não a liberalidade. Desde que o donatário, ciente do prazo, não faça, dentro dele, a declaração, entender-se-á que aceitou, se a doação não for sujeita a encargo.[22] É uma espécie de doação com aceitação presumida.

Determina o artigo 111 do CCB que "o silêncio importa anuência, quando as circunstâncias ou os usos o autorizarem, e não for necessária a declaração de vontade expressa".

Daí que o silêncio é a inércia do sujeito que importa anuência e pode dar azo aos efeitos de uma declaração de vontade. O silêncio difere da declaração tácita, já que esta traduz atitudes do declarante que tornam claras a sua vontade e o silêncio representa inércia do sujeito.

No entanto, na doação modal ou com encargo, o silêncio não valerá como aceitação. É o que determina a parte final da redação do artigo 539. Neste caso, torna-se necessário a aceitação expressa do donatário. Não se

20 *Ibid.*

21 *Ibid.*

22 Correspondente ao art. 1.166 do CCB/1916.

considera doação sujeita a encargo a que é feita com reserva de usufruto, razão pela qual poderá ser aplicado o disposto no artigo 539.[23]

A presunção de aceitação da doação somente ocorrerá nos casos de doação pura e simples.

20.8 Forma da doação

O artigo 541 determina que "a doação far-se-á por escritura pública ou instrumento particular".[24] E o parágrafo único informa: "A doação verbal será válida, se, versando sobre bens móveis e de pequeno valor, se lhe seguir incontinenti a tradição".[25]

Portanto, é possível identificar três formas para a celebração do contrato de doação:[26]

a) Por instrumento público, na hipótese do objeto da doação ser um bem imóvel, com valor superior a 30 vezes o maior salário-mínimo vigente no País (CCB, art. 108);[27]
b) Por instrumento particular, se o objeto doado for imóvel, com valor inferior a 30 vezes o maior salário-mínimo vigente no País (CCB, art. 108) ou bem móvel, de valor considerável;[28]
c) Verbal, quando se referir a bens móveis,[29] de pequeno valor, seguindo-se, incontinenti, a tradição.

---

23 SANTOS, J. M. de Carvalho. *Código civil brasileiro interpretado*. 6.ed. Vol XVI. Rio de Janeiro: Freitas Bastos, 1955, p. 338.

24 Correspondente ao art. 1.168, *caput* do CCB/1916.

25 Correspondente ao art. 1.168, p.u do CCB/1916.

26 CC 2002 – Art. 104. A validade do negócio jurídico requer: III – forma prescrita ou não defesa em lei.

27 CC 2002 – Art. 108. Não dispondo a lei em contrário, a escritura pública é essencial à validade dos negócios jurídicos que visem à constituição, transferência, modificação ou renúncia de direitos reais sobre imóveis de valor superior a trinta vezes o maior salário-mínimo vigente no País.

28 Art. 221. O instrumento particular, feito e assinado, ou somente assinado por quem esteja na livre disposição e administração de seus bens, prova as obrigações convencionais de qualquer valor; mas os seus efeitos, bem como os da cessão, não se operam, a respeito de terceiros, antes de registrado no registro público.
Parágrafo único. A prova do instrumento particular pode suprir-se pelas outras de caráter legal.

29 CC 2002 – Art. 82. São móveis os bens suscetíveis de movimento próprio, ou de remoção por força alheia, sem alteração da substância ou da destinação econômico-social.
CC 2002 – Art. 83. Consideram-se móveis para os efeitos legais: I – as energias que tenham valor econômico; II – os direitos reais sobre objetos móveis e as ações correspondentes; III – os direitos pessoais de caráter patrimonial e respectivas ações.
CC 2002 – Art. 84. Os materiais destinados a alguma construção, enquanto não forem empregados, conservam sua qualidade de móveis; readquirem essa qualidade os provenientes da demolição de algum prédio.

20.9 Espécies de Doação

O contrato de doação pode ser agrupado em várias espécies. Vejamos:

1 Doação pura e simples
2 Doação em contemplação do merecimento do donatário
3 Doação remuneratória
4 Doação condicional (suspensiva / resolutiva)
5 Doação a termo (termo inicial e final)
6 Doação modal ou com encargos
7 Doação verbal.
8 Doação com cláusula de reversão
9 Doação com cláusula de usufruto
10 Doação universal
11 Doação com cláusula de fideicomisso
12 Doação conjuntiva (feita a mais de um donatário)
13 Doação feita em contemplação de casamento futuro
14 Doação inoficiosa
15 Doação de bens futuros
16 Doação sob a forma de subvenção periódica
17 Doação mista
18 Doação ao nascituro
19 Doação de ascendente a descendente, ou de um cônjuge a outro
20 Doação do cônjuge adúltero
21 Doação à entidade futura

20.9.1 Doação Pura e Simples

A doação pura e simples é aquela que não está sujeita a nenhum tipo de encargo, ou seja, representa a essência do contrato de doação com o empobrecimento do doador e enriquecimento do donatário.

A doação pura é aquela que não apresenta qualquer ônus aos donatários. Não desnatura a doação pura e simples, aquela que contém o gravame instituído em favor do doador, representado pela reserva de usufruto.

Na doação pura não há exigir a aceitação expressa pelos donatários, nos termos do artigo 543 do Código Civil: "Se o donatário for absolutamente incapaz, dispensa-se a aceitação, desde que se trate de doação pura".[30] [31]

30 Correspondente ao art. 1.170 do CCB/1916.

31 FAMÍLIA. Doação. Processual civil. Intempestividade do recurso que não se ostenta. Prorrogação do prazo para o primeiro dia útil, vencimento recaindo em feriado (art. 184, §1°, CPC). Revelia, aplicação relativa de seus efeitos. Fenômeno que não implica procedência do pedido, encontrando-se em conflito com matéria de direito. Doação pura e simples de imóvel com cláusula de reserva de usufruto. Revogação da doação. Alegação de que o contrato não se consumou, em face da falta de aceitação dos donatários (menores), via-

São absolutamente incapazes de exercer pessoalmente os atos da vida civil: I – os menores de dezesseis anos; II – os que, por enfermidade ou deficiência mental, não tiverem o necessário discernimento para a prática desses atos; III – os que, mesmo por causa transitória, não puderem exprimir sua vontade (CCB, art. 3º).

20.9.2 Doação em contemplação do merecimento do donatário (mérito do donatário)

A doação por merecimento é aquela realizada em homenagem aos méritos do donatário, por exemplo, quando o pai doa um automóvel ao filho em razão do êxito nas provas do exame do vestibular.

Sylvio Capanema de Souza, em seus *Comentários ao novo código civil*, aponta outros exemplos que se encaixam na referida doação: "empregador que, por ocasião da aposentadoria de seu empregado, após muitos anos de trabalho dedicado, lhe entrega uma caneta de ouro, ou lhe doa um veículo da empresa, por ele utilizado, no desempenho de suas funções".[32]

De acordo com o artigo 540 do CCB,[33] a doação feita em contemplação do merecimento do donatário não perde o caráter de liberalidade.

20.9.3 Doação remuneratória (espécie de retribuição a serviços prestados pelo donatário ao doador)

O artigo 540 do CCB, também, trata da doação remuneratória. A doação remuneratória é uma espécie de recompensa a serviços ou favores prestados pelo donatário ao doador.

Por exemplo, um profissional liberal, especialista em pinturas residenciais, realiza um serviço na casa de um amigo e ao término da atividade se recusa a receber o pagamento do serviço que estaria orçado em R$ 2.000,00 (dois mil reais). O amigo do pintor, agradecido pelo serviço, resolve lhe doar uma "mobilete" no valor de R$ 3.000,00 (três mil reais).

A doação remuneratória não deixa de ser uma liberalidade, já que o doador, por um sentimento de gratidão, procura gratificar o donatário. Neste caso, não há falar em *pagamento*, já que inexiste contraprestação e não pode

---

bilizando a revogação. Improcedência, aceitação pelos representantes legais. Doação pura dispensando a aceitação quando o donatário for absolutamente incapaz (artigo 543 do CC/02), restando plenamente válido o ato de liberalidade. Não há encargo ao donatário decorrente da reserva, não se tratando de condição ou motivação extraordinária a ser cumprida pelos donatários. Ação improcedente. Apelação conhecida e desprovida. (Apelação Cível Nº 70014598080, Oitava Câmara Cível, Tribunal de Justiça do RS, relator: Luiz Ari Azambuja Ramos, Julgado em 18.5.2006).

32 SOUZA, Sylvio Capanema de. *Comentários ao novo código civil*. Volume VIII. Rio de Janeiro: Forense, 2004, p. 123.

33 Correspondente ao art. 1.167 do CCB/1916.

ser confundida com *dação em pagamento*. No exemplo, o doador transferiu a "mobilete" para seu amigo porque quis, ou seja, através de um ato de liberalidade. Portanto, doação. A parte que exceder ao valor dos serviços remunerados não perde o caráter de liberalidade (doação pura).

As doações remuneratórias de serviços feitos ao ascendente também não estão sujeitas a colação (CC 2002 – Art. 2.011).

O Tribunal de Justiça do Estado do Rio Grande do Sul já enfrentou a questão da doação remuneratória.[34]

---

34 APELAÇÃO CÍVEL. DIREITO CIVIL. CAUTELAR E ORDINÁRIA. CONTRATO DE DOAÇÃO SOB TERMO INICIAL. DOAÇÃO *Causa mortis*. DISTINÇÃO ENTRE DOAÇÃO CONDICIONAL, MODAL E REMUNERATÓRIA (DOUTRINA). [...]. II – MÉRITO. Nas declarações de vontade se atenderá mais à sua intenção que ao sentido literal da linguagem (art. 85, do Código Civil). De modo que, em que pese a dificuldade de se precisar em que espécie de doação enquadra-se o "CONTRATO PARTICULAR DE DOAÇÃO CONDICIONAL" *sub judice*, na situação fática pode-se vislumbrar a nítida intenção do doador em retribuir ou remunerar os cuidados que a autora lhe dirigiu durante o período que conviveram. IMPROVERAM O APELO. ACÓRDÃO [...]

Em razões recursais os réus requerem a reforma da r. sentença. Sustentam que o Juiz de Primeiro Grau ao prolatar a sentença limitou-se, no ponto controvertido (cumprimento das obrigações constantes do contrato de doação), ao fato da autora ter ou não assistido o doador até o final da vida deste. Aduzem que o contrato em questão, entendido pelo juízo monocrático como doação remuneratória, trata-se, em verdade, de doação condicionada e, assim, faz-se necessário o cumprimento das obrigações contratuais por parte da Apelada, para ser satisfeito o clausulado no documento. Esse fato depreende-se da análise do contrato (autos nº 13.613/503-96, fl. 08). Na avença acima referida verifica-se a intenção do *de cujus* de doar os bens móveis e utensílios, bem como, o automóvel Chevette para a recorrida, sob a condição de assistência durante toda sua existência e de convivência comum e conjunta sob o mesmo teto. Caso contrário, haveria a automática rescisão do contrato. As provas trazidas aos autos não deixam dúvida quanto ao inadimplemento do avençado por parte da autora. A suposta doação remuneratória fica desclassificada pelo fato de a Apelada ter convivido três anos com o pai dos apelantes e ter-se casado na Igreja com o mesmo. Ressaltam, ainda, que o Sr. Severino não desfez o contrato em vida, pois havia cláusula expressa, já referida acima, sobre a rescisão automática do pacto. Tratando-se o caso em tela de doação com encargos, como confessado pela recorrida (fls. 74), esta deve seguir as regras dos contratos civis. As declarações das testemunhas de fls. 67 (verso), 68 (frente e verso) e 69 revelam que a apelada partia toda segunda-feira para a casa dos pais no interior e somente retornava na sexta-feira. Afirma, também, que quando estava na cidade, fazia faxina em casas de outras pessoas. Alegam que as afirmações quanto ao comportamento dos Apelantes, como abandono do pai e brigas constantes, são infundadas e inverídicas. Por fim, relatam que quando do falecimento do progenitor surpreenderam-se com o contrato celebrado, mas para evitar atritos com a autora deixaram que fossem retirados todos os bens da casa. Já em relação ao automotor não consideram justo que a mesma também fique com ele, visto que não foi cumprido o estipulado no contrato. A apelação foi recebida (fl. 90). Em contrarrazões assentou-se, preliminarmente, que a exordial recursal não obedeceu o art. 514 do CPC, eis que não foi pedido o recebimento do recurso, mas sim o recebimento das razões, sem mencionar o fundamento legal. E, também, não postularam por nova decisão. Quanto ao mérito, afirma não merecer guarida a pretensão posta em recurso. O fato de os filhos do *de cujus* nunca terem demonstrado oposição ao contrato celebrado enquanto o pai era vivo, demonstra que a Apelada cumpria sua parte no contrato. Apenas houve oposição por parte dos mesmos quando a autora foi realizar seu crédito. Não há motivo para a não entrega do automóvel objeto do contrato à recorrida, posto que foi consentida a retirada do lar dos demais objetos doados sob a forma remuneratória. As questões suscitadas em contestação não possuem provas hábeis. O caráter remuneratório da doação foi provado nos autos e os recorrentes não conseguiram descaracterizá-lo. Assim, não devia o doador preocupar-se com as legítimas de seus filhos. Não foi comprovada a hipótese de que o falecido teria sido coagido a firmar o contrato, pois o testemunho de Ernesta Costella deixa claro que Severino tinha a intenção de doar tais bens a quem se casasse com ele. Modo igual, o alegado abandono por parte da autora não foi provado. As viagens que ela fazia à casa de sua genitora não o comprova, até mesmo porque muitas vezes o falecido a acompanhava. A testemunha Zenaide Carbonera deixou claro que costumava conversar com Severino e nunca notou que ele tivesse algum problema mental. Por si só esta testemunha afastou todas as alegações feitas pelos apelantes, quando da contestação. Vieram os autos a esta Relatoria. É Relatório.

VOTO

DES.ª MATILDE CHABAR MAIA (RELATORA) – Eminentes colegas, não merece provimento o apelo.

Inicialmente, afasto a prefacial aventada pela Apelada em contrarrazões, no sentido de não terem os Apelados obedecido o disposto no art. 514, do CPC. A simples análise da exordial recursal revela a observância pelos recorrentes de todos os requisitos que devem constar do recurso de apelação, inclusive o requerimento para que fosse recebido o apelo e reformada a sentença, julgando-se improcedentes as demandas aforadas pela autora (fl. 88). Assim, superada a frágil preliminar, passo à análise do *meritum causae* propriamente.

Cuida-se de ação cautelar de busca e apreensão de bens móveis e de ação ordinária através das quais a demandante pretende, em suma, o reconhecimento do seu direito de propriedade sobre o automóvel Chevette, que recebeu por doação de seu concubino, Sr. Severino Luiz Pezzin. O pedido está embasado no instrumento particular à fl. 08 da cautelar em apenso, nominado "CONTRATO PARTICULAR DE DOAÇÃO CONDICIONAL". Nele o Sr. Severino Luiz Pezzin doa à autora, ora Apelada, por ocasião de seu amasiamento, todos os bens que guarnecem a casa onde passaram a viver conjuntamente, bem como um automóvel de sua propriedade, salientando que a doação somente se efetivaria após o seu passamento, ficando a donatária obrigada a assistir-lhe até o final de sua vida. Consta textualmente da cláusula "2":

"Por livre e espontânea vontade do DOADOR, sem coação ou influência de quem quer que seja, faz DOAÇÃO, inter vivos, gratuitamente, à segunda dos acima qualificados, de ora em diante denominada DONATÁRIA, dos direitos de uso e propriedade do automóvel Chevette, ano 1985, placas IP 1777, bem como dos bens móveis que guarnecem a casa acima mencionada, onde ambos passam a viver conjuntamente, efetivando-se esta DOAÇÃO somente após a morte do DOADOR, ficando a DONATÁRIA obrigada a assistir o DOADOR até o final de sua vida".

Dois pontos relevantes à solução da demanda: 1º) definir-se a que espécie de doação corresponde a disposição contida no instrumento particular acima referido; e 2º) se possível a disposição na forma em que foi posta, ou seja, condicionando, no tempo, a efetivação da doação à morte do doador. Embora conste do instrumento tratar-se de "doação condicional", o Julgador *a quo* entendeu estar-se frente a uma doação com nítido caráter remuneratório, nos termos do art. 1.167, do Código Civil. Contudo, ao mesmo tempo, condicionada ao cumprimento pela donatária da obrigação de "assistir o DOADOR até o final de sua vida'. Ao definir as espécies de doação, Orlando Gomes sustenta que ela pode ser pura, condicional, modal, remuneratória, mista ou com cláusula de reversão. A nós, interesse, na hipótese, a distinção entre doação condicional, modal e remuneratória. A doação condicional é, em linhas gerais, aquela que depende, para ser eficaz, de acontecimento futuro e incerto. Todavia, como bem aponta o referido jurista baiense, não se lhe pode confundir com a doação modal.

"A doação condicional não se confunde com a doação modal. Nesta, o doador impõe ao donatário encargos ou obrigações. Naquela, o donatário só adquire ou perde o direito quando se verificar a

condição. O modo é coercitivo; não assim a condição. O donatário submodo pode ser compelido a cumprir o encargo imposto pelo doador, mas o inadimplemento da obrigação não é causa de resolução do contrato, a menos que tenham-na expressamente estipulado. O modo, por outro lado, não suspende a aquisição do direito do donatário, como a doação condicional. Finalmente, se o encargo for impossível ou ilícito, a cláusula que o instituir tem-se como não escrita, não se invalidando, portanto, a doação".

Mais adiante, definindo doação remuneratório, pondera:

"Doação remuneratória, em sentido próprio, é a que se faz para recompensar serviços prestados ao doador, que não podem ser cobrados. Em acepção mais ampla, abrange, porém, a que se faz em consideração dos méritos do donatário, ou como reconhecimento a atos, gestos e atitudes suas. A doação remuneratória não deixa de ser liberalidade, visto como não há obrigação de pagar os serviços, o doador pratica o ato sob impulso generoso, com a intenção de gratificar." (ORLANDO GOMES in Contratos, *15. ed., Rio de Janeiro: Forense, 1995, p. 216).*

Feitas tais considerações, tenho não se enquadrar a doação constante do instrumento de fl. 08 do apenso, em apenas uma das espécies de doações acima referidas, por isso a dificuldade de definir-lhe a natureza jurídica e seus respectivos efeitos. O doador, ao mesmo tempo em que impôs à autora a obrigação de assisti-lo até o final de sua vida (doação modal), condicionou a efetivação da doação ao cumprimento de tal obrigação e ao seu passamento (doação condicional). Demais, induvidosamente, no *animus donandi* do Sr. Severino Luiz Pezzin estava a intenção de remunerar a pessoa que lhe assistisse e cuidasse no final de sua vida, como exsurge da prova testemunhal coligida aos autos (doação remuneratória). Não obstante isso, a leitura do "CONTRATO DE DOAÇÃO CONDICIONAL", revela que o doador pretendeu que a transmissão dos seus bens para o patrimônio da demandante só se perfectibilizasse após o cumprimento das condições que estabeleceu e, também, após a sua morte. A doação, juridicamente, é um ato de liberalidade, para ter eficácia ainda em vida do doador, ou seja, *inter vivos*. Portanto, entendo que, em um primeiro momento, poder-se-ia pensar que o instrumento particular firmado entre as partes não é propriamente um contrato de doação, mas sim um instituto misto de doação e legado – o instituto romano da *donatio causa mortis*, não admitida no direito pátrio. O eminente J. M. Carvalho Santos no seu *Código civil brasileiro interpretado*, volume XVI, 10ª ed., Rio de Janeiro: Freitas Bastos, 1980, p.p. 300 e 301, assevera que ".... no sistema do nosso Código, não foi aceita a doutrina do direito romano, segundo o qual três eram os modos de disposição de bens a título gratuito: a doação entre vivos, o testamento e a doação *mortis causa*. (...) Realmente, no direito atual, inclusive no nosso, a doação *mortis causa* foi eliminada, não podendo haver outro título legítimo de cessão ou transferência gratuita de bens que não sejam a doação e o legado. Vale dizer: os atos de liberalidade, ou sejam os atos de transmissão gratuita de bens, no sistema do nosso Código, aliás concorde com o sistema da legislação civil da maioria dos países civilizados, só se podem traduzir nestas duas figuras: a doação ou a de disposição de última vontade". Também sobre o *thema*, preleciona o eminente Clóvis Beviláqua, analisando as disposições gerais sobre o contrato de doação, no seu *Código civil dos Estados Unidos do Brasil commentado*, 9ª ed. atualizada, volume IV, São Paulo, Editora Paulo de Azevedo Ltda., 1953, p.p. 330:

"6. – As doações podiam ser, no direito romano, inter vivos e mortis causa. Esta ultima era feita sob a condição de que o doador não sobrevivesse ao donatário, ou indeterminadamente, ou passado um certo acontecimento previsto. As legislações modernas não repelliram todas a especie; algumas a conservaram. O direito francez, o italiano, e o hespanhol não se occuparam della, embora admittan a clausula da reversão em beneficio do doador. O novo Código Civil mexicano, art. 2.339, remette a doação mortis causa para o disposto sobre o testamento, admitindo-a, entretanto, entre conjuges, de accôrdo com o que dispõe nos arts. 232-234, isto é, torna difinitivas essas doações, sómente depois da morte do doador. O portuguez, art. 1.457, submette as doações que tenham de produzir effeito por morte do doador, ás regras do testamento, abrindo excepção

para as que se fizerem em attenção a casamento. O Código Civil brasileiro tambem seguiu esta orientação. Não conhece a doação mortis causa, salvo se fôr propter nuptias (art. 314); porém permite que a coisa doada possa, mediante clausula expressa, volver ao patrimonio do doador (art. 1.174). A operação eliminatoria foi muito fácil porque a doação mortis causa existia, entre nós, simplesmente, como persistência do direito romano. Nenhuma lei o consagrava, de modo expresso.

7. – Accordão das Camaras Reunidas da Côrte de Apelação do Districto Federal, em Revista do Supremo Tribunal, *vol. LXII, ps. 592-594: 'Em face do nosso direito a doação causa mortis só póde produzir effeito, revestindo a forma de legado ou testamento'. Esta decisão, que é conforme ao nosso direito, foi confirmada pelo Supremo Tribunal Federal (*Revista *citada volume LXIII, ps. 512 e 513)".*

O eminente Agostinho Alvin, na monografia *Da doação*, 3ª ed., São Paulo: Saraiva, 1980, p.p. 126-134, ao tratar da doação *causa mortis*, assim preconiza:

"16 – Uma das particularidades da doação para casamento é a possibilidade de ser ela causa mortis, consoante o disposto no art. 314: 'As doações estipuladas nos contratos antenupciais, para depois da morte do doador, aproveitarão aos filhos do donatário, ainda que este faleça antes daquele. Parágrafo único. No caso, porém, de sobreviver o doador a todos os filhos do donatário, caducará a doação'.

Tal doação somente produzirá efeito depois da morte do doador, como se fora um legado. (....)

Com efeito, o Código Civil deu agasalho a certos institutos que tiveram vida atribulada, no direito anterior, em virtude de controvérsias e incertezas de toda a ordem.

Teria sido melhor ou rejeitá-los, ou então regulá-los, a fim de evitar que eles transportassem para o direito novo todas as dúvidas que os envolviam.

Um deles é o da procuração em causa própria, instituto que o Código reconheceu, ao dizer que ela é irrevogável. E nada mais. Não teria sido preferível abolir o instituto, ou discipliná-lo?

Outro caso é o da doação causa mortis, de que vimos tratando e que o Código não regulou, embora admitindo-a no art. 314, supratrasncrito".

Mais ainda considera o ilustre civilista (p.p. 128 e 129):

"Alguns autores vêem no caso do art. 314 uma sucessão pactícia (CLÓVIS, obs. ao art. 314 do Cód. Civ.; ESPÍNOLA, A família no direito civil brasileiro, *pág. 313, nota 35, onde diz: 'Trata-se manifestamente de uma instituição contratual de herdeiro, a qual só é permitida como doação em benefício do casamento...').*

Outros negam-se a ver aí um pacto sucessório (PONTES DE MIRANDA, Tratado de direito privado, *vol. 8º, §890).*

Parece-me impossível de ver no caso a figura da sucessão pactícia, uma vez que é mediante contrato que se deixa assentada a transferência de bens, para depois da morte do doador. Mas a questão, pelas sutilezas que encerra, tem mais de acadêmica do que de prática. O principal é saber como se regem tais doações. É o que vamos ver: No que toca à maneira por que se regulam as doações *causa mortis*, assentaremos dois pontos: a) não se regem pelas regras do direito sucessório, e sim, pelas que regulam o contrato de doação; b) não se regem pelas regras que a doutrina e a jurisprudência anteriores ao Código Civil tentaram assentar, em matéria de doação *causa mortis*, e sim, em quase tudo, pela doutrina que os autores franceses construíram, certo como é que o art. 314 do Código Civil tem por fonte direta e imediata o art. 1.082 do Código Napoleão. (...) Diante disso, sustenta Agostinho Alvin, nós pensamos que devemos aproveitar as regras que a doutrina e a jurisprudência francesas têm assentado sobre o assunto, dada a origem do nosso texto e, por outro lado, dada a escassez da nossa literatura jurídica e da nossa jurisprudência, a este respeito; enquanto que em França tais doações são mais usadas do que entre nós, e a regra está incorporada em seu direito há mais de século e meio.

Se o nosso Código – como expõe CLÓVIS – só admite a doação *causa mortis* na hipótese de casamento; se tal doação é permitida unicamente em benefício do casamento, segundo

ESPÍNOLA (*ob.* e *loc. cits.*); e se, por outro lado, o art. 314 tem fonte conhecida e por todos reconhecida, que é o art. 1.082 do Código Civil francês; se tudo assim é, segue-se que não nos devemos prender ao nosso direito anterior, que tratava a doação *causa mortis* em geral. Tal instituto, com essa amplitude, hoje inexiste entre nós, de nada nos aproveitando as disquisições doutrinárias dos antigos civilistas em torno dele, uma vez que o legislador abandonou tudo isso, para seguir o dispositivo francês".

Assim, conclui Alvin que a doação *causa mortis* só está ressalvada na lei civil brasileira na hipótese de casamento, seguindo as regras contratuais. Contudo, perquirindo sobre a possibilidade de admitir-se doação *causa mortis* em hipótese fora a do casamento assim manifesta-se (p.p. 133 e 134):

"Figura semelhante a esta, e não vejo porque seria proibida, é a da doação sob termo inicial, valendo a morte do doador como ponto de partida para os efeitos da doação. Dou-te tal coisa, devendo esta doação produzir efeitos após a minha morte. Sem dependência de casamento. É uma questão de nomes (ver art. 1.174, nº 12). A alguns juristas (RICCI e outros) repugna o termo final, ou resolutivo, nas doações: dou-te, e ao cabo de dez anos resolve-se a doação. Não com referência ao termo inicial, ou suspensivo, que todos admitem. Entre nós, ambos os termos têm sido admitidos (TEIXEIRA DE FREITAS, Esboço, *art. 2.131; M. I. CARVALHO DE MENDONÇA,* Contratos no direito civil brasileiro, *vol .I, nº 19).*

Assim sendo, nada impede que a doação se faça nessas condições, para produzir efeito depois da morte do doador. Como reza o Código, no art. 123, o termo não impede a aquisição do direito, somente lhe dilata o exercício. O doador continuará com a coisa, que os seus herdeiros transferirão ao donatário, em cumprimento do contrato. É indispensável que a aceitação, ou seja, o aperfeiçoamento da doação se tenha dado em vida do doador. Não vale a aceitação posterior à sua morte; e se for aceita depois, mas com data anterior, também não vale, porque terá havido simulação (Cód. Civ., art. 102, nº III). Mediante termo suspensivo, a doação pode ser feita e aceita em vida, para produzir efeitos após a morte do doador, como expõe MANRESA y NAVARRO (*Comentarios al código de derecho civil español*, tomo V, pág. 208). A objeção de que o doador poderá arrepender-se e estará amarrado pela doação nenhum valor tem. O *animus donandi* deve haver no momento da doação; e a tradição torna-se obrigatória para o doador, ainda que arrependido esteja, em qualquer caso comum de doação. Finalmente, o doador tem sempre a válvula de revogar a doação por ingratidão, se for o caso".

Assim, constata-se que, no caso dos autos, não se está diante de uma doação *causa mortis*, pois ausente os requisitos desta – quais sejam, que, além do contrato determinar que o donatário receberá o bem doado somente após a morte do doador, a revogação da avença esteja ao livre arbítrio deste, bem assim esteja prevista a reversão dos bens ao doador se sobreviver ao donatário. Na mesma senda, também manifesta-se Carvalho Santos (*ob.* cit.), ao propugnar que no direito pátrio não há nenhum preceito que repila a fixação do dia da morte do doador como termo inicial da doação, ficando até este momento suspenso o exercício do direito do donatário (p. 305). Portanto, respondendo as duas questões inicialmente propostas, pode-se dizer que: 1º) na casuística apresentada há dificuldade de precisar-se perante qual espécie de doação se está; e 2º) que é admissível no direito pátrio condicionar a efetivação da doação à morte do doador – doação sob temo inicial – . Feitas essas ponderações, tenho não merecer reparo a interpretação dada pelo Julgador *a quo* à situação fática constante dos autos, vislumbrando no contrato de doação *sub judice* a nítida intenção do Sr. Severino Pezzini em retribuir ou remunerar os cuidados que a autora lhe dirigiu durante o período que conviveram. Não se pode olvidar que "nas declarações de vontade se atenderá mais à sua intenção que ao sentido literal da linguagem', como preconiza a regra de interpretação inserta no art. 85 do Código Civil brasileiro. Demais, tangente ao alegado descumprimento pela autora dos encargos impostos no contrato de doação, nada restou comprovado durante a instrução processual. Como bem ponderou o

20.9.4 Doação condicional (suspensiva/resolutiva)

A *doação condicional* pode estar subordinada a uma condição suspensiva ou condição resolutiva. O contrato de doação com condição suspensiva fica atrelado a um *evento futuro e incerto*, isto é, a doação se mantém suspensa enquanto a condição não se verificar. Já com a condição resolutiva, o ato jurídico produzirá efeitos desde logo até o implemento da condição, a qual determina a cessação da eficácia do negócio jurídico.

20.9.5 Doação a termo (termo inicial e final)

O contrato de doação poderá ser celebrado a termo. O termo poderá determinar o início ou final da eficácia do contrato de doação. Se determinar o seu início, chama-se termo inicial, se determinar a cessação dos efeitos, denomina-se termo final. Assim, termo é uma cláusula aposta ao contrato que determina o início e o final da eficácia do negócio jurídico. O termo está relacionado a *evento futuro e certo*.

20.9.6 Doação modal ou com encargos

O modo ou encargo é um dos elementos acidentais do negócio jurídico,[35] juntamente com a condição e o termo. Francisco Amaral ensina que o modo "é o ônus imposto a uma liberalidade com o fim de limitá-la.[36]. Portanto, a obrigação modal ou com encargos é aquela em que o donatário é obrigado a cumprir os encargos da doação, caso forem a benefício do doador, de terceiro, ou do interesse geral (CCB, art. 553).[37] Se o encargo for em benefício do interesse geral, o Ministério Público poderá exigir sua execução, depois da morte do doador, se este não tiver feito (CCB, art. 1.180, parágrafo único).

Julgado monocrático, "se por um lado as testemunhas arroladas pela autora afirmaram que esta visitava a mãe a cada quinze dias, aquelas arroladas pelo réu disseram o oposto, que a autora permanecia com Severino apenas nos finais de semana. De resto, não há prova concreta a demonstrar que a demandante descumpriu a obrigação de assistir Severino até sua morte. O fato dessa ir com frequência à casa de sua mãe não leva à conclusão que abandonou os cuidados de Severino, salientando que era ônus do requerido a comprovação de tal fato". Por fim,, reconhecida a doação em causa como a forma que o doador utilizou para retribuir os cuidados que a autora lhe dispensou nos últimos anos de sua vida, ou seja, reconhecido o caráter remuneratório da doação, não se inclui esta no conceito de liberalidade inoficiosa e, portanto, não estava a doação limitada a metade do patrimônio do doador, nos termos do art. 1.162, do Código Civil. Ante o exposto, nego provimento ao apelo.DR. BRENO PEREIRA DA COSTA VASCONCELLOS (REVISOR) – De acordo. DRA. MARILENE BONZANINI BERNARDI – De acordo. Decisor(a) de 1º Grau: Lucas Maltez Kachny.

35 CC 2002 – Art. 136. O encargo não suspende a aquisição nem o exercício do direito, salvo quando expressamente imposto no negócio jurídico, pelo disponente, como condição suspensiva.

36 AMARAL, Francisco. *Direito Civil* – Introdução. 6. ed. Rio de Janeiro: Renovar, 2006, p. 487.

37 Correspondente ao art. 1.180 do CCB/1916.

O não cumprimento do encargo, conforme artigo 562, dará azo a revogação da doação.[38] Nesse sentido, decidiu o TJRS:

> APELAÇÃO CÍVEL. REVOGAÇÃO DE DOAÇÃO MODAL DE IMÓVEL. CONSTRUÇÃO DE ESTABELECIMENTO COMERCIAL. NÃO CUMPRIMENTO PELA DONATÁRIA. PRELIMINARES RECURSAIS. 1) INÉPCIA DA INICIAL. Havendo fundamentação suficiente na exordial de modo a permitir a análise da questão posta, bem como demonstrado com clareza e precisão o objeto de sua pretensão, não há falar em inépcia da inicial. 2) PRESCRIÇÃO. Não se aplica o artigo 178, § 6º, inciso I, do Código Civil de 1916 para os casos de revogação de doação modal, porquanto a regra especificava os casos de revogação por ingratidão do donatário, devendo ser aplicado o artigo 177 do referido diploma legal. Precedentes deste Tribunal e do Superior Tribunal de Justiça. MÉRITO. Considerando os termos do contrato de doação modal firmado com a municipalidade, mostra-se cabível o pedido de revogação, na medida em que não foi cumprido o encargo a que estava obrigado o donatário (construção de escritórios, garagens, oficina mecânica, refeitório e de um terminal de cargas e encomendas), ainda mais quando restou evidenciado que este não tem interesse em construir no local. Sentença mantida, também, no tocante aos honorários advocatícios, que atendeu aos requisitos previstos nos §§ 3º e 4º do artigo 20 do Código de Processo Civil, levando em conta o trabalho realizado pelos patronos da requerente, não se apresentando desproporcional à complexidade atribuída à causa. Preliminares rejeitadas, apelo desprovido (Apelação Cível Nº 70012875167, Segunda Câmara Cível, Tribunal de Justiça do RS, relator: João Armando Bezerra Campos, Julgado em 1.11.2006).

20.9.7 Doação verbal

A doação verbal é válida, se, versando sobre bens móveis e de pequeno valor e seguir incontinenti a tradição da coisa (CCB, artigo 541, parágrafo único).

20.9.8 Doação com cláusula de reversão

A doação com cláusula de reversão estabelece que com a morte do donatário os bens devem retornar (reverter) ao patrimônio do doador. É uma condição resolutiva estabelecida entre doador e donatário que deve

---

38 CC 2002 – Art. 562. A doação onerosa pode ser revogada por inexecução do encargo, se o donatário incorrer em mora. Não havendo prazo para o cumprimento, o doador poderá notificar judicialmente o donatário, assinando-lhe prazo razoável para que cumpra a obrigação assumida.

constar expressa no instrumento contratual.[39] O Código Civil brasileiro trata a referida doação no artigo 547: "O doador pode estipular que os bens doados voltem ao seu patrimônio, se sobreviver ao donatário. Parágrafo único. Não prevalece cláusula de reversão em favor de terceiro".[40]

Daí considera-se resolúvel a propriedade do donatário.

O donatário possui o direito subjetivo de alienar o bem gravado com a cláusula de reversão? Nada impede que o donatário aliene o bem doado, mas o caráter resolutivo da propriedade se manterá vigente. O artigo 1.359 determina que "Resolvida a propriedade pelo implemento da condição ou pelo advento do termo, entendem-se também resolvidos os direitos reais concedidos na sua pendência, e o proprietário, em cujo favor se opera a resolução, pode reivindicar a coisa do poder de quem a possua ou detenha". Dessa maneira, o terceiro que vier adquirir o bem, verificada a condição resolutiva, perderá o imóvel para o doador.

Da mesma forma, estabelece o artigo 128 do CCB: "Sobrevindo a condição resolutiva, extingue-se, para todos os efeitos, o direito a que ela se opõe; mas, se aposta a um negócio de execução continuada ou periódica, a sua realização, salvo disposição em contrário, não tem eficácia quanto aos atos já praticados, desde que compatíveis com a natureza da condição pendente e conforme aos ditames de boa-fé".

Portanto, caberá ao doador, no caso da coisa estar em poder de terceiros, ingressar com uma ação reivindicatória, com o firme propósito de reaver a coisa doada. O prazo prescricional é aquele determinado pelo artigo 205 ("A prescrição ocorre em dez anos, quando a lei não lhe haja fixado prazo menor.") e começa a ser contado com a morte do donatário.

Caso o doador, ao estipular a cláusula de reversão, não queira que o donatário aliene o bem doado, aquele poderá estipular uma cláusula de *inalienabilidade definitiva* ou cláusula de *inalienabilidade durante a vida do doador*.

Assim, verificada a condição, qual seja: a morte do donatário, o direito de reversão opera-se desde logo, com as seguintes consequências apontadas por Carvalho Santos:[41]

---

39 CC 2002 – Art. 127. Se for resolutiva a condição, enquanto esta se não realizar, vigorará o negócio jurídico, podendo exercer-se desde a conclusão deste o direito por ele estabelecido.

CC 2002 – Art. 128. Sobrevindo a condição resolutiva, extingue-se, para todos os efeitos, o direito a que ela se opõe; mas, se aposta a um negócio de execução continuada ou periódica, a sua realização, salvo disposição em contrário, não tem eficácia quanto aos atos já praticados, desde que compatíveis com a natureza da condição pendente e conforme aos ditames de boa-fé.

40 Correspondente ao art. 1.174 do CCB/1916.

41 SANTOS, J. M. de Carvalho. *Código civil brasileiro interpretado*. 6. ed. Vol XVI. Rio de Janeiro: Freitas Bastos, 1955, p. 380-381.

a) se os bens doados estão em poder do donatário, ou seus herdeiros, poderá o doador exigir a sua restituição integral, sempre que a doação teve por objeto uma determinada coisa, móvel ou imóvel;
b) o doador é obrigado a receber esses bens no estado em que se encontrarem, sem poder exigir do donatário, ou de seus herdeiros, qualquer indenização a título de diminuição do valor resultante do uso regular, nem, com maior razão, se essa diminuição de valor resultou unicamente do efeito do tempo ou de um caso fortuito;
c) se a doação foi de uma quantia em dinheiro, o donatário deverá restituir uma igual quantia a que tiver recebido, sem que o doador reclame, nem os herdeiros do donatário possam oferecer os bens que tiverem sido comprados com o dinheiro doado (Cfr. BAURY-COLIN, *obr. cit.*, nº 1.515);
d) ficam extintas as alienações dos bens doados, bem como todas as constituições de direitos reais, por exemplo, as hipotecas, servidões, usufruto, feitas pelo donatário, voltando os bens ao doador livres e desembaraçados de quaisquer encargos ou ônus reais que lhe tenham sido impostos, isto em virtude da regra tradicional: *resoluto jure dandi resolvitur jus accipientis*.

E quanto aos frutos? Neste caso, os herdeiros do donatário não são obrigados a restituir os frutos percebidos.

Vale destacar que o doador, a qualquer momento, poderá renunciar o direito de reversão expressamente estipulado no instrumento contratual. Esta renúncia poderá ser expressa ou tácita.

O parágrafo único do artigo 547 determina que "não prevalece cláusula de reversão em favor de terceiro" O fundamento de tal vedação tem o condão de proibir uma espécie de fideicomisso por ato *inter vivos*.

O fideicomisso é uma forma excepcional de nomeação sucessiva de herdeiros ou legatários. A substituição fideicomissária encontra-se disciplinada nos artigos 1.951 a 1.960 do CCB. O artigo 1.951 preceitua que "Pode o testador instituir herdeiros ou legatários, estabelecendo que, por ocasião de sua morte, a herança ou o legado se transmita ao fiduciário, resolvendo-se o direito deste, por sua morte, a certo tempo ou sob certa condição, em favor de outrem, que se qualifica de fideicomissário". Daí, três as posições jurídicas decorrentes do fideicomisso: o fideicomitente (testador), o fiduciário (que sucede em primeiro lugar) e o fideicomissário (que recebe a herança ou o legado por último).[42]

42 CC 2002 – Art. 1.952. A substituição fideicomissária somente se permite em favor dos não concebidos ao tempo da morte do testador. Parágrafo único. Se, ao tempo da morte do testador, já houver nascido o fideicomissário, adquirirá este a propriedade dos bens

Isso quer dizer que se o doador desejar que o bem doado passe a um terceiro, caso o donatário faleça primeiro, terá que utilizar o instituto jurídico do fideicomisso, e não da reversão.

20.9.9 Doação com cláusula de usufruto

A doação com cláusula de usufruto é uma doação pura, na qual o donatário institui o gravame do usufruto, ou seja, o doador realiza a doação, mas reservando para si os poderes de uso e fruição do imóvel, em caráter vitalício.

Sérgio Cavalieri Filho já enfrentou a questão ao decidir no Tribunal de Justiça do Estado do Rio de Janeiro:

> TJRJ - 2003.001.24352 - APELAÇÃO CÍVEL. DES. SÉRGIO CAVALIERI FILHO - Julgamento: 18.2.2004 - SEGUNDA CÂMARA CÍVEL. REGULAMENTAÇÃO DE VISITAS NECESSIDADE. SENTENÇA CONFIRMADA. SEPARAÇÃO CONSENSUAL. Modificação de Cláusulas Estabelecidas no Acordo. Visitação. Alteração do Regime. Irreprochável a sentença que regula a visitação de forma compatível com a nova idade da filha, o estado da doença mental da mãe, e as recomendações constantes dos laudos técnicos existentes nos autos, todos no sentido de recomendar a conveniência da visitação para o bem-estar físico e psíquico de ambas. DOAÇÃO DE IMÓVEL. Usufruto em Favor do Cônjuge Mulher. Doação Pura Consumada e não com Encargo. Impossibilidade de Arrependimento.

---

fideicometidos, convertendo-se em usufruto o direito do fiduciário.
CC 2002 - Art. 1.953. O fiduciário tem a propriedade da herança ou legado, mas restrita e resolúvel. Parágrafo único. O fiduciário é obrigado a proceder ao inventário dos bens gravados, e a prestar caução de restituí-los se o exigir o fideicomissário.
CC 2002 - Art. 1.954. Salvo disposição em contrário do testador, se o fiduciário renunciar a herança ou o legado, defere-se ao fideicomissário o poder de aceitar.
CC 2002 - Art. 1.955. O fideicomissário pode renunciar a herança ou o legado, e, neste caso, o fideicomisso caduca, deixando de ser resolúvel a propriedade do fiduciário, se não houver disposição contrária do testador.
CC 2002 - Art. 1.956. Se o fideicomissário aceitar a herança ou o legado, terá direito à parte que, ao fiduciário, em qualquer tempo acrescer.
CC 2002 - Art. 1.957. Ao sobrevir a sucessão, o fideicomissário responde pelos encargos da herança que ainda restarem.
CC 2002 - Art. 1.958. Caduca o fideicomisso se o fideicomissário morrer antes do fiduciário, ou antes de realizar-se a condição resolutória do direito deste último; nesse caso, a propriedade consolida-se no fiduciário, nos termos do art. 1.955.
CC 2002 - Art. 1.959. São nulos os fideicomissos além do segundo grau.
CC 2002 - Art. 1.960. A nulidade da substituição ilegal não prejudica a instituição, que valerá sem o encargo resolutório.

> Inexistência de Vício Formal. A doação de imóvel, embora gravada com usufruto, não pode ser considerada um encargo por não haver nela nenhuma contraprestação imposta ao donatário da qual possa resultar uma vantagem para o doador ou terceiros, e cujo descumprimento enseja a sua revogação. É doação pura consumada, para a qual é desnecessária a aceitação do donatário. A homologação do acordo supre a exigência da escritura pública e impossibilita o arrependimento do doador. PENSIONAMENTO. Revisão. Inalterabilidade do Valor Real em Razão de Promoção Recebida pelo Alimentante. Se a promoção recebida pelo alimentante garantiu-lhe um aumento salarial, ao mesmo tempo que evitou redução efetiva no valor do pensionamento respeitado resultou o binômio necessidade/possibilidade. Desprovimento dos recursos.

Em relação ao contrato de *doação com cláusula de usufruto*, o Superior Tribunal de Justiça – STJ decidiu:

"Em votação unânime, os ministros da Terceira Turma do Superior Tribunal de Justiça (STJ) mantiveram a decisão do Tribunal de Justiça do Rio de Janeiro (TJ-RJ) que, ao julgar embargos infringentes, favoreceu o comerciante T.D. Sua filha T. moveu uma ação de extinção de usufruto contra ele para que fosse extinto o usufruto vitalício dos bens que o comerciante e sua mãe, falecida, lhe doaram.

T. é filha única da união de T.D. com C.V.D., realizada em 25 de julho de 1953, para a qual foi adotado o regime da comunhão universal de bens, sociedade conjugal que durou enquanto viveu a esposa. Em 30 de agosto de 1979, todo o patrimônio imobiliário que o casal constituiu foi doado à filha para melhor ampará-la. Contudo, instituíram um ônus ao direito de propriedade dela, pela reserva de usufruto vitalício aos doadores. Com a morte de C.V.D., o comerciante casou novamente sob o regime da separação obrigatória de bens.

T. propôs, então, a ação de extinção de usufruto em relação a seu pai, argumentando que, tendo casado em segundas núpcias com J.L.D., sem terminar o inventário e ultimar a partilha dos bens de sua mãe, ele perdeu o direito de usufruto dos bens que foram doados a ela.

O comerciante contestou argumentando que "seria amoral depois de amealhar, com sacrifícios, todos aqueles bens doados à filha, gravando-os com usufruto para deles usufruir em sua velhice, deles agora ser despojado; sem contar que, ao seu entender, seu segundo casamento sem a partilha dos bens, não acarretou nem acarretará nenhum prejuízo a T.".

O Juízo de primeiro grau julgou improcedente o pedido considerando que o artigo 225 do Código Civil não se aplicava ao caso dos autos, "porque a doação com cláusula de usufruto a filho único, maior e capaz, não se confunde com o usufruto legal, disciplinado pelo direito de família, inerente ao pátrio poder". T. apelou e o TJ-RJ por maioria de votos, deu provimento para julgar procedente o pedido inicial.

A defesa do comerciante opôs embargos infringentes e o TJ-RJ deu provimento ao recurso, restabelecendo a sentença. Inconformada, T. recorreu ao STJ sustentando, em síntese, que o casamento de cônjuge viúvo sem a devida partilha dos bens deixados pelo "de cujos", em que pese não seja suficiente para anulá-lo, impõe a aplicação da sanção contida no artigo 225 do Código Civil.

Para o relator, ministro Castro Filho, no caso dos autos, o usufruto foi constituído por ato jurídico inter vivos, pela modalidade de retenção, por meio de escritura pública, quando os pais de T., filha única do casal, resolveram adiantar-lhe a legítima, doando-lhe todo o patrimônio com cláusula de usufruto, quando ela já era maior e capaz. " Ultimou-se a transferência de um direito real, o qual não se confunde com o usufruto legal estabelecido pelo direito de família, passando T. a ser proprietária dos bens doados", destacou o ministro.

Castro Filho, ao não conhecer do recurso, ressaltou que inexiste a possibilidade de confusão do patrimônio da filha com aquele que vier a ser adquirido por meio do novo casamento. "Não apenas pelo fato de ter sido este realizado pelo regime obrigatório da separação de bens, como por não existir bens a inventariar, pois, por ocasião do falecimento de sua mãe, a ela não mais pertenciam eles, em razão da doação antes realizada a T.", afirmou o ministro".

20.9.10 Doação universal

A doação universal é aquela em que o doador doa todos os seus bens sem reserva de parte, ou renda suficiente para a sua subsistência. A referida doação é nula conforme preceitua o artigo 548: "É nula a doação de todos os bens sem reserva de parte, ou renda suficiente para a subsistência do doador."[43 - 44] A razão de ser da nulidade está fulcrada na proteção do doador, evitando que este faça doações excessivas, colocando em risco seu próprio sustento.

A doação universal com cláusula de usufruto vitalício em favor do doador não incide a sanção do artigo em comento. Da mesma forma, na doação universal, se o donatário impuser ao donatário encargo de prover a subsistência do doador, não incidirá a sanção do artigo 548. De forma

43 Correspondente ao art. 1.175 do CCB/1916.

44 CC 2002 – Art. 166. É nulo o negócio jurídico quando: [...] VII – a lei taxativamente o declarar nulo, ou proibir-lhe a prática, sem cominar sanção.

contrária, Washington de Barros Monteiro entende que a nulidade atinge a doação irrestrita, ainda que gravada com o encargo de prover o donatário a subsistência do doador, enquanto viver.[45]

20.9.11 Doação com cláusula de fideicomisso (neste caso, o doador no próprio instrumento contratual estipula que após certo tempo ou pela morte do donatário, o bem se transferirá a outra pessoa, que desde logo aceita)

O fideicomisso é o instituto jurídico através do qual o disponente (fideicomitente) institui herdeiro ou legatário (fiduciário) que se obriga sob termo ou condição transmitir a terceiro (fideicomissário), a herança ou legado. Dessa forma, três são os sujeitos que intervêm no fideicomisso, a saber: fideicomitente, fiduciário e fideicomissário.

A substituição fideicomissária é tratada no artigo 1.951 do CCB que determina: "Pode o testador instituir herdeiros ou legatários, estabelecendo que, por ocasião de sua morte, a herança ou o legado se transmita ao fiduciário, resolvendo-se o direito deste, por sua morte, a certo tempo ou sob certa condição, em favor de outrem, que se qualifica de fideicomissário".[46]

Portanto, a substituição fideicomissária é aquela em que o testador nomeia desde logo um favorecido (herdeiro ou legatário) e após a morte deste ou depois de certo tempo, ocorre à transmissão para outra pessoa. No caso, existe uma nomeação sucessiva com os seguintes personagens: a) o fideicomitente (testador); b) fiduciário (é aquela pessoa que sucede em primeiro lugar); e, c) fideicomissário (é o último destinatário da herança ou legado).[47]

São espécies de fideicomisso: a) vitalício (a substituição ocorre com a morte do fiduciário); b) a termo (a substituição ocorre a partir de determinado momento fixado pelo testador); c) condicional (é aquela que depende de uma condição resolutiva).

Substituição fideicomissária. Requisitos. São requisitos da substituição fideicomissária: a) dupla vocação, ou seja, deve haver duas disposições

---

45 MONTEIRO, Washington de Barros. *Curso de direito civil*: direito das obrigações. 2ª Parte. Vol. 5. 34. ed. São Paulo: Saraiva, 2003, p. 143.

46 Correspondente ao art. 1.733 no CCB de 1916.

47 Carlos Roberto Gonçalves apresenta a distinção entre usufruto e fideicomisso da seguinte forma: "a) o usufruto é direito real sobre coisa alheia, enquanto o fideicomisso constitui espécie de substituição testamentária; b) naquele, o domínio se desmembra, cabendo a cada titular certos direitos (ao usufrutuário, os de usar e gozar; ao nu-proprietário, os de dispor e reaver), ao passo que no fideicomisso cada titular tem a propriedade plena; c) o usufrutuário e o nu-proprietário exercem simultaneamente os seus direitos; o fiduciário e o fideicomissário exercem-nos sucessivamente; d) no usufruto, só podem ser contempladas pessoas certas e determinadas, enquanto o fideicomisso permite que se beneficie a prole eventual. Na dúvida, concluir-se-á pelo usufruto. GONÇALVES, Carlos Roberto. *Direito das sucessões*. 7. ed. Volume 4. São Paulo: Saraiva, 2004, p. 89.

testamentárias a respeito do mesmo bem em favor de duas pessoas diferentes, a saber: o fiduciário e o fideicomissário; b) eventualidade da vocação do fideicomissário, já que este é proprietário sob condição resolutiva; c) sucessividade subjetiva, uma vez que o fideicomissário substituirá o fiduciário; d) capacidade testamentária das partes envolvidas; e) obrigação do fiduciário de conservar a coisa fideicometida, visando restituí-la ao fideicomissário em bom estado de conservação (é uma relação de confiança).[48]

Portanto, a substituição fideicomissária é admitida em disposição testamentária.[49] Ocorre que CAPANEMA entende que o referido instituto *pode ser utilizado nos atos intervivos, como a doação*.[50] Vejamos:

> "O doador é o fideicomitente, o donatário o fiduciário e o terceiro, a quem se transferirá a propriedade, advindo o termo, é o fideicomissário.
> A chamada substituição fideicomissária, antes só admitida em disposição testamentária, agora se permite nos atos intervivos, como a doação.
> Morrendo o fideicomissário antes do fiduciário ou do advento do termo final, extingue-se o fideicomisso, consolidando-se a propriedade nas mãos do fiduciário, transmitindo-se a seus herdeiros, quando de sua morte.
> Não é permitido estipular fideicomisso além do 2º grau, ou seja, para depois da morte do fideicomissário, nas mãos dele se consolidando a propriedade, após o término do prazo, se temporário, ou da morte do fiduciário, se ele era vitalício".

20.9.12 Doação conjuntiva (feita a mais de um donatário)

A doação conjuntiva é aquela realizada em favor de mais de um donatário. Esclarece o artigo 551 que "salvo declaração em contrário, a doação em comum a mais de uma pessoa entende-se distribuída entre elas por igual".[51] O parágrafo único do referido dispositivo informa que "se os donatários, em tal caso, forem marido e mulher, subsistirá na totalidade a doação para o cônjuge sobrevivo".[52] Dessa maneira, os donatários são cotitulares do bem dado em doação.

---

48 Fidúcia é confiança, segurança.

49 CC-2002. Art. 1.952. A substituição fideicomissária somente se permite em favor dos não concebidos ao tempo da morte do testador. Parágrafo único. Se, ao tempo da morte do testador, já houver nascido o fideicomissário, adquirirá este a propriedade dos bens fideicometidos, convertendo-se em usufruto o direito do fiduciário. (Sem Correspondente no CCB de 1916).

50 SOUZA, Sylvio Capanema de. *Comentários ao novo código civil*. Volume VIII. Rio de Janeiro: Forense, 2004, p. 98.

51 Correspondente ao art. 1.178, *caput* do CCB/1916.

52 Correspondente ao art. 1.178, p.u. do CCB/1916.

Alerta MARCO AURÉLIO BEZERRA DE MELO que "diferentemente do que ocorre com os colegatários (artigo 1.942), não haverá na doação, em regra, o direito de acrescer, ou seja, o donatário sobrevivente não adquirirá a cota do que faltar, devendo, desta forma, ser a cota do falecido distribuída entre os seus herdeiros ou legatários, conforme determinarem as leis sucessórias."[53]

20.9.13 Doação feita em contemplação de casamento futuro

A doação realizada em contemplação de casamento futuro é chamada doação *propter nuptias*. A eficácia do negócio jurídico fica condicionada à condição suspensiva, qual seja: "o casamento futuro com certa e determinada pessoa".

Caso o casamento não se realize, a doação é *ineficaz*, já que inocorreu o implemento da condição suspensiva. Não há que se falar em nulidade ou anulabilidade, mas sim de ineficácia do negócio jurídico.

O artigo 546 determina que "A doação feita em contemplação de casamento futuro com certa e determinada pessoa, quer pelos nubentes entre si, quer por terceiro a um deles, a ambos, ou aos filhos que, de futuro, houverem um do outro, não pode ser impugnada por falta de aceitação, e só ficará sem efeito se o casamento não se realizar".[54]

Vale lembrar que de acordo com o disposto no inciso IV do artigo 564 do CCB não se revogam por ingratidão as doações feitas para determinado casamento.

Já o artigo 552 determina que "O doador não é obrigado a pagar juros moratórios, nem é sujeito às consequências da evicção ou do vício redibitório. Nas doações para casamento com certa e determinada pessoa, o doador ficará sujeito à evicção, salvo convenção em contrário".

20.9.14 Doação inoficiosa

O artigo 549 do CCB trata da doação inoficiosa. Neste artigo se estabelece que "nula é também a doação quanto à parte que exceder à de que o doador, no momento da liberalidade, poderia dispor em testamento".[55] Daí que a doação inoficiosa é a parte que ultrapassa à legítima dos herdeiros necessários.[56]

---

53 MELO, Marco Aurélio Bezerra de. *Novo código civil anotado*. Vol. III, tomo I. Rio de Janeiro: Lumen Juris, p. 198.

54 Correspondente ao art. 1.173 do CCB/1916

55 Correspondente ao art. 1.176 do CCB/1916.

56 TJRJ - 1998.001.04162 - APELAÇÃO CÍVEL. DES. SÉRGIO CAVALIERI FILHO - Julgamento: 09/06/1998 - SEGUNDA CÂMARA CÍVEL. DOAÇÃO INOFICIOSA. Legitima Não Vulnerada. Nulidade Inexistente. Para que se caracterize a doação inoficiosa é preciso que o bem doado ultrapasse efetivamente a parte disponível de que poderia dispor o doador no momento da liberalidade. Provada a não vulneração da legítima, a

São herdeiros necessários os descendentes, os ascendentes e o cônjuge (CC 2002 – Art. 1.845). Pertence aos herdeiros necessários, de pleno direito, a metade dos bens da herança, constituindo a legítima (CC 2002 – Art. 1.846). Havendo herdeiros necessários, o testador só poderá dispor da metade da herança (CC 2002 – Art. 1.789).

Dessa forma, o doador poderá efetuar a doação até o limite da chamada porção ou quota disponível, calculada pelo patrimônio à época da liberalidade. O excesso da quota disponível constitui a parte inoficiosa da doação.

A doação, para que seja válida, não pode exceder os 50% de patrimônio disponível do doador, restando os demais 50% reservados para a legítima, na hipótese de existência de herdeiros necessários. A parte que exceder esse limite – doação inoficiosa – deve ser anulada em benefício dos demais herdeiros. *Essa verificação deve ser realizada considerando-se o patrimônio do doador no ato da liberalidade, e não quando da realização da partilha, consoante determina o art. 549 do diploma civil.*

A nulidade abarca somente a parte que exceder a disponível. Trata-se de nulidade parcial, também chamada de ineficácia relativa, "em que se aproveita a parte não contaminada do contrato, que continua íntegra, na sua essência, inclusiva quanto ao *animus donandi*".

O herdeiro que cede seus direitos hereditários possui legitimidade para pleitear a declaração de nulidade de doação inoficiosa (arts. 1.176 do CC/1916 e 549 do CC/2002) realizada pelo autor da herança em benefício de terceiros. Isso porque o fato de o herdeiro ter realizado a cessão de seus direitos hereditários não lhe retira a qualidade de herdeiro, que é personalíssima. De fato, a cessão de direitos hereditários apenas transfere ao cessionário a titularidade da situação jurídica do cedente, de modo a permitir que aquele exija a partilha dos bens que compõem a herança. (REsp 1.361.983-SC, Rel. Min. Nancy Andrighi, julgado em 18/3/2014).

Sobre a questão do excesso e o momento de sua fixação, segue, abaixo, Recurso Especial 254.894/SP, do qual foi relator o ministro Castro Filho:

> RECURSO ESPECIAL. DOAÇÕES INOFICIOSAS. FRAUDE À LEI. FIXAÇÃO DO EXCESSO. MOMENTO. FALTA DE PREQUESTIONAMENTO. EXCLUSÃO. PARTE. ACÓRDÃO RECORRIDO. FALTA DE INTERESSE. BENEFICIÁRIO. LEGITIMIDADE PASSIVA. JUIZ. ADSTRIÇÃO À NARRATIVA DOS FATOS. PRESCRIÇÃO VINTENÁRIA. I – Ausente o prequestionamento da matéria referente ao momento de apuração do patrimônio, para fins de verificação do excesso inoficioso, nos termos da Súmula 211 do Superior Tribunal de Justiça. II – Se excluída a parte da relação processual pelas instâncias ordinárias, porquanto não aquinhoado com acréscimo patrimonial indevido, falta-lhe interesse recur-

doação deve ser tida como válida. Desprovimento do recurso.

> sal, mormente quando vêm arguindo sua ilegitimidade. III – O beneficiário das doações ilegais tem legitimidade para figurar no polo passivo das ações que visam à anulação dos negócios dela decorrentes. IV – Conforme reiterados precedentes, o juiz não está adstrito à qualificação jurídica dos fatos formulada na exordial. V – Sob a égide do Código Civil de 1916, o prazo para pleitear a anulação de negócios jurídicos praticados com fraude à lei era vintenário. Precedentes. Recursos especiais não conhecidos, com ressalva quanto à terminologia. (REsp 254.894/SP, Rel. ministro CASTRO FILHO, TERCEIRA TURMA, julgado em 9.8.2005, DJ 12.9.2005 p. 314).

A parte prejudicada, ao ingressar com a ação de anulação da doação, deverá comprovar ter ocorrido excesso quando da realização do negócio jurídico, demonstrando patrimônio existente àquela época para que seja possível a comparação entre o que foi doado e o que restou para os herdeiros necessários. Daí que a nulidade do ato jurídico depende da prova da inoficiosidade, ou seja, se houve ou não excesso na doação efetuada.

A jurisprudência do TJRS corrobora esse entendimento: "APELAÇÃO. ANULATÓRIA. DOAÇÃO INOFICIOSA. PROVA. HONORÁRIOS. A doação inoficiosa tem por base o excesso da parte disponível do doador. Esse excesso deve vir demonstrado, de forma comparativa, através do que foi doado e do que ficou para os alegados prejudicados, à data da doação. A inexistência de demonstração do excesso impossibilita a caracterização da inoficiosidade. Os honorários advocatícios devem ser fixados nos termos do §3°, do art. 20, do CPC. DERAM PROVIMENTO À PRIMEIRA APELAÇÃO E NEGARAM PROVIMENTO À SEGUNDA." (Apelação Cível N° 70012645727, Oitava Câmara Cível, Tribunal de Justiça do RS, relator: Rui Portanova, Julgado em 29.9.2005).

20.9.15 Doação de bens futuros

A doação poderá ter como objeto bens futuros, tais como a doação de uma próxima safra ou a cria de uma vaca, etc.

20.9.16 Doação sob a forma de subvenção periódica

O artigo 545 informa que "a doação em forma de subvenção periódica ao beneficiado extingue-se morrendo o doador, salvo se este outra coisa dispuser, mas não poderá ultrapassar a vida do donatário".[57]

É uma espécie de contrato, através do qual o doador, de forma reiterada, se compromete a realizar uma liberalidade em benefício do donatário. Em regra esta doação se manifesta através de auxílios pecuniários ao donatário,

57 Correspondente ao art. 1.172 do CCB/1916.

cuja periodicidade é acordada entre as partes contraentes. Um exemplo prático e corriqueiro na vida privada é a chamada "mesada", ou seja, um auxílio pecuniário mensal acordado entre familiares.

Esta doação poderá ser pactuada com número certo de prestações ou sem limite temporal de cumprimento das mesmas. Neste último caso, não poderá ultrapassar a vida do donatário. Vale lembrar que com a morte do doador, os herdeiros somente estarão obrigados dentro das forças da herança.

20.9.17 Doação mista

A doação mista ocorre no momento da inserção da liberalidade em um ato jurídico oneroso. É o chamado *negotium mixtum cum donatione*, fruto do ordenamento jurídico romanístico. Por exemplo: a realização de um contrato de compra e venda com preço irrisório.

20.9.18 Doação ao Nascituro

A legitimidade do nascituro para receber a doação é tratada no artigo 542 do CCB: "A doação feita ao nascituro valerá, sendo aceita pelo seu representante legal".[58] Este é um dos dispositivos que fomenta a tese da teoria concepcionista quanto à aquisição da personalidade jurídica. Dispõe o artigo 2º do nosso Código Civil que "a personalidade civil da pessoa começa do nascimento com vida; mas a lei põe a salvo, desde a concepção, os direitos do nascituro".

A Convenção Americana de Direitos Humanos (1969) – Pacto de São José da Costa Rica, adotada e aberta à assinatura na Conferência Especializada Interamericana sobre Direitos Humanos, em San José de Costa Rica, em 22 de novembro de 1969 e ratificada pelo Brasil em 25 de setembro de 1992, em seu artigo 4º determina que " Direito à vida. 1. Toda pessoa tem o direito de que se respeite sua vida. Esse direito deve ser protegido pela lei e, em geral, desde o momento da concepção. Ninguém pode ser privado da vida arbitrariamente".

Assim, é possível afirmar que no Direito brasileiro, ao contrário dos adeptos à teoria natalista, a personalidade jurídica é adquirida a partir do momento da concepção.

Nesse diapasão pergunta-se: É possível a doação realizada pelos avós aos netos já existentes e outros que viessem a nascer? A questão foi brilhantemente enfrentada pelo desembargador Sergio Cavalieri Filho. Vejamos:

> TJRJ – 1994.001.05629 – APELAÇÃO CÍVEL. DES. SÉRGIO CAVALIERI FILHO – Julgamento: 8.11.1994 – SEGUNDA CÂMARA CÍVEL. DOAÇÃO PROLE EVENTUAL. RT. 1173. C. CI-

58 Correspondente ao art. 1.169 do CCB/1916.

VIL DE 1916. INTERPRETAÇÃO ANALÓGICA. DOENÇA PROLE EVENTUAL. Doação feita pelos avós aos netos já existentes e outros que viessem a nascer. Aplicação analógica das disposições pertinentes a doação "*propter nuptias*". Embora não a tenha previsto expressamente, o nosso Código Civil não é avesso à doação em favor de prole eventual, tanto assim que a admite na doação "*propter nuptias*", consoante artigo 1.173, norma essa que pode ser aplicada analogicamente ao caso vertente. A inteligência das leis é obra de raciocínio, mas também de bom senso, não podendo o seu aplicador se esquecer que o rigorismo cego pode levar a "*summa injuria*". Tal como na interpretação de cláusula testamentária, deve também o juiz, na doação, ter por escopo a inteligência que melhor assegure a vontade do doador. Provimento do recurso (Acordão 2ª Câmara Cível do TJRJ – Apelação 1994.001.05629 – Relator Des. Sérgio Cavalieri Filho). Não poderíamos invocar o artigo 542 (A doação feita ao nascituro valerá sendo aceita pelo seu representante legal), porque não se tratava de nascituro, já que os beneficiários do pedido de averbação só foram concebidos e nascidos muitos anos depois de celebrada a escritura pública de doação. Também não se poderia arrimar a pretensão do artigo 546 (A doação feita em contemplação de casamento futuro com certa e determinada pessoa, quer pelos nubentes entre si, quer por terceiro a um deles, a ambos, ou aos filhos que, de futuro, houverem um do outro, não pode ser impugnada por falta de aceitação, e só ficará sem efeito se o casamento não se realizar.), porque não se tratava de doação *propter nuptias*, já sendo casados, à época da doação, os pais dos requerentes. Igualmente inaplicável o que dispunha o artigo 1.799 (Na sucessão testamentária podem ainda ser chamados a suceder: I – Os filhos, ainda não concebidos, de pessoas indicadas pelo testamento, desde que vivas estas ao abrir-se a sucessão.; II – As pessoas jurídicas.; III – As pessoas jurídicas, cuja organização for determinada pelo testador sob a forma de fundação.), porque ali se trata de disposição testamentária, enquanto que aqui se discute direito obrigacional, resultante de contrato de doação. Decisão unânime (viés de justiça). "Ora, que motivos a ordem jurídica, moral ou mesmo prática teria o legislador para admitir, na doação *propter* nuptia, disposição em benefício de prole eventual e não para admitir a doação dos avós em benefício de seus netos futuros? Se no primeiro caso há um interesse de direito de família, aqui também há, mas com ponderável relevância. A álea no primeiro caso é muito maior, porquanto nem mesmo o casamento ocorreu, ao passo que na espécie dos autos, sem se falar no casamento, os demais donatários até já existiam quando da prática do ato de liberalidade. As razões que justificam a norma do artigo 1.173 (atual 546) do Código Civil são de tal semelhança com as que justificam a espécie dos autos que, em respeito à equidade e à justiça, é forçosa a sua aplicação por analogia (doação sui generis, como bem colocou o insigne Agostinho Alvim (*Da doação*, 1980, p. 120).[59]

20.9.19 Doação de ascendente a descendente, ou de um cônjuge a outro

O artigo 544 prescreve que "a doação de ascendentes a descendentes, ou de um cônjuge a outro, importa adiantamento do que lhes cabe por herança".[60]

De acordo com as lições de Sylvio Capanema de Souza, a regra do artigo 544 possui enorme densidade ética, já que "evita problemas, presumindo como adiantamento do que lhe couber na herança a doação feita a um, ou apenas a alguns dos filhos, o que iguala os quinhões hereditários, quando aberta a sucessão. Os descendentes, beneficiados pela doação, feita ainda em vida pelos ascendentes, terão que trazer à colação os bens doados, o que representa restituir à massa da herança os bens ou valores que lhes foram antecipadamente transferidos".[61]

Ademais, o artigo 544 deve ser interpretado juntamente com os artigos 2.002 a 2.012, que tratam da colação.[62]

---

59 Semelhança com o direito civil português: ARTIGO 952º (Doações a nascituros).
1. Os nascituros concebidos ou não concebidos podem adquirir por doação, sendo filhos de pessoa determinada, viva ao tempo da declaração de vontade do doador. 2. Na doação feita a nascituro presume-se que o doador reserva para si o usufruto dos bens doados até ao nascimento do donatário.

60 Correspondente ao art. 1.171 do CCB/1916.

61 SOUZA, Sylvio Capanema de. *Comentários ao novo código civil*. Volume VIII. Rio de Janeiro: Forense, 2004, p. 154.

62 CC 2002 – Da Colação. Arts. 2.002 a 2.012.
CC 2002 – Art. 2.002. Os descendentes que concorrerem à sucessão do ascendente comum são obrigados, para igualar as legítimas, a conferir o valor das doações que dele em vida receberam, sob pena de sonegação. Parágrafo único. Para cálculo da legítima, o valor dos bens conferidos será computado na parte indisponível, sem aumentar a disponível.
CC 2002 – Art. 2.003. A colação tem por fim igualar, na proporção estabelecida neste Código, as legítimas dos descendentes e do cônjuge sobrevivente, obrigando também os donatários que, ao tempo do falecimento do doador, já não possuírem os bens doados. Parágrafo único. Se, computados os valores das doações feitas em adiantamento de legítima, não houver no acervo bens suficientes para igualar as legítimas dos descendentes e do cônjuge, os bens assim doados serão conferidos em espécie, ou, quando deles já não disponha o donatário, pelo seu valor ao tempo da liberalidade.
CC 2002 – Art. 2.004. O valor de colação dos bens doados será aquele, certo ou estimativo, que lhes atribuir o ato de liberalidade. § 1ª Se do ato de doação não constar valor certo, nem houver estimação feita naquela época, os bens serão conferidos na partilha pelo que então se calcular valessem ao tempo da liberalidade. § 2ª Só o valor dos bens doados entrará em colação; não assim o das benfeitorias acrescidas, as quais pertencerão ao herdeiro donatário, correndo também à conta deste os rendimentos ou lucros, assim como os danos e perdas que eles sofrerem.
CC 2002 – Art. 2.005. São dispensadas da colação as doações que o doador determinar saiam da parte disponível, contanto que não a excedam, computado o seu valor ao tempo da doação. Parágrafo único. Presume-se imputada na parte disponível a liberalidade feita a descendente que,

Assim, a colação[63] visa igualar as legítimas dos descendentes e do cônjuge sobrevivente, obrigando também os donatários que, ao tempo do falecimento do doador, já não possuírem os bens doados.[64]

Na doação de ascendente a descendente é necessária a anuência dos demais descendentes? Neste caso, a jurisprudência observa que

> Doação de ascendente a descendente. Anuência dos demais descendentes. Não exige a lei, na doação de ascendente a descendente, a anuência dos demais descendentes, por isso que a mesma se considera adiantamento de legítima, sujeita à conferência inaplicável o art. 1.132 do Código Civil (REsp

---

ao tempo do ato, não seria chamado à sucessão na qualidade de herdeiro necessário.

CC 2002 – Art. 2.006. A dispensa da colação pode ser outorgada pelo doador em testamento, ou no próprio título de liberalidade.

CC 2002 – Art. 2.007. São sujeitas à redução as doações em que se apurar excesso quanto ao que o doador poderia dispor, no momento da liberalidade. § 1ª O excesso será apurado com base no valor que os bens doados tinham, no momento da liberalidade. § 2ª A redução da liberalidade far-se-á pela restituição ao monte do excesso assim apurado; a restituição será em espécie, ou, se não mais existir o bem em poder do donatário, em dinheiro, segundo o seu valor ao tempo da abertura da sucessão, observadas, no que forem aplicáveis, as regras deste Código sobre a redução das disposições testamentárias. § 3ª Sujeita-se a redução, nos termos do parágrafo antecedente, a parte da doação feita a herdeiros necessários que exceder a legítima e mais a quota disponível. § 4ª Sendo várias as doações a herdeiros necessários, feitas em diferentes datas, serão elas reduzidas a partir da última, até a eliminação do excesso.

CC 2002 – Art. 2.008. Aquele que renunciou a herança ou dela foi excluído, deve, não obstante, conferir as doações recebidas, para o fim de repor o que exceder o disponível.

CC 2002 – Art. 2.009. Quando os netos, representando os seus pais, sucederem aos avós, serão obrigados a trazer à colação, ainda que não o hajam herdado, o que os pais teriam de conferir.

CC 2002 – Art. 2.010. Não virão à colação os gastos ordinários do ascendente com o descendente, enquanto menor, na sua educação, estudos, sustento, vestuário, tratamento nas enfermidades, enxoval, assim como as despesas de casamento, ou as feitas no interesse de sua defesa em processo-crime.

CC 2002 – Art. 2.011. As doações remuneratórias de serviços feitos ao ascendente também não estão sujeitas a colação.

CC 2002 – Art. 2.012. Sendo feita a doação por ambos os cônjuges, no inventário de cada um se conferirá por metade.

63 AGRAVO DE INSTRUMENTO. DOAÇÃO DE ASCENDENTE A DESCENDENTE. COLAÇÃO. A doação de ascendente a descendente configura, em regra, adiantamento de legítima. Se o descendente não fez expressa dispensa de colação, impõe-se que o bem seja colacionado. RECURSO PROVIDO. (Agravo de Instrumento Nº 70015756992, Oitava Câmara Cível, Tribunal de Justiça do RS, relator: Claudir Fidélis Faccenda, Julgado em 20.7.2006).

64 CC 2002 – Art. 1.845. São herdeiros necessários os descendentes, os ascendentes e o cônjuge.

CC 2002 – Art. 1.846. Pertence aos herdeiros necessários, de pleno direito, a metade dos bens da herança, constituindo a legítima.

CC 2002 – Art. 1.847. Calcula-se a legítima sobre o valor dos bens existentes na abertura da sucessão, abatidas as dívidas e as despesas do funeral, adicionando-se, em seguida, o valor dos bens sujeitos a colação.

17.555/MG, Rel. ministro DIAS TRINDADE, TERCEIRA TURMA, julgado em 9.3.1992, DJ 6.4.1992 p. 4495).
Civil. Doação de ascendente a descendente. Ausência de consentimento de um dos filhos. Desnecessidade. Validade do ato. Art. 171. Não é nula a doação efetivada pelos pais a filhos, com exclusão de um, só e só porque não contou com o consentimento de todos os descendentes, não se aplicando à doação a regra inserta no art. 1.132 do Código Civil. Do contido no art. 1.171 do CC deve-se, ao revés, extrair-se o entendimento de que a doação dos pais a filhos é válida, independentemente da concordância de todos estes, devendo-se apenas considerar que ela importa em adiantamento da legítima. Como tal – e quando muito – o mais que pode o herdeiro necessário, que se julgar prejudicado, pretender, e a garantia da intangibilidade da sua quota legitimária, que em linha de princípio só pode ser exercitada quando for aberta a sucessão, postulando pela redução dessa liberalidade até complementar a legítima, se a doação for além da metade disponível. Hipótese em que a mãe doou determinado bem a todos os filhos, com exceção de um deles, que pretende a anulação da doação, ainda em vida a doadora, por falta de consentimento do filho não contemplado. Recurso não conhecido (REsp 124.220/MG, Rel. ministro CÉSAR ASFOR ROCHA, QUARTA TURMA, julgado em 25.11.1997, DJ 13.4.1998 p. 126).

20.9.20 Doação do cônjuge adúltero

O artigo 550 dispõe que "a doação do cônjuge adúltero ao seu cúmplice pode ser anulada pelo outro cônjuge, ou por seus herdeiros necessários, até dois anos depois de dissolvida a sociedade conjugal".[65]

Já o inciso V do artigo 1.642 do Código Civil brasileiro informa que "Qualquer que seja o regime de bens, tanto o marido quanto a mulher podem livremente: [...] V – reivindicar os bens comuns, móveis ou imóveis, doados ou transferidos pelo outro cônjuge ao concubino, desde que provado que os bens não foram adquiridos pelo esforço comum destes, se o casal estiver separado de fato por mais de cinco anos.

E o artigo 1.647 esclarece que "ressalvado o disposto no art. 1.648, nenhum dos cônjuges pode, sem autorização do outro, exceto no regime da separação absoluta: [...] IV – fazer doação, não sendo remuneratória, de bens comuns, ou dos que possam integrar futura meação".

O cônjuge prejudicado, ou, na sua falta, os herdeiros necessários, tem o prazo de até dois anos depois de dissolvida a sociedade conjugal para exercer

65 Correspondente ao art. 1.177 do CCB/1916.

o seu direito potestativo de ajuizamento da ação desconstitutiva da doação.[66] O prazo mencionado, pois, é decadencial. Logo, não existe possibilidade de suspensão ou interrupção do prazo para o ingresso de ação anulatória.

Qual o termo inicial da contagem do prazo de 2 anos? O prazo começará a fluir com o trânsito em julgado da separação judicial.

20.9.21 Doação à entidade futura

A doação à entidade futura foi tratada no artigo 554 do diploma civilístico: "A doação à entidade futura caducará se, em dois anos, esta não estiver constituída regularmente". O referido dispositivo não contém referência ao anterior Código Civil de 1916. O prazo é decadencial e durante este período a donatária deverá estar regularmente constituída.

20.10 Juros Moratórios, Evicção e Vício Redibitório

O doador não é obrigado a pagar juros moratórios, nem é sujeito às consequências da evicção ou do vício redibitório. Nas doações para casamento com certa e determinada pessoa,[67] o doador ficará sujeito à evicção, salvo convenção em contrário. É o que determina a regra do artigo 552 do CCB.[68]

A essência da norma está pautada na gratuidade da doação, já que a liberalidade obriga apenas o doador. Não seria razoável que não obstante o ato de liberalidade, o doador ainda ficasse responsável a pagar juros pela demora na entrega do bem doado e/ou sujeito às consequências da evicção ou do vício redibitório.

Todavia, existem exceções à regra, a saber:

a) nas doações remuneratórias, na parte equivalente aos serviços prestados. O que excede ao valor dos serviços prestados, considera-se doação pura e simples;

---

66 TJRJ - 1997.001.07590 - APELAÇÃO CÍVEL. DES. SÉRGIO CAVALIERI FILHO - Julgamento: 5.3.1998 - SEGUNDA CÂMARA CÍVEL. DOAÇÃO DO CÔNJUGE ADÚLTERO AO SEU CÚMPLICE. DOAÇÃO DE BEM IMÓVEL. REIVINDICAÇÃO. AÇÃO DE NULIDADE. Doação do cônjuge adúltero. Necessidade de prova. Inexistência de presunção. O convívio adulterino, por si só, não gera presunção de que o cônjuge adúltero fez doação ao seu cúmplice. Para anular suposta doação é preciso prova inequívoca de que o imóvel reivindicado foi efetivamente transferido pelo cônjuge adúltero. Ademais, não se pode falar em doação de imóvel, muito menos pretender reivindicá-lo,se o mesmo nunca pertenceu ao cônjuge adúltero. A nulidade só alcança a própria coisa doada, e não aquela outra em que a primeira foi aplicada. Desprovimento do recurso. (GAS)

67 CC 2002 - Art. 546. A doação feita em contemplação de casamento futuro com certa e determinada pessoa, quer pelos nubentes entre si, quer por terceiro a um deles, a ambos, ou aos filhos que, de futuro, houverem um do outro, não pode ser impugnada por falta de aceitação, e só ficará sem efeito se o casamento não se realizar.

68 Correspondente ao art. 1.179 do CCB/1916.

b) na doação gravada com encargo ou doação modal;
c) na doação *propter nuptias*, salvo disposição expressa pactuada em contrário.

20.11 Da Revogação da Doação

20.11.1 Hipóteses

A doação pode ser revogada por ingratidão do donatário, ou por inexecução do encargo (CCB, art. 555). Isso sem contar com as hipóteses de defeito do negócio jurídico que dão azo a ação anulatória do contrato de doação. O artigo 171 do CCB determina que além dos casos expressamente declarados na lei, é anulável o negócio jurídico:[69]

> I – por incapacidade relativa do agente;
> II – por vício resultante de erro, dolo, coação, estado de perigo, lesão ou fraude contra credores.

Já o artigo 166 do diploma civilístico prescreve que é nulo o negócio jurídico quando:[70]

> I – celebrado por pessoa absolutamente incapaz;
> II – for ilícito, impossível ou indeterminável o seu objeto;
> III – o motivo determinante, comum a ambas as partes, for ilícito;
> IV – não revestir a forma prescrita em lei;
> V – for preterida alguma solenidade que a lei considere essencial para a sua validade;
> VI – tiver por objetivo fraudar lei imperativa;
> VII – a lei taxativamente o declarar nulo, ou proibir-lhe a prática, sem cominar sanção.

Da mesma forma é nula a doação:

CC 2002 – Art. 548. É nula a doação de todos os bens sem reserva de

69 Diferença. Nulidade e Anulabilidade. A diferença entre elas não é de substância, é apenas de INTENSIDADE OU GRAU. No caso de NULIDADE ⊠ ultrajado um preceito de ordem pública. No caso de ANULABILIDADE ⊠ violado um preceito de ordem privada. A valoração é feita pela própria lei, já que em alguns momentos comina NULIDADE, outros ANULABILIDADE. O que se mostra fundamental em qualquer tipo de NULIDADE é a sua origem num ato de VIOLAÇÃO À LEI. NULO É O ATO PRATICADO CONTRA A VONTADE DA LEI. O efeito que se verifica na sanção do negócio anulável é o mesmo do ato nulo: a privação de seus efeitos e a reposição das partes no estado anterior ao ato viciado. (art. 182).

70 CC 2002 – Art. 104. A validade do negócio jurídico requer: I – agente capaz; II – objeto lícito, possível, determinado ou determinável; III – forma prescrita ou não defesa em lei.

parte, ou renda suficiente para a subsistência do doador.

CC 2002 – Art. 549. Nula é também a doação quanto à parte que exceder à de que o doador, no momento da liberalidade, poderia dispor em testamento.

20.11.2 Revogação por ingratidão do donatário

Inicialmente cumpre salientar que não se pode renunciar antecipadamente o direito de revogar a liberalidade por ingratidão do donatário (CCB, art. 556).[71] Melhor dizendo: o legislador veda a renúncia prévia.

20.11.2.1 Hipóteses de revogação da doação por ingratidão

O Código Civil no artigo 557 apresenta o rol das hipóteses em que se pode revogar a doação por ingratidão. A doutrina clássica entende que este rol não pode ser ampliado (*numerus clausus*).[72] Outra corrente doutrinária entende que o rol é meramente exemplificativo. Neste sentido, o Conselho da Justiça Federal, na I Jornada de Direito Civil, editou o Enunciado 33 nos seguintes termos CJF – Enunciado 33 – Art. 557: o novo Código Civil estabeleceu um novo sistema para a revogação da doação por ingratidão, pois o rol legal previsto no art. 557 deixou de ser taxativo, admitindo, excepcionalmente, outras hipóteses. Vejamos o rol do citado artigo:

Art. 557. Podem ser revogadas por ingratidão as doações:[73]

I – se o donatário atentou contra a vida do doador ou cometeu crime de homicídio doloso contra ele;[74]

II – se cometeu contra ele ofensa física;[75]

---

71 Correspondente ao art. 1.182 do CCB/1916.

72 DOAÇÃO. REVOGAÇÃO. INGRATIDÃO DO DONATÁRIO. – O Art. 1.183 do CC/1916 é taxativo ao relacionar as hipóteses de revogação da doação. – Desapego afetivo e atitudes desrespeitosas não bastam para deserdamento. É necessária a demonstração de uma das hipóteses previstas no Código Beviláqua (REsp 791.154/SP, Rel. ministro HUMBERTO GOMES DE BARROS, TERCEIRA TURMA, julgado em 21.2.2006, DJ 27.3.2006 p. 272).

73 Correspondente ao art. 1.183, *caput*, do CCB/1916.

74 CC 2002 – Art. 935. A responsabilidade civil é independente da criminal, não se podendo questionar mais sobre a existência do fato, ou sobre quem seja o seu autor, quando estas questões se acharem decididas no juízo criminal.

75 CC 2002 – Art. 1.814. São excluídos da sucessão os herdeiros ou legatários: I – que houverem sido autores, coautores ou partícipes de homicídio doloso, ou tentativa deste, contra a pessoa de cuja sucessão se tratar, seu cônjuge, companheiro, ascendente ou descendente; II – que houverem acusado caluniosamente em juízo o autor da herança ou incorrerem em crime contra a sua honra, ou de seu cônjuge ou companheiro; III – que, por violência ou meios fraudulentos, inibirem ou obstarem o autor da herança de dispor livremente de seus bens por ato de última vontade.

CC 2002 – Art. 1.962. Além das causas mencionadas no art. 1.814, autorizam a deserdação dos descendentes por seus ascendentes: I – ofensa física; II – injúria grave; III – relações ilícitas com a madrasta ou com o padrasto; IV – desamparo do ascendente em alienação

III – se o injuriou gravemente ou o caluniou;[76]

IV – se, podendo ministrá-los, recusou ao doador os alimentos de que este necessitava.[77]

A revogação da doação por ingratidão é uma penalidade que o doador poderá impor aos donatários, haja vista a violação do dever moral de gratidão que estes deveriam manter com aquele. Daí, a ação de revogação da doação por ingratidão é um ato personalíssimo, já que apenas o doador poderá praticar o ato. Em relação a essência desta regra, ou seja, a cooriginalidade entre direito e moral e encontrada em sede jurisprudencial da seguinte forma:

> Apelação cível. Doação sem encargos. Revogação. Ingratidão dos donatários. CC, art. 557. Distinção entre os conceitos jurídico e moral de ingratidão. Conduta do doador. Ausência de provas que levem ao reconhecimento da ingratidão em seu sentido jurídico, a fim de justificar a revogação da doação. Ausência de prova de que a doação tenha sido feita mediante condição. Apelação desprovida (Apelação Cível Nº 70016156432, Vigésima Câmara Cível, Tribunal de Justiça do RS, relator: José Aquino Flores de

---

mental ou grave enfermidade.

76 CP – Calúnia. Art. 138 – Caluniar alguém, imputando-lhe falsamente fato definido como crime: Pena – detenção, de seis meses a dois anos, e multa. § 1º – Na mesma pena incorre quem, sabendo falsa a imputação, a propala ou divulga. § 2º – É punível a calúnia contra os mortos. Exceção da verdade § 3º – Admite-se a prova da verdade, salvo: I – se, constituindo o fato imputado crime de ação privada, o ofendido não foi condenado por sentença irrecorrível; II – se o fato é imputado a qualquer das pessoas indicadas no nº I do art. 141; III – se do crime imputado, embora de ação pública, o ofendido foi absolvido por sentença irrecorrível.

CP – Difamação. Art. 139 – Difamar alguém, imputando-lhe fato ofensivo à sua reputação: Pena – detenção, de três meses a um ano, e multa. Exceção da verdade Parágrafo único – A exceção da verdade somente se admite se o ofendido é funcionário público e a ofensa é relativa ao exercício de suas funções.

CP – Injúria. Art. 140 – Injuriar alguém, ofendendo-lhe a dignidade ou o decoro: Pena – detenção, de um a seis meses, ou multa. § 1º – O juiz pode deixar de aplicar a pena: I – quando o ofendido, de forma reprovável, provocou diretamente a injúria; II – no caso de retorsão imediata, que consista em outra injúria. § 2º – Se a injúria consiste em violência ou vias de fato, que, por sua natureza ou pelo meio empregado, se considerem aviltantes: Pena – detenção, de três meses a um ano, e multa, além da pena correspondente à violência. § 3º – Se a injúria consiste na utilização de elementos referentes a raça, cor, etnia, religião, origem ou a condição de pessoa idosa ou portadora de deficiência: (Redação dada pela Lei nº 10.741, de 2003). Pena – reclusão de um a três anos e multa. (Incluído pela Lei nº 9.459, de 1997)

77 CC 2002 – Art. 1.694. Podem os parentes, os cônjuges ou companheiros pedir uns aos outros os alimentos de que necessitem para viver de modo compatível com a sua condição social, inclusive para atender às necessidades de sua educação. § 1º – Os alimentos devem ser fixados na proporção das necessidades do reclamante e dos recursos da pessoa obrigada. § 2º – Os alimentos serão apenas os indispensáveis à subsistência, quando a situação de necessidade resultar de culpa de quem os pleiteia.

Camargo, Julgado em 16.8.2006).

APELAÇÃO CÍVEL. DOAÇÃO SEM ENCARGOS. REVOGAÇÃO. INGRATIDÃO DA DONATÁRIA. CC, ART. 557. Em nenhum outro campo do Direito há tamanha correlação deste com a Moral. De modo que, restando demonstrada a indiferença da autora para com aquela que lhe doou o único patrimônio de que dispunha, na expectativa de que lhe fossem despendidos cuidados em sua velhice, de todo justificado o pedido de revogação da doação. APELAÇÃO DESPROVIDA (Apelação Cível Nº 70015472632, Vigésima Câmara Cível, Tribunal de Justiça do RS, relator: José Aquino Flores de Camargo, Julgado em 12.7.2006).

O legislador, no artigo 558 do CCB, ampliou o direito do doador de revogar a doação por ingratidão do donatário. Os atos ofensivos praticados contra o "cônjuge, ascendente, descendente, ainda que adotivo, ou irmão do doador"[78] dão azo a revogação da doação. Vale lembrar a omissão quanto à figura do companheiro. Dessa maneira, o companheiro(a) não pode receber tratamento diferenciado no caso da aplicação do artigo 558.

O prazo para a revogação da doação por qualquer dos motivos acima elencados é de um ano, a contar de quando chegue ao conhecimento do doador o fato que a autorizar, e de ter sido o donatário o seu autor (CCB, art. 559).[79] Este prazo é de natureza decadencial, já que representa um direito potestativo do doador.[80]

Como dito acima, o direito de revogar a doação nos casos de ingratidão é personalíssimo. Todavia, os herdeiros do doador podem prosseguir na ação iniciada pelo doador, se este falecer depois de ajuizada a lide (CCB, art. 560).[81]

78 CRFB/88 – Art. 227 – É dever da família, da sociedade e do Estado assegurar à criança e ao adolescente, com absoluta prioridade, o direito à vida, à saúde, à alimentação, à educação, ao lazer, à profissionalização, à cultura, à dignidade, ao respeito, à liberdade e à convivência familiar e comunitária, além de colocá-los a salvo de toda forma de negligência, discriminação, exploração, violência, crueldade e opressão. [...] § 6º – Os filhos, havidos ou não da relação do casamento, ou por adoção, terão os mesmos direitos e qualificações, proibidas quaisquer designações discriminatórias relativas à filiação.

79 Correspondente ao art. 1.184 do CCB/1916.

80 CC 2002 – Da Decadência. Arts. 207 a 211.CC 2002 – Art. 207. Salvo disposição legal em contrário, não se aplicam à decadência as normas que impedem, suspendem ou interrompem a prescrição.

CC 2002 – Art. 208. Aplica-se à decadência o disposto nos arts. 195 e 198, inciso I.

CC 2002 – Art. 209. É nula a renúncia à decadência fixada em lei.

CC 2002 – Art. 210. Deve o juiz, de ofício, conhecer da decadência, quando estabelecida por lei.

CC 2002 – Art. 211. Se a decadência for convencional, a parte a quem aproveita pode alegá-la em qualquer grau de jurisdição, mas o juiz não pode suprir a alegação.

81 Art. 560. O direito de revogar a doação não se transmite aos herdeiros do doador, nem prejudica os do donatário. Mas aqueles podem prosseguir na ação iniciada pelo doador, continuando-a contra os herdeiros do donatário, se este falecer depois de ajuizada a lide (Correspondente ao art. 1.185 do CCB/1916).

Por tais motivos, a jurisprudência do STJ: "Doação com encargo. Revogação. A disposição do art. 1.185 do CC, estabelecendo que personalíssimo o direito de pedir a revogação da doação, só se aplica quando isso se pleitear em virtude de ingratidão do donatário e não quando o pedido se fundar em descumprimento de encargo (REsp 95.309/SP, Rel. ministro EDUARDO RIBEIRO, TERCEIRA TURMA, julgado em 27.4.1998, DJ 15.6.1998 p. 114)".

No caso de homicídio doloso do doador, a ação caberá aos seus herdeiros, exceto se aquele houver perdoado (CCB, Art. 561).

Já o artigo 563 do CCB estabelece os efeitos da revogação da doação: "Art. 563. A revogação por ingratidão não prejudica os direitos adquiridos por terceiros, nem obriga o donatário a restituir os frutos percebidos antes da citação válida; mas sujeita-o a pagar os posteriores, e, quando não possa restituir em espécie as coisas doadas, a indenizá-la pelo meio termo do seu valor."[82]

20.11.2.2 Hipóteses de vedação legal da revogação da doação por ingratidão

O artigo 564 do nosso Código Civil estabelece as hipóteses que impedem a revogação da doação em casos de ingratidão. Assim, não se revogam por ingratidão:[83]

I – as doações puramente remuneratórias;
II – as oneradas com encargo já cumprido;
III – as que se fizerem em cumprimento de obrigação natural;
IV – as feitas para determinado casamento.

20.11.3 Revogação por descumprimento do encargo

Uma outra hipótese de revogação da doação é por inexecução do encargo.[84] O artigo 562 prescreve que "a doação onerosa pode ser revogada por inexecução do encargo, se o donatário incorrer em mora. Não havendo prazo para o cumprimento, o doador poderá notificar judicialmente o donatário, assinando-lhe prazo razoável para que cumpra a obrigação assumida".[85]

O modo ou encargo é um dos elementos acidentais do negócio jurídico,[86]

---

82 Correspondente ao art. 1.186 do CCB/1916.

83 Correspondente ao art. 1.187, *caput*, I, II, III e IV do CCB/1916.

84 CC 2002 – Art. 137. Considera-se não escrito o encargo ilícito ou impossível, salvo se constituir o motivo determinante da liberalidade, caso em que se invalida o negócio jurídico.
CC 2002 – Art. 397. O inadimplemento da obrigação, positiva e líquida, no seu termo, constitui de pleno direito em mora o devedor. Parágrafo único. Não havendo termo, a mora se constitui mediante interpelação judicial ou extrajudicial.

85 Correspondente ao art. 1.181, p.u. do CCB/1916.

86 CC 2002 – Art. 136. O encargo não suspende a aquisição nem o exercício do direito, salvo quando expressamente imposto no negócio jurídico, pelo disponente, como condição suspensiva.

juntamente com a condição e o termo. Francisco Amaral ensina que o modo "é o ônus imposto a uma liberalidade com o fim de limitá-la".[87] Portanto, a obrigação modal ou com encargos é aquela em que o donatário é obrigado a cumprir os encargos da doação, caso forem a benefício do doador, de terceiro, ou do interesse geral. (CCB, art. 553).[88] Se o encargo for em benefício do interesse geral, o Ministério Público poderá exigir sua execução, depois da morte do doador, se este não tiver feito (CCB, art. 1.180, parágrafo único). O não cumprimento do encargo, conforme artigo 562, dará azo a revogação da doação.

Em relação a revogação da doação com encargo, o Tribunal de Justiça do Estado do Rio Grande do Sul assim se pronunciou: "APELAÇÃO CÍVEL. REVOGAÇÃO DE DOAÇÃO MODAL DE IMÓVEL. CONSTRUÇÃO DE ESTABELECIMENTO COMERCIAL. NÃO CUMPRIMENTO PELA DONATÁRIA. PRELIMINARES RECURSAIS. 1) INÉPCIA DA INICIAL. Havendo fundamentação suficiente na exordial de modo a permitir a análise da questão posta, bem como demonstrado com clareza e precisão o objeto de sua pretensão, não há falar em inépcia da inicial. 2) PRESCRIÇÃO. Não se aplica o artigo 178, § 6°, inciso I, do Código Civil de 1916 para os casos de revogação de doação modal, porquanto a regra especificava os casos de revogação por ingratidão do donatário, devendo ser aplicado o artigo 177 do referido diploma legal. Precedentes deste Tribunal e do Superior Tribunal de Justiça. MÉRITO. Considerando os termos do contrato de doação modal firmado com a municipalidade, mostra-se cabível o pedido de revogação, na medida em que não foi cumprido o encargo a que estava obrigado o donatário (construção de escritórios, garagens, oficina mecânica, refeitório e de um terminal de cargas e encomendas), ainda mais quando restou evidenciado que este não tem interesse em construir no local. Sentença mantida, também, no tocante aos honorários advocatícios, que atendeu aos requisitos previstos nos §§ 3° e 4° do artigo 20 do Código de Processo Civil, levando em conta o trabalho realizado pelos patronos da requerente, não se apresentando desproporcional à complexidade atribuída à causa. Preliminares rejeitadas, apelo desprovido (Apelação Cível N° 70012875167, Segunda Câmara Cível, Tribunal de Justiça do RS, relator: João Armando Bezerra Campos, Julgado em 1.11.2006).

---

87 AMARAL, Francisco. *Direito civil* – Introdução. 6. ed. Rio de Janeiro: Renovar, 2006, p. 487.
88 Correspondente ao art. 1.180 do CCB/1916.

Capítulo 21

DA LOCAÇÃO DE COISAS

21.1 Conceito, classificação e elementos do contrato de locação

A locação (*locatio conductio*) é o contrato pelo qual alguém, mediante remuneração (*merces*), se obriga a proporcionar a outrem o uso, ou o uso e o gozo, de uma coisa (*locatio conductio rei*), ou a prestar-lhe um serviço (*locatio conductio operarum*), ou a realizar-lhe uma obra (*locatio conductio operis*).[1] Para os romanos, pois, a locação era tratada de forma única, englobando as três hipóteses: locação de coisa, contrato de trabalho e contrato de empreitada.[2]

O ministro José Carlos Moreira Alves ensina que a "terminologia moderna difere da romana. Atualmente, na *locatio conductio rei* (locação de coisa), *locator* (locador) é quem entrega a coisa para o uso – ou uso e gozo – de outrem; na *locatio conductio operarum* (contrato de trabalho), *locator* é quem presta o serviço; e, na *locatio conductio operis* (contrato de empreitada), *locator* é quem realiza a obra: o empreiteiro".[3] Portanto, de forma contemporânea, o contrato de locação é somente a de coisas.

O artigo 565 do CCB trata do contrato de locação de coisas. O contrato de locação de coisas é aquele pelo qual uma das partes se obriga a ceder à outra, por tempo determinado ou não, o uso e gozo de coisa infungível, mediante certa retribuição.[4]

O contrato de locação de coisas é *bilateral* ou *sinalagmático*, já que os contraentes (locador e locatário) se obrigam reciprocamente, gerando

1 MOREIRA ALVES, José Carlos. *Direito romano*. Volume II. 5. ed. Rio de Janeiro: Forense, 1995, p. 204.

2 CC 2002 – Da Prestação de Serviços. Arts. 593 a 609.
CC 2002 – Da Empreitada. Arts. 610 a 626.

3 *Ibid.*

4 Segundo Tribunal de Alçada Civil – 2ºTACivSP. LOCAÇÃO – Contrato – Cessão de uso e gozo de coisa não fungível mediante pagamento – Caracterização – Irrelevância do nome dado. Ainda que os contratantes tenham dado outra denominação ao contrato, quando uma das partes se obriga a ceder à outra, por tempo determinado ou não, o uso e gozo de coisa não fungível, mediante certa retribuição, diz o artigo 1.188 do Código Civil que ambas celebram um contrato de locação. (2ºTACivSP – Ap. c/ Rev. nº 417.963 – 8ª Câm. Rel. Juiz Narciso Orlandi – J. 27.10.94).

obrigações para ambas as partes.

É um contrato a *título oneroso*, em razão da equivalência das prestações (ônus e bônus para ambas os contraentes). Vale destacar que se o contrato for celebrado a título gratuito não se fala em contrato de locação, mas sim de comodato.

É um contrato *consensual*, já que se aperfeiçoa pelo simples acordo dos interessados. Não é, pois, um contrato real, uma vez que a entrega da coisa não é exigida para o aperfeiçoamento do contrato.

É um contrato *comutativo* porque apresenta uma equivalência entre prestação e contraprestação, ou seja, existem vantagens para ambas as partes contraentes, não sendo, portanto, um contrato aleatório.

É um contrato que pode ser celebrado por *escrito* ou de *verbalmente* e, é um contrato *não solene*, pois a sua forma é livre.

É, ainda, um contrato típico ou nominado, já que se apresenta tipificado no Código Civil brasileiro.

Finalmente, podemos afirmar que é um contrato de execução continuada, já que se protrai no tempo.

São elementos essenciais do contrato de locação: a) o consentimento (expresso ou tácito) das partes contratantes; b) a coisa a ser locada; e, c) o preço estipulado para a locação.

Os sujeitos envolvidos na avença são chamados de locador (aquele que dá a coisa em locação) e locatário (aquele que recebe a coisa em locação). Na locação de prédios o locador, também, é conhecido como senhor, senhorio ou arrendandor e o locatário como inquilino, rendeiro ou arrendatário.

O acordo das partes contraentes em locar o objeto deve estar em harmonia. Melhor dizendo: uma deve querer dar em locação uma coisa, e a outra em receber essa coisa em locação. Vale lembrar que se uma das partes pretendia locar a coisa e a outra a recebe como objeto de contrato de compra e venda, ocorrerá um desacordo que representará um defeito do negócio jurídico denominado *erro substancial quanto à natureza do contrato*.

O objeto do contrato poderá ser uma coisa móvel ou imóvel. É muito comum a locação de coisas móveis, tais como: livros, brinquedos para festas de aniversário, roupas para formatura e casamento, talheres e mesas para churrasco, mobílias em geral, bicicletas, automóveis, etc. Tais coisas móveis são *infungíveis*, já que se fossem fungíveis o contrato seria de mútuo.

Entretanto, Washington de Barros Monteiro alerta que excepcionalmente as coisas fungíveis poderão ser objeto de vínculo locatício, "quando o seu uso e gozo tenham sido concedidos *ad pompam et ostentationem*, como se alguém cedesse ao locatário, por certo prazo e aluguel, dez garrafas de uísque, a fim de que se servissem de ornamentação na abertura de um negócio".[5]

Se a locação de bens móveis (automóveis, livros, brinquedos, etc.) ocorrer com habitualidade realizada pelo locador, aplica-se o CDC (CDC, arts. 2 e 3).[6]

A locação dos bens imóveis urbanos residenciais ou comerciais é regida pela Lei 8.245/91 (conhecida como Lei do Inquilinato).[7]

A locação de bens imóveis regidas pelo Código Civil brasileiro é determinada pelo parágrafo único do artigo 1º da Lei 8.245/91 que determina que "Art. 1º. Parágrafo único. Continuam regulados pelo Código Civil e pelas leis especiais: a) as locações: 1. de imóveis de propriedade da União, dos Estados e dos Municípios, de suas autarquias e fundações públicas; 2. de vagas autônomas de garagem ou de espaços para estacionamento de veículos; 3. de espaços destinados à publicidade; 4. em apart-hotéis, hotéis-residência ou equiparados, assim considerados aqueles que prestam serviços regulares a seus usuários e como tais sejam autorizados a funcionar".[8]

---

5 MONTEIRO, Washington de Barros. *Curso de direito civil*: direito das obrigações. 2ª parte. Vol. 5. 34. ed. São Paulo: Saraiva, 2003, p. 155.

6 CDC – Art. 2° Consumidor é toda pessoa física ou jurídica que adquire ou utiliza produto ou serviço como destinatário final. Parágrafo único. Equipara-se a consumidor a coletividade de pessoas, ainda que indetermináveis, que haja intervindo nas relações de consumo.
CDC – Art. 3° Fornecedor é toda pessoa física ou jurídica, pública ou privada, nacional ou estrangeira, bem como os entes despersonalizados, que desenvolvem atividade de produção, montagem, criação, construção, transformação, importação, exportação, distribuição ou comercialização de produtos ou prestação de serviços. § 1° Produto é qualquer bem, móvel ou imóvel, material ou imaterial. § 2° Serviço é qualquer atividade fornecida no mercado de consumo, mediante remuneração, inclusive as de natureza bancária, financeira, de crédito e securitária, salvo as decorrentes das relações de caráter trabalhista.

7 Lei nº 8.245/91. Dispõe sobre as locações dos imóveis urbanos e os procedimentos a elas pertinentes. Art. 1º A locação de imóvel urbano regula-se pelo disposto nesta lei: Parágrafo único. Continuam regulados pelo Código Civil e pelas leis especiais: a) as locações: 1. de imóveis de propriedade da União, dos Estados e dos Municípios, de suas autarquias e fundações públicas; 2. de vagas autônomas de garagem ou de espaços para estacionamento de veículos; 3. de espaços destinados à publicidade; 4. em *apart*-hotéis, hotéis-residência ou equiparados, assim considerados aqueles que prestam serviços regulares a seus usuários e como tais sejam autorizados a funcionar; b) o arrendamento mercantil, em qualquer de suas modalidades.

8 Decreto-Lei nº 9.760/46. Dispõe sobre os bens imóveis da União e dá outras providências. Da locação. Arts. 86 a 98.
Decreto-Lei nº 9.760/46. Art. 86. Os próprios nacionais não aplicados, total ou parcialmente, nos fins previstos no art. 76 deste Decreto-Lei , poderão, a juízo do S.P.U., ser alugados: I – para residência de autoridades federais ou de outros servidores da União, no interesse do serviço: II – para residência de servidor da União, em caráter voluntário; III – a quaisquer interessados.
Decreto-Lei nº 9.760/46. Art. 87. A locação de imóveis da União se fará mediante contrato, não ficando sujeita a disposições de outras leis concernentes à locação.
Decreto-Lei nº 9.760/46. Art. 88. É proibida a sublocação do imóvel, no todo ou em parte, bem como a transferência de locação.

Decreto-Lei nº 9.760/46. Art. 89. O contrato de locação poderá ser rescindido: I – quando ocorrer infração do disposto no artigo anterior; II – quando os alugueis não forem pagos nos prazos estipulados; III – quando o imóvel fôr necessário a serviço público, e desde que não tenha a locação sido feita em condições especiais, aprovadas pelo ministro da Fazenda; IV – quando ocorrer inadimplemento de cláusula contratual. § 1º Nos casos previstos nos itens I e II, a rescisão dar-se-à de pleno direito, imitindo-se a União sumariamente na posse da coisa locada. § 2º Na hipótese do item III, a rescisão poderá ser feita em qualquer tempo, por ato administrativo da União, sem que esta fique por isso obrigada a pagar ao locatário indenização de qualquer espécie, excetuada a que se refira a benfeitorias necessárias. § 3º A rescisão, no caso do parágrafo anterior, será feita por notificação, em que se consignará o prazo para restituição do imóvel, que será: a) de 90 (noventa) dias, quando situado em zona urbana; b) de 180 (cento e oitenta) dias, quando em zona rural. § 4º Os prazos fixados no parágrafo precedente poderão, a critério do S.P.U., ser prorrogados, se requerida a prorrogação em tempo hábil e justificadamente.
Decreto-Lei nº 9.760/46. Art. 90. As benfeitorias necessárias só serão indenizáveis pela União, quando o S.P.U. tiver sido notificado da realização das mesmas dentro de 120 (cento e vinte) dias contados da sua execução.
Decreto-Lei nº 9.760/46. Art. 91. Os aluguéis serão pagos: I – mediante desconto em folha de pagamento, quando a locação se fizer na forma do item I do art. 86; II – mediante recolhimento à estação arrecadadora da Fazenda Nacional, nos casos previstos nos itens II e III do mesmo art. 86. § 1º O S. P. U. comunicará às repartições competentes a importância dos descontos que devam ser feitos para os fins previstos neste artigo. § 2º O pagamento dos aluguéis de que trata o item II deste artigo será garantido por depósito em dinheiro, em importância correspondente a 3 (três) meses de aluguel.
Decreto-Lei nº 9.760/46. DA RESIDÊNCIA DE SERVIDOR DA UNIÃO, NO INTERESSE DO SERVIÇO. Arts. 92 e 93.
Decreto-Lei nº 9.760/46. Art. 92. Poderão ser reservados pelo S. P. U. próprios nacionais, no todo ou em parte, para moradia de servidores da União no exercício de cargo em comissão ou função gratificada, ou que, no interesse do serviço, convenha residam nas repartições respectivas ou nas suas proximidades. Parágrafo único. A locação se fará sem concorrência e por aluguel correspondente à parte ocupada do imóvel.
Decreto-Lei nº 9.760/46. Art. 93. As repartições que necessitem de imóveis para o fim previsto no artigo anterior, solicitarão sua reserva ao S. P. U., justificando a necessidade. Parágrafo único. Reservado o imóvel e assinado o contrato de locação, o S. P. U. fará sua entrega ao servidor que deverá, ocupá-lo.
Decreto-Lei nº 9.760/46. DA RESIDÊNCIA VOLUNTÁRIA DE SERVIDOR DA UNIÃO. Art. 94.
Decreto-Lei nº 9.760/46. Art. 94. Os próprios nacionais não aplicados nos fins previstos no artigo 76 ou no item I do art. 86 deste Decreto-Lei , e que se prestem para moradia, poderão ser alugados para residência de servidor da União. § 1º A locação se fará, pelo aluguel que for fixado e mediante concorrência, que versará sôbre as qualidades preferenciais dos candidatos, relativas ao número de dependentes, remuneração e tempo de serviço público. § 2º As qualidades preferenciais serão apuradas conforme tabela organizada pelo S. P. U. e aprovada pelo Diretor-Geral da Fazenda Nacional, tendo em vista o amparo dos mais necessitados.
Decreto-Lei nº 9.760/46. DA LOCAÇÃO A QUAISQUER INTERESSADOS. Arts. 95 a 98.
Decreto-Lei nº 9.760/46. Art. 95. Os imóveis da União não aplicados em serviço público e que não forem utilizados nos fins previstos nos itens I e II do art. 86, poderão ser alugados a quaisquer interessados. Parágrafo único. A locação se fará, em concorrência pública e pelo maior prêço oferecido, na base mínima do valor locativo fixado.
Decreto-Lei nº 9.760/46. Art. 96. Em se tratando de exploração de frutos ou prestação de

serviços, a locação se fará sob forma de arrendamento, mediante condições especiais, aprovadas pelo ministro da Fazenda. Parágrafo único. Salvo em casos especiais, expressamente determinados em lei, não se fará arrendamento por prazo superior a 20 (vinte) anos. (Redação dada pela Lei nº 11.314 de 2006)
Decreto-Lei nº 9.760/46. Art. 97. Terão preferência para a locação de próprio nacional os Estados e Municípios, que, porém, ficarão sujeitos ao pagamento da cota ou aluguel fixado e ao cumprimento das demais obrigações estipuladas em contrato.
Decreto-Lei nº 9.760/46. Art. 98. Ao possuidor de benfeitorias, que estiver cultivando, por si e regularmente, terras compreendidas entre as de que trata o art. 65, fica assegurada a preferência para o seu arrendamento, se tal regime houver sido julgado aconselhável para a utilização das mesmas. Parágrafo único. Não usando desse direito no prazo que for estipulado, será o possuidor das benfeitorias indenizado do valor das mesmas, arbitrado pelo S. P. U.
Lei nº 4.504/64. Dispõe sobre o Estatuto da Terra. Do Arrendamento Rural. Art. 95. Quanto ao arrendamento rural, observar-se-ão os seguintes princípios: I – os prazos de arrendamento terminarão sempre depois de ultimada a colheita, inclusive a de plantas forrageiras temporárias cultiváveis. No caso de retardamento da colheita por motivo de força maior, considerar-se-ão esses prazos prorrogados nas mesmas condições, até sua ultimação; II – presume-se feito, no prazo mínimo de três anos, o arrendamento por tempo indeterminado, observada a regra do item anterior; III – o arrendatário que iniciar qualquer cultura cujos frutos não possam ser colhidos antes de terminado o prazo de arrendamento deverá ajustar previamente com o locador do solo a forma pela qual serão eles repartidos; IV – em igualdade de condições com estranhos, o arrendatário terá preferência à renovação do arrendamento, devendo o proprietário, até seis meses antes do vencimento do contrato, fazer-lhe a competente notificação das propostas existentes. Não se verificando a notificação, o contrato considera-se automaticamente renovado, desde que o locatário, nos trinta dias seguintes, não manifeste sua desistência ou formule nova proposta, tudo mediante simples registro de suas declarações no competente Registro de Títulos e Documentos; V – os direitos assegurados no inciso anterior não prevalecerão se, no prazo de seis meses antes do vencimento do contrato, o proprietário, por via de notificação, declarar sua intenção de retomar o imóvel para explorá-lo diretamente ou através de descendente seu; VI – sem expresso consentimento do proprietário é vedado o subarrendamento; VII – poderá ser acertada, entre o proprietário e arrendatário, cláusula que permita a substituição de área arrendada por outra equivalente no mesmo imóvel rural, desde que respeitadas as condições de arrendamento e os direitos do arrendatário; VIII – o arrendatário, ao termo do contrato, tem direito à indenização das benfeitorias necessárias e úteis, será indenizado das benfeitorias voluptuárias quando autorizadas pelo locador do solo. Enquanto o arrendatário não seja indenizado das benfeitorias necessárias e úteis, poderá permanecer no imóvel, no uso e gozo das vantagens por ele oferecidas, nos termos do contrato de arrendamento e nas disposições do inciso I; IX – constando do contrato de arrendamento animais de cria, de corte ou de trabalho, cuja forma de restituição não tenha sido expressamente regulada, o arrendatário é obrigado, findo ou rescindido o contrato, a restituí-los em igual número, espécie e valor; X – o arrendatário não responderá por qualquer deterioração ou prejuízo a que não tiver dado causa; XI – na regulamentação desta Lei, serão complementadas as seguintes condições que, obrigatoriamente, constarão dos contratos de arrendamento: a) limites dos preços de aluguel e formas de pagamento em dinheiro ou no seu equivalente em produtos colhidos; b) prazos mínimos de locação e limites de vigência para os vários tipos de atividades agrícolas; c) bases para as renovações convencionadas; d) formas de extinção ou rescisão; e) direito e formas de indenização ajustadas quanto às benfeitorias realizadas; XII – o preço do arrendamento, sob qualquer forma de pagamento, não poderá ser superior a quinze por cento do valor cadastral do imóvel, incluídas as benfeitorias que entrarem

Por fim, o preço (remuneração) deve ser certo e determinado. A remuneração é chamada de aluguel ou renda e, geralmente, é realizada em dinheiro. Assim, aluguel é o nome da remuneração paga ao locador pela cessão do uso e gozo da coisa locada.

A *sublocação* é o contrato através do qual o locatário subloca o bem a outra pessoa, assumindo a posição jurídica de locador. Já a *cessão da locação* é a transferência do contrato de locação pelo locatário a outra pessoa, desde que não exista óbice do locador.

21.2 Das obrigações do locador

As obrigações do locador estão expressas no rol do artigo 566 do Código Civil brasileiro. Vejamos:

Art. 566. O locador é obrigado:[9]

I – a entregar ao locatário a coisa alugada, com suas pertenças, em estado de servir ao uso a que se destina, e a mantê-la nesse estado, pelo tempo do contrato, salvo cláusula expressa em contrário;[10]

II – a garantir-lhe, durante o tempo do contrato, o uso pacífico da coisa.[11]

Portanto, a obrigação fundamental do locador é entregar ao locatário a coisa alugada com suas pertenças. São *pertenças* os bens que, não constituindo partes integrantes, se destinam, de modo duradouro, ao uso, ao serviço ou ao aformoseamento de outro (CC 2002 – Art. 93). A coisa deve estar em estado de servir ao uso a que se destina e o locador, ainda é obrigado a mantê-la em bom estado de conservação a fim de servir ao uso a que se destina. Isto quer dizer que reparações e adaptações necessárias ao bom uso são de responsabilidade do locador, salvo cláusula contratual pactuada em contrário.

Outrossim, o locador é obrigado a garantir, durante o tempo do contrato,

---

na composição do contrato, salvo se o arrendamento for parcial e recair apenas em glebas selecionadas para fins de exploração intensiva de alta rentabilidade, caso em que o preço poderá ir até o limite de trinta por cento; XIII – a todo aquele que ocupar, sob qualquer forma de arrendamento, por mais de cinco anos, um imóvel rural desapropriado, em área prioritária de Reforma Agrária, é assegurado o direito preferencial de acesso à terra ..Vetado... Art. 95-A. (Vide Medida Provisória nº 2.183-56, de 24.8.2001).

Lei nº 6.099/74. Dispõe sobre o tratamento tributário das operações de arrendamento mercantil e dá outras providências. Art 1º O tratamento tributário das operações de arrendamento mercantil reger-se-á pelas disposições desta Lei. Parágrafo único – Considera-se arrendamento mercantil, para os efeitos desta Lei, o negócio jurídico realizado entre pessoa jurídica, na qualidade de arrendadora, e pessoa física ou jurídica, na qualidade de arrendatária, e que tenha por objeto o arrendamento de bens adquiridos pela arrendadora, segundo especificações da arrendatária e para uso próprio desta. (Redação dada pela Lei nº 7.132, de 26.10.1983).

9 Correspondente ao art. 1.189, caput, do CCB/1916.

10 Correspondente ao art. 1.189, I, do CCB/1916.

11 Correspondente ao art. 1.189, II do CCB/1916.

o uso pacífico da coisa, ou seja, o locador deve se abster de praticar qualquer ato que venha afetar o uso e gozo da coisa locada, além de garantir o locatário contra pertubações perpetradas por terceiros. O artigo 568 do CCB informa que "O locador resguardará o locatário dos embaraços e turbações de terceiros, que tenham ou pretendam ter direitos sobre a coisa alugada, e responderá pelos seus vícios,[12] ou defeitos, anteriores à locação".[13]

Ao locador inadimplente podem ser cominadas as seguintes sanções:

a) a rescisão do contrato e o consequente pagamento das perdas e danos;[14]

---

12 CC 2002 – Dos Vícios Redibitórios. Arts. 441 a 446.CC 2002 – Art. 441. A coisa recebida em virtude de contrato comutativo pode ser enjeitada por vícios ou defeitos ocultos, que a tornem imprópria ao uso a que é destinada, ou lhe diminuam o valor. Parágrafo único. É aplicável a disposição deste artigo às doações onerosas.
CC 2002 – Art. 442. Em vez de rejeitar a coisa, redibindo o contrato (art. 441), pode o adquirente reclamar abatimento no preço.
CC 2002 – Art. 443. Se o alienante conhecia o vício ou defeito da coisa, restituirá o que recebeu com perdas e danos; se o não conhecia, tão somente restituirá o valor recebido, mais as despesas do contrato.
CC 2002 – Art. 444. A responsabilidade do alienante subsiste ainda que a coisa pereça em poder do alienatário, se perecer por vício oculto, já existente ao tempo da tradição.
CC 2002 – Art. 445. O adquirente decai do direito de obter a redibição ou abatimento no preço no prazo de trinta dias se a coisa for móvel, e de um ano se for imóvel, contado da entrega efetiva; se já estava na posse, o prazo conta-se da alienação, reduzido à metade. § 1° Quando o vício, por sua natureza, só puder ser conhecido mais tarde, o prazo contar-se-á do momento em que dele tiver ciência, até o prazo máximo de cento e oitenta dias, em se tratando de bens móveis; e de um ano, para os imóveis. § 2° Tratando-se de venda de animais, os prazos de garantia por vícios ocultos serão os estabelecidos em lei especial, ou, na falta desta, pelos usos locais, aplicando-se o disposto no parágrafo antecedente se não houver regras disciplinando a matéria.
CC 2002 – Art. 446. Não correrão os prazos do artigo antecedente na constância de cláusula de garantia; mas o adquirente deve denunciar o defeito ao alienante nos trinta dias seguintes ao seu descobrimento, sob pena de decadência.

13 Correspondente ao art. 1.191 do CCB/1916

14 AGRAVO DE INSTRUMENTO Nº 740.207 – RJ (2006/0015361-9) RELATOR : MINISTRO ALDIR PASSARINHO JÚNIOR. DECISÃO Vistos. Trata-se de agravo de instrumento manifestado por Enimont Empresa Nacional de Instalações e Montagens Ltda.. contra decisão que inadmitiu o seguimento do recurso especial, interposto pelas alíneas "a" e "c", do inciso III, do art. 105 da Constituição Federal, no qual se alega violação aos arts. 458, III, 515, § 1°, 535, do CPC, 869, 1058 e 1190 do CC/1916. O acórdão restou assim ementado (fls. 221): "Civil. Ação de Rescisão de Contrato de Locação cumulada com Cobrança. Sentença Julgando Procedente, em parte, o pedido, condenando o Réu a pagar R$ 29.440,00, a título de indenização pela perda dos maquinários; R$ 1.450,00 referente ao aluguel do mês de janeiro de 2003, tudo devidamente atualizado e acrescido de juros legais desde o dia 22.1.2003, condenando, ainda, o Réu a pagar, a título de lucros cessantes, R$ 1.450,00 mensais, desde 22.2.2003, até o efetivo pagamento, também atualizado e acrescido de juros legais, desde o respectivo pagamento. A r. sentença também condenou o Réu ao pagamento de custas processuais e honorários advocatícios, fixados em 15% sobre o valor da condenação. Equipamentos destinados à construção civil que foram roubados no interior de um canteiro de obras do Réu. Inconformismo do Réu apontando inexistência do nexo causal e ausência de

b) a exigência do cumprimento *in natura* da obrigação pactuada;
c) a retenção do aluguel.

Já "se, durante a locação, se deteriorar a coisa alugada, sem culpa do locatário, a este caberá pedir redução proporcional do aluguel, ou resolver o contrato, caso já não sirva a coisa para o fim a que se destinava."[15]

No caso de locação de bens imóveis, sob o manto da Lei 8.245/91, o locador é obrigado a: "Lei nº 8.245/91. Dispõe sobre as locações dos imóveis urbanos e os procedimentos a elas pertinentes. Art. 22. O locador é obrigado a: I – entregar ao locatário o imóvel alugado em estado de servir ao uso a que se destina; II – garantir, durante o tempo da locação, o uso pacífico do imóvel locado; III – manter, durante a locação, a forma e o destino do imóvel; IV – responder pelos vícios ou defeitos anteriores à locação; V – fornecer ao locatário, caso este solicite, descrição minuciosa do estado do imóvel, quando de sua entrega, com expressa referência aos eventuais defeitos existentes; VI – fornecer ao locatário recibo discriminado das importâncias por este pagas, vedada a quitação genérica; VII – pagar as taxas de administração imobiliária, se houver, e de intermediações, nestas compreendidas as despesas necessárias à aferição da idoneidade do pretendente ou de seu fiador; VIII – pagar os impostos e taxas, e ainda o prêmio de seguro complementar contra fogo, que incidam ou venham a incidir sobre o imóvel, salvo disposição expressa em contrário no contrato; IX – exibir ao locatário, quando solicitado, os comprovantes relativos às parcelas que estejam sendo exigidas; X – pagar as despesas extraordinárias de condomínio. Parágrafo único. Por despesas extraordinárias de condomínio se entendem aquelas que não se refiram aos gastos rotineiros de manutenção do edifício, especialmente: a) obras de reformas ou acréscimos que interessem à estrutura integral do imóvel; b) pintura das fachadas, empenas, poços de aeração e iluminação, bem como das esquadrias externas; c) obras destinadas a repor as condições de habitabilidade do edifício; d) indenizações trabalhistas e previdenciárias pela dispensa de empregados, ocorridas em data anterior ao início da locação; e) instalação de equipamento de segurança e de incêndio, de telefonia, de intercomunicação, de esporte e de lazer; f) despesas de decoração e paisagismo nas partes de uso comum; g) constituição de fundo de reserva."

---

culpa. Sentença que se mantém por seus próprios fundamentos. RECURSO CONHECIDO. PROVIMENTO NEGADO." Correta a decisão do juízo prévio de admissibilidade quanto à aplicação das Súmulas n.284 do STF e 7 do STJ. O dissídio resta afastado, pois no presente caso o vigia que ficava no canteiro de obras estava desarmado, foi provado de que não havia segurança adequada no local, e não havia seguro para os bens locados, além de que os fundamentos da sentença levam em consideração a cidade do Rio de Janeiro, conhecida por sua violência. Diante dessas peculiaridades, aplica-se também a Súmula nº 7 quanto à divergência jurisprudencial. Ante o exposto, nego provimento ao agravo. Publique-se. Brasília (DF), 11 de abril de 2006. MINISTRO ALDIR PASSARINHO JUNIOR relator (ministro ALDIR PASSARINHO JUNIOR, 24.4.2006).

15 Correspondente ao art. 1.190 do CCB/1916.

Da mesma forma, estipula o artigo 22 da lei do inquilinato que "o locador é obrigado a: [...] IV – responder pelos vícios ou defeitos anteriores à locação."

21.3 Das obrigações do locatário

Já as obrigações do locatário estão elencadas nos arts. 569 e 570 do Código Civil brasileiro. O artigo 569 determina que:

O locatário é obrigado:[16]

I –a servir-se da coisa alugada para os usos convencionados ou presumidos,[17] conforme a natureza dela e as circunstâncias, bem como tratá-la com o mesmo cuidado como se sua fosse;[18]

II –a pagar pontualmente o aluguel nos prazos ajustados,[19] e, em falta de ajuste, segundo o costume do lugar;[20]

III –a levar ao conhecimento do locador as turbações de terceiros, que se pretendam fundadas em direito;[21]

IV –a restituir a coisa,[22] finda a locação, no estado em que a recebeu, salvas as deteriorações naturais ao uso regular.[23]

---

16 Correspondente ao art. 1.192, *caput*, do CCB/1916

17 CC 2002 - Art. 187. Também comete ato ilícito o titular de um direito que, ao exercê-lo, excede manifestamente os limites impostos pelo seu fim econômico ou social, pela boa-fé ou pelos bons costumes.

18 Correspondente ao art. 1.192, I, do CCB/1916.

19 CC 2002 - Art. 327. Efetuar-se-á o pagamento no domicílio do devedor, salvo se as partes convencionarem diversamente, ou se o contrário resultar da lei, da natureza da obrigação ou das circunstâncias. Parágrafo único. Designados dois ou mais lugares, cabe ao credor escolher entre eles.

CC 2002 - Art. 389. Não cumprida a obrigação, responde o devedor por perdas e danos, mais juros e atualização monetária segundo índices oficiais regularmente estabelecidos, e honorários de advogado.

20 Correspondente ao art. 1.192 II, do CCB/1916.

21 Correspondente ao art. 1.192, III, do CCB/1916.

22 CC 2002 - Art. 238. Se a obrigação for de restituir coisa certa, e esta, sem culpa do devedor, se perder antes da tradição, sofrerá o credor a perda, e a obrigação se resolverá, ressalvados os seus direitos até o dia da perda.

CC 2002 - Art. 239. Se a coisa se perder por culpa do devedor, responderá este pelo equivalente, mais perdas e danos.

CC 2002 - Art. 240. Se a coisa restituível se deteriorar sem culpa do devedor, recebê-la-á o credor, tal qual se ache, sem direito a indenização; se por culpa do devedor, observar-se-á o disposto no art. 239.

CC 2002 - Art. 241. Se, no caso do art. 238, sobrevier melhoramento ou acréscimo à coisa, sem despesa ou trabalho do devedor, lucrará o credor, desobrigado de indenização.

CC 2002 - Art. 242. Se para o melhoramento, ou aumento, empregou o devedor trabalho ou dispêndio, o caso se regulará pelas normas deste Código atinentes às benfeitorias realizadas pelo possuidor de boa-fé ou de má-fé. Parágrafo único. Quanto aos frutos percebidos, observar-se-á, do mesmo modo, o disposto neste Código, acerca do possuidor de boa-fé ou de má-fé.

23 Correspondente ao art. 1.192, IV, do CCB/1916.

Ademais, "se o locatário empregar a coisa em uso diverso do ajustado, ou do a que se destina, ou se ela se danificar por abuso do locatário, poderá o locador, além de rescindir o contrato, exigir perdas e danos" (CCB, art.570).[24]

Vale lembrar que comete ato ilícito o titular de um direito que, ao exercê-lo, excede manifestamente os limites impostos pelo seu fim econômico ou social, pela boa-fé ou pelos bons costumes (CCB, art. 187).

No caso de locação de bens imóveis, a Lei 8.245/91 determina que o locatário é obrigado a: "Art. 23. O locatário é obrigado a: I – pagar pontualmente o aluguel e os encargos da locação, legal ou contratualmente exigíveis, no prazo estipulado ou, em sua falta, até o sexto dia útil do mês seguinte ao vencido, no imóvel locado, quando outro local não tiver sido indicado no contrato; II – servir – se do imóvel para o uso convencionado ou presumido, compatível com a natureza deste e com o fim a que se destina, devendo tratá – lo com o mesmo cuidado como se fosse seu; III – restituir o imóvel, finda a locação, no estado em que o recebeu, salvo as deteriorações decorrentes do seu uso normal; IV – levar imediatamente ao conhecimento do locador o surgimento de qualquer dano ou defeito cuja reparação a este incumba, bem como as eventuais turbações de terceiros; V – realizar a imediata reparação dos danos verificados no imóvel, ou nas suas instalações, provocadas por si, seus dependentes, familiares, visitantes ou prepostos; VI – não modificar a forma interna ou externa do imóvel sem o consentimento prévio e por escrito do locador; VII – entregar imediatamente ao locador os documentos de cobrança de tributos e encargos condominiais, bem como qualquer intimação, multa ou exigência de autoridade pública, ainda que dirigida a ele, locatário; VIII – pagar as despesas de telefone e de consumo de força, luz e gás, água e esgoto; IX – permitir a vistoria do imóvel pelo locador ou por seu mandatário, mediante combinação prévia de dia e hora, bem como admitir que seja o mesmo visitado e examinado por terceiros, na hipótese prevista no art. 27; X – cumprir integralmente a convenção de condomínio e os regulamentos internos; XI – pagar o prêmio do seguro de fiança; XII – pagar as despesas ordinárias de condomínio. 1° Por despesas ordinárias de condomínio se entendem as necessárias à administração respectiva, especialmente: a) salários, encargos trabalhistas, contribuições previdenciárias e sociais dos empregados do condomínio; b) consumo de água e esgoto, gás, luz e força das áreas de uso comum; c) limpeza, conservação e pintura das instalações e dependências de uso comum; d) manutenção e conservação das instalações e equipamentos hidráulicos, elétricos, mecânicos e de segurança, de uso comum; e) manutenção e conservação das instalações e equipamentos de uso comum destinados à prática de esportes e lazer; f) manutenção e conservação de elevadores, porteiro eletrônico e antenas coletivas; g) pequenos reparos

24 Correspondente ao art. 1.193, *caput*, do CCB/1916.

nas dependências e instalações elétricas e hidráulicas de uso comum; h) rateios de saldo devedor, salvo se referentes a período anterior ao início da locação; i) reposição do fundo de reserva, total ou parcialmente utilizado no custeio ou complementação das despesas referidas nas alíneas anteriores, salvo se referentes a período anterior ao início da locação. 2º O locatário fica obrigado ao pagamento das despesas referidas no parágrafo anterior, desde que comprovadas a previsão orçamentária e o rateio mensal, podendo exigir a qualquer tempo a comprovação das mesmas. 3º No edifício constituído por unidades imobiliárias autônomas, de propriedade da mesma pessoa, os locatários ficam obrigados ao pagamento das despesas referidas no § 1º deste artigo, desde que comprovadas.

21.4 Resilição unilateral do contrato, direito de retenção e outras figuras jurídicas

A resilição unilateral do contrato, prevista no artigo 571 do CCB, é um ato unilateral de vontade que representa um direito potestativo deferido aos sujeitos da relação jurídica contratual.

Daí que "havendo prazo estipulado à duração do contrato, antes do vencimento não poderá o locador reaver a coisa alugada, senão ressarcindo ao locatário as perdas e danos resultantes, nem o locatário devolvê-la ao locador, senão pagando, proporcionalmente, a multa prevista no contrato", conforme resta estabelecido no artigo 571.[25]

Nesse sentido já se manifestou a jurisprudência do STJ: "AGRAVO DE INSTRUMENTO Nº 569.539 - RS (2003/0210793-1) RELATOR : MINISTRO ALDIR PASSARINHO JÚNIOR. DESPACHO: Vistos. Trata-se de agravo de instrumento manifestado por Brasil Telecom S/A contra decisão que inadmitiu recurso especial, no qual se alega negativa de vigência aos arts. 82, 129 e 1.193, do Código Civil, em questão descrita nesta ementa (fl. 16): "APELAÇÃO CÍVEL. LOCAÇÃO DE COISAS. VEÍCULOS. PRAZO DETERMINADO. ROMPIMENTO UNILATERAL E DESMOTIVADO NO CURSO DO PRAZO. INDENIZAÇÃO DEVIDA. O rompimento unilateral do contrato de locação de veículos, firmado por prazo determinado, autoriza, por aplicação do que dispõe o artigo 1.193, parágrafo único, do CC, a fixação de indenização, que, no caso, correspondente aos dois meses de locativos faltantes ao implemento do prazo. A indenização fixada deve ser atualizada monetariamente acrescida de juros de mora legais, sendo descabida a pretensão de reajustamento pela taxa ANBID, conquanto prevista contratualmente para a hipótese de atraso de locativos. Deram parcial provimento". Com exceção do art. 1.193, parágrafo único, do Código Civil, os demais dispositivos legais não foram ventilados no acórdão recorrido, a

25 Correspondente ao art. 1.193, p.u, do CCB/1916.

despeito da oposição de embargos de declaração. Incide, pois, na espécie, a Súmula 211 do STJ. De outro lado, a violação do art. 1.193, parágrafo único, do Código Civil, depende de interpretação de cláusula contratual, nos termos da Súmula 05 do STJ. Pelo exposto, nego provimento ao agravo. Publique-se. Brasília (DF), 29 de junho de 2004. MINISTRO ALDIR PASSARINHO JÚNIOR, relator (ministro ALDIR PASSARINHO JUNIOR, 4.8.2004)".

Já o direito de retenção, disposto no parágrafo único do artigo 571 (O locatário gozará do direito de retenção, enquanto não for ressarcido.) é um direito real ofertado ao locatário como instrumento coercitivo, já que este poderá permanecer no imóvel até ser indenizado.

No entanto, em 7 de maio de 2007 (julgamento em 25.4.07), a Terceira Seção do STJ publicou o enunciado 335 que determina: "Nos contratos de locação, é válida a cláusula de renúncia à indenização das benfeitorias e ao direito de retenção" (Lei 8.245/91, art. 35).

A Lei nº 8.245/91 que dispõe sobre as locações dos imóveis urbanos e os procedimentos a elas pertinentes determina em seu artigo 4º que "Durante o prazo estipulado para a duração do contrato, não poderá o locador reaver o imóvel alugado. O locatário, todavia, poderá devolvê-lo, pagando a multa pactuada, segundo a proporção prevista no art. 924 do Código Civil e, na sua falta, a que for judicialmente estipulada. Parágrafo único. O locatário ficará dispensado da multa se a devolução do imóvel decorrer de transferência, pelo seu empregador, privado ou público, para prestar serviços em localidades diversas daquela do início do contrato, e se notificar, por escrito, o locador com prazo de, no mínimo, trinta dias de antecedência".

O artigo 572, que prescreve que "se a obrigação de pagar o aluguel pelo tempo que faltar constituir indenização excessiva, será facultado ao juiz fixá-la em bases razoáveis". complementa a Lei do Inquilinato, conforme Enunciado 179 do Conselho da Justiça Federal na III Jornada de Direito Civil. Vejamos: "CJF – Enunciado 179 – Art. 572: A regra do art. 572 do novo CC é aquela que atualmente complementa a norma do art. 4º, 2ª parte, da Lei nº 8245/91 (Lei de Locações), balizando o controle da multa mediante a denúncia antecipada do contrato de locação pelo locatário durante o prazo ajustado".

No artigo 573 dispõe que "a locação por tempo determinado cessa de pleno direito findo o prazo estipulado, independentemente de notificação ou aviso."[26] [27] Aqui, é necessário lembrar a regra do artigo 397 que no caso de

26 Correspondente ao art. 1.194 do CCB/1916

27 Lei nº 8.245/91. Dispõe sobre as locações dos imóveis urbanos e os procedimentos a elas pertinentes. Art. 46. Nas locações ajustadas por escrito e por prazo igual ou superior a trinta meses, a resolução do contrato ocorrerá findo o prazo estipulado, independentemente de notificação ou aviso. § 1º Findo o prazo ajustado, se o locatário continuar na posse do imóvel alugado por mais de trinta dias sem oposição do locador, presumir-se-á prorrogada a locação por prazo indeterminado, mantidas as demais cláusulas e condições do contrato. § 2º Ocorrendo a prorrogação, o locador poderá denunciar o contrato a qualquer tempo,

"inadimplemento da obrigação, positiva e líquida, no seu termo, constitui de pleno direito em mora o devedor. Parágrafo único. Não havendo termo, a mora se constitui mediante interpelação judicial ou extrajudicial".

Se, findo o prazo, o locatário continuar na posse da coisa alugada, sem oposição do locador, presumir-se-á prorrogada a locação pelo mesmo aluguel, mas sem prazo determinado (CCB, art. 574).[28]

Se, notificado o locatário, não restituir a coisa, pagará, enquanto a tiver em seu poder, o aluguel que o locador arbitrar, e responderá pelo dano que ela venha a sofrer, embora proveniente de caso fortuito (CCB, art.575).[29]

---

concedido o prazo de trinta dias para desocupação.

Lei nº 8.245/91. Dispõe sobre as locações dos imóveis urbanos e os procedimentos a elas pertinentes. Art. 47. Quando ajustada verbalmente ou por escrito e como prazo inferior a trinta meses, findo o prazo estabelecido, a locação prorroga-se automaticamente, por prazo indeterminado, somente podendo ser retomado o imóvel: I – Nos casos do art. 9º; II – em decorrência de extinção do contrato de trabalho, se a ocupação do imóvel pelo locatário relacionada com o seu emprego; III – se for pedido para uso próprio, de seu cônjuge ou companheiro, ou para uso residencial de ascendente ou descendente que não disponha, assim como seu cônjuge ou companheiro, de imóvel residencial próprio; IV – se for pedido para demolição e edificação licenciada ou para a realização de obras aprovadas pelo Poder Público, que aumentem a área construída, em, no mínimo, vinte por cento ou, se o imóvel for destinado a exploração de hotel ou pensão, em cinquenta por cento; V – se a vigência ininterrupta da locação ultrapassar cinco anos. § 1º Na hipótese do inciso III, a necessidade deverá ser judicialmente demonstrada, se: a) O retomante, alegando necessidade de usar o imóvel, estiver ocupando, com a mesma finalidade, outro de sua propriedade situado na mesma localidade ou, residindo ou utilizando imóvel alheio, já tiver retomado o imóvel anteriormente; b) o ascendente ou descendente, beneficiário da retomada, residir em imóvel próprio. § 2º Nas hipóteses dos incisos III e IV, o retomante deverá comprovar ser proprietário, promissário comprador ou promissário cessionário, em caráter irrevogável, com imissão na posse do imóvel e título registrado junto à matrícula do mesmo.

Lei nº 8.245/91. Dispõe sobre as locações dos imóveis urbanos e os procedimentos a elas pertinentes. Da locação não residencial. Art. 51. Nas locações de imóveis destinados ao comércio, o locatário terá direito a renovação do contrato, por igual prazo, desde que, cumulativamente: I – o contrato a renovar tenha sido celebrado por escrito e com prazo determinado; II – o prazo mínimo do contrato a renovar ou a soma dos prazos ininterruptos dos contratos escritos seja de cinco anos; III – o locatário esteja explorando seu comércio, no mesmo ramo, pelo prazo mínimo e ininterrupto de três anos. 1º O direito assegurado neste artigo poderá ser exercido pelos cessionários ou sucessores da locação; no caso de sublocação total do imóvel, o direito a renovação somente poderá ser exercido pelo sublocatário. 2º Quando o contrato autorizar que o locatário utilize o imóvel para as atividades de sociedade de que faça parte e que a esta passe a pertencer o fundo de comércio, o direito a renovação poderá ser exercido pelo locatário ou pela sociedade. 3º Dissolvida a sociedade comercial por morte de um dos sócios, o sócio sobrevivente fica sub-rogado no direito a renovação, desde que continue no mesmo ramo. 4º O direito a renovação do contrato estende – se às locações celebradas por indústrias e sociedades civis com fim lucrativo, regularmente constituídas, desde que ocorrentes os pressupostos previstos neste artigo. 5º Do direito a renovação decai aquele que não propuser a ação no interregno de um ano, no máximo, até seis meses, no mínimo, anteriores à data da finalização do prazo do contrato em vigor.

28 Correspondente ao art. 1.195 do CCB/1916.

29 Correspondente ao art. 1.196 do CCB/1916.

Se o aluguel arbitrado for manifestamente excessivo, poderá o juiz reduzi-lo, mas tendo sempre em conta o seu caráter de penalidade (CCB, parágrafo único do art.575).[30]

A regra do parágrafo único do art. 575 do novo CC, que autoriza a limitação pelo juiz do aluguel-pena arbitrado pelo locador, aplica-se também ao aluguel arbitrado pelo comodante, autorizado pelo art. 582, 2ª parte, do novo CC (Conselho da Justiça Federal – III Jornada de Direito Civil – Enunciado 180).

21.5 Alienação da coisa locada e cláusula de vigência

O artigo 576 trata da alienação da coisa locada, ou seja, a hipótese de o locador alienar (a título oneroso ou gratuito) a coisa locada, durante a vigência do contrato de locação. A regra do artigo 576 e seus parágrafos estabelecem: "Se a coisa for alienada durante a locação, o adquirente não ficará obrigado a respeitar o contrato, se nele não for consignada a cláusula da sua vigência no caso de alienação, e não constar de registro".[31]

O registro a que se refere este artigo será o de Títulos e Documentos do domicílio do locador, quando a coisa for móvel; e será o Registro de Imóveis da respectiva circunscrição, quando imóvel (Art.576, § 1º).[32]

Em se tratando de imóvel, e ainda no caso em que o locador não esteja obrigado a respeitar o contrato, não poderá ele despedir o locatário, senão observado o prazo de noventa dias após a notificação (Art.576, § 2º).[33]

Dessa maneira, se no contrato estiver pactuado a *cláusula de vigência*, devidamente registrada conforme orientações do § 1º, do artigo 576, o adquirente (aquele a quem se transferiu o domínio no curso do contrato de locação) ficará obrigado a respeitar a locação, até o prazo de encerramento do instrumento contratual. A cláusula de vigência é de *natureza obrigacional com eficácia real*, já que reveste-se de oponibilidade *erga omnes* e de publicidade.

Já o § 2º, do artigo 576 estabelece que, em se tratando de bem imóvel, o locatário não poderá ser despejado, se não observado o prazo de noventa dias após a notificação.

A cláusula de vigência na Lei do Inquilinato encontra-se tipificada no artigo 8º e respectivos parágrafos: "Lei nº 8.245/91. Dispõe sobre as locações dos imóveis urbanos e os procedimentos a elas pertinentes. Art. 8º Se o imóvel for alienado durante a locação, o adquirente poderá denunciar o contrato, com o prazo de noventa dias para a desocupação, salvo se a locação for por tempo determinado e o contrato contiver cláusula de vigência

30 Sem correspondência ao CCB/1916.
31 Correspondente ao art. 1.197, *caput*, do CCB/1916.
32 Sem correspondência ao CCB/1916.
33 Correspondente ao art. 1.197, p. u., do CCB/1916.

em caso de alienação e estiver averbado junto à matrícula do imóvel. § 1º Idêntico direito terá o promissário comprador e o promissário cessionário, em caráter irrevogável, com imissão na posse do imóvel e título registrado junto à matrícula do mesmo. § 2º A denúncia deverá ser exercitada no prazo de noventa dias contados do registro da venda ou do compromisso, presumindo-se, após esse prazo, a concordância na manutenção da locação.

Vale lembrar, também, o enunciado da Súmula 442 do STF que informa que "A inscrição do contrato de locação no registro de imóveis, para a validade da cláusula de vigência contra o adquirente do imóvel, ou perante terceiros, dispensa a transcrição no registro de títulos e documentos".

21.6 Falecimento do locador ou do locatário

Morrendo o locador ou o locatário, transfere-se aos seus herdeiros a locação por tempo determinado (CCB, art. 577).[34] [35]

Na Lei do Inquilinato, os artigos 10 e 11 retratam a mesma ideia: "Art. 10. Morrendo o locador, a locação transmite-se aos herdeiros; Art. 11. Morrendo o locatário, ficarão sub – rogados nos seus direitos e obrigações: I – nas locações com finalidade residencial, o cônjuge sobrevivente ou o companheiro e, sucessivamente, os herdeiros necessários e as pessoas que viviam na dependência econômica do de cujus, desde que residentes no imóvel; II – nas locações com finalidade não residencial, o espólio e, se for o caso, seu sucessor no negócio".

21.7 Benfeitorias

As benfeitorias podem ser voluptuárias, úteis ou necessárias (CCB, art. 96). São voluptuárias as de mero deleite ou recreio, que não aumentam o uso habitual do bem, ainda que o tornem mais agradável ou sejam de elevado valor (CCB, art. 96, § 1º). São úteis as que aumentam ou facilitam o uso do bem (CCB, art. 96, § 2º). São necessárias as que têm por fim conservar o bem ou evitar que se deteriore (CCB, art. 96, § 3º).

O locatário, na vigência do contrato de locação, pode realizar benfeitorias para conservar ou melhorar as condições de uso da coisa. Neste caso, a regra a ser aplicada é aquela disposta no artigo 578 que determina que "salvo disposição em contrário, o locatário goza do direito de retenção, no caso de benfeitorias necessárias, ou no de benfeitorias úteis, se estas houverem sido feitas com expresso consentimento do locador".[36]

Este artigo deve ser interpretado conjuntamente com o artigo 1.219 do

---

34 Correspondente ao art. 1.198, do CCB/1916.

35 CC 2002 – Art. 1.792. O herdeiro não responde por encargos superiores às forças da herança; incumbe-lhe, porém, a prova do excesso, salvo se houver inventário que a escuse, demostrando o valor dos bens herdados.

36 Correspondente ao art. 1.199, do CCB/1916.

CCB onde "o possuidor de boa-fé tem direito à indenização das benfeitorias necessárias e úteis, bem como, quanto às voluptuárias, se não lhe forem pagas, a levantá-las, quando o puder sem detrimento da coisa, e poderá exercer o direito de retenção pelo valor das benfeitorias necessárias e úteis".[37]

Quanto as benfeitorias o CDC determina que "CDC – Art. 51. São nulas de pleno direito, entre outras, as cláusulas contratuais relativas ao fornecimento de produtos e serviços que: [...] XVI – possibilitem a renúncia do direito de indenização por benfeitorias necessárias."[38]

E a Lei do Inquilinato, em seu artigo 35, dispõe que "Lei nº 8.245/91. Dispõe sobre as locações dos imóveis urbanos e os procedimentos a elas pertinentes. Art. 35. Salvo expressa disposição contratual em contrário, as benfeitorias necessárias introduzidas pelo locatário, ainda que não autorizadas pelo locador, bem como as úteis, desde que autorizadas, serão indenizáveis e permitem o exercício do direito de retenção".

Por fim, vale destacar que o STF editou a Súmula 158 com o seguinte teor: "Salvo estipulação contratual averbada no registro imobiliário, não responde o adquirente pelas benfeitorias do locatário".

---

37 CC 2002 – Art. 1.254. Aquele que semeia, planta ou edifica em terreno próprio com sementes, plantas ou materiais alheios, adquire a propriedade destes; mas fica obrigado a pagar-lhes o valor, além de responder por perdas e danos, se agiu de má-fé.

38 Segundo Tribunal de Alçada Civil – 2ºTACivSP. LOCAÇÃO – Código de Defesa do Consumidor. O conceito de locação (Código Civil, artigo 1.188) não se insere no de distribuição, comercialização, aquisição ou utilização de produto ou serviço (Lei nº 8.078, de 1990, artigos 2º e 3º). Por isso, o Código do Consumidor não se aplica às relações locatícias, que têm disciplina própria (Lei nº 8.245, de 1991). Assim, não é nula cláusula contratual de locação que estabelece multa moratória de 20% sobre o débito. (2ºTACivSP – Ap. s/ Rev. nº 475.772-00/3 – Foro Regional do Jabaquara – Rel. Juiz Celso Pimentel – J. 17.03.97 – v.u).

Capítulo 22

DO EMPRÉSTIMO

O *contrato de empréstimo* é aquele em que uma das partes contraentes entrega à outra coisa fungível ou infungível, com a obrigação de restituí-la após certo tempo. Em regra, os contratos são consensuais nascendo no momento do consenso de vontades. Ocorre que o contrato de empréstimo é um *contrato real*, já que o negócio jurídico se aperfeiçoa quando a coisa emprestada é entregue ao beneficiário. O contrato de empréstimo se divide em duas modalidades: *comodato* e *mútuo*. Dessa maneira, o mútuo e o comodato são espécies de contrato de empréstimo.

22.1 Do Comodato

22.1.1 Definição e características

O contrato de comodato (*commodatum*) traduz o empréstimo gratuito e temporário de um bem infungível. O artigo 579 do CCB determina que O comodato é o empréstimo gratuito de coisas não fungíveis.[1] Perfaz-se com a tradição do objeto.[2] Neste contrato, o comodante entrega uma coisa móvel ou imóvel, infungível, inconsumível a outra pessoa chamada comodatária com o firme propósito que esta use a coisa por algum tempo, de forma gratuita, e após a restitua aquela.

O contrato de comodato é um contrato unilateral (já que cria obrigações somente para o comodatário), gratuito (*gratuitum debet esse commodatum*), informal, não solene,[3] real, temporário e personalíssimo.

1 CC 2002 – Dos Bens Fungíveis e Consumíveis. Arts. 85 e 86.
CC 2002 – Art. 85. São fungíveis os móveis que podem substituir-se por outros da mesma espécie, qualidade e quantidade.
CC 2002 – Art. 86. São consumíveis os bens móveis cujo uso importa destruição imediata da própria substância, sendo também considerados tais os destinados à alienação.

2 Correspondente ao art. 1.248 do CCB/1916.

3 Segundo Tribunal de Alçada Civil – 2ºTACivSP. COMODATO – CC, artigo 1.248 – Contrato – Prova escrita – Inexigibilidade – Prova testemunhal – Admissibilidade. Inexigível a prova escrita para comprovação do contrato de comodato. O comodato não depende de forma especial, convenciona-se verbalmente ou por escrito, sendo, portanto, suscetível de prova até por testemunha. COMODATO – Reintegração de posse – Legitimidade – Herdeiro – Reconhecimento. CC, artigos 495, 1.248 e 1.572. Com a morte do comodante, o herdeiro se investe na posse indireta do bem dado em comodato e em todos os direitos decorrentes da sucessão aberta, podendo se valer dos interditos possessórios se, para tanto, preencher os

O contrato de comodato é chamado de *empréstimo de uso*, já que não se transfere a propriedade da coisa ao comodatário, mas tão somente a posse. O comodatário é o possuidor direto da coisa emprestada, enquanto o comodante conserva a propriedade e a posse indireta. Assim, o comodante conserva o direito de propriedade sobre a coisa objeto da avença.

São requisitos do contrato de comodato:

a) *a entrega da coisa ao comodatário*, já que é um contrato real e se perfaz com a entrega da coisa;
b) *a coisa deve ser inconsumível,infungível, móvel ou imóvel;*
c) *seja celebrado de forma gratuita.*[4] Isso porque se for celebrado de forma onerosa não se fala em comodato, mas sim em locação de coisa.

A *infungibilidade* é, pois, um dos requisitos do contrato de comodato. Ocorre que a infungibilidade de um bem não decorre apenas da sua natureza, mas poderá ser afirmada pela vontade das partes. Daí o contrato de comodato ser o empréstimo de coisas infungíveis ou de *coisas fungíveis*, na medida em que os contraentes atribuem a natureza de infungibilidade a estas coisas. É o caso, por exemplo, do empréstimo de dinheiro em que as partes atribuem o caráter de infungibilidade, como no caso de uma moeda rara para fins de exposição em evento de numismática. Aqui, verifica-se o comodato concedido *ad pompam et ostentationem*.

Outra questão interessante é acerca do *comodato modal*, isto é, o contrato de comodato celebrado com encargo. Isso porque o comodante pode emprestar um imóvel a outrem com o encargo de que este fique responsável pelo pagamento do IPTU, taxas e condomínio do referido imóvel. Aqui se desvela o contrato de comodato modal ou com encargos. Neste caso, é um contrato unilateral, gratuito, porém imperfeito. Não há que se falar em bilateralidade obrigacional, já que o encargo não representa uma obrigação do comodatário, mas sim um *ônus* (restrição à liberalidade). Dessa maneira, o não cumprimento do encargo pelo comodatário, dará azo a extinção contratual.

Os tutores,[5] curadores e em geral todos os administradores de bens

---

requisitos exigidos por lei. (2ºTACivSP – Ap. c/Rev. nº 327.158/1.00 – 2ª Câm. – Rel. Juiz Acayaba de Toledo – J. 15.3.94).

4 CC 2002 – Art. 114. Os negócios jurídicos benéficos e a renúncia interpretam-se estritamente.

5 CC 2002 – Art. 1.749. Ainda com a autorização judicial, não pode o tutor, sob pena de nulidade: II – dispor dos bens do menor a título gratuito;

CC 2002 – Art. 1.781. As regras a respeito do exercício da tutela aplicam-se ao da curatela, com a restrição do art. 1.772 e as desta Seção.

CC 2002 – Art. 1.782. A interdição do pródigo só o privará de, sem curador, emprestar, transigir, dar quitação, alienar, hipotecar, demandar ou ser demandado, e praticar, em geral, os atos que não sejam de mera administração.

CPC – Art. 82. Compete ao Ministério Público intervir: I – nas causas em que há interesses de incapazes;

alheios não poderão dar em comodato, sem autorização especial, os bens confiados à sua guarda[6] (CCB, art. 580).[7]

Nesse sentido, a jurisprudência do Segundo Tribunal de Alçada Civil do Estado de São Paulo: COMODATO – Celebração por inventariante – Autorização especial prevista no artigo 1.249 do Código Civil – Ausência – Ato anulável. É anulável, e não nulo, comodato celebrado por inventariante de bens de espólio, sem autorização especial prevista no artigo 1.249, do Código Civil, à falta de sanção expressa (2°TACivSP – Ap. c/ Rev. nº 435.048 – 4ª Câm. – Rel. Juiz Celso Pimentel – J. 27.6.95).

22.1.2 Comodato para moradia durante o contrato de trabalho

O Comodato para moradia durante o contrato de trabalho deve ser julgado pela Justiça do Trabalho. Desse modo, a jurisprudência do STJ: "Conflito positivo de competência. Reintegração de posse. Reclamação trabalhista. Comodato. Relação de trabalho. 1. Compete à Justiça do Trabalho apreciar e julgar controvérsia relativa à posse do imóvel cedido em comodato para moradia durante o contrato de trabalho, entendimento firmado em virtude das alterações introduzidas pela Emenda Constitucional nº 45/04, art. 114, inciso VI, da Constituição Federal. 2. Conflito conhecido para declarar competente o Juízo da Vara do Trabalho de Araucária/PR (CC 57.524/PR, Rel. ministro CARLOS ALBERTO MENEZES DIREITO, SEGUNDA SEÇÃO, julgado em 27.9.2006, DJ 23.10.2006 p. 249)".

22.1.3 Direito de retomada da coisa emprestada antes do término do contrato de comodato

O contrato de comodato pode ser firmado por *prazo determinado* ou por *prazo indeterminado*. Naquele caso, o comodante não poderá exigir a devolução da coisa antes do vencimento do prazo, salvo em casos extraordinários e imprevisíveis.

Se o comodante pedir a devolução da coisa, antes do vencimento contratual, inexistindo motivo de força maior, o comodatário poderá pedir

6 CC 2002 – Art. 3º São absolutamente incapazes de exercer pessoalmente os atos da vida civil: I – os menores de dezesseis anos; II – os que, por enfermidade ou deficiência mental, não tiverem o necessário discernimento para a prática desses atos; III – os que, mesmo por causa transitória, não puderem exprimir sua vontade.
CC 2002 – Art. 4º São incapazes, relativamente a certos atos, ou à maneira de os exercer: I – os maiores de dezesseis e menores de dezoito anos; II – os ébrios habituais, os viciados em tóxicos, e os que, por deficiência mental, tenham o discernimento reduzido; III – os excepcionais, sem desenvolvimento mental completo; IV – os pródigos. Parágrafo único. A capacidade dos índios será regulada por legislação especial.

7 Correspondente ao art. 1.249 do CCB/1916.

perdas e danos em razão do inadimplemento contratual.

Assim, em casos extraordinários e imprevisíveis, o comodante poderá pleitear a retomada da coisa emprestada antes do término do contrato de comodato. Por exemplo, o comodante já reside em imóvel próprio e empresta a título de comodato um outro imóvel de sua propriedade para um amigo. Após algum tempo, o imóvel em que reside o comodante pega fogo. Logo, o comodante poderá retomar o imóvel emprestado, já que seu imóvel ficou inabitável.

Nesse sentido, o artigo 581 estabelece que "Se o comodato não tiver prazo convencional, presumir-se-lhe-á o necessário para o uso concedido; não podendo o comodante, salvo necessidade imprevista e urgente, reconhecida pelo juiz, suspender o uso e gozo da coisa emprestada, antes de findo o prazo convencional, ou o que se determine pelo uso outorgado".[8]

Ademais, o inadimplemento da obrigação, positiva e líquida, no seu termo, constitui de pleno direito em mora o devedor (CC 2002 – Art. 397). Não havendo termo, a mora se constitui mediante interpelação judicial ou extrajudicial (CC 2002 – Art. 397, parágrafo único).

Tais questões já foram apreciadas pelo Superior Tribunal de Justiça – STJ que decidiu: "CIVIL. COMODATO POR PRAZO INDETERMINADO. RETOMADA DO IMÓVEL. Se o comodato não tiver prazo convencional, presumir-se-lhe-á o necessário para o uso concedido, salvo necessidade imprevista e urgente do comodante (CC, art. 1.250). PROCESSO CIVIL. REINTEGRAÇÃO DE POSSE. MEDIDA LIMINAR. A só notificação do comodatário de que já não interessa ao comodante o empréstimo do imóvel é insuficiente para que o juiz determine a imediata reintegração de posse; ainda que deferida a medida liminar, deve ser assegurado o prazo necessário ao uso concedido sem perder de vista o interesse do comodante, para não desestimular a benemerência. Recurso especial conhecido em parte e, nessa parte, provido. (REsp 571.453/MG, Rel. ministro ARI PARGENDLER, TERCEIRA TURMA, julgado em 6.4.2006, DJ 29.05.2006 p. 230)".

Da mesma forma: "CIVIL. AÇÃO DE REINTEGRAÇÃO DE POSSE. COMODATO VERBAL. PEDIDO DE DESOCUPAÇÃO. NOTIFICAÇÃO. SUFICIÊNCIA. CC ANTERIOR, ART. 1.250. DISSÍDIO JURISPRUDENCIAL COMPROVADO. PROCEDÊNCIA. I. Dado em comodato o imóvel, mediante contrato verbal, onde, evidentemente, não há prazo assinalado, bastante à desocupação a notificação ao comodatário da pretensão do comodante, não se lhe exigindo prova de necessidade imprevista e urgente do bem. II. Pedido de perdas e danos indeferido. III. Precedentes do STJ. IV. Recurso especial conhecido e parcialmente provido. Ação de reintegração de posse julgada procedente em parte (REsp 605.137/PR, Rel. ministro ALDIR PASSARINHO JUNIOR, QUARTA TURMA, julgado em 18.5.2004, DJ 23.8.2004 p. 251)."

---

8 Correspondente ao art. 1.250 do CCB/1916.

22.1.4 Obrigações do comodatário

Considerando que o contrato de comodato é um contrato unilateral, já que impõe somente obrigações para o comodatário. São obrigações do comodatário:

a) O comodatário é obrigado a conservar, como se sua própria fora, a coisa emprestada, não podendo usá-la senão de acordo com o contrato ou a natureza dela, sob pena de responder por perdas e danos (CC, art. 582, primeira parte);[9]
b) Restituição da coisa findo o prazo estipulado, conforme resta estabelecido no artigo 581;
c) Efetuar as despesas relacionadas ao uso e conservação da coisa emprestada, de acordo com a regra fincada no artigo 584.

Se o comodatário, sem justa causa,[10] não devolver a coisa emprestada, findo o contrato, a sua posse se tornará precária. Neste caso, qual será a ação própria para o comodante recuperar a coisa, já que o comodatário, notificado para devolvê-la não o fez? É a ação de *reintegração de posse*, já que o comodante é o possuidor indireto da coisa emprestada. Não se justifica, pois, a ação de despejo, não obstante a redação do artigo 582, segunda parte, falar em aluguel.

Se o comodatário não devolveu a coisa no prazo avençado e esta vier a se perder sem culpa do comodatário. Como ficará a questão? O comodatário responde pelo perecimento ou pela deterioração da coisa, mesmo sem ter tido culpa. Só não responderá se provar que a destruição da coisa teria ocorrido mesmo se já a tivesse devolvido. Melhor dizendo: o comodatário assume o risco pelo perecimento da coisa, mesmo em decorrência de caso fortuito, salvo se provar que a coisa teria perecido mesmo que tivesse sido devolvida a tempo.

O comodatário incidindo em mora, responde, destarte, por perdas e danos. Dessa maneira, o artigo 582, segunda parte, estabelece que "o comodatário constituído em mora, além de por ela responder, pagará, até restituí-la, o aluguel da coisa que for arbitrado pelo comodante".[11] A regra refere-se a imposição de aluguel-pena ao comodatário.[12]

O comodante, na própria notificação, deverá informar ao comodatário que no caso de não devolução da coisa no prazo ajustado (em se tratando de

---

9 Correspondente ao art. 1.251 e 1.252 do CCB/1916.

10 Um exemplo de justa causa seria o direito de retenção do comodatário em razão das benfeitorias necessárias.

11 Correspondente ao art. 1.251 e 1.252 do CCB/1916.

12 Conselho da Justiça Federal – III Jornada de Direito Civil. CJF – Enunciado 180 – Arts. 575 e 582: A regra do parágrafo único do art. 575 do novo CC, que autoriza a limitação pelo juiz do aluguel-pena arbitrado pelo locador, aplica-se também ao aluguel arbitrado pelo comodante, autorizado pelo art. 582, 2ª parte, do novo CC.

contrato de comodato com prazo indeterminado), este será responsável pelo pagamento do aluguel arbitrato pelo comodante.[13]

Qual o valor do aluguel a ser fixado pelo comodante? Em regra, admite-se o valor de até o dobro do aluguel no mercado de locações. Isso se deve pelo fato de o aluguel representar, neste caso, como meio de coerção indireta, já que o comodante deseja que o comodatário devolva a coisa emprestada.

Vale lembrar que para valores arbitrados em extremo, o juiz deverá reduzir este aluguel se considerá-lo excessivo, sem perder a sua natureza de sanção.

O comodatário não poderá jamais recobrar do comodante as despesas feitas com o uso e gozo da coisa emprestada (CC, Art. 584).[14] O comodatário tem direito à indenização pelas benfeitorias necessárias e úteis feitas na coisa emprestada. Mas, as benfeitorias úteis dependerão de autorização do comodante para serem feitas. Dessa maneira, o comodatário terá *direito de retenção* da coisa emprestada. Melhor dizendo: O comodatário não a devolverá ao comodante a coisa emprestada enquanto não for indenizado por estas benfeitorias. As benfeitorias necessárias se destinam a conservar a coisa. As úteis terão que ser autorizadas.[15]

Não se consideram benfeitorias as despesas necessárias à própria utilização da coisa, por exemplo, a gasolina, o óleo ou a lavagem de um automóvel, objeto de comodato.[16]

---

13 Fica claro que o aluguel não é uma contraprestação exclusiva do contrato de locação.

14 Correspondente ao art. 1.254 do CCB/1916.

15 CC 2002 – Art. 96. As benfeitorias podem ser voluptuárias, úteis ou necessárias. § 3º – São necessárias as que têm por fim conservar o bem ou evitar que se deteriore.

16 AGRAVO DE INSTRUMENTO Nº 792.408 – RJ (2006/0153874-2) RELATOR: MINISTRO HUMBERTO GOMES DE BARROS. DECISÃO A decisão agravada reprovou o recurso especial (fls. 151/154), porque: a) incidem as Súmula 7/STJ e Súmula 400/STF; b) inexistiu ofensa ao Art. 535 do CPC; c) o dissídio jurisprudencial não foi demonstrado. Os agravantes afirmam que: a) não há tema de prova ou fato a examinar, mas de direito; b) não há que se falar em incidência da Súmula 400/STF; c) o acórdão recorrido foi omisso no exame de tema relevante; d) o dissídio jurisprudencial foi devidamente comprovado. DECIDO: O Art. 535 do CPC não sofreu ofensa porque o acórdão recorrido decidiu de forma clara, precisa, completa e fundamentada as questões pertinentes. No mais, não poderia mesmo ser recebido recurso que, sob o rótulo de embargos declaratórios, pretendia substituir a decisão recorrida por outra. Os embargos declaratórios são apelos de integração, não de substituição. Além disso, mesmo para fins de prequestionamento, o acolhimento de embargos declaratórios pressupõe a existência de vício catalogado no Art. 535 do CPC (cf. Edcl nos ERESP 237.553/HUMBERTO). Os Arts. 158, 473 e 331, § 2º do CPC não foram prequestionados (Súmulas 282/STF e 211/STJ). O Tribunal a quo acolheu os fundamentos da sentença de 1º grau, no sentido de que não ficou comprovado o consentimento dos comodantes para a realização das benfeitorias no imóvel. Acolher a alegação dos recorrentes de que houve consentimento, seria desafiar a Súmula 7. O STJ já proclamou que somente são indenizáveis as benfeitorias realizadas com o consentimento do comodante e que sejam urgentes e necessárias, o que não é a hipótese dos autos, porque elas foram realizadas para uso e gozo do imóvel. Nesse sentido, os seguintes precedentes: "As despesas

Tais questões já foram exaustivamente enfrentadas pelo Tribunal de Justiça do Estado do Rio de Janeiro – TJ-RJ. Vejamos:

TJ-RJ - Ap. Cív. 2005.001.23846 -AÇÃO POSSESSÓRIA - REINTEGRAÇÃO - COMODATO VERBAL. Tratando-se de comodato verbal, configura ato de esbulho a teima dos apelados em não deixar o imóvel, passados trinta dias da notificação para tanto. Direito de ressarcimento pelas benfeitorias realizadas. Cabimento de perdas e danos pelo tempo em que ficou o imóvel indevidamente ocupado pelos apelados. Provimento do recurso para reintegrar os apelantes na posse do trecho do terreno onde foi construída a loja, condicionada a reintegração ao ressarcimento das despesas efetuadas pelos apelados com as benfeitorias ali realizadas, devidamente corrigidas, bem como para condenar os réus a pagarem aos autores, a título de perdas e danos, o equivalente a aluguel compatível com a localidade pelo tempo decorrido entre os trinta dias que se seguiram à notificação e esta decisão, tudo a ser apurado em liquidação de sentença, e nada obstando a compensação dos valores a serem ressarcidos aos réus com o que deverão pagar aos apelantes a título de perdas e danos. (7ª Câm. Cív. – Relª Desª Maria Henriqueta Lobo – Publ. em 2.2.2006).

TJ-RJ – Ap. Cív. 2006.001.40629 - AÇÃO POSSESSÓRIA – RESCISÃO DO COMODATO MEDIANTE REGULAR NOTIFICAÇÃO – PERMANÊNCIA NO IMÓVEL - CESSAÇÃO DO CONSENTIMENTO - CARACTERIZAÇÃO DE ESBULHO. A justa causa que dá ensejo à devolução de prazo deve ser demonstrada dentro do prazo para a prática do ato, ou, até mesmo, em prazo razoável, não sendo lícito à parte pretender comprová-la apenas em sede de apelação. Em ação de reintegração de posse, transmutada em precária a ocupação consentida, não há falar em impropriedade da medida possessória ajuizada. É incontroversa nos autos a cessão da posse do imóvel a título de

---

feitas pelo comodatário, com a fruição da coisa emprestada, nos termos do art. 1.254 do Código Civil, são as ordinárias, para sua conservação normal e manutenção regular. Despesas outras realizadas sem consentimento do comodante, ainda que impliquem na mais-valia do bem, só são indenizáveis se urgentes e necessárias, quando se classificam como extraordinárias"(REsp 249.925/NANCY); "COMODATO. BENFEITORIAS. O comodatário tem direito de ser indenizado pelas despesas extraordinárias e urgentes (Art. 1.254 do CC). Não definida, pelas instâncias ordinárias, a existência de circunstâncias especiais que justificariam o exame do alegado direito do comodatário de ser indenizado, fora daqueles estreitos limites (consentimento, etc.), descabe apreciar a matéria em recurso especial. recurso não conhecido"(REsp 64.114/ROSADO). Quanto à divergência jurisprudencial, ela não foi demonstrada analiticamente, nos moldes exigidos pelos Arts. 255 do RISTJ e Parágrafo único do 541 do CPC. Faltou o confronto analítico entre os paradigmas colacionados e o julgado recorrido. Acrescente-se que, a simples transcrição de ementas não basta para configurar o dissídio. Neste sentido: AGA 552.760/FERNANDO GONÇALVES, AGA 569.369/PÁDUA, AGA 376.957/SÁLVIO. Nego provimento ao agravo de instrumento. Brasília (DF), 16 de novembro de 2006. MINISTRO HUMBERTO GOMES DE BARROS. Relator (ministro HUMBERTO GOMES DE BARROS, 30.11.2006)

comodato. Assim, não se pode negar a posse anterior, sendo certo que só transmite a posse quem a detém. Improvimento do recurso (17ª Câm. Cív. – Rel. Des. Edson Vasconcelos – Julg. em 27.9.2006).

TJ-RJ – Ap. Cív. 2006.001.41358 – AÇÃO POSSESSÓRIA – COMODATO – NOTIFICAÇÃO – ESBULHO. Sentença que acolheu o pedido de reintegração na posse. Ré que alega uma justa causa para legitimar tal uso e gozo. Prova documental carreada aos autos e não impugnada especificamente pela ora apelante no sentido da inexistência de tal motivação. Argumento ofertado também na defesa (indiretamente), acerca do tema usucapião. A apelante na fase própria não insistiu expressamente na realização de tal diligência. Sentença que bem reconheceu que na espécie se impunha o julgamento antecipado da lide. Inexistência de vício relacionado ao ato (artigo 333, I, do CPC). Sentença que se prestigia por atentar para o melhor direito objetivo aplicável à espécie. Nega-se provimento ao recurso em foco (18ª Câm. Cív. – Rel. Des. Sérgio Wajzenberg – Julg. em 19.9.2006).

TJ-RJ – Ap. Cív. 2006.001.18351 – AÇÃO POSSESSÓRIA – REINTEGRAÇÃO DE POSSE – COMODATO – USUCAPIÃO. Hipótese em que o proprietário de imóvel dado em comodato à parte ré, por escritura pública cede seus direitos à parte autora. Notificação premonitória da comodatária que, desatendida, implica reconhecimento de esbulho. A continuidade da ocupação do imóvel após o recebimento de notificação premonitória, extintiva de comodato, não legitima a alegação de posse de boa-fé do esbulhador e muito menos autoriza a aquisição pela via do usucapião. A mera existência do contrato de comodato e notificação para extingui-lo revelam a inexistência de *animus domini* por parte do possuidor. Recurso desprovido (8ª Câm. Cív. – Rel. Des. Marco Antônio Ibrahim – Julg. em 29.6.2006) .

TJ-RJ – Ap. Cív. 26.656/2003 – COMODATO – TEMPO INDETERMINADO – BENFEITORIA E ACESSÃO – DISTINÇÃO. A construção em terreno alheio não constitui benfeitoria, mas acessão, com regime legal diverso, que não prevê o direito de retenção. Ainda que o comodato visasse, quando estabelecido, dar amparo e abrigo aos comodatários, não se justifica que estes possam permanecer ocupando o bem emprestado indefinidamente, a pretexto de persistir a situação que a justificou. Pleiteando a inicial a restituição do imóvel submetido ao comodato, descabe determinar a sentença preceito mandamental de imissão de posse tão logo ultrapassado o prazo concedido para a desocupação, devendo, em caso de resistência, promover a execução para a entrega de coisa certa (18ª Câm. Cív. – Rel. Des. Nascimento Póvoas – Publ. em 3.6.2004).

TJ-RJ – Ap. Cív. 7.698/2002 – COMODATO – AVENÇA VERBAL – MORA DO COMODATÁRIO. Nada obsta que o comodato se modele por convenção verbal. O pedido de restituição da coisa, com a constituição em mora do comodatário, pode ser obtido por notificação verbal. A pessoa que detinha a posse do imóvel ao cedê-lo em comodato, após a notificação pedindo a sua devolução, sem êxito, pode recuperar dito bem por intermédio do pedido reintegratório, plenamente cabível em hipóteses que tais, por configurado o esbulho. A espoliação possessória restando tipificada, propicia ensanchas à propositura da Reintegratória. Na hipótese vertente, todos os requisitos presentes justificaram a realização do intento da comodante, de reaver o imóvel alvo do contrato, motivo da procedência do pedido exordial daquela ação judicial (6ª Câm. Cív. – Rel. Des. Albano Mattos Corrêa – Publ. em 25.4.2004).

22.1.5 Postura mais cuidadosa com os bens alheios

"Se, correndo risco o objeto do comodato juntamente com outros do comodatário, antepuser este a salvação dos seus abandonando o do comodante, responderá pelo dano ocorrido, ainda que se possa atribuir a caso fortuito, ou força maior" (CC, art. 583).[17] É a postura mais cuidadosa que o comodatário deve ter com os bens alheios.

Outrossim, prescreve o artigo 238 que "se a obrigação for de restituir coisa certa, e esta, sem culpa do devedor, se perder antes da tradição, sofrerá o credor a perda, e a obrigação se resolverá, ressalvados os seus direitos até o dia da perda". E o artigo 239 informa que "se a coisa se perder por culpa do devedor, responderá este pelo equivalente, mais perdas e danos".

22.1.6 Solidariedade passiva dos comodatários

Consoante o disposto no artigo 585 do Código Civil, "se duas ou mais pessoas forem simultaneamente comodatárias de uma coisa, ficarão solidariamente responsáveis para com o comodante".[18] Trata-se de solidariedade por força de lei, respondendo todos os comodatários pelas obrigações concernentes ao comodato. Neste caso, havendo vários comodatários, eles serão solidariamente responsáveis na obrigação de indenizar o comodante por qualquer dano sofrido pela coisa emprestada. É um exemplo típico de solidariedade legal, já que disposta em lei.[19] O comodante poderá escolher qualquer dos comodatários para exigir a indenização integral. Se este comodatário não for o causador do dano, deverá regredir em face do responsável pelo dano.[20]

---

17 Correspondente ao art. 1.253 do CCB/1916.

18 Correspondente ao art. 1.255 do CCB/1916.

19 CC 2002 – Art. 265. A solidariedade não se presume; resulta da lei ou da vontade das partes.

20 CC 2002 – Da Solidariedade Passiva. Arts. 275 a 285.
CC 2002 – Art. 275. O credor tem direito a exigir e receber de um ou de alguns dos devedores, parcial ou totalmente, a dívida comum; se o pagamento tiver sido parcial, todos os demais devedores continuam obrigados solidariamente pelo resto. Parágrafo único. Não importará renúncia da solidariedade a propositura de ação pelo credor contra um ou al-

22.1.7 Distinção de locação e comodato

A distinção entre os contratos de locação e comodato foi apreciada pelo Tribunal de Justiça do Estado do Rio Grande do Sul, da seguinte forma:

> LOCAÇÃO. AÇÃO DE DESPEJO POR FALTA DE PAGAMENTO E COBRANÇA DE ALUGUÉIS. LOCAÇÃO VERBAL COMPROVADA. PROCEDÊNCIA DA AÇÃO. O apelante não nega que ocupa o imóvel da autora. Sustenta apenas que o ocupa em troca de serviços prestados à autora e seu marido. Assim, havendo contraprestação, a relação jurídica é onerosa. A diferença entre o contrato de comodato e de locação reside no fato desta ser onerosa e aquele ser gratuito. Demonstrada, portanto, a existência de locação verbal entre as partes e não comprovado o pagamento dos aluguéis, o corolário lógico é a procedência da ação de despejo. Sentença confirmada. (Apelação Cível nº 70011438793, 15º Câmara Cível – TJRS, em 1 de junho de 2005).[21]

---

guns dos devedores.
CC 2002 – Art. 276. Se um dos devedores solidários falecer deixando herdeiros, nenhum destes será obrigado a pagar senão a quota que corresponder ao seu quinhão hereditário, salvo se a obrigação for indivisível; mas todos reunidos serão considerados como um devedor solidário em relação aos demais devedores.
CC 2002 – Art. 277. O pagamento parcial feito por um dos devedores e a remissão por ele obtida não aproveitam aos outros devedores, senão até à concorrência da quantia paga ou relevada.
CC 2002 – Art. 278. Qualquer cláusula, condição ou obrigação adicional, estipulada entre um dos devedores solidários e o credor, não poderá agravar a posição dos outros sem consentimento destes.
CC 2002 – Art. 279. Impossibilitando-se a prestação por culpa de um dos devedores solidários, subsiste para todos o encargo de pagar o equivalente; mas pelas perdas e danos só responde o culpado.
CC 2002 – Art. 280. Todos os devedores respondem pelos juros da mora, ainda que a ação tenha sido proposta somente contra um; mas o culpado responde aos outros pela obrigação acrescida.
CC 2002 – Art. 281. O devedor demandado pode opor ao credor as exceções que lhe forem pessoais e as comuns a todos; não lhe aproveitando as exceções pessoais a outro codevedor.
CC 2002 – Art. 282. O credor pode renunciar à solidariedade em favor de um, de alguns ou de todos os devedores. Parágrafo único. Se o credor exonerar da solidariedade um ou mais devedores, subsistirá a dos demais.
CC 2002 – Art. 283. O devedor que satisfez a dívida por inteiro tem direito a exigir de cada um dos codevedores a sua quota, dividindo-se igualmente por todos a do insolvente, se o houver, presumindo-se iguais, no débito, as partes de todos os codevedores.
CC 2002 – Art. 284. No caso de rateio entre os codevedores, contribuirão também os exonerados da solidariedade pelo credor, pela parte que na obrigação incumbia ao insolvente.
CC 2002 – Art. 285. Se a dívida solidária interessar exclusivamente a um dos devedores, responderá este por toda ela para com aquele que pagar.

21 R E L A T Ó R I O - Des. Ricardo Raupp Ruschel (RELATOR)
Trata-se de recurso de apelação interposto por AS contra a sentença (fls. 149-152) que julgou procedente o pedido da ação de despejo cumulada com cobrança movida por DG, para declarar rescindido o contrato de locação firmado pelas partes, concedendo ao

apelante o prazo de quinze dias à desocupação voluntária do imóvel sob pena de despejo compulsório; condenando-o ao pagamento dos aluguéis vencidos e os que se vencerem no decorrer da lide até a efetiva desocupação do imóvel, acrescido de juros de mora e correção monetária; além do pagamento das custas do processo e honorários advocatícios do procurador da autora, estes fixados em 15% sobre o valor da causa. Suspensa a exigibilidade, porém, em face do benefício da AJG concedido ao apelante.
Inconformado, o requerido apresenta recurso de apelação (fls. 159-162), dizendo que a autora ingressou com a presente ação alegando que mantém, desde 1988, locação verbal com o apelante, e que este teria deixado de pagar regularmente os aluguéis a partir do final do ano de 1998.
O apelante, na contestação, sustentou carência de ação pela inexistência de locação, pois ocupa o imóvel porque o marido da autora lhe ofereceu para moradia em troca de pequenos reparos e consertos a serem feitos em imóveis de sua propriedade, sem a obrigação de pagar qualquer importância a título de aluguel.
Alega que a autora não comprovou a alegada locação entre as partes, sequer apresentou recibos dos pagamentos dos aluguéis dos primeiros dez anos que o apelante ocupou o imóvel.
Esclarece que em uma das reformas dos imóveis da autora e seu marido, o apelante acidentou-se tendo ficado impossibilitado de trabalhar por um longo período. Depois novamente sofreu outro acidente ficando definitivamente impossibilitado de exercer atividades que despendessem esforço físico. A partir de então quando solicitado pela autora para efetuar alguma reforma pedia ao filho ou cunhado para fazê-la.
Informa que nas locações anteriores, o apelante sempre pagou regularmente os aluguéis e devolvia o imóvel em ótimo estado de conservação.
Deste modo, o apelante não pode ser condenado ao despejo e a pagar aluguéis indevidos.
Por fim, requer o provimento do recurso e a reforma da sentença, para julgar improcedente o pedido inicial.
Contrarrazões, fls. 166-172.
É o relatório.
VOTOS - Des. Ricardo Raupp Ruschel (RELATOR). A controvérsia gira em torno da existência ou não da relação locatícia entre as partes – locação verbal. O recurso não merece provimento. Com efeito, incontroverso que o imóvel ocupado pelo apelante é de propriedade da autora e seu esposo LDG, conforme demonstram os documentos de fls. 24 e 34. Se o apelante não é proprietário do imóvel em discussão, somente poderá ocupá-lo na condição de comodatário ou locatário.
O comodato caracteriza-se pela entrega de uma coisa para uso gratuito, com a obrigação do devedor de restituí-la.
Já a locação, segundo o novo Código Civil brasileiro, em seu art. 565, é o contrato através do qual "uma das partes se obriga a ceder à outra, por tempo determinado, ou não, o uso e gozo de coisa não fungível, mediante certa retribuição". Ou seja, a locação possui natureza jurídica de contrato bilateral, comutativo, oneroso, consensual, de relação duradoura e não solene.
Tais institutos se aproximam, mas não são iguais frente à significativa diferença da remuneração. O comodato é um empréstimo gratuito de coisas não fungíveis. A necessidade da gratuidade decorre de sua própria natureza, senão confundir-se-ia com a locação, que é onerosa.
No caso, o apelante em nenhum momento alega que ocupa o imóvel da autora e seu marido a título de comodato, isto é, que nele reside por empréstimo gratuito.
Ao contrário, desde o início, afirma que a ocupação não é gratuita.

22.2 Do Mútuo

22.2.1 Definição e características

O contrato de mútuo traduz o empréstimo de coisas fungíveis (CC 2002 - Art. 586), cuja propriedade é transferida ao comodatário, ficando este na obrigação de restituir coisa idêntica. O mútuo é também conhecido como *empréstimo de consumo*, enquanto o comodato é chamado de empréstimo de uso. No mútuo, o único interesse econômico do mutuário é consumir a coisa emprestada. De acordo com Manuel Inácio Carvalho de Mendonça é o "em-

Na contestação (fl. 15), o apelante diz que: "Há mais de dez anos atrás o Requerido procurou o marido da Requerente para ver da possibilidade em alugar um imóvel para morar. O mesmo lhe informou que não tinha imóvel disponível para locar no momento. Havia sim, uma casa em mau estado de conservação e abandonada, mas que não tinha condições de moradia sem que fosse feita uma grande reforma. Propôs ao requerido, dizendo que se o mesmo achasse que lhe convinha, para que ajeitasse o imóvel às suas custas e que lhe daria o mesmo para morar pelo menos por um anos, sem qualquer custo.

"Foi o que aconteceu, o Requerido comprou material e deu condições de uso ao imóvel, indo morar no mesmo.

"A requerente e seu esposo (....) Fizeram proposta ao então morador (o ora requerido) para que lá continuasse por mais tempo solicitando-lhe (como pedreiro e construtor) para que ficasse a sua disposição para pequenos reparos e consertos em casas de sua propriedade (os mesmos têm diversos imóveis na cidade), em troca poderia ficar morando sem pagar qualquer importância pelo uso do imóvel".

Assim, não resta dúvida de que o apelante ocupa o imóvel em discussão na condição de locatário e não de comodatário, pois desde o início a ocupação nunca foi gratuita, mas onerosa.

Diante disso, impõe-se afastar a tese de defesa de que a relação jurídica entabulada entre as partes não é de locação. Se a relação não é de comodato ou locação, a título de que seria então?

Ademais, em se tratando de uma relação jurídica não solene, o fato de as partes terem acertado o pagamento dos aluguéis em troca da prestação de serviços, não descaracteriza a locação. Não há, assim, como se negar a relação locatícia verbal existente entre as partes.

Os recibos dos pagamentos dos aluguéis quitados desde o início da locação (em 1988) até o ano de 1998, são de responsabilidade do apelante que estava na posse dos mesmos.

A prova documental e testemunhal produzida nos autos são no sentido de que há relação locatícia entre as partes.

Desta forma, sendo incontroverso que o apelante ocupa o imóvel em discussão de propriedade da autora e seu marido, e não se tratando de comodato, entendo estar comprovada a existência de locação verbal entre as partes.

Assim, comprovada a relação locatícia e o não pagamento dos aluguéis e encargos, mostra-se correta a sentença que julgou procedente o pedido de despejo e cobrança de aluguéis e encargos. Até porque o apelante não impugnou o valor do débito e dos aluguéis.

Do exposto, nego provimento ao recurso de apelação. Dr. Victor Luiz Barcellos Lima (REVISOR) – De acordo. DES. VICENTE BARROCO DE VASCONCELLOS (PRESIDENTE) – De acordo. DES. VICENTE BARROCO DE VASCONCELLOS – PRESIDENTE – Apelação Cível nº 70011438793, Comarca de Carazinho: "NEGARAM PROVIMENTO AO RECURSO DE APELAÇÃO. UNÂNIME". Julgador(a) de 1º Grau: MARIA DE LOURDES G. BRACCINI DE GONZALEZ.

préstimo de consumo dos franceses e italianos – é realmente o empréstimo de coisas que podem ser consumidas por aquele que as recebe".[22] Daí que a coisa emprestada, em regra, vai ser consumida pelo mutuário.[23] O mutuário não devolverá a mesma coisa ao mutuante e sim uma outra semelhante, da mesma natureza, qualidade e quantidade.[24] O empréstimo de R$ 100,00 a um amigo ou o empréstimo de um quilo de açúcar a um vizinho são exemplos de contrato de mútuo. É possível, também, o empréstimo em moeda estrangeira.[25] O artigo 586 do CCB determina que "O mútuo é o empréstimo de coisas fungíveis. O mutuário é obrigado a restituir ao mutuante o que dele recebeu em coisa do mesmo gênero, qualidade e quantidade".[26]

Arnaldo Rizzardo ensina que são objeto de mútuo "animais dados a uma pessoa, a qual deverá posteriormente devolver idêntica quantidade, da mesma raça ou não, embora diferentes de indivíduo a indivíduo; igualmente o empréstimo, por um comerciante, de um determinado número de aparelhos eletrodomésticos a outro, por certo período de tempo, com a obrigação de restituir,

---

22 CARVALHO DE MENDONÇA, Manuel Inácio. Contratos no direito civil brasileiro. Tomo I. 3. ed. Rio de Janeiro: Forense, 1955, p. 100.

23 Vale destacar que CARVALHO DE MENDONÇA alerta que "é, pois, um erro afirmar que as coisas que se consomem com o uso sejam as únicas que possam ser objeto do mútuo. Não é a pretendida natureza das coisas que se deve tomar em consideração e sim a intenção manifestada das partes". *Ibid.*, p. 101-102.

24 CC 2002 – Art. 85. São fungíveis os móveis que podem substituir-se por outros da mesma espécie, qualidade e quantidade.

25 EMPRÉSTIMO. MOEDA ESTRANGEIRA. COBRANÇA. AVALISTAS. A primeira questão do recurso refere-se à validade de empréstimo externo em moeda estrangeira, questão já pacificada no âmbito deste Superior Tribunal no sentido de que é possível a pactuação do empréstimo nesse tipo de moeda, desde que o pagamento seja efetuado em moeda nacional, pela conversão cambial. No caso, cuida-se de contrato que é tomado no exterior em dólares americanos. Com repasse para o mutuário no Brasil, fato incontroverso, a quebra do parâmetro levará, fatalmente, ao desequilíbrio, se vinculado a padrão diverso. A situação é diferente daquela em que o mútuo é realizado unicamente com recursos nacionais, fonte e destinação, para cumprimento no país, sem compromissos assumidos pelo banco mutuante no exterior, que, assinale-se, não necessitam ser individualizados previamente em relação a cada tomador ulterior. Quanto ao segundo ponto, foram objeto da execução o contrato, o aditivo e a nota promissória, de sorte que o aval dado na cártula vinculada ao título é possível e legal, daí o cabimento da cobrança contra os avalistas. De outro lado, há garantia hipotecária atrelada ao cumprimento do contrato, de modo que, seja por uma seja por outra forma, os corréus podem ser executados (Súm. nº 27-STJ). Finalmente, no que concerne à instrução da execução, desnecessário que sejam apresentadas as parcelas atualizadas, visto que o são mediante simples cálculo matemático. Suficiente, pois, o demonstrativo da dívida original e sua evolução, como foi assinalado na sentença de primeiro grau. Não fora isso suficiente – e é – de toda sorte teria o Tribunal estadual, então, de oportunizar, previamente, a complementação da instrução ao exequente nos termos do art. 616 do CPC. Isso posto, a Turma conheceu do recurso e lhe deu provimento para restabelecer a sentença monocrática. REsp 332.944-MG, Rel. Min. Aldir Passarinho Júnior, julgado em 28.11.2006.

26 Correspondente ao art. 1.256 do CCB/1916.

posteriormente, idêntica quantidade, da mesma espécie e marca; a entrega de uma carga de um tipo de cereal a um depositário, ao qual cabe, mais tarde, a restituição ao depositante, não daquele que recebeu, mas de igual gênero, qualidade e quantidade. Nos dois primeiros casos, temos bens fungíveis; no último, a coisa é, além de fungível, consumível".[27]

O contrato de comodato é um contrato unilateral (já que apenas o mutuário possui obrigações), gratuito ou oneroso (feneratício ou frutífero), informal, não solene, real (se perfaz com a tradição da coisa) e temporário (a duração do contrato é por prazo certo).

O contrato de mútuo na sua essência era gratuito, e.g., a ajuda mútua entre as pessoas. Os romanos chamavam *mutuum* ao verdadeiro empréstimo, sempre gratuito.[28]

Como dito acima, o mútuo transfere a propriedade ao mutuário. Esta é a regra estabelecida no artigo 587: "Este empréstimo transfere o domínio da coisa emprestada ao mutuário, por cuja conta correm todos os riscos dela desde a tradição".[29] Daí que a *obrigação do mutuário é de dar*[30] *e não de restituir a coisa.*

22.2.2 Capacidade para contrair mútuo

Considerando que no contrato de mútuo ocorre a transferência da propriedade, é certo que o negócio jurídico requer o consentimento das partes e a capacidade para contratar. Portanto, é ineficaz o contrato de mútuo firmado com pessoa menor.[31] É o que preconiza o artigo 588, ao dizer que "O mútuo

---

27 RIZZARDO, Arnaldo. Contratos. 6. ed. Rio de Janeiro: Forense, 2006, p. 597-598.

28 CARVALHO DE MENDONÇA, *op. cit.*, p. 103.

29 Correspondente ao art. 1.257 do CCB/1916.

30 CC 2002 – Art. 233. A obrigação de dar coisa certa abrange os acessórios dela embora não mencionados, salvo se o contrário resultar do título ou das circunstâncias do caso.
CC 2002 – Art. 234. Se, no caso do artigo antecedente, a coisa se perder, sem culpa do devedor, antes da tradição, ou pendente a condição suspensiva, fica resolvida a obrigação para ambas as partes; se a perda resultar de culpa do devedor, responderá este pelo equivalente e mais perdas e danos.
CC 2002 – Art. 1.267. A propriedade das coisas não se transfere pelos negócios jurídicos antes da tradição. Parágrafo único. Subentende-se a tradição quando o transmitente continua a possuir pelo constituto possessório; quando cede ao adquirente o direito à restituição da coisa, que se encontra em poder de terceiro; ou quando o adquirente já está na posse da coisa, por ocasião do negócio jurídico.

31 CC 2002 – Art. 116. A manifestação de vontade pelo representante, nos limites de seus poderes, produz efeitos em relação ao representado.
CC 2002 – Art. 166. É nulo o negócio jurídico quando: I – celebrado por pessoa absolutamente incapaz;
CC 2002 – Art. 171. Além dos casos expressamente declarados na lei, é anulável o negócio jurídico: I – por incapacidade relativa do agente;
CC 2002 – Art. 180. O menor, entre dezesseis e dezoito anos, não pode, para eximir-se de uma obrigação, invocar a sua idade se dolosamente a ocultou quando inquirido pela outra

feito a pessoa menor, sem prévia autorização daquele sob cuja guarda estiver, não pode ser reavido nem do mutuário, nem de seus fiadores".[32]

Todavia, existem hipóteses de eficácia do contrato de mútuo firmado com pessoa menor. São aquelas expressas no artigo 589 do nosso Código Civil:

> Art. 589. Cessa a disposição do artigo antecedente:
> *Correspondente ao art. 1.260 caput, do CCB/1916*
> I – se a pessoa, de cuja autorização necessitava o mutuário para contrair o empréstimo, o ratificar posteriormente;
> *Correspondente ao art. 1.260, I, do CCB/1916*
> II – se o menor, estando ausente essa pessoa, se viu obrigado a contrair o empréstimo para os seus alimentos habituais;
> *Correspondente ao art. 1.260, II, do CCB/1916*
> III – se o menor tiver bens ganhos com o seu trabalho. Mas, em tal caso, a execução do credor não lhes poderá ultrapassar as forças;
> *Correspondente ao art. 1.260, III, do CCB/1916*
> IV – se o empréstimo reverteu em benefício do menor;
> *Sem correspondência*
> V – se o menor obteve o empréstimo maliciosamente.
> *Sem correspondência*

22.2.3 Garantia da restituição

O mutuante pode exigir garantia da restituição, se antes do vencimento o mutuário sofrer notória mudança em sua situação econômica (CC, Art. 590).[33] [34]

---

parte, ou se, no ato de obrigar-se, declarou-se maior.

32 Correspondente ao art. 1.259 do CCB/1916.

33 Correspondente ao art. 1.261 do CCB/1916.

34 CC 2002 – Art. 333. Ao credor assistirá o direito de cobrar a dívida antes de vencido o prazo estipulado no contrato ou marcado neste Código: I – no caso de falência do devedor, ou de concurso de credores; II – se os bens, hipotecados ou empenhados, forem penhorados em execução por outro credor; III – se cessarem, ou se se tornarem insuficientes, as garantias do débito, fidejussórias, ou reais, e o devedor, intimado, se negar a reforçá-las. Parágrafo único. Nos casos deste artigo, se houver, no débito, solidariedade passiva, não se reputará vencido quanto aos outros devedores solventes.
CC 2002 – Art. 477. Se, depois de concluído o contrato, sobrevier a uma das partes contratantes diminuição em seu patrimônio capaz de comprometer ou tornar duvidosa a prestação pela qual se obrigou, pode a outra recusar-se à prestação que lhe incumbe, até que aquela satisfaça a que lhe compete ou dê garantia bastante de satisfazê-la.
CC 2002 – Art. 1.425. A dívida considera-se vencida: I – se, deteriorando-se, ou depreciando-se o bem dado em segurança, desfalcar a garantia, e o devedor, intimado, não a reforçar ou substituir; II – se o devedor cair em insolvência ou falir; III – se as prestações não forem pontualmente pagas, toda vez que deste modo se achar estipulado o pagamento. Neste caso, o recebimento posterior da prestação atrasada importa renúncia do credor ao seu direito de execução imediata; IV – se perecer o bem dado em garantia, e não for

A notória mudança na situação econômica do mutuário pode ocorrer com a sua insolvência, com a instauração do concurso de credores, bem como quando o mutuário deixar que quitar no vencimento outras obrigações líquidas e certas.

22.2.4 Mútuo mercantil

O contrato de mútuo com juros compensatórios é aquele denominado de mútuo oneroso, feneratício (origem romana: *foenus*) ou frutífero.

Destinando-se o mútuo a fins econômicos, presumem-se devidos juros, os quais, sob pena de redução, não poderão exceder a taxa a que se refere o art. 406, permitida a capitalização anual (CC, art. 591).[35]

Os juros compensatórios são aqueles provenientes do contrato de empréstimo de dinheiro. Existem, pois, duas espécies de juros: os compensatórios e os moratórios. Aqueles, conforme afirmado, são devidos pelo uso do capital de outra pessoa, estes, por sua vez, devem-se em razão do atraso de sua devolução.[36]

---

substituído; V – se se desapropriar o bem dado em garantia, hipótese na qual se depositará a parte do preço que for necessária para o pagamento integral do credor. § 1º Nos casos de perecimento da coisa dada em garantia, esta se sub-rogará na indenização do seguro, ou no ressarcimento do dano, em benefício do credor, a quem assistirá sobre ela preferência até seu completo reembolso. § 2º Nos casos dos incisos IV e V, só se vencerá a hipoteca antes do prazo estipulado, se o perecimento, ou a desapropriação recair sobre o bem dado em garantia, e esta não abranger outras; subsistindo, no caso contrário, a dívida reduzida, com a respectiva garantia sobre os demais bens, não desapropriados ou destruídos.

35 Correspondente ao art. 1.262 do CCB/1916.

36 AGRAVO REGIMENTAL NO RECURSO ESPECIAL. CONTRATO DE CRÉDITO BANCÁRIO. COMISSÃO DE PERMANÊNCIA. INACUMULABILIDADE COM QUAISQUER OUTROS ENCARGOS REMUNERATÓRIOS OU MORATÓRIOS. JUROS REMUNERATÓRIOS. LIMITAÇÃO AFASTADA. PARCIAL PROCEDÊNCIA DA RECONVENÇÃO. AGRAVO REGIMENTAL PARCIALMENTE PROVIDO.

1. Segundo o entendimento pacificado na e. 2ª Seção (AgR-REsp nº 706.368/RS, relatora Ministra Nancy Andrighi, unânime, DJU de 8.8.2005), a comissão de permanência não pode ser cumulada com quaisquer outros encargos remuneratórios ou moratórios que, previstos para a situação de inadimplência, criam incompatibilidade para o deferimento desta parcela. Constatada a presença da correção monetária e dos demais encargos moratórios para o período de inadimplência, inviável a concessão da comissão de permanência conforme contratada.

2. Merece guarida o inconformismo tocante à improcedência de todos os pedidos formulados na reconvenção, visto que, no particular, foi reconhecida a legalidade da taxa de juros remuneratórios pactuada, atraindo, dessarte, a procedência do requerimento formulado a esse propósito.

3. Agravo regimental parcialmente provido.

(AgRg no Ag 837.155/RS, Rel. ministro HÉLIO QUAGLIA BARBOSA, QUARTA TURMA, julgado em 17.05.2007, DJ 4.6.2007 p. 366)

Já a capitalização dos juros[37] é o valor dos juros sobre juros adicionados ao capital.[38]

O STJ veda a cobrança da comissão de permanência com os juros moratórios e com a multa contratual, bem como não permite a sua cumulação com a correção monetária e com os juros remuneratórios, conforme teor das Súmulas 294 e 296. Vejamos:

STJ – Súmula 294: Não é potestativa a cláusula contratual que prevê a comissão de permanência, calculada pela taxa média de mercado apurada pelo Banco Central do Brasil, limitada à taxa do contrato.

STJ – Súmula 296: Os juros remuneratórios, não cumuláveis com a comissão de permanência, são devidos no período de inadimplência, à taxa média de mercado estipulada pelo Banco Central do Brasil, limitada ao percentual contratado.

Neste sentido, o Tribunal de Justiça de Minas Gerais já afirmou que "CONTRATO BANCÁRIO – REVISÃO DE CONTRATO FINDO – POSSIBILIDADE. É possível a revisão de contratos findos que contenham em seu bojo cláusulas supostamente ilegais e abusivas, posto que revestidas de nulidade absoluta, não gerando efeitos para ser convalidadas. É defesa a cumulação da comissão de permanência com os encargos de multa e de juros moratórios. Mostra-se indevida a capitalização de juros, que significa a contagem de

37 STF – Súmula 121 – É vedada a capitalização de juros, ainda que expressamente convencionada.

38 AGRAVO REGIMENTAL NO RECURSO ESPECIAL. CONTRATO BANCÁRIO. REVISÃO CONTRATUAL. POSSIBILIDADE. CAPITALIZAÇÃO MENSAL DOS JUROS. POSSIBILIDADE APENAS EM RELAÇÃO AOS CONTRATOS FIRMADOS APÓS A MP N.º 2.170/2000. REEXAME FÁTICO-PROBATÓRIO. COMISSÃO DE PERMANÊNCIA. CUMULAÇÃO COM OUTROS ENCARGOS. IMPOSSIBILIDADE. REPETIÇÃO DO INDÉBITO E COMPENSAÇÃO. POSSIBILIDADE. AGRAVO IMPROVIDO.

1. Em face da relativização do princípio *pacta sunt servanda*, é possível revisar os contratos e suas cláusulas, para afastar eventuais ilegalidades, ainda que tenha havido quitação ou novação.

2. As instâncias ordinárias não se manifestaram acerca da pactuação da capitalização de juros, nem, tampouco, da data em que foi celebrado o contrato, o que impossibilita, nesta esfera recursal extraordinária a verificação de tais requisitos, sob pena de afrontar o disposto nos enunciados sumulares nºs 5 e 7 da Súmula do Superior Tribunal de Justiça.

3. A comissão de permanência é admitida durante o período de inadimplemento contratual, não podendo, contudo, ser cumulada com a correção monetária (Súmula 30/STJ), com os juros remuneratórios (Súmula 296/STJ) e moratórios, nem com a multa contratual; na espécie, incidindo correção monetária, multa e juros moratórios, mantém-se o afastamento da comissão de permanência.

4. A compensação de valores e a repetição de indébito são cabíveis sempre que verificado o pagamento indevido, em repúdio ao enriquecimento ilícito de quem o receber, independentemente da comprovação do erro.

5. Agravo improvido.

(AgRg no REsp 850.739/RS, Rel. ministro HÉLIO QUAGLIA BARBOSA, QUARTA TURMA, julgado em 22.5.2007, DJ 4.6.2007 p. 369).

juros sobre juros, gerando acréscimo exacerbado no valor do crédito." (Decisão: Ac. unân. da 11ª Câm. Cív., publ. em 6.12.2006 – Recurso: Ap. Cív. 1.0024.06.98504-2/001 – Relator: Rel. Des. Duarte de Paula).

Vale destacar que os contraentes devem ficar atentos ao teor da regra 406 do nosso Código Civil que determina que "Quando os juros moratórios não forem convencionados, ou o forem sem taxa estipulada, ou quando provierem de determinação da lei, serão fixados segundo a taxa que estiver em vigor para a mora do pagamento de impostos devidos à Fazenda Nacional".

Da mesma forma, o Conselho da Justiça Federal, em sua I Jornada de Direito Civil, publicou o Enunciado 34, que diz: "CJF – Enunciado 34 – Art. 591: no novo Código Civil, quaisquer contratos de mútuo destinados a fins econômicos presumem-se onerosos (art. 591), ficando a taxa de juros compensatórios limitada ao disposto no art. 406, com capitalização anual.

A Lei nº 4.595/64, que dispõe sobre a Política e as Instituições Monetárias, Bancárias e Creditícias, Cria o Conselho Monetário Nacional e dá outras providências, em seu artigo 17 determina que "Consideram-se instituições financeiras, para os efeitos da legislação em vigor, as pessoas jurídicas públicas ou privadas, que tenham como atividade principal ou acessória a coleta, intermediação ou aplicação de recursos financeiros próprios ou de terceiros, em moeda nacional ou estrangeira, e a custódia de valor de propriedade de terceiros.Parágrafo único. Para os efeitos desta lei e da legislação em vigor, equiparam-se às instituições financeiras as pessoas físicas que exerçam qualquer das atividades referidas neste artigo, de forma permanente ou eventual".[39]-[40]

Todavia, o STJ editou a Súmula 297, informando que o "O Código de Defesa do Consumidor é aplicável às instituições financeiras". Nesse sentido a jurisprudência do STJ: "Bancário e processo civil. Recurso especial. Revisão de contrato bancário. Aplicabilidade do CDC. Taxa de juros remu-

---

39 AGRAVO REGIMENTAL. RECURSO ESPECIAL. AFASTAMENTO DA SÚMULA 126. JUROS REMUNERATÓRIOS. LIMITAÇÃO. IMPOSSIBILIDADE. CAPITALIZAÇÃO MENSAL. INCIDÊNCIA DA MEDIDA PROVISÓRIA 2.170-36/2001.

1. Esta Corte é uníssona no entender que com o advento da Lei 4.595/1964, restou afastada a incidência do Decreto nº 22.626/33 (Lei de Usura), ficando delegado ao Conselho Monetário Nacional poder normativo para limitar as referidas taxas, salvo as exceções legais, aplicando-se à espécie o Enunciado da Súmula nº 596/STF.

2. A comissão de permanência é admitida durante o período de inadimplemento contratual, não podendo, contudo, ser cumulada com a correção monetária (Súmula 30/STJ), com os juros remuneratórios (Súmula 296/STJ) e moratórios, nem com a multa contratual.

3. Agravo regimental improvido.

(AgRg no Ag 722.542/MS, Rel. ministro HÉLIO QUAGLIA BARBOSA, QUARTA TURMA, julgado em 13.3.2007, DJ 9.4.2007 p. 254)

40 STF – Súmula 596 – As disposições do Decreto 22.626/1933 não se aplicam às taxas de juros e aos outros encargos cobrados nas operações realizadas por instituições públicas ou privadas, que integram o sistema financeiro nacional.

neratórios. Comissão de permanência. Ausência de fundamentos capazes de ilidir a decisão agravada. – São aplicáveis as disposições do Código de Defesa do Consumidor aos contratos celebrados com as instituições financeiras. Súmula nº 297/STJ. – Nos termos da jurisprudência do STJ, não se aplica a limitação da taxa de juros remuneratórios em 12% ao ano aos contratos bancários não abrangidos por legislação específica quanto ao ponto. – É admitida a incidência da comissão de permanência desde que não cumulada com juros remuneratórios, juros moratórios, correção monetária e/ou multa contratual. Precedentes. Agravo não provido (AgRg no Ag 821.115/SC, Rel. Ministra NANCY ANDRIGHI, TERCEIRA TURMA, julgado em 24.4.2007, DJ 28.5.2007 p. 332).

Da mesma forma: "CONSUMIDOR. MÚTUO BANCÁRIO. COMISSÃO DE PERMANÊNCIA. INTERPRETAÇÃO DAS SÚMULAS Nos 294 E 296 DO SUPERIOR TRIBUNAL DE JUSTIÇA. Vencido o empréstimo bancário, o mutuário permanece vinculado à obrigação de remunerar o capital emprestado mediante os juros contratados, salvo se a respectiva taxa de mercado for menor, respondendo ainda pelos juros de mora e, quando ajustada, pela multa, que não pode exceder de dois por cento se o negócio for posterior ao Código de Defesa do Consumidor; na compreensão do Superior Tribunal de Justiça, a comissão de permanência é formada por três parcelas, a saber: 1) juros que remuneram o capital emprestado (juros remuneratórios); 2) juros que compensam a demora no pagamento (juros moratórios); e 3) se contratada, a multa (limitada a dois por cento, se ajustada após o advento do Código de Defesa do Consumidor) que constitui a sanção pelo inadimplemento. Recurso especial conhecido e provido (REsp 834.968/RS, Rel. ministro ARI PARGENDLER, SEGUNDA SEÇÃO, julgado em 14.3.2007, DJ 7.5.2007 p. 273)."

Por fim, mais uma decisão do mesmo Pretório: "Bancário. Contrato de financiamento com alienação fiduciária em garantia. Cláusulas abusivas. CDC. Aplicabilidade. Juros remuneratórios. Limitação em 12% ao ano. Impossibilidade. Capitalização mensal. Possibilidade, desde que pactuada. Comissão de permanência. Possibilidade, desde que não cumulada com juros remuneratórios, correção monetária, juros moratórios e/ou multa contratual. Mora. Descaracterização, quando da cobrança de acréscimos indevidos pela instituição financeira. Busca e apreensão. Impossibilidade. Compensação e repetição do indébito. Possibilidade. Inscrição do devedor em órgãos de proteção ao crédito. Impossibilidade, desde que presentes os requisitos estabelecidos pelo STJ (REsp 527.618). Precedentes. – Aplica-se aos contratos bancários a disposição do CDC. – Nos termos da jurisprudência do STJ, não se aplica a limitação da taxa de juros remuneratórios em 12% ao ano aos contratos bancários não abrangidos por legislação específica quanto ao ponto. – Nos contratos celebrados por instituições integrantes do Sistema Financeiro Nacional, posteriormente à edição da MP nº 1.963-17/00 (reeditada sob o nº 2.170-36/01), admite-se a capitalização mensal de juros, desde que expressamente pactuada. – Admite-se a cobrança de comissão de permanência após a caracterização da mora do devedor, desde que não cumulada com juros remuneratórios, correção monetária, juros moratórios e/ou multa contratual. – A cobrança de acréscimos indevidos importa na descaracterização da mora, tornando inadmissível a busca e apreensão do bem. – Admite-se a repetição e/ou a compensação dos valores pagos a maior nos contratos de abertura de crédito em conta corrente e de mútuo celebrados com instituições financeiras, independentemente da prova de que o devedor tenha realizado o pagamento por erro, porquanto há de se vedar o enriquecimento ilícito do banco em detrimento deste. – O STJ, no julgamento do REsp 527.618 (Rel. Min. César Asfor Rocha, DJ de 24.11.03), decidiu que a concessão de medida impedindo o registro do nome do devedor em cadastros de proteção ao crédito fica condicionada à existência de três requisitos, quais sejam: (i) a propositura de ação pelo devedor contestando a existência integral ou parcial do débito; (ii) efetiva demonstração de que a contestação da cobrança indevida se funda na aparência do bom direito e em jurisprudência consolidada do STF ou STJ; (iii) o depósito do valor referente à parte tida por incontroversa, ou a prestação de caução idônea ao prudente arbítrio do juiz. Recurso especial parcialmente provido (REsp 894.385/RS, Rel. Ministra NANCY ANDRIGHI, TERCEIRA TURMA, julgado em 27.3.2007, DJ 16.4.2007 p. 199).

Abaixo, outras Súmulas de igual interesse:

> STF – Súmula 254 – Incluem-se os juros moratórios na liquidação, embora omisso o pedido inicial ou a condenação.
>
> STF – Súmula 596 – As disposições do Decreto 22.626/1933 não se aplicam às taxas de juros e aos outros encargos cobrados nas operações realizadas por instituições públicas ou privadas, que integram o sistema financeiro nacional.
>
> STJ – Súmula 54: Os juros moratórios fluem a partir do evento danoso, em caso de responsabilidade extracontratual.
>
> STJ – Súmula 102: A incidência dos juros moratórios sobre os compensatórios, nas ações expropriatórias, não constitui anatocismo vedado em lei.
>
> STJ – Súmula 283: As empresas administradoras de cartão de crédito são instituições financeiras e, por isso, os juros remuneratórios por elas cobrados não sofrem as limitações da Lei de Usura.
>
> STJ – Súmula 287: A Taxa Básica Financeira (TBF) não pode ser utilizada como indexador de correção monetária nos contratos bancários.
>
> STJ – Súmula 288: A Taxa de Juros de Longo Prazo (TJLP) pode ser utilizada como indexador de correção monetária nos contratos bancários.

22.2.5 Prazo para o pagamento do contrato de mútuo

Consoante o artigo 592 do CCB, "Não se tendo convencionado expressamente, o prazo do mútuo será:[41]

I – até a próxima colheita, se o mútuo for de produtos agrícolas, assim para o consumo, como para semeadura;
II – de trinta dias, pelo menos, se for de dinheiro;
III – do espaço de tempo que declarar o mutuante, se for de qualquer outra coisa fungível".

41 Correspondente ao art. 1.264, *caput*, I, II e III do CCB/1916.

Capítulo 23

DA PRESTAÇÃO DE SERVIÇO

23.1 Conceito e Características

O Contrato de prestação de serviço é o negócio jurídico pelo qual o prestador de serviço se obriga a fazer algo em favor do dono do serviço e este se obriga em remunerá-lo pelo serviço prestado. As partes envolvidas neste contrato são chamadas de *prestador de serviço* e *dono do serviço*.

A prestação de serviço, que não estiver sujeita às leis trabalhistas ou a lei especial, será regida pelo Código Civil brasileiro, conforme disposição legal do artigo 593. Dessa maneira, o Código de Defesa do Consumidor (Lei 8.078/90) é aplicado aos contratos de consumo,[1] a CLT (são as regras do

1 CDC – Art. 2° Consumidor é toda pessoa física ou jurídica que adquire ou utiliza produto ou serviço como destinatário final. Parágrafo único. Equipara-se a consumidor a coletividade de pessoas, ainda que indetermináveis, que haja intervindo nas relações de consumo.
CDC – Art. 3° Fornecedor é toda pessoa física ou jurídica, pública ou privada, nacional ou estrangeira, bem como os entes despersonalizados, que desenvolvem atividade de produção, montagem, criação, construção, transformação, importação, exportação, distribuição ou comercialização de produtos ou prestação de serviços. § 1° Produto é qualquer bem, móvel ou imóvel, material ou imaterial. § 2° Serviço é qualquer atividade fornecida no mercado de consumo, mediante remuneração, inclusive as de natureza bancária, financeira, de crédito e securitária, salvo as decorrentes das relações de caráter trabalhista.
CDC – Art. 14. O fornecedor de serviços responde, independentemente da existência de culpa, pela reparação dos danos causados aos consumidores por defeitos relativos à prestação dos serviços, bem como por informações insuficientes ou inadequadas sobre sua fruição e riscos. § 1° O serviço é defeituoso quando não fornece a segurança que o consumidor dele pode esperar, levando-se em consideração as circunstâncias relevantes, entre as quais: I – o modo de seu fornecimento; II – o resultado e os riscos que razoavelmente dele se esperam; III – a época em que foi fornecido. § 2º O serviço não é considerado defeituoso pela adoção de novas técnicas. § 3° O fornecedor de serviços só não será responsabilizado quando provar: I – que, tendo prestado o serviço, o defeito inexiste; II – a culpa exclusiva do consumidor ou de terceiro. § 4° A responsabilidade pessoal dos profissionais liberais será apurada mediante a verificação de culpa.
CDC – Art. 20. O fornecedor de serviços responde pelos vícios de qualidade que os tornem impróprios ao consumo ou lhes diminuam o valor, assim como por aqueles decorrentes da disparidade com as indicações constantes da oferta ou mensagem publicitária, podendo o consumidor exigir, alternativamente e à sua escolha: I – a reexecução dos serviços, sem custo adicional e quando cabível; II – a restituição imediata da quantia paga, monetariamente atualizada, sem prejuízo de eventuais perdas e danos; III – o abatimento proporcional do

Decreto-Lei 5.452/43) aplica-se aos contratos de trabalho[2] e, finalmente, o Código Civil brasileiro apresenta aplicação subsidiária, ou seja, aplica-se aos contratos de prestação de serviço que não estejam na ambiência das relações consumeiras e trabalhistas.[3]

Considerando, pois, a referida sistematização é comum surgirem conflitos de competência entre a Justiça estadual e a Justiça do Trabalho em razão da natureza do serviço. É o caso do conflito de competência julgado pelo STJ cujo relator foi o ministro Massami Uyeda: CONFLITO DE COMPETÊNCIA Nº 66.568 - SC (2006/0155834-3) RELATOR: MINISTRO MASSAMI UYEDA. CONFLITO NEGATIVO DE COMPETÊNCIA -- PRESTAÇÃO DE SERVIÇOS - AÇÃO DE COBRANÇA -- PEDIDO E CAUSA DE PEDIR (DEFINIDORES DA NATUREZA DA LIDE) -- ADVENTO DA EMENDA CONSTITUCIONAL Nº 45/2004 -- ALTERAÇÃO DE ATRIBUIÇÃO DA ALÇADA CÍVEL -- INOCORRÊNCIA -- COMPETÊNCIA DA JUSTIÇA ESTADUAL. DECISÃO: Cuida-se de conflito negativo de competência estabelecido entre o r. Juízo da 2ª Vara do Trabalho de Itajaí/SC - 12ª Região (suscitante) e o r. Juízo de Direito da Vara Única da Comarca de Balneário Piçarras/SC (suscitado). O d. Juízo de Direito estadual da Vara Única da Comarca de Balneário Piçarras/SC, em suma, de ofício declinou da competência por ter entendido ser aquela da Justiça do Trabalho, tendo determinado a remessa dos autos à Justiça laboral

preço. § 1° A reexecução dos serviços poderá ser confiada a terceiros devidamente capacitados, por conta e risco do fornecedor. § 2° São impróprios os serviços que se mostrem inadequados para os fins que razoavelmente deles se esperam, bem como aqueles que não atendam as normas regulamentares de prestabilidade.

CDC - Art. 21. No fornecimento de serviços que tenham por objetivo a reparação de qualquer produto considerar-se-á implícita a obrigação do fornecedor de empregar componentes de reposição originais adequados e novos, ou que mantenham as especificações técnicas do fabricante, salvo, quanto a estes últimos, autorização em contrário do consumidor.

CDC - Art. 22. Os órgãos públicos, por si ou suas empresas, concessionárias, permissionárias ou sob qualquer outra forma de empreendimento, são obrigados a fornecer serviços adequados, eficientes, seguros e, quanto aos essenciais, contínuos. Parágrafo único. Nos casos de descumprimento, total ou parcial, das obrigações referidas neste artigo, serão as pessoas jurídicas compelidas a cumpri-las e a reparar os danos causados, na forma prevista neste código.

2 CLT - Art. 3º - Considera-se empregado toda pessoa física que prestar serviços de natureza não eventual a empregador, sob a dependência deste e mediante salário. Parágrafo único - Não haverá distinções relativas à espécie de emprego e à condição de trabalhador, nem entre o trabalho intelectual, técnico e manual.

3 CC 2002 - Das Obrigações de Fazer. Arts. 247 a 249.

CC 2002 - Art. 247. Incorre na obrigação de indenizar perdas e danos o devedor que recusar a prestação a ele só imposta, ou só por ele exequível.

CC 2002 - Art. 248. Se a prestação do fato tornar-se impossível sem culpa do devedor, resolver-se-á a obrigação; se por culpa dele, responderá por perdas e danos.

CC 2002 - Art. 249. Se o fato puder ser executado por terceiro, será livre ao credor mandá-lo executar à custa do devedor, havendo recusa ou mora deste, sem prejuízo da indenização cabível. Parágrafo único. Em caso de urgência, pode o credor, independentemente de autorização judicial, executar ou mandar executar o fato, sendo depois ressarcido.

de Itajaí/SC (fl. 25). Por seu turno, o d. Juízo trabalhista de Itajaí/SC suscitou o presente conflito de competência, tendo asseverado, resumidamente, que a competência da Justiça especializada não abarca ação de cobrança decorrente de prestação de serviços em que a reclamante seja pessoa jurídica, extrapolando as previsões do art. 652 da CLT e do art. 114, inciso I, da CF/88 (fls. 26/27). A d. Subprocuradoria-Geral da República manifesta-se no sentido do reconhecimento da competência da Justiça comum (fls. 32/37). É o relatório. A competência é da Justiça estadual. Com efeito. Na hipótese em tela, observa-se que a ação de cobrança foi ajuizada (data: 11.4.2004, ut fl. 3) em razão da contratação e realização de prestação de serviços (construção civil e fornecimento de material). A Segunda Seção desta Corte tem entendimento pacificado no sentido de que o pedido e a causa de pedir definem a natureza da lide. Nesses termos, na espécie, não se verifica a pretensão do autor da ação de lhe ser reconhecido vínculo empregatício ou o recebimento de verbas trabalhistas. Ao contrário, busca o recebimento da importância correspondente pelos serviços prestados. Assim sendo, verifica-se a caracterização de uma relação de prestação de serviços genérica, e, desse modo, a competência da Justiça estadual não está alterada pela nova redação da Emenda Constitucional nº 45/2004. O art. 593 do novo Código Civil reza: "A prestação de serviço, que não estiver sujeita às leis trabalhistas ou à lei especial, reger-se-á pelas disposições deste Capítulo". Dessa forma, por se tratar de relação de direito material, com nítida natureza de direito civil, cabe à Justiça estadual solucionar a controvérsia. Nesse sentido, assim já se decidiu: "Agravo regimental. Conflito negativo de competência. Justiça Comum e Justiça do Trabalho. Prestação de serviços. 1. A competência *ratione materiae* é definida em função do pedido e da causa de pedir. Verifica-se da petição inicial da ação e da causa de pedir que a natureza do pleito não tem índole trabalhista. O próprio autor afirma que prestou seus serviços profissionais sem qualquer vínculo empregatício. Nesse caso, a competência para o julgamento da Ação Sumária, na qual se postula o recebimento de valores decorrentes dos serviços prestados, é do Juiz de Direito Estadual. 2. Agravo regimental desprovido". (STJ, AgRg no CC nº 28737/RJ, Rel. Min. Carlos Alberto Menezes Direito, Segunda Seção, v.u., j. 28.11.2001, DJ 18.2.2002, pág. 226); no mesmo sentido: STJ, CC nº 46.562/SC, Rel. Min. Fernando Gonçalves, Segunda Seção, m.v., j. 10.8.2005, DJ 5.10.2005, pág.159, RNDJ 72/62; CC nº 40564/SE, Rel. Min. Castro Filho, Segunda Seção, v.u., j. 13.4.2005, DJ 25.4.2005, pág. 222, LEXSTJ 189/9; CC nº 30.692/RS, Rel. Min. Antônio de Pádua Ribeiro, Segunda Seção, v.u., j. 27.11.2002, DJ 16.12.2002, pág. 237, RSTJ 168/295). Nesses termos, com fundamento no parágrafo único do art. 120 do CPC, conhece-se do conflito e declara-se competente o r. Juízo de Direito da Vara Única da Comarca de Balneário Piçarras/SC (o ora suscitado), determinando-se-lhe a remessa dos autos. Publique-se. Intimem-se. Brasília (DF), 30 de novembro de 2006. MINIS-

TRO MASSAMI UYEDA relator (ministro MASSAMI UYEDA, 11.12.2006).

O contrato de prestação de serviço é um contrato bilateral (sinalagmático, já que gera obrigações para ambas as partes contratantes), comutativo (existe equivalência entre prestação e contraprestação), oneroso (apresenta ônus e vantagens para ambos os contraentes), informal, não solene (pode ser avençada de forma verbal ou por escrito), consensual (o contrato se aperfeiçoa pelo simples acordo de vontades) e personalíssimo (CC 2002, Arts. 605 e 607).

O contrato de *prestação de serviço* é bilateral, já que o *prestador de serviço* assume uma obrigação de fazer junto ao *dono do serviço*. Este contrato não se confunde com o contrato de empreitada, embora este também esteja relacionado a uma realização de prestação de serviço. A principal diferença é que o empreiteiro trabalha por conta própria, com independência e assume os riscos de sua atividade, enquanto o prestador de serviço realiza uma obrigação de fazer para o dono do serviço, mediante remuneração, por conta e risco deste e sob suas orientações.

O contrato de *prestação de serviço* comporta "toda a espécie de serviço ou trabalho lícito, material ou imaterial, pode ser contratada mediante retribuição", conforme estipulado na regra do artigo 594.[4]

Vale destacar que o anterior Código Civil de 1916 designava este contrato como "*locação de serviços*". Carvalho Santos ao analisar o artigo 1.216 do anterior Código Civil, afirmava que

> os romanos distinguiam duas espécies de locação de serviços: a *locatio operarum*, ou seja o contrato de locação de serviços propriamente dito, por meio do qual uma pessoa se obrigava a prestar a outrem os seus serviços, mediante remuneração, e a *locatio* ou *redemptio operis*, ou seja o contrato de empreitada, por meio do qual uma pessoa se obrigava a executar uma certa obra, mediante um preço.
>
> No direito moderno, inclusive no nosso, também, qualquer pessoa pode obrigar-se a prestar certos serviços a uma outra, assim como pode obrigar-se a fazer uma obra, que é justamente o caso da empreitada.
>
> Locador denomina-se, nesses contratos, aquele que loca os seus serviços; locatário é aquele que recebe e goza dos serviços prestados, pagando remuneração.
>
> O contrato de locação de serviços abrange, no sistema do nosso Código, todas as variedades de prestações de trabalho humano: o trabalho dos operários, dos artistas mecânicos e liberais, dos empregados do comércio, dos domésticos ou criados, dos profissionais, como professores, médicos, engenheiros, advogados (abstraindo do mandato), a albergaria, etc.[5]

4 Correspondente ao art. 1.216 do CCB/1916.

5 SANTOS, J. M. de Carvalho. *Código civil brasileiro interpretado*. 6. ed. Vol. XVII. Rio de

O contrato pode ser firmado de forma verbal ou por escrito. Neste caso o artigo 595 dispõe que "No contrato de prestação de serviço, quando qualquer das partes não souber ler, nem escrever, o instrumento poderá ser assinado a rogo e subscrito por duas testemunhas".[6]

A remuneração é um dos elementos essenciais ao contrato de prestação de serviço e se os contraentes não a estipularem e nem tenham chegado a um acordo sobre o seu valor, esta será fixada por arbitramento, segundo o costume do lugar, o tempo de serviço e sua qualidade, conforme regra do artigo 596 do nosso Código Civil.[7]-[8]

Na VI Jornada de Direito Civil foi publicado o enunciado 541 que diz: "O contrato de prestação de serviço pode ser gratuito." Ocorre que existe controvérsia doutrinária a respeito da remuneração do prestador no contrato de prestação de serviços. Esta questão foi enfrentada na V Jornada. Vejamos: "Uma corrente entende que não é possível, pois a remuneração do prestador é sempre obrigatória. Nesse sentido: LISBOA, Roberto Senise, Manual de Direito Civil, vol. 3, Contratos, 6ª ed., São Paulo: Saraiva, 2012, p. 341; ALVES, Jones Figueirêdo Alves, Novo Código Civil comentado, Coordenação: Ricardo Fiúza, São Paulo: Saraiva, 2002, p. 534; TARTUCE, Flávio, Manual de Direito Civil: volume único, 2ª ed., Método, 2012, p. 685; e MELLO FRANCO, Vera Helena de, Contratos: Direito Civil e Empresarial, 3ª ed., São Paulo: *Revista dos Tribunais*, 2012, p. 128. Já a segunda admite que o contrato de prestação de serviços possa ser gratuito, sendo necessário apenas ajuste expresso. É como pensam Paulo Luiz Netto Lôbo (Código Civil anotado, Coordenação: Rodrigo da Cunha Pereira, Síntese, 2002, p. 363) e César Fiuza (Direito Civil: curso completo, 6ª ed., Belo Horizonte: Del Rey, 2003, p. 436).

Apesar das considerações da primeira corrente, a razão está com a segunda, porque, embora não seja presumida a prestação de serviço gratuita, não há nenhum dispositivo legal que vede tal possibilidade se as partes manifestarem expressamente tal desejo."

Já o artigo 597 informa que "A retribuição pagar-se-á depois de prestado o serviço, se, por convenção, ou costume, não houver de ser adiantada, ou paga em prestações".[9]-[10]

Janeiro: Freitas Bastos, 1955, p. 216-217.

6 Correspondente ao art. 1.217 do CCB/1916.

7 Correspondente ao art. 1.218 do CCB/1916.

8 Na CLT, no mesmo sentido, a regra do "Art. 460 – Na falta de estipulação do salário ou não havendo prova sobre a importância ajustada, o empregado terá direito a perceber salário igual ao daquele que, na mesma empresa, fizer serviço equivalente ou do que for habitualmente pago para serviço semelhante".

9 Correspondente ao art. 1.219 do CCB/1916.

10 CC 2002 – Do Tempo do Pagamento. Arts. 331 a 333.

CC 2002 – Art. 331. Salvo disposição legal em contrário, não tendo sido ajustada época para o pagamento, pode o credor exigi-lo imediatamente.

CC 2002 – Art. 332. As obrigações condicionais cumprem-se na data do implemento da

Vale dizer que a *remuneração* corresponde à contraprestação pecuniária pela realização da atividade prestada e a *retribuição* é a consequência natural.

23.2 Tempo do Contrato

A prestação de serviço não se poderá convencionar por mais de quatro anos, embora o contrato tenha por causa o pagamento de dívida de quem o presta, ou se destine à execução de certa e determinada obra. Neste caso, decorridos quatro anos, dar-se-á por findo o contrato, ainda que não concluída a obra (CC, art. 598).[11]

Washinton de Barros Monteiro alerta que "nada impede, porém, que, findo o quatriênio, novo contrato seja ajustado entre as partes, pelo mesmo prazo. O que a lei teve em vista, ao fixar tal limite, foi permitir que de quatro em quatro anos, no máximo, readquira o prestador plena liberdade de movimentos, podendo livremente permanecer ou sair".[12]

Não havendo prazo estipulado, nem se podendo inferir da natureza do contrato, ou do costume do lugar, qualquer das partes, a seu arbítrio, mediante prévio aviso, pode resolver o contrato (CC, artigo 599)[13]-[14]-[15]

---

condição, cabendo ao credor a prova de que deste teve ciência o devedor.

CC 2002 – Art. 333. Ao credor assistirá o direito de cobrar a dívida antes de vencido o prazo estipulado no contrato ou marcado neste Código: I – no caso de falência do devedor, ou de concurso de credores; II – se os bens, hipotecados ou empenhados, forem penhorados em execução por outro credor; III – se cessarem, ou se se tornarem insuficientes, as garantias do débito, fidejussórias, ou reais, e o devedor, intimado, se negar a reforçá-las. Parágrafo único. Nos casos deste artigo, se houver, no débito, solidariedade passiva, não se reputará vencido quanto aos outros devedores solventes.

LINDB – Art. 4º Quando a lei for omissa, o juiz decidirá o caso de acordo com a analogia, os costumes e os princípios gerais de direito.

11 Correspondente ao art. 1.220 do CCB/1916.

12 MONTEIRO, Washington de Barros. *Curso do direito civil*: direito das obrigações. 2ª parte. 34. ed. São Paulo: Saraiva, 2003, p. 218.

13 Correspondente ao art. 1.221 do CCB/1916.

14 CC 2002 – Art. 473. A resilição unilateral, nos casos em que a lei expressa ou implicitamente o permita, opera mediante denúncia notificada à outra parte. Parágrafo único. Se, porém, dada a natureza do contrato, uma das partes houver feito investimentos consideráveis para a sua execução, a denúncia unilateral só produzirá efeito depois de transcorrido prazo compatível com a natureza e o vulto dos investimentos.

15 CLT. Do Aviso Prévio. Art. 487 – Não havendo prazo estipulado, a parte que, sem justo motivo, quiser rescindir o contrato deverá avisar a outra da sua resolução com a antecedência mínima de: I – oito dias, se o pagamento for efetuado por semana ou tempo inferior; (Redação dada pela Lei nº 1.530, de 26.12.1951) II – trinta dias aos que perceberem por quinzena ou mês, ou que tenham mais de 12 (doze) meses de serviço na empresa. (Redação dada pela Lei nº 1.530, de 26.12.1951) § 1º – A falta do aviso prévio por parte do empregador dá ao empregado o direito aos salários correspondentes ao prazo do aviso, garantida sempre a integração desse período no seu tempo de serviço. § 2º – A falta de aviso prévio por parte do empregado dá ao empregador o direito de descontar os salários correspondentes ao prazo respectivo. § 3º – Em se tratando de salário pago na base de tarefa, o cálculo, para os efeitos dos parágrafos anteriores, será feito de acordo com a média dos últimos 12 (doze) meses de serviço. § 4º – É devido o aviso prévio na

Dar-se-á o aviso: I – com antecedência de oito dias, se o salário se houver fixado por tempo de um mês, ou mais; II – com antecipação de quatro dias, se o salário se tiver ajustado por semana, ou quinzena; III – de véspera, quando se tenha contratado por menos de sete dias. (CC, artigo 599, parágrafo único).[16]

Não se conta no prazo do contrato o tempo em que o prestador de serviço, por culpa sua, deixou de servir (CC, art. 600),[17] isto é, aquele prazo em que o prestador de serviço deliberadamente se ausentou de suas tarefas.

Não sendo o prestador de serviço contratado para certo e determinado trabalho, entender-se-á que se obrigou a todo e qualquer serviço compatível com as suas forças e condições (CC, artigo 601).[18] Na mesma linha o teor do artigo 456 da CLT: "A prova do contrato individual do trabalho será feita pelas anotações constantes da carteira profissional ou por instrumento escrito e suprida por todos os meios permitidos em direito. Parágrafo único. À falta de prova ou inexistindo cláusula expressa e tal respeito, entender-se-á que o empregado se obrigou a todo e qualquer serviço compatível com a sua condição pessoal".[19]

A essência da regra que estabelece a obrigação do serviço compatível com as forças e condições do prestador de serviço encontra-se em harmonia com o princípio da proteção da dignidade da pessoa humana, insculpido no artigo 1º, inciso III, da Constituição da República Federativa do Brasil de 1988.[20]

---

despedida indireta. (Parágrafo incluído pela Lei nº 7.108, de 5.7.1983) § 5º – O valor das horas extraordinárias habituais integra o aviso prévio indenizado. (Parágrafo incluído pela Lei nº 10.218, de 11.4.2001) § 6º – O reajustamento salarial coletivo, determinado no curso do aviso prévio, beneficia o empregado pré-avisado da despedida, mesmo que tenha recebido antecipadamente os salários correspondentes ao período do aviso, que integra seu tempo de serviço para todos os efeitos legais. (Parágrafo incluído pela Lei nº 10.218, de 11.4.2001).

16 Correspondente ao art. 1.221, p. u. , III, do CCB/1916.

17 Correspondente ao art. 1.223 do CCB/1916.

18 Correspondente ao art. 1.224 do CCB/1916.

19 CLT – Art. 483 – O empregado poderá considerar rescindido o contrato e pleitear a devida indenização quando: a) forem exigidos serviços superiores às suas forças, defesos por lei, contrários aos bons costumes, ou alheios ao contrato; b) for tratado pelo empregador ou por seus superiores hierárquicos com rigor excessivo; c) correr perigo manifesto de mal considerável; d) não cumprir o empregador as obrigações do contrato; e) praticar o empregador ou seus prepostos, contra ele ou pessoas de sua família, ato lesivo da honra e boa fama; f) o empregador ou seus prepostos ofenderem-no fisicamente, salvo em caso de legítima defesa, própria ou de outrem; g) o empregador reduzir o seu trabalho, sendo este por peça ou tarefa, de forma a afetar sensivelmente a importância dos salários. § 1º – O empregado poderá suspender a prestação dos serviços ou rescindir o contrato, quando tiver de desempenhar obrigações legais, incompatíveis com a continuação do serviço. § 2º – No caso de morte do empregador constituído em empresa individual, é facultado ao empregado rescindir o contrato de trabalho. § 3º – Nas hipóteses das letras "d" e "g", poderá o empregado pleitear a rescisão de seu contrato de trabalho e o pagamento das respectivas indenizações, permanecendo ou não no serviço até final decisão do processo. (Incluído pela Lei nº 4.825, de 5.11.1965).

20 CRFB/88 – Art. 1º – A República Federativa do Brasil, formada pela união indissolúvel dos

Vale lembrar que "Aquele que, por ação ou omissão voluntária, negligência ou imprudência, violar direito e causar dano a outrem, ainda que exclusivamente moral, comete ato ilícito" (CC, artigo 186).[21]

O prestador de serviço contratado por tempo certo, ou por obra determinada, não se pode ausentar, ou despedir, sem justa causa, antes de preenchido o tempo, ou concluída a obra (CC, artigo 602).[22] Aqui, prevalece o princípio da obrigatoriedade, através do qual o prestador de serviços não pode se ausentar ou se despedir sem que exista justa causa. São exemplos de justa causa: ser tratado com rigor excessivo pelo dono do serviço; ser exigido além de suas forças; ocorrer injustas ofensas físicas ou morais, etc.

O direito de *resilição unilateral* somente poderá ser exercido se o contrato não tiver prazo estipulado (CC 2002, Art. 599).

Já o parágrafo único do artigo 602 prescreve que "Se se despedir sem justa causa, terá direito à remuneração vencida, mas responderá por perdas e danos. O mesmo dar-se-á, se despedido por justa causa".[23] Da mesma maneira, a CLT estabelece em seu artigo 480 e parágrafo primeiro o seguinte: "Art. 480 – Havendo termo estipulado, o empregado não se poderá desligar do contrato, sem justa causa, sob pena de ser obrigado a indenizar o empregador dos prejuízos que desse fato lhe resultarem. § 1º – A indenização, porém, não poderá exceder àquela a que teria direito o empregado em idênticas condições (Renumerado pelo Decreto-Lei nº 6.353, de 20.3.1944)".[24]

Estados e Municípios e do Distrito Federal, constitui-se em Estado Democrático de Direito e tem como fundamentos: III – a dignidade da pessoa humana;

CRFB/88 – Art. 5º – Todos são iguais perante a lei, sem distinção de qualquer natureza, garantindo-se aos brasileiros e aos estrangeiros residentes no País a inviolabilidade do direito à vida, à liberdade, à igualdade, à segurança e à propriedade, nos termos seguintes: V – é assegurado o direito de resposta, proporcional ao agravo, além da indenização por dano material, moral ou à imagem;

CRFB/88 – Art. 5º – Todos são iguais perante a lei, sem distinção de qualquer natureza, garantindo-se aos brasileiros e aos estrangeiros residentes no País a inviolabilidade do direito à vida, à liberdade, à igualdade, à segurança e à propriedade, nos termos seguintes: X – são invioláveis a intimidade, a vida privada, a honra e a imagem das pessoas, assegurado o direito a indenização pelo dano material ou moral decorrente de sua violação.

21 CC 2002 – Dos Atos Ilícitos. Arts. 186 a 188.
CC 2002 – Art. 187. Também comete ato ilícito o titular de um direito que, ao exercê-lo, excede manifestamente os limites impostos pelo seu fim econômico ou social, pela boa-fé ou pelos bons costumes.
Art. 188. Não constituem atos ilícitos: I – os praticados em legítima defesa ou no exercício regular de um direito reconhecido; II – a deterioração ou destruição da coisa alheia, ou a lesão a pessoa, a fim de remover perigo iminente. Parágrafo único. No caso do inciso II, o ato será legítimo somente quando as circunstâncias o tornarem absolutamente necessário, não excedendo os limites do indispensável para a remoção do perigo.

22 Correspondente ao art. 1.225, *caput*, do CCB/1916.

23 Correspondente ao art. 1.225, p.u., do CCB/1916.

24 CLT. Art. 482 – Constituem justa causa para rescisão do contrato de trabalho pelo empregador: a) ato de improbidade; b) incontinência de conduta ou mau procedimento; c) negociação habitual por conta própria ou alheia sem permissão do empregador, e quando constituir ato de concorrência à empresa para a qual trabalha o empregado, ou for prejudicial ao serviço; d) condenação criminal do empregado, passada em julgado, caso não tenha havido suspen-

Já o artigo 603 trata das consequências da dispensa do prestador do serviço sem justa causa para um contrato por prazo determinado. A regra dispõe: "Se o prestador de serviço for despedido sem justa causa, a outra parte será obrigada a pagar-lhe por inteiro a retribuição vencida, e por metade a que lhe tocaria de então ao termo legal do contrato".[25]

Vejamos um exemplo: Contrato de prestação de serviços com prazo de 6 meses. Remuneração de R$ 4.800,00. Pagamento semanal (6 meses = 24 semanas); dispensa do prestador se justa causa no 3º mês. Cálculo da remuneração vencida: 3 meses = 12 semanas = R$ 200,00 por semana x 12 = R$ 2.400,00. Cálculo da remuneração a vencer (indenização): R$ 4.800,00 – R$ 2.400,00 = R$ 2.400,00. Metade: R$ 2.400,00 / 2 = R$ 1.200,00.

23.3 Declaração expressa de exoneração da obrigação

O prestador do serviço tem o direito subjetivo de exigir do dono do serviço uma declaração expressa que o exonere da obrigação, conforme disposição do artigo 604: "Findo o contrato, o prestador de serviço tem direito a exigir da outra parte a declaração de que o contrato está findo. Igual direito lhe cabe, se for despedido sem justa causa, ou se tiver havido motivo justo para deixar o serviço".[26]-[27]

---

são da execução da pena; e) desídia no desempenho das respectivas funções; f) embriaguez habitual ou em serviço; g) violação de segredo da empresa; h) ato de indisciplina ou de insubordinação; i) abandono de emprego; j) ato lesivo da honra ou da boa fama praticado no serviço contra qualquer pessoa, ou ofensas físicas, nas mesmas condições, salvo em caso de legítima defesa, própria ou de outrem; k) ato lesivo da honra ou da boa fama ou ofensas físicas praticadas contra o empregador e superiores hierárquicos, salvo em caso de legítima defesa, própria ou de outrem; l) prática constante de jogos de azar. Parágrafo único – Constitui igualmente justa causa para dispensa de empregado a prática, devidamente comprovada em inquérito administrativo, de atos atentatórios à segurança nacional. (Incluído pelo Decreto-Lei nº 3, de 27.1.1966)

CLT – Art. 483 – O empregado poderá considerar rescindido o contrato e pleitear a devida indenização quando: a) forem exigidos serviços superiores às suas forças, defesos por lei, contrários aos bons costumes, ou alheios ao contrato; b) for tratado pelo empregador ou por seus superiores hierárquicos com rigor excessivo; c) correr perigo manifesto de mal considerável; d) não cumprir o empregador as obrigações do contrato; e) praticar o empregador ou seus prepostos, contra ele ou pessoas de sua família, ato lesivo da honra e boa fama; f) o empregador ou seus prepostos ofenderem-no fisicamente, salvo em caso de legítima defesa, própria ou de outrem; g) o empregador reduzir o seu trabalho, sendo este por peça ou tarefa, de forma a afetar sensivelmente a importância dos salários. § 1º – O empregado poderá suspender a prestação dos serviços ou rescindir o contrato, quando tiver de desempenhar obrigações legais, incompatíveis com a continuação do serviço. § 2º – No caso de morte do empregador constituído em empresa individual, é facultado ao empregado rescindir o contrato de trabalho. § 3º – Nas hipóteses das letras "d" e "g", poderá o empregado pleitear a rescisão de seu contrato de trabalho e o pagamento das respectivas indenizações, permanecendo ou não no serviço até final decisão do processo. (Incluído pela Lei nº 4.825, de 5.11.1965).

25 Correspondente ao art. 1.228 do CCB/1916.

26 Correspondente ao art. 1.230 do CCB/1916.

27 CC 2002 – Art. 319. O devedor que paga tem direito a quitação regular, e pode reter o pa-

23.4 Contrato personalíssimo

O contrato de prestação de serviços é essencialmente personalíssimo, já que a regra do artigo 605 informa que "Nem aquele a quem os serviços são prestados, poderá transferir a outrem o direito aos serviços ajustados, nem o prestador de serviços, sem aprazimento da outra parte, dar substituto que os preste".[28]

O artigo 606 informa que "Se o serviço for prestado por quem não possua título de habilitação, ou não satisfaça requisitos outros estabelecidos em lei, não poderá quem os prestou cobrar a retribuição normalmente correspondente ao trabalho executado. Mas se deste resultar benefício para a outra parte, o juiz atribuirá a quem o prestou uma compensação razoável, desde que tenha agido com boa-fé". [29]-[30]

E o parágrafo único do referido dispositivo legal adverte que "Não se aplica a segunda parte deste artigo, quando a proibição da prestação de serviço resultar de lei de ordem pública".

Os contratantes são obrigados a guardar, assim na conclusão do contrato, como em sua execução, os princípios de probidade e boa-fé (CC, artigo 422).

23.5 Formas de extinção do contrato de prestação de serviços

O contrato de prestação de serviço acaba com a morte de qualquer das partes. Termina, ainda, pelo escoamento do prazo, pela conclusão da obra, pela rescisão do contrato mediante aviso prévio, por inadimplemento de qualquer das partes ou pela impossibilidade da continuação do contrato, motivada por força maior (CC, artigo 607).[31]-[32]

---

gamento, enquanto não lhe seja dada.CC 2002 – Art. 320. A quitação, que sempre poderá ser dada por instrumento particular, designará o valor e a espécie da dívida quitada, o nome do devedor, ou quem por este pagou, o tempo e o lugar do pagamento, com a assinatura do credor, ou do seu representante. Parágrafo único. Ainda sem os requisitos estabelecidos neste artigo valerá a quitação, se de seus termos ou das circunstâncias resultar haver sido paga a dívida.

CPC – Art. 4º O interesse do autor pode limitar-se à declaração: I – da existência ou da inexistência de relação jurídica.

28 Correspondente ao art. 1.232 do CCB/1916.

29 Sem correspondência ao CC-1916.

30 CC 2002 – Art. 389. Não cumprida a obrigação, responde o devedor por perdas e danos, mais juros e atualização monetária segundo índices oficiais regularmente estabelecidos, e honorários de advogado.

31 Correspondente ao art. 1.233 do CCB/1916.

32 CC 2002 – Art. 248. Se a prestação do fato tornar-se impossível sem culpa do devedor, resolver-se-á a obrigação; se por culpa dele, responderá por perdas e danos.

CC 2002 – Art. 393. O devedor não responde pelos prejuízos resultantes de caso fortuito ou força maior, se expressamente não se houver por eles responsabilizado. Parágrafo único. O caso fortuito ou de força maior verifica-se no fato necessário, cujos efeitos não era possível evitar ou impedir.

23.6 Aliciamento do prestador de serviço

O artigo 608 apresenta as consequências do aliciamento do prestador de serviço: "Aquele que aliciar pessoas obrigadas em contrato escrito a prestar serviço a outrem pagará a este a importância que ao prestador de serviço, pelo ajuste desfeito, houvesse de caber durante dois anos".[33]

São exemplos de aliciamento: oferecimento de melhor remuneração, melhores condições de serviço, etc.

23.7 Outras disposições

Por fim, o artigo 609 prescreve: "A alienação do prédio agrícola, onde a prestação dos serviços se opera, não importa a rescisão do contrato, salvo ao prestador opção entre continuá-lo com o adquirente da propriedade ou com o primitivo contratante".[34]

33 Correspondente ao art. 1.235 do CCB/1916.
34 Correspondente ao art. 1.236 do CCB/1916.

Capítulo 24

DA EMPREITADA

24.1 Conceito e Características

Empreitada é o contrato através do qual o *empreiteiro*, mediante remuneração previamente ajustada com o *dono da obra*, obriga-se a realizar determinada tarefa. Para Caio Mário da Silva Pereira é "o contrato em que uma das partes (empreiteiro) se obriga, sem subordinação ou dependência, a realizar certo trabalho para a outra (dono da obra), com material próprio ou por este fornecido, mediante remuneração global ou proporcional ao trabalho executado".[1]

O direito romano já tratava deste contrato como uma das formas do contrato de locação, qual seja: a *locatio conductio operis*.

O contrato de *empreitada* difere-se do contrato de *prestação de serviços* em vários aspectos. Vejamos:

	Empreitada	Prestação de Serviços
Objeto do contrato	A obra em si, ou seja, o resultado final	Atividade do prestador
Remuneração	A remuneração fica inalterada, independentemente do tempo de execução da tarefa	Proporcional ao tempo dedicado ao trabalho, ou seja, o período de tempo desenvolvida na tarefa
Direção e fiscalização	Compete ao próprio empreiteiro. O dono da obra não tem interferência na condução dos trabalhos	É dirigida e fiscalizada pelo dono do serviço

A distinção acima já foi enfrentada pelo Tribunal de Justiça do Estado do Rio de Janeiro – TJRJ, em decisão unânime da 13ª Câmara Cível, publicada em 21.10.2004, cujo relator foi o desembargador Azevedo Pinto: "Distinguindo-se o contrato de empreitada do contrato de prestação de serviços pelo fato de que, neste caso, a fiscalização da obra corre por conta e risco do

1 PEREIRA, Caio Mário da Silva. *Instituições de direito civil*. 11. ed. Vol. III. Rio de Janeiro: Forense, 2003, p. 315.

contratante dos serviços e, demonstrando o contrato exibido pela ré que, na verdade, a hipótese é de prestação de serviços, responde ela perante a vítima pelos danos morais e materiais causados. Sentença que deu ao caso o desfecho correto, merecendo, apenas, pequenos reparos, inclusive, para reconhecer a possibilidade de danos materiais ainda a serem apurados em liquidação por arbitramento. Verba a título de dano moral que comporta elevação".

De acordo com Arnaldo Rizzardo, são elementos da empreitada: a) normalmente se impõe a elaboração de um projeto da obra, que será rigorosamente observado pelo empreiteiro; b) responde ele pela inobservância das regras técnicas estabelecidas para a execução do serviço; c) o dono da obra fica responsável pelo pagamento dos salários devidos aos empregados do empreiteiro.[2]

O contrato de empreitada é um contrato bilateral (sinalagmático, já que existem obrigações recíprocas entre as partes), consensual (o contrato é formado com o simples consenso entre os contraentes), comutativo (equivalência entre prestação e contraprestação) e oneroso (em razão da remuneração devida pelo dono da obra ao empreiteiro).

24.2 Espécies de empreitada

São espécies de contrato de empreitada:

a) empreitada de mão de obra (empreitada de lavor);

b) empreitada mista (empreitada de mão de obra e materiais).

É o que determina o artigo 610 do Código Civil. "O empreiteiro de uma obra pode contribuir para ela só com seu trabalho ou com ele e os materiais."[3]

Na primeira espécie o empreiteiro realiza o serviço, na segunda espécie, além de realizar o serviço, ele fornece os materiais. Melhor dizendo: no primeiro caso, o empreiteiro assume uma obrigação de fazer, cabendo ao dono da obra fornecer os materiais; no segundo caso, o empreiteiro deve realizar a obra, como também fornecer os materiais.[4]

Vale acrescentar que a regra é a empreitada de mão de obra, já que a obrigação de fornecer os materiais não se presume; resulta da lei ou da vontade das partes, consoante o art. 610, § 1º, do nosso Código Civil.[5]

O contrato para elaboração de um projeto não implica a obrigação de executá-lo, ou de fiscalizar-lhe a execução (CC, art. 610, § 2º).[6]

A empreitada em relação ao preço pode ser firmada a *preço fixo* (global) e a *preço por medidas* (por etapas).

---

2 RIZZARDO, Arnaldo. Contratos. 6. ed. Rio de Janeiro: Forense, 2006, p. 630.

3 Correspondente ao art. 1.237 do CCB/1916.

4 STJ – Súmula 167: O fornecimento de concreto, por empreitada, para construção civil, preparado no trajeto ate a obra em betoneiras acopladas a caminhões, é prestação de serviço, sujeitando-se apenas a incidência do ISS.

5 Sem correspondência ao CCB de 1916.

6 Sem correspondência ao CCB de 1916.

24.3 Responsabilidade do Empreiteiro

Observa Carlos Roberto Gonçalves que a responsabilidade do empreiteiro pode ser analisada sob os seguintes aspectos: a) quanto aos riscos da obra; b) quanto à solidez e segurança dos edifícios e outras construções consideráveis; c) quanto à perfeição da obra; d) quanto à responsabilidade pelo custo dos materiais; e e) quanto aos danos causados a terceiros.[7]

24.3.1 Quanto aos riscos da obra

Quanto aos riscos da obra, se o empreiteiro fornece os materiais, correm por sua conta os riscos até o momento da entrega da obra, a contento de quem a encomendou, se este não estiver em mora de receber. Mas se estiver, por sua conta correrão os riscos (CC, art. 611).[8]

Isso representa que na empreitada com o fornecimento de materiais, o empreiteiro é o responsável pela obra até o momento de sua entrega a contento do dono da obra. Qualquer defeito, acidente ou percalço, o empreiteiro sofrerá o prejuízo.

Todavia, essa situação se modifica se o dono da obra estiver em mora de recebê-la. Esse dispositivo deve ser interpretado em consonância com a regra do artigo 394, que prescreve: "Considera-se em mora o devedor que não efetuar o pagamento e o credor que não quiser recebê-lo no tempo, lugar e forma que a lei ou a convenção estabelecer".[9]

Contudo, se o empreiteiro só forneceu mão de obra, todos os riscos em que não tiver culpa correrão por conta do dono (CC, art. 612).[10] Neste caso, o dono da obra é o responsável pela aquisição dos materiais e por conta deste correrão os riscos da perda e deteriorização da coisa. Nesta senda, Washington de Barros Monteiro afirma que "enquanto não se ultima o trabalho, cada um dos contratantes continua dono do que lhe pertence; o proprietário, da coisa, e o empreiteiro, da mão de obra; verificada a perda, cada um suportará o prejuízo daquilo que é seu".[11_12_13]

7 GONÇALVES, Carlos Roberto. Direito civil brasileiro. Volume III. São Paulo: Saraiva, 2004, p. 350.

8 Correspondente ao art. 1.238 do CCB/1916.

9 CC 2002 – Art. 400. A mora do credor subtrai o devedor isento de dolo à responsabilidade pela conservação da coisa, obriga o credor a ressarcir as despesas empregadas em conservá-la, e sujeita-o a recebê-la pela estimação mais favorável ao devedor, se o seu valor oscilar entre o dia estabelecido para o pagamento e o da sua efetivação.

10 Correspondente ao art. 1.239 do CCB/1916.

11 MONTEIRO, Washington de Barros. Curso do direito civil: direito das obrigações. 2ª parte. 34. ed. São Paulo: Saraiva, 2003, p. 218.

12 CC 2002 – Art. 238. Se a obrigação for de restituir coisa certa, e esta, sem culpa do devedor, se perder antes da tradição, sofrerá o credor a perda, e a obrigação se resolverá, ressalvados os seus direitos até o dia da perda.

13 CC 2002 – Do Inadimplemento das Obrigações. Disposições Gerais. Arts. 389 a 393.
CC 2002 – Art. 389. Não cumprida a obrigação, responde o devedor por perdas e danos, mais juros e atualização monetária segundo índices oficiais regularmente estabelecidos, e

O artigo 613, primeira parte, estabelece uma regra para a hipótese de existência de prejuízos, não havendo culpa de qualquer dos contrantes. Aqui se repartem os prejuízos entre o empreiteiro e o dono da obra, aquele perde parte da retribuição (remuneração), este parte do material.

Entretanto, a segunda parte do citado artigo, estabelece que se o empreiteiro provar que a perda resultou de defeito dos materiais e que em tempo reclamara com o dono da obra contra a sua quantidade ou qualidade, o empreiteiro terá direito a remuneração, não repartindo, pois, os prejuízos. Dessa maneira, reza o artigo 613: "Sendo a empreitada unicamente de lavor (art. 610), se a coisa perecer antes de entregue, sem mora do dono nem culpa do empreiteiro, este perderá a retribuição, se não provar que a perda resultou de defeito dos materiais e que em tempo reclamara contra a sua quantidade ou qualidade".[14]-[15]

24.3.2 Quanto à solidez e segurança dos edifícios e outras construções consideráveis

Quanto à solidez e segurança dos edifícios e outras construções consideráveis, o artigo 618 determina a *responsabilidade civil objetiva do empreiteiro*. Informa o dispositivo que "Nos contratos de empreitada de edifícios ou outras construções consideráveis, o empreiteiro de materiais e execução responderá, durante o prazo irredutível de cinco anos, pela solidez e segurança do trabalho, assim em razão dos materiais, como do solo".[16] Frise-se, o prazo é irredutível de 5 anos, já que os defeitos de construção, mormente, se desvelam *a posteriori*.[17]

honorários de advogado.
CC 2002 – Art. 390. Nas obrigações negativas o devedor é havido por inadimplente desde o dia em que executou o ato de que se devia abster.
CC 2002 – Art. 391. Pelo inadimplemento das obrigações respondem todos os bens do devedor.
CC 2002 – Art. 392. Nos contratos benéficos, responde por simples culpa o contratante, a quem o contrato aproveite, e por dolo aquele a quem não favoreça. Nos contratos onerosos, responde cada uma das partes por culpa, salvo as exceções previstas em lei.
CC 2002 – Art. 393. O devedor não responde pelos prejuízos resultantes de caso fortuito ou força maior, se expressamente não se houver por eles responsabilizado. Parágrafo único. O caso fortuito ou de força maior verifica-se no fato necessário, cujos efeitos não era possível evitar ou impedir.

14 Correspondente ao art. 1.240 do CCB/1916.

15 CC 2002 – Art. 393. O devedor não responde pelos prejuízos resultantes de caso fortuito ou força maior, se expressamente não se houver por eles responsabilizado. Parágrafo único. O caso fortuito ou de força maior verifica-se no fato necessário, cujos efeitos não era possível evitar ou impedir.

16 Correspondente ao art. 1.245 do CCB/1916.

17 RECURSO ESPECIAL. RESPONSABILIDADE CIVIL DO CONSTRUTOR. CONTRATO DE EMPREITADA INTEGRAL. POSSIBILIDADE DE RESPONSABILIZAÇÃO DO CONSTRUTOR PELA SOLIDEZ E SEGURANÇA DA OBRA COM BASE NO ART. 1.056 DO CCB/16

Já o parágrafo único do artigo 618 dispõe que "decairá do direito assegurado neste artigo o dono da obra que não propuser a ação contra o empreiteiro, nos cento e oitenta dias seguintes ao aparecimento do vício ou defeito".[18]_[19]

O Conselho da Justiça Federal, em sua III Jornada de Direito Civil, publicou o Enunciado 181, acercado do artigo em comento. Diz ele: "CJF – Enunciado 181 – Art. 618: O prazo referido no art. 618, parágrafo único, do CC refere-se unicamente à garantia prevista no *caput*, sem prejuízo de poder o dono da obra, com base no mau cumprimento do contrato de empreitada, demandar perdas e danos".

Daí que o prazo estabelecido no artigo 618 é um prazo de garantia da solidez e estabilidade da construção, não obstante o dono da obra poderá demandar o empreiteiro pelos prejuízos resultantes da imperfeição da obra. O

(ART. 389 CCB/02). AÇÃO INDENIZATÓRIA. PRESCRIÇÃO. INOCORRÊNCIA.
1. Controvérsia em torno do prazo para o exercício da pretensão indenizatória contra o construtor por danos relativos à solidez e segurança da obra.
2. Possibilidade de responsabilização do construtor pela fragilidade da obra, com fundamento tanto no art. 1.245 do CCB/16 (art. 618 CCB/02), em que a sua responsabilidade é presumida, ou com fundamento no art. 1.056 do CCB/16 (art. 389 CCB/02), em que se faz necessária a comprovação do ilícito contratual, consistente na má execução da obra. Enunciado 181 da III Jornada de Direito Civil.
3. Na primeira hipótese, a prescrição era vintenária na vigência do CCB/16 (cf. Súmula 194/STJ), passando o prazo a ser decadencial de 180 dias por força do disposto no parágrafo único do art. 618 do CC/2002.
4. Na segunda hipótese, a prescrição, que era vintenária na vigência do CCB/16, passou a ser decenal na vigência do CCB/02.
Precedente desta Turma.
5. O termo inicial da prescrição é a data do conhecimento das falhas construtivas, sendo que a ação fundada no art. 1.245 do CCB/16 (art. 618 CCB/02) somente é cabível se o vício surgir no prazo de cinco anos da entrega da obra.
6. Inocorrência de prescrição ou decadência no caso concreto.
7. Recurso especial da ré prejudicado (pedido de majoração de honorários advocatícios).
8. RECURSO ESPECIAL DA AUTORA PROVIDO, PREJUDICADO O RECURSO ESPECIAL DA RÉ.
(REsp 1290383/SE, Rel. ministro PAULO DE TARSO SANSEVERINO, TERCEIRA TURMA, julgado em 11/02/2014, DJe 24/02/2014)

18 Sem correspondência ao CCB de 1916.

19 CC 2002 – Da Decadência. Arts. 207 a 211.
CC 2002 – Art. 207. Salvo disposição legal em contrário, não se aplicam à decadência as normas que impedem, suspendem ou interrompem a prescrição.
CC 2002 – Art. 208. Aplica-se à decadência o disposto nos arts. 195 e 198, inciso I.
CC 2002 – Art. 209. É nula a renúncia à decadência fixada em lei.
CC 2002 – Art. 210. Deve o juiz, de ofício, conhecer da decadência, quando estabelecida por lei.
CC 2002 – Art. 211. Se a decadência for convencional, a parte a quem aproveita pode alegá-la em qualquer grau de jurisdição, mas o juiz não pode suprir a alegação.

STJ, através da Súmula 194, estabeleceu que "Prescreve em vinte anos a ação para obter, do construtor, indenização por defeitos da obra".

Se a empreitada resultar de relação de consumo, deve-se aplicar o CDC,[20] em especial, a regra preconizada no artigo 27 que determina "Prescreve em cinco anos a pretensão à reparação pelos danos causados por fato do produto ou do serviço prevista na Seção II deste Capítulo, iniciando-se a contagem do prazo a partir do conhecimento do dano e de sua autoria".

Outrossim, a responsabilidade do construtor permanece ainda que tenha ocorrido alienação do imóvel, isto é, o adquirente encontra-se acobertado pela norma do artigo 618. Nesse sentido, a jurisprudência do STJ: "Em-

---

20 CDC – Art. 2° Consumidor é toda pessoa física ou jurídica que adquire ou utiliza produto ou serviço como destinatário final.
Parágrafo único. Equipara-se a consumidor a coletividade de pessoas, ainda que indetermináveis, que haja intervindo nas relações de consumo.
CDC – Art. 3° Fornecedor é toda pessoa física ou jurídica, pública ou privada, nacional ou estrangeira, bem como os entes despersonalizados, que desenvolvem atividade de produção, montagem, criação, construção, transformação, importação, exportação, distribuição ou comercialização de produtos ou prestação de serviços. § 1° Produto é qualquer bem, móvel ou imóvel, material ou imaterial. § 2° Serviço é qualquer atividade fornecida no mercado de consumo, mediante remuneração, inclusive as de natureza bancária, financeira, de crédito e securitária, salvo as decorrentes das relações de caráter trabalhista.
CDC – Art. 18. Os fornecedores de produtos de consumo duráveis ou não duráveis respondem solidariamente pelos vícios de qualidade ou quantidade que os tornem impróprios ou inadequados ao consumo a que se destinam ou lhes diminuam o valor, assim como por aqueles decorrentes da disparidade, com a indicações constantes do recipiente, da embalagem, rotulagem ou mensagem publicitária, respeitadas as variações decorrentes de sua natureza, podendo o consumidor exigir a substituição das partes viciadas. § 1° Não sendo o vício sanado no prazo máximo de trinta dias, pode o consumidor exigir, alternativamente e à sua escolha: I – a substituição do produto por outro da mesma espécie, em perfeitas condições de uso; II – a restituição imediata da quantia paga, monetariamente atualizada, sem prejuízo de eventuais perdas e danos; III – o abatimento proporcional do preço. § 2° Poderão as partes convencionar a redução ou ampliação do prazo previsto no parágrafo anterior, não podendo ser inferior a sete nem superior a cento e oitenta dias. Nos contratos de adesão, a cláusula de prazo deverá ser convencionada em separado, por meio de manifestação expressa do consumidor. § 3° O consumidor poderá fazer uso imediato das alternativas do § 1° deste artigo sempre que, em razão da extensão do vício, a substituição das partes viciadas puder comprometer a qualidade ou características do produto, diminuir-lhe o valor ou se tratar de produto essencial. § 4° Tendo o consumidor optado pela alternativa do inciso I do § 1° deste artigo, e não sendo possível a substituição do bem, poderá haver substituição por outro de espécie, marca ou modelo diversos, mediante complementação ou restituição de eventual diferença de preço, sem prejuízo do disposto nos incisos II e III do § 1° deste artigo. § 5° No caso de fornecimento de produtos in natura, será responsável perante o consumidor o fornecedor imediato, exceto quando identificado claramente seu produtor. § 6° São impróprios ao uso e consumo: I – os produtos cujos prazos de validade estejam vencidos; II – os produtos deteriorados, alterados, adulterados, avariados, falsificados, corrompidos, fraudados, nocivos à vida ou à saúde, perigosos ou, ainda, aqueles em desacordo com as normas regulamentares de fabricação, distribuição ou apresentação; III – os produtos que, por qualquer motivo, se revelem inadequados ao fim a que se destinam.

preitada. Prédio residencial. Responsabilidade do construtor. Artigo 1.245 do Código Civil. O construtor é responsável, durante o quinquênio, pela solidez e segurança do prédio, e o é perante quem com ele contratou, e igualmente perante quem adquiriu o imóvel do anterior dono da obra. Legitimação ad causam passiva da construtora face os atuais proprietários das unidades habitacionais, representado pelo condomínio do edifício. Recurso especial conhecido, mas não provido (REsp 7.363/SP, Rel. ministro ATHOS CARNEIRO, QUARTA TURMA, julgado em 8.10.1991, DJ 9.12.1991 p. 18035)."

Outra questão importante a destacar é a legitimidade do condomínio, por meio do síndico, em propor ação com vistas a reparação de defeitos na construção quer nas partes comuns, quer nas unidades autônomas. A jurisprudência é farta neste sentido. Vejamos:

> "1 – Condôminos – Representação pelo condomínio, por meio do síndico. Demanda visando a reparação de vícios na construção de que resultaram danos nas partes comuns e nas unidades autônomas. Legitimidade do condomínio para pleitear indenização por uns e outros. Interpretação da expressão 'interesses comuns' contida no artigo 22 § 1º, 'a' da Lei 4.591/64. 2 – Empreitada – Construção – Garantia. Sentido abrangente da expressão solidez e segurança do trabalho, não se limitando a segurança do trabalho, não se limitando a responsabilidade do empreiteiro às hipóteses em que haja risco de ruína da obra. 3 – Recurso especial. Inviabilidade em relação a matéria que envolva questões de fato" (REsp nº 178.817/MG, Terceira Turma, relator ministro Eduardo Ribeiro, DJ de 3.4.2000).
>
> "DIREITO CIVIL. RESPONSABILIDADE DO CONSTRUTOR. INTELIGÊNCIA DO ART. 1.245 DO CÓDIGO CIVIL DE 1916 (ART. 618, CC/2002). PRAZOS DE GARANTIA E DE PRESCRIÇÃO. PRECEDENTE. ENUNCIADO SUMULAR Nº 194/STJ. CONDOMÍNIO. DEFEITOS DE CONSTRUÇÃO. ÁREA COMUM. LEGITIMIDADE ATIVA. INTERESSES DOS CONDÔMINOS. DESISTÊNCIA. EXCLUSÃO. ARTS. 2º E 267, VIII, CPC. CONDENAÇÃO MANTIDA. CASO CONCRETO. RECURSO PROVIDO PARCIALMENTE. III – O condomínio tem legitimidade ativa para pleitear reparação de danos por defeitos de construção ocorridos na área comum do edifício. Havendo, no entanto, pedido seu de ser excluído do feito, é de rigor seu acolhimento, ainda que fundado em premissa equivocada. ..." (REsp nº 215.832/PR, Quarta Turma, relator ministro Sálvio de Figueiredo Teixeira, DJ de 7.4.03).

24.3.3 Quanto à perfeição da obra

Quanto à perfeição da obra, o empreiteiro é o responsável pela sua perfeição e qualidade. Daí que se o empreiteiro se afastar das instruções recebidas e dos planos iniciais, bem como das regras técnicas, o dono da obra poderá rejeitá-la não a recebendo (CC, art. 615).[21] Não obstante, poderá o dono da obra em vez de rejeitá-la, recebê-la com abatimento no preço (CC, art. 616).[22]

24.3.4 Quanto à responsabilidade pelo custo dos materiais

Quanto à responsabilidade pelo custo dos materiais, torna-se necessário, inicialmente, identificar a espécie do contrato de empreitada. Se a empreitada for de mão de obra, a responsabilidade pelos materiais é do dono da obra; se, porventura, a empreitada for mista (empreitada de mão de obra e materiais), o artigo 617 determina que a responsabilidade é do empreiteiro. "O empreiteiro é obrigado a pagar os materiais que recebeu, se por imperícia ou negligência os inutilizar."[23]

24.3.5 Quanto aos danos causados a terceiros

Quanto à responsabilidade civil pelos danos causados a terceiros, Marco Aurélio Bezerra de Melo informa que neste ponto há controvérsia na doutrina e na jurisprudência. Vejamos: "A primeira corrente sustenta que o dono da obra deve responder, pois é a pessoa que se aproveita da realização da obra (teoria do risco-proveito); a segunda entende que é o empreiteiro, se foi ele que deu causa ao dano (responsabilidade civil subjetiva); e uma terceira que, atendendo aos reclamos da justiça, sob o argumento de que o dano não deve ficar indene, preconiza que a responsabilidade civil é solidária".[24]

24.4 Empreitada por medida - verificação e recebimento da obra

Se a *empreitada for por medida* aplica-se a regra do artigo 614 que estabelece "se a obra constar de partes distintas, ou for de natureza das que se determinam por medida, o empreiteiro terá direito a que também se verifique por medida, ou segundo as partes em que se dividir, podendo exigir o pagamento na proporção da obra executada".[25] Daí tudo que o dono da obra recebe e paga, presume-se verificado (CC, art.614, § 1º).[26]

---

21 Correspondente ao art. 1.242 do CCB/1916.

22 Correspondente ao art. 1.243 do CCB/1916.

23 Correspondente ao art. 1.244 do CCB/1916.

24 MELO, Marco Aurélio Bezerra de. *Novo código civil anotado*. Volume III. Tomo I. Rio de Janeiro: Lumen Juris, 2003, p. 319.

25 Correspondente ao art. 1.241, *caput*, do CCB/1916.

26 Correspondente ao art. 1.241, parágrafo único, do CCB/1916.

Vale destacar que "o que se mediu presume-se verificado se, em trinta dias, a contar da medição, não forem denunciados os vícios ou defeitos pelo dono da obra ou por quem estiver incumbido da sua fiscalização" (CC, art. 614, § 1º).[27] É, pois, um prazo decadencial.[28]

Se a relação for consumeira, aplica-se, pois, o Código de Defesa do Consumidor.[29]

---

27 Sem correspondência ao CCB de 1916.

28 CC 2002 – Da Decadência. Arts. 207 a 211.

29 CDC – Art. 18. Os fornecedores de produtos de consumo duráveis ou não duráveis respondem solidariamente pelos vícios de qualidade ou quantidade que os tornem impróprios ou inadequados ao consumo a que se destinam ou lhes diminuam o valor, assim como por aqueles decorrentes da disparidade, com a indicações constantes do recipiente, da embalagem, rotulagem ou mensagem publicitária, respeitadas as variações decorrentes de sua natureza, podendo o consumidor exigir a substituição das partes viciadas. § 1° Não sendo o vício sanado no prazo máximo de trinta dias, pode o consumidor exigir, alternativamente e à sua escolha: I – a substituição do produto por outro da mesma espécie, em perfeitas condições de uso; II – a restituição imediata da quantia paga, monetariamente atualizada, sem prejuízo de eventuais perdas e danos; III – o abatimento proporcional do preço. § 2° Poderão as partes convencionar a redução ou ampliação do prazo previsto no parágrafo anterior, não podendo ser inferior a sete nem superior a cento e oitenta dias. Nos contratos de adesão, a cláusula de prazo deverá ser convencionada em separado, por meio de manifestação expressa do consumidor. § 3° O consumidor poderá fazer uso imediato das alternativas do § 1° deste artigo sempre que, em razão da extensão do vício, a substituição das partes viciadas puder comprometer a qualidade ou características do produto, diminuir-lhe o valor ou se tratar de produto essencial. § 4° Tendo o consumidor optado pela alternativa do inciso I do § 1° deste artigo, e não sendo possível a substituição do bem, poderá haver substituição por outro de espécie, marca ou modelo diversos, mediante complementação ou restituição de eventual diferença de preço, sem prejuízo do disposto nos incisos II e III do § 1° deste artigo. § 5° No caso de fornecimento de produtos in natura, será responsável perante o consumidor o fornecedor imediato, exceto quando identificado claramente seu produtor. § 6° São impróprios ao uso e consumo: I – os produtos cujos prazos de validade estejam vencidos; II – os produtos deteriorados, alterados, adulterados, avariados, falsificados, corrompidos, fraudados, nocivos à vida ou à saúde, perigosos ou, ainda, aqueles em desacordo com as normas regulamentares de fabricação, distribuição ou apresentação; III – os produtos que, por qualquer motivo, se revelem inadequados ao fim a que se destinam.

CDC – Art. 23. A ignorância do fornecedor sobre os vícios de qualidade por inadequação dos produtos e serviços não o exime de responsabilidade.

CDC – Art. 24. A garantia legal de adequação do produto ou serviço independe de termo expresso, vedada a exoneração contratual do fornecedor.

CDC – Art. 25. É vedada a estipulação contratual de cláusula que impossibilite, exonere ou atenue a obrigação de indenizar prevista nesta e nas seções anteriores. § 1° Havendo mais de um responsável pela causação do dano, todos responderão solidariamente pela reparação prevista nesta e nas seções anteriores. § 2° Sendo o dano causado por componente ou peça incorporada ao produto ou serviço, são responsáveis solidários seu fabricante, construtor ou importador e o que realizou a incorporação.

CDC – Art. 26. O direito de reclamar pelos vícios aparentes ou de fácil constatação caduca em: I – trinta dias, tratando-se de fornecimento de serviço e de produtos não duráveis; II – noventa dias, tratando-se de fornecimento de serviço e de produtos duráveis. § 1° Inicia-se a contagem do prazo decadencial a partir da entrega efetiva do produto ou do término

O dono da obra é obrigado a receber a obra após a sua conclusão. O artigo 615 prescreve que "Concluída a obra de acordo com o ajuste, ou o costume do lugar, o dono é obrigado a recebê-la. Poderá, porém, rejeitá-la, se o empreiteiro se afastou das instruções recebidas e dos planos dados, ou das regras técnicas em trabalhos de tal natureza".[30]

Todavia, conforme dito anteriormente, poderá o dono da obra em vez de rejeitá-la, recebê-la com abatimento no preço (CC, art. 616).[31] Logo, é um direito potestativo do dono da obra. Nesse diapasão, a decisão do Recurso Cível de relatoria de Ricardo Torres Hermann: "COBRANÇA. EMPREITADA. CONTRATO VERBAL. ALEGAÇÃO DE NÃO PAGAMENTO DO VALOR ACORDADO. 1. Muito embora a qualidade do serviço prestado pelo autor tenha sido aquém da esperada, fato demonstrado mediante a prova testemunhal e as fotografias acostadas aos autos, não se pode ter por gratuito o trabalho executado pelo profissional. Impõe-se, todavia, o abatimento do preço inicialmente contratado, consoante autoriza o artigo 616 do Código Civil em vigor, operando-se a fixação da condenação por equidade (art. 6º, Lei 9.099/95), para a qual também será sopesado o fato de reconhecidamente não ter o autor executado a totalidade do serviço contratado. 2. Em afirmando o réu ter efetuado o pagamento da quantia de R$ 650,00 ao autor e em não estando munido de documento que comprovasse a quitação regular, ônus que lhe competia, emerge contra si a presunção de descumprimento no avençado, impondo-se, portanto, o pagamento do montante relativo ao que alegadamente teria sido alcançado ao autor. Recurso parcialmente provido. (Recurso Cível Nº 71000917542, Primeira Turma Recursal Cível, Turmas Recursais, relator: Ricardo Torres Hermann, Julgado em 31.8.2006)".

24.5 Empreitada por preço fixo

Salvo estipulação em contrário, o empreiteiro que se incumbir de executar uma obra, segundo plano aceito por quem a encomendou, não terá direito a exigir acréscimo no preço, ainda que sejam introduzidas modificações no projeto, a não ser que estas resultem de instruções escritas do dono da obra (CC, art. 619).[32]

Já o parágrafo único do artigo 619 informa que "ainda que não tenha havido autorização escrita, o dono da obra é obrigado a pagar ao empreiteiro

da execução dos serviços. § 2° Obstam a decadência: I – a reclamação comprovadamente formulada pelo consumidor perante o fornecedor de produtos e serviços até a resposta negativa correspondente, que deve ser transmitida de forma inequívoca; II – (Vetado). III – a instauração de inquérito civil, até seu encerramento. § 3° Tratando-se de vício oculto, o prazo decadencial inicia-se no momento em que ficar evidenciado o defeito.

30 Correspondente ao art. 1.242 do CCB/1916.

31 Correspondente ao art. 1.243 do CCB/1916.

32 Correspondente ao art. 1.246 do CCB/1916.

os aumentos e acréscimos, segundo o que for arbitrado, se, sempre presente à obra, por continuadas visitas, não podia ignorar o que se estava passando, e nunca protestou".[33]

O entendimento jurisprudencial reforça a questão: "AÇÃO DE REPARAÇÃO DE DANOS. CONTRATO DE EMPREITADA. CONSTRUÇÃO DE CASA RESIDENCIAL. COMPETÊNCIA DO JUIZADO ESPECIAL CÍVEL POR SER O EMPREITEIRO EMPRESÁRIO. ABANDONO DA OBRA SEM CONCLUSÃO DOS SERVIÇOS CONTRATADOS. REPARAÇÃO DE DANOS. INEXISTÊNCIA DE NEXO DE CAUSALIDADE ENTRE DESPESAS DE LOCAÇÃO E A DEMORA DA OBRA. 1. Desenvolvendo o empreiteiro substancialmente atividade empresarial, coordenando o trabalho de subordinados e não atuando pessoalmente como operário ou artífice, não há de se falar em competência da Justiça do Trabalho. 2. Tratando-se de empreitada, em que o empreiteiro aceitou executá-la segundo plano apresentado por quem a encomendou, não há direito à exigência de acréscimo de preço (art. 619, do CCB). 3. Hipótese em que sequer chegou o réu a concluir os serviços discriminados no contrato. 4. Dever de indenizar os serviços faltantes, os quais sequer restaram impugnados. 5. No entanto, não evidenciando o autor que a venda de apartamento de sua propriedade e o pagamento de aluguel tenha decorrido do atraso da obra e não da necessidade de obter recursos para conclusão da casa nova, como sustentado pelo réu, não há como se incluir tal parcela na indenização fixada. 6. Improcedência do pedido contraposto. Recurso do réu parcialmente provido (Recurso Cível Nº 71000992594, Primeira Turma Recursal Cível, Turmas Recursais, relator: Ricardo Torres Hermann, Julgado em 23.11.2006).

24.6 Revisão do Contrato

O artigo 620 trata da revisão do contrato, já que o intuito do legislador é manter um equilíbrio da equação econômico-financeira do contrato, corrigindo, destarte, o preço do material ou da mão de obra. Dessa forma, preconiza o artigo 620 que "se ocorrer diminuição no preço do material ou da mão de obra superior a um décimo do preço global convencionado, poderá este ser revisto, a pedido do dono da obra, para que se lhe assegure a diferença apurada".[34]-[35]

Neste caso, não há que se falar em absolutização da autonomia da vontade ou *pacta sunt servanda*, já que a *empreitada por preço fixo* é mitigada pelo princípio do equilíbrio econômico, um dos novos paradigmas do direito contratual.

33 Sem correspondência ao CCB de 1916.

34 Sem correspondência ao CCB de 1916.

35 CC 2002 – Art. 478. Nos contratos de execução continuada ou diferida, se a prestação de uma das partes se tornar excessivamente onerosa, com extrema vantagem para a outra, em virtude de acontecimentos extraordinários e imprevisíveis, poderá o devedor pedir a resolução do contrato. Os efeitos da sentença que a decretar retroagirão à data da citação.

24.7 Modificações no projeto aprovado

O artigo 621 do nosso Código Civil informa que "sem anuência de seu autor, não pode o proprietário da obra introduzir modificações no projeto por ele aprovado, ainda que a execução seja confiada a terceiros, a não ser que, por motivos supervenientes ou razões de ordem técnica, fique comprovada a inconveniência ou a excessiva onerosidade de execução do projeto em sua forma originária.[36]

E o parágrafo único do referido artigo dispõe que "a proibição deste artigo não abrange alterações de pouca monta, ressalvada sempre a unidade estética da obra projetada".[37]

24.8 Responsabilidade do Projetista e Subempreitada

O artigo 622 trata da responsabilidade do projetista em relação a subempreitada. Tal dispositivo representa uma inovação do legislador de 2002, já que inexistia no diploma civilístico de 1916. Vejamos a sua redação: "Art. 622. Se a execução da obra for confiada a terceiros, a responsabilidade do autor do projeto respectivo, desde que não assuma a direção ou fiscalização daquela, ficará limitada aos danos resultantes de defeitos previstos no art. 618 e seu parágrafo único".

24.9 Suspensão da Obra

Mesmo após iniciada a construção, pode o dono da obra suspendê-la, desde que pague ao empreiteiro as despesas e lucros relativos aos serviços já feitos, mais indenização razoável, calculada em função do que ele teria ganho, se concluída a obra (CC, art. 623).[38]-[39]

Suspensa a execução da empreitada sem justa causa, responde o empreiteiro por perdas e danos (CC, art. 624).[40]-[41]

Neste diapasão, a jurisprudência mostra-se da seguinte forma: "COBRANÇA. CONTRATO PARA EXECUÇÃO DE OBRA DE EDIFICAÇÃO, NÃO CUMPRIDO. RESSARCIMENTO PELOS DANOS MATERIAIS CAUSADOS.

36 Sem correspondência ao CCB de 1916.

37 Sem correspondência ao CCB de 1916.

38 Sem correspondência ao CCB de 1916.

39 CC 2002 – Art. 402. Salvo as exceções expressamente previstas em lei, as perdas e danos devidas ao credor abrangem, além do que ele efetivamente perdeu, o que razoavelmente deixou de lucrar.
CC 2002 – Art. 422. Os contratantes são obrigados a guardar, assim na conclusão do contrato, como em sua execução, os princípios de probidade e boa-fé.

40 Sem correspondência ao CCB de 1916.

41 CC 2002 – Art. 389. Não cumprida a obrigação, responde o devedor por perdas e danos, mais juros e atualização monetária segundo índices oficiais regularmente estabelecidos, e honorários de advogado.

No contrato de empreitada não poderá o contratado deixar de executar o avençado, sob pena de responder por perdas e danos, conforme prevê o art. 624 do novo CC. Logo, não poderá o empreiteiro suspender a obra unilateralmente sem a devida comprovação dos motivos que o levaram a tanto, conforme prevê o art. 625 do CC. Sentença mantida pelos seus próprios fundamentos. Recurso improvido (Recurso Cível Nº 71000530071, Primeira Turma Recursal Cível, Turmas Recursais, relator: Clóvis Moacyr Mattana Ramos, Julgado em 15.7.2004)."

O artigo 625 estabelece as hipóteses que poderá o empreiteiro suspender a obra:[42]

> I – por culpa do dono, ou por motivo de força maior;
>
> II – quando, no decorrer dos serviços, se manifestarem dificuldades imprevisíveis de execução, resultantes de causas geológicas ou hídricas, ou outras semelhantes, de modo que torne a empreitada excessivamente onerosa, e o dono da obra se opuser ao reajuste do preço inerente ao projeto por ele elaborado, observados os preços;
>
> III – se as modificações exigidas pelo dono da obra, por seu vulto e natureza, forem desproporcionais ao projeto aprovado, ainda que o dono se disponha a arcar com o acréscimo de preço.

24.10 Caráter não personalíssimo do contrato de empreitada

Por fim, o artigo 626 esclarece que "não se extingue o contrato de empreitada pela morte de qualquer das partes, salvo se ajustado em consideração às qualidades pessoais do empreiteiro".[43]

42 Sem correspondência ao CCB de 1916.

43 Sem correspondência ao CCB de 1916.

Capítulo 25
DO DEPÓSITO

25.1 Conceito e características

O artigo 627 reza que "pelo contrato de depósito recebe o depositário um objeto móvel, para guardar, até que o depositante o reclame".[1] A partir do comando legal, podemos conceituar o *depósito* como o contrato pelo qual o depositante entrega ao depositário um objeto móvel, para que este o guarde, de forma gratuita, até que aquele o reclame pela sua devolução. Dessa maneira, é possível afirmar que o depositário é guardião da coisa alheia. Esta coisa alheia, objeto do contrato de depósito, é móvel. São móveis os bens suscetíveis de movimento próprio, ou de remoção por força alheia, sem alteração da substância ou da destinação econômico-social (CC, art. 82).[2]

Um exemplo cotidiano do contrato de depósito é aquele que se caracteriza pela entrada no estacionamento gratuito de um supermercado, atra-

---

1 Correspondente ao art. 1.265, *caput*, do CCB/1916.

2 APELAÇÃO CÍVEL. DIREITO PRIVADO NÃO ESPECIFICADO. OBRIGAÇÃO DE DAR COISA CERTA. INDENIZAÇÃO. CONTRATO DE DEPÓSITO. Apelação da Cooperativa Demandada – Já tendo sido julgados em primeiro grau os processos cuja conexão alega a ré e inexistindo motivos que justifiquem a sua reunião na instância recursal, vai indeferido o respectivo pleito. Comprovada a existência de contrato de depósito entre as partes litigantes, é obrigação da ré restituir os bens quando reclamados pelo depositante. Arts. 627, 629 e 633 do CC/02. Eventuais problemas internos e fraudes que possam ter havido na administração da demandada não elidem a sua responsabilidade pelos produtos que lhes foram confiados. Mantidos os ônus de sucumbência na forma como fixados na sentença, uma vez que devidamente atendidas as regras do art. 20 do CPC. Apelação do Autor – Na hipótese de a ré adimplir a sua obrigação pagando ao autor o valor equivalente ao produto depositado, deverá ser considerado, para tanto, o preço do milho na data do efetivo pagamento. Inexistindo qualquer prova acerca dos prejuízos patrimoniais que alega ter suportado o autor, deve ser mantido o indeferimento do respectivo pedido indenizatório. É vedada a inovação do pedido, de acordo com o artigo 264 do CPC. Por não ter sido a pretensão de ressarcimento por danos morais deduzida na petição inicial, ocorre a impossibilidade de conhecimento do respectivo pedido formulado apenas em grau recursal. O deferimento da assistência judiciária gratuita não impede a condenação da parte ao pagamento das despesas processuais, apenas torna inexigível tal imputação. APELO DA RÉ DESPROVIDO. APELO DO AUTOR NÃO CONHECIDO EM PARTE E DESPROVIDO NO RESTANTE. (Apelação Cível Nº 70016866469, Décima Segunda Câmara Cível, Tribunal de Justiça do RS, relator: Cláudio Baldino Maciel, Julgado em 30.11.2006).

vés do qual o depositante entrega o seu veículo ao depositário, devidamente comprovado pelo ticket de estacionamento ou as chamadas "*chapelarias*" existentes nas boates, casas de shows, restaurantes, etc.

Portanto, são elementos caracterizadores do contrato de depósito:

a) a entrega da coisa ao depositário com o propósito que ela seja guardada;
b) que a coisa seja móvel;
c) a restituição da coisa pelo depositário ao depositante no prazo avençado;
d) que o contrato seja temporário e gratuito.

O contrato de depósito é, pois, um *contrato real* (o contrato se perfaz com a entrega da coisa pelo depositante ao depositário);[3] *gratuito* (o depositário não recebe qualquer benefício econômico) ou *oneroso* (neste caso, o depositário recebe uma remuneração, como por exemplo o contrato firmado com um "guarda móvel"); *unilateral* (obrigação do depositário em guarda e restituir a coisa no prazo acordado) ou *bilateral* (obrigações recíprocas, neste caso, considerando o depósito oneroso, surge para o depositante a obrigação de pagar o preço do depósito, enquanto que o depositário continua com a obrigação de guardar a coisa e devolvê-la findo o contrato);[4] *intuitu personae* (já que o negócio jurídico é fundado na confiança); *voluntário* (firmado a partir do acordo de vontades, conforme artigos 627 a 646) ou *necessário* (é aquele oriundo de situações calamitosas ou por obrigação legal, de acordo com os artigos 647 a 652); *regular* (também chamado de ordinário, já que a coisa depositada é infungível) ou *irregular* (é o depósito de coisas fungíveis, consoante artigo 645); *trato sucessivo* (já que se protrai no tempo); por *tempo determinado* ou *tempo indeterminado*.

---

3 De forma contrária, H. DE PAGE, SAVATIER, JOSSERAND entendem que para a formação do contrato de depósito não é necessária a entrega da coisa, logo, não seria um contrato real. O autor afirma que "é uma miragem, acrescenta-se, tomar-se como contrato real o depósito, pelo simples fato de aparentemente se afigurar impossível a sua existência jurídica, sem o seu respectivo objeto. O fim do contrato de depósito é a guarda da coisa depositada e a sua restituição. Não lhe é indispensável, para a sua formação, a entrega da coisa objeto do contrato. Basta-lhe o simples consentimento, para que os vínculos contratuais se encontrem formados, e, se a coisa não houver sido inicialmente entregue, nem por isso desaparece a relação contratual, dado que assiste ao depositante exigir do que assumiu a obrigação de depositário o recebimento da coisa em depósito, tanto que se lhe demande. A conservação e guarda da coisa e a sua restituição não são mais do que momentos executórios do contrato, os seus próprios efeitos". SERPA LOPES, Miguel Maria de. *Curso de direito civil*. Volume IV. 5.ed. Rio de Janeiro: Freitas Bastos, 1999, p. 287.

4 Daí é possível afirmar que o contrato de depósito poderá ser classificado como um contrato unilateral gratuito ou quando ajustado uma remuneração para o depositário, o contrato será bilateral oneroso.

O artigo 628 determina que "o contrato de depósito é gratuito, exceto se houver convenção em contrário, se resultante de atividade negocial ou se o depositário o praticar por profissão".[5]

E o parágrafo único do mencionado dispositivo legal afirma que "se o depósito for oneroso e a retribuição do depositário não constar de lei, nem resultar de ajuste, será determinada pelos usos do lugar, e, na falta destes, por arbitramento". Aqui, vale lembrar o comando do artigo 113 do nosso Código Civil: "Os negócios jurídicos devem ser interpretados conforme a boa-fé e os usos do lugar de sua celebração".

25.2 Meios de prova do contrato de depósito

A prova do contrato de depósito dá-se por escrito, nos exatos termos do disposto no artigo 646 do Código Civil: "O depósito voluntário provar-se-á por escrito".[6]-[7]-[8] [9]

5 Correspondente ao art. 1.265, p.u. , do CCB/1916.

6 Correspondente ao art. 1.281 do CCB/1916.

7 APELAÇÃO CIVIL. AÇÃO REIVINDICATÓRIA. SERVIÇOS DE GUINCHO. DESPESAS. RETENÇÃO DO BEM. ACIDENTE DE TRÂNSITO. DEPÓSITO NÃO COMPROVADO. A prova do contrato de depósito dá-se por escrito, nos exatos termos do disposto no artigo 646 do Código Civil. No caso dos autos, a ficha de vistoria/atendimento não comprova o depósito, pois não faz nenhuma referência expressa sobre a custódia do bem móvel. Ademais, a prova testemunhal produzida não é robusta o bastante para rebater a tese alinhada na inicial. A liberação do veículo não pode estar condicionada ao pagamento das despesas, por configurar violação ao direito de propriedade. Precedentes do TJRS. APELO PROVIDO. UNÂNIME. (Apelação Cível Nº 70016634305, Nona Câmara Cível, Tribunal de Justiça do RS, relator: Tasso Caubi Soares Delabary, Julgado em 27.9.2006).

8 CC 2002 – Art. 221. O instrumento particular, feito e assinado, ou somente assinado por quem esteja na livre disposição e administração de seus bens, prova as obrigações convencionais de qualquer valor; mas os seus efeitos, bem como os da cessão, não se operam, a respeito de terceiros, antes de registrado no registro público. Parágrafo único. A prova do instrumento particular pode suprir-se pelas outras de caráter legal.

9 CPC - DA AÇÃO DE CONSIGNAÇÃO EM PAGAMENTO

Art. 539. Nos casos previstos em lei, poderá o devedor ou terceiro requerer, com efeito de pagamento, a consignação da quantia ou da coisa devida.

§ 1o Tratando-se de obrigação em dinheiro, poderá o valor ser depositado em estabelecimento bancário, oficial onde houver, situado no lugar do pagamento, cientificando-se o credor por carta com aviso de recebimento, assinado o prazo de 10 (dez) dias para a manifestação de recusa.

§ 2o Decorrido o prazo do § 1o, contado do retorno do aviso de recebimento, sem a manifestação de recusa, considerar-se-á o devedor liberado da obrigação, ficando à disposição do credor a quantia depositada.

§ 3o Ocorrendo a recusa, manifestada por escrito ao estabelecimento bancário, poderá ser proposta, dentro de 1 (um) mês, a ação de consignação, instruindo-se a inicial com a prova do depósito e da recusa.

§ 4o Não proposta a ação no prazo do § 3o, ficará sem efeito o depósito, podendo levantá-lo o depositante.

Art. 540. Requerer-se-á a consignação no lugar do pagamento, cessando para o devedor, à

Quanto ao *depósito miserável* (CC, art. 647, II), este pode ser provado por qualquer meio de prova, inclusive a testemunhal. [10]

data do depósito, os juros e os riscos, salvo se a demanda for julgada improcedente.
Art. 541. Tratando-se de prestações sucessivas, consignada uma delas, pode o devedor continuar a depositar, no mesmo processo e sem mais formalidades, as que se forem vencendo, desde que o faça em até 5 (cinco) dias contados da data do respectivo vencimento.
Art. 542. Na petição inicial, o autor requererá:
I - o depósito da quantia ou da coisa devida, a ser efetivado no prazo de 5 (cinco) dias contados do deferimento, ressalvada a hipótese do art. 539, § 3o;
II - a citação do réu para levantar o depósito ou oferecer contestação.
Parágrafo único. Não realizado o depósito no prazo do inciso I, o processo será extinto sem resolução do mérito.
Art. 543. Se o objeto da prestação for coisa indeterminada e a escolha couber ao credor, será este citado para exercer o direito dentro de 5 (cinco) dias, se outro prazo não constar de lei ou do contrato, ou para aceitar que o devedor a faça, devendo o juiz, ao despachar a petição inicial, fixar lugar, dia e hora em que se fará a entrega, sob pena de depósito.
Art. 544. Na contestação, o réu poderá alegar que:
I - não houve recusa ou mora em receber a quantia ou a coisa devida;
II - foi justa a recusa;
III - o depósito não se efetuou no prazo ou no lugar do pagamento;
IV - o depósito não é integral.
Parágrafo único. No caso do inciso IV, a alegação somente será admissível se o réu indicar o montante que entende devido.
Art. 545. Alegada a insuficiência do depósito, é lícito ao autor completá-lo, em 10 (dez) dias, salvo se corresponder a prestação cujo inadimplemento acarrete a rescisão do contrato.
§ 1o No caso do *caput*, poderá o réu levantar, desde logo, a quantia ou a coisa depositada, com a consequente liberação parcial do autor, prosseguindo o processo quanto à parcela controvertida.
§ 2o A sentença que concluir pela insuficiência do depósito determinará, sempre que possível, o montante devido e valerá como título executivo, facultado ao credor promover-lhe o cumprimento nos mesmos autos, após liquidação, se necessária.
Art. 546. Julgado procedente o pedido, o juiz declarará extinta a obrigação e condenará o réu ao pagamento de custas e honorários advocatícios.
Parágrafo único. Proceder-se-á do mesmo modo se o credor receber e der quitação.
Art. 547. Se ocorrer dúvida sobre quem deva legitimamente receber o pagamento, o autor requererá o depósito e a citação dos possíveis titulares do crédito para provarem o seu direito.
Art. 548. No caso do art. 547:
I - não comparecendo pretendente algum, converter-se-á o depósito em arrecadação de coisas vagas;
II - comparecendo apenas um, o juiz decidirá de plano;
III - comparecendo mais de um, o juiz declarará efetuado o depósito e extinta a obrigação, continuando o processo a correr unicamente entre os presuntivos credores, observado o procedimento comum.
Art. 549. Aplica-se o procedimento estabelecido neste Capítulo, no que couber, ao resgate do aforamento.

10 O artigo 648 determina que "O depósito a que se refere o inciso I do artigo antecedente, reger-se-á pela disposição da respectiva lei, e, no silêncio ou deficiência dela, pelas concernentes ao depósito voluntário". (Correspondente ao art. 1.283, *caput*, do CCB/1916). E o parágrafo único do citado artigo informa que "As disposições deste artigo aplicam-se aos depósitos previstos no inciso II do artigo antecedente, podendo estes certificarem-se por

25.3 Espécies de depósito

O contrato de depósito pode ser enquadrado nas seguintes espécies:

a) depósito voluntário;
b) depósito necessário, que pode ser subdividido em: depósito legal, depósito miserável e o depósito do hoteleiro;
c) depósito irregular;
d) depósito judicial.

25.4 Obrigações do depositário

O artigo 629 determina que "o depositário é obrigado a ter na guarda e conservação da coisa depositada o cuidado e diligência que costuma com o que lhe pertence, bem como a restituí-la, com todos os frutos e acrescidos, quando o exija o depositante".[11] Daí que o depositário possui o dever jurídico de custódia e de restituição,[12] ou seja, ele deve guardar a coisa para ser restituída ao depositante quando este a reclamar. E mais, ele deve guardar e conservar a coisa depositada como se a coisa fosse de sua propriedade, isto é, com os cuidados e diligências necessárias.

A jurisprudência fixa ponto de vista absolutamente nesse sentido ao decidir que: "APELAÇÃO CÍVEL. NEGÓCIOS JURÍDICOS BANCÁRIOS. AÇÃO DE RESTITUIÇÃO DE VALOR DEPOSITADO JUDICIALMENTE. Prescrição. Inocorrente. Aplicação do art. 168, IV, do antigo Código Civil. Contrato de depósito é por tempo indeterminado. Correção monetária e juros remuneratórios devidos. Considerados frutos do dinheiro depositado. Súmula 179 do Superior Tribunal de Justiça. Aplicação do art. 1.266 do antigo Código Civil e 629 do atual. Dever de cuidado e diligência do banco. Utilização do

---

qualquer meio de prova".
Correspondente ao art. 1.283, p.u., do CCB/1916

11 Correspondente ao art. 1.266 do CCB/1916.

12 CC 2002 – Art. 238. Se a obrigação for de restituir coisa certa, e esta, sem culpa do devedor, se perder antes da tradição, sofrerá o credor a perda, e a obrigação se resolverá, ressalvados os seus direitos até o dia da perda.
CC 2002 – Art. 239. Se a coisa se perder por culpa do devedor, responderá este pelo equivalente, mais perdas e danos.
CC 2002 – Art. 240. Se a coisa restituível se deteriorar sem culpa do devedor, recebê-la-á o credor, tal qual se ache, sem direito a indenização; se por culpa do devedor, observar-se-á o disposto no art. 239.
CC 2002 – Art. 241. Se, no caso do art. 238, sobrevier melhoramento ou acréscimo à coisa, sem despesa ou trabalho do devedor, lucrará o credor, desobrigado de indenização.
CC 2002 – Art. 242. Se para o melhoramento, ou aumento, empregou o devedor trabalho ou dispêndio, o caso se regulará pelas normas deste Código atinentes às benfeitorias realizadas pelo possuidor de boa-fé ou de má-fé. Parágrafo único. Quanto aos frutos percebidos, observar-se-á, do mesmo modo, o disposto neste Código, acerca do possuidor de boa-fé ou de má-fé.
CC 2002 – Art. 331. Salvo disposição legal em contrário, não tendo sido ajustada época para o pagamento, pode o credor exigi-lo imediatamente.

salário-mínimo como índice de atualização monetária antes de 1964 possível por ausência de outros índices a serem aplicados. Capitalização anual. Aplicação do art. 4º do Decreto 22.626/33. Juros moratórios devidos a contar da citação. Aplicação do art. 219 do Código de Processo Civil e da súmula 163 do Supremo Tribunal Federal. APELO DO BANCO DESPROVIDO. APELO DO AUTOR PARCIALMENTE PROVIDO (Apelação Cível Nº 70014184444, Décima Primeira Câmara Cível, Tribunal de Justiça do RS, relator: Antônio Maria Rodrigues de Freitas Iserhard, Julgado em 6.9.2006)".

Da mesma forma: "APELAÇÃO. AÇÃO DE COBRANÇA. DEPÓSITO EM POUPANÇA EFETUADO HÁ MAIS DE 50 ANOS. DEVER DE DEVOLUÇÃO. REMUNERAÇÃO. *ÔNUS PROBANDI*. 1. Há dever de o banco depositário restituir os depósitos realizados em poupança há mais de quarenta anos, porquanto a ausência de movimentação da conta, quando era seu dever remunerá-los periodicamente, nos termos da jurisprudência desta Corte e do STJ, mormente pela Súmula 179. 2. Em se tratando de ação de cliente contra a instituição bancária, apresenta-se inafastável a inversão do ônus da prova em favor do primeiro, nos termos do art. 6º, VIII, e 3º, § 2º do CDC. 3. Caracterizado o contrato de depósito entre as partes e não comprovada a rescisão ou extinção do mesmo, resta afastada a alegação de prescrição, cujo prazo se iniciaria após finda a avença. 4. É dever de o depositário guardar e conservar a coisa depositada, nos termos do art. 1.266 do Código Civil de 1.916 e do art. 629 do Novo Código Civil, o que, por si só, impõe a atualização monetária do valor, desde a data do depósito inicial, sob pena de restar configurado o enriquecimento sem causa do banco. Correção monetária a partir do depósito indexada pelo salário-mínimo até 1964 e, a partir de então, pelos índices oficiais do governo (IOG). Apelação cível provida. Unânime (Apelação Cível Nº 70013787981, Décima Oitava Câmara Cível, Tribunal de Justiça do RS, relator: Mário Rocha Lopes Filho, Julgado em 20.4.2006)".

Se o depósito se entregou fechado, colado, selado, ou lacrado, nesse mesmo estado se manterá (CC, art. 630).[13] É o denominado depósito fechado.

O lugar de restituição da coisa depositada, salvo disposição em contrário, deve dar-se no lugar em que tiver de ser guardada. As despesas de restituição correm por conta do depositante (CC, art. 631).[14]-[15]

Se a coisa houver sido depositada no interesse de terceiro, e o depositário tiver sido cientificado deste fato pelo depositante, não poderá ele exonerar-se restituindo a coisa a este, sem consentimento daquele (CC, art. 632).

13 Correspondente ao art. 1.267 do CCB/1916.

14 Sem correspondência ao CCB/1916.

15 AGRAVO DE INSTRUMENTO. DIREITO PRIVADO NÃO ESPECIFICADO. AÇÃO DE DEPÓSITO. LUGAR DE ENTREGA DA COISA. O lugar de entrega da coisa deve ser a sede da empresa-depositária, não havendo cláusula em contrato ou outra disposição legal em contrariedade. Inteligência do art. 631 do Código Civil de 2002. DADO PROVIMENTO AO RECURSO. (Agravo de Instrumento Nº 70009886383, Nona Câmara Cível, Tribunal de Justiça do RS, relator: Luís Augusto Coelho Braga, Julgado em 22.6.2005).

É o denominado depósito no interesse de terceiro que não possui correspondência com o Código Civil de 1916.

Outra obrigação de depositário é entregar a coisa assim que solicitado. Dessa maneira, o artigo 633 prescreve que "ainda que o contrato fixe prazo à restituição, o depositário entregará o depósito logo que se lhe exija, salvo se tiver o direito de retenção a que se refere o art. 644, se o objeto for judicialmente embargado, se sobre ele pender execução, notificada ao depositário, ou se houver motivo razoável de suspeitar que a coisa foi dolosamente obtida".[16] Nesta hipótese, "o depositário, expondo o fundamento da suspeita, requererá que se recolha o objeto ao Depósito Público" (CC, art. 634).[17]

O artigo 638 apresenta as hipóteses que não escusam o depositário de restituir o bem. O artigo estabelece que "Salvo os casos previstos nos arts. 633 e 634, não poderá o depositário furtar-se à restituição do depósito, alegando não pertencer a coisa ao depositante, ou opondo compensação,[18] exceto se noutro depósito se fundar".[19]

Se a coisa perece ou se deteriora em mãos do depositário, mas sem culpa deste, quem sofrerá o prejuízo é o depositante, que é o dono da coisa. Isso porque o princípio *res perit domino* determina que os riscos sejam suportados pelo dono da coisa depositada. Todavia, se ao contrário, a coisa perece ou se deteriora por culpa do depositário, ele responderá por perdas e danos.

O depositário não responde pelos casos de força maior; mas, para que lhe valha a escusa, terá de prová-los (CC, art. 642).[20]-[21] Da mesma forma, o artigo 393 informa que "O devedor não responde pelos prejuízos resultantes

16 Correspondente ao art. 1.268 do CCB/1916.

17 Correspondente ao art. 1.269 do CCB/1916.

18 CC 2002 – Art. 373. A diferença de causa nas dívidas não impede a compensação, exceto: II – se uma se originar de comodato, depósito ou alimentos;

19 Correspondente ao art. 1.273 do CCB/1916.

20 Correspondente ao art. 1.277 do CCB/1916.

21 APELAÇÃO CÍVEL. AÇÃO DE BUSCA E APREENSÃO CONVERTIDA EM DEPÓSITO. 1.- FURTO DO BEM ALIENADO 1.1.- Em observância ao preconizado no art. 642 do Código Civil, tenho que o devedor restou impossibilitado de restituir o bem em virtude de fato de força maior, com o qual, diga-se, não concorreu. Assim, entendo que o devedor está exonerado de sua responsabilidade de depositário, competindo ao credor a cobrança do débito por meios próprios. 1.2.- Quanto à aventada opção de escolha pela entrega do bem ou seu equivalente em espécie, entendo que, conforme a disposição do art. 901 do CPC, a finalidade precípua da ação de depósito é a restituição do bem alienado, e não o pagamento do equivalente em dinheiro. 2.- PRISÃO CIVIL – a despeito do devedor restar exonerado de sua responsabilidade de depositário, como acima visto, cumpre salientar que, de qualquer modo, descabe a aplicação da pena de prisão civil ao devedor que descumpre contrato com garantia de alienação fiduciária. 3.- HONORÁRIOS ADVOCATÍCIOS. ADEQUAÇÃO. Os honorários advocatícios arbitrados pelo juízo a quo foram fixados com base em um referencial extinto, a URH. Assim, mister se faz a adequação dos mesmos à unidade monetária nacional. MANUTENÇÃO DOS ÔNUS DA SUCUMBÊNCIA. APELO DESPROVIDO. UNÂNIME (Apelação Cível Nº 70000869974, Décima Terceira Câmara Cível, Tribunal de Justiça do RS, relator: Agathe Elsa Schmidt da Silva, Julgado em 21.6.2005).

de caso fortuito ou força maior, se expressamente não se houver por eles responsabilizado." E o parágrafo único da citada regra diz:. "O caso fortuito ou de força maior verifica-se no fato necessário, cujos efeitos não era possível evitar ou impedir".

Daí que, de forma excepcional, o depositário suportará o risco da coisa, mesmo nos casos de força maior, nas hipóteses de: a) se no contrato, expressamente, se responsabilizar pelos prejuízos da coisa depositada; b) se estiver em mora em restituir a coisa depositada; e c) se o caso fortuito aconteceu quando o depositário utilizava a coisa depositada, sem anuência expressa do depositante, violando, destarte a regra do artigo 640 (Uso da coisa depositada).

Assim, resta claro que o depositário não pode usar a coisa em seu proveito. Se o fizer, o depositário estará correndo um risco, já que se a coisa perecer ou se deteriorar enquanto o depositário a estiver usando, ele responderá ainda que a perda ou a deterioração se dê por caso fortuito. O uso temporário da coisa somente será admitido se for no interesse da sua conservação.

O depositário não poderá dar a coisa em depósito a outrem, ou seja, é vedado o subdepósito, salvo disposição em contrário expressa no instrumento contratual. O artigo 640 possui a seguinte redação: "Art. 640. Sob pena de responder por perdas e danos, não poderá o depositário, sem licença expressa do depositante, servir-se da coisa depositada, nem a dar em depósito a outrem".[22] E o seu parágrafo único determina que "Se o depositário, devidamente autorizado, confiar a coisa em depósito a terceiro, será responsável se agiu com culpa na escolha deste."[23]

Sendo dois ou mais depositantes, e divisível[24] a coisa, a cada um só entregará o depositário a respectiva parte, salvo se houver entre eles solidariedade[25] (CC, art. 639).[26]

Ocorrendo incapacidade superveniente do depositário,[27] a regra a ser

22 Correspondente ao art. 1.275 do CCB/1916.

23 Sem correspondência ao CCB/1916.

24 CC 2002 – Dos Bens Divisíveis. Arts. 87 e 88.
CC 2002 – Art. 87. Bens divisíveis são os que se podem fracionar sem alteração na sua substância, diminuição considerável de valor, ou prejuízo do uso a que se destinam.
CC 2002 – Art. 88. Os bens naturalmente divisíveis podem tornar-se indivisíveis por determinação da lei ou por vontade das partes.

25 CC 2002 – Art. 260. Se a pluralidade for dos credores, poderá cada um destes exigir a dívida inteira; mas o devedor ou devedores se desobrigarão, pagando: I – a todos conjuntamente; II – a um, dando este caução de ratificação dos outros credores.
CC 2002 – Art. 265. A solidariedade não se presume; resulta da lei ou da vontade das partes.
CC 2002 – Art. 267. Cada um dos credores solidários tem direito a exigir do devedor o cumprimento da prestação por inteiro.
CC 2002 – Art. 274. O julgamento contrário a um dos credores solidários não atinge os demais; o julgamento favorável aproveita-lhes, a menos que se funde em exceção pessoal ao credor que o obteve.

26 Correspondente ao art. 1.274 do CCB/1916.

27 CC 2002 – Art. 3º São absolutamente incapazes de exercer pessoalmente os atos da vida civil: I – os menores de dezesseis anos; II – os que, por enfermidade ou deficiência mental, não

aplicada é do artigo 641, que reza "se o depositário se tornar incapaz, a pessoa que lhe assumir a administração dos bens diligenciará imediatamente restituir a coisa depositada e, não querendo ou não podendo o depositante recebê-la, recolhê-la-á ao Depósito Público ou promoverá nomeação de outro depositário".[28]

Com o término do contrato, se o depositante recusar a receber a coisa depositada? O depositário poderá requerer ao juiz que a coisa seja removida a um depósito público. É a possibilidade de depósito judicial prevista no art. 635 que determina "Ao depositário será facultado, outrossim, requerer depósito judicial da coisa, quando, por motivo plausível, não a possa guardar, e o depositante não queira recebê-la".[29] [30]

Vale acrescentar que se o contrato de depósito for remunerado, não pagando o depositante a remuneração ao depositário, e sendo a coisa removida a um depósito público, esta será levada à hasta pública para que, com o produto da arrematação, se pague a remuneração ao depositário.

Da mesma forma, o depositário poderá requerer ao magistrado que a coisa seja transferida a um depósito público se tiver justa razão para supor que esta seja produto de crime ou que ofereça risco ao depositário.

25.5 Sub-rogação real coisa depositada

O artigo 636 determina que "O depositário, que por força maior houver perdido a coisa depositada[31] e recebido outra em seu lugar, é obrigado a entre-

---

tiverem o necessário discernimento para a prática desses atos; III – os que, mesmo por causa transitória, não puderem exprimir sua vontade.

CC 2002 – Art. 4º São incapazes, relativamente a certos atos, ou à maneira de os exercer: I – os maiores de dezesseis e menores de dezoito anos; II – os ébrios habituais, os viciados em tóxicos, e os que, por deficiência mental, tenham o discernimento reduzido; III – os excepcionais, sem desenvolvimento mental completo; IV – os pródigos. Parágrafo único. A capacidade dos índios será regulada por legislação especial.

CC 2002 – Art. 166. É nulo o negócio jurídico quando: I – celebrado por pessoa absolutamente incapaz;

CC 2002 – Art. 171. Além dos casos expressamente declarados na lei, é anulável o negócio jurídico: I – por incapacidade relativa do agente;

28 Correspondente ao art. 1.276 do CCB/1916.

29 Correspondente ao art. 1.270 do CCB/1916.

30 CC 2002 – Art. 334. Considera-se pagamento, e extingue a obrigação, o depósito judicial ou em estabelecimento bancário da coisa devida, nos casos e forma legais.

CC 2002 – Art. 335. A consignação tem lugar: I – se o credor não puder, ou, sem justa causa, recusar receber o pagamento, ou dar quitação na devida forma;

31 CC 2002 – Art. 238. Se a obrigação for de restituir coisa certa, e esta, sem culpa do devedor, se perder antes da tradição, sofrerá o credor a perda, e a obrigação se resolverá, ressalvados os seus direitos até o dia da perda.

CC 2002 – Art. 393. O devedor não responde pelos prejuízos resultantes de caso fortuito ou força maior, se expressamente não se houver por eles responsabilizado. Parágrafo único. O caso fortuito ou de força maior verifica-se no fato necessário, cujos efeitos não era possível evitar ou impedir.

gar a segunda ao depositante, e ceder-lhe as ações que no caso tiver contra o terceiro responsável pela restituição da primeira".[32]

25.6 Venda do bem pelo herdeiro do depositário

O herdeiro do depositário, que de boa-fé[33] vendeu a coisa depositada, é obrigado a assistir[34] o depositante na reivindicação, e a restituir ao comprador o preço recebido (CC, art. 637).[35]

25.7 Obrigação do depositante

Como dito acima, se o contrato de depósito for oneroso, ele será um contrato bilateral (sinalagmático), ou seja, depositante e depositário terão obrigações recíprocas. Neste caso, a obrigação do depositante será pagar a remuneração pactuada entre os contraentes no instrumento contratual.

---

32 Correspondente ao art. 1.271 do CCB/1916.

33 CC 2002 – Art. 422. Os contratantes são obrigados a guardar, assim na conclusão do contrato, como em sua execução, os princípios de probidade e boa-fé.

34 CPC – TÍTULO III - DA INTERVENÇÃO DE TERCEIROS - CAPÍTULO I - DA ASSISTÊNCIA - Seção I
Disposições Comuns - Art. 119. Pendendo causa entre 2 (duas) ou mais pessoas, o terceiro juridicamente interessado em que a sentença seja favorável a uma delas poderá intervir no processo para assisti-la.
Parágrafo único. A assistência será admitida em qualquer procedimento e em todos os graus de jurisdição, recebendo o assistente o processo no estado em que se encontre.
Art. 120. Não havendo impugnação no prazo de 15 (quinze) dias, o pedido do assistente será deferido, salvo se for caso de rejeição liminar.
Parágrafo único. Se qualquer parte alegar que falta ao requerente interesse jurídico para intervir, o juiz decidirá o incidente, sem suspensão do processo.
Seção II
Da Assistência Simples
Art. 121. O assistente simples atuará como auxiliar da parte principal, exercerá os mesmos poderes e sujeitar-se-á aos mesmos ônus processuais que o assistido.
Parágrafo único. Sendo revel ou, de qualquer outro modo, omisso o assistido, o assistente será considerado seu substituto processual.
Art. 122. A assistência simples não obsta a que a parte principal reconheça a procedência do pedido, desista da ação, renuncie ao direito sobre o que se funda a ação ou transija sobre direitos controvertidos.
Art. 123. Transitada em julgado a sentença no processo em que interveio o assistente, este não poderá, em processo posterior, discutir a justiça da decisão, salvo se alegar e provar que:
I - pelo estado em que recebeu o processo ou pelas declarações e pelos atos do assistido, foi impedido de produzir provas suscetíveis de influir na sentença;
II - desconhecia a existência de alegações ou de provas das quais o assistido, por dolo ou culpa, não se valeu.
Seção III
Da Assistência Litisconsorcial
Art. 124. Considera-se litisconsorte da parte principal o assistente sempre que a sentença influir na relação jurídica entre ele e o adversário do assistido.

35 Correspondente ao art. 1.272 do CCB/1916.

Ademais, outras obrigações surgem para o depositante, após a formação do contrato. São elas: o depositante é obrigado a pagar ao depositário as despesas feitas com a coisa, e os prejuízos que do depósito provierem (CC, art. 643).[36] É o caso, por exemplo, das despesas efetuadas com a alimentação e medicação de animais. Da mesma forma, o depositante é obrigado a pagar os prejuízos que do depósito provierem, por exemplo, no caso do depósito de um cachorro ("hospedagem de cães") em que este vem a ferir um funcionário do canil.

25.8 Direito de retenção por parte do depositário

Se o depositante não cumprir com as suas obrigações (CC, art. 643), "o depositário poderá reter o depósito até que se lhe pague a retribuição devida, o líquido valor das despesas, ou dos prejuízos a que se refere o artigo anterior, provando imediatamente esses prejuízos ou essas despesas (CC, art. 644).[37]

Já o parágrafo único do citado artigo 644 determina que "se essas dívidas, despesas ou prejuízos não forem provados suficientemente, ou forem ilíquidos, o depositário poderá exigir caução idônea do depositante ou, na falta desta, a remoção da coisa para o Depósito Público, até que se liquidem".[38]

Daí é possível inferir que o depositário possui os seguintes direitos: além do direito de retenção em relação à coisa depositada, o depositário tem o direito de cobrar do depositante as despesas feitas com a coisa, e os prejuízos que do depósito provierem (CC, art. 643).

25.9 Depósito Irregular

O depósito irregular é aquele de coisas fungíveis. O artigo 645 informa que "o depósito de coisas fungíveis, em que o depositário se obrigue a restituir objetos do mesmo gênero, qualidade e quantidade, regular-se-á pelo disposto acerca do mútuo".[39] Este dispositivo corresponde ao art. 1.280 do CCB/1916.

---

36 Correspondente ao art. 1.278 do CCB/1916.

37 Correspondente ao art. 1.279, *caput*, do CCB/1916.

38 Correspondente ao art. 1.279, p.u., do CCB/1916.

39 CC 2002 – Do Mútuo. Arts. 586 a 592.
CC 2002 – Art. 586. O mútuo é o empréstimo de coisas fungíveis. O mutuário é obrigado a restituir ao mutuante o que dele recebeu em coisa do mesmo gênero, qualidade e quantidade.
CC 2002 – Art. 587. Este empréstimo transfere o domínio da coisa emprestada ao mutuário, por cuja conta correm todos os riscos dela desde a tradição.
CC 2002 – Art. 588. O mútuo feito a pessoa menor, sem prévia autorização daquele sob cuja guarda estiver, não pode ser reavido nem do mutuário, nem de seus fiadores.
CC 2002 – Art. 589. Cessa a disposição do artigo antecedente: I – se a pessoa, de cuja autorização necessitava o mutuário para contrair o empréstimo, o ratificar posteriormente; II – se o menor, estando ausente essa pessoa, se viu obrigado a contrair o empréstimo para os seus alimentos habituais; III – se o menor tiver bens ganhos com o seu trabalho. Mas, em tal caso, a execução do credor não lhes poderá ultrapassar as forças; IV – se o empréstimo reverteu em benefício do menor; V – se o menor obteve o empréstimo maliciosamente.
CC 2002 – Art. 590. O mutuante pode exigir garantia da restituição, se antes do vencimen-

Aqui, doutrina e jurisprudência divergem. De acordo com SERPA LOPES, três correntes doutrinárias se desvelam quando se trata da natureza jurídica do depósito irregular. Vejamos: "Uns sustentam tratar-se essencialmente de um mútuo, por isso que, consistindo o depósito em coisas fungíveis, importa na transmissão do domínio do depositante ao depositário. Uma segunda corrente, ao contrário, entende mantidas no depósito irregular as mesmas características de depósito comum, por isso que a disponibilidade da coisa depositada é absoluta e obriga o depositário a restituí-la sem que possa alegar qualquer motivo de escusa, logo que o depositante o exija e a despeito da concessão do uso que lhe haja sido feita.

Finalmente, uma terceira corrente sustenta que o depósito irregular nem é um depósito nem é um mútuo, senão um *tertium genus*, ou um contrato *sui generis*, dotado de fisionomia própria, na qual concorrem dois requisitos, característicos cada um de um negócio típico diverso: o elemento – *guarda* – essencial ao depósito, e o *débito de quantidade* – essencial ao mútuo".[40]

Pela redação do artigo 645 o depósito irregular é aquele que o depositário pode utilizar e dispor da coisa depositada, já que este se torna proprietário desta, se obrigando a restituir outra da mesma qualidade e quantidade. E mais, o dispositivo informa que tal negócio jurídico regular-se-á pelo disposto acerca do mútuo.

O contrato de deposito bancário é também considerado irregular. Segundo o disposto no artigo 1.280 do Código Civil, reproduzido pelo art. 645, do Código Civil de 2002, obriga-se o depositário a restituir coisas do mesmo gênero, qualidade e quantidade, aplicando-se-lhe as disposições do mútuo.[41]-[42]

---

to o mutuário sofrer notória mudança em sua situação econômica.

CC 2002 – Art. 591. Destinando-se o mútuo a fins econômicos, presumem-se devidos juros, os quais, sob pena de redução, não poderão exceder a taxa a que se refere o art. 406, permitida a capitalização anual.

CC 2002 – Art. 592. Não se tendo convencionado expressamente, o prazo do mútuo será: I – até a próxima colheita, se o mútuo for de produtos agrícolas, assim para o consumo, como para semeadura; II – de trinta dias, pelo menos, se for de dinheiro; III – do espaço de tempo que declarar o mutuante, se for de qualquer outra coisa fungível.

40 SERPA LOPES, Miguel Maria de. *Curso de direito civil*. Volume IV. 5. ed. Rio de Janeiro: Freitas Bastos, 1999, p. 303-304.

41 APELAÇÃO CÍVEL. DIREITO PRIVADO NÃO ESPECIFICADO. AÇÃO DE DEPÓSITO. BENS FUNGÍVEIS. GRÃOS DE TRIGO. IMPOSSIBILIDADE JURÍDICA DO PEDIDO. Não dá azo à ação de depósito eventual descumprimento de contrato que tenha por objeto bens fungíveis. Por recair sobre bem fungível, o depósito mostra-se irregular, devendo a restituição operar-se na mesma quantidade e qualidade da mercadoria depositada. Direito que deve ser viabilizado com lastro nas regras pertinentes ao mútuo. Exegese do art. 645 do Código Civil. RECURSO DE APELAÇÃO AO QUAL SE NEGA PROVIMENTO (Apelação Cível Nº 70017039124, Décima Oitava Câmara Cível, Tribunal de Justiça do RS, relator: Pedro Celso Dal Pra, Julgado em 16.11.2006).

42 TJRJ – Turma Recursal. 2003.700.345270-0. Juiz(a) MARIA PAULA GOUVÊA GALHARDO. Trata-se de ação de Indenização por Danos Materiais e Morais através da qual preten-

25.10 Ação de Depósito

O CPC de 2015 suprimiu o procedimento especial da *ação depósito* (art. 901 a 906 do CPC/1973). A Súmula Vinculante n.25 já afirmava que "é ilícita a prisão civil de depositário infiel, qualquer que seja a modalidade de depósito."

No novo diploma processual, a ação de depósito possui rito comum. De acordo com o artigo 311, inciso III, do CPC de 2015[43] a tutela da evidência será concedida, independentemente da demonstração de perigo de dano ou de risco ao resultado útil do processo, quando se tratar de pedido reiperse-

---

de o Autor a reparação dos danos causados pelo não cancelamento de operação financeira realizada através de cartão furtado, não obstante a devida comunicação ao Réu. Que no dia 2.5.2003 foi vítima de furto, sendo-lhe subtraído o cartão magnético múltiplo do Banco Réu garantindo o cancelamento das operações realizadas através do cartão furtado, para a surpresa do Autor, tal não se deu e vem tendo que pagar créditos por ele não contraídos. Contestação Às fls.32/36, através da qual nega o dever de indenizar aduzindo que o fato foi praticado por terceiro, excluindo assim, o nexo de causalidade. Que a operação realizada é regular, pois de acordo com as normas do Banco Central. Que a referida operação apenas poderia ter sido realizada com a utilização da senha de conhecimento exclusivo do autor. Por tudo, espera a improcedência do pedido. Sentença à fl. 37 julgando procedente em parte o pedido para condenar o Réu a restituir ao autor a quantia de R$ 1.500,00 e a pagar R$ 41.200,00 pelo seu dano moral suportado. Recurso do Réu às fls. 39/49 aduzindo que os fatos se deram por fato da vítima, já que não afastada de forma categórica a participação do Autor em todo o ocorrido, em especial no que tange à guarda da sua senha eletrônica. Nega os danos, esperando a reforma do julgado. Muito se tem discutido a respeito da natureza da responsabilidade civil das instituições bancárias, virando as opiniões desde a responsabilidade fundada na culpa até a responsabilidade objetiva, com base no risco profissional, conforme a doutrina de Vivante e Ramela. No presente caso é uníssona a jurisprudência ao reconhecer a responsabilidade dos bancos pelo extravio de quantias depositadas enquanto em seu poder. O contrato de deposito bancário é também considerado irregular. Segundo o disposto no artigo 1.280, do Código Civil, reproduzido pelo art. 645, do NCC. obriga-se o depositário a restituir coisas do mesmo gênero, qualidade e quantidade, aplicando-se-lhe as disposições do mútuo. Importa dizer que feito o deposito o dinheiro passa a pertencer ao banco, correndo-lhe os riscos. Incontroversa a retirada de número por terceiro não autorizado, pois de forma alguma comprovada a participação do Autor no evento, há que se concluir que os riscos de perda da coisa depositada devem ser suportados pelo Recorrente, que não pode lhe transferir ao consumidor, como pretendeu fazer. Por seu turno, há que se reconhecer que o Recorrido cumpriu suas obrigações contratuais comunicando o furto do cartão tão logo percebido, e assim sendo não pode ser chamado por atos por ele não praticados. Na hipótese, o comprometimento financeiro imposto ao Autor por intransigência do Réu é suficiente para caracterizar o dano moral, que foi fixado de forma moderada. A sentença atacada é, portanto irretocável. Ante o exposto, nega-se provimento ao recurso mantendo a r. sentença por seus próprios fundamentos. Em consequência, condeno a Recorrente ao pagamento da custas processuais e honorários advocatícios, fixados em 10% sobre o valor da condenação.

43 CPC – 2015 - Art. 311. A tutela da evidência será concedida, independentemente da demonstração de perigo de dano ou de risco ao resultado útil do processo, quando: [...] III - se tratar de pedido reipersecutório fundado em prova documental adequada do contrato de depósito, caso em que será decretada a ordem de entrega do objeto custodiado, sob cominação de multa;

cutório fundado em prova documental adequada do contrato de depósito. Nestes casos, será decretada, liminarmente, a ordem de entrega do objeto custodiado, sob cominação de multa (*astreinte*).

De acordo com FERNANDO DA FONSECA GAJARDONI "O dispositivo recupera o prestígio do depósito. Dota-se a tutela processual do depositante de maior eficácia, através de instrumento processual bastante hábil, equivalente à busca e apreensão do DL 911/69 ou do art. 1.071 do CPC/1973. Desde que haja prova documental do contrato de depósito (a prova literal referida no art. 902 do CPC/1973), possibilita-se a imediata retomada da coisa. E indo até mais além do que o DL 911/69, estabelece que a ordem de entrega do bem (busca e apreensão) se dará, inclusive, sob a cominação de multa (*astreinte*).

Tem-se se aqui – como já se tinha na busca e apreensão do DL 911/69 e no art. 1.071 do CPC/1973 –, típico caso de tutela da evidência (ou do direito provável), a dispensar qualquer perquirição sobre risco de desvio ou destruição da coisa pelo depositário. O direito se mostra tão evidente ante a prova do depósito que, pela lógica do Sistema, não faz sentido privar o autor de tutela imediata (embora ainda dependente de confirmação na sentença final). Com a ordem liminar de busca e apreensão do bem, distribui-se de modo mais justo o tempo do processo, fazendo com que aquele que aparenta não ter razão (o depositário infiel) acabe por suportá-lo.

Trata-se de excelente inovação do Novo CPC. Ressuscita-se a ação de depósito em nova roupagem, fora dos procedimentos especiais. E permite-se que, doravante, as partes contratem o depósito cientes de que, em caso de descumprimento da obrigação de entrega, há uma resposta imediata do sistema processual para o inadimplemento."[44]

25.11 Depósito Necessário

O artigo 647 estabelece o *depósito necessário* quando: I – o que se faz em desempenho de obrigação legal; II – o que se efetua por ocasião de alguma calamidade, como o incêndio, a inundação, o naufrágio ou o saque.[45]

Portanto, são espécies de depósito necessário: o depósito legal (CC 2002, art. 647, I) e o chamado depósito miserável (CC 2002, art. 647, II). Existe, pois, uma terceira hipótese de depósito necessário equiparado ao depósito legal denominado de depósito do hospedeiro ou aquele realizado por hoteleiros.

---

44 GAJARDONI, Fernando da Fonseca. Novo CPC: A ressurreição da ação de depósito. Disponível em: < http://jota.uol.com.br/novo-cpc-ressurreicao-da-ação-de-deposito>. Acesso em: 11 out. 2016.

45 Correspondente ao art. 1.282, *caput*, do CCB/1916.

Há uma diferença entre o depósito voluntário e o necessário: o depósito necessário se presume gratuito e para ser oneroso tem que haver expresso ajuste. Já o depósito necessário se presume oneroso, para que seja gratuito tem que haver ajuste prévio. O artigo 651 determina que "O depósito necessário não se presume gratuito. Na hipótese do art. 649, a remuneração pelo depósito está incluída no preço da hospedagem".[46]

25.12 Contrato de Hospedagem

O depósito realizado por hoteleiros ou hospedeiros é equiparado ao depósito necessário, afirmando o artigo 649 que "Aos depósitos previstos no artigo antecedente é equiparado o das bagagens dos viajantes ou hóspedes nas hospedarias onde estiverem".[47]

E o parágrafo único do referido dispositivo determina que "Os hospedeiros responderão como depositários, assim como pelos furtos e roubos que perpetrarem as pessoas empregadas ou admitidas nos seus estabelecimentos".[48] Isso se não ficar provado "que os fatos prejudiciais aos viajantes ou hóspedes não podiam ter sido evitados".[49-50]

A responsabilidade civil do hospedeiro é contratual. O artigo 932, inciso IV, do nosso Código Civil determina que "São também responsáveis pela reparação civil: III – o empregador ou comitente, por seus empregados, serviçais e prepostos, no exercício do trabalho que lhes competir, ou em razão dele; IV – os donos de hotéis, hospedarias, casas ou estabelecimentos onde se albergue por dinheiro, mesmo para fins de educação, pelos seus hóspedes, moradores e educandos";

Ademais, ainda que não haja culpa da parte do hospedeiro, ele será responsável pelos atos paraticados por terceiros. Neste sentido, a redação do artigo 933 do CC: "As pessoas indicadas nos incisos I a V do artigo antecedente, ainda que não haja culpa de sua parte, responderão pelos atos praticados pelos terceiros ali referidos".

---

46 Correspondente ao art. 1.286 do CCB/1916.

47 Correspondente ao art. 1.284, *caput*, do CCB/1916.

48 Correspondente ao art. 1.284, p.u., do CCB/1916.

49 Correspondente ao art. 1.285, *caput* e inciso I, do CCB/1916.

50 CC 2002 – Art. 393. O devedor não responde pelos prejuízos resultantes de caso fortuito ou força maior, se expressamente não se houver por eles responsabilizado. Parágrafo único. O caso fortuito ou de força maior verifica-se no fato necessário, cujos efeitos não eram possível evitar ou impedir.

CDC – Art. 14. O fornecedor de serviços responde, independentemente da existência de culpa, pela reparação dos danos causados aos consumidores por defeitos relativos à prestação dos serviços, bem como por informações insuficientes ou inadequadas sobre sua fruição e riscos. § 3° O fornecedor de serviços só não será responsabilizado quando provar: II – a culpa exclusiva do consumidor ou de terceiro.

Neste sentido a decisão da 6ª Câmara Cível do Tribunal de Justiça do Estado de São Paulo: "Tratando-se de furto de bens imóveis do interior do apartamento de hotel, a hipótese é de depósito necessário, cumprindo ao hospedeiro assegurar a incolumidade do hóspede e de seus bens. Vale assinalar que, a responsabilidade dos hospedeiros abrange, também, atos de terceiros: empregados e pessoas admitidas nas casas de hospedagem. A responsabilidade pelos empregados é de direito comum. O empregado é um preposto. Pelas pessoas admitidas na casa que fornece hospedagem, a responsabilidade é especial, e se explica pela necessidade de terem os hóspedes confiança naqueles a quem entregam as suas bagagens, nas quais, muitas vezes, há grandes valores". (RTJSP nº 129/162).

25.13 Prisão civil do depositário infiel

Em regra, o inadimplemento é resolvido com perdas e danos. Somente em duas obrigações, o inadimplemento dá azo a privação de liberdade do devedor, quais sejam: a obrigação alimentar e a obrigação do depositário de devolver a coisa depositada ao depositante.

Considerando o fenômeno da *despatrimonialização do direito civil*, o inadimplemento obrigacional deve ser resolvido com perdas e danos, e não com a privação da liberdade do devedor.

Todavia o artigo 652 estabelece que "Seja o depósito voluntário ou necessário, o depositário que não o restituir quando exigido será compelido a fazê-lo mediante prisão não excedente a um ano, e ressarcir os prejuízos".[51] Melhor dizendo: O depositário que não devolver a coisa ao depositante, converte-se em depositário infiel, e está sujeito à prisão civil de até um ano. Vale destacar que não se trata de uma pena criminal, mas sim de um meio de coerção indireta sobre o devedor para levá-lo a cumprir a obrigação. Uma vez devolvido a coisa ou o seu equivalente em dinheiro, o depositário é imediatamente posto em liberdade.

Ocorre que o Pacto de São José da Costa Rica, que versa sobre os direitos humanos e a dignidade da pessoa humana, entrou em nosso ordenamento jurídico por força do Decreto Federal nº 678/92, só admite a prisão civil para o devedor de alimentos. O artigo 71, inciso 7, do referido Pacto determina que: "*7 – Ninguém deve ser detido por dívida. Este princípio não limita os mandados de autoridade judiciária competente expedidos em virtude de inadimplemento de obrigação alimentar*".

Dessa maneira, resta claro que não é mais possível a prisão do depositário infiel. A discussão doutrinária e jurisprudência tinha espaço privilegiado antes do advento da Emenda Constitucional n° 45/2004, já que a tese dominante era no sentido de que o tratado não se sobrepunha à Constituição

51 Correspondente ao art. 1.287 do CCB/1916.

Federal[52] e, portanto, admitir-se-ia a prisão do depositário infiel, não podendo um tratado impedir o ato jurídico. É a chamada Teoria da prevalência do direito constitucional sobre o direito externo.

Com a EC 45, em especial, com a introdução do novo § 3º ao artigo 5º da CRFB/88 que informa que "*Os tratados e convenções internacionais sobre direitos humanos que forem aprovados, em cada Casa do Congresso Nacional, em dois turnos, por três quintos dos respectivos membros, serão equivalentes às emendas constitucionais*".

Daí que a exegese deste dispositivo constitucional deve estar em harmonia com a proteção e a promoção dos direitos humanos, já que permite a incorporação dos tratados e convenções internacionais sobre direitos humanos com status constitucional se aprovados em procedimento legislativo idêntico às emendas constitucionais.

Ademais, a Súmula Vinculante nº 25 diz que "É ilícita a prisão civil de depositário infiel, qualquer que seja a modalidade de depósito."[53]

---

52 CRFB/88 – Art. 5º – Todos são iguais perante a lei, sem distinção de qualquer natureza, garantindo-se aos brasileiros e aos estrangeiros residentes no País a inviolabilidade do direito à vida, à liberdade, à igualdade, à segurança e à propriedade, nos termos seguintes: LXVII – não haverá prisão civil por dívida, salvo a do responsável pelo inadimplemento voluntário e inescusável de obrigação alimentícia e a do depositário infiel;

53 Precedentes Representantivos. "Se não existem maiores controvérsias sobre a legitimidade constitucional da prisão civil do devedor de alimentos, assim não ocorre em relação à prisão do depositário infiel. As legislações mais avançadas em matérias de direitos humanos proíbem expressamente qualquer tipo de prisão civil decorrente do descumprimento de obrigações contratuais, excepcionando apenas o caso do alimentante inadimplente. O art. 7º (n.º 7) da Convenção Americana sobre Direitos Humanos 'Pacto de San José da Costa Rica, de 1969, dispõe desta forma: 'Ninguém deve ser detido por dívidas. Este princípio não limita os mandados de autoridade judiciária competente expedidos em virtude de inadimplemento de obrigação alimentar.' Com a adesão do Brasil a essa convenção, assim como ao Pacto Internacional dos Direitos Civis e Políticos, sem qualquer reserva, ambos no ano de 1992, iniciou-se um amplo debate sobre a possibilidade de revogação, por tais diplomas internacionais, da parte final do inciso LXVII do art. 5º da Constituição Brasileira de 1988, especificamente, da expressão 'depositário infiel', e, por consequência, de toda a legislação infraconstitucional que nele possui fundamento direto ou indireto. (...) Portanto, diante do inequívoco caráter especial dos tratados internacionais que cuidam da proteção dos direitos humanos, não é difícil entender que a sua internalização no ordenamento jurídico, por meio do procedimento de ratificação previsto na Constituição, tem o condão de paralisar a eficácia jurídica de toda e qualquer disciplina normativa infraconstitucional com ela conflitante. Nesse sentido, é possível concluir que, diante da supremacia da Constituição sobre os atos normativos internacionais, a previsão constitucional da prisão civil do depositário infiel (...) deixou de ter aplicabilidade diante do efeito paralisante desses tratados em relação à legislação infraconstitucional que disciplina a matéria (...). Tendo em vista o caráter supralegal desses diplomas normativos internacionais, a legislação infraconstitucional posterior que com eles seja conflitante também tem sua eficácia paralisada. (...) Enfim, desde a adesão do Brasil, no ano de 1992, ao Pacto Internacional dos Direitos Civis e Políticos (art. 11) e à Convenção Americana sobre Direitos Humanos 'Pacto de San José da Costa Rica (art. 7º, 7), não há base legal par aplicação da parte final do art.5º, inciso LXVII, da Constituição, ou seja, para a prisão civil do depositário infiel." (RE 466343, Voto do ministro Gilmar Mendes, Tribunal Pleno,

Vejamos alguns julgados após a publicação da Súmula Vinculante nº 25:

> "O fato, senhores ministros, é que, independentemente da orientação que se venha a adotar (supralegalidade ou natureza constitucional dos tratados internacionais de direitos humanos), a conclusão será, sempre, uma só: a de que não mais subsiste, em nosso sistema de direito positivo interno, o instrumento da prisão civil nas hipóteses de infidelidade depositária, cuide-se de depósito voluntário (convencional) ou trate-se, como na espécie, de depósito judicial, que é modalidade de depósito necessário." (HC 90983, relator ministro Celso de Mello, Segunda Turma, julgamento em 23.9.2008, *DJe* de 13.5.2013)

> "O Plenário desta Corte, no julgamento conjunto dos HCs nºs. 87.585 e 92.566, relator o ministro Marco Aurélio e dos RREE nºs. 466.343 e 349.703, Relatores os ministros Cezar Peluso e Carlos Brito, Sessão de 3.12.08, fixou o entendimento de que a circunstância de o Brasil haver subscrito o Pacto de São José da Costa Rica conduziu à inexistência de balizas visando à eficácia do que previsto no artigo 5º, LXVII, da Constituição Federal, restando, assim, derrogadas as normas estritamente legais definidoras da custódia do depositário infiel." (RE 716101, relator ministro Luiz Fux, Decisão Monocrática, julgamento em 31.10.2012, *DJe* de 8.11.2012)

julgamento em 3.12.2008, *DJe* de 5.6.2009).

"Direito Processual. *HABEAS CORPUS*. Prisão civil do depositário infiel. Pacto de São José da Costa Rica. Alteração de orientação da jurisprudência do STF. Concessão da ordem. 1. A matéria em julgamento neste *HABEAS CORPUS* envolve a temática da (in)admissibilidade da prisão civil do depositário infiel no ordenamento jurídico brasileiro no período posterior ao ingresso do Pacto de São José da Costa Rica no direito nacional. 2. Há o caráter especial do Pacto Internacional dos Direitos Civis Políticos (art. 11) e da Convenção Americana sobre Direitos Humanos - Pacto de San José da Costa Rica (art. 7°, 7), ratificados, sem reserva, pelo Brasil, no ano de 1992. A esses diplomas internacionais sobre direitos humanos é reservado o lugar específico no ordenamento jurídico, estando abaixo da Constituição, porém acima da legislação interna. O status normativo supralegal dos tratados internacionais de direitos humanos subscritos pelo Brasil, torna inaplicável a legislação infraconstitucional com ele conflitante, seja ela anterior ou posterior ao ato de ratificação. 3. Na atualidade a única hipótese de prisão civil, no Direito brasileiro, é a do devedor de alimentos. O art. 5°, §2°, da Carta Magna, expressamente estabeleceu que os direitos e garantias expressos no *caput* do mesmo dispositivo não excluem outros decorrentes do regime dos princípios por ela adotados, ou dos tratados internacionais em que a República Federativa do Brasil seja parte. O Pacto de São José da Costa Rica, entendido como um tratado internacional em matéria de direitos humanos, expressamente, só admite, no seu bojo, a possibilidade de prisão civil do devedor de alimentos e, consequentemente, não admite mais a possibilidade de prisão civil do depositário infiel. 4. *HABEAS CORPUS* concedido." (HC 95967, Relatora Ministra Ellen Gracie, Segunda Turma, julgamento em 11.11.2008, *DJe* de 28.11.2008).

Tratados e convenções internacionais sobre direitos humanos: "status" supralegal

"Esse caráter supralegal do tratado devidamente ratificado e internalizado na ordem jurídica brasileira - porém não submetido ao processo legislativo estipulado pelo artigo 5º, § 3º, da Constituição Federal - foi reafirmado pela edição da Súmula Vinculante 25, segundo a qual 'é ilícita a prisão civil de depositário infiel, qualquer que seja a modalidade do depósito'. Tal verbete sumular consolidou o entendimento deste tribunal de que o artigo 7º, item 7, da Convenção Americana de Direitos Humanos teria ingressado no sistema jurídico nacional com status supralegal, inferior à Constituição Federal, mas superior à legislação interna, a qual não mais produziria qualquer efeito naquilo que conflitasse com a sua disposição de vedar a prisão civil do depositário infiel. Tratados e convenções internacionais com conteúdo de direitos humanos, uma vez ratificados e internalizados, ao mesmo passo em que criam diretamente direitos para os indivíduos, operam a supressão de efeitos de outros atos estatais infraconstitucionais que se contrapõem à sua plena efetivação." (ADI 5240, relator ministro Luiz Fux, Tribunal Pleno, julgamento em 20.8.2015, *DJe* de 1.2.2016)

25.14 A questão da alienação fiduciária

A alienação fiduciária é um direito real de garantia. O Decreto-Lei nº 911, de 1º de outubro de 1969, regulamenta a alienação fiduciária e estabelece o procedimento especial para a busca e apreensão de bens alienados em garantia.

Na alienação fiduciária em garantia o credor fica com a posse indireta da coisa móvel alienada e o devedor é o possuidor direito da coisa e depositário com todas as responsabilidades e encargos. Logo, a propriedade é resolúvel. Melhor dizendo: o devedor, com o firme propósito de garantir o pagamento da dívida, transmite ao credor a propriedade de um bem, retendo-lhe a posse direta, sob a condição resolutiva.

O artigo 1º do referido DL-911/69 alterou o artigo 66 da Lei 4.728/65, cujo *caput* passou a ter a seguinte redação: "A alienação fiduciária em garantia transfere ao credor o domínio resolúvel e a posse indireta da coisa móvel alienada, independentemente da tradição efetiva do bem, tornando-se o alienante ou devedor em possuidor direto e depositário com todas as responsabilidades e encargos que lhe incumbem de acordo com a lei civil e penal". Dessa maneira, o devedor é depositário da coisa que alienou ao credor.

A questão que surge é a seguinte: Se o devedor não pagou a obrigação e não entregou a posse da coisa ao credor estaria sujeito à prisão civil de até um ano, tal como acontece com o depositário infiel?

A posição que predomina, inclusive no STJ, é no sentido da impossibilidade da prisão civil do devedor fiduciário, já que ele não representa um depositário típico. Não existe, neste caso, entre o credor e o devedor, um contrato típico de depósito. O contrato é de alienação fiduciária.

Todavia, o STF entende que é possível a prisão civil do devedor fiduciário, já que o Decreto-Lei 911/69 o equipara para todos os efeitos ao depositário. Com esta equiparação seria possível a prisão civil. Daí que a posição do STF caminha no sentido de que a prisão civil do devedor fiduciário *não é inconstitucional*.

Vejamos as decisões do Supremo Tribunal Federal – STF a este respeito:

a) HC 72131 / RJ – RIO DE JANEIRO. *HABEAS CORPUS*. Relator(a): Min. MARCO AURÉLIO. Relator(a) p/ Acórdão: Min. MOREIRA ALVES. Julgamento: 23.11.1995. Órgão Julgador: Tribunal Pleno. Publicação: DJ 01.8.2003 P-00103. EMENT VOL-02117-40 PP-08650. Parte(s) PACTE.: LAIRTON ALMAGRO VITORIANO DA CUNHA. IMPTE.: MARCELLO FERREIRA DE SOUZA GRANADO. COATOR: TRIBUNAL DE JUSTIÇA DO ESTADO DO RIO DE JANEIRO. INTDO: SATEPLAN CONSÓRCIOS LTDA.. ADVDO: VILMAR JOSÉ ARRABAL DE CARVALHO. ADVDOS. : JOSÉ EDUARDO RANGEL DE ALCKMIN E OUTRO. Ementa: "*HABEAS CORPUS*". Alienação fiduciária em garantia. Prisão civil do devedor como depositário infiel. – Sendo o devedor, na alienação fiduciária em garantia, depositário necessário por força de disposição legal que não desfigura essa caracterização, sua prisão civil, em caso de infidelidade, se enquadra na ressalva contida na parte final do artigo 5º, LXVII, da Constituição de 1988. – Nada interfere na questão do depositário infiel em matéria de alienação fiduciária o disposto no § 7º do artigo 7º da Convenção de San José da Costa Rica. "*HABEAS CORPUS*" indeferido, cassada a liminar concedida;
b) HC 79870 / SP – SÃO PAULO. *HABEAS CORPUS*. Relator(a): Min. MOREIRA ALVES. Julgamento: 16.5.2000. Órgão Julgador: Primeira Turma. Publicação: DJ 20.10.2000 PP-00112. EMENT VOL-02009-02 PP-00270. EMENTA: *HABEAS CORPUS*. – Esta Corte, por seu Plenário (HC 72.131), já firmou o entendimento de que, em face da Carta Magna de 1988,persiste a constitucionalidade da prisão civil do depositário infiel em se tratando de alienação fiduciária, bem como que o Pacto de São José da Costa Rica, além de não poder contrapor-se ao disposto no artigo 5º, LXVII, da mes-

ma Constituição, não derrogou, por ser norma infraconstitucional geral, as normas infraconstitucionais especiais sobre prisão civil do depositário infiel. – A essas considerações, acrescenta-se outro fundamento de ordem constitucional para afastar a pretendida derrogação do Decreto-Lei nº 911/69 pela interpretação dada ao artigo 7º, item 7º, desse Pacto. Se se entender que esse dispositivo, que é norma infraconstitucional, revogou, tacitamente, a legislação também infraconstitucional interna relativa à prisão civil do depositário infiel em caso de depósito convencional ou legal, essa interpretação advirá do entendimento, que é inconstitucional, de que a legislação infraconstitucional pode afastar exceções impostas diretamente pela Constituição, independentemente de lei que permita impô-las quando ocorrer inadimplemento de obrigação alimentar ou infidelidade de depositário. *HABEAS CORPUS* indeferido;

c) HC 81319 / GO - GOIÁS. *HABEAS CORPUS*. Relator(a): Min. CELSO DE MELLO. Julgamento: 24.4.2002. Órgão Julgador: Tribunal Pleno. Publicação. DJ 19.8.2005 PP-00005. EMENT VOL-02201-02 PP-00186. RJSP v. 53, nº 335, 2005, p. 136-137. EMENTA: "*HABEAS CORPUS*" - IMPETRAÇÃO CONTRA DECISÃO, QUE, PROFERIDA POR MINISTRO-RELATOR, NÃO FOI SUBMETIDA À APRECIAÇÃO DE ÓRGÃO COLEGIADO DO SUPREMO TRIBUNAL FEDERAL - ADMISSIBILIDADE - ALIENAÇÃO FIDUCIÁRIA EM GARANTIA - PRISÃO CIVIL DO DEVEDOR FIDUCIANTE - LEGITIMIDADE CONSTITUCIONAL - INOCORRÊNCIA DE TRANSGRESSÃO AO PACTO DE SÃO JOSÉ DA COSTA RICA (CONVENÇÃO AMERICANA SOBRE DIREITOS HUMANOS) – CONCESSÃO DE "*HABEAS CORPUS*" DE OFÍCIO, PARA DETERMINAR QUE O TRIBUNAL DE JUSTIÇA LOCAL, AFASTADA A PREJUDICIAL DE INCONSTITUCIONALIDADE DO ART. 4º DO DECRETO-LEI Nº 911/69, ANALISE AS DEMAIS ALEGAÇÕES DE DEFESA SUSCITADAS PELO PACIENTE. LEGITIMIDADE CONSTITUCIONAL DA PRISÃO CIVIL DO DEVEDOR FIDUCIANTE. – A prisão civil do devedor fiduciante, nas condições em que prevista pelo DL nº 911/69, reveste-se de plena legitimidade constitucional e não transgride o sistema de proteção instituído pela Convenção Americana sobre Direitos Humanos (Pacto de São José da Costa Rica). Precedentes. OS TRATADOS INTERNACIONAIS, NECESSARIAMENTE SUBORDINADOS À AUTORIDADE DA CONSTITUIÇÃO DA REPÚBLICA, NÃO PODEM LEGITIMAR INTERPRETAÇÕES QUE RESTRINJAM A EFICÁCIA JURÍDICA DAS NORMAS CONSTITUCIONAIS. – A possibilidade jurídica de o Congresso Nacional instituir a prisão civil no caso de infidelidade depositária encontra fundamento na própria Constituição da República (art. 5º, LXVII). A autoridade hierárquico-normativa da Lei Fundamental do Estado, considerada a supremacia absoluta de que se reveste o estatuto político brasileiro, não se expõe, no plano de sua eficácia e aplicabilidade, a restrições ou a mecanismos de limitação fixados em sede de tratados internacionais, como o Pacto de São José da Costa Rica (Convenção Americana sobre Direitos Humanos). – A ordem constitucional vigente no Brasil – que confere ao Poder Legislativo explícita autorização para disciplinar e instituir a prisão civil relativamente ao depositário infiel (art. 5º, LXVII) – não pode sofrer interpretação que conduza ao reconhecimento de que o Estado brasileiro, mediante tratado ou convenção internacional, ter-se-ia interditado a prerrogativa de exercer, no plano interno, a competência institucional que lhe foi outorgada, expressamente, pela própria Constituição da República. A ESTATURA CONSTITUCIONAL DOS TRATADOS INTERNACIONAIS SOBRE DIREITOS HUMANOS: UMA DESEJÁVEL QUALIFICAÇÃO JURÍDICA A SER ATRIBUÍDA, "DE JURE CONSTITUENDO", A TAIS CONVENÇÕES CELEBRADAS PELO BRASIL. – É irrecusável que os tratados e convenções internacionais não podem transgredir a normatividade subordinante da Constituição da República nem dispõem de força normativa para restringir a eficácia jurídica das cláusulas constitucionais e dos preceitos inscritos no texto da Lei Fundamental (ADI 1.480/DF, Rel. Min. CELSO DE MELLO, Pleno). – Revela-se altamente desejável, no entanto, "de jure constituendo", que, à semelhança do que se registra no direito constitucional comparado (Constituições da Argentina, do Paraguai, da Federação Russa, do Reino dos Países Baixos e do Peru, v.g.), o Congresso Nacional venha a outorgar hierarquia constitucional aos tratados sobre direitos humanos celebrados pelo Estado brasileiro. Considerações em torno desse tema. CONCESSÃO "*Ex officio*" DA ORDEM DE "*HABEAS CORPUS*". – Afastada a questão prejudicial concernente à inconstitucionalidade do art. 4º do Decreto-Lei nº 911/69, cuja validade jurídico-constitucional foi reafirmada pelo Supremo Tribunal Federal, é concedida, "*ex officio*", ordem de "*HABEAS CORPUS*", para determinar, ao Tribunal de Justiça local, que prossiga no julgamento do "writ" constitucional que perante ele foi impetrado, examinando, em consequência, os demais fundamentos de defesa suscitados pelo réu, ora paciente;

Já o Superior Tribunal de Justiça – STJ, em maior harmonia e melhor ajustado e coadunado com a concepção dos direitos humanos, entende que:

a) RECURSO ORDINÁRIO EM *HABEAS CORPUS* – PRISÃO CIVIL DE DEVEDOR EM CONTRATO GARANTIDO POR ALIENAÇÃO FIDUCIÁRIA – ILEGALIDADE – CARACTERIZAÇÃO – PRECEDENTES – EXPEDIÇÃO DE SALVO CONDUTO EM FAVOR DO PACIENTE – NECESSIDADE – RECURSO PROVIDO. 1 – Quanto à possibilidade de prisão civil do devedor que descumpre contrato garantido por alienação fiduciária, o Superior Tribunal de Justiça, por decisão de sua Corte Especial, já firmou o entendimento de que a constrição é ilegal. 2 – O entendimento sedimentado neste egrégio Superior Tribunal é de que, no caso específico da alienação fiduciária, não existe a relação de depósito típico e a prisão civil; assim, constitui mera garantia mais gravosa para o cumprimento dos contratos de mútuo. 3 – Recurso provido. (RHC 20.246/SP, Rel. ministro MASSAMI UYEDA, QUARTA TURMA, julgado em 13.02.2007, DJ 5.3.2007 p. 286);
b) AGRAVO REGIMENTAL. AGRAVO DE INSTRUMENTO. ALIENAÇÃO FIDUCIÁRIA. CONVERSÃO EM DEPÓSITO. EQUIVALENTE EM DINHEIRO. VALOR DO BEM. PRISÃO CIVIL. DESCABIMENTO. PRECEDENTES. – Convertida em depósito a ação de busca e apreensão, o "equivalente em dinheiro" a ser depositado é o valor de mercado do bem dado em garantia fiduciária, ou, se este for superior ao saldo devedor, o montante de tal saldo. – É ilícita a prisão civil do devedor que descumpre contrato garantido por alienação fiduciária. (AgRg no Ag 775.038/SP, Rel. ministro HUMBERTO GOMES DE BARROS, TERCEIRA TURMA, julgado em 26.10.2006, DJ 18.12.2006 p. 377);
c) Civil. Agravo no agravo de instrumento. Prisão civil. Depositário infiel. Contrato com alienação fiduciária em garantia. – No contrato garantido por alienação fiduciária, é incabível a prisão civil do devedor fiduciante, que não se equipara ao depositário infiel. Precedentes da Corte Especial. Agravo não provido (AgRg no Ag 804.120/PR, Rel. Ministra NANCY ANDRIGHI, TERCEIRA TURMA, julgado em 29.11.2006, DJ 11.12.2006 p. 356);
d) *HABEAS CORPUS*. PRISÃO CIVIL. DEPÓSITO. ALIENAÇÃO FIDUCIÁRIA. NÃO CABIMENTO DA PRISÃO. PRECEDENTES DO STJ. Sedimentada nesta Corte a orientação de que é incabível a prisão civil do devedor fiduciante, porquanto, no caso específico da alienação fiduciária em garantia, não existe relação de depósito típico. Nesse caso, a prisão civil não passa de mera garantia mais gra-

vosa ao contrato de mútuo celebrado. Precedentes do STJ. Ordem concedida. (HC 54.766/SP, Rel. ministro CÉSAR ASFOR ROCHA, QUARTA TURMA, julgado em 05.9.2006, DJ 30.10.2006 p. 306);

e) *HABEAS CORPUS*. ALIENAÇÃO FIDUCIÁRIA. DEVEDOR. AMEAÇA DE PRISÃO CASO NÃO QUITADA A DÍVIDA. CONSTRANGIMENTO ILEGAL. CITAÇÃO POR EDITAL. INFIDELIDADE. PRISÃO. ILEGALIDADE. INTIMAÇÃO PESSOAL. NECESSIDADE. CONCESSÃO DA ORDEM. I. A jurisprudência do Superior Tribunal de Justiça, firmada a partir de precedente da Corte Especial no EREsp nº 149.518/GO (Rel. Min. Ruy Rosado de Aguiar, unânime, DJU de 28.02.2000), é no sentido de afastar a ameaça ou ordem de prisão do devedor em caso de inadimplemento de contrato de alienação fiduciária em garantia. II. Ilegítimo, ainda, o decreto de prisão quando feita a intimação via edital, sendo indispensável, para que não se consubstancie cerceamento de defesa, a ciência pessoal do ato que determina a apresentação da coisa ou o pagamento do valor correspondente. III. Ordem concedida.(HC 59.609/DF, Rel. ministro ALDIR PASSARINHO JÚNIOR, QUARTA TURMA, julgado em 17.8.2006, DJ 18.9.2006 p. 320);

f) PROCESSUAL CIVIL. AGRAVO REGIMENTAL EM EMBARGOS DE DIVERGÊNCIA. PRISÃO CIVIL. CONTRATO DE ALIENAÇÃO FIDUCIÁRIA EM GARANTIA. IMPOSSIBILIDADE. SÚMULA 168/STJ. PRECEDENTES DA CORTE ESPECIAL. 1. Esta eg. Corte Especial já firmou posicionamento no sentido de que não cabe prisão civil do devedor que descumpre o contrato de alienação fiduciária em garantia. 2. São incabíveis embargos de divergência, quando a jurisprudência do Tribunal se firmou no mesmo sentido do acórdão embargado (Súmula 168/STJ). 3. Agravo regimental improvido (AgRg nos EREsp 683.459/RS, Rel. ministro FRANCISCO PEÇANHA MARTINS, CORTE ESPECIAL, julgado em 02.08.2006, DJ 28.8.2006 p. 203).

g) HABEAS CORPUS Nº 74.458 - SP (2007/0007380-0). 1. Cuida-se de HABEAS CORPUS, com pedido de concessão de liminar, impetrado em favor de Paulo Ricardo da Silva contra acórdão da 27ª Câmara de Direito Privado do Tribunal de Justiça do Estado de São Paulo, que denegou a ordem lá impetrada contra ato de Juiz de Direito que, nos autos da ação de busca e apreensão convertida em depósito ajuizada pelo "HSBC S/A", determinou a entrega do bem alienado ou o seu equivalente em dinheiro, sob pena de prisão. 2. A jurisprudência desta Corte firmou-se no sentido do não cabimento da prisão civil em casos de alienação fiduciária em garantia, uma vez que não se equipara o devedor fiduciante ao depositário infiel

(EREsp nº 149.518-GO, Rel. Min. Ruy Rosado de Aguiar). 3. Do exposto, concedo a liminar para cancelar a cominação de prisão civil do devedor-fiduciante. Expeça-se salvo-conduto em favor do ora paciente. Requisitem-se informações. Após, dê-se vista ao Ministério Público Federal. Publique-se. Intimem-se. Brasília, 24 de janeiro de 2007. MINISTRO FRANCISCO PEÇANHA MARTINS Vice-Presidente, no exercício da Presidência

Capítulo 26
DO MANDATO

26.1 Conceito de Mandato

A expressão mandato é derivada de *manu datum*. As partes contratantes (mandante e mandatário) simbolizavam o contrato no momento em que *davam as mãos*. Esse ato representava a fidelidade no cumprimento do acordado. É a ideia de representação (agir "em seu nome").

Da mesma forma, CARVALHO DE MENDONÇA afirma que "em direito romano, o mandato decorria da confiança, simbolizada no aperto de mão – *manus datio*. A religião e a política intervinham para cristalizar a concepção jurídica do instituto.

Aquela estigmatizada com a infâmia e a ignomínia, a quem faltasse aos deveres que assumisse com o mandato.

Por outro lado, motivos de ordem social e política ditavam aos cidadãos prestar seus serviços gratuitos aos seus concidadãos em todos os negócios jurídicos."[1]

O Código Civil Brasileiro, no artigo 653, conceitua o *mandato* da seguinte forma: "Opera-se o mandato quando alguém recebe de outrem poderes para, em seu nome, praticar atos ou administrar interesses. A procuração é o instrumento do mandato."[2]

Daí que o mandato é o contrato pelo qual alguém (mandante) outorga a outra pessoa (mandatário) poderes para emitir vontade em seu nome ou para administrar os seus bens. Portanto, o mandato é uma espécie de *representação*.

1 CARVALHO DE MENDONÇA, Manuel Inácio. *Contratos no Direito Civil brasileiro*. Tomo I. 3.ed. Rio de Janeiro: Forense, 1955, p. 191-192.

2 Correspondente ao art. 1.288 do CCB/1916.

O Código Civil de 2002 trata do instituto jurídico da representação nos artigos 115 e seguintes.[3] [4] A *representação* é o instituto jurídico pelo qual o representante atua, praticando um ato, em nome do representado. A representação pode ser *legal* ou *convencional*. Vejamos:

---

3 CC – 2002 – CAPÍTULO II: DA REPRESENTAÇÃO
Art. 115. Os poderes de representação conferem-se por lei ou pelo interessado.
(Sem Correspondência ao CCB de 1916)
Art. 116. A manifestação de vontade pelo representante, nos limites de seus poderes, produz efeitos em relação ao representado.
(Sem Correspondência ao CCB de 1916)
Art. 117. Salvo se o permitir a lei ou o representado, é anulável o negócio jurídico que o representante, no seu interesse ou por conta de ourem, celebrar consigo mesmo.
(Sem Correspondência ao CCB de 1916)
Parágrafo único. Para esse efeito, tem-se como celebrado pelo representante o negócio realizado por aquele em quem os poderes houverem sido substabelecidos.
(Sem Correspondência ao CCB de 1916)
Art. 118. O representante é obrigado a provar às pessoas, com quem tratar em nome do representado, a sua qualidade e a extensão de seus poderes, sob pena de, não o fazendo, responder pelos atos que a estes excederem.
(Sem Correspondência ao CCB de 1916)
Art. 119. É anulável o negócio concluído pelo representante em conflito de interesses com o representado, se tal fato era ou devia ser do conhecimento de quem com aquele tratou.
Parágrafo único. É de cento e oitenta dias, a contar da conclusão do negócio ou da cessação da incapacidade, o prazo de decadência para pleitear-se a anulação prevista neste artigo.
(Sem Correspondência ao CCB de 1916)
Art. 120. Os requisitos e os efeitos da representação legal são os estabelecidos nas normas respectivas; os da representação voluntária são os da Parte Especial deste Código.
(Sem Correspondência ao CCB de 1916).

4 Da mesma forma no direito comparado:
CC-PORTUGUÊS. ARTIGO 258º (Efeitos da representação). O negócio jurídico realizado pelo representante em nome do representado, nos limites dos poderes que lhe competem, produz os seus efeitos na esfera jurídica deste último.
CC-PORTUGUÊS. ARTIGO 259º (Falta ou vícios da vontade e estados subjectivos relevantes) 1. À excepção dos elementos em que tenha sido decisiva a vontade do representado, é na pessoa do representante que deve verificar-se, para efeitos de nulidade ou anulabilidade da declaração, a falta ou vício da vontade, bem como o conhecimento ou ignorância dos factos que podem influir nos efeitos do negócio. 2. Ao representado de má-fé não aproveita a boa-fé do representante.
CC-PORTUGUÊS. ARTIGO 260º (Justificação dos poderes do representante) 1. Se uma pessoa dirigir em nome de outrem uma declaração a terceiro, pode este exigir que o representante, dentro de prazo razoável, faça prova dos seus poderes, sob pena de a declaração não produzir efeitos. 2. Se os poderes de representação constarem de documento, pode o terceiro exigir uma cópia dele assinada pelo representante.
CC-PORTUGUÊS. ARTIGO 261º (Negócio consigo mesmo) 1. É anulável o negócio celebrado pelo representante consigo mesmo, seja em nome próprio, seja em representação de terceiro, a não ser que o representado tenha especificadamente consentido na celebração, ou que o negócio excluía por sua natureza a possibilidade de um conflito de interesses. 2. Considera-se celebrado pelo representante, para o efeito do número precedente, o negócio realizado por aquele em quem tiverem sido substabelecidos os poderes de representação.

1) *Representação legal*. É o poder de representação que decorre diretamente da lei., como por exemplo, as previstas nos artigos 1.364, inciso V, 1.747, inciso I e 1.767, inciso I todos do CC 2002;[5] A representação legal poderá ocorrer de duas formas diferentes: a) quando se tratar de uma pessoa *absolutamente incapaz*, esta representação dá-se por substituição subjetiva, ou seja, o absolutamente incapaz é substituído no momento de emitir vontade pelo seu representante legal. No momento da declaração de vontade, o absolutamente incapaz não precisa estar presente no momento do ato, já que quem o substitui é o seu representante legal; b) Já em relação aos *relativamente incapazes*, a representação se faz através do instituto jurídico da assistência, que não traduz-se em uma substituição subjetiva. Os relativamente incapazes emitem vontade, já que possuem um discernimento. Mas, esta vontade só produzirá efeitos se no momento de emiti-la o relativamente incapaz for assistido pelo seu representante legal, o que significa aconselhar, assessorar.

Os atos praticados diretamente pelos absolutamente incapazes são nulos. Já os atos praticados pelos relativamente incapazes, sem assistência do seu representante legal, são anuláveis.

2) *Representação convencional ou voluntária*. A representação voluntária é aquela estabelecida entre as partes (representante e representado), já que decorre do princípio basilar da autonomia da vontade. Por exemplo, o caso do mandato. CC 2002 – Art. 653. Opera-se o mandato quando alguém recebe de outrem poderes para, em seu nome, praticar atos ou administrar interesses. A procuração é o instrumento do mandato.

Portanto, são espécies de representantes:

a) *Legais* (tutores, curadores – administração de bens e interesses alheios);
b) *Judiciais* (nomeados pelo juiz, por exemplo: inventariante, síndico da falência, etc); e,
c) *Convencionais* (através do instrumento de mandato – procuração, por exemplo: nos casos de casamento por procuração).

5 CC 2002 – Art. 1.634. Compete aos pais, quanto à pessoa dos filhos menores: [...] V – representá-los, até aos dezesseis anos, nos atos da vida civil, e assisti-los, após essa idade, nos atos em que forem partes, suprindo-lhes o consentimento;
CC 2002 – Art. 1.747. Compete mais ao tutor: I – representar o menor, até os dezesseis anos, nos atos da vida civil, e assisti-lo, após essa idade, nos atos em que for parte;
CC 2002 – Art. 1.767. Estão sujeitos a curatela: I – aqueles que, por enfermidade ou deficiência mental, não tiverem o necessário discernimento para os atos da vida civil; II – aqueles que, por outra causa duradoura, não puderem exprimir a sua vontade; III – os deficientes mentais, os ébrios habituais e os viciados em tóxicos; IV – os excepcionais sem completo desenvolvimento mental; V – os pródigos.

O artigo 120 do nosso Código Civil determina que "Os requisitos e os efeitos da representação legal são os estabelecidos nas normas respectivas; os da representação voluntária são os da Parte Especial deste Código." Desta maneira, a representação convencional ou voluntária é regida pela Parte Especial do Código Civil, através do contrato de mandato. A Parte Geral do Código Civil de 2002 trata, pois, dos princípios gerais da representação, os quais se aplicam tanto à representação legal quanto à convencional.

O *contrato de mandato* é muito útil na vida em sociedade, já que nem sempre o sujeito interessado em firmar um negócio jurídico pode emitir diretamente a sua vontade, em razão de doença, de viagem, de outros compromissos profissionais e pessoais intransferíveis, etc.

Vale destacar que *mandato* não se confunde com *procuração*. Aquele é contrato firmado entre mandante e mandatário, este é o instrumento daquele, ou seja, é a maneira pela qual o mandato se exterioriza.

Da mesma forma, o Código Civil francês identificou *mandato* com *representação* (conforme art. 1984), *le mandat ou procuration est um acte par lequel une personne donne à une autre le pouvoir de faire quelque chose pour le mandat en son nom.*

Já o Código Civil alemão (BGB, § 662) reconhece no mandato um ato jurídico pelo qual "*el mandatário se obliga a gestionar gratuitamente para el mandante un negocio que este le há confiado.*"

O Código Civil espanhol, também, se aparta do modelo francês. Aquele trata da representação em seu artigo 1.259, parágrafo 2°, "ninguno puede contratar a nombre de otro sin estar por éste autorizado o sin que tenga por la ley su representación legal. El contrato celebrado a nombre de otro por quien no tenga su autorización o representación legal será nulo, a no ser que lo ratifique la persona a cuyo nombre se otorgue antes de ser revocado por la otra parte contratante" e define o mandato, não exigindo que este seja representativo, uma vez que admite o mandato sem representação, conforme o texto do seu artigo 1.717 "Cuando el mandatário obra en su propio nombre, el mandante no tiene acción contra las personas con quienes el mandatário ha contratado, ni éstas tampoco contra el mandante. En este caso el mandatário es el obligado directamente en favor de la persona con quien ha contratado, como si el asunto fuera personal suyo. Exceptúase el caso en que se trate de cosas propias del mandante.Lo dispuesto en este artículo se entiende sin perjuicio de las acciones entre mandante y mandatário."

26.2 Características do contrato de mandato

O contrato de mandato é *personalíssimo*, já que deve ser lastreado na confiança (contrato fiduciário). O contrato de mandato é normalmente gratuito, salvo nos casos em que uma das partes seja advogado, corretor, despachante, etc. Neste caso, presume-se contrato oneroso.

O mandato gratuito é um contrato unilateral, já que as obrigações nascem apenas para o mandatário. Entretanto, se as partes contraentes ajustarem uma remuneração ao mandatário, o contrato será bilateral oneroso, porque, neste caso, o mandante assumirá a obrigação de pagar ao mandatário a referida remuneração pactuada.

É um contrato consensual, já que se aperfeiçoa com o simples acordo entre as partes.

Em regra, é um contrato de trato sucessivo e informal (pode ser outorgado por instrumento particular).[6]

26.3 Quem pode outorgar procuração? Quem pode receber mandato?

O artigo 654 aduz que "Todas as pessoas capazes são aptas para dar procuração mediante instrumento particular, que valerá desde que tenha a assinatura do outorgante."[7]

Já o artigo 666 determina quem poderá receber mandato. O dispositivo informa que "O maior de dezesseis e menor de dezoito anos não emancipado pode ser mandatário, mas o mandante não tem ação contra ele senão de conformidade com as regras gerais, aplicáveis às obrigações contraídas por menores."[8]

26.4 Requisitos da procuração

Os requisitos da procuração estão expressos no § 1º do artigo 654 do nosso Código Civil. Vejamos: "§ 1º O instrumento particular deve conter a indicação do lugar onde foi passado, a qualificação do outorgante e do outorgado, a data e o objetivo da outorga com a designação e a extensão dos poderes conferidos."[9]

26.5 Reconhecimento de firma no instrumento particular *ad negotia*

Já o § 2º do citado artigo 654, sem correspondência ao CC de 1916, preceitua que "o terceiro com quem o mandatário tratar poderá exigir que a procuração traga a firma reconhecida", ou seja, é a possibilidade de exigência de reconhecimento de firma no instrumento particular *ad negotia*.

6 O contrato de mandato pode ser um contrato solene, como, por ex, quando for outorgado por absolutamente incapaz através do seu representante legal.
7 Correspondente ao art. 1.289, *caput*, do CCB/1916.
8 Correspondente ao art. 1.298 do CCB/1916.
9 Correspondente ao art. 1.289 § 1º, do CCB/1916.

Na procuração *ad judicia*, não existe exigência de reconhecimento de firma. O artigo 38 do Código de Processo Civil determina que "A procuração geral para o foro, conferida por instrumento público, ou particular assinado pela parte, habilita o advogado a praticar todos os atos do processo, salvo para receber citação inicial, confessar, reconhecer a procedência do pedido, transigir, desistir, renunciar ao direito sobre que se funda a ação, receber, dar quitação e firmar compromisso." (Redação dada pela Lei nº 8.952, de 13.12.1994).

26.6 Substabelecimento

O substabelecimento ocorre no momento em que o mandatário (procurador) transfere a outrem os poderes recebidos do mandante (outorgante). O subestabelecimento poderá ocorrer com reserva de poderes ou sem reserva de poderes.

No *subestabelecimento com reserva de poderes*, o subestabelecente poderá usar os poderes subestabelecidos. Já no *subestabelecimento sem reserva de poderes*, ocorre renúncia do mandato.

O subestabelecimento poderá ser ainda *total* ou *parcial*. Vale observar que o poder para realização do subestabelecimento deve restar expresso no instrumento do contrato.

E no caso do substabelecido causar um prejuízo ao mandante? Aqui, para que possamos analisar a responsabilidade pelas perdas e danos, torna-se necessário, inicialmente, apontar algumas hipóteses que podem ocorrer no mundo vivido:

a) No instrumento do mandato está expresso a possibilidade de subestabelecimento. Aqui, fica claro que o mandante autorizou o substabelecimento. Daí, ele corre o risco e, portanto, ele deve reclamar o prejuízo ao substabelecido, salvo se for provada a culpa *in eligendo* do mandatário, hipótese em que este responderá pelo prejuízo.
b) No instrumento do mandato inexiste autorização expressa do mandante para a realização do subestabelecimento. Neste caso, o mandatário responde pelos prejuízos, de forma subjetiva, isto é, desde que fique provado a culpa do substabelecido.
c) No instrumento do mandato existe cláusula expressa impedindo o substabelecimento, mas, ainda assim, o mandatário substabelece os seus poderes, como no caso, do advogado ficar impedido de comparecer a uma audiência em virtude de uma doença. Nesta hipótese, o mandatário responde pelas perdas e danos, objetivamente, perante o mandante, salvo se provar que este prejuízo ocorreria ao mandante mesmo que não tivesse substabelecido.

O artigo 655 determina que "ainda quando se outorgue mandato por instrumento público, pode substabelecer-se mediante instrumento particular."[10] Nesta questão, o Conselho da Justiça Federal, na III Jornada de Direito Civil, se pronunciou da seguinte forma: "CJF – Enunciado 182 – Art. 655: O mandato outorgado por instrumento público previsto no art. 655 do CC somente admite substabelecimento por instrumento particular quando a forma pública for facultativa e não integrar a substância do ato."

26.7 Ratificação do mandato

O artigo 662 trata da ratificação do mandato. A ratificação torna-se necessária nos casos em que "os atos praticados por quem não tenha mandato, ou o tenha sem poderes suficientes, são ineficazes em relação àquele em cujo nome foram praticados, salvo se este os ratificar."[11]

E o parágrafo único do mesmo dispositivo legal informa que "a ratificação há de ser expressa, ou resultar de ato inequívoco, e retroagirá à data do ato."[12]

26.8 Aceitação do mandato

De acordo com a regra do artigo 659, "a aceitação do mandato pode ser tácita, e resulta do começo de execução."[13]

26.9 Espécies de mandato

O contrato de mandato pode ser classificado de várias formas e espécies.

26.9.1 Mandato expresso ou tácito e mandato verbal ou escrito

O mandato pode ser expresso ou tácito, verbal ou escrito (CC, art. 656).[14] Ademais, "a outorga do mandato está sujeita à forma exigida por lei para o ato a ser praticado. Não se admite mandato verbal quando o ato deva ser celebrado por escrito" (CC, art. 657).[15]

26.9.2 Mandato gratuito ou oneroso

Conforme dito anteriormente, a origem romana dá azo a presunção de gratuidade do contrato de mandato. Daí que "o mandato presume-se gratuito quando não houver sido estipulada retribuição, exceto se o seu objeto corres-

---

10 Correspondente ao art. 1.289, § 2º do CCB/1916.
11 Correspondente ao art. 1.296, *caput*, do CCB/1916.
12 Correspondente ao art. 1.296, p.u, do CCB/1916.
13 Correspondente ao art. 1.292 do CCB/1916.
14 Correspondente ao art. 1.290 *caput*, do CCB/1916.
15 Correspondente ao art. 1.291 do CCB/1916.

ponder ao daqueles que o mandatário trata por ofício ou profissão lucrativa (CC, art. 658).[16] É o caso dos mandatos outorgados aos advogados, corretores e despachantes. Neste ponto, Arnaldo Rizzardo alerta que "a remuneração não transforma o contrato em prestação de serviços, pois que devida independentemente do resultado positivo. Mas, certas profissões contêm implícita a prestação de serviços, como acontece com a advocacia. O advogado é mandatário e prestador de serviços, eis que age em nome e por conta do constituinte, e está, ao mesmo tempo, obrigado a desenvolver a atuação prometida, desempenhando as atividades assumidas, como participar de audiências, peticionar, lançar pareceres, recorrer, etc."[17]

E o parágrafo único do referido dispositivo determina que "se o mandato for oneroso, caberá ao mandatário a retribuição prevista em lei ou no contrato. Sendo estes omissos, será ela determinada pelos usos do lugar, ou, na falta destes, por arbitramento."[18] Neste diapasão, uma das obrigações do mandante prevista no artigo 676 é o pagamento da remuneração ajustada e as despesas da execução do mandato. Neste sentido, o contrato é sinalagmático. O artigo 676 diz que "é obrigado o mandante a pagar ao mandatário a remuneração ajustada e as despesas da execução do mandato, ainda que o negócio não surta o esperado efeito, salvo tendo o mandatário culpa."[19]

26.9.3 Mandato geral e mandato especial

O artigo 660 do nosso Código Civil determina que "o mandato pode ser especial a um ou mais negócios determinadamente, ou geral a todos os do mandante."[20] O mandato especial é aquele restrito aos negócios estipulados no instrumento contratual e não podem ser ampliados sem a anuência expressa do mandante. É o caso, por exemplo, do mandato especial para alienar determinado imóvel.

O mandato geral, de forma contrária, compreende todos os negócios do mandante, por exemplo, a procuração do filho ao pai para administrar ou alienar todos os bens.

26.9.4 Mandato em termos gerais e mandato com poderes especiais

O mandato em *termos gerais* só confere poderes de administração (CC, art. 661).[21] Para que o mandatário possa alienar, hipotecar, transigir, ou praticar quaisquer atos que exorbitem da administração ordinária, a procuração

16 Correspondente ao art. 1.290, p.u., do CCB/1916.
17 RIZZARDO, Arnaldo. Contratos. 6.ed. Rio de Janeiro: Forense, 2006, p. 696.
18 Sem correspondência ao CCB/1916.
19 Correspondente ao art. 1.310 do CCB/1916.
20 Correspondente ao art. 1.294 do CCB/1916.
21 Correspondente ao art. 1.295, *caput*, § 1º e § 2 º do CCB/1916.

deverá conter *poderes especiais* e expressos para a prática de tais atos. É o que determina o § 1º do artigo 661 do nosso Código Civil. A referida *administração ordinária* é aquela que compreende os atos de simples gerência, não incluídos a alienação ou disposição dos bens.

Neste sentido, o Conselho da Justiça Federal, na III Jornada de Direito Civil, publicou o enunciado 183 que informa "para os casos em que o parágrafo primeiro do art. 661 exige poderes especiais, a procuração deve conter a identificação do objeto."

Já o § 2º preceitua que "o poder de transigir não importa o de firmar compromisso."

Depois de haver apresentado as espécies de *mandato geral* e *mandato em termos gerais*, qual seria em si a distinção entre um e outro? SERPA LOPES afirma que os juristas franceses procuraram estabelecer a referida distinção que em linhas gerais não encerra outro interesse que não o de uma tese acadêmica, sem resultados práticos. Vejamos: "Consideram, então, como *mandato geral* o dotado de maior amplitude, a ponto de abranger todos os negócios do mandato, sem que se torne preciso indicar determinadamente um ou mais negócios. Por ele, investe-se o mandatário nos poderes gerais de praticar, em nome e por conta do mandante, todos os atos jurídicos suscetíveis de execução por meio de mandato.

Mandato especial seria, ao contrário, aquele convergente para um ou mais *negócios determinados*, ainda que se atribua ao mandatário os poderes mais gerais em função do seu objeto, nada obstante sempre específico, como, v.g., se se concedem ambos poderes porém convergentes exclusivamente para um negócio de disposição: vender um determinado imóvel ou mesmo generalizadamente vender qualquer bem de minha propriedade.

A diferença que então mediaria entre mandato *geral* e mandato em *termos gerais* consistiria em que, no primeiro, os poderem devem ser *qualitativamente* ilimitados, alcançando todos os negócios do mandante suscetíveis de mandato, ao passo que o segundo, mandato em *termos gerais*, representa aquele mandato cujo teor, seja qual for a soma de poderes, é expresso em termos gerais, sem especificidade, cujo exemplo se teria no mandato judicial, quando outorgado pura e simplesmente para o foro *em geral*, como é de praxe."[22]

26.9.5 Mandato ad judicia e mandato *ad negotia*

A procuração *ad judicia* é aquela outorgada para o foro em geral e a procuração *ad negotia* é destinada a prática e administração dos negócios em geral.

---

22 SERPA LOPES, Miguel Maria de. *Curso de Direito Civil*. 5.ed. Vol. IV. Rio de Janeiro: Freitas Bastos, 2001, p. 316.

26.9.6 Mandato *em conjunto, solidário, sucessivo e fracionário*

O artigo 672 determina que "sendo dois ou mais os mandatários nomeados no mesmo instrumento, qualquer deles poderá exercer os poderes outorgados, se não forem expressamente declarados conjuntos, nem especificamente designados para atos diferentes, ou subordinados a atos sucessivos. Se os mandatários forem declarados conjuntos, não terá eficácia o ato praticado sem interferência de todos, salvo havendo ratificação, que retroagirá à data do ato."[23]

Os mandatários nomeados conjuntos não podem atuar separadamente, sob pena de se tornar ineficaz o ato jurídico praticado. Todavia, é possível a ratificação posterior do ato.

Os mandatários nomeados sucessivos devem proceder na ordem de sua nomeação. No silêncio do contrato, os mandatários serão simultâneos e solidários, podendo qualquer deles exercer os poderes outorgados no contrato de mandato. No mandato solidário ou *in solidum* qualquer dos procuradores possui habilitação para atuar em separado, pouco importando a ordem de nomeação.

Já o mandato fracionário ocorre no caso de um mandatário possuir poder distinto ao que foi outorgado ao outro.

26.9.7 Mandato Judicial

A regra do artigo 692 informa que "o mandato judicial fica subordinado às normas que lhe dizem respeito, constantes da legislação processual, e, supletivamente, às estabelecidas neste Código."

O mandato judicial é aquele que é outorgado a um advogado para representar o mandante em juízo, já que somente o advogado inscrito na OAB poderá fazê-lo.

Desta maneira, é possível afirmar que aplicam-se ao mandato judicial as mesmas regras do mandato e mais aquelas que regem especificamente a atuação do advogado e que são disciplinadas pelo Estatuto da OAB. Aqui deve-se atentar para as regras previstas nos artigos 103 a 107 do Código de Processo Civil[24] e artigo 5º do Estatuto da Advocacia (Lei 8.906/94).[25]

---

23 Correspondente ao art. 1.304 do CCB/1916.

24 DOS PROCURADORES

Art. 103. A parte será representada em juízo por advogado regularmente inscrito na Ordem dos Advogados do Brasil.

Parágrafo único. É lícito à parte postular em causa própria quando tiver habilitação legal.

Art. 104. O advogado não será admitido a postular em juízo sem procuração, salvo para evitar preclusão, decadência ou prescrição, ou para praticar ato considerado urgente.

§ 1º Nas hipóteses previstas no *caput*, o advogado deverá, independentemente de caução, exibir a procuração no prazo de 15 (quinze) dias, prorrogável por igual período por despacho do juiz.

Já afirmamos que o mandato judicial se presume oneroso, já que é outorgado para o exercício de uma profissão, para uma prestação de serviço, etc. Para que o mandato judicial seja considerado gratuito, é preciso que seja expressamente declarado a sua gratuidade. Melhor dizendo: o causídico deve declarar no próprio instrumento contratual ou em documento separado que não será cobrado os honorários do mandante.

E se o mandante outorga poderes da cláusula *ad judicia* a um mandatário que não seja advogado? Em tese, este negócio jurídico é ineficaz, salvo se

---

§ 2º O ato não ratificado será considerado ineficaz relativamente àquele em cujo nome foi praticado, respondendo o advogado pelas despesas e por perdas e danos.
Art. 105. A procuração geral para o foro, outorgada por instrumento público ou particular assinado pela parte, habilita o advogado a praticar todos os atos do processo, exceto receber citação, confessar, reconhecer a procedência do pedido, transigir, desistir, renunciar ao direito sobre o qual se funda a ação, receber, dar quitação, firmar compromisso e assinar declaração de hipossuficiência econômica, que devem constar de cláusula específica.
§ 1º A procuração pode ser assinada digitalmente, na forma da lei.
§ 2º A procuração deverá conter o nome do advogado, seu número de inscrição na Ordem dos Advogados do Brasil e endereço completo.
§ 3º Se o outorgado integrar sociedade de advogados, a procuração também deverá conter o nome dessa, seu número de registro na Ordem dos Advogados do Brasil e endereço completo.
§ 4º Salvo disposição expressa em sentido contrário constante do próprio instrumento, a procuração outorgada na fase de conhecimento é eficaz para todas as fases do processo, inclusive para o cumprimento de sentença.
Art. 106. Quando postular em causa própria, incumbe ao advogado:
I - declarar, na petição inicial ou na contestação, o endereço, seu número de inscrição na Ordem dos Advogados do Brasil e o nome da sociedade de advogados da qual participa, para o recebimento de intimações;
II - comunicar ao juízo qualquer mudança de endereço.
§ 1º Se o advogado descumprir o disposto no inciso I, o juiz ordenará que se supra a omissão, no prazo de 5 (cinco) dias, antes de determinar a citação do réu, sob pena de indeferimento da petição.
§ 2º Se o advogado infringir o previsto no inciso II, serão consideradas válidas as intimações enviadas por carta registrada ou meio eletrônico ao endereço constante dos autos.
Art. 107. O advogado tem direito a:
I - examinar, em cartório de fórum e secretaria de tribunal, mesmo sem procuração, autos de qualquer processo, independentemente da fase de tramitação, assegurados a obtenção de cópias e o registro de anotações, salvo na hipótese de segredo de justiça, nas quais apenas o advogado constituído terá acesso aos autos;
II - requerer, como procurador, vista dos autos de qualquer processo, pelo prazo de 5 (cinco) dias;
III - retirar os autos do cartório ou da secretaria, pelo prazo legal, sempre que neles lhe couber falar por determinação do juiz, nos casos previstos em lei.
§ 1º Ao receber os autos, o advogado assinará carga em livro ou documento próprio.
§ 2º Sendo o prazo comum às partes, os procuradores poderão retirar os autos somente em conjunto ou mediante prévio ajuste, por petição nos autos.
§ 3º Na hipótese do § 2º, é lícito ao procurador retirar os autos para obtenção de cópias, pelo prazo de 2 (duas) a 6 (seis) horas, independentemente de ajuste e sem prejuízo da continuidade do prazo.
§ 4º O procurador perderá no mesmo processo o direito a que se refere o § 3º se não devolver os autos tempestivamente, salvo se o prazo for prorrogado pelo juiz.

o mandatário substabelecer os referidos poderes a um membro da Ordem dos Advogados do Brasil.

26.10 Mandato *em causa própria*

A procuração *em causa própria* é conhecida como mandato *in rem suam*. É aquela outorgada no interesse exclusivo do mandatário. Melhor dizendo: é o instrumento contratual em que o mandante, de forma expressa, confere poderes ao mandatário para que este transfira para o seu próprio patrimônio um bem do mandante.

O artigo 685 estabelece que "conferido o mandato com a cláusula "em causa própria", a sua revogação não terá eficácia, nem se extinguirá pela morte de qualquer das partes, ficando o mandatário dispensado de prestar contas, e podendo transferir para si os bens móveis ou imóveis objeto do mandato, obedecidas as formalidades legais."

Rizzardo aponta os requisitos configuradores deste contrato.[26] São eles:

a) a dispensa da prestação de contas;
b) a concessão de poderes ilimitados na disposição do bem;
c) a atribuição da qualidade de dono da coisa ou do negócio de que trata o mandato;
d) a consignação de que servirá o mandato de instrumento de transferência da coisa vendida pelo mandante ao mandatário;
e) se passada a título gratuito, a observação dos elementos 'coisa' e 'consentimento'; e mais 'preço', se for a título oneroso;
f) que o mandato tenha sido lavrado por escritura pública;
g) a cláusula de irrevogabilidade;
h) a descrição completa, em se tratando de imóvel, especificando-se as confrontações e todas as características, bem como o número do registro imobiliário; se for móvel, faz-se a indicação da marca, dos nomes técnicos, do número de referência e de quaisquer outros sinais particulares de identificação;
i) a possibilidade do mandatário transferir para si o bem.

Em regra, o mandato é revogável. Ainda que o instrumento contratual contenha vedação expressa quanto a revogação, este pode ser revogado,

25 Art. 5º O advogado postula, em juízo ou fora dele, fazendo prova do mandato.
§ 1º O advogado, afirmando urgência, pode atuar sem procuração, obrigando-se a apresentá-la no prazo de quinze dias, prorrogável por igual período.
§ 2º A procuração para o foro em geral habilita o advogado a praticar todos os atos judiciais, em qualquer juízo ou instância, salvo os que exijam poderes especiais.
§ 3º O advogado que renunciar ao mandato continuará, durante os dez dias seguintes à notificação da renúncia, a representar o mandante, salvo se for substituído antes do término desse prazo.

26 RIZZARDO, Arnaldo. Contratos. 6.ed. Rio de Janeiro: Forense, 2006, p. 710.

desde que o mandante pague as perdas e danos ao mandatário. Todavia, o mandato em causa própria é absolutamente irrevogável. Se acontecer do mandante revogar o mandato, este ato jurídico será inteiramente ineficaz, ou seja, o mandatário continuará com os mesmos poderes para transferir para o seu nome o bem do mandante.

Vale lembrar que o mandato em causa própria é outorgado para dar sequência a outro negócio jurídico já realizado, ou seja, existe um outro negócio jurídico acostado ao mandato em causa própria, como, por exemplo, a compra e venda de um imóvel.

Outro ponto a destacar é que este negócio jurídico não se extingue pela morte de qualquer dos contraentes.

O mandatário não é obrigado a prestar contas ao mandante, já que aquele é o próprio beneficiário do negócio jurídico.

A jurisprudência tem admitido a procuração em causa própria (mandato *in rem suam*) da seguinte forma:

> Ação anulatória de escritura pública de compra e venda. Alienação de imóvel de fundação. Retorno de imóvel antes doado para o patrimônio do originário doador por procuração *in rem suam* e posterior alienação a terceiro. Impossibilidade. Ausência de autorização judicial. – A procuração *in rem suam* não encerra conteúdo de mandato, não mantendo apenas a aparência de procuração autorizativa de representação. Caracteriza-se, em verdade, como negócio jurídico dispositivo, translativo de direitos que dispensa prestação de contas, tem caráter irrevogável e confere poderes gerais, no exclusivo interesse do outorgado. A irrevogabilidade lhe é ínsita justamente por ser seu objeto a transferência de direitos gratuita ou onerosa. – Para a validade da alienação do patrimônio da fundação é imprescindível a autorização judicial com a participação do órgão ministerial, formalidade que se suprimida acarreta a nulidade do ato negocial, pois a tutela do Poder Público – sob a forma de participação do Estado-juiz, mediante autorização judicial -, é de ser exigida. (REsp 303.707/MG, Rel. Ministra NANCY ANDRIGHI, TERCEIRA TURMA, julgado em 19.11.2001, DJ 15.04.2002 p. 216)
>
> AGRAVO DE INSTRUMENTO Nº 799.914 – DF (2006/0153928-3) RELATORA: MINISTRA DENISE ARRUDA. PROCESSUAL CIVIL. AGRAVO DE INSTRUMENTO. RECURSO ESPECIAL. REEXAME DE PROVA. 1. É inviável o reexame de matéria fática em sede de recurso especial. Aplicação do disposto na Súmula 7/STJ. 2. Agravo de instrumento desprovido. 1. Trata-se de agravo de instrumento contra decisão que inadmitiu recurso especial interposto em face de acórdão do Tribunal de Justiça do Distrito Federal e dos Territórios cuja ementa é a seguinte: "PROCESSUAL CIVIL. FALTA DE INTERESSE PROCESSUAL DO AUTOR.

PRELIMINAR REJEITADA. CIVIL. PROCURAÇÃO *In rem suam*. NULIDADE. FALTA DE OUTORGA UXÓRIA E EXISTÊNCIA DE ERRO SUBSTANCIAL QUANTO À NATUREZA DO MANDATO. MÁ-FÉ DO MANDATÁRIO. COMPROVAÇÃO. RECURSO IMPROVIDO. Indiscutível o interesse processual do autor em obter a anulação de procuração em causa própria utilizada para o recebimento de vultuosas quantias relativas à desapropriação de imóvel de sua propriedade. Não contendo a procuração *in rem suam* os requisitos exigidos para a celebração de compra e venda de imóvel, constitui mero instrumento de mandato, não transferindo ao outorgado outros direitos que não os de mero mandatário. Incide em erro substancial aquele que outorga procuração em causa própria sem compreender a extensão da cláusula inserta na procuração. Age com inegável má-fé e em grave prejuízo do mandatário o patrono que repassa ao constituinte pequena parcela da vultuosa indenização recebida em seu nome a fim de apropriar-se indevidamente do restante." (fl. 189) Os embargos declaratórios opostos foram rejeitados. No recurso especial, interposto com base nas alíneas a e c do permissivo constitucional, o ora agravante aponta, além de divergência jurisprudencial, ofensa aos arts. 86, 87 e 1.317 do CC/1916 e aos arts. 104, 142 e 167 do CC/2002, alegando, em síntese, que: (a) "não incide em erro substancial aquele que outorga procuração em causa própria com sua expressa e desejosa manifestação da vontade" (fl. 247); (b) "o mandato foi outorgado ao recorrente em causa própria, irretratável, irrevogável e sem prestação de contas por parte do mesmo, sendo que o recorrido compareceu ao Cartório por sua livre e espontânea vontade, não sofreu qualquer violência ou coação para outorga do mandato" (fl. 248); (c) "o entendimento esposado pelo recorrente é o de que a área desapropriada não pode ser objeto de compra e venda, e sim, de cessão de direitos creditórios, e o instrumento do mandato lavrado com poderes de irretratabilidade, irrevogabilidade e sem prestação de contas revela-se da mais cristalina transparência, por tratar-se de direito pessoal e não real, desnecessária a outorga uxória" (fl. 253); (d) "não há como revogar mandato se o mesmo já alcançou o seu objetivo colimado" (fl. 261). A inadmissão do recurso especial fez-se à consideração de que a análise da pretensão do recorrente requer reexame de prova. O agravante aduz, em suma que: "Não há na peça recursal pedido de reexame de fatos/provas, tampouco dessemelhança entre os arestos colacionados" (fl. 15). 2. A pretensão recursal não merece amparo. A Corte de origem entendeu que: "De fato, quando da celebração da procuração supracitada (fl. 18), o apelado intitulou-se casado com Edir Martins Alves sob o regime da comunhão universal de bens, a qual, contudo, não interveio no ato a fim de manifestar a sua anuência, em que pese tratar-se de instrumento que seria destinado à transmissão da propriedade de imóvel dos cônjuges, conforme consignado em sua parte final (fl. 18). Ademais, o mandato não menciona o valor que teria sido pago pelo apelante pela aquisição do imóvel, afirmando o recorrido, na inicial, que o mesmo que oferecera R$ 60.000,00 (sessenta mil reais) a título de contraprestação pela cessão do crédito objeto da execução n° 71413-3 (fls. 3/4). Destarte, não contendo a procuração *in rem suam* os requisitos exigidos para a celebração de compra e venda de imóvel, certo é que constitui mero instrumento de mandato, não transferindo ao outorgado outros direitos que não os de mero mandatário. (...) Em que peso o apelado possuir nível intelectual condizente com o exercício das funções militares, vez que, segundo a inicial, é militar da reserva, o certo é que não possui conhecimento técnico para compreender a extensão da cláusula *in rem suam*, razão pela qual perfeitamente aceitável a alegação de que só outorgou tal mandato por acreditar tratar-se de instrumento voltado à formalização de cessão de crédito, ignorando que o mesmo conferiria ao apelante o poder de receber integralmente, em seu nome, vultuosa indenização, sem dever de prestação de contas e sem possibilidade de revogação. Conclui-se, assim, que o recorrido de fato incorreu em erro substancial ao celebrar a procuração impugnada, sendo esta mais uma causa de sua nulidade (arts. 86 e 87 do Código Civil de 1916). Quanto ao argumento de que o apelante exerceu de má-fé os poderes que lhe foram conferidos, a prova coligida demonstra a tese sustentada." (fls. 201/205) E concluiu: "Portanto, desnaturada a procuração *in rem suam* pela ausência dos requisitos relativos à compra e venda de imóvel, o que faz com que seja equiparada a um simples mandato, conclui-se que não poderia ter sido exercida no exclusivo interesse do mandatário, sendo que, na hipótese, o foi também em grave prejuízo ao mandante, agindo o patrono com indiscutível má-fé." (fls. 205/206) Conforme se verifica, o entendimento esposado no aresto decorreu das peculiaridades do caso concreto, destacando-se que a própria petição de recurso especial está atrelada a tais peculiaridades. Desse modo, qualquer conclusão em sentido contrário, objetivando seja reconhecida a licitude do instrumento de mandato em comento, demanda necessariamente novo exame de elementos fáticos da causa, o que, por si só, inviabiliza a análise da pretensão recursal, por quaisquer das alíneas do permissivo constitucional, tendo em vista a circunstância impeditiva, decorrente do disposto na Súmula 7 desta Corte. No mesmo sentido, os seguintes precedentes: "CIVIL, ECONÔMICO E PROCESSUAL. ACÓRDÃO ESTADUAL. NULIDADE INEXISTENTE. CONTRATO DE PROMESSA DE COMPRA E VENDA DE

IMÓVEL. ADJUDICAÇÃO COMPULSÓRIA. RECONVENÇÃO POSTULANDO A RESCISÃO DO CONTRATO POR INADIMPLÊNCIA NO PAGAMENTO DO PREÇO. PLANO CRUZADO. PRESTAÇÕES. REAJUSTE. QUITAÇÃO INEXISTENTE. CRITÉRIO. JUROS CONTRATUAIS. NATUREZA. MATÉRIA DE FATO E INTERPRETAÇÃO DE CLÁUSULA. REEXAME. IMPOSSIBILIDADE. SÚMULAS Nº 5 e 7-STJ. Omissis. IV. 'A simples interpretação de cláusula contratual não enseja recurso especial' – Súmula nº 5-STJ. V. 'A pretensão de simples reexame de prova não enseja recurso especial' – Súmula nº 7-STJ. VI. Recurso especial não conhecido." (REsp 39.119/BA, 4ª Turma, Rel. Min. Aldir Passarinho Junior, DJ de 7.3.2005) "PROCESSUAL CIVIL. RECURSO ESPECIAL. ADMISSIBILIDADE. SÚMULA 07/STJ. DESAPROPRIAÇÃO PARA FINS DE REFORMA AGRÁRIA. NÍVEIS DE PRODUTIVIDADE (GUT E GEE) DA TERRA. CONDIÇÕES CLIMÁTICAS ADVERSAS. PRINCÍPIO DA PERSUASÃO RACIONAL OU DA LIVRE CONVICÇÃO MOTIVADA. 1. O princípio da persuasão racional ou da livre convicção motivada do juiz, a teor do que dispõe o art. 131 do Código de Processo Civil, revela que ao magistrado cabe apreciar livremente a prova, atendendo aos fatos e circunstâncias constantes dos autos. Omissis. 3. O Recurso Especial não é servil ao exame de questões que demandam o revolvimento do contexto fático-probatório dos autos, em face do óbice contido na Súmula 07/STJ. (sem grifo no original) 4. Recursos Especiais não conhecidos." (REsp 545.555/CE, 1ª Turma, Rel. Min. Luiz Fux, DJ de 4.11.2004) 3. Diante do exposto, nego provimento ao agravo de instrumento. Publique-se. Intimem-se. Brasília (DF), 16 de outubro de 2006. MINISTRA DENISE ARRUDA Relatora (Ministra DENISE ARRUDA, 24.10.2006).

RECURSO ESPECIAL Nº 777.308 – DF (2005/0142495-6) RELATORA : MINISTRA NANCY ANDRIGHI RECORRENTE : BANCO DE BRASÍLIA S/A – BRB ADVOGADO : JULIANA XAVIER E OUTROS RECORRIDO : TEREZINHA REZENDE DE CARVALHO ADVOGADO : SEBASTIÃO MORAES DA CUNHA E OUTROS EMENTA Processo civil. Recurso especial. Sistema Financeiro da Habitação. Alienação do imóvel financiado sem a anuência do mutuante. – Segundo jurisprudência assentada no âmbito do STJ, o mutuário cessionário de financiamento regido pelo SFH carece de legitimidade para propor demanda objetivando a revisão do contrato celebrado entre o mutuário cedente e o mutuante, se este não interveio na transferência do contrato. Precedentes. Recurso especial provido. DECISÃO Recurso especial interposto por BANCO DE BRASÍLIA S/A – BRB, com fundamento nas alíneas "a" e "c" do permissivo constitucional. Ação: de cobrança, ajuizada por TEREZINHA REZENDE

DE CARVALHO em desfavor do recorrido, visando ao recálculo do saldo devedor do financiamento vinculado ao SFH. Sentença: julgou extinto o processo sem o julgamento do mérito, em razão da ilegitimidade ativa da recorrida. Acórdão: deu provimento à apelação interposta pela recorrida, com a seguinte ementa: "CIVIL - PROCURAÇÃO EM CAUSA PRÓPRIA - CESSÃO DE DIREITOS - CONTRATO DE GAVETA - CLÁUSULA *In rem suam* - IRREVOGABILIDADE - IRRETRATABILIDADE - DISPENSA DE PRESTAÇÃO DE CONTAS - Lei nº º 10.150/2000 - PERTINÊNCIA SUBJETIVA PARA A AÇÃO - LEGITIMIDADE ATIVA AD CAUSAM RECONHECIDA AO MANDATÁRIO-CESSIONÁRIO PARA PROPOR AÇÃO EM DESFAVOR DO CREDOR HIPOTECÁRIO -PRECEDENTES DO C. STJ E DO E. TJDF - CARÊNCIA DE AÇÃO AFASTADA - 1. Procuração em causa própria. Doutrina. "Originária do Direito Romano, servia de escape para a proibição de ceder o crédito. Um terceiro à relação jurídica era constituído procurador *in rem suam*, facultando-se-lhe proceder no seu próprio interesse. O direito moderno, não obstante admitir livremente a cessão de crédito (v. n0 179, supra, vol. II), ainda guarda a figura da procuração em causa própria, que dispensa o mandante de prestar contas, e implica cessão indireta de direitos. Pela sua natureza e pelos seus efeitos, a procuração em causa própria é irrevogável, e sobrevive à morte do mandante ou do mandatário, porque traduz obrigação transmissível aos herdeiros".(in Caio Mário da Silva Pereira, Instituições de Direito Civil, Forense, 1990, pág. 290, vol. III). 1.1- "A procuração *in rem suam* não encerra conteúdo de mandato, não mantendo apenas a aparência de procuração autorizativa de representação. Caracteriza-se, em verdade, como negócio jurídico dispositivo, translativo de direitos que dispensa prestação de contas, tem caráter irrevogável e confere poderes gerais, no exclusivo interesse do outorgado. A irrevogabilidade lhe é ínsita justamente por ser seu objeto a transferência de direitos gratuita ou onerosa".(Ministra Nancy Andrighi, REsp 303707/MG (200100162037)428140 DJ DATA: 15/04/2002 PG: 00216). 2 O chamado "contrato de gaveta", no qual o devedor originário, em caráter irrevogável e irretratável e isento de prestação de contas, cede seus direitos sobre o imóvel financiado, sem a anuência do credor, estabelecendo-se uma relação jurídica entre o cedente e o cessionário, mereceu atenção do legislador que, sensível à realidade e à questão habitacional, normatizou a matéria através da Lei nº º 10.150/2000, a qual autorizou a regularização dos contratos transferidos sem anuência do credor (vide art. 22). 3. Legitimidade do Cessionário. Precedentes do E. TJDF. "1) NOS CHAMADOS "CONTRATOS DE GAVETA", O TERCEIRO ADQUIRENTE DE IMÓVEL FINANCIADO SOB

QUALQUER DAS MODALIDADES DE CRÉDITO IMOBILIÁRIO ATUALMENTE EM VIGOR TEM LEGITIMIDADE PARA POSTULAR EM NOME PRÓPRIO A ANULAÇÃO DE CLÁUSULAS LEONINAS." ((TJDFT, 1ª Turma, APC 20010110043925, Rel. Des. George Lopes Leite, DJU 11/02/2004). " I – A LEGITIMIDADE PASSIVA PARA O PROCESSO É ORIUNDA, EM REGRA, DA RELAÇÃO JURÍDICA LITIGIOSA DE CUNHO MATERIAL. ASSIM, SE O IMÓVEL LITIGIOSO FOI TRANSFERIDO A OUTRA PESSOA POR MEIO DE PROCURAÇÃO EM CAUSA PRÓPRIA, POR INSTRUMENTO PÚBLICO, OUTORGADA EM CARÁTER IRREVOGÁVEL E IRRETRATÁVEL, SEM PRESTAÇÃO DE CONTAS, A DEMANDA DEVE SER PROPOSTA EM FACE DAQUELE QUE, POR ÚLTIMO, CONSTAR DA CADEIA DOMINIAL. DESSE MODO, NÃO SENDO ACIONADO AQUELE QUE POR ÚLTIMO CONSTAR DESSA CADEIA, HÁ DE SER DECRETADA A SUA ILEGITIMIDADE PARA A CAUSA." (APELAÇÃO CÍVEL 20000710108762, Diário da Justiça do DF: 12/02/2003 Pág: 42). 4. Carência de ação afastada para, reconhecendo-se a legitimidade ativa ad causam, determinar o prosseguimento da ação em seus ulteriores termos." (fls. 220/221) Embargos de declaração: interpostos pelo recorrente, rejeitados. Recurso especial: alega o recorrente violação aos arts. 1º, parágrafo único, da Lei 8.004/90; e 20 e 21 da Lei 10.150/2001, porquanto é indispensável a sua anuência para a transferência do imóvel financiado. É o relato do necessário. Decide-se. Cinge-se a controvérsia em saber se o mutuário pode transferir o contrato de financiamento celebrado pelo SFH, a terceiro, sem a anuência do mutuante. A jurisprudência do STJ é no sentido de que é indispensável a anuência do agente financeiro para a transferência do financiamento ao novo adquirente. São exemplos os seguintes julgados: "SFH. Transferência do financiamento. Anuência do agente financeiro. De acordo com a orientação predominante neste Tribunal, é indispensável a anuência do agente financeiro para a transferência do financiamento ao novo adquirente. Ressalva do relator, que apenas admite a recusa se justificada. Divergência demonstrada. Recurso conhecido e provido" (REsp 472370/PR; 4ª Turma, Rel. Min. Ruy Rosado de Aguiar, DJ de 04.08.2003). "PROCESSUAL CIVIL – RECURSO ESPECIAL – SFH – TRANSFERÊNCIA DO IMÓVEL – ANUÊNCIA DO CREDOR – OBRIGATORIEDADE – LEI 8.004/90 – INAPLICABILIDADE – DIVERGÊNCIA JURISPRUDENCIAL NÃO COMPROVADA – RISTJ, ART. 255 E §§ – INADMISSIBILIDADE. – A Lei 8.004/90 é inaplicável aos contratos celebrados após 28.02.86, cujos valores foram superiores aos limites nela previstos. – Para que se tenha por configurada a divergência jurisprudencial invocada, impõe-se tenham os arestos paradigmas apreciado o mesmo tema de direito decidido no

> acórdão recorrido, à luz da mesma legislação federal, porém dando-lhes soluções distintas. – O mutuário não pode transferir o contrato de financiamento celebrado pelo SFH, a terceiro, sem a anuência do credor hipotecário. – Recurso não conhecido" (REsp 193582/DF; 2ª Turma, Rel. Min. Francisco Peçanha Martins, DJ de 19.03.2001). Portanto, merece reparo o acórdão recorrido por ter adotado entendimento divergente ao do STJ. Forte em tais razões, DOU PROVIMENTO ao recurso especial para declarar que é indispensável a anuência do agente financeiro para a transferência do financiamento ao novo adquirente. Ante o resultado ora preconizado, condeno a recorrida ao pagamento das custas processuais e dos honorários advocatícios, mantido quanto a estes o valor fixado na sentença. Publique-se. Intimem-se. Brasília (DF), 23 de maio de 2006. MINISTRA NANCY ANDRIGHI Relatora (Ministra NANCY ANDRIGHI, 30.05.2006)

26.11 Responsabilidades

Sempre que o mandatário estipular negócios expressamente em nome do mandante, será este o único responsável; ficará, porém, o mandatário pessoalmente obrigado, se agir no seu próprio nome, ainda que o negócio seja de conta do mandante (CC, art. 663).[27]

Aqui, vale fazer referência aos parágrafos do artigo 667 do nosso Código Civil que determinam:

> § 1º Se, não obstante proibição do mandante, o mandatário se fizer substituir na execução do mandato, responderá ao seu constituinte pelos prejuízos ocorridos sob a gerência do substituto, embora provenientes de caso fortuito, salvo provando que o caso teria sobrevindo, ainda que não tivesse havido substabelecimento. [28]
>
> § 2º Havendo poderes de substabelecer, só serão imputáveis ao mandatário os danos causados pelo substabelecido, se tiver agido com culpa na escolha deste ou nas instruções dadas a ele.[29]
>
> § 3º Se a proibição de substabelecer constar da procuração, os atos praticados pelo substabelecido não obrigam o mandante, salvo ratificação expressa, que retroagirá à data do ato.[30]
>
> § 4º Sendo omissa a procuração quanto ao substabelecimento, o procurador será responsável se o substabelecido proceder culposamente.[31]

27 Correspondente ao art. 1.307 do CCB/1916.
28 Correspondente ao art. 1.300, § 1º, do CCB/1916.
29 Correspondente ao art. 1.300, § 2º, do CCB/1916.
30 Sem correspondência ao CCB/1916.
31 Sem correspondência ao CCB/1916.

26.12 Direito de retenção do mandatário

O direito de retenção do mandatário está previsto no artigo 664 do CCB que afirma "o mandatário tem o direito de reter, do objeto da operação que lhe foi cometida, quanto baste para pagamento de tudo que lhe for devido em consequência do mandato."[32]

Da mesma forma, a regra do artigo 681 estabelece que "o mandatário tem sobre a coisa de que tenha a posse em virtude do mandato, direito de retenção, até se reembolsar do que no desempenho do encargo despendeu."[33]

Daí que o Conselho da Justiça Federal, na III Jornada de Direito Civil, editou o Enunciado 184: "Art. 664 e 681: Da interpretação conjunta desses dispositivos, extrai-se que o mandatário tem o direito de reter, do objeto da operação que lhe foi cometida, tudo o que lhe for devido em virtude do mandato, incluindo-se a remuneração ajustada e o reembolso de despesas."

26.13 Mandato e Gestão de Negócios

O mandatário que exceder os poderes do mandato, ou proceder contra eles, será considerado mero gestor de negócios, enquanto o mandante lhe não ratificar os atos (CC, art. 665).[34]

A gestão de negócios, incluída no Código Civil de 1916 entre os contratos em espécies[35], topograficamente logo após o contrato de mandato, é con-

32 Correspondente ao art. 1.315 do CCB/1916.

33 Correspondente ao art. 1.315 do CCB/1916.

34 Correspondente ao art. 1.297 do CCB/1916.

35 No CCB/1916 – CAPÍTULO VIII. DA GESTÃO DE NEGÓCIOS:

Art. 1.331 – Aquele que, sem autorização do interessado, intervém na gestão de negócio alheio, dirigi-lo-á segundo o interesse e a vontade presumível de seu dono, ficando responsável a este e as pessoas com quem tratar.

Art. 1.332 – Se a gestão for iniciada contra a vontade manifesta ou presumível do interessado, responderá o gestor até pelos casos fortuitos, não provando que teriam sobrevindo, ainda quando se houvesse abstido.

Art. 1.333 – No caso do artigo antecedente, se os prejuízos da gestão excederem o seu proveito, poderá o dono do negócio exigir que o gestor restitua as coisas ao estado anterior, ou o indenize da diferença.

Art. 1.334 – Tanto que se possa, comunicará o gestor ao dono do negócio a gestão, que assumiu, aguardando-lhe a resposta, se da espera não resultar perigo.

Art. 1.335 – Enquanto o dono não providenciar, velará o gestor pelo negócio, até o levar a cabo, esperando, se aquele falecer durante a gestão, as instruções dos herdeiros, sem se descuidar, entretanto, das medidas que o caso reclame.

Art. 1.336 – O gestor envidará toda a sua diligência habitual na administração do negócio, ressarcindo ao dono todo o prejuízo resultante de qualquer culpa na gestão.

Art. 1.337 – Se o gestor se fizer substituir por outrem, responderá pelas faltas do substituto, ainda que seja pessoa idônea, sem prejuízo da ação, que a ele, ou ao dono do negócio, contra ela possa caber.

Parágrafo único – Havendo mais de um gestor, será solidária a sua responsabilidade.

Art. 1.338 – O gestor responde pelo caso fortuito, quando fizer operações arriscadas, ain-

siderada no Código Civil brasileiro de 2002 não mais como um negócio jurídico bilateral (contrato), mas sim um ato jurídico unilateral, já que se constitui de apenas uma vontade para a produção de efeitos. No Código Civil atual a gestão de negócios está inserida no Título VII nominado de "Dos Atos Unilaterais", capítulo II (Da Gestão de Negócios – arts. 861 a 875), juntamento com a promessa de recompensa (arts. 854 a 860), pagamento indevido (arts. 876 a 883) e enriquecimento sem causa (arts. 884 a 886).

A *gestão de negócios* não se confunde, pois, com o *mandato*, já que o gestor de negócios pratica atos ou negócios jurídicos em nome de outrem, que é chamado de dono do negócio. Ocorre que o gestor de negócios emite vontade em benefício do dono do negócio, sem que este lhe tenha outorgado poderes para a realização de tais atos jurídicos.

Ao tecer comentários sobre a gestão de negócios no Código Civil de 1916, em especial ao artigo 1.331, CLÓVIS BEVILÁQUA afirma que a gestão de negócio "é a administração oficiosa de negócio alheio, feita sem procura-

---

da que o dono costumasse fazê-las, ou quando preterir interesse deste por amor dos seus.
Parágrafo único – Não obstante, querendo o dono aproveitar-se da gestão, será obrigado a indenizar o gestor das despesas necessárias que tiver feito e dos prejuízos que, por causa da gestão, houver sofrido.
Art. 1.339 – Se o negócio for utilmente administrado, cumprirá o dono as obrigações contraídas em seu nome, reembolsando ao gestor as despesas necessárias ou úteis que houver feito, com os juros legais, desde o desembolso.
§ 1º – A utilidade, ou necessidade, da despesa apreciar-se-á, não pelo resultado obtido, mas segundo as circunstâncias da ocasião, em que se fizeram.
§ 2º – Vigora o disposto neste artigo, ainda quando o gestor, em erro quanto ao dono do negócio, der a outra pessoa as contas da gestão.
Art. 1.340 – Aplica-se, outrossim, a disposição do artigo antecedente, quando a gestão se proponha acudir a prejuízos iminentes, ou redunde em proveito do dono do negócio, ou da coisa. Mas nunca a indenização ao gestor excederá em importância às vantagens obtidas com a gestão.
Art. 1.341 – Quando alguém, na ausência do indivíduo obrigado a alimentos, por ele os prestar a quem se devem, poder-lhes-á reaver do devedor a importância, ainda que este não ratifique o ato.
Art. 1.342 – As despesas do enterro, proporcionadas aos usos locais e à condição do falecido, feitas por terceiro, podem ser cobradas da pessoa que teria a obrigação de alimentar a que veio a falecer, ainda mesmo que esta não tenha deixado bens.
Parágrafo único – Cessa o disposto neste artigo e no antecedente, em se provando que o gestor fez essas despesas com o simples intento de bem-fazer.
Art. 1.343 – A ratificação pura e simples do dono do negócio retroage ao dia do começo da gestão, e produz todos os efeitos do mandato.
Art. 1.344 – Se o dono do negócio, ou da coisa, desaprovar a gestão, por contrária aos seus interesses, vigorará o disposto nos arts. 1.332 e 1.333, salvo o estatuído no art. 1.340.
Art. 1.345 – Se os negócios alheios forem conexos aos do gestor, de tal arte que se não possam gerir separadamente, haver-se-á o gestor por sócio daquele, cujos interesses agenciar de envolta com os seus.
Parágrafo único – Neste caso aquele em cujo benefício interveio o gestor, só é obrigado na razão das vantagens que lograr.

ção. É um mandato espontâneo e presumido, porque o gestor procura fazer aquilo de que o dono do negócio o encarregaria, se tivesse conhecimento da necessidade de tomar a providencia reclamada pelas circunstâncias. [...]. A relação jurídica origina-se do fato da gestão, e a lei a disciplina, como se se originasse do mandato. O fato da gestão é a manifestação da vontade de tratar de negócio de outrem. Sugere-a, naturalmente, a benevolência, ou, como dizem alguns, o espírito de solidariedade. E a ordem jurídica regulamentando-a, não somente para tutelar os interesses do ausente ou impedido, como ainda para estimular esse movimento da alma, que nos leva a prestar auxílio aos que necessitam dele."[36]

Assim, no Código Civil de 1916, a gestão de negócios era considerada um contrato de forma que uma vontade era emitida pelo gestor do negócio e a outra vontade era presumida pela dono do negócio. Todavia, os atos praticados pelo gestor de negócios dependeriam da ratificação posterior do dono do negócio.

26.14 Obrigações do Mandatário

Muitas são as obrigações do mandatário. Dentre elas pode-se destacar:

a) O mandatário é obrigado a aplicar toda sua diligência habitual na execução do mandato, e a indenizar qualquer prejuízo causado por culpa sua ou daquele a quem substabelecer, sem autorização, poderes que devia exercer pessoalmente (CC, art. 667).[37]
b) O mandatário é obrigado a dar contas de sua gerência ao mandante, transferindo-lhe as vantagens provenientes do mandato, por qualquer título que seja (CC, art. 668).[38] Portanto, o mandatário tem a obrigação de prestar contas ao mandante no final do exercício do mandato ou quando o mandante exigir. Aqui, vale destacar duas situações distintas: a primeira se o mandatário não prestar contas ao mandante, este poderá ajuizar uma ação de prestação de contas em face daquele; a segunda hipótese é aquela em que o mandante se recusa a receber a prestação de contas do mandatário. Neste caso, este poderá também ajuizar uma ação de prestação de contas em face do mandante, com o firme propósito de exonerar-se da obrigação. A ação de prestação de contas possui duas fases (bifásica): na primeira fase, o juiz apenas decidirá se há a obrigação de prestar contas ou o direito de prestá-las. Uma vez ultrapassada esta primeira fase por sentença, com o seu trânsito em julgado, iniciar-se-á uma segunda

36 BEVILÁQUA, Clóvis. *Código Civil dos Estados Unidos do Brasil comentado por Clóvis Beviláqua*. Edição histórica. Rio de Janeiro: Rio, 1976, p. 452.
37 Correspondente ao art. 1.300, *caput*, do CCB/1916.
38 Correspondente ao art. 1.301 do CCB/1916.

fase que consiste efetivamente na prestação de contas propriamente dita. Ao final da lide, o juiz decidirá, por uma nova sentença, se as contas estão corretas e se há eventual saldo, que poderá ser executado nos próprios autos.

c) O mandatário não pode compensar os prejuízos a que deu causa com os proveitos que, por outro lado, tenha granjeado ao seu constituinte (CC, art. 669).[39]
d) Pelas somas que devia entregar ao mandante ou recebeu para despesa, mas empregou em proveito seu, pagará o mandatário juros, desde o momento em que abusou (CC, art. 670).[40]
e) Se o mandatário, tendo fundos ou crédito do mandante, comprar, em nome próprio, algo que devera comprar para o mandante, por ter sido expressamente designado no mandato, terá este ação para obrigá-lo à entrega da coisa comprada (CC, art. 671).[41]
f) Uma outra obrigação do mandatário é aquela em que ao tomar conhecimento da morte do mandante, aquele tem o dever de realizar todos os negócios necessários a evitar o perecimento de um direito do mandante ou que, com sua omissão, sejam capazes de causar danos irreparáveis aos herdeiros. É o que determina a redação do artigo 674 do nosso Código Civil: Embora ciente da morte, interdição ou mudança de estado do mandante, deve mandatário concluir o negócio já começado, se houver perigo na demora (CC, art. 674).[42] Dessa maneira, o mandatário não pode simplesmente se eximir de exercer o mandato sob o argumento da morte do mandante. Isso quer dizer que na primeira oportunidade que tiver, o mandatário deve dar conhecimento aos herdeiros do mandante dos atos praticados, esperando deles a orientação necessária. Os herdeiros poderão ratificar tais atos.
g) Por fim, estabelece o artigo 673 que "o terceiro que, depois de conhecer os poderes do mandatário, com ele celebrar negócio jurídico exorbitante do mandato, não tem ação contra o mandatário, salvo se este lhe prometeu ratificação do mandante ou se responsabilizou pessoalmente."[43]

26.15 Obrigações do Mandante

De igual forma, o mandante também deve suportar as seguintes obrigações:

39 Correspondente ao art. 1.302 do CCB/1916.
40 Correspondente ao art. 1.303 do CCB/1916.
41 Sem correspondência ao CCB/1916.
42 Correspondente ao art. 1.308 do CCB/1916.
43 Correspondente ao art. 1.306 do CCB/1916.

a) O mandante é obrigado a satisfazer todas as obrigações contraídas pelo mandatário, na conformidade do mandato conferido, e adiantar a importância das despesas necessárias à execução dele, quando o mandatário lho pedir (CC, art. 675).[44]
b) É obrigado o mandante a pagar ao mandatário a remuneração ajustada e as despesas da execução do mandato, ainda que o negócio não surta o esperado efeito, salvo tendo o mandatário culpa (CC, art. 676).[45]
c) As somas adiantadas pelo mandatário, para a execução do mandato, vencem juros desde a data do desembolso (CC, art. 677).[46] Logo, devem ser suportadas pelo mandante.
d) É igualmente obrigado o mandante a ressarcir ao mandatário as perdas que este sofrer com a execução do mandato, sempre que não resultem de culpa sua ou de excesso de poderes (CC, art. 678).[47]
e) Ainda que o mandatário contrarie as instruções do mandante, se não exceder os limites do mandato, ficará o mandante obrigado para com aqueles com quem o seu procurador contratou; mas terá contra este ação pelas perdas e danos resultantes da inobservância das instruções (CC, art. 679).[48]
f) Se o mandato for outorgado por duas ou mais pessoas, e para negócio comum, cada uma ficará solidariamente responsável ao mandatário por todos os compromissos e efeitos do mandato, salvo direito regressivo, pelas quantias que pagar, contra os outros mandantes (CC, art. 680).[49]

26.16 Extinção do Mandato

26.16.1 Hipóteses de extinção

As hipóteses de extinção ou cessação do mandato estão expressas nos incisos do artigo 682[50] do nosso Código Civil, a saber:

I - *pela revogação ou pela renúncia*. A revogação como a renúncia representam um *direito potestativo*, já que a outra parte contraente estará em estado de sujeição;[51] Efetuada a revogação, o mandante é obrigado a dar ciência não só ao mandatário como a terceiros. É o que estabelece

44 Correspondente ao art. 1.309 do CCB/1916.
45 Correspondente ao art. 1.310 do CCB/1916.
46 Correspondente ao art. 1.311 do CCB/1916.
47 Correspondente ao art. 1.312 do CCB/1916.
48 Correspondente ao art. 1.313 do CCB/1916.
49 Correspondente ao art. 1.314 do CCB/1916.
50 Correspondente ao art. 1.316, *caput*, do CCB/1916.
51 Correspondente ao art. 1.316, I, do CCB/1916.

o *caput* do artigo 686: "A revogação do mandato, notificada somente ao mandatário, não se pode opor aos terceiros que, ignorando-a, de boa-fé com ele trataram; mas ficam salvas ao constituinte as ações que no caso lhe possam caber contra o procurador."

Se for comunicada ao mandatário a nomeação de outro, para o mesmo negócio, considerar-se-á revogado o mandato anterior (CC, art. 687).[52]

II - *pela morte ou interdição de uma das partes;*[53]

III - *pela mudança de estado que inabilite o mandante a conferir os poderes, ou o mandatário para os exercer;*[54] É o caso da procuração de menor, assistido pelo responsável, que alcançou a maioridade.

IV - *pelo término do prazo ou pela conclusão do negócio.*[55]

Em relação a extinção do mandato, a nossa jurisprudência já se manifestou da seguinte forma: "CIVIL – EXTINÇÃO DO MANDATO – TÉRMINO DO PRAZO – EMISSÃO DE CHEQUE – EX-MANDATÁRIO – VALIDADE – TERCEIROS DE BOA-FÉ. – Negócio jurídico praticado por ex-mandatário tem plena eficácia para o terceiro de boa-fé, que desconhecia a extinção do mandato. – A revogação, em essência ou ontologicamente, não difere da extinção do mandato pelo término do prazo, pois ambas colocam termo final no mandato (CC/16, Art. 1.316). – O parágrafo único, do Art. 1.060, do NCC, só se aplica aos administradores sócios da empresa, e não a procuradores constituídos pela pessoa jurídica. (REsp 772.687/MG, Rel. ministro HUMBERTO GOMES DE BARROS, TERCEIRA TURMA, julgado em 06.10.2005, DJ 14.11.2005 p. 323)."

Da mesma forma: "A oposição da mulher a alienação de bens do casal, permanecendo no âmbito restrito dos cônjuges e de outras pessoas que não participaram do ato jurídico, não é capaz de acarretar o desfazimento da compra e venda, onde a esposa foi representada pelo marido por procuração valida. Inexistência de ofensa art. 235, I do C.C.. Os art. 1318 e 1321 do C.C., contêm: um, regra especial sobre revogação do mandato, outro, regra geral sobre extinção, a produzir efeitos diversos. No primeiro caso, não se podendo opor a terceiros de boa-fé, a revogação do mandato, notificado somente ao mandatário; no último, sendo válidos, a respeito dos contraentes de boa-fé, os atos praticados em nome do mandante, apenas enquanto o mandatário ignorar a extinção do mandato. Não conhecimento do recurso por inocorrência de ofensa a texto legal e ausência de dissídio na jurisprudência. (REsp .379/DF, Rel. ministro CLAUDIO SANTOS, TERCEIRA TURMA, julgado em 12.09.1989, DJ 30.10.1989 p. 16508).

52 Correspondente ao art. 1.319 do CCB/1916.

53 Correspondente ao art. 1.316, II, do CCB/1916.

54 Correspondente ao art. 1.316, III, do CCB/1916.

55 Correspondente ao art. 1.316, IV, do CCB/1916.

26.16.2 Cláusula de irrevogabilidade do mandato

Em regra, o mandato é revogável. No entanto, o artigo 683 do nosso Código Civil dispõe que "quando o mandato contiver a cláusula de irrevogabilidade e o mandante o revogar, pagará perdas e danos."[56] Assim, caso o mandante revogue o mandato sem justa causa, ele suportará a indenização em perdas e danos. Melhor dizendo: com a inserção da cláusula de irrevogabilidade no mandato, o mandante renuncia ao seu direito potestativo de revogar o instrumento contratual, ou seja, o mandante se obriga a não revogar o mandato. Em síntese, o mandante assume uma obrigação de não fazer, qual seja: não revogar o mandato.

Daí a questão que põe é a seguinte: O mandante, mesmo com a existência de cláusula de irrevogabilidade, poderia revogar o mandato? Entende-se que sim, e neste caso, o mandante estaria violando a obrigação de não fazer assumida no instrumento contratual e, em consequência, seria responsável pelo pagamento das perdas e danos em favor do mandatário.

Da mesma forma Caio Mário da Silva Pereira ensina que "sendo a cassação da própria essência do contrato, o Código admite a sua revogação, não obstante a cláusula de irrevogabilidade, sujeitando-se o mandante apenas ao pagamento das perdas e danos sofridas pelo mandatário."[57] Na mesma linha de pensamento filia-se Washington de Barros Monteiro.[58]

26.16.3 Cláusula de irrevogabilidade como condição de um negócio bilateral, ou estipulada no exclusivo interesse do mandatário

O artigo 684 determina que "quando a cláusula de irrevogabilidade for condição de um negócio bilateral, ou tiver sido estipulada no exclusivo interesse do mandatário, a revogação do mandato será ineficaz." Nestas hipóteses, a regra é clara: a revogação do mandato é ineficaz.

No primeiro caso, a cláusula de irrevogabilidade é condição de um contrato bilateral (sinalagmático), já que existem obrigações para ambas as partes contratantes. Aqui, o mandatário tem a obrigação de satisfazer a obrigação junto ao outro contratante, como por exemplo, o mandato serve para que o mandatário pague uma dívida assumida pelo mandante em outro negócio jurídico anteriormente assumido.

No segundo caso, a cláusula de irrevogabilidade é estipulada no exclusivo interesse do mandatário. É o caso do mandatário receber uma procuração para vender um imóvel do mandante, cujo preço do imóvel é devido pelo mandante ao mandatário.[59]

---

56 Sem correspondência ao CCB/1916.

57 PEREIRA, Caio Mário da Silva. *Instituições de Direito Civil*. 11.ed. Vol. III. Rio de Janeiro: Forense, 2003, p. 415.

58 MONTEIRO, Washington de Barros. *Curso de Direito Civil: Direito das Obrigações*. 2ª Parte. Vol. 5. 34.ed. São Paulo: Saraiva, 2003, p. 287.

59 RIZZARDO, Arnaldo. *Contratos*. 6.ed. Rio de Janeiro: Forense, 2006, p. 723.

Vale lembrar que tais hipóteses *não se confundem* com a procuração *em causa própria* é conhecida como mandato *in rem suam*. Esta é outorgada no interesse exclusivo do mandatário, ou seja, é o instrumento contratual em que o mandante, de forma expressa, confere poderes ao mandatário para que este transfira para o seu próprio patrimônio um bem do mandante. Neste caso, o artigo 685 estabelece que "conferido o mandato com a cláusula "em causa própria", a sua revogação não terá eficácia, nem se extinguirá pela morte de qualquer das partes, ficando o mandatário dispensado de prestar contas, e podendo transferir para si os bens móveis ou imóveis objeto do mandato, obedecidas as formalidades legais."

26.16.4 Irrevogabilidade do mandato quando contiver poderes de cumprimento ou de confirmação dos negócios

O parágrafo único do artigo 686 informa que "é irrevogável o mandato que contenha poderes de cumprimento ou confirmação de negócios encetados, aos quais se ache vinculado." Neste caso, não é permitida a revogação do mandato quando destinado a cumprir ou prosseguir em um negócio jurídico já iniciado, junto a outro contratante.

26.16.5 Renúncia do mandato

A renúncia é um ato jurídico unilateral, através da qual o mandatário expressa sua vontade em extinguir o mandato que lhe foi outorgado pelo mandante.

A renúncia do mandato será comunicada ao mandante, que, se for prejudicado pela sua inoportunidade, ou pela falta de tempo, a fim de prover à substituição do procurador, será indenizado pelo mandatário, salvo se este provar que não podia continuar no mandato sem prejuízo considerável, e que não lhe era dado substabelecer (CC, art. 688).[60] Daí que a renúncia é um direito potestativo do mandatário que poderá exercê-lo *ad nutum* sem responsabilidade em perdas e danos nas seguintes condições: que a renúncia seja *comunicada oportunamente e tempestivamente* ao mandante, para que este não fique prejudicado com o encerramento inesperado da relação jurídica contratual e possa prover a substituição do procurador.

26.16.6 Morte do mandante ou mandatário ou interdição de uma das partes

Com a morte do mandante, estará extinto o mandato conforme a regra do artigo 682, inciso II do CCB. Todavia, "são válidos, a respeito dos contratantes de boa-fé, os atos com estes ajustados em nome do mandante pelo

60 Correspondente ao art. 1.320 do CCB/1916.

mandatário, enquanto este ignorar a morte daquele ou a extinção do mandato, por qualquer outra causa (CC, art. 689).[61] Daí que podemos afirmar que não existe mandato para a execução de atos após a morte do mandante (mandato *post mortem*). Isto não se confunde com testamento.

Se falecer o mandatário, pendente o negócio a ele cometido, os herdeiros, tendo ciência do mandato, avisarão o mandante, e providenciarão a bem dele, como as circunstâncias exigirem (CC, art. 690).[62]

Os herdeiros, no caso do artigo 690, devem limitar-se às medidas conservatórias, ou continuar os negócios pendentes que se não possam demorar sem perigo, regulando-se os seus serviços dentro desse limite, pelas mesmas normas a que os do mandatário estão sujeitos (CC, art. 691).[63]

Os herdeiros não são mandatários, apenas devem prover os atos urgentes e indispensáveis nos limites do mandato anteriormente firmado entre o *de cujus* (mandatário) e o mandante.

A interdição do mandante ou mandatário produz a extinção da relação jurídica contratual, consoante determinação do artigo 682, inciso II, do nosso Código Civil.

26.17 Excesso de mandato

A prática do excesso de mandato traduz-se em nulidade do negócio jurídico. A nossa jurisprudência entende que "prática excesso de mandato, o mandatário que, tendo recebido procuração em poderes *ad negotia*, ainda que irretratáveis e irrevogáveis, mas submetidas a uma condição suspensiva implícita qual a da consumação de desquite dos mandantes, celebra, ainda assim, muito tempo depois, contrato de cessão e transferência de direitos e obrigações relativos à aquisição de imóvel de que são promitentes compradores os referidos mandantes, quando estes já se achavam plenamente reconciliados. Contrato celebrado por procurador nestas condições não é apenas anulável, mas nulo de pleno direito, em razão da ausência de consentimento, que supunha o implemento da condição, a separação judicial dos mandantes, que não se verificou. Decisão: prover. Por maioria. Tribunal de Justiça do Distrito Federal. (APELAÇÃO CÍVEL APC725294 DF. ACÓRDÃO: 23912. ÓRGÃO JULGADOR: 2a Turma Cível DATA: 23/06/1982. RELATOR: VALTENIO MENDES CARDOSO REVISOR: MANOEL COELHO. PUBLICAÇÃO: Diário da Justiça do DF: 06/10/1982 Pág: 10.052).

61 Correspondente ao art. 1.321 do CCB/1916.

62 Correspondente ao art. 1.322 do CCB/1916.

63 Correspondente ao art. 1.323 do CCB/1916.

Capítulo 27

DA COMISSÃO

27.1 Conceito e características

O contrato de *comissão* é o contrato através do qual o *comissário*, em seu nome, realiza atos ou negócios em favor do *comitente*. Este tipo de contrato não encontrava-se regulamentado pelo Código Civil de 1916, já que o Código Comercial tratava da matéria nos artigos 165 a 190. O artigo 693 do Código civil de 2002 informa que "o contrato de comissão tem por objeto a aquisição ou a venda de bens pelo comissário, em seu próprio nome, à conta do comitente."

O contrato de *comissão* não se confunde com o contrato de *mandato*, já que o comissário age em seu nome e obriga-se direta e pessoalmente com terceiros, e o mandatário age em nome do mandante.

Diferentemente do modelo espanhol, já que neste a comissão é uma espécie de "mandato sem representação", conforme estabelecido no art. 1.717 do Código Civil espanhol: "Cuando el mandatário obra en su propio nombre, el mandante no tiene acción contra las personas con quienes el mandatário ha contratado, ni éstas tampoco contra el mandante. En este caso el mandatário es el obligado directamente en favor de la persona con quien ha contratado, como si el asunto fuera personal suyo. Exceptúase el caso en que se trate de cosas propias del mandante.Lo dispuesto en este artículo se entiende sin perjuicio de las acciones entre mandante y mandatário." Portanto, no direito espanhol, nas lições de Del Rio, "las consecuencias de los negocios celebrados por el mandatário con terceros afectan directamente a éste, no ligando a dichos terceros con el mandante; si bien, en virtud de la relación interna, el mandatário vendrá obligado a transferir los derechos adquiridos por su cuenta al mandante y, por tanto, los derechos que tenga contra los terceros."[1]

Da mesma forma, o contrato de *comissão* se diferencia do contrato de *corretagem*. Sílvio de Salvo Venosa ensina que "o contrato de comissão não se confunde com o contrato de corretagem, pois o corretor é um simples intermediário no negócio, enquanto o comissário é partícipe. O corretor não

1 DEL RÍO, José Manuel Lete. *Derecho de Obligaciones*. Vol. III. 4.ed. Madrid: Tecnos, 2003, p. 411-412.

celebra contrato. Sua relação com as partes do negócio é externa. O comissário é parte e portanto tem participação interna no contrato. Apesar de a remuneração em ambos os negócios possuir a mesma denominação, *comissão*, os contratos de comissão e de corretagem afastam-se bastante."[2]

Rizzardo aponta que o contrato de comissão é um "contrato pelo qual um comerciante assume a obrigação de realizar atos ou negócios de natureza mercantil, em favor e atendendo instruções de outra pessoa, mas agindo em seu nome, o que determina a sua responsabilidade perante os terceiros com os quais negocia."[3] Daí que "o comissário fica diretamente obrigado para com as pessoas com quem contratar, sem que estas tenham ação contra o comitente, nem este contra elas, salvo se o comissário ceder seus direitos a qualquer das partes (CC, art. 694)."

O contrato de comissão pode ser classificado como um contrato bilateral, consensual, oneroso e personalíssimo. Os sujeitos desta relação jurídica contratual são denominados *comitente* e *comissário*. Vale destacar que o *comissário* deve ser *empresário*. Salvo disposição em contrário, pode o comitente, a qualquer tempo, alterar as instruções dadas ao comissário, entendendo-se por elas regidos também os negócios pendentes (CC, art. 704).

27.2 Obrigações do comissário

O comissário é obrigado a agir de conformidade com as ordens e instruções do comitente, devendo, na falta destas, não podendo pedi-las a tempo, proceder segundo os usos em casos semelhantes (CC, art. 695).

Já o parágrafo único do referido dispositivo civilístico determina que "ter-se-ão por justificados os atos do comissário, se deles houver resultado vantagem para o comitente, e ainda no caso em que, não admitindo demora a realização do negócio, o comissário agiu de acordo com os usos."

No desempenho das suas incumbências o comissário é obrigado a agir com cuidado e diligência, não só para evitar qualquer prejuízo ao comitente, mas ainda para lhe proporcionar o lucro que razoavelmente se podia esperar do negócio (CC, art. 696).

Em relação a responsabilidade civil "responderá o comissário, salvo motivo de força maior, por qualquer prejuízo que, por ação ou omissão, ocasionar ao comitente." (CC, art. 696, parágrafo único).

O artigo 697 preceitua que o comissário não responde pela insolvência das pessoas com quem tratar, exceto em caso de culpa e no do artigo 696 do CCB.

O comissário presume-se autorizado a conceder dilação do prazo para pagamento, na conformidade dos usos do lugar onde se realizar o negócio, se não houver instruções diversas do comitente (CC, art. 699).

---

2 VENOSA, Sílvio de Salvo. *Direito Civil*. Volume III. 6.ed. São Paulo: Atlas, 2006, p. 298.

3 RIZZARDO, Arnaldo. *Contratos*. 6.ed. Rio de Janeiro: Forense, 2006, p. 729.

Se houver instruções do comitente proibindo prorrogação de prazos para pagamento, ou se esta não for conforme os usos locais, poderá o comitente exigir que o comissário pague incontinenti ou responda pelas consequências da dilação concedida, procedendo-se de igual modo se o comissário não der ciência ao comitente dos prazos concedidos e de quem é seu beneficiário (CC, art. 700).

27.3 Remuneração e juros de mora

O comissário possui direito a uma remuneração que não estipulada entre os contraentes, será ela arbitrada segundo os usos correntes no lugar (CC, art. 701). Esta remuneração representa a "comissão" que o comissário faz jus.

No caso de morte do comissário, ou, quando, por motivo de força maior, não puder concluir o negócio, será devida pelo comitente uma remuneração proporcional aos trabalhos realizados (CC, art. 702).

Ainda que tenha dado motivo à dispensa, terá o comissário direito a ser remunerado pelos serviços úteis prestados ao comitente, ressalvado a este o direito de exigir daquele os prejuízos sofridos (CC, art. 703).

Se o comissário for despedido sem justa causa, terá direito a ser remunerado pelos trabalhos prestados, bem como a ser ressarcido pelas perdas e danos resultantes de sua dispensa (CC, art. 705).

O comitente e o comissário são obrigados a pagar juros um ao outro; o primeiro pelo que o comissário houver adiantado para cumprimento de suas ordens; e o segundo pela mora na entrega dos fundos que pertencerem ao comitente (CC, art. 706).

O crédito do comissário, relativo a comissões e despesas feitas, goza de privilégio geral, no caso de falência ou insolvência do comitente (CC, art. 707).

Por fim, vale lembrar que "para reembolso das despesas feitas, bem como para recebimento das comissões devidas, tem o comissário direito de retenção sobre os bens e valores em seu poder em virtude da comissão (CC, art. 708)."

27.4 Cláusula *del credere*

"Se do contrato de comissão constar a *cláusula del credere*, responderá o comissário solidariamente com as pessoas com que houver tratado em nome do comitente, caso em que, salvo estipulação em contrário, o comissário tem direito a remuneração mais elevada, para compensar o ônus assumido (CC, art. 698)." Neste caso, o comissário responderá solidariamente com as pessoas com que houver tratado com nome do comitente.

27.5 Comissão e mandato

O contrato de *comissão* não se confunde com o contrato de *mandato*, já que o comissário age em seu nome e obriga-se direta e pessoalmente com terceiros, e o mandatário age em nome do mandante. Todavia, "são aplicáveis à comissão, no que couber, as regras sobre mandato." (CC, art. 709)

27.6 Jurisprudência

DIREITO COMERCIAL. CONTRATO DE COMISSÃO MERCANTIL. VENDA DE PASSAGENS AÉREAS. PERCENTUAL DEVIDO ÀS AGÊNCIAS DE VIAGENS (COMISSÁRIAS). REDUÇÃO UNILATERAL PELAS COMPANHIAS DE AVIAÇÃO (COMITENTES). Em contrato verbal de comissão mercantil, pode o comitente reduzir unilateralmente o valor das comissões referentes a negócios futuros a serem realizados pelas comissárias, à míngua de ajuste expresso em sentido contrário. Recursos especiais conhecidos pelo dissídio, mas improvidos. (REsp 617.244/MG, Rel. ministro CÉSAR ASFOR ROCHA, QUARTA TURMA, julgado em 07.03.2006, DJ 10.04.2006 p. 198).

Capítulo 28

DA AGÊNCIA E DISTRIBUIÇÃO

28.1 Conceito e características

O artigo 710 do Código Civil brasileiro estabelece que "pelo contrato de agência, uma pessoa assume, em caráter não eventual e sem vínculos de dependência, a obrigação de promover, à conta de outra, mediante retribuição, a realização de certos negócios, em zona determinada, caracterizando-se a distribuição quando o agente tiver à sua disposição a coisa a ser negociada." O seu parágrafo único informa que "o proponente pode conferir poderes ao agente para que este o represente na conclusão dos contratos."[1]

Da redação do dispositivo legal é possível afirmar que o contrato de *agência* ocorre quando uma pessoa, em caráter não eventual e sem vínculo de dependência, assume obrigação de promover negócios em determinada área geográfica, à conta de outra, mediante retribuição. Nesta hipótese o agente e agenciado não precisam ser empresários (CC, art. 710, *caput*).

O contrato de *distribuição* ocorre quando a coisa negociada estiver à disposição do agente (CC, art. 710, *caput*).

E o contrato de representação, consoante o parágrafo único do art. 710, é aquele em que o proponente confere poderes ao agente para que este o represente na conclusão dos contratos. É o contrato de representação comercial autônoma, regido pela Lei 4.886/65, com as alterações realizadas pela Lei 8.420/92. Aqui, as partes contratantes devem ser empresárias.

Salvo ajuste, o proponente não pode constituir, ao mesmo tempo, mais de um agente, na mesma zona, com idêntica incumbência; nem pode o agente assumir o encargo de nela tratar de negócios do mesmo gênero, à conta de outros proponentes (CC, art. 711).

28.2 Obrigações do agente ou distribuidor

O agente, no desempenho que lhe foi cometido, deve agir com toda diligência, atendo-se às instruções recebidas do proponente (CC, art. 712).

1 Sem correspondência ao CCB de 1916.

Salvo estipulação diversa, todas as despesas com a agência ou distribuição correm a cargo do agente ou distribuidor (CC, art. 713)

28.3 Remuneração do agente ou distribuidor

Salvo ajuste, o agente ou distribuidor terá direito à remuneração correspondente aos negócios concluídos dentro de sua zona, ainda que sem a sua interferência (CC, art. 714).

A remuneração será devida ao agente também quando o negócio deixar de ser realizado por fato imputável ao proponente (CC, art. 716).

28.4 Direito à indenização do agente ou distribuidor

O agente ou distribuidor tem direito à indenização se o proponente, sem justa causa, cessar o atendimento das propostas ou reduzi-lo tanto que se torna antieconômica a continuação do contrato (CC, art. 715)

28.5 Extinção do contrato

28.5.1 Extinção do contrato por justa causa

Ainda que dispensado por justa causa, terá o agente direito a ser remunerado pelos serviços úteis prestados ao proponente, sem embargo de haver este perdas e danos pelos prejuízos sofridos (CC, art. 717).

28.5.2 Extinção do contrato sem justa causa

Se a dispensa se der sem culpa do agente, terá ele direito à remuneração até então devida, inclusive sobre os negócios pendentes, além das indenizações previstas em lei especial (CC, art. 718).

28.5.3 Extinção do contrato por motivo de força maior

Se o agente não puder continuar o trabalho por motivo de força maior, terá direito à remuneração correspondente aos serviços realizados, cabendo esse direito aos herdeiros no caso de morte (CC, art. 719).

28.6 Contrato por prazo indeterminado. Aviso prévio

Se o contrato for por tempo indeterminado, qualquer das partes poderá resolvê-lo, mediante aviso prévio de noventa dias, desde que transcorrido prazo compatível com a natureza e o vulto do investimento exigido do agente (CC, art. 720).

No caso de divergência entre as partes, o juiz decidirá da razoabilidade do prazo e do valor devido (CC, art. 720, parágrafo único).

28.7 Contrato de agência e distribuição e contrato de mandato e comissão

Aplicam-se ao contrato de agência e distribuição, no que couber, as regras concernentes ao mandato e à comissão e as constantes de lei especial (CC, art. 721).

28.8 Jurisprudências

STF. RECURSO EXTRAORDINÁRIO. NÚMERO: 71282. JULGAMENTO: 29/03/1971. EMENTA. Domicilio. Se uma firma autônoma revende jornais e revistas mediante contrato, sem todavia se caracterizar como estabelecimento próprio da editora ou distribuidora, não há que falar em representação para o foro, no sentido da Súmula 363, apesar do uso corrente do termo "agencia". Relator: Bilac Pinto. Segunda turma.

Tribunal de Justiça de São Paulo. REPRESENTAÇÃO COMERCIAL – Ação de cobrança de comissões – Competência recursal – Na representação comercial, por força de lei, o julgamento das controvérsias entre representante e representado deverão ser desatadas pelo procedimento sumaríssimo e, no Estado do São Paulo, compete ao Primeiro Tribunal de Alçada Civil, exceção feita ao arrendamento rural, parceria agrícola e comodato, julgar os recursos das causas que devam ser processadas pelo procedimento comum sumário – Inteligência dos artigos 125, § 1º, da Constituição Federal; 79, I, letra "d" da Constituição Estadual; 108, III, letra "d" da Lei Orgânica Municipal; 16, I, letra "a" da Lei Complementar Estadual nº 224, de 13 de novembro de 1979 e, finalmente, artigo 39 da Lei nº 4.886/65, com a redação dada pela Lei nº 8.420, de 08 de maio de 1992 – Recurso não conhecido. (Apelação Cível nº 268.042-2 – São Paulo – 10ª Câmara de Direito Privado – Relator: Marcondes Machado – 01.10.96 – V. U.).

Capítulo 29

DA CORRETAGEM

29.1 Conceito e características

O contrato de *corretagem* ocorre quando uma pessoa assume obrigação de obter para outra pessoa um ou vários negócios, conforme instruções recebidas, desde que não exista contrato de mandato, prestação de serviços ou qualquer relação de dependência. Neste caso, o corretor realiza uma mediação ou aproximação pondo o contratante em contato com outras pessoas, visando a celebração de um negócio jurídico. É o que determina o artigo 722 ao dizer que "pelo contrato de corretagem, uma pessoa, não ligada a outra em virtude de mandato, de prestação de serviços ou por qualquer relação de dependência, obriga-se a obter para a segunda um ou mais negócios, conforme as instruções recebidas."[1]

O contrato de corretagem é bilateral (já que gera direitos e obrigações para ambas as partes contraentes), oneroso (pressupõe eventual remuneração do corretor), consensual e aleatório (já que o corretor corre o risco de nada receber).

Na realidade o *corretor* é o sujeito que aproxima as pessoas interessadas em realizar determinado negócio, fazendo jus a uma *remuneração* (*comissão* ou *corretagem*) na conclusão do negócio (obrigação de resultado) a ser paga pelo comitente. Este é aquele que contrata a intermediação do corretor.

Os corretores podem ser *oficiais* ou *livres*. Os corretores livres são aqueles que exercem a atividade de intermediação de negócios, de forma exclusiva ou não, em caráter contínuo ou intermitente. Os corretores oficiais, de acordo com Washington de Barros Monteiro, "são aqueles investidos de ofício público disciplinado por lei, como por exemplo, os corretores de mercadorias, de navios, de operação de câmbio, de seguros, de valores em bolsa, etc."[2]

O artigo 729 preceitua que "os preceitos sobre corretagem constantes deste Código não excluem a aplicação de outras normas da legislação especial." Dessa maneira, a profissão de corretor de imóveis é disciplinada pela Lei

1 Sem correspondência ao CCB de 1916.

2 MONTEIRO, Washington de Barros. *Curso de Direito Civil*: Direito das Obrigações. 2ª Parte. Vol. 5. 34.ed. São Paulo: Saraiva, 2003, p. 317.

nº 6.530/78 (Dá nova regulamentação à profissão de Corretor de Imóveis, disciplina o funcionamento de seus órgãos de fiscalização e dá outras providências) que foi regulamentada pelo Decreto 81.871/78 (Regulamenta a Lei nº 6.530, de 12 de maio de 1978, que dá nova regulamentação à profissão de Corretor de Imóveis, disciplina o funcionamento de seus órgãos de fiscalização e dá outras providências).

O exercício da profissão de Corretor de Imóveis será permitido ao possuidor de título de Técnico em Transações Imobiliárias (Lei 6.530/78, art. 2º).

Compete ao Corretor de Imóveis exercer a intermediação na compra, venda, permuta e locação de imóveis, podendo, ainda, opinar quanto à comercialização imobiliária ((Lei 6.530/78, art. 3º).

As atribuições do Corretor de Imóveis poderão ser exercidas, também, por pessoa jurídica inscrita nos termos da referida lei (Lei 6.530/78, art. 3º, parágrafo único).

29.2 Obrigações do corretor

O corretor é obrigado a executar a mediação com diligência e prudência, e a prestar ao cliente, espontaneamente, todas as informações sobre o andamento do negócio, de acordo com o artigo 723 do CCB.[3]

Sob pena de responder por perdas e danos, o corretor prestará ao cliente todos os esclarecimentos acerca da segurança ou do risco do negócio, das alterações de valores e de outros fatores que possam influir nos resultados da incumbência (artigo 723, parágrafo único do Código Civil brasileiro).[4]

29.3 Remuneração do corretor

A remuneração do corretor, se não estiver fixada em lei, nem ajustada entre as partes, será arbitrada segundo a natureza do negócio e os usos locais (CC, art. 724).

A remuneração é devida ao corretor uma vez que tenha conseguido o resultado previsto no contrato de mediação, ou ainda que este não se efetive em virtude de arrependimento das partes (CC, art. 725).

Neste sentido, a jurisprudência tem adotado o seguinte entendimento: "AGRAVO DE INSTRUMENTO Nº 719.434 – RS (2005/0184836-5) RELATOR: MINISTRO FERNANDO GONÇALVES. "EMBARGOS INFRINGENTES. CONTRATO DE CORRETAGEM. APRESENTAÇÃO DE PROPOSTA. DESISTÊNCIA DO VENDEDOR. NÃO EFETIVAÇÃO DO NEGÓCIO. COMISSÃO INDEVIDA. A desistência não se confunde com o "arrependimento" indicado no artigo 725 do novo Código Civil, posto que é termo técnico e

3 Redação dada pela Lei nº 12.236, de 2010.
4 Incluído pela Lei nº 12.236, de 2010.

pressupõe o consenso à realização do negócio, enquanto a desistência se dá anteriormente ao conserto de vontades, uma vez que a corretagem é obrigação de fim, e não de meio. EMBARGOS INFRINGENTES ACOLHIDOS, POR MAIORIA." (fls. 118) Sustenta o recorrente violação aos arts. 722, 725 e 726 do Código Civil, bem como dissídio jurisprudencial. A irresignação não merece prosperar. Com efeito, o acórdão recorrido encontra-se em sintonia com o entendimento preconizado por esta Corte, no sentido de ser devida a comissão de corretagem apenas em caso de resultado útil do negócio imobiliário, isto é, a venda do imóvel, sendo desinfluente a mera aproximação das partes interessadas. Nesse sentido: "CIVIL. CONTRATO DE CORRETAGEM. VENDA DE IMÓVEL. PROPOSTA ACEITA PELO VENDEDOR. DESISTÊNCIA POSTERIOR. INTERMEDIAÇÃO. RESULTADO ÚTIL NÃO CONFIGURADO. COMISSÃO INDEVIDA. I. O serviço de corretagem somente se tem como aperfeiçoado quando o negócio imobiliário se concretiza, posto que o risco é da sua essência. Destarte, indevida a comissão mesmo se após a aceitação da proposta, o vendedor, que concordara com a intermediação, se arrepende e desiste da venda. II. Recurso especial conhecido pela divergência, mas improvido." (REsp 193067/PR; relator ministro ALDIR PASSARINHO JUNIOR; DJ 27.11.2000) "CIVIL E PROCESSUAL. AÇÃO DE COBRANÇA. CORRETAGEM. DESISTÊNCIA DO NEGÓCIO. APROXIMAÇÃO PESSOAL. INEXISTÊNCIA DE RESULTADO ÚTIL. PROVA. REEXAME. IMPOSSIBILIDADE. SÚMULA 7-STJ. I. Impõe-se o não conhecimento do recurso especial pela ausência do prequestionamento explícito (Súmulas nº 282 e 356 do STF). II. Para fazer jus à comissão de corretagem, é necessária a conclusão efetiva do negócio, sendo insuficiente a simples aproximação entre as partes interessadas. Precedentes do STJ. III. "Não se conhece do recurso especial pela divergência, quando a orientação do tribunal se firmou no mesmo sentido da decisão recorrida" – Súmula nº 83-STJ. IV. "A pretensão de simples reexame de prova não enseja recurso especial" – Súmula nº 7-STJ. V. Agravo regimental desprovido." (AgRg no Ag 543601/RS; relator ministro ALDIR PASSARINHO JUNIOR; DJ 12.04.2004) Nego provimento ao agravo. Publique-se. Brasília, 22 de novembro de 2005. MINISTRO FERNANDO GONÇALVES, relator (ministro FERNANDO GONÇALVES, 02.12.2005).

A obrigação do corretor é de resultado. Daí destaca-se o Recurso especial Nº 445.476 – SP (2002/0083919-3) de relatoria da MINISTRA NANCY ANDRIGHI:

"Direito civil. Recurso especial. Ação de conhecimento sob o rito ordinário. Contrato de corretagem. Obrigação de resultado. – Constitui a corretagem obrigação de resultado, sendo devido o pagamento da intermediação apenas se for realizado o negócio almejado. DECISÃO Cuida-se de recurso especial em ação de conhecimento sob o rito ordinário, interposto por LIDERANÇA CONSULTORIA DE IMÓVEIS S/C LTDA. com fundamento no art.

105, inciso III, alínea 'c' da Constituição Federal. O ora recorrente propôs ação de conhecimento sob o rito ordinário contra MANOEL HORA VIEIRA E CÔNJUGE, tendo por objeto a condenação dos réus ao pagamento de comissão derivada de contrato de corretagem firmado para fins de compra e venda de imóvel. O e. Tribunal a quo julgou improcedente o pedido, ao fundamento de que a intermediação realizada entre comprador e vendedor foi infrutífera, dado que a compra e venda não se realizou. Eis a ementa (fl. 121): "O mediador vende o resultado útil do seu trabalho; só fará jus à comissão se o negócio for concluído por força do serviço prestado, aproximando os interessados e fazendo com que aceitem as condições oferecidas." Alega o recorrente em suas razões de recurso especial que o v. acórdão guerreado: I – ao considerar ser a corretagem obrigação de resultado, e não obrigação de meio, divergiu de precedentes proferidos pelo C. STJ. Houve contrarrazões (fls. 188/192). O r. *decisum* do E. Tribunal a quo admitiu o recurso especial (fls. 194/195). Relatado o processo, decide-se. I – Do contrato de corretagem como obrigação de meio (dissídio jurisprudencial) Demonstrada a divergência jurisprudencial apontada. O contrato de corretagem é assim conceituado por Maria Helena Diniz (in Curso de Direito Civil brasileiro, 3º vol. Teoria das Obrigações Contratuais e Extracontratuais, Ed. Saraiva, 1995, pág. 380): "O contrato de corretagem ou mediação é a convenção pela qual uma pessoa, sem qualquer relação de dependência, se obriga, mediante remuneração, a obter para outrem um ou mais negócios, conforme as instruções recebidas ou a fornecer-lhe as informações necessárias para a celebração do contrato (Projeto de Código Civil, art. 722)". Constitui a corretagem obrigação de resultado, pois acordam as partes pelo pagamento da intermediação apenas se houver a realização do negócio almejado. Nesses termos, para que faça jus à remuneração, o corretor depende sempre do êxito, ou seja, da efetivação da compra e venda, não bastando que ocorra apenas a aproximação das partes contratantes. Esta é a jurisprudência pacificada deste C. STJ, *in verbis*: Constitui a corretagem obrigação de resultado, sendo devido o pagamento da intermediação apenas se for realizado o negócio almejado. (REsp nº 278.028/PE, Rel. Min. Nancy Andrighi, Terceira Turma, DJ 19/02/2001). "O serviço de corretagem somente se tem como aperfeiçoado quando o negócio imobiliário se concretiza, posto que o risco é da sua essência." (REsp nº 71.708/SP, Rel. Min. Aldir Passarinho Junior, Quarta Turma, unânime, DJ 13/12/1999) Forte em tais razões, NEGO SEGUIMENTO ao recurso especial. Publique-se. Intimem-se. Brasília, 21 de outubro de 2002. MINISTRA Nancy Andrighi, Relatora (Ministra NANCY ANDRIGHI, 29.10.2002).

Se o negócio é realizado diretamente entre as partes, o artigo 726, 1ª parte, do Código Civil brasileiro determina que "iniciado e concluído o negócio diretamente entre as partes, nenhuma remuneração será devida ao corretor."

Se as partes ajustarem a *corretagem exclusiva*, deve ser aplicado a 2ª parte do mencionado dispositivo legal: "mas se, por escrito, for ajustada a corretagem com exclusividade, terá o corretor direito à remuneração integral, ainda que realizado o negócio sem a sua mediação, salvo se comprovada sua inércia ou ociosidade."

A comissão do corretor é devida mesmo após o término do contrato de corretagem nas situações determinadas pelo artigo 727 que diz "se, por não haver prazo determinado, o dono do negócio dispensar o corretor, e o negócio se realizar posteriormente, como fruto da sua mediação, a corretagem lhe será devida; igual solução se adotará se o negócio se realizar após a decorrência do prazo contratual, mas por efeito dos trabalhos do corretor."

Se a intermediação do negócio ocorrer com mais de um corretor a remuneração será paga aos corretores em partes iguais, salvo se as partes pactuaram de forma diferente. É o teor da norma do artigo 728 que preceitua "se o negócio se concluir com a intermediação de mais de um corretor, a remuneração será paga a todos em partes iguais, salvo ajuste em contrário."

29.4 Prova do contrato de corretagem

O desembargador Nagib Slaibi ensina que a prova da existência do contrato de corretagem quando realizado verbalmente, pode ser provada por todos os meios de prova a disposição das partes. Vejamos a decisão judicial: "TJRJ - 2006.001.41116 - APELAÇÃO CÍVEL. DES. NAGIB SLAIBI - Julgamento: 17/10/2006 - SEXTA CÂMARA CÍVEL. Direito Processual Civil. Contrato de corretagem. Comprovação. A prova da existência do contrato de corretagem quando realizado verbalmente, pode ser alcançado pela produção de todos os meios de prova a disposição das partes. A apelante não se desincumbiu do seu ônus probatório na forma do artigo 333, inciso II do CPC, limitando-se apenas a rebater os argumentos autorais. O artigo 6º, inciso VIII do Código de Defesa do Consumidor prevê a possibilidade de o juiz inverter o ônus da prova quando a critério do juiz, for verossímil a alegação ou quando for ele hipossuficiente. Não cabimento no caso concreto. Recurso a que se nega provimento."

29.5 Jurisprudência

A seguir, elenca-se outras jurisprudências acerca do contrato de corretagem:

TJRJ - 2006.001.42326 - APELAÇÃO CÍVEL. DES. MARIA HENRIQUETA LOBO - Julgamento: 03/10/2006 - SÉTIMA CÂMARA CÍVEL. Ação de cobrança. Rito sumário. Contrato de prestação de serviços de corretagem celebrado com a ré para venda de imóvel de propriedade do autor. Impossibilidade de levantamento do FGTS pelo pretenso comprador, indicado pela corretora ré, o que inviabilizou a venda intermediada. Conhecimento prévio, pela corretora, de tal impedimento. É consumerista a relação jurídica estabelecida entre o proprietário do imóvel posto à venda e a corretora, encaixando-se aquele no conceito de destinatário final (artigo 2º da Lei nº 8.078/90). Inteligência do artigo 729 do Código de Processo Civil, que permite a conjugação das normas da lei civil sobre corretagem com o Código de Defesa do Consumidor. Pela teoria do risco do empreendimento, todo aquele que se disponha a exercer alguma atividade no campo do fornecimento de bens e serviços tem o dever de responder pelos fatos e vícios resultantes do empreendimento, independentemente de culpa. Inafastável o direito do proprietário do imóvel de reaver os valores pagos a título de remuneração pelo serviço mal prestado pela corretora. Já o ressarcimento das despesas com a manutenção do imóvel – prestações hipotecárias e cotas condominiais – só seria cabível se, efetivamente, tivesse o autor comprovado que havia outro interessado na compra no mesmo período, a justificar que tais despesas não tivessem sido por ele efetuadas. Ausente tal prova, configura verdadeiro enriquecimento ilícito do autor em detrimento da ré a condenação desta última a ressarcir tais despesas, inerentes que são à qualidade de proprietário do imóvel. O simples descumprimento de dever legal ou contratual, por mero aborrecimento, em princípio, não configura dano moral, salvo se da infração advém circunstância que atenta contra a dignidade da pessoa. Súmula nº 75 deste Tribunal de Justiça.Parcial provimento ao recurso para afastar a condenação da corretora ré ao ressarcimento das despesas do autor com a manutenção do imóvel no período de dezembro de 2003 até a efetiva venda, ocorrida em 09.06.2004, afastando-se, ainda, a condenação imposta a título de danos morais, com o consequente rateio dos ônus da sucumbência.

TJRJ – 2006.001.24138 – APELAÇÃO CÍVEL. DES. EDSON VASCONCELOS – Julgamento: 06/09/2006 – DÉCIMA SÉTIMA CÂMARA CÍVEL. CONTRATO DE CORRETAGEM – SUSPENSÃO DAS VENDAS – MERO INADIMPLEMENTO CONTRATUAL – DANO MORAL NÃO CONFIGURADO – DANO MATERIAL NÃO COMPROVADO – O instrumento formalizado pelas partes consubstancia o contrato de corretagem previsto no art. 722 e seguintes do Código Civil de 2002. Depreende-se do contexto probatório o inadimplemento contratual por parte da ré que suspendeu a venda dos referidos lotes, ainda no prazo contratual, impedindo, assim, a continuidade dos serviços das autoras. O mero inadimplemento contratual, no entanto, não configura o dano moral indenizável porque insuscetível, por si só, de abalar a dignidade humana. Súmula n° 75 deste e. Tribunal de Justiça. Os danos materiais dependem de comprovação, o que não ocorreu, *In casu*. Improvimento do recurso.

TJRJ – 2005.001.54327 – APELAÇÃO CÍVEL. DES. NAGIB SLAIBI – Julgamento: 14/03/2006 – SEXTA CÂMARA CÍVEL. Direito Civil. Contrato de corretagem. Cobrança de comissão. Sentença improcedente. Em três sentidos, pode-se tomar a expressão corretagem: – como o contrato descrito nos arts. 722 a 729 do Código Civil de 2002; – a função do corretor ou o ofício da pessoa que se interpõe entre duas ou mais pessoas, para que se aproximem e realizem uma operação ou negócio comercial, recebendo como intermediário ou agente uma certa contribuição ou percentagem; – a própria percentagem, comissão ou salário recebido pelo corretor ou pelo intermediário de negócios, como pagamento pelos serviços prestados nas transações efetuadas por seus ofícios. Para fazer jus à comissão de corretagem, é necessária a demonstração não só da intermediação como da conclusão efetiva do negócio. Precedentes do Superior Tribunal de Justiça. A prova oral é suficiente para provar efeitos oriundos de contrato de corretagem não escrito, ainda que o valor do mesmo seja superior ao décuplo do salário-mínimo. No caso, o depoimento pessoal do vendedor comprova a intermediação e a conclusão do negócio intermediado. Provimento do recurso com a procedência da demanda.

Capítulo 30

DO TRANSPORTE

30.1 Conceito e características

O contrato de transporte é aquele em que o transportador se obriga, mediante retribuição a transportar pessoas ou coisas de um lugar para outro (CC, art. 730), mediante um preço. O contrato de transporte é, pois, um contrato típico ou nominado, já que o Código Civil de 2002 regulamenta os transportes em geral (arts. 730 a 733), de pessoas (arts. 734 a 742) e de coisas (arts. 743 a 756).

No contrato de transporte de pessoas, as partes contratantes são denominadas transportador (condutor) e passageiro (viajante). No transporte de coisas, os sujeitos da relação jurídica contratual são o transportador (condutor) e o expedidor (remetente). O contrato de transporte pode ser realizado pela via terrestre (rodoviário, ferroviário e metroviário), aquática (marítimo, fluvial e lacustre) e aéreo.[1]

1 AGRAVO DE INSTRUMENTO Nº 721.303 – RJ (2005/0190132-8) RELATOR: MINISTRO ALDIR PASSARINHO JUNIOR Trata-se de agravo de instrumento manifestado por Dagmarc Confecções Ltda. contra decisão que inadmitiu recurso especial, no qual se aponta ofensa aos arts. 652, 730, 932, III e 933 do novo Código Civil, 264 da Lei nº 7.565/86 e 14 do CDC, em face de acórdão assim ementado (fl. 12): "CONTRATO DE TRANSPORTE AÉREO. ENVIO PELA AUTORA DE MERCADORIAS VENDIDAS À DESTINATÁRIA. APREENSÃO PELA SECRETARIA DE FAZENDA DO ESTADO DO PARÁ POR FALTA DE RECOLHIMENTO DO ICMS E CONSEQUENTE AUTUAÇÃO. DESISTÊNCIA DA DESTINATÁRIA DA AQUISIÇÃO, O QUE LEVOU A AUTORA A ENVIAR, QUASE 10 MESES DEPOIS, PROCURADOR PARA REAVER AS MERCADORIAS APREENDIDAS, PAGANDO A MULTA E O TRIBUTO DEVIDO, SENDO, ENTÃO, INFORMADA DO FURTO DAS MESMAS. EFETIVAÇÃO DO CONTRATO DE TRANSPORTE, TERCEIRIZADO À TRANSBRASIL, QUE SÓ NÃO PÔDE REALIZAR A ENTREGA DAS MERCADORIAS PELA FALTA DE RECOLHIMENTO DO IMPOSTO CUJA RESPONSABILIDADE ERA DA PRÓPRIA AUTORA. AUSÊNCIA DE DEVER JURÍDICO DA RÉ QUANTO AOS FATOS POSTERIORES ANTE A CONDIÇÃO DE FIEL DEPOSITÁRIA ASSUMIDA PELA TRANSBRASIL, O QUE NÃO DECORREU DO CONTRATO, MAS DE IMPOSIÇÃO FISCAL. INEXISTE SOLIDARIEDADE ENTRE AQUELA E A EMPRESA QUE A CONTRATOU. DESPROVIMENTO DO RECURSO." O recurso não merece acolhida. Entendo aplicáveis as Súmulas nº 282 e 356 do E. STF e 211 do STJ à alegada violação dos mencionados dispositivos legais, por ausência de prequestionamento. É que faltou o prévio pronunciamento expresso da Câmara Julgadora acerca dos temas, a despeito da oposição dos embargos declaratórios, não encontrando, assim, condições de análise na instância especial, mormente porque não aventado malferimento ao

O artigo 178 de nossa Constituição esclarece que "a lei disporá sobre a ordenação dos transportes aéreo, aquático e terrestre, devendo, quanto à ordenação do transporte internacional, observar os acordos firmados pela União, atendido o princípio da reciprocidade." E o seu parágrafo único informa que "na ordenação do transporte aquático, a lei estabelecerá as condições em que o transporte de mercadorias na cabotagem e a navegação interior poderão ser feitos por embarcações estrangeiras."

Para PONTES DE MIRANDA, "o freguês do transporte sabe que o transportador tem o veículo e os demais elementos para cumprir o que promete. Não há aleatoriedade; a comutatividade ressalta.

O transporte pode não ser em distância geográfica, isto é, em latitude e longitude. Transporta-se de um andar para o outro, ou da rua para o andar, ou para o teto, ou para o cume da montanha. Transportam-se seres humanos vivos ou mortos, animais, minerais, vegetais, mercadorias e coisas que não têm valor comercial. Há regras jurídicas e estatutárias concernentes aos transportes de cadáveres. Os transportes de cartas fechadas, ou de cartas abertas que contenham comunicações que não sejam impressas para divulgação, têm de atender à legislação sobre correios."[2]

O contrato de transporte é típico ou nominado; bilateral ou sinalagmático; consensual, já que se aperfeiçoa com a vontade dos contraentes; oneroso ou gratuito (por exemplo, o transporte gratuito para levar os passageiros de um terminal de aeroporto a outro).

O transporte de pessoas ou coisas diferencia-se pela natureza do objeto do contrato. Neste diapasão, PONTES DE MIRANDA ensina que "quanto à causa o transporte de pessoas não se distingue do transporte de coisas: o *objeto* de um é que difere do objeto do outro; não a *causa*. Aliás, o objeto do contrato de transporte é a deslocação, a transferência no espaço, mesmo se há ida e volta; o objeto do transporte é que é pessoa ou coisa.

A propósito do contrato de transporte de coisas, tem-se insistido em que o dever de custódia, que há, distingue do contrato de transporte de pessoas o transporte de coisas. Primeiramente, o transportador de pessoas tem dever de resguardar a integridade física e psíquica do viajante e o dever de custódia, concernente aos bens, atende à natureza do objeto do transporte e varia de intensidade conforme as espécies."[3]

art. 535 do CPC. Ademais, ainda que transposto esse óbice, a análise das razões recursais e a reforma do acórdão recorrido, tal como se pretende, impõem uma necessária e incontornável reincursão nos aspectos fático-probatórios da lide, o que é vedado nesta via excepcional, nos termos do enunciado da Súmula 07 do STJ. Ante o exposto, nego provimento ao agravo. Publique-se. Brasília (DF), 22 de novembro de 2005. MINISTRO ALDIR PASSARINHO JUNIOR relator (ministro ALDIR PASSARINHO JUNIOR, 05.12.2005).

2 PONTES DE MIRANDA, *Tratado de Direito Privado*. Campinas: Bookseller, 2006, p. 35.

3 *Ibid.*, p. 49.

30.2 Disposições aplicáveis ao contrato de transporte

O artigo 731 determina que "o transporte exercido em virtude de autorização, permissão ou concessão, rege-se pelas normas regulamentares e pelo que for estabelecido naqueles atos, sem prejuízo do disposto neste Código."

Incumbe ao poder público, na forma da lei, diretamente ou sob regime de concessão ou permissão, sempre através de licitação, a prestação de serviços públicos (CRFB/88, art. 175). A lei disporá sobre: I – o regime das empresas concessionárias e permissionárias de serviços públicos, o caráter especial de seu contrato e de sua prorrogação, bem como as condições de caducidade, fiscalização e rescisão da concessão ou permissão; II – os direitos dos usuários; III – política tarifária; IV – a obrigação de manter serviço adequado. (CRFB/88, art. 175, parágrafo único).

Dessa maneira, compete à União explorar, diretamente ou mediante autorização, concessão ou permissão os serviços de transporte ferroviário e aquaviário entre portos brasileiros e fronteiras nacionais, ou que transponham os limites de Estado ou Território, como também os serviços de transporte rodoviário interestadual e internacional de passageiros (CRFB/88, art. 21, XII, *d* e *e*).

Já o transporte intermunicipal é de competência dos Estados-membros, já que este possui competência remanescente, de acordo com o artigo 25, § 1º, da CRFB/88.

Ademais, o artigo 732 informa que "aos contratos de transporte, em geral, são aplicáveis, quando couber, desde que não contrariem as disposições deste Código, os preceitos constantes da legislação especial e de tratados e convenções internacionais." Em relação ao artigo 732, o Conselho da Justiça Federal, na IV Jornada de Direito Civil, editou o Enunciado 369 estabelecendo que "diante do preceito constante no art. 732 do Código Civil, teleologicamente e em uma visão constitucional de unidade do sistema, quando o contrato de transporte constituir uma relação de consumo, aplicam-se as normas do Código de Defesa do Consumidor que forem mais benéficas a este."

De acordo com as lições de José dos Santos Carvalho Filho, a *permissão* "é o ato administrativo discricionário e precário pelo qual a Administração consente que o particular execute serviço de utilidade pública ou utilize privativamente bem público. Como regra, a permissão é o ato discricionário e precário, no sentido de que o administrador pode sopesar critérios administrativos para expedi-la, de um lado, e de outro não será conferido ao permissionário o direito à continuidade do que foi permitido, de modo que poderá o consentimento ser posteriormente revogado sem indenização ao prejudicado."[4]

Por sua vez, a *autorização* é "o ato administrativo pelo qual a Administração consente que o particular exerça atividade ou utilize bem público no

4 CARVALHO FILHO, José dos Santos. *Manual de Direito Administrativo*. 15.ed. Rio de Janeiro: Lumen Juris, 2006, p. 123.

seu próprio interesse. É ato discricionário e precário, características, portanto, idênticas às da permissão.

É necessária a autorização quando a atividade solicitada pelo particular não pode ser exercida legitimamente sem o consentimento do Estado. No exercício de seu poder de polícia, porém, o Poder Público dá o seu consentimento no que se refere ao desempenho da atividade, quando não encontra prejuízo para o interesse público."[5]

Já as *concessões* de serviços públicos podem ser classificadas em duas categorias: 1º) concessões comuns; 2º) concessões especiais.

"As concessões comuns são reguladas pela Lei nº 8.987, de 13.2.95, e comportam duas modalidades: 1º) concessões de serviços públicos simples; 2º) concessões de serviços públicos precedidas da execução de obra pública. Sua característica consiste no fato de que o poder concedente não oferece qualquer contrapartida pecuniária ao concessionário; todos os seus recursos provém das tarifas pagas pelos usuários.

De outro lado, as concessões especiais são reguladas pela Lei nº 11.079, de 30.12.2004, e também se subdividem em duas categorias: 1º) concessões patrocinadas, 2º) concessões administrativas. As concessões especiais são caracterizadas pela circunstância de que o concessionário recebe determinada contraprestação pecuniária do concedente. Incide sobre elas o regime jurídico atualmente denominado de "parcerias público-privadas"."[6]

30.3 Transporte cumulativo

O artigo 733 trata da questão do transporte cumulativo, ou seja, aquele transporte que se realiza sucessivamente por terra, por mar e pelo ar, envolvendo vários trajetos distintos, com diversos transportadores. O artigo em comento informa que "nos contratos de transporte cumulativo, cada transportador se obriga a cumprir o contrato relativamente ao respectivo percurso, respondendo pelos danos nele causados a pessoas e coisas.

De acordo com as lições de PONTES DE MIRANDA, os pressupostos do transporte cumulativo de pessoas ou de coisas são os seguintes: a) pluralidade de transportadores sucessivos; b) vinculação de todos os transportadores, e não só de alguns ou de um ao viajante ou possuidor do bem ou dos bens transportados, pois que se abstrai de modo pelo qual um obtém, ou alguns obtiveram vinculação à prestação pelo outro ou pelos outros transportadores; c) manifestação de vontade do viajante ou possuidor do bem ou dos bens transportáveis à vinculação unitária.[7]

O § 1º do referido dispositivo determina que "o dano, resultante do atraso ou da interrupção da viagem, será determinado em razão da totalidade do percurso."

---

5 *Ibid.*, p. 124-125.
6 *Ibid.*, p. 299-300.
7 PONTES DE MIRANDA, *Tratado de Direito Privado*. Campinas: Bookseller, 2006, p. 56.

Se houver substituição de algum dos transportadores no decorrer do percurso, a responsabilidade solidária estender-se-á ao substituto (CC, art. 733 § 2º).

O artigo 756 que trata do transporte de coisas aponta a responsabilidade solidária de todos os transportadores. Vejamos: "Art. 756. No caso de transporte cumulativo, todos os transportadores respondem solidariamente pelo dano causado perante o remetente, ressalvada a apuração final da responsabilidade entre eles, de modo que o ressarcimento recaia, por inteiro, ou proporcionalmente, naquele ou naqueles em cujo percurso houver ocorrido o dano."

30.4 Transporte de Pessoas

30.4.1 Obrigações e responsabilidade do transportador

No transporte de pessoas, o *transportador* se obriga a transferir o *passageiro* com suas bagagens de um lugar para o outro, mediante o pagamento de uma remuneração.

O transportador responde pelos danos causados às pessoas transportadas e suas bagagens[8], salvo motivo de força maior, sendo nula qualquer cláusula excludente da responsabilidade (CC, art. 734).

A parte final do artigo 734 refere-se a *cláusula de não indenizar*. Neste sentido, a Súmula 161 do STF não admite a existência dessa cláusula nos contratos de transporte. "STF – Súmula nº 161: Em contrato de transporte, é inoperante a cláusula de não indenizar."

É lícito ao transportador exigir a declaração do valor da bagagem a fim de fixar o limite da indenização (CC, art. 734, parágrafo único).

---

8 APELAÇÃO CÍVEL. CONTRATO DE TRANSPORTE AÉREO. EXTRAVIO DE BAGAGEM. AÇÃO DE INDENIZAÇÃO. DANOS MORAIS. Apelação da Ré – Rejeitada a preliminar de ilegitimidade passiva deduzida pela empresa demandada, uma vez que a única prova constante dos autos referente à bagagem dos apelados, comprova ter sido ela entregue sob sua responsabilidade. Não obstante a especialidade do Código Brasileiro de Aeronáutica, esta não subsiste em face da aplicação do Código de Defesa do Consumidor, que tem raiz constitucional expressa como garantia fundamental no art. 5o, XXXII da Constituição Federal de 1988. Incidentes tais normas relativamente ao extravio de bagagem, a responsabilidade do transportador aéreo passa a ser objetiva, nos termos do art. 14 do referido diploma legal, somente podendo ser afastada ante a comprovação de ocorrência de uma das excludentes, que, ausente, impõe o dever de ressarcimento dos prejuízos morais suportados pelos autores, os quais restaram devidamente evidenciados no caso dos autos. Apelação dos Autores – Observados os critérios objetivos recomendados pela doutrina e pela jurisprudência e as características do caso em exame, verifica-se que o valor fixado pelo magistrado a quo a título de indenização aos autores mostra-se adequado para recompensá-los pelos danos morais relatados nos autos. Majorados os honorários advocatícios arbitrados ao procurador dos demandantes com aplicação da regra do § 3°, do art. 20 do CPC. REJEITADA A PRELIMINAR, FOI DESPROVIDO O APELO DA RÉ NO MÉRITO. APELO DOS AUTORES PROVIDO EM PARTE. (Apelação Cível Nº 70016512113, Décima Segunda Câmara Cível, Tribunal de Justiça do RS, relator: Cláudio Baldino Maciel, Julgado em 07/12/2006).

A responsabilidade civil do transportador ocorre sob três aspectos: a) em relação a seus empregados; b) em relação a terceiros (CRFB/88, art. 37, § 6º); e c) em relação aos passageiros.

Em relação a seus empregados a responsabilidade civil está amparada no *acidente de trabalho*, já que existe uma relação jurídica trabalhista entre empregador e empregado.

Por sua vez, a responsabilidade civil do transportador em relação a terceiros é extracontratual. O artigo 37, § 6º da CRFB/88 dispõe que "as pessoas jurídicas de direito público e as de direito privado prestadoras de serviços públicos responderão pelos danos que seus agentes, nessa qualidade, causarem a terceiros, assegurado o direito de regresso contra o responsável nos casos de dolo ou culpa." É, pois, uma responsabilidade objetiva, já que houve uma ampliação da responsabilidade civil do Estado, fincada no risco administrativo, às pessoas jurídicas de Direito privado prestadoras de serviços públicos.

Vale lembrar as lições de Sergio Cavalieri Filho no sentido "da distinção estabelecida pelos juristas franceses nos primórdios da responsabilidade do transportador para ensejar-lhe uma responsabilidade mais severa em relação ao passageiro, perdeu sua razão de ser com o Código do Consumidor. A responsabilidade nas relações de consumo ficou submetida a uma disciplina única, tendo em vista que o fundamento da responsabilidade do fornecedor, em qualquer hipótese, é o defeito do produto ou serviço lançado no mercado e que vem a dar causa a um acidente de consumo. Não se tratando de prestador de serviço público, nem de relação de consumo, a responsabilidade extracontratual do transportador (de pessoas ou coisas) deverá ser enquadrada no parágrafo único do artigo 927 do Código Civil."[9] É, portanto, "uma cláusula geral de responsabilidade objetiva pelo desempenho de atividade perigosa – fato do serviço -, cobrindo área mais abrangente do que a do art. 14 do Código do Consumidor, embora fundado nos mesmos princípios."[10]

No que concerne a responsabilidade civil do transportador em relação aos passageiros, esta será contratual, já que fundada na relação contratual entre transportador e passageiro. Neste contrato de adesão está implícita a cláusula de incolumidade, qual seja, o transportador deve zelar pela segurança e incolumidade de seus passageiros durante todo o trajeto da viagem. É, assim, uma obrigação de resultado e de garantia.[11]

9 CAVALIERI FILHO, Sergio. *Programa de Responsabilidade Civil.* 6.ed. São Paulo: Malheiros, 2005, p. 315.

10 *Ibid.*

11 APELAÇÃO CÍVEL. RESPONSABILIDADE CIVIL EM ACIDENTE DE TRÂNSITO. AÇÃO DE INDENIZAÇÃO. DANO MORAL. DANO MATERIAL. Vítima que viajava no interior do ônibus da demandada quando houve o acidente que lhe tirou a vida. Contrato de transporte. Responsabilidade objetiva. Condenação criminal, com trânsito em julgado, do motorista da ré. Responsabilidade civil indiscutível, pouco importando o local onde estava a vítima sentada. Agravo retido. Prescrição. Inocorrente a mesma, regendo-se a matéria

O artigo 735 do Código Civil informa que "a responsabilidade contratual do transportador por acidente com o passageiro não é elidida por culpa de terceiro, contra o qual tem ação regressiva."

Na verdadeira é o mesmo entendimento da Súmula 187 do STF que diz "A responsabilidade contratual do transportador, pelo acidente com o passageiro, não é elidida por culpa de terceiro, contra o qual tem ação regressiva."

A Súmula 187 do STF, portanto, motivou o legislador civilístico na regra positivada do artigo 735. Mais uma vez, as lições de CAVALIERI são esclarecedoras: "Note-se, entretanto, que o referido artigo, tal como a Súmula que lhe serviu de texto, só fala em *culpa de terceiro*, e não em dolo. Assim, por exemplo, ainda que o acidente entre um ônibus e um caminhão tenha decorrido da imprudência do motorista deste último, ao invadir a contra-

---

pelo art. 177 do Código Civil/16. Precedentes da Câmara e do STJ. Dependência econômica da autora, do lar e casada com a vítima, que se presume. Além disso, mesmo que não houvesse dependência em sentido estrito, a autora experimentou perda de rendimentos de seu núcleo familiar com a morte de seu marido, a justificar o pensionamento a título de lucros cessantes. Cumulatividade da pensão judicial e daquela eventualmente paga por instituto de previdência. Naturezas diversas das pensões. Juros de mora contados somente da data da citação, haja vista o longo período de inércia da demandante, sendo ajuizada a ação praticamente 17 anos após o acidente. Não é razoável penalizar-se economicamente a ré em face da inércia e da mora da própria demandante na busca de seu direito. Valor da indenização por danos morais que, em face da mesma circunstância, ou seja, o longo período transcorrido desde o fato até o ajuizamento da demanda, vai reduzido de 120 para 75 salários-mínimos. Juros de mora que se contam no patamar de 0,5% ao mês, só podendo ser elevados para 1% ao mês após a vigência do novo Código Civil. Fixada a indenização por danos morais em salários-mínimos com conversão na data do pagamento, o estabelecimento de correção monetária sobre tal montante consistiria em indevido bis in idem, eis que o salário-mínimo já traz, em si mesmo, o fator de indexação, considerando seu reajuste periódico. Abatimento do DPVAT indevido, eis que não comprovado seu recebimento. Despesas comprovadas de construção de túmulo, que devem ser ressarcidas. Constituição de capital determinada por imposição legal, que vai mantida. Honorários de sucumbência fixados, em favor do patrono da autora, na forma e dentro dos patamares do artigo 20, parágrafo terceiro do CPC, valor mantido (1)% (do valor da condenação) em face da pouca complexidade da demanda. Pensão mensal a que devem ser agregados os valores referentes ao 13º salário e a um terço do salário mensal (por ano), em decorrência das férias do servidor, valores que faziam parte de sua remuneração ordinária. Demais parcelas pleiteadas pela autora que vão indeferidas por consistirem em meras expectativas de direito. Pretensão de que a pensão seja correspondente ao valor do vencimento de posto de hierarquia imediatamente superior. Indeferimento, haja vista que tal determinação diz respeito à pensão previdenciária e não à pensão judicial, que se rege por outros pressupostos. Abatimento de 1/3 dos valores que corresponderiam às despesas pessoais da própria vítima, o que vai mantido na linha da jurisprudência iterativa sobre o ponto. Pensão mensal cujo termo final é elevado para a época em que a vítima completaria 72 anos de idade, acaso outros fatos previstos na sentença não ocorram antes (casamento ou união estável da beneficiária). Compensação dos honorários advocatícios. Súmula 306 do STJ. Agravo retido não provido. Providos parcialmente ambos os apelos. (Apelação Cível Nº 70017863630, Décima Segunda Câmara Cível, Tribunal de Justiça do RS, relator: Cláudio Baldino Maciel, Julgado em 21/12/2006).

mão de direção, as vítimas que viajavam no coletivo deverão se voltar contra a empresa transportadora. O fato culposo do motorista do caminhão não elide a responsabilidade da empresa transportadora. Este era o sentido da súmula; e, agora, do art. 735 do Código. E assim se tem entendido porque o fato culposo de terceiro se liga ao risco do transportador, relaciona-se com a organização do seu negócio, caracterizando o *fortuito interno*, que não afasta a sua responsabilidade."[12]

De outra forma, a responsabilidade pelo fato exclusivo do passageiro foi regulamentado no artigo 738 e parágrafo único do CCB. Vejamos: "Art. 738. A pessoa transportada deve sujeitar-se às normas estabelecidas pelo transportador, constantes no bilhete ou afixadas à vista dos usuários, abstendo-se de quaisquer atos que causem incômodo ou prejuízo aos passageiros, danifiquem o veículo, ou dificultem ou impeçam a execução normal do serviço.

Parágrafo único. Se o prejuízo sofrido pela pessoa transportada for atribuível à transgressão de normas e instruções regulamentares, o juiz reduzirá equitativamente a indenização, na medida em que a vítima houver concorrido para a ocorrência do dano." Aqui se desvela a *culpa concorrente*, o passageiro e o transportador concorrem para o evento danoso e, destarte, suportarão as consequências conjuntamente.

Neste ponto, a conclusão de CAVALIERI é a seguinte: "se o Código permite atenuar a responsabilidade do transportador em razão da culpa concorrente do passageiro, por mais forte razão teremos que admitir a exclusão de sua responsabilidade se o dano decorrer da ação exclusiva da vítima. Havendo, portanto, participação causal da vítima, a responsabilidade do transportador pode ser atenuada ou até excluída, desde que o comportamento da vítima tenha sido, efetivamente, a causa determinante do evento. Em um caso em que fui o relator, versando sobre passageiro que caiu e faleceu porque saltou do ônibus quando ainda estava em movimento, a empresa sustentou a tese da culpa exclusiva da vítima e, subsidiariamente, a da culpa concorrente. O Tribunal, todavia, não acolheu nenhuma das teses, sob a consideração de que a causa determinante do acidente foi estar o ônibus trafegando com a porta aberta, ou por tê-la aberto o motorista antes que o veículo parasse por completo. Sem esta circunstância, o passageiro jamais poderia ter saltado do ônibus ainda em movimento.

Idêntico é o caso das pessoas que viajam penduradas em portas e janelas de trens e ônibus, vulgarmente chamadas *pingentes*, tornando-se, muitas vezes, vítimas de acidentes fatais. Os nossos Tribunais, principalmente o egrégio Superior Tribunal de Justiça, competente para julgar a matéria em grau de recurso especial, têm entendido que o fato de a vítima viajar como *pingente* não elide a responsabilidade do transportador, pois tem a obrigação

12 *Ibid.*, p. 325.

de exercer a necessária vigilância e de dar as condições indispensáveis para que os passageiros viagem em segurança. Via de regra, os acidentes vitimando os *pingentes* são devidos à péssima qualidade dos transportes coletivos oferecidos à população, quer pela má conservação dos veículos, quer pela superlotação."[13]

Por fim, de acordo com o art. 737 do CCB, "o transportador está sujeito aos horários e itinerários previstos, sob pena de responder por perdas e danos, salvo motivo de força maior.

30.4.2 O bilhete de passagem

Questão interessante é saber se o bilhete de passagem *comprova o contrato de transporte* e a *responsabilidade do transportador*?

Já foi dito acima que o contrato de transporte é um contrato consensual. Além de consensual, é um contrato de adesão, já que o passageiro adere às cláusulas preestabelecidas ao adquirir sua passagem ou bilhete de viagem.

Quando surge, portanto, o contrato de transporte de pessoas? O contrato está firmado com o acordo de vontades, já que é um contrato consensual e não um contrato real. Da mesma forma, PONTES DE MIRANDA ensina que "o contrato de transporte é *contrato consensual*. Se a lei exige, na espécie, o escrito, ou o cartão, ou a ficha, é outro assunto. Se o consenso se estabeleceu, o contrato de transporte se concluiu, como se a companhia de navegação responde, por telefone ou por telegrama, que a passagem está *tomada*, isto é, considerada, definitivamente, do freguês".[14]

A jurisprudência é farta neste sentido:[15]

STJ – REsp. 293.292-SP – CONTRATO DE TRANSPORTE – ACIDENTE SOFRIDO POR PASSAGEIRO – VÍTIMA FATAL – CDC – FATO DE TERCEIRO – FATOR DE EXCLUSÃO DE RESPONSABILIDADE – INEVITABILIDADE E IMPREVISIBILIDADE – REEXAME DE PROVA (...) É dever da transportadora conduzir o passageiro incólume até o local de destino. Falecendo passageiro em razão de acidente em estrada há culpa presumida da empresa de transporte interestadual, somente elidida pela demonstração de caso fortuito, força maior ou culpa exclusiva da vítima (artigo 17 do Decreto 2.681/12). O Decreto 2.681/12 não se encontra revogado pelo CDC no que tange a responsabilidade das estradas de ferro e, por analogia, das rodovias, e suas excludentes. Persiste assim, aplicável a Súmula 187/STF que determina que "a responsabilidade contratual do transportador, pelo acidente com o passageiro, não é elidida por culpa de terceiro, contra o qual tem ação regressiva (grifo nosso)". (...) (3ª Turma – Julg. em 20-8-2001 – Relª Minª Nancy Andrighi).

---

13 *Ibid*, p. 323-324.

14 PONTES DE MIRANDA, *Tratado de Direito Privado*. Campinas: Bookseller, 2006, p. 38.

15 Jurisprudência selecionada pela COAD. www.coad.com.br

TJ-RJ – Ap. Cív. 1999.001.16672 – RESPONSABILIDADE CIVIL – EMPRESA DE TRANSPORTE – ACIDENTE DE TRÂNSITO – PASSAGEIRO DE ÔNIBUS – COMPROVAÇÃO – INVERSÃO DO ÔNUS DA PROVA – INDENIZAÇÃO (...). Responsabilidade Civil. Indenização. Comprovação da qualidade de passageiro no ônibus da ré. Impossível a comprovação através de bilhete, visto que não fornecido pelas empresas de ônibus. São indícios suficientes o boletim de ocorrência e a certidão de atendimento no hospital. Inversão do ônus da prova. Competia a Ré, permissionária do serviço público e titular do contrato de transporte firmado, o ônus da prova negativa do evento, o que lhe seria mais fácil, pela data e trajetória do ônus. Procedência do pedido. Dano material não comprovado. O dano moral resulta da dor intensa, da frustração causada e da humilhação a que foi submetida a vítima. É certo que sua fixação deve levar em consideração a natureza de real reparação do abatimento psicológico causado, mas, por outro lado, não se pauta no enriquecimento indevido. (...) (9ª Câm Cív – Julg. em 30-11-99 – Rel. Des. Paulo Cesar Salomão).

TACiv-SP – Ap. Cív. 937.375-7 – RESPONSABILIDADE CIVIL – ACIDENTE DE TRÂNSITO – QUEDA DE PASSAGEIRO NO COLETIVO, EM RAZÃO DE PASSAGEM DIRETA DO VEÍCULO SOBRE LOMBADA. O dano foi decorrente da passagem direta sobre a lombada. Convém rememorar que, em casos do gênero, cabe centralizar a análise no aspecto contratual, que prepondera até sobre a própria conduta do motorista, que seria valiosa estivesse em pauta análise do defeito do serviço. O que importa é a consideração da inexecução do contrato de transporte, exatamente porque o passageiro não concluiu o itinerário que o bilhete assegurava que se realizaria, com segurança. O resultado danoso era perfeitamente previsível, pois o trânsito, indiscutivelmente agitado, oferece, a cada esquina, desafios naturais e que exigem (10ª Câm. Cív. – Julg. em 14-9-2004 – Rel. Juiz Ênio Zuliani).

TACiv-SP – Ap. Cív. 1.248.929-9 – RESPONSABILIDADE CIVIL – ACIDENTE DE TRÂNSITO – CHOQUE DE ÔNIBUS COM OUTRO COLETIVO. Não há dúvida quanto ao fator responsabilidade do transportador pelos danos, patrimoniais e morais da pessoa que é transportada mediante contrato oneroso. O transporte coletivo urbano da capital paulista é realizado mediante pagamento do bilhete de passagem, o que obriga as companhias autorizadas a explorar essa atividade ao dever de indenizar, independente de prova da culpa – artigos 37, § 6º, da CF e 14, da Lei 8.078/90 e, para reforçar, embora inaplicável por ser posterior ao acidente, o artigo 734, do Código Civil de 2002. Está demonstrado que a autora da ação sofreu uma queda quando era conduzida em coletivo de linha oficial (...) (10ª Câm. Cív. – Julg. em 24-8-2004 – Rel. Juiz Ênio Zuliani).

TJ-SP – Ap. Cív. 166.630-5/5-00 – RESPONSABILIDADE CIVIL – ACIDENTE FERROVIÁRIO – CULPA OBJETIVA DE TRANSPORTADOR. Usuário que sofreu disparo de arma de fogo nas dependências da ré. Empresa que tem a obrigação de proteger os seus usuários, em razão do crescente número de assaltos que vivenciamos. Efetiva proteção da incolumidade dos usuários. Com a aquisição do bilhete do transporte, opera-se a segurança que é inerente ao contrato de prestação de serviços (grifo nosso). Quem oferece serviço como a apelada, precisa executá-lo da forma mais segura possível, em obediência à legislação específica, sob pena de responder por imprudência, imperícia ou negligência objetiva. Responsabilidade objetiva que independe da demonstração de dolo ou culpa pela eclosão do evento danoso, nos termos do artigo 37, § 6°, da CF c.c. artigo 159 do Código Civil de 1916. Responde a apelada pelos danos causados aos usuários do sistema de transporte. (9ª Câmara de Direito Privado – Julg. em 30-3-2005 – Rel. Des. Antonio Rulli).

30.4.3 O transporte gratuito

Não se subordina às normas do contrato de transporte o feito gratuitamente, por amizade ou cortesia (CC, art. 736).

Não se considera gratuito o transporte quando, embora feito sem remuneração, o transportador auferir vantagens indiretas (CC, art. 736, parágrafo único).

A Súmula 145 do STF determina que "no transporte desinteressado, de simples cortesia, o transportador só será civilmente responsável por danos causados ao transportado quando incorrer em dolo ou culpa grave.

O ministro Ruy Rosado de Aguiar, em Recurso Especial, decidiu que "Responsabilidade civil. Transporte de simples cortesia (ou benévolo). Dolo ou culpa grave. Quem oferece transporte por simples cortesia somente responde pelos danos causados ao passageiro em caso de dolo ou culpa grave. Jurisprudência do STJ. Art. 1057 do CC. Recurso conhecido e provido. (REsp 54.658/SP, Rel. ministro RUY ROSADO DE AGUIAR, QUARTA TURMA, julgado em 12.12.1994, DJ 13.03.1995 p. 5307).

30.4.4 Recusa de passageiro

Em regra, o transportador não pode recusar passageiros. É o que determina o teor do artigo 739 do nosso Código Civil: "O transportador não pode recusar passageiros, salvo os casos previstos nos regulamentos, ou se as condições de higiene ou de saúde do interessado o justificarem."

30.4.5 Extinção do contrato antes e depois de iniciada a viagem

O passageiro tem direito a rescindir o contrato de transporte antes de iniciada a viagem, sendo-lhe devida a restituição do valor da passagem, desde que feita a comunicação ao transportador em tempo de ser renegociada (CC, art. 740).

Ao passageiro é facultado desistir do transporte, mesmo depois de iniciada a viagem, sendo-lhe devida a restituição do valor correspondente ao trecho não utilizado, desde que provado que outra pessoa haja sido transportada em seu lugar (CC, art. 740, § 1º). Aqui, o passageiro poderá desistir da viagem, sendo-lhe devida a restituição do valor da passagem, desde que comunique em tempo o transportador para que este renegocie a passagem e não sofra prejuízos.

Não terá direito ao reembolso do valor da passagem o usuário que deixar de embarcar, salvo se provado que outra pessoa foi transportada em seu lugar, caso em que lhe será restituído o valor do bilhete não utilizado (CC, art. 740, § 2º). Washington de Barros Monteiro afirma que "o passageiro pode desistir do transporte, tendo direito à restituição do valor da passagem correspondente ao trecho não utilizado, desde que fique provado que, em seu lugar, outra pessoa foi transportada no percurso faltante."[16]

Nas hipóteses previstas neste artigo, o transportador terá direito de reter até cinco por cento da importância a ser restituída ao passageiro, a título de multa compensatória (CC, art. 740, § 3º).

"As questões previstas nesse dispositivo têm que ver com os passageiros de aeronaves que, apesar de terem bilhete e reserva, deixam para se apresentar para o *voo*. Esse tipo de comportamento ocasiona enorme prejuízo para as companhias aéreas, que poderão voar com assentos vazios. Por outro lado, e tendo em vista essa problemática, os transportadores aéreos costumam reservar número maior de passageiros do que comporta a aeronave, propiciando o denominado *overseating* ou *overbooking*."[17]

30.4.6 Interrupção da viagem

Interrompendo-se a viagem por qualquer motivo alheio à vontade do transportador, ainda que em consequência de evento imprevisível, fica ele obrigado a concluir o transporte contratado em outro veículo da mesma categoria, ou, com a anuência do passageiro, por modalidade diferente, à sua custa, correndo também por sua conta as despesas de estada e alimentação do usuário, durante a espera de novo transporte (CC, art. 741).

Por fim, o artigo 742 determina que "o transportador, uma vez executado o transporte, tem direito de retenção sobre a bagagem de passageiro e outros objetos pessoais deste, para garantir-se do pagamento do valor da passagem que não tiver sido feito no início ou durante o percurso."

---

16 MONTEIRO, Washington de Barros. *Curso de Direito Civil*: Direito das Obrigações. 2ª Parte. Vol. 5. 34.ed. São Paulo: Saraiva, 2003, p. 329.

17 *Ibid.*, p. 330.

30.5 Transporte de Coisas

30.5.1 Conceito e características

O contrato de transporte de coisas é aquele em que o transportar realiza a transferência das coisas de um lugar para o outro, mediante uma remuneração. É um contrato consensual, assim como o contrato de transporte de pessoas. "A coisa, entregue ao transportador, deve estar caracterizada pela sua natureza, valor, peso e quantidade, e o mais que for necessário para que não se confunda com outras, devendo o destinatário ser indicado ao menos pelo nome e endereço (CC, art. 743).

Ao receber a coisa, o transportador emitirá conhecimento com a menção dos dados que a identifiquem, obedecido o disposto em lei especial (CC, art. 744)

O transportador poderá exigir que o remetente lhe entregue, devidamente assinada, a relação discriminada das coisas a serem transportadas, em duas vias, uma das quais, por ele devidamente autenticada, ficará fazendo parte integrante do conhecimento (CC, art. 744, parágrafo único).

O artigo 745 preceitua que "em caso de informação inexata ou falsa descrição no documento a que se refere o artigo antecedente, será o transportador indenizado pelo prejuízo que sofrer, devendo a ação respectiva ser ajuizada no prazo de cento e vinte dias, a contar daquele ato, sob pena de decadência."

30.5.2 Recusa ao transporte e desistência do transporte

Poderá o transportador recusar a coisa cuja embalagem seja inadequada, bem como a que possa pôr em risco a saúde das pessoas, ou danificar o veículo e outros bens (CC, art. 746).

Da mesma forma, "o transportador deverá obrigatoriamente recusar a coisa cujo transporte ou comercialização não sejam permitidos, ou que venha desacompanhada dos documentos exigidos por lei ou regulamento (CC, art. 747)."

"Até a entrega da coisa, pode o remetente desistir do transporte e pedi-la de volta, ou ordenar seja entregue a outro destinatário, pagando, em ambos os casos, os acréscimos de despesa decorrentes da contraordem, mais as perdas e danos que houver (CC, art. 748)."

30.5.3 Responsabilidade do transportador

Firmado o contrato, "o transportador conduzirá a coisa ao seu destino, tomando todas as cautelas necessárias para mantê-la em bom estado e entregá-la no prazo ajustado ou previsto (CC, art. 749)."[18]

18 TRANSPORTE. Ônibus. Bagagem. Interrupção da viagem. Culpa da empresa. – A empresa que não verifica as condições da bagagem quando da partida e impede o passageiro de seguir viagem no meio do trajeto, alegando que um aparelho de televisão estava mal acondicionado,

A responsabilidade do transportador, limitada ao valor constante do conhecimento, começa no momento em que ele, ou seus prepostos, recebem a coisa; termina quando é entregue ao destinatário, ou depositada em juízo, se aquele não for encontrado (CC, art. 750).

Se a coisa, em virtude de contrato de transporte, tiver que ser depositada ou guardada nos armazéns do transportador, será aplicado as regras concernentes ao contrato de depósito. É o que informa o teor do artigo 751: "A coisa, depositada ou guardada nos armazéns do transportador, em virtude de contrato de transporte, rege-se, no que couber, pelas disposições relativas a depósito."

Desembarcadas as mercadorias, o transportador não é obrigado a dar aviso ao destinatário, se assim não foi convencionado, dependendo também de ajuste a entrega a domicílio, e devem constar do conhecimento de embarque as cláusulas de aviso ou de entrega a domicílio (CC, art. 752).

30.5.4 Impossibilidade, impedimento e retardamento do transporte

Se o transporte não puder ser feito ou sofrer longa interrupção, o transportador solicitará, *incontinenti*, instruções ao remetente, e zelará pela coisa, por cujo perecimento ou deterioração responderá, salvo força maior (CC, art. 753).

Perdurando o impedimento, sem motivo imputável ao transportador e sem manifestação do remetente, poderá aquele depositar a coisa em juízo, ou vendê-la, obedecidos os preceitos legais e regulamentares, ou os usos locais, depositando o valor (CC, art. 753, § 1º).

Se o impedimento for responsabilidade do transportador, este poderá depositar a coisa, por sua conta e risco, mas só poderá vendê-la se perecível (CC, art. 753, § 2º).

Em ambos os casos, o transportador deve informar o remetente da efetivação do depósito ou da venda (CC, art. 753, § 3º).

Se o transportador mantiver a coisa depositada em seus próprios armazéns, continuará a responder pela sua guarda e conservação, sendo-lhe devida, porém, uma remuneração pela custódia, a qual poderá ser contratualmente ajustada ou se conformará aos usos adotados em cada sistema de transporte (CC, art. 753, § 4º).

30.5.5 A entrega das mercadorias ao destinatário

O artigo 754 estabelece que "as mercadorias devem ser entregues ao destinatário, ou a quem apresentar o conhecimento endossado, devendo

cumpriu mal o seu contrato e por isso deve indenizar o dano para o qual concorreu. Recurso conhecido e provido. (REsp 475.261/MT, Rel. ministro RUY ROSADO DE AGUIAR, QUARTA TURMA, julgado em 20.05.2003, DJ 04.08.2003 p. 317).

aquele que as receber conferi-las e apresentar as reclamações que tiver, sob pena de decadência dos direitos."

O parágrafo único do referido dispositivo informa que "no caso de perda parcial ou de avaria não perceptível à primeira vista, o destinatário conserva a sua ação contra o transportador, desde que denuncie o dano em dez dias a contar da entrega."

Por fim, "havendo dúvida acerca de quem seja o destinatário, o transportador deve depositar a mercadoria em juízo, se não lhe for possível obter instruções do remetente; se a demora puder ocasionar a deterioração da coisa, o transportador deverá vendê-la, depositando o saldo em juízo (CC, art. 755).

30.6 O contrato de transporte e a teoria da perda de uma chance

A *teoria da perda de uma chance* é muito empregada no estudo da responsabilidade civil. A aplicabilidade desta teoria vem ganhando espaço nas decisões judiciais em diversos tribunais brasileiros. Vejamos, abaixo, algumas decisões relacionadas às falhas nos contratos de transporte:

RECURSO INOMINADO. INDENIZATÓRIA. PERDA DE UMA CHANCE. DANOS MORAIS. TRANSPORTE AÉREO. EXTRAVIO TEMPORÁRIO DE BAGAGEM. CONCURSO PÚBLICO. LIVROS. DANOS MORAIS E PERDA DE UMA CHANCE NÃO CONFIGURADOS. É do conhecimento do homem médio que os bens de valor expressivo e de extrema importância ao passageiro devem ser carregados na bagagem de mão, ainda mais em se tratando de livros que facilmente caberiam no compartimento interno do avião. Optando a autora por despachar os livros que necessitaria imediatamente após o desembarque, assumiu o risco de não poder deles dispor assim que chegasse ao destino. Extravio temporário, tendo a mala sido devolvida à autora no mesmo dia da viagem, incólume. Danos morais e perda de uma chance não caracterizados. RECURSO PROVIDO. UNÂNIME. (Recurso Cível Nº 71004566683, Primeira Turma Recursal Cível, Turmas Recursais, relator: Pedro Luiz Pozza, Julgado em 22/04/2014).

APELAÇÃO CÍVEL. TRANSPORTE. TRANSPORTE DE PESSOAS. AÇÃO CONDENATÓRIA POR DANOS MATERIAIS E MORAIS. QUEDA NO INTERIOR DE COLETIVO. DANO MORAL. DANO MATERIAL. PERDA DE UMA CHANCE. 1- Dano moral: na esteira da pacífica jurisprudência desta Corte, a violação da integridade física da pessoa constitui hipótese de configuração de dano moral na modalidade "*in re ipsa*", isto é, inerente ao próprio fato. Abalo moral configurado, no caso concreto, tendo em vista as diversas complicações sofridas, pela autora, em decorrência da queda no interior do coletivo, conforme comprovação nos autos (cefaleia, tonturas, dor suprapública, sangramentos). "Quantum" majorado para R$3.000,00 (três mil reais). 2- Dano material: inviável a reparação pretendida pela autora, a título de perda de uma chance, tendo em vista a ausência de comprovação de que estivesse participando do alegado processo seletivo para vaga de emprego, bem como, ademais, que, na ocasião do acidente, estivesse a caminho da realização do alegado exame médico admissional. Recurso de apelação da ré desprovido. Recurso de apelação da autora parcialmente provido. (Apelação Cível Nº 70064778954, Décima Segunda Câmara Cível, Tribunal de Justiça do RS, relator: Umberto Guaspari Sudbrack, Julgado em 27/08/2015).

APELAÇÃO CÍVEL. CONTRATO DE TRANSPORTE. AÇÃO DE REPARAÇÃO POR DANOS MATERIAIS E MORAIS. ATRASO NO TRANSPORTE CONTRATADO. IMPEDIMENTO DA APRESENTAÇÃO DE PÔSTER. RESPONSABILIDADE OBJETIVA. DANOS MATERIAIS. DANOS MORAIS. PERDA DE UMA CHANCE. Não obstante a ré alegue que não contratou com o autor o horário da chegada do ônibus, não podendo ser responsabilizada pelo atraso na sua chegada, tendo, ademais, o apelante sido transportado ao destino previsto, flagra-se que a apelada não nega que o horário de partida não foi por ela respeitado. Não lhe cabe traçar considerações e tampouco impingir reflexões sobre qual deveria ter sido a conduta do apelante em situação como aquela, quiçá elegendo um ônibus que partisse mais cedo, senão admitir que, se contratou o horário expresso como aquele da saída -10h - sem qualquer ressalva (não está em questão a contratação do horário da chegada) e se o atraso se verificou, houve falha na prestação dos serviços contratados. Ademais, a afirmativa de que a chegada às 16h era mera possibilidade, dadas as difíceis condições de trafegabilidade da rota, não exime a apelada do cumprimento do horário estabelecido, pois, se tal chegada, normalmente aprazada para seis horas depois, não lhe fosse possível ou factível, restaria a defesa expressamente prevista pelo art. 737, parte final, do Código Civil. Desvirtua a ré a postulação inicial, pois o autor não está a esperar da ré que se obrigue a fazer um percurso difícil e montanhoso num horário menor do que a média geral praticada pelas demais empresas de transporte coletivo, senão a que respeitasse o que contratou, sem qualquer ressalva. Parece decorrência lógica que, partindo o ônibus com três horas de demora, a chegada restaria retardada em igual tempo, desimportando as circunstâncias concretas do percurso: viagem por estrada sinuosa, serrana, ligando o Rio de Janeiro a Caxambu, localizada em outro estado, distante mais de 300 km. considerando a demora da viagem rodoviária, em torno de 5 a 6 horas. Se o horário das 10h era mera possibilidade e não garantia, não deveria a apelada com ele (com o horário) ter se obrigado, como fez. Não há dúvida de que a relação que se estabelece entre a apelada e o apelante é de consumo, devendo as informações, neste caso, serem precisas quanto à possibilidade de tal horário fixado na proposta de inscrição ser mero ponto de partida (não antes das 10h) e não o horário efetivamente acordado. Nesse contexto, é de ser reconhecida a falha da prestação de serviços, contudo, sem a responsabilização indenizatória como pretendida. DANOS MATERIAIS. O autor participou do Congresso e, na condição de congressista, acompanhou as palestras e os painéis, tanto que recebeu certificado de participação, não havendo que se cogitar de devolução dos valores gastos com a viagem. Assim, não lhe assiste razão no pedido de indenização por danos materiais, pois, embora de forma defeituosa, o contrato de transporte se cumpriu. DANOS MORAIS. A frustração experimentada pelo jovem congressista, após ter combativamente se preparado para o evento, provocada por falha da ré, não escusável, dá suporte, não à tese da perda de uma chance, mas à deflagração do dano moral puro. Não se trata de analisar se houve, ou não, abalo à imagem, pois à ocorrência do dano moral não é necessário que tal questão seja esgrimida ou venha configurada. Tampouco se cuida de conjeturar que o episódio é superável na carreira de um jovem mestrando em sua primeira participação em congresso científico. Se o abalo noticiado e comprovado nos autos pelas testemunhas ouvidas demonstra que havia expectativa (frustrada), mesmo que não ultrapassasse a seara do mero sonho, tendo o autor sido impedido de vivenciá-lo por culpa de outrem, merece ser indenizado. PERDA DE UMA CHANCE. Impossível se reestruturar, no mundo dos fatos, como teriam sido os acontecimentos se a expectativa autoral houvesse se concretizado, o que descolore a efetiva perda da chance. De fato, nada assegurava que o pôster do autor seria o escolhido. Nenhuma evidência concreta se comprovou nos autos, indicando a chance concreta da premiação como o melhor, sobretudo dentre tantos que se apresentaram. Não houve, pois, a perda de uma chance passível de indenização. APELO PARCIALMENTE PROVIDO. (Apelação Cível Nº 70052154978, Décima Segunda Câmara Cível, Tribunal de Justiça do RS, relator: Ana Lúcia Carvalho Pinto Vieira Rebout, Julgado em 13/03/2014)

AÇÃO DE REPARAÇÃO. DANOS MATERIAIS, MORAIS E PERDA DE UMA CHANCE. TRANSPORTE AÉREO. EXTRAVIO DE BAGAGEM. RESPONSABILIDADE OBJETIVA. 1. Dever de indenizar os prejuízos materiais verificados. 2. Danos morais caracterizados. Situação que ultrapassa a seara do mero aborrecimento, configurando efetiva lesão à personalidade. 3. Perda de uma chance configurada, na hipótese, tendo em vista que o autor já havia sido selecionado em uma primeira fase de concurso junto à Petrobrás, tendo sido convocado para comprovação de requisitos e biopsicossocial. [...] (TJ-RS - Recurso Cível: 71002970986 RS, relator: Eduardo Kraemer, Data de Julgamento: 25/08/2011, Terceira Turma Recursal Cível, Data de Publicação: Diário da Justiça do dia 29/08/2011).[19]

19 Dr. Eduardo Kraemer (RELATOR). Não merece acolhimento a inconformidade expendida. Trata-se de pretensão deduzida contra a companhia aérea recorrente, objetivando a condenação da empresa, em decorrência do extravio de bagagem, em voo de Porto Alegre ao Rio de Janeiro, pleiteando o autor o pagamento de reparação pelos danos materiais, morais e perda de uma chance. O autor participava de processo seletivo para ingressar na

30.7 Jurisprudências

Tribunal de Alçada do Rio Grande do Sul. NÚMERO: 24717. DATA: 02/04/1981. ÓRGÃO: QUARTA CÂMARA CÍVEL. RELATOR: JOSÉ MARIA ROSA TESHEINER. ORIGEM: PORTO ALEGRE. EMENTA. Transporte terrestre contrato de transporte de mercadoria. Acidente de trânsito. Perecimento da coisa transportada. Havendo culpa, responde o culpado; ocorrendo caso fortuito ou força maior, deve o dano ser suportado pelo dono

---

Petrobrás, tendo sido convocado para comprovação de requisitos e biopsicossocial.
É fato incontroverso que o autor teve a bagagem extraviada, durante o voo que partiu de Porto Alegre com destino ao Rio de Janeiro. Nesse passo, não há dúvidas de que a ré é responsável pelos danos causados pelo extravio de bagagem de seus passageiros. Qualquer dano que o passageiro venha a sofrer em sua pessoa ou em seus bens acarreta o dever de indenizar. Trata-se, além disso, de uma relação de consumo, regida pelo CDC, o que gera responsabilidade objetiva.
No que diz respeito ao *quantum* indenizatório, relativamente aos danos materiais, fixado no de R$ 3.760,00, não comporta alteração o montante, uma vez que comprovados os gastos que o autor suportou com a viagem perdida e o notebook que se encontrava no interior da bagagem (fls. 34/50).
Quanto aos danos morais , entendo que a situação a qual foi submetido o autor, efetivamente, ultrapassa a seara do mero aborrecimento, configurando verdadeira lesão à personalidade, passível, pois, de reparação. O autor teve a bagagem extraviada em voo de Porto Alegre para o Rio de Janeiro, para onde tinha viajado para participar de processo seletivo para ingresso na Petrobrás, não tendo comparecido à seleção por não ter os documentos e roupas necessários para tanto, em decorrência do extravio da sua bagagem, pela ré
De outra banda, para a quantificação da indenização, pelos danos extrapatrimoniais sofridos, há que se levar em conta, concomitantemente, a extensão dos prejuízos e o caráter punitivo/dissuasório da responsabilidade civil, quando visa atentar a ré para a inadequação da conduta adotada, evitando a sua reiteração no futuro.
Assim, para o atendimento dessa dúplice finalidade, tenho como justo o montante de R$ 5.000,00, o qual encontra-se em consonância com os parâmetros adotados por esta Turma Recursal, para casos símiles.
Por fim, entendo que restou caracterizada também a perda de uma chance, haja vista que o autor já havia sido selecionado em uma primeira fase do concurso, tendo sido convocado para comprovação de requisitos e biopsicossocial. Desta etapa não pôde participar, em decorrência do extravio da sua mala com todos os documentos e itens necessários para a entrevista.
Nestas circunstâncias, tem-se que existia uma chance real de o autor ser aprovado e já estava o autor próximo dela, quando a teve ceifada, em decorrência de falha na prestação do serviço da ré.
Assim, tenho como justa a quantia arbitrada na origem a título de indenização pela perda de uma chance assumir um cargo junto à Petrobrás, no valor de R$ 11.640,00.
Diante do exposto, nego provimento ao recurso .
A recorrente arcará com o pagamento das custas processuais, e honorários advocatícios da parte adversa, fixados em 20% sobre o valor da condenação.
É o voto. Dr.ª Adriana da Silva Ribeiro - De acordo com o (a) relator (a). Dr. Carlos Eduardo Richinitti (PRESIDENTE) - De acordo com o (a) relator (a). DR. CARLOS EDUARDO RICHINITTI - Presidente - Recurso Inominado nº 71002970986, Comarca de São Leopoldo: "NEGARAM PROVIMENTO AO RECURSO. UNÂNIME."

ou, havendo seguro, pela companhia que haja recebido o prêmio para assumir o risco. Sub-rogação. A súmula 187 não se aplica a coisas. Voto vencido: súmula 187 e 188.
Tribunal de Alçada Cível do Rio de Janeiro. R. C. CASO FORTUITO/FATO DE TERCEIRO/FORÇA MAIOR. APELAÇÃO CÍVEL 7459/94 - Reg. 638-2. Cód. 94.001.07459 SÉTIMA CÂMARA - Por Maioria. Juiz: NASCIMENTO A. POVOAS VAZ - Julg: 16/11/94. EMENTA. EXPLOSÃO E INCÊNDIO EM COLETIVO. MORTE DE PASSAGEIRO. FATO DE TERCEIRO EQUIPARADO AO FORTUITO. O fortuito se caracteriza pela imprevisibilidade e inevitabilidade de seus efeitos, tudo aliado `a ausência de culpa. Características inexistentes naquele que e admitido em transporte, apenas de passageiros, portanto embrulho, contendo artefatos pirotecnicos, o qual vem a entrar em combustão, ao curso do trajeto, incendiando o ônibus e ocasionando a morte de passageiros. Quem assim age, não pode ser reputado estranho ao contrato de transporte, mesmo porque se a transportadora permite o ingresso de passageiros nessas condições, incumbe-lhe, por igual o dever de exercer vigilância, também, sobre as coisas transportadas. Descaracterizado tal fato de terceiro, como fortuito, responde a transportadora pelos danos ocorridos. VOTO VENCIDO: Responsabilidade civil. Transporte coletivo. Explosão e incêndio no interior de coletivo urbano, proveniente de reações químicas ocorridas no conteúdo insuspeitado de volume embarcado junto com o passageiro que o portava. Inocorrência de conduta culposa dos prepostos da transportadora por não impedirem o ingresso do volume. Inexigibilidade de conduta diversa. Causa estranha produtora de evento, por si só equiparável ao fortuito absoluto. Inaplicabilidade da Súmula 187 do STF, que diz respeito `a responsabilidade do transportador por atos de terceiro relacionados aos riscos próprios do transporte. JUIZ NASCIMENTO A. P. VAZ.
TJRJ. Apelação. Transporte marítimo. Avaria. Ação de ressarcimento de prejuízos pagos pelas seguradoras, proposta em face da transportadora. Preliminar de extinção do processo sem julgamento do mérito quanto à segunda autora que se rejeita. Possibilidade de juntada do instrumento de procuração quando da apresentação da réplica porque dentro do prazo concedido pelo juiz em despacho nesse sentido. Mérito. O fato constitutivo do direito afirmado pelas seguradoras é o sinistro. Participando a empresa transportadora da vistoria particular conjunta realizada, a qual constatou os danos sofridos na maquinaria transportada, não se opondo ao resultado das avarias encontradas, possível é que a quantificação desse prejuízo seja feita pelas próprias seguradoras, não se afigurando plausível o argumento da transportadora para fugir ao pagamento, que não participou da fase de quantificação desse valor, aliás, quantificação essa efetu-

ada por empresas seguradoras de idoneidade comprovadamente reconhecida no ramo de seguros. À correção monetária devida no caso, por representar divida de valor, se aplica o enunciado da Súmula nº43 do STJ. Tipo da Ação: APELAÇÃO CÍVEL. Número do Processo: 2001.001.09453. Data de Registro : 29/11/2001. Órgão Julgador: DÉCIMA TERCEIRA CÂMARA CÍVEL. Votação: DES. AZEVEDO PINTO. Julgado em 11/10/2001
TJRJ. CIVIL. CONTRATO DE TRANSPORTE DE COISAS. EXTRAVIO DA CARGA. EFEITO. No contrato de transporte de coisas a precípua obrigação do transportador é a entrega da prestação no local de destino, íntegra. Por isso que responde ele pelos danos sofridos pelo expedidor, no caso de extravio da carga, e esta responsabilidade é efetivamente objetiva. Em Cidades como o Rio de Janeiro, o roubo de carga não é evento imprevisível, logo, não constitui caso fortuito. A contratação do seguro é uma providência do interesse indeclinável do transportador, estando, pois, sujeita à iniciativa deste. Na sua falta, assume o risco o contratante faltoso. Sentença correta. Apelo improvido. Tipo da Ação: APELAÇÃO CÍVEL. Número do Processo: 2000.001.16891. Data de Registro : 27/03/2001. Órgão Julgador: NONA CÂMARA CÍVEL. Votação: DES. LAERSON MAURO. Julgado em 06/02/2001.

Responsabilidade Civil. Transporte de carga. Perda da mercadoria. Presunção de culpa do transportador. Dever de reembolsar à seguradora a quantia por esta paga ao segurado. Aplicação do art. 985, III, do CC e da Súmula 188 do STF. Recurso provido. Sentença reformada. (MCG). Tipo da Ação: APELAÇÃO CÍVEL. Número do Processo: 1999.001.03467. Data de Registro : 17/01/2000. Órgão Julgador: DÉCIMA SEGUNDA CÂMARA CÍVEL. Votação : Unânime. DES. WELLINGTON JONES PAIVA. Julgado em 05/10/1999

Direito Comercial. Contrato de transporte marítimo de mercadorias. Perda de mercadoria. Fortuna do mar inocorrente. Não constituem excludente de responsabilidade os ventos ainda que fortes, perfeitamente previsíveis em face da moderna tecnologia, não podendo o transportador invocar caso fortuito para afastar sua responsabilidade. Mar grosso é fato normal do oceano e toda embarcação de transporte internacional estará' aparelhada para enfrentá-lo, se estiver em perfeitas condições de navegabilidade e a carga por seu turno, estiver devidamente arrumada. Caso fortuito ou forca maior não caracterizado. Contrato de seguro. Cláusula limitativa de responsabilidade. A contratação de transportes através da emissão de conhecimentos de transporte padronizados caracteriza uma contratação por adesão. E desde o advento do Código de

Defesa do Consumidor (Lei nº 8078/90) inseriu-se uma particular exigência no tocante à cláusula que, como a invocada pela ré-apelante, tem em mira a limitação de direitos dos usuários de produtos ou serviços. Art. 54, pars. 3. e 4. Desprovimento da apelação. (PCA). REV. DIREITO DO T.J.E.R.J., vol 44, pag 258. Tipo da Ação: APELAÇÃO CÍVEL. Número do Processo: 1999.001.06628. Data de Registro : 19/11/1999. Comarca de Origem: CAPITAL. Órgão Julgador: DÉCIMA CÂMARA CÍVEL. Votação : Unânime. DES. EDUARDO SOCRATES SARMENTO. Julgado em 16/09/1999

Capítulo 31

DO SEGURO

31.1 Conceito e características

O Código Civil brasileiro disciplinou o contrato de seguro nos artigos 757 a 802. Portanto, somente no CCB, são quarenta e cinco artigos que tratam da matéria, assim distribuídos: Disposição gerais (arts. 757 a 777); Seguro de Dano (arts. 778 a 788) e seguro de pessoa (arts. 789 a 802). Isto sem contar as leis extravagantes específicas sobre o tema.

O artigo 757 do nosso Código Civil de 2002 determina que "pelo contrato de seguro, o segurador se obriga, mediante o pagamento do prêmio, a garantir interesse legítimo do segurado, relativo a pessoa ou a coisa, contra riscos predeterminados."[1]

Para CLÓVIS Beviláqua a finalidade do contrato de seguro é proporcionar ao segurado uma *indenização* pelos prejuízos provenientes do sinistro sofrido.[2]

CARVALHO DE MENDONÇA define seguro como um "contrato em que o segurador se obriga para com o segurado, mediante um prêmio, a indenizá-lo de uma perda ou dano, ou da privação de um proveito esperado – perda, privação, ou dano, decorrente de um acontecimento incerto. Por outra, é o contrato pelo qual uma parte se obriga, mediante um prêmio, a indenizar as perdas e prejuízos que possam sobrevir à outra parte em casos determinados, fortuitos, ou de força maior; ou a pagar uma soma determinada de dinheiro, segundo a duração ou eventualidades da vida ou liberdade de uma pessoa."[3]

CARVALHO SANTOS, por sua vez, afirma que o seguro é "um contrato, por meio do qual uma pessoa assume para com outra a obrigação de indenizá-la das perdas e danos resultantes de um acontecimento determinado, futuro e incerto."[4]

---

1 Correspondente ao art. 1.432 do CCB/1916.

2 Beviláqua, Clóvis. *Código Civil dos Estados Unidos do Brasil comentado por Clóvis Beviláqua*. Edição histórica. Rio de Janeiro: Rio, 1976, p. 561.

3 CARVALHO DE MENDONÇA, Manuel Inácio. *Contratos no Direito Civil brasileiro*. Tomo II. E.ed. Rio de Janeiro: Forense, 1955, p. 682.

4 SANTOS, J.M. de Carvalho. *Código Civil brasileiro Interpretado*. 6.ed. Vol XIX. Rio de Janeiro: Freitas Bastos, 1955, p. 203.

Por essa definição, depreende-se, desde logo, que o seguro é um contrato em que o *segurador* se obriga a indenizar o *segurado*, contra riscos predeterminados, relativo a pessoa ou a coisa, mediante o pagamento de um prêmio efetuado por este em favor daquele.

Portanto, os sujeitos envolvidos no contrato de seguro são: o segurador e o segurado. O *segurador* assume uma obrigação de prestar uma indenização em favor do segurado contra os risco predeterminados no instrumento contratual. O *segurado* é aquele que deve pagar o prêmio, se tornando credor da indenização caso venha a ocorrer o sinistro.

O *prêmio* é, pois, uma quantia paga pelo segurado ao segurador em troca dos riscos por ele assumidos pelas eventualidades a que fica sujeita à coisa segurada.[5]

A *indenização* é a contraprestação a esses prêmios.[6]

Apólice é o instrumento do contrato de seguro.[7]

De acordo com as lições do ministro do Superior Tribunal de Justiça José Augusto Delgado são características do contrato de seguro: a) é um negócio jurídico de efeitos patrimoniais; b) uma pessoa denominada de seguradora assume uma obrigação; c) essa obrigação está condicionada ao pagamento à parte beneficiária de uma quantia certa, previamente ajustada; d) esse pagamento recebe a identificação de prêmio; e) a parte beneficiária é chamada de segurado; f) a configuração de que essa obrigação assumida pelo segurador só atinge interesse legítimo do segurado; g) o interesse legítimo pode ser relativo à pessoa ou à coisa; h) a obrigação só pode ser exigida se ocorrer a consumação de riscos predeterminados.[8]

Para CARVALHO SANTOS, os elementos do contrato de segurado podem ser apresentados da seguinte forma: a) uma pessoa assume a responsabilidade do risco e que se chama *segurador*, e uma outra, o *segurado*, em relação a quem se assume essa responsabilidade, convindo esclarecer que, no seguro de vida, *segurado* é a pessoa de cuja existência depende o risco; b) o *risco* do sinistro, que é o perigo possível, que pode correr o objeto segurado; c) uma compensação ou *prêmio*, que é a prestação, que o segurado, ou um terceiro, por sua conta, ou em seu favor, paga ao segurador pelo risco assumido.[9]

O seguro de pessoas têm por objetivo garantir o pagamento de uma indenização ao segurado e aos seus beneficiários, observadas as condições contratuais e as garantias contratadas. Como exemplo de seguros de pessoas, temos o seguro de vida, seguro funeral, seguro de acidentes pessoais, seguro

5 CARVALHO DE MENDONÇA, *op. cit.*, p. 682.

6 *Ibid.*

7 *Ibid.*

8 DELGADO, José Augusto. *Comentários ao Novo Código Civil*. Volume XI. Tomo I. Rio de Janeiro: Forense, 2004, p. 71-72.

9 SANTOS, J.M. de Carvalho. *Op. cit.*, p. 203.

educacional, seguro viagem, seguro prestamista, seguro de diária por internação hospitalar, seguro desemprego (perda de renda), seguro de diária de incapacidade temporária, seguro de perda de certificado de habilitação de *voo*.[10]

O contrato de seguro pode ser classificado como *bilateral*, já que gera obrigações recíprocas para o segurador e segurado; *aleatório*, uma vez que o contrato de seguro contém em si um risco, uma *álea*;[11] *oneroso*, já que as partes contraentes buscam um benefício econômico (o interesse do segurado é a garantia do ressarcimento no caso de ocorrência do sinistro e o interesse da seguradora é a remuneração paga pelo segurado); *consensual*; em regra, um *contrato de adesão*, e um *contrato de execução continuada*, já que o contrato de seguro é firmado por um certo tempo.

O contrato de seguro é, para PONTES DE MIRANDA, "o contrato com que um dos contraentes, o segurador, mediante prestação única ou periódica, que o outro contraente faz, se vincula a segurar, isto é, se o sinistro ocorre, entregar ao outro contraente soma determinada ou determinável, que corresponde ao valor do que foi destruído, ou danificado, ou que se fixou para o caso do evento previsto. A aleatoriedade existe mesmo se o evento é inevitável, como a morte: a álea, aqui, é no tempo, refere-se a *quando* e não a *se*. Pretendeu-se que não há álea para o contraente que obtém a vinculação, porque, se o evento ocorre, está ele coberto."[12]

O objeto do contrato de seguro é sempre um interesse legítimo. Este interesse pode se referir à uma coisa que pertença ao segurado ou à própria pessoa do segurado.

A natureza do contrato de seguro é indenizaria, já que a função precípua deste contrato é restaurar integralmente o patrimônio do segurado, ressarcindo-o do prejuízo sofrido pelo sinistro. O segurado só não terá direito à indenização se provocou dolosamente o sinistro.

A base do contrato de seguro é o *mutualismo* e a *estatística*. O mutualismo constitui, portanto, a base do seguro. PEDRO ALVIM afirma que "sem a cooperação de uma coletividade seria impossível, ou melhor, não se distinguiria do jogo. Não alcançaria, também, seu objetivo social, pois, ao invés do patrimônio do segurado seria sacrificado o patrimônio do segurador. A insegurança permaneceria para um e para outro. Importa socialmente evitar o sacrifício de alguém pelo risco e eliminar a insegurança que ameaça a

10 Disponível em: <www.susep.gov.br>. Acesso em: 21 jan 2007.

11 Não há que se confundir o contrato aleatório com o contrato condicional. De acordo com Carvalho de Mendonça, "em ambos existe, sem dúvida, um acontecimento incerto em ação. Mas, no condicional, esse acontecimento cria ou resolve as obrigações do contrato, enquanto no aleatório ele serve de medida às recíprocas prestações, às vantagens e às perdas que os contratantes esperam." CARVALHO DE MENDONÇA, *op. cit.*, p. 685.

12 PONTES DE MIRANDA, *Tratado de Direito Privado*. Tomo XLV. Campinas: Bookseller, 2006, p. 397.

todos. Isto só é possível através do processo de mutualismo que reparte os prejuízos para muitos em pequenas parcelas que não afetam sua estabilidade econômica."[13]

Isto representa que todos aqueles que estão sujeitos ao mesmo risco devem contribuir para a constituição de um fundo. É deste fundo de cunho econômico, ético e solidário que serão retiradas as devidas indenizações para o pagamento de sinistros. Daí o *mutualismo*, já que este fundo, na verdade, pertence aos segurados e cuja administração é realizada pela seguradora. Assim, do valor pago pelo segurado, uma parcela é destinada à seguradora, e a outra parte é direcionada ao referido fundo.

A outra base do seguro, além do mutualismo, é a *estatística*. Esta se vincula a probabilidades matemáticas. Melhor dizendo: é a ciência que estuda a probabilidade de ocorrência do sinistro. Ela estabelece a relação entre o número de casos (chances) verificados e o número de chances possíveis.[14] Dessa maneira, quanto maior o risco de ocorrer o sinistro, maior será o prêmio pago pelo segurado.

O prêmio, segundo Pedro Alvim, é uma função do risco. "Varia de acordo com sua periculosidade. Aumenta ou diminui, segundo sua gravidade. Quanto maior a probabilidade do risco, maior o prêmio. Há uma correlação necessária entre os dois elementos de forma a manter a fonte de recursos para as obrigações do segurador."[15]

Aqui é importante destacar o exercício da *profissão do atuário*. De acordo com o Decreto-Lei nº 806, de 4 de setembro de 1969, artigo 1º, "Entende-se por atuário o técnico especializado em matemática superior que atua, de modo geral, no mercado econômico-financeiro, promovendo pesquisas e estabelecendo planos e políticas e investimentos e amortizações e, em seguro privado e social, calculando probabilidades de eventos, avaliando riscos e fixando prêmios, indenizações, benefícios e reservas matemáticas."

A profissão de Atuário será exercida: I – nas entidades que se ocupem de atividades próprias do campo da Atuária, em repartições federais, estaduais ou municipais, entidades para estatais, sociedades de economia mista ou sociedades privadas, sejam de previdência social, de seguros, de resseguros, de capitalização, de sorteios, de financiamentos e refinanciamentos, de desenvolvimento ou investimentos e de Associações ou Caixas Mutuárias de Pecúlio; II – nas entidades públicas, privadas ou mistas, cujas atividades, não se relacionando com as de que trata o item anterior, envolvam questões do campo de conhecimento atuarial profissional, relativos a levantamentos e trabalhos atuariais; III – nas faculdades de ensino superior, oficiais ou reconhecidas que mantenham Cadeiras de Atuária ou matérias afins. (Decreto-Lei nº 806, de 4 de setembro de 1969, artigo 3º)

13 ALVIM, Pedro. *O Contrato de Seguro*. 3.ed. Rio de Janeiro: Forense, 2001, p. 59-60.
14 *Ibid.*
15 *Ibid.*, p. 270.

O exercício da profissão de atuário compreende, privativamente: I – a elaboração dos planos e a avaliação das reservas técnicas e matemáticas das empresas privadas de seguro, de capitalização, de sorteios, das instituições de Previdência Social, das Associações ou Caixas Mutuárias de Pecúlios e dos órgãos oficiais de seguros e resseguros; II – a determinação e tarifação dos prêmios de seguros, e dos prêmios de capitalização bem como dos prêmios especiais ou extraprêmios relativos a riscos especiais; III – a análise atuarial dos lucros dos seguros e das formas de sua distribuição entre os segurados e entre os portadores dos títulos de capitalização; IV – a assinatura, como responsável técnico, dos Balanços das empresas de seguros, de capitalização, de sorteios, das carteiras dessas especialidades mantidas por instituições de Previdência Social e de outros órgãos oficiais de seguros e resseguros e dos Balanços Técnicos das Caixas Mutuárias de Pecúlios; V – o desempenho de cargo técnico-atuarial no Serviço Atuarial do Ministério do Trabalho e Previdência Social e de outros órgãos oficiais semelhantes, encarregados de orientar e fiscalizar atividades atuariais. (Decreto-Lei nº 806, de 4 de setembro de 1969, artigo 4º).

A assessoria obrigatória do atuário existirá sempre: I – na direção, gerência e administração das empresas de seguros, de resseguros, de capitalização, de sorteios, das associações ou Caixas Mutuárias de Pecúlios, de financiamentos, de refinanciamentos, de desenvolvimento, de investimentos, das Instituições de Previdência Social e de outros órgãos oficiais ou privados congêneres; II – na fiscalização e orientação das atividades técnicas das organizações acima citadas e na elaboração de normas técnicas e ordens de serviço, destinadas a esses fins; III – na estruturação, análise, racionalização e mecanização dos serviços dessas organizações; IV – na elaboração de planos de financiamentos, investimentos, empréstimos, sorteios e semelhantes; V – na elaboração ou perícia do Balanço Geral e Atuarial das empresas de seguros, resseguros, capitalização, instituições de Previdência Social e outras entidades congêneres; VI – nas investigações das leis de mortalidade, invalidez, doença, fecundidade e natalidade e de outros fenômenos biológicos e demográficos em geral, bem como das probabilidades de ocorrência necessárias aos estabelecimentos de planos de seguros, resseguros e de cálculos de reserva; VII – na elaboração das cláusulas e condições gerais das apólices de todos os ramos, seus aditivos e anexos; dos títulos de capitalização; de planos técnicos de seguros e resseguros; das formas de participação dos segurados nos lucros; da cobertura ou exclusão de riscos especiais; VIII – na seleção e aceitação dos riscos, do ponto de vista médico – atuarial. (Decreto-Lei nº 806, de 4 de setembro de 1969, artigo 5º).

Outrossim, vale lembrar que compete à União: administrar as reservas cambiais do País e fiscalizar as operações de natureza financeira, especialmente as de crédito, câmbio e capitalização, bem como as de seguros e de previdência privada (CRFB/88, art.21, inciso VIII).

E compete privativamente à União legislar sobre política de crédito, câmbio, seguros e transferência de valores (CRFB/88, art.22, VII).

Em relação ao contrato de seguro, o Conselho da Justiça Federal, na IV Jornada de Direito Civil, editou os seguintes enunciados:

- CJF – Enunciado 370 – Nos contratos de seguro por adesão, os riscos predeterminados indicados no art. 757, parte final, devem ser interpretados de acordo com os arts. 421, 422, 424, 759 e 799 do Código Civil e 1º, inc. III, da Constituição Federal.
- CJF – Enunciado 371 – A mora do segurado, sendo de escassa importância, não autoriza a resolução do contrato, por atentar ao princípio da boa-fé objetiva.
- CJF – Enunciado 372 – Em caso de negativa de cobertura securitária por doença preexistente, cabe à seguradora comprovar que o segurado tinha conhecimento inequívoco daquela.

31.2 Quem pode ser segurador? A constituição da sociedade seguradora

O parágrafo único do artigo 757 diz que "somente pode ser parte, no contrato de seguro, como segurador, entidade para tal fim legalmente autorizada."[16]

O órgão autorizador para funcionamento das sociedades seguradoras é o Ministério da Fazenda.

A autorização para o funcionamento das instituições seguradoras é regulada pelo Decreto-Lei nº 73/66 que dispõe sobre o Sistema Nacional de Seguros Privados, regula as operações de seguros e resseguros e dá outras providências. O artigo 74 do citado dispositivo determina que "a autorização para funcionamento será concedida através de Portaria do ministro da Indústria e do Comércio, mediante requerimento firmado pelos incorporadores, dirigido ao CNSP e apresentado por intermédio da SUSEP."

Concedida a autorização para funcionamento, a Sociedade terá o prazo de noventa dias para comprovar perante a SUSEP, o cumprimento de todas as formalidades legais ou exigências feitas no ato da autorização (Decreto-Lei nº 73/66, art. 75).

O Sistema Nacional de Seguros Privados é constituído: a) do Conselho Nacional de Seguros Privados (CNSP); b) da Superintendência de Seguros Privados (SUSEP); c) do Instituto de Resseguros do Brasil – (IRB); d) das Sociedades Seguradoras autorizadas a operar em seguros privados; e) dos Corretores de Seguros habilitados (Decreto 60.459/67, art. 1º).

O Conselho da Justiça Federal, na III Jornada de Direito Civil, publicou o enunciado 185 que informa: "A disciplina dos seguros do Código Civil e as

16 Sem correspondência ao CCB de 1916.

normas da previdência privada que impõem a contratação exclusivamente por meio de entidades legalmente autorizadas não impedem a formação de grupos restritos de ajuda mútua, caracterizados pela autogestão."

31.3 Apólice ou bilhete de seguro

A apólice é o instrumento do contrato de seguro. O contrato de seguro prova-se com a exibição da apólice ou do bilhete do seguro, e, na falta deles, por documento comprobatório do pagamento do respectivo prêmio (CC, art. 758).[17] [18]

A emissão da apólice deverá ser precedida de proposta escrita com a declaração dos elementos essenciais do interesse a ser garantido e do risco (CC, art. 759).[19]

Por sua vez, o artigo 9º do Decreto-Lei nº 73/66 que dispõe sobre o Sistema Nacional de Seguros Privados, regula as operações de seguros e resseguros e dá outras providências afirma que "Os seguros serão contratados mediante propostas assinadas pelo segurado, seu representante legal ou por corretor habilitado, com emissão das respectivas apólices, ressalvado o disposto no artigo seguinte."

O artigo 10º do referido Decreto-Lei e parágrafos preceituam que "é autorizada a contratação de seguros por simples emissão de bilhete de seguro, mediante solicitação verbal do interessado. § 1º O CNSP regulamentará os casos previstos neste artigo, padronizando as cláusulas e os impressos necessários. § 2º Não se aplicam a tais seguros as disposições do artigo 1.433 do Código Civil."

A apólice ou bilhete de seguro deve conter os elementos informados no artigo 760 do nosso Código Civil: "A apólice ou o bilhete de seguro serão nominativos, à ordem ou ao portador, e mencionarão os riscos assumidos, o

17 Sem correspondência ao CCB de 1916.

18 CC 2002 – Art. 221. O instrumento particular, feito e assinado, ou somente assinado por quem esteja na livre disposição e administração de seus bens, prova as obrigações convencionais de qualquer valor; mas os seus efeitos, bem como os da cessão, não se operam, a respeito de terceiros, antes de registrado no registro público. Parágrafo único. A prova do instrumento particular pode suprir-se pelas outras de caráter legal.
CC 2002 – Art. 223. A cópia fotográfica de documento, conferida por tabelião de notas, valerá como prova de declaração da vontade, mas, impugnada sua autenticidade, deverá ser exibido o original. Parágrafo único. A prova não supre a ausência do título de crédito, ou do original, nos casos em que a lei ou as circunstâncias condicionarem o exercício do direito à sua exibição.
CC 2002 – Art. 227. Salvo os casos expressos, a prova exclusivamente testemunhal só se admite nos negócios jurídicos cujo valor não ultrapasse o décuplo do maior salário-mínimo vigente no País ao tempo em que foram celebrados. Parágrafo único. Qualquer que seja o valor do negócio jurídico, a prova testemunhal é admissível como subsidiária ou complementar da prova por escrito.

19 Sem correspondência ao CCB de 1916.

início e o fim de sua validade, o limite da garantia e o prêmio devido, e, quando for o caso, o nome do segurado e o do beneficiário."[20]

No seguro de pessoas, a apólice ou o bilhete não podem ser ao portador (CC, art. 760, parágrafo único).[21]

Dessa maneira, a apólice ou bilhetes de seguro serão nominativos, à ordem ou ao portador e necessariamente deverá informar os riscos assumidos. De acordo com José Augusto Delgado, "risco é a expectativa de sinistro. Sem risco não pode haver contrato de seguro."[22]

WASHINGTON DE BARROS MONTEIRO ensina que "as apólices nominativas, referentes a seguros sobre objetos, podem ser transferidas mediante cessão civil, a menos que exista cláusula em contrário. Alienada a coisa que se ache no seguro, transfere-se também ao adquirente esse contrato, pelo prazo que ainda faltar.

O segurador que paga a indenização se sub-roga no direito respectivo contra o autor do sinistro, podendo reaver, destarte, o que desembolsou (art. 346, n. III, do Cód.Civil de 2002).

Nas apólices que contenham cláusula à ordem, a transferência pode realizar-se mediante endosso."[23]

A apólice de seguro é, pois, transferível por via de endosso e cessão.

Neste diapasão, Carvalho de Mendonça afirma que "se a apólice é nominativa, sua transferência opera-se pela cessão ordinária, reduzindo-se a obrigação do cedente apenas à certeza da dívida.

Se o seguro é à ordem, a apólice é transferível por endosso e o endossatário exerce um direito próprio, tal como se o contrato tivesse com ele firmado, e não está sujeito às exceções oponíveis ao segurado."[24]

Nulo será o contrato para garantia de risco proveniente de ato doloso do segurado, do beneficiário, ou de representante de um ou de outro (CC, art. 762).[25]

De acordo com o artigo 104 do CCB, a validade do negócio jurídico requer: I – agente capaz; II – objeto lícito, possível, determinado ou determinável; III – forma prescrita ou não defesa em lei.[26]

---

20 Correspondente ao art. 1.432 do CCB/1916.

21 Correspondente ao art. 1.447, *caput* e parágrafo único e 1.448, *caput*, do CCB/1916.

22 DELGADO, *op. cit.*, p. 115.

23 MONTEIRO, Washington de Barros. *Curso de Direito Civil*: Direito das Obrigações. 2ª Parte. Vol. 5. 34.ed. São Paulo: Saraiva, 2003, p. 340.

24 CARVALHO DE MENDONÇA, *op. cit.*, p. 693.

25 Correspondente ao art. 1.436 do CCB/1916.

26 CC 2002 – Art. 178. É de quatro anos o prazo de decadência para pleitear-se a anulação do negócio jurídico, contado: I – no caso de coação, do dia em que ela cessar; II – no de erro, dolo, fraude contra credores, estado de perigo ou lesão, do dia em que se realizou o negócio jurídico.

Não terá direito a indenização o segurado que estiver em mora no pagamento do prêmio, se ocorrer o sinistro antes de sua purgação (CC, art. 763).[27] [28]

O enunciado 376 do CJF informa que "para efeito de aplicação do art. 763 do Código Civil, a resolução do contrato depende de prévia interpelação. (Conselho da Justiça Federal – IV Jornada de Direito Civil).

O artigo 763 é claro: "Não terá direito a indenização o segurado que estiver em mora no pagamento do prêmio, se ocorrer o sinistro antes de sua purgação." Ocorre que na mesma linha do enunciado 376 do Conselho de Justiça Federal, a nossa jurisprudência passou a mitigar a aplicação desta regra no caso concreto decidendo. O Tribunal de Justiça de Minas Gerais ao analisar a mora do segurado decidiu: "SEGURO – MORA DO SEGURADO – SINISTRO – PAGAMENTO ATRASADO – RESPONSABILIDADE DA SEGURADORA. A mora do devedor com relação ao pagamento das parcelas, por si só, implica somente a obrigação de o segurado pagar juros legais, não levando à rescisão automática do contrato de seguro, sem qualquer notificação do segurado. O fato de o sinistro ter se verificado antes de implementado o pagamento do prêmio em atraso não afasta a obrigação da seguradora que, indubitavelmente, aceitou o pagamento. (Decisão: Ac. unân. da 12ª Câm. Cív., publ. em 12-8-2006. Recurso: Ap. Cív. 1.0024.04.530299-9/001. Relator: Rel. Des. Domingos Coelho).

Dessa maneira, as seguradoras devem notificar os segurados de que estes estão em mora. Antes da notificação, não se considera o segurado em mora. Da mesma forma, o voto do ministro Humberto Gomes de Barros, no Recurso Especial 842.408-RS, da 3ª Turma, publicado em 04/12/2006 ao decidir que "SEGURO DE VIDA – ATRASO NO PAGAMENTO – AUSÊNCIA DE INTERPELAÇÃO. Normalmente, para que se caracterize mora no pagamento de prestações relativas ao prêmio é necessária a interpelação do segurado. Mero atraso não basta para desconstituir a relação contratual. A cláusula de cancelamento do seguro sem prévia notificação deixa de ser abusiva, se o segurado permanece em mora há mais de 15 – quinze – meses. Em homenagem à boa-fé e à lógica do razoável, atraso superior a um ano não pode ser qualificado como "mero atraso no pagamento de prestação do prêmio do

27 Correspondente ao art. 1.451 do CCB/1916.

28 Decreto 60.459/67. Art 6º A obrigação do pagamento do prêmio pelo segurado vigerá a partir do dia previsto na apólice ou bilhete de seguro, ficando suspensa a cobertura do seguro até o pagamento do prêmio e demais encargos. § 1º O prêmio será pago no prazo fixado na proposta. § 2º A cobrança dos prêmios será feita, obrigatoriamente, através de instituição bancária, de conformidade com as instruções da SUSEP e do Banco Central. § 3º Qualquer indenização decorrente do contrato de seguro dependerá de prova de pagamento do prêmio devido, antes da ocorrência do sinistro. § 4º A falta do pagamento do prazo do prêmio de suspensão da cobertura não prejudicará a indenização, desde que pago prêmio no prazo devido. § 5º A falta do pagamento do prêmio no prazo previsto no parágrafo 1º deste artigo determinará o cancelamento da apólice.

seguro" – REsp. 316.552/PASSARINHO. A ausência de interpelação por parte da seguradora não assegura, no caso, o direito à indenização securitária."

Assim, não basta a inadimplência para findar o contrato com a seguradora; torna-se necessário a realização da interpelação do segurado.

"O simples atraso não basta para desconstituir a relação contratual entre segurado e seguradora de automóveis. A conclusão é da Terceira Turma do Superior Tribunal de Justiça (STJ), cujo entendimento é o de que, para que se caracterize atraso (mora) no pagamento de prestações relativas ao prêmio, é necessária a interpelação do segurado.

O proprietário do veículo – um caminhão Scania T112 HW 4x2, ano 1990 – fez um contrato com a Companhia Paulista de Seguros, com pagamento do prêmio em sete vezes, mas deixou de pagar as duas últimas prestações, vencidas em 30 de novembro e 31 de dezembro de 1997. Em 13 de janeiro de 1998, ele sofreu um acidente na altura do Km 676 da BR 70, próximo à cidade de Cáceres (MT). Ocorrido o sinistro, o segurado procurou a seguradora. Diante da recusa em ressarcir os danos, ele entrou na Justiça com ação de cobrança, alegando que pagara mais de 70% do prêmio e não recebera nenhuma comunicação judicial de que o contrato de seguro estivesse cancelado devido à falta de pagamento.

Em primeiro grau, a ação foi julgada procedente, mas a decisão foi revista pelo Tribunal de Justiça de São Paulo, o qual entendeu que a falta de pagamento de parcelas vencidas acarreta a suspensão da cobertura, que só pode ser restabelecida para prevenir eventos futuros, pelo restante do prazo contratual, se pago o valor em atraso.

O entendimento do TJ é que seria "justo e razoável" que, se pagas algumas parcelas ou apenas uma delas com atraso, a seguradora não possa se eximir de cumprir a obrigação contratual. Nesse caso, contudo, o segurado deixou de pagar as duas últimas prestações sem sequer alegar que isso se deu por algum motivo relevante.

Essa decisão levou o proprietário do veículo a recorrer ao STJ, onde o caso foi distribuído ao ministro Humberto Gomes de Barros. Ao apreciar a questão, o relator ressaltou que a Segunda Seção – que reúne a Terceira e a Quarta Turma, responsáveis pelos julgamentos das questões referentes a Direito Privado, já uniformizou a jurisprudência do STJ sobre o tema. Decisão da autoria do ministro Aldir Passarinho Junior, atual presidente da Seção, entendeu que a extinção do contrato por inadimplência deve ser requerida em juízo.

O ministro Gomes de Barros, contudo, chegou a uma posição mais flexível. Para ele, já que a via judicial é extremamente onerosa, obrigar a seguradora a, todas as vezes em que houver atraso em uma parcela do prêmio, ingressar com ação para buscar a extinção do contrato é, na prática, o mesmo que lhe impedir o direito de defesa.

"Na compreensão da seguradora, a suspensão se dá automaticamente. Tenho, entretanto, como necessária, porém suficiente, a interpelação feita ao segurado, advertindo-o sobre a mora e a suspensão dos efeitos do contrato até o pagamento, para impedir procedimento lesivo do contratante, sob pena de se estimular o ilegítimo hábito de não pagar, até a eventualidade do acidente e, então, pedir a cobertura com o concomitante recolhimento da parcela inadimplida", afirma o relator.

Em suma, o ministro conclui pela dispensa do ajuizamento da ação judicial pela seguradora, admitindo, no entanto, a suspensão do contrato após a interpelação promovida pela contratada ao segurado, colocando-o em mora.

Como, no caso, não ocorreu nem a interpelação do segurado para a constituição em mora nem o ajuizamento da ação para rescindir o contrato de seguro, a sentença foi restabelecida para julgar procedente a ação, ficando a seguradora obrigada a ressarcir os danos sofridos com o acidente. Conforme destacado pelo relator em seu voto, a comunicação sobre o cancelamento do contrato só se efetuou após a solicitação da indenização, quando ocorrido o sinistro."[29]

Por fim, outras decisões até admitem que a indenização seja proporcional ao valor que já foi pago pelo segurado. Desconta-se, assim, do valor da indenização as parcelas que não foram pagas.

31.4 Cosseguro

O cosseguro é uma operação com vistas a repartir o risco do negócio jurídico. O artigo 761 do CCB determina que "quando o risco for assumido em cosseguro, a apólice indicará o segurador que administrará o contrato e representará os demais, para todos os seus efeitos."[30] [31]

---

29 Notícia: www.stj.gov.br

30 Sem correspondência ao CCB de 1916.

31 Decreto-Lei nº 73/66 – Dispõe sobre o Sistema Nacional de Seguros Privados. Art 4º Integra-se nas operações de seguros privados o sistema de cosseguro, resseguro e retrocessão, por forma a pulverizar os riscos e fortalecer as relações econômicas do mercado. Parágrafo único. Aplicam-se aos estabelecimentos autorizados a operar em resseguro e retrocessão, no que couber, as regras estabelecidas para as sociedades seguradoras. (Incluído pela Lei nº 9.932, de 1999)

Decreto-Lei nº 73/66 – Dispõe sobre o Sistema Nacional de Seguros Privados. Do Conselho Nacional de Seguros Privados. Art 32. É criado o Conselho Nacional de Seguros Privados – CNSP, ao qual compete privativamente: (Redação dada pelo Decreto-Lei nº 296, de 1967) [...] VIII – disciplinar as operações de cosseguro; (Redação dada pela Lei Complementar nº 126, de 2007)

Decreto-Lei nº 73/66 – Dispõe sobre o Sistema Nacional de Seguros Privados. Art 80. As operações de cosseguro obedecerão a critérios fixados pelo CNSP, quanto à obrigatoriedade e normas técnicas.

A regras e critérios do cosseguro estão dispostas na Resolução CNSP nº 68, de 03 de dezembro de 2001.[32]

De acordo com o artigo 2º da referida Resolução é considerado:

32 Regras e critérios. Cosseguro. RESOLUÇÃO CNSP Nº 68, DE 2001. *Estabelece regras e critérios para a operação de seguro denominada cosseguro, na hipótese de que trata o art. 32, inciso VIII, do Decreto-Lei nº 73, de 21 de novembro de 1966.*A SUPERINTENDÊNCIA DE SEGUROS PRIVADOS - SUSEP, no uso da atribuição que lhe confere o art. 26 do Regimento Interno aprovado pela Resolução CNSP nº 14, de 3 de dezembro de 1991, e considerando o disposto no Decreto-Lei nº 73, de 21 de novembro de 1966, torna público que o CONSELHO NACIONAL DE SEGUROS PRIVADOS - CNSP, em Sessão Ordinária realizada nesta data, tendo em vista o que consta do Processo CNSP nº 17, de 29 de novembro de 2001 – na origem, processo SUSEP nº 10.004759/01-05, de 15 de agosto de 2001, R E S O L V E U :CAPÍTULO I DO OBJETO. Art. 1° Estabelecer regras e critérios para a operação de seguro denominada cosseguro, na hipótese de que trata o art. 32, inciso VIII, do Decreto-Lei nº 73, de 21 de novembro de 1966.
CAPÍTULO II. DAS DEFINIÇÕES. Art. 2º Para fins desta Resolução, considera-se: I – cláusula de seguradora líder – é a cláusula da apólice que nomeia a seguradora líder; II – cosseguro – operação de seguro em que duas ou mais seguradoras, com anuência do segurado, distribuem, percentualmente, os riscos de determinada apólice, sem solidariedade; III – comissão de cosseguro – é a comissão que pode ser paga à seguradora líder, pelas demais seguradoras, pela administração e operação da apólice; e IV – seguradora líder – é a seguradora que compartilha o mesmo risco com uma ou mais seguradoras, ficando incumbida da administração e operação da apólice. CAPÍTULO III. DO COSSEGURO. Art. 3º Não existe responsabilidade solidária entre sociedades seguradoras nas operações de cosseguro. Fls . 2 da RESOLUÇÃO CNSP nº 68, de 2001. Art. 4º Não é permitida operação de cosseguro com participação de seguradora sem assunção de responsabilidade. Art. 5° É vedada a realização de cosseguro nos seguintes seguros: I – seguro habitacional do Sistema Financeiro da Habitação – SFH; e II – seguro DPVAT administrado pelo convênio específico. CAPÍTULO IV DAS INFORMAÇÕES. Art. 6º No frontispício da apólice, do certificado de seguro, da proposta, do cartão-proposta e em quaisquer materiais promocionais do cosseguro, deverá constar o nome de todas as seguradoras participantes e, por extenso, os respectivos limites de responsabilidade máxima assumida. Parágrafo único. Na hipótese de que a quantidade de seguradoras venha a inviabilizar a menção das informações na forma de que trata o "*caput*", a seguradora líder deverá registrar, de forma clara, legível, precisa e identificável, a existência das demais seguradoras no frontispício destes documentos, com referência expressa à parte em que todas as participantes do risco e respectivas responsabilidades estão perfeitamente identificadas. Art. 7º A apólice deverá conter, entre outras, cláusulas específicas dispondo sobre: I – a seguradora líder e suas atribuições; e II – a inexistência de responsabilidade solidária entre as sociedades seguradoras. CAPÍTULO V DAS DISPOSIÇÕES FINAIS Art. 8º Nos termos das alíneas "b", "c", "g" e "h" do art. 36 do Decreto-Lei nº 73, de 1966, fica a SUSEP autorizada a baixar normas complementares e a adotar as medidas necessárias à execução do disposto nesta Resolução, em especial no que se referir à definição de modalidades de cosseguro, procedimentos administrativos, de contabilização e de prestação de informações a serem observados nas operações de que trata a presente Resolução. Art. 9º Aplicam-se as disposições regulamentares em vigor para as operações de seguros aos casos não expressamente previstos nesta Resolução. Art. 10. As apólices emitidas em cosseguro após noventa dias da publicação desta Resolução deverão estar adequadas às regras estabelecidas neste ato normativo. Art. 11. Esta Resolução entra em vigor na data da sua publicação. Rio de Janeiro, 3 de dezembro de 2001. HELIO OLIVEIRA PORTOCARRERO DE CASTRO Superintendente da Superintendência de Seguros Privados.

a) *cláusula de seguradora líder* – é a cláusula da apólice que nomeia a seguradora líder;
b) *cosseguro* – operação de seguro em que duas ou mais seguradoras, com anuência do segurado, distribuem, percentualmente, os riscos de determinada apólice, sem solidariedade;
c) *comissão de cosseguro* – é a comissão que pode ser paga à seguradora líder, pelas demais seguradoras, pela administração e operação da apólice; e
d) *seguradora líder* – é a seguradora que compartilha o mesmo risco com uma ou mais seguradoras, ficando incumbida da administração e operação da apólice.

Já as modalidades de cosseguro e outras definições são apresentadas na Resolução CNSP nº 71 de 03 de dezembro de 2001:[33]

33 Modalidades de Cosseguro. Cosseguro obrigatório e facultativo. RESOLUÇÃO CNSP Nº 71, DE 2001 *Dispõe sobre Limite de Retenção de Grupo.* A SUPERINTENDÊNCIA DE SEGUROS PRIVADOS – SUSEP, no uso da atribuição que lhe confere o art. 26 do Regimento Interno aprovado pela Resolução CNSP nº 14, de 3 de dezembro de 1991, e considerando o disposto no Decreto-Lei nº 73, de 21 de novembro de 1966, torna público que o CONSELHO NACIONAL DE SEGUROS PRIVADOS – CNSP, em Sessão Ordinária realizada nesta data, tendo em vista o que consta do Processo CNSP nº 18, de 3 de dezembro de 2001 – na origem, processo SUSEP nº 10.006679/01-31, de 3 de dezembro de 2001, RESOLVEU : CAPÍTULO I DO OBJETO. Art. 1o A aplicação do limite de retenção de grupo atenderá ao disposto nesta Resolução e se processará na forma das instruções que forem baixadas pelo IRB-Brasil Resseguros S.A . CAPÍTULO II DAS DEFINIÇÕES. Art. 2o Para fins desta Resolução, considera-se: I – cosseguro obrigatório – operação de cosseguro obrigatoriamente realizada entre seguradoras vinculadas; II – cosseguro facultativo – operação de cosseguro em que a seguradora líder não seja uma seguradora vinculada; III – risco isolado – objeto ou conjunto de objetos de seguro que possam ser atingidos por um mesmo evento, em caso de eventual sinistro; e IV – seguradora vinculada – a seguradora que controle ou seja controlada direta ou indiretamente por outras, ou, ainda, aquelas que estejam sob controle comum, direto ou indireto, ainda que não exercido por seguradora. Fls. 2 da RESOLUÇÃO CNSP Nº 71, DE 2001 CAPÍTULO III DO LIMITE DE RETENÇÃO DE GRUPO Art. 3o A seguradora que mantenha vínculo com sociedades congêneres somente terá cobertura automática de resseguro de excedente de responsabilidade se, da respectiva apólice, participarem em cosseguro todas as seguradoras a ela vinculadas que operem no mesmo ramo, cada qual com quota não inferior à respectiva capacidade de retenção. §1o A concessão de resseguro facultativo, a critério do ressegurador, poderá ser condicionada à exigência de retenção mínima por todas as seguradoras vinculadas entre si, que operem no mesmo ramo da respectiva apólice. §2o O disposto neste artigo não se aplica às operações de cosseguro facultativo, conforme definição contida no art. 2o. Art. 4o Fica facultado a um conjunto de seguradoras vinculadas operar, em cada ramo ou modalidade de seguro, por intermédio de uma ou mais seguradoras do conjunto, desde que obedecidos os seguintes princípios: I – A retenção de grupo, para cada ramo ou modalidade, corresponderá ao somatório das retenções de todas as seguradoras componentes do Grupo e vigorará pelo mesmo período estabelecido pela SUSEP para os Limites de Retenção correspondentes; II – Cada sociedade seguradora deverá reter, no mínimo, em cada ramo ou modalidade, importância não inferior a 0,3% (zero vírgula três por cento) do seu ativo líquido e, no máximo, valor igual ao seu respectivo Limite de Retenção; III – Quando o somatório dos prêmios retidos em

a) *cosseguro obrigatório* – operação de cosseguro obrigatoriamente realizada entre seguradoras vinculadas;
b) *cosseguro facultativo* – operação de cosseguro em que a seguradora líder não seja uma seguradora vinculada;
c) *risco isolado* – objeto ou conjunto de objetos de seguro que possam ser atingidos por um mesmo evento, em caso de eventual sinistro;
d) *seguradora vinculada* – a seguradora que controle ou seja controlada direta ou indiretamente por outras, ou, ainda, aquelas que estejam sob controle comum, direto ou indireto, ainda que não exercido por seguradora.

De acordo com as lições de PONTES DE MIRANDA, "quando os riscos são grandes e de alto valor segurável, ou quando é grave e de alto valor segurável o risco que se quer cobrir, o cosseguro exerce função notável. Previamente se reparte a soma do seguro, isto é, o *valor segurado*, entre os dois ou mais seguradores. Assim, cada um evita assumir o risco por inteiro."[34] Daí que no cosseguro não existe solidariedade dos seguradores. PONTES DE MIRANDA, alerta, ainda que, não se pode confundir *cosseguro* com *pluralidade de seguros* (seguros múltiplos). O mestre afirma que "o seguro pode ser feito pelo mesmo risco, separadamente, com dois ou mais seguradores. Aí, o que se tem é a pluralidade de seguros, que é inconfundível com o cosseguro."[35]

---

um ramo ou modalidade, de qualquer das seguradoras do Grupo, referentes aos doze meses anteriores ao trimestre de cálculo dos novos Limites de Retenção, for inferior a 0,3% (zero vírgula três por cento) do seu respectivo Ativo Líquido, o piso de 0,3% (zero vírgula três por cento) será substituído pelo percentual verificado na relação entre os prêmios retidos e o valor do novo Ativo Líquido, observado o percentual mínimo de 0,075% (zero vírgula zero setenta e cinco por cento); IV – A soma das retenções das seguradoras participantes da operação deverá ser igual à Retenção de Grupo estabelecida para o período correspondente, que não poderá ser inferior a 0,3% (zero vírgula três por cento) do somatório dos Ativos Líquidos de todas as seguradoras do Grupo ou, no caso previsto no inciso III, dos prêmios retidos ao percentual verificado na relação entre o somatório dos prêmios retidos e o valor correspondente ao somatório dos novos Ativos Líquidos, observado o percentual mínimo de 0,075% (zero vírgula zero setenta e cinco por cento); §1o Para fins de utilização da faculdade a que se refere este artigo, a retenção efetiva de cada seguradora participante da operação não poderá exceder a 3% (três por cento) do respectivo Ativo Líquido. Fls. 3 da RESOLUÇÃO CNSP Nº 71, DE 2001 §2o Qualquer risco isolado será totalmente absorvido pelo conjunto de seguradoras vinculadas entre si que operem no mesmo ramo, quando a importância segurada for igual ou inferior aos limites mínimos previstos neste artigo.. §3o Sempre que for utilizada a faculdade prevista neste artigo, far-se-á constar tal circunstância da apólice. CAPÍTULO IV DAS DISPOSIÇÕES FINAIS Art. 5o Esta Resolução entra em vigor na data da sua publicação. Art. 6º Ficam revogadas as Resoluções CNSP nº 4, de 16 de janeiro de 1976; nº 2, de 21 de fevereiro de 1984; nº 7, de 3 de outubro de 1985; e nº 18, de 17 de novembro de 1987. Rio de Janeiro, 3 de dezembro de 2001. HELIO OLIVEIRA PORTOCARRERO DE CASTRO Superintendente da Superintendência de Seguros Privados.

34 PONTES DE MIRANDA, *Tratado de Direito Privado*. Tomo XLV. Campinas: Bookseller, 2006, p. 397.

35 *Ibid.*, p. 415.

Aliás, não existe uniformidade de opinião entre os doutrinadores sobre a denominação e classificação dos seguros múltiplos. Não obstante, PEDRO ALVIM afirmar que o cosseguro é uma das modalidades dos seguros múltiplos, o autor entende que, na prática, o cosseguro "é formado geralmente por um segurador, que trata diretamente com o segurado e distribui o valor do seguro entre as companhias de sua confiança ou preferidas pelo próprio segurado. Cada uma assume uma cota em percentagem ou valor determinado. Por exemplo, um seguro de um milhão repartido entre cinco companhias: uma com 40% e as demais com 15%, cada uma. Tanto o prêmio pago pelo segurado, como qualquer indenização que lhe for devida serão divididos na mesma proporção entre elas."[36]

Já o *resseguro* significa uma diluição do prêmio entre as seguradoras e, consequentemente, a indenização caso ocorra o sinistro. O resseguro é obrigatório (Decreto-Lei n.73, de 21 de novembro de 1966, art. 79, § 1º)[37] e, no Brasil, o ressegurador é uma empresa estatal chamada IRB – Instituto de Resseguros do Brasil. O IRB foi criado pelo Decreto-Lei nº 1.186, de 03/04/39, e regido pelo Decreto-Lei nº 73, de 21/09/66, com redação dada pela Lei 9.482/97.

O resseguro é, pois, essencial para os casos de riscos vultosos, já que possibilita ao segurador a pulverização dos riscos. Vale lembrar que a divisão dos riscos é um dos princípios fundamentais do seguro. O resseguro é uma espécie de "seguro do seguro", já que este pressupõe a existência do contrato de seguro.

31.5 Princípio da boa-fé e veracidade nos contratos de seguro

O segurado e o segurador são obrigados a guardar na conclusão e na execução do contrato, a mais estrita boa-fé e veracidade, tanto a respeito do objeto como das circunstâncias e declarações a ele concernentes (CC, art. 765).[38]

Vale destacar que "os negócios jurídicos devem ser interpretados conforme a boa-fé e os usos do lugar de sua celebração (CC, art. 113).

Os contratantes são obrigados a guardar, assim na conclusão do contrato, como em sua execução, os princípios de probidade e boa-fé (CC, art. 422).

Se o segurado, por si ou por seu representante, fizer declarações inexatas ou omitir circunstâncias que possam influir na aceitação da proposta ou na taxa do prêmio, perderá o direito à garantia, além de ficar obrigado ao prêmio vencido (CC, art. 766).[39]

---

36 ALVIM, Pedro. *O Contrato de Seguro*. 3.ed. Rio de Janeiro: Forense, 2001, p. 349.

37 Art. 79, § 1º – "as Sociedades Seguradoras são obrigadas a ressegurar no IRB as responsabilidades excedentes de seu limite técnico em cada ramo de operações e, em caso de cosseguro, a cota que for fixada pelo CNSP."

38 Correspondente ao art. 1.443 do CCB/1916.

39 Correspondente ao art. 1.444 do CCB/1916.

Se a inexatidão ou omissão nas declarações não resultar de má-fé do segurado, o segurador terá direito a resolver o contrato, ou a cobrar, mesmo após o sinistro, a diferença do prêmio. (CC, art. 766, parágrafo único)[40]

Vejamos, abaixo, os enunciados publicados na VI e VII Jornada de Direito Civil:

A recusa de renovação das apólices de seguro de vida pelas seguradoras em razão da idade do segurado é discriminatória e atenta contra a função social do contrato (Enunciado 542 da VI Jornada de Direito Civil). Vejamos as justificativas apresentadas nesta Jornada: "Artigos: 765 e 796 do Código Civil Justificativa: Nos seguros de vida, o avanço da idade do segurado representa agravamento do risco para a seguradora. Para se precaverem, as seguradoras costumam estipular aumento dos prêmios conforme a progressão da idade do segurado ou, simplesmente, comunicar-lhe, às vésperas do término de vigência de uma apólice, o desinteresse na renovação do contrato. Essa prática implica, em muitos casos, o alijamento do segurado idoso, que, para contratar com nova seguradora, poderá encontrar o mesmo óbice da idade ou enfrentar prêmios com valores inacessíveis. A prática das seguradoras é abusiva, pois contraria o art. 4º do Estatuto do Idoso (Lei nº 10.741, de 01/10/2003), que dispõe: "Nenhum idoso será objeto de qualquer tipo de negligência, discriminação, violência, crueldade ou opressão, e todo atentado aos seus direitos, por ação ou omissão, será punido na forma da lei". A prática também é atentatória à função social do contrato. A cobertura de riscos é da essência da atividade securitária, assim como o mecanismo distributivo. Os cálculos atuariais permitiriam às seguradoras diluir o risco agravado pela idade entre toda a massa de segurados, equalizando os prêmios em todas as faixas de idade, desde os mais jovens, sem sacrificar os mais idosos. A recusa discriminatória de renovação dos contratos de seguro representa abuso da liberdade de contratar das seguradoras e atenta contra a função social do contrato de seguro, devendo, como tal, ser coibida."

Constitui abuso do direito a modificação acentuada das condições do seguro de vida e de saúde pela seguradora quando da renovação do contrato. (Enunciado 543 da VI Jornada de Direito Civil). Justificativa apresentada na V Jornada para publicação deste enunciado: Os contratos de seguro de vida e de saúde normalmente são pactuados por longo período de tempo. Nesses casos, verificam-se relações complexas em que, muitas vezes, os consumidores se tornam clientes cativos de determinado fornecedor. Tais situações não podem ser vistas de maneira isolada, mas de modo contextualizado com a nova sistemática contratual e com os novos paradigmas principiológicos. Trata-se de consequência da massificação das relações interpessoais com especial importância nas relações de consumo. Parte-se da premissa de que a relação contratual deve responder a eventuais mudanças de seu substrato fático ao

40 Sem correspondência ao CCB de 1916.

longo do período contratual. É uma aplicação do princípio da boa-fé objetiva, que prevê padrão de comportamento leal entre as partes. A contratação em geral ocorre quando o segurado é ainda jovem. A renovação anual pode ocorrer por anos, às vezes décadas. Se, em determinado ano, de forma abrupta e inesperada, a seguradora condicionar a renovação a uma repactuação excessivamente onerosa para o segurado, há desrespeito ao dever anexo de cooperação. Dessa forma, o direito de renovar ou não o contrato é exercido de maneira abusiva, em consonância com o disposto no art. 187 do Código Civil. Não se trata de impedimento ou bloqueio a reajustes, mas de definir um padrão justo de reequilíbrio em que os reajustes devam ocorrer de maneira suave e gradual. Aliás, esse é o entendimento do STJ (Brasil, STJ, AgRg nos EDcl no Ag nº 1.140.960/RS, relatora Ministra Nancy Andrighi, Terceira Turma, julgamento em 23/8/11; REsp nº 1.073.595/MG, relatora Ministra Nancy Andrighi, Segunda Seção, julgamento em 23/3/11).

Impõe-se o pagamento de indenização do seguro mesmo diante de condutas, omissões ou declarações ambíguas do segurado que não guardem relação com o sinistro. (Enunciado 585 da VII Jornada de Direito Civil) Parte da legislação: arts. 765 e 766 do Código Civil Justificativa: Conforme os arts. 765 e 766 do Código Civil, em contratos de seguro, é dever das partes guardar a estrita boa-fé na contratação e na respectiva execução, o que envolve o dever de informar todas as circunstâncias que possam influir na aceitação da proposta. Conforme o art. 765, a sanção à conduta contrária do segurado é a perda do direito à garantia. No entanto, declarações inexatas ou ambíguas, até mesmo omissões não justificam a negativa de cobertura securitária caso não guardem relação com a causa do sinistro ou não o tenham influenciado, haja vista que não acarretaram concretamente o agravamento do risco. Não obstante a necessidade de veracidade das declarações, não encontra justificativa jurídica a negativa de pagamento de indenização quando as informações omitidas ou prestadas em desacordo com a realidade dos fatos não concorreram para a ocorrência do dano.

31.6 Risco

O segurado perderá o direito à garantia se agravar intencionalmente o risco objeto do contrato (CC, art. 768).[41]

Quanto ao agravamento do risco, algumas hipótese já foram enfrentadas por nossos Tribunais:

"Apelação cível. Seguros. Ação de cobrança. Seguro de transporte de carga. Primeiro apelo. Majoração dos honorários advocatícios. A verba honorária deve ser majorada, fixando-se de modo proporcional ao valor da condenação, em face da complexidade da causa, zelo profissional e duração

41 Correspondente ao art. 1.454 do CCB/1916.

da demanda. Segundo apelo. Agravamento do risco comprovado. De acordo com o art. 768 do Novo Código Civil, o segurado perderá o direito à garantia se agravar intencionalmente o risco objeto do contrato. Negligência em relação ao bem segurado. Afastamento do dever de indenizar. Primeiro apelo provido; segundo apelo desprovido. (Apelação Cível Nº 70009920026, Sexta Câmara Cível, Tribunal de Justiça do RS, relator: Ney Wiedemann Neto, Julgado em 21/09/2005)."

"CONTRATO DE SEGURO. ACIDENTE DE TRÂNSITO. EMBRIAGUEZ. AGRAVAMENTO DO RISCO. EXCLUSÃO DA COBERTURA. Considerando que o segurado encontrava-se embriagado no momento do acidente, tendo saltado do caminhão em movimento e caído sob o rodado deste, houve agravamento dos riscos, de forma a excluir a cobertura securitária, conforme o disposto no artigo 1454 do Código Civil de 1916. APELAÇÃO DESPROVIDA. (Apelação Cível Nº 70007831233, Sexta Câmara Cível, Tribunal de Justiça do RS, relator: Cacildo de Andrade Xavier, Julgado em 13/10/2004)."

"CONTRATO DE SEGURO. SINISTRO. VEÍCULO CONDUZIDO POR MENOR E SEM HABILITAÇÃO. AGRAVAMENTO DO RISCO. No caso, era ônus do autor provar que o veículo estava sendo conduzido por seu filho, sem o seu consentimento. Assim, o fato de o veículo segurado estar sendo conduzido por menor sem a devida habilitação, deve ser aplicado o disposto no art. 1.454 do CC, não sendo devida a indenização. Sentença que julgou improcedente a ação. APELO DESPROVIDO. (Apelação Cível Nº 70004375879, Sexta Câmara Cível, Tribunal de Justiça do RS, relator: Cacildo de Andrade Xavier, Julgado em 31/03/2004)."

"Seguro. Veiculo. O contrato de seguro se rege, essencialmente, pela boa-fé dos contratantes. O artigo 1454 do código civil impõe, ao segurado, o dever de se abster de tudo que aumente os riscos ou contrarie o estipulado, sob pena de perder o direito a indenização. Conjunto probatório que não conforta a tese do autor. Sentença confirmada. Apelo improvido. (Apelação Cível Nº 70003709524, Quinta Câmara Cível, Tribunal de Justiça do RS, relator: Ana Maria Nedel Scalzilli, Julgado em 08/08/2002)."

"Contrato de seguro. Acidente de trânsito. Embriaguez. No momento em que o segurado conduzia motocicleta, sem o uso de capacete e embriagado, houve agravamento dos riscos, de forma a excluir a cobertura securitária, conforme o disposto no artigo 1454 DO CC. Sentença de primeiro grau que julgou improcedente a ação. Apelo improvido. (8 FLS.) (Apelação Cível Nº 70001453877, Sexta Câmara Cível, Tribunal de Justiça do RS, relator: Osvaldo Stefanello, Julgado em 06/12/2000)."

"Ação de indenização. Contrato de seguro de incêndio. Art.1454 e 1455 do ccb. Inexistência de prova sobre alegada infringência do segurado as disposições do art.1.454 do CCB. A falta de comunicação da desocupação do prédio a seguradora, não é causa de perda do direito ao seguro, por não configurar agravamento do risco no contrato de seguro. Por consequência, desautoriza a aplicação da penalidade prevista no ART.1454 do CÓDIGO CIVIL. Apelo provido. (07 FLS). (Apelação Cível Nº 70000437707, Quinta Câmara Cível, Tribunal de Justiça do RS, relator: Marco Aurélio dos Santos Caminha, Julgado em 15/06/2000)."

Ademais, uma das obrigações do segurado é "comunicar ao segurador, logo que saiba, todo incidente suscetível de agravar consideravelmente o risco coberto, sob pena de perder o direito à garantia, se provar que silenciou de má-fé (CC, art. 769).[42]

O segurador, desde que o faça nos quinze dias seguintes ao recebimento do aviso da agravação do risco sem culpa do segurado, poderá dar-lhe ciência, por escrito, de sua decisão de resolver o contrato (CC, art. 769, § 1º).[43]

A resolução só será eficaz trinta dias após a notificação, devendo ser restituída pelo segurador a diferença do prêmio. (CC, art. 769, § 2º).[44]

Quanto a redução do risco no curso do contrato, "salvo disposição em contrário, a diminuição do risco no curso do contrato não acarreta a redução do prêmio estipulado; mas, se a redução do risco for considerável, o segurado poderá exigir a revisão do prêmio, ou a resolução do contrato (CC, art. 770).[45]

O segurador que, ao tempo do contrato, sabe estar passado o risco de que o segurado se pretende cobrir, e, não obstante, expede a apólice, pagará em dobro o prêmio estipulado (CC, art. 773).[46]

31.7 Seguro à conta de outrem

O seguro à conta de outrem é aquele que é realizado por aquela pessoa que não é o segurado, mas tem interesse em fazê-lo. É negócio jurídico realizado entre o *estipulante* e o *segurador*, produzindo efeitos em relação ao *segurado*. O artigo 767 preceitua que "no seguro à conta de outrem, o segurador pode opor ao segurado quaisquer defesas que tenha contra o estipulante, por descumprimento das normas de conclusão do contrato, ou de pagamento do prêmio."[47]

É o caso, por exemplo, do depositário que celebra seguro à conta do depositante ou nos seguros de acidente de trabalho à conta de outrem que garanta todas as prestações legais, em dinheiro, para a reparação de acidentes de trabalho, incluindo aqueles verificados no trajeto casa-trabalho e vice-versa.

42 Correspondente ao art. 1.455 do CCB/1916.
43 Sem correspondência ao CCB de 1916.
44 Sem correspondência ao CCB de 1916.
45 Sem correspondência ao CCB de 1916.
46 Correspondente ao art. 1.446 do CCB/1916.
47 Correspondente ao art. 1.464 do CCB/1916.

No direito comparado, vamos encontrar o Decreto-Lei 159/99, de 11 de maio de 1999, que no direito português trata do seguro de acidentes de trabalho para trabalhadores independentes. Através do seguro de acidentes de trabalho pretende-se garantir aos trabalhadores independentes e respectivos familiares, em caso de acidente de trabalho, indenizações e prestações em condições idênticas às dos trabalhadores por conta de outrem e seus familiares.

O artigo 1º do referido dispositivo estatui a obrigatoriedade de seguro na seguinte forma:

1 – Os trabalhadores independentes são obrigados a efectuar um seguro de acidentes de trabalho que garanta, com as devidas adaptações, as prestações definidas na Lei nº 100/97, de 13 de setembro, para os trabalhadores por conta de outrem e seus familiares.

2 – São dispensados de efectuar este seguro os trabalhadores independentes cuja produção se destine exclusivamente ao consumo ou utilização por si próprio e pelo seu agregado familiar.

31.8 Obrigações do segurado

Uma das obrigações do segurado é pagar o prêmio do seguro. O artigo 764 dispõe que "salvo disposição especial, o fato de se não ter verificado o risco, em previsão do qual se faz o seguro, não exime o segurado de pagar o prêmio."[48]

Sob pena de perder o direito à indenização, o segurado participará o sinistro ao segurador, logo que o saiba, e tomará as providências imediatas para minorar-lhe as consequências (CC, art. 771).[49]

Já o parágrafo único do artigo 771, determina que "correm à conta do segurador, até o limite fixado no contrato, as despesas de salvamento consequente ao sinistro."[50]

Ademais, o segurado deve observar o seguinte:

a) deve atuar, na conclusão e na execução do contrato de seguro, com boa-fé e veracidade (artigo 765);
b) deve fazer declarações exatas e verdadeiras, mas se não o fizer pode ficar sujeito à perda do direito à garantia alem de ficar obrigado ao prêmio vencido (artigo 766);
c) obriga-se o segurado a comunicar ao segurador todo incidente suscetível de agravar o risco, sob pena de perder o direito à garantia se ficar provado que silenciou de má-fé (artigo 769);

48 Correspondente ao art. 1.452 do CCB/1916.
49 Correspondente ao art. 1.457, *caput*, do CCB/1916.
50 Sem correspondência ao CCB de 1916.

31.9 Obrigação do segurador

O segurador é obrigado a pagar em dinheiro o prejuízo resultante do risco assumido, salvo se convencionada a reposição da coisa (CC, art. 776).[51] [52]

A mora do segurador em pagar o sinistro obriga à atualização monetária da indenização devida segundo índices oficiais regularmente estabelecidos, sem prejuízo dos juros moratórios (CC, art. 772).[53]

Por fim, da mesma forma que o segurado, o segurador deve portar-se, na conclusão e execução do contrato, com a mais estrita boa-fé e veracidade (artigo 765).

31.10 Recondução tácita do contrato de seguro

O contrato de seguro pode ser prorrogado apenas uma vez, desde que exista cláusula contratual expressa nesse sentido. É o que determina o artigo 774 do CCB: "a recondução tácita do contrato pelo mesmo prazo, mediante expressa cláusula contratual, não poderá operar mais de uma vez."[54]

---

51 Correspondente ao art. 1.458 do CCB/1916.

52 AGRAVO DE INSTRUMENTO Nº 788.363 – RJ (2006/0143654-8) RELATOR : MINISTRO CARLOS ALBERTO MENEZES DIREITO. Banespa S.A. Serviços Técnicos Administrativos e Corretagem de Seguros interpõe agravo de instrumento contra o despacho que não admitiu recurso especial assentado em contrariedade ao artigo 1.449 do Código Civil e 1916. Insurge-se contra o acórdão assim ementado: "APELAÇÃO CÍVEL – CONTRATO DE SEGURO – O contrato de seguro tem natureza aleatória e obriga o segurado a pagar o prêmio que estipulou, cabendo ao segurador pagar em dinheiro o prejuízo resultante do risco assumido. Trata-se de situação objetiva, não se justificando a continuidade do embolso pelo segurador de prêmio pago indevidamente pelo segurado se este já fazia jus à indenização, mas não havia comunicado a ocorrência do sinistro à contraparte. Improvimento do apelo (fl. 111). Decido. Alega o agravante que "a devolução das mensalidades cobradas é absolutamente descabida, já que a recorrente só foi cientificada do acidente ocorrido com a recorrida autora em data muito posterior ao estipulado contratualmente" e que "o ora recorrente apenas cumpriu integralmente o contrato de seguro avençado entre as partes, em consonância com o espírito da *pacta sunt servanda*" (fl. 120). O acórdão assim dispôs: "O contrato de seguro tem natureza aleatória e obriga o segurado a pagar o prêmio que estipulou, cabendo ao segurador pagar em dinheiro o prejuízo resultante do risco assumido com o valor total da coisa segura, ex vi dos arts. 1449 e 1458 do Código Civil de 1916. Da própria natureza as avença se infere que a ocorrência do sinistro faz cessar a obrigação do segurado pelo ressarcimento da obrigação constraposta do segurador. Trata-se de situação objetiva, não se justificando a continuidade do embolso pelo segurador de prêmio pago indevidamente pelo segurado se este já fazia jus à indenização, mas não havia comunicado a ocorrência do sinistro à contraparte" (fl. 114). O dispositivo apontado como contrariado não se aplica para afastar o posicionamento do Tribunal no sentido de que "a ocorrência do sinistro faz cessar a obrigação do segurado pelo ressarcimento da obrigação contraposta do segurador" (fl. 114). Nego provimento ao agravo de instrumento. Intime-se. Brasília (DF), 29 de agosto de 2006. MINISTRO CARLOS ALBERTO MENEZES DIREITO relator (ministro CARLOS ALBERTO MENEZES DIREITO, 05.09.2006).

53 Sem correspondência ao CCB de 1916.

54 Sem correspondência ao CCB de 1916.

31.11 Agentes do segurador. Representantes.

Os agentes autorizados do segurador presumem-se seus representantes para todos os atos relativos aos contratos que agenciarem (CC, art. 775).[55]

O corretor de seguros, pessoa física ou jurídica, é o intermediário legalmente autorizado a angariar e promover contratos de seguro entre as Sociedades Seguradoras e as pessoas físicas ou jurídicas de Direito Privado. (Decreto-Lei nº 73/66 – Dispõe sobre o Sistema Nacional de Seguros Privados, art. 122).[56]

A Resolução CNSP Nº 81, de 2002, dispõe sobre a atividade dos corretores de seguros de ramos elementares e dos corretores de seguros de vida, capitalização e previdência, bem como seus prepostos. [57]

---

55 Sem correspondência ao CCB de 1916.

56 Corretor de seguros. Lei 4.594/64.

57 RESOLUÇÃO CNSP Nº 81, de 2002. Dispõe sobre a atividade dos corretores de seguros de ramos elementares e dos corretores de seguros de vida, capitalização e previdência, bem como seus prepostos. A SUPERINTENDÊNCIA DE SEGUROS PRIVADOS – SUSEP, no uso da atribuição que lhe confere o art. 34, inciso XI, do Decreto nº 60.459, de 13 de março de 1967, torna público que o CONSELHO NACIONAL DE SEGUROS PRIVADOS – CNSP, em Sessão Ordinária realizada nesta data, e considerando o que consta do processo CNSP nº 29, de 6 de dezembro de 2000 – na origem, processo SUSEP nº 15.414.003581/2002-17, de 25 de julho de 2002, R E S O L V E U : CAPÍTULO I DOS CORRETORES DE SEGUROS DE RAMOS ELEMENTARES E DOS CORRETORES DE SEGUROS DE VIDA, CAPITALIZAÇÃO E PREVIDÊNCIA. Seção I Habilitação e Registro Profissional de Corretor de Seguros – Pessoa Física. Art. 1º A habilitação técnico-profissional e o registro profissional do corretor de seguros observarão o que dispõe o art. 101, § 1º, do Regulamento aprovado pelo Decreto nº 60.459, de 13 de março de 1967. Art. 2º O corretor de seguros de que trata o art. 122 do Decreto-Lei nº 73, de 21 de novembro de 1966, terá seu registro profissional concedido pela Superintendência de Seguros Privados – SUSEP e estará habilitado a intermediar seguros dos ramos elementares e de vida e planos de capitalização e de previdência complementar aberta. Art. 3º A habilitação técnico-profissional prevista no § 1º do art. 123 do Decreto-Lei nº 73, de 21 de novembro de 1966, será concedida mediante aprovação em: I – Exame Nacional de Habilitação Técnico-Profissional para Corretor de Seguros, promovido pela Fundação Escola Nacional de Seguros – FUNENSEG; ou II – Curso de Habilitação Técnico-Profissional para Corretor de Seguros. § 1º A FUNENSEG promoverá o Exame Nacional de Habilitação Técnico-Profissional para Corretor de Seguros, no mínimo, duas vezes ao ano. § 2º A FUNENSEG poderá delegar a outras entidades de ensino a realização do Exame Nacional de Habilitação Técnico-Profissional para Corretor de Seguros e do Curso de Habilitação Técnico-Profissional para Corretor de Seguros previstos nos incisos I e II. § 3º Durante o Curso de Habilitação Técnico-Profissional para Corretor de Seguros, de que trata o inciso II, serão aplicadas provas específicas de avaliação por disciplina. Art. 4º São requisitos necessários à concessão de registro profissional de corretor de seguros pela SUSEP, prevista no § 3º do art. 123 do Decreto-Lei nº 73, de 21 de novembro de 1966: I – apresentação do comprovante de aprovação no Exame Nacional para Habilitação Técnico-Profissional para Corretor de Seguros ou do certificado de conclusão do Curso de Habilitação Técnico-Profissional para Corretor de Seguros, expedidos pela FUNENSEG; e II – comprovação de contratação de seguro para cobertura de responsabilidade civil do corretor, prevista no art. 126 do Decreto–Lei nº 73, de 21 de novembro de 1966, e no art. 20 da Lei nº 4.594, de 29 de dezembro de 1964. Parágrafo único. O seguro de que trata o inciso II deverá obedecer à regulamentação da SUSEP, que poderá estabelecer parâmetros mínimos obrigató-

rios, em especial quanto a condições gerais e especiais do seguro, importância segurada e período de vigência da cobertura. Art. 5º A FUNENSEG fornecerá o certificado de conclusão de Curso de Habilitação Técnico-Profissional para Corretor de Seguros com base em aferições de aproveitamento e frequência, segundo critérios por ela estabelecidos. Art. 6º O currículo e programas de ensino do Curso de Habilitação Técnico-Profissional para Corretor de Seguros, bem como os critérios de seleção de professores, os horários de aulas e a carga horária por disciplina, serão padronizados e levarão em conta as necessidades das localidades a serem atendidas, as disponibilidades de pessoal docente e de recursos e as indicações da SUSEP. § 1º A seleção de professores e instrutores será feita pela FUNENSEG, com observância das disposições legais e regulamentares aplicáveis e de acordo com as disposições de seu Estatuto e Regimento Interno. § 2º A FUNENSEG poderá promover Curso de Habilitação Técnico-Profissional para Corretor de Seguros em conjunto com os sindicatos de classe e outras entidades que se disponham a patrociná-lo, mediante acordos ou convênios, garantida a prévia fixação do currículo e programas de ensino. § 3º O Curso de Habilitação Técnico-Profissional para Corretor de Seguros poderá ser realizado em qualquer parte do território nacional, a critério da FUNENSEG, e será ministrado com o objetivo de oferecer iniciação técnica à profissão de corretor, padronizada para todo o País. Art. 7º A comprovação prévia de conclusão de curso de ensino de 2º grau em estabelecimento educacional reconhecido é requisito básico para a inscrição do candidato no Exame Nacional para Habilitação Técnico-Profissional para Corretor de Seguros ou no Curso de Habilitação Técnico-Profissional para Corretor de Seguros. Art. 8º O Curso de Habilitação Técnico-Profissional para Corretor de Seguros deverá abranger, no mínimo, as seguintes disciplinas: I – teoria geral do seguro; II – legislação brasileira de seguros ; III – noções básicas da parte geral do Código Civil Brasileiro; IV – jurisprudência básica sobre seguros; V – noções básicas de contabilidade de seguros, inclusive cálculos; VI – noções sobre liquidação de sinistros; VII – noções sobre venda de seguros; relações públicas e relações humanas no trabalho; e VIII – contratos de seguros e aspectos técnicos das modalidades de seguros. Art. 9º O requisito básico de que trata o art. 7º não prejudica o direito adquirido: I – dos corretores já detentores de registro definitivo; II – dos candidatos já aprovados no Exame Nacional para Habilitação Técnico-Profissional para Corretor de Seguros; e III – dos candidatos que já concluíram Curso de Habilitação Técnico-Profissional para Corretor de Seguros. Art. 10. No ato de recadastramento periódico dos corretores de seguros, a SUSEP poderá exigir, como condição necessária à revalidação do registro profissional, a apresentação dos seguintes documentos: I – comprovação de contratação do seguro previsto no inciso II do art. 4º; e II – comprovação de realização de atividade de treinamento destinada ao aprimoramento profissional do corretor de seguros, a ser definida em norma específica da SUSEP. Art. 11. O registro do corretor de seguro de vida, capitalização e previdência se fará por indicação das sociedades seguradoras e de capitalização, dentre candidatos aprovados em: I – Exame Nacional de Habilitação Técnico-Profissional para Corretores de Seguro de Vida e Capitalização, promovido pela FUNENSEG; ou II – Curso de Habilitação Técnico-Profissional para Corretores de Seguros de Vida e Capitalização, realizados pela FUNENSEG ou por outra instituição de ensino credenciada pela SUSEP. § 1º O conteúdo programático do Exame Nacional de Habilitação Técnico-Profissional para Corretores de Seguro de Vida e Capitalização e do Curso de Habilitação Técnico-Profissional para Corretores de Seguros de Vida e Capitalização será o constante nos incisos I, II, III, IV, VII e VIII do art. 8º, adaptado às atividades do corretor de seguro de vida e capitalização, devendo, ainda, abranger noções de matemática financeira. § 2º Aplicam-se aos corretores de que trata este artigo todos os demais dispositivos desta Resolução, à exceção da obrigatoriedade de contratação do seguro de responsabilidade civil de que trata o inciso II do art. 4º. § 3º Aos corretores de previdência de que trata o parágrafo único do art. 30 da Lei Complementar nº 109, de 29 de maio de 2001, aplicam-se as normas de registro e habilitação previstas para os corretores de seguros de vida e capitalização e seu registro se fará por indicação de entidade aberta de previdência complementar. Seção II Registro de Corretor de Seguros

31.12 Seguro de dano

31.12.1 Conceito e espécies

De acordo com a doutrina de José Augusto Delgado o seguro de dano é conceituado como "sendo o que tem por finalidade cobrir os prejuízos por danos aos bens móveis ou imóveis em decorrência de riscos presumidos que se transformam em sinistros. É denominado, também, de seguro de interesse e seguro de coisas e pode ser de várias espécies: a) seguro agrário; b) seguro alagamento; c) seguro animais; d) seguro anúncio luminoso; e) seguro automóveis; f) seguro bagagens; g) seguro benfeitorias e produtos agropecurários; h) seguro bens; i) seguro cais a cais; j) seguro carga; l) seguro cascos marítimos; m) seguro compreensivo de florestas; n) seguro compreensivo de imóveis diversos residenciais ou comerciais; o) seguro compreensivo especial; p) seguro contra danos causados a terceiros; q) seguro contra deteriorização de mercadorias em ambientes frigoríficos; r) seguro contra os riscos de terremoto ou tremores de terra e maremotos; s) seguro de crédito; t) seguro de danos físicos ao imóvel; u) seguro desmoronamento; v) seguro equipamento eletrônico; x) seguro equipamentos estacionários; y) seguro equipamentos cinematográficos, fotográficos e de televisão; z) seguro fidelidade."[58]

31.12.2 Limites da garantia do seguro

De acordo com a regra do artigo 778, "nos seguros de dano, a garantia prometida não pode ultrapassar o valor do interesse segurado no momento da conclusão do contrato, sob pena do disposto no art. 766, e sem prejuízo da ação penal que no caso couber."[59]

– Pessoa Jurídica. Art. 12. A concessão de registro de corretor de seguros constituído sob a forma de pessoa jurídica somente será outorgada às sociedades regularmente constituídas, que estejam organizadas sob a forma de: I – sociedades comerciais; II – sociedades civis, de fins lucrativos; III – sociedades civis organizadas sob a forma de sociedades mercantis. Art. 13. Não será concedido registro às sociedades cujos sócios e ou diretores: I – aceitem ou exerçam emprego em pessoa jurídica de direito público; ou II – mantenham relação de emprego ou de direção com sociedade seguradora. Parágrafo único. Não poderão obter registro as sociedades em que participem pessoas jurídicas integradas por sócios ou acionistas que se encontrem nas situações previstas nos incisos I e II deste artigo. CAPÍTULO II DOS PREPOSTOS. Art. 14. A atividade de preposto de corretor de seguros será regulamentada pela SUSEP. CAPÍTULO III DAS DISPOSIÇÕES FINAIS. Art. 15. Fica a SUSEP autorizada a estabelecer normas complementares à execução do disposto na Resolução. Art. 16. Esta Resolução entra em vigor na data de sua publicação. Art. 17. Ficam revogadas as Resoluções CNSP nº 5, de 6 de março de 1979; nº 10, de 14 de agosto de 1979; nº 11, de 11 de setembro 1984; nº 27, de 17 de fevereiro de 2000; nº 45, de 8 de dezembro de 2000; e nº 62, de 3 de setembro de 2001. Rio de Janeiro, 19 de agosto de 2002. HELIO OLIVEIRA PORTOCARRERO DE CASTRO Superintendente da Superintendência de Seguros Privados.

58 *Ibid.*, p. 409-410.

59 Sem correspondência ao CCB de 1916.

31.12.3 Abrangência do seguro

A composição dos prejuízos decorrentes do sinistro está expresso na regra 779 do nosso Código Civil que dispõe "o risco do seguro compreenderá todos os prejuízos resultantes ou consequentes, como sejam os estragos ocasionados para evitar o sinistro, minorar o dano, ou salvar a coisa."[60]

31.12.4 Vigência da garantia

A vigência da garantia, no seguro de coisas transportadas, começa no momento em que são pelo transportador recebidas, e cessa com a sua entrega ao destinatário (CC, art. 780).[61]

31.12.5 Valor da indenização

O valor da indenização "não pode ultrapassar o valor do interesse segurado no momento do sinistro, e, em hipótese alguma, o limite máximo da garantia fixado na apólice, salvo em caso de mora do segurador (CC, art. 781).[62]

Quanto a este assunto, vale a pena apresentar a decisão proferida pelo Des. Jorge Schaefer Martins do Tribunal de Justiça do Estado de Santa Catarina: "ILEGITIMIDADE ATIVA. AUSÊNCIA DE COMPROVAÇÃO DA PROPRIEDADE DO IMÓVEL. DOCUMENTO EXIGIDO APENAS APÓS O SINISTRO. AÇÃO AJUIZADA PELA PESSOA QUE CONTRATOU O SEGURO E EFETUOU O PAGAMENTO DO PRÊMIO. INTERESSE JURÍDICO CONFIGURADO. PRELIMINAR AFASTADA. CIVIL. CONTRATO DE SEGURO CONTRA INCÊNDIO. APLICAÇÃO DO CDC AOS CONTRATOS SECURITÁRIOS. PERDA TOTAL DO BEM. OBRIGAÇÃO DE INDENIZAR PELO VALOR DA APÓLICE. EXEGESE DO ARTIGO 1.462 DO CÓDIGO CIVIL DE 1916. AUSÊNCIA DE REPRODUÇÃO NO NOVO CÓDIGO CIVIL. APLICAÇÃO DO ARTIGO 781. IMPOSSIBILIDADE. VALOR PREFIXADO NA APÓLICE. Aplicam-se os princípios e regras do Código de Defesa do Consumidor à relação jurídica existente entre empresa seguradora e seus clientes, a teor do art. 3º, § 2º, da Lei nº 8.078/90. Em se tratando de contrato de seguro contra incêndio com valor prefixado e não estimado, comprovada a perda total do bem segurado, assim como o pagamento do prêmio, o valor da indenização deve corresponder ao contratado na apólice, sobre o qual é calculado e cobrado o prêmio. VERBA HONORÁRIA. CONCESSÃO DO BENEFÍCIO DA GRATUIDADE. APLICAÇÃO DO § 1º DO ARTIGO 11 DA LEI Nº 1.060/50. REDUÇÃO. POSSIBILIDADE. *Os honorários advocatícios serão fixados pelo juiz até o máximo de 15% (quinze por cento) do valor da condenação, quando o beneficiário da assistência judiciária*

60 Correspondente ao art. 1.461 do CCB/1916.

61 Sem correspondência ao CCB de 1916.

62 Sem correspondência ao CCB de 1916.

for vencedor na causa, por força do art. 11, § 1º, da Lei nº 1.060/50, de modo a remunerar condignamente o trabalho do advogado, tendo sempre presente o grau de zelo do profissional, o lugar de prestação do serviço, a natureza e importância da causa, o trabalho realizado pelo causídico e o tempo exigido para o seu serviço. (Apelação cível nº 2000.017943-4, comarca de Taió, Des. Rel. Luiz Carlos Freyesleben, Segunda Câmara do TJSC, julgado em 07 de novembro de 2002) JUROS DE MORA. RELAÇÃO CONTRATUAL. INCIDÊNCIA A PARTIR DA CITAÇÃO. RECURSO PARCIALMENTE PROVIDO. Sabe-se que em se tratando de relação contratual os juros de mora incidem a contar da citação e não do ajuizamento da ação. Vistos, relatados e discutidos estes autos de apelação cível nº 2005.042033-1, da comarca de Gaspar (1ª Vara), em que é apelante Tokio Marine Brasil Seguradora S/A e apelado Valdemar Plotheger: ACORDAM, em Segunda Câmara de Direito Civil, por unanimidade, dar parcial provimento ao recurso. Custas na forma da lei. I – RELATÓRIO: Valdemar Plotheger intentou ação de indenização contra Tokio Marine Brasil Seguradora S/A, pretendendo o pagamento de verba securitária em decorrência da perda total do imóvel segurado, provocada por incêndio ocorrido no dia 5 de maio de 2003. Citada, a ré apresentou contestação, arguindo, em preliminar, ilegitimidade ativa ao argumento de que não restou comprovada a propriedade do imóvel incendiado. No mérito, impugnou o valor pleiteado, dizendo que o montante de R$ 30.000,00 (trinta mil reais) previsto na apólice é meramente estimativo. Finalmente, mencionou que o valor devido corresponde a R$ 20.006,90. Houve réplica (fls. 65/69). Sentenciando, a Dra. Juíza de Direito julgou procedente o pedido, condenando a ré ao pagamento de R$ 30.000,00, acrescido de correção monetária desde a negativa, além das custas processuais e honorários advocatícios, esses no percentual de 20% sobre o valor da condenação. Acolhendo os embargos de declaração opostos pelo autor, a autoridade judiciária de primeiro grau condenou a ré também ao pagamento de juros de mora a partir do ajuizamento da ação. Inconformada, apelou a vencida, reiterando a argumentação aduzida na resposta. Enfim, postulou a redução da verba honorária, com base no artigo 11 da Lei nº 1.060/50, além da incidência dos juros legais a contar da citação e não do ajuizamento. Com as contrarrazões, ascenderam os autos a esta Corte. II – VOTO: Primeiramente, afasta-se a preliminar de ilegitimidade ativa. Com efeito, extrai-se dos documentos acostados nas fls. 13/18 que o contrato de seguro foi celebrado e pago pelo autor, sem que a seguradora tivesse exigido a comprovação da propriedade, essa solicitada apenas após a ocorrência do sinistro. Frisa-se que, como bem mencionado pelo autor na réplica a contestação, a seguradora sequer comprovou a quem pertencesse a propriedade do imóvel segurado, ônus que lhe competia conforme disposto no inciso II do artigo 333 do Código de Processo Civil. Além disso, mesmo que admitindo como verdadeira a alegação, não se pode afastar a legitimidade do autor, pois contratou o seguro e realizou o pagamento do prêmio (recebido pela seguradora), objetivando resguardar o bem segurado de eventuais riscos, e, em consequência, possui interesse jurídico para pleitear a indenização securitária em decorrência do sinistro. Quanto ao valor condenatório, melhor sorte não assiste a apelante. Na verdade, em primeiro lugar, destaca-se que os contratos de seguro submetem-se às normas de ordem pública e de interesse social do Código de Defesa do Consumidor, enquadrando-se como relação de consumo, de acordo com o § 2º do art. 3º da Lei nº 8.078/90, cuja dicção é a seguinte: *Serviço é qualquer atividade fornecida no mercado de consumo, mediante remuneração, inclusive as de natureza bancária, financeira, de crédito e securitária, salvo as decorrentes das relações de caráter trabalhista.* É da jurisprudência: Os contratos de seguro são regidos pelo Código de Defesa do Consumidor (CDC), a teor do que dispõe o art. 3º, § 2º, daquele mesmo diploma, com menção expressa aos serviços de natureza securitária. (ACV nº 02.011363-3, de Rio do Sul, Rel. Des. Monteiro Rocha, j. 08/08/02) É certo que as partes firmaram contrato de seguro de imóvel, constando da apólice o pagamento de indenização de R$ 30.000,00 em razão de incêndio, porém a seguradora pretende pagar apenas a quantia aproximada de R$ 20.000,00. Contudo, havendo perda total do imóvel, a indenização deverá corresponder ao valor previamente ajustado na apólice de seguros, que, no caso em apreço, equivale a R$ 30.000,00. Dúvida não se tem sobre ser obrigação da companhia de seguros indenizar, por inteiro, no valor da apólice, quando o imóvel haja sido inteiramente consumido pelas chamas. É o que promana dos artigos 1.458 e 1.462 do Código Civil de 1916, a seguir transcritos: Art. 1.458. O segurador é obrigado a pagar em dinheiro o prejuízo resultante do risco assumido e, conforme as circunstâncias, o valor total da coisa segura. Art. 1.462. Quando ao objeto do contrato se der valor determinado, e o seguro se fizer por este valor, ficará o segurador obrigado, no caso de perda total, a pagar pelo valor ajustado a importância da indenização, sem perder por isso o direito, que lhe asseguram os arts. 1.438 e 1.439. Neste sentido, já decidiu o Superior Tribunal de Justiça: SEGURO. IMÓVEL. VALOR DA INDENIZAÇÃO. Em caso de perda total, a indenização é devida à base do valor constante da apólice. Recurso especial não conhecido. (REsp nº 194.844/RS, Rel. Min. Ari Pargendler, j. 06/05/02) Do corpo do acórdão, extrai-se: Como já disse em várias outras decisões envolvendo questões semelhantes, no momento em que aceitou segurar por determinado valor, e por este cobrar o prêmio, obriga-se a seguradora, em caso de sinistro, a cumprir com o avençado e não com o que eventualmente vale o bem resguardado no momento da indenização. No mesmo rumo, retira-se desta Corte: APELAÇÃO CÍVEL – INDENIZATÓRIA – SEGURO – CERCEAMENTO DE DEFESA – NÃO OCORRÊNCIA – PERDA TOTAL – PAGAMENTO PARCIAL COM BASE NO DANO SOFRIDO – COMPLEMENTAÇÃO DEVIDA – VALOR DA APÓLICE. [...] 'Na hipótese de perda total do bem segurado, o valor indenizatório deve ser o constante na apólice, não podendo a seguradora pretender ressarcir pelo valor do prejuízo'

(AC nº 00.012395-1, de Turvo, Rel. Des. Torres Marques, j. 02/10/01). APELAÇÃO CÍVEL – INDENIZATÓRIA - CONTRATO DE SEGURO – PERDA TOTAL DA CASA E DO SEU CONTEÚDO – QUITAÇÃO FIRMADA PELO SEGURADO COM VALOR INFERIOR AO DA APÓLICE – IRRELEVÂNCIA – CÓDIGO DE DEFESA DO CONSUMIDOR - COMPLEMENTAÇÃO DO VALOR – SENTENÇA DE PROCEDÊNCIA CONFIRMADA – RECURSO DESPROVIDO. Em caso de perda total de imóvel segurado, em decorrência de incêndio, a indenização deve equivaler ao valor constante na apólice, sendo a transação firmada pelo segurado com quitação apenas da importância nela descrita. Deverá a seguradora, em casos desta natureza, complementar a indenização conforme o valor previsto na apólice. (ACV nº 02.000840-0, de Chapecó, Rel. Des. José Volpato de Souza, j. 04/06/02) Assim, restou pacificado o entendimento sob a égide do Código Civil de 1916. Entrementes, tendo em vista que o contrato de seguro celebrado entre as partes ocorreu sob à égide do Novo Código Civil, esta fundamentação deve ser reapreciada, em que pese a existência de julgado desta Corte no sentido de que não houve alteração. A propósito: APELAÇÃO CÍVEL – AÇÃO ORDINÁRIA DE COBRANÇA – CONTRATO DE SEGURO – INCÊNDIO – PERDA TOTAL DO IMÓVEL – INDENIZAÇÃO PELO LIMITE MÁXIMO DA APÓLICE – RECURSO DESPROVIDO "Quando ao objeto do contrato se der valor determinado, e o seguro se fizer por este valor, ficará o segurador obrigado, no caso de perda total, a pagar pelo valor ajustado a importância da indenização" (art.1462 do Código Civil de 1916 – atual 781) (Apelação cível nº 2002.003754-0, de Catanduvas, relator Des. José Volpato de Souza) Do corpo do acórdão, extrai-se o seguinte excerto: O artigo 1.462 do Código Civil de 1916 – atual art. 781 do CC/02 – estabelece que, "quando ao objeto do contrato se der valor determinado, e o seguro se fizer por este valor, ficará o segurador obrigado, no caso de perda total, a pagar pelo valor ajustado a importância da indenização, sem perder por isso o direito, que lhe asseguram os arts. 1.438 e 1.439". Comentando o dispositivo legal, Jones Figueirêdo Alves leciona que "a indenização pelo limite máximo da apólice, a saber aquele cogitado como valor do interesse assegurado por ocasião da conclusão do contrato, sempre gerou embate doutrinário e jurisprudencial, entendendo-se compatível e justo aquela corresponder ao valor da apólice, na hipótese do perecimento da coisa, inclusive porque, "se (a seguradora) aceitou segurar o bem por valor superior, e recebeu o prêmio sobre esse mesmo valor, não pode reduzir o pagamento do bem sinistrado" (Novo Código Civil Comentado, coord. Ricardo Fiuza, p. 706). Portanto, tendo o contrato estipulado valores certos, e na perda total da coisa, a seguradora deve indenizar o valor determinado naquela apólice. É que, assim dispõe, acerca do assunto, o Código Civil de 2002: A indenização não pode ultrapassar o valor do interesse segurado no momento do sinistro e, em hipótese alguma, o limite máximo da garantia fixado na apólice, salvo em caso de mora do segurador. (Artigo 781) O doutrinar citado acima, ao contrário do mencionado no fragmento, menciona: A redação atual é a mesma do projeto (art. 791). Não tem correspondente no CC de 1916. O art. 1.462 desse Código diferentemente dispunha: 'Quando ao objeto do contrato se der valor determinado, e o seguro se fizer por este valor, ficará o segurador obrigado, no caso de perda total, a pagar pelo valor ajustado a importância da indenização, sem perder por isso o direito, que lhe asseguram os arts. 1.438 e 1.439'. (Novo Código Civil comentado. 5. Ed. atual. São Paulo: Saraiva, 2006, p. 638/639) E, após mencionar entendimentos que possuem como fundamento os dispositivos que regulamentavam a matéria no Código Civil de 1916, esclarece: Agora, ao ficar expresso que a indenização não pode ultrapassar o valor do interesse segurado no momento do sinistro, tem-se uma nova realidade temporal em termos de significado econômico do bem, apurando-se a sua expressão ao ensejo do evento danoso, que, por logicidade, representa o que implicou, efetivamente, prejuízo ao titular do interesse. Ponderável essa correlação, tem-se, por outro lado, o limite valorativo do bem jungido ao teto do valor da apólice, porque a este correspondeu o valor do prêmio. Mas é preciso ainda admitir e ponderar que, vindo o valor da indenização a ser menor do aquele mensurado ao tempo do ajuste e fixado na apólice, o prêmio pago será superior ao aqui estabelecido pelo valor do interesse assegurado no momento do sinistro, caso em que terá de ser reduzido, com a diferença acrescida ao pagamento indenizatório. Essa conciliação de interesses afigura-se corolário do princípio da eticidade que timbra o NCC, pois nenhuma das partes deve obter vantagem indevida em detrimento do patrimônio da outra. (*ob. cit.* p. 639) José Augusto Delgado, ao comentar o artigo 781 do Código Civil de 2002, assim se manifesta: A indenização a ser recebida pelo segurado, no caso da consumação do risco provocador do sinistro, deve corresponder ao real prejuízo do interesse segurado. Há de ser apurado por perícia técnica o alcance do dano. O limite máximo é o da garantia fixada na apólice. Se os prejuízos forem menores do que o limite máximo fixado na apólice, o segurador só está obrigado a pagar o que realmente aconteceu. (Comentários ao novo Código Civil. Rio de Janeiro: Forense, 2004, p. 456) Por sua vez, Domingos Afonso Kriger Filho, diz que: A fixação do quantum indenizatório depende de circunstâncias que variam de um para outro ramo de seguro, em geral sendo ela prefixada ou estimada. Na estipulação previamente fixada, não há maiores dificuldades de se compreender a operação, pois o valor da cobertura deverá corresponder ao ajustado na apólice. Já em relação à importância estimada, o segurador não fica obrigado à quantia contratada, mas 'até' aquela quantia, dependendo de prova do montante dos prejuízos por parte do segurado. Os seguros que preveem indenização *aestimationis* são perfeitamente lícitos de serem contratados, tendo em vista existirem inúmeros bens e interesses que podem constantemente alterar e mudar de valor, como se dá no seguro de estoque comercial: o seu levantamento no início do contrato nenhuma valia tem, uma vez poderá ser ele maior ou menor por ocasião do sinistro. O mesmo ocorre com o seguro de responsabilidade civil: o valor da indenização dependerá do montante condenatório que será imposto ao segurado pela prática do ato ilícito. Em tais casos, o valor do seguro é estimado considerando determinados fatores específicos que cercam o contratante e, até este limite, o segurador efetuará o pagamento, conforme se dê a demonstração dos danos por parte daquele. Exatamente essa a orientação pretendida pela regra contida neste artigo: a indenização, quando por estimativa, não pode ultrapassar o valor do interesse segurado no momento do sinistro e, em hipótese alguma, o limite máximo da garantia fixado na apólice, salvo em caso de mora do segurador, dado que este fato enseja a aplicação dos acréscimos legais de juros e correção monetária sobre o montante devido. (Seguro no Código Civil. Florianópolis: OAB/SC Editora, 2005, p. 161/162) Assim, em primeiro lugar, deve-se concluir acerca do tipo de contrato de seguro, ou seja, se com valor estimado ou prefixado. Tanto Domingos Afonso Kriger Filho como Pedro Alvim dissertam que: (...) quando a importância segurada é estimada, a apólice deixa bem explícita esta condição. Figura, por exemplo, em nossa apólice-padrão de seguro-incêndio: 'Pela presente apólice, a Companhia segura contra prejuízos devidamente comprovados e decorrentes dos riscos cobertos, os bens nela mencionados até o limite das respectivas importâncias seguradas, as quais foram fixadas pelo segurado e não implicam, por parte da Companhia, reconhecimento de prévia determinação do valor de tais bens mas constituem apenas, os limites máximos das indenizações exigíveis, de acordo com as condições a seguir enumeradas." (O contrato de seguro. 3. ed. Rio de Janeiro: Forense, 1999, p. 307/308) No caso concreto, não há cláusula neste sentido, demonstrando acertado o entendimento externado pela Dra. Ana Paula Amaro da Silveira, nestes termos: Referida negativa no pagamento do valor constante da apólice, qual seja, R$ 30.000,00 (trinta mil reais) se funda na alegação de que o contrato avençado entre as partes trata-se de um contrato com valor aproximado e não prefixado. Ao contrário da alegação da seguradora, o contrato avençado especifica o valor segurado na quantia de R$ 30.000,00 (trinta mil reais) e não até aquele valor. (fl. 77) Neste sentido, extrai-se da jurisprudência desta Corte, *verbis*: SEGURO CONTRA INCÊNDIO – PERDA TOTAL DO IMÓVEL SEGURADO E DE SEU CONTEÚDO – COMPANHIA SEGURADORA CONDENADA A INDENIZAR O VALOR CONSIGNADO NA APÓLICE – PERÍCIA REALIZADA DE FORMA UNILATERAL PELA SEGURADORA – RECURSO ADUZINDO QUE O PREJUÍZO SOFRIDO É AQUÉM DO VALOR DA APÓLICE. RECURSO DESPROVIDO. Em seguro contra incêndio, comprovada a destruição total do imóvel segurado e de seu conteúdo, a cobertura securitária há que ser prestada pelo valor prefixado na respectiva apólice, o qual representa, não o máximo da indenização comportável, mas, com exatidão, o montante ressarcitório já estabelecido com antecipação pelas partes contratantes, desimportando seja ele superior ao preço do bem sinistrado (Apelação cível nº 98.008152-1, de Joinville, relator: Des. Trindade dos Santos). (Apelação cível nº 2002.013776-1, de Campos Novos, relator Des. Dionízio Jenczak) À esta altura, de se dizer que a perda total do imóvel segurado restou incontroversa, como bem salientou a autoridade judiciária de primeiro grau, da seguinte forma: Em toda documentação acostada, mais especificamente pelas fotografias colacionadas, além das declarações do corpo de bombeiros, verifica-se que a perda do imóvel e dos utensílios domésticos lá existentes, fora de forma total. Às fls. 24 concluiu o corpo de bombeiros: 'Danos ocorridos por ocasião do sinistro. 6.1 na edificação – destruição total da área de madeira (80m2), danos parciais a cozinha e banheiro. 6.2 nos bens móveis, 01 sofá. 01 ventilador e 01 geladeira, era o que havia na edificação.' De igual sorte, em boletim de ocorrência de fls. 19 no item Histórico Ocorrência, tem-se a seguinte descrição: 'o solic.inf. que há um incêndio em uma residência (...) foram ao local e deram combate ao sinistro que consumiu toda a residência de madeira com aprox., 80mt quadrados, com lavação em alvenaria, sendo que também danificou uma geladeira, um jogo de sofá, e um ventilador, foram gastos cerca de 10.000 litros de água no combate. E segundo testemunhas o fogo iniciou próx. do medidor de energia da celesc.' A perícia trazida aos autos pela empresa seguradora, a qual, concluiu pelo valor de R$ 20.006,90 (vinte mil e seis reais e noventa centavos), aferiu referido cálculo levando em consideração que o prejuízo referente à casa se deu no montante de R$ 23.554,00 (vinte e três mil e quinhentos e cinquenta e quatro reais) e o prejuízo referente aos móveis, levando-se em consideração preço de mercado e o tempo de uso, culminou no valor de R$ 1.769,00 (mil setecentos e sessenta e nove reais). Há que se evidenciar que no contrato juntado aos autos nada há que se falar que a indenização não seria paga no valor da apólice, nem tampouco que o contrato trata-se de contrato com valor aproximado. O que se vê é a contratação de seguro de incêndio do imóvel em questão, sendo que o pagamento do prêmio é na quantia de R$ 30.000,00 (trinta mil reais). (fls. 77/78) Destarte, levando-se em consideração que se trata de contrato de seguro com valor prefixado e não estimado, comprovada a perda total do imóvel em razão do incêndio, assim como o pagamento do prêmio pelo segurado, impõe-se a manutenção da sentença que condenou a seguradora na quantia correspondente ao previsto na apólice, não se aplicando, na hipótese, o disposto no artigo 781 do Código Civil de 2002. Por outro lado, no que concerne aos honorários advocatícios, melhor sorte lhe assiste. Realmente, em decorrência da concessão do benefício da gratuidade, a verba honorária limita-se ao previsto no artigo 11, § 1º, da Lei nº 1.060/50. Acerca do assunto, colhe-se o seguinte julgado: Omissis Os honorários advocatícios serão fixados pelo juiz até o máximo de 15% (quinze por cento) do valor da condenação, quando o beneficiário da assistência judiciária for vencedor na causa, por força do art. 11, § 1º, da Lei nº 1.060/50, de modo a remunerar condignamente o trabalho do advogado, tendo sempre presente o grau de zelo do profissional, o lugar de prestação do serviço, a natureza e importância da causa, o trabalho realizado pelo causídico e o tempo exigido para o seu serviço. (Apelação cível nº 2000.017943-4, comarca de Taió, Des. Rel. Luiz Carlos Freyesleben, Segunda Câmara do TJSC, julgado em 07 de novembro de 2002) Da mesma forma, sabe-se que em se tratando de relação contratual os juros de mora incidem a contar da citação e não do ajuizamento da ação como decidido pela autoridade judiciária de primeiro grau. Neste contexto, vota-se pelo provimento parcial do apelo para reduzir a verba honorária ao percentual de 15% (quinze porcento) sobre o valor da condenação e determinar a incidência dos juros de mora no percentual de 1% a contar da citação. III – DECISÃO: Ante o exposto, deu-se provimento parcial ao recurso. Participou do julgamento o excelentíssimo desembargador Monteiro Rocha. Florianópolis, 17 de agosto de 2006. MAZONI FERREIRA Presidente com voto JORGE SCHAEFER MARTINS relator, Apelação cível nº 2005.042033-1, de Gaspar. Relator: Des. Jorge Schaefer Martins.

31.12.6 Novo seguro sobre o mesmo interesse

Caso o segurado queira contratar um novo seguro sobre o mesmo interesse, a regra a ser aplicada é a expressa no artigo 782 que informa: "Art. 782. O segurado que, na vigência do contrato, pretender obter novo seguro sobre o mesmo interesse, e contra o mesmo risco junto a outro segurador, deve previamente comunicar sua intenção por escrito ao primeiro, indicando a soma por que pretende segurar-se, a fim de se comprovar a obediência ao disposto no art. 778."[63]

31.12.7 Redução proporcional da indenização em caso de sinistro parcial

O sinistro parcial acarreta a redução proporcional da indenização do seguro. Daí que "salvo disposição em contrário, o seguro de um interesse por menos do que valha acarreta a redução proporcional da indenização, no caso de sinistro parcial (CC, art. 783).[64]

31.12.8 Sinistro provocado por vício intrínseco da coisa segurada

Não se inclui na garantia o sinistro provocado por vício intrínseco da coisa segurada, não declarado pelo segurado (CC, art. 784).[65]

O parágrafo único do artigo 784 entende "por vício intrínseco o defeito próprio da coisa, que se não encontra normalmente em outras da mesma espécie."[66]

63 Sem correspondência ao CCB de 1916.
64 Sem correspondência ao CCB de 1916.
65 Correspondente ao art. 1.459 do CCB/1916.
66 Sem correspondência ao CCB de 1916.

31.12.9 Transferência do contrato de seguro de dano

Caso o segurador não se oponha ou não exista cláusula contratual que impeça a transferência do contrato de seguro, o artigo 785 determina que "salvo disposição em contrário, admite-se a transferência do contrato a terceiro com a alienação ou cessão do interesse segurado.[67] [68]

---

67 Correspondente ao art. 1.463, *caput*, do CCB/1916.

68 AGRAVO DE INSTRUMENTO Nº 792.787 – RS (2006/0165667-1) RELATOR: MINISTRO HAMILTON CARVALHIDO. DECISÃO Agravo de instrumento contra inadmissão de recurso especial interposto por Delci Pacheco da Silva, com fundamento no artigo 105, inciso III, alínea "a", da Constituição Federal, impugnando acórdão da Décima Quinta Câmara Cível do Tribunal de Justiça do Estado do Rio Grande do Sul, assim ementado: "APELAÇÃO CÍVEL. LOCAÇÃO. AÇÃO DE REPARAÇÃO DE DANOS EM PRÉDIO URBANO C/C 'SUB-ROGAÇÃO' EM INDENIZAÇÃO DE SEGURO. INCÊNDIO. AUSÊNCIA DE CULPA DOS LOCATÁRIOS. LIMITE DA ABRANGÊNCIA DA COBERTURA DO SEGURO. CASO CONCRETO. A presunção relativa de culpa do locatário, no caso concreto, foi afastada. Por outro lado, não se pode aferir, na presente demanda, que a cobertura do seguro abranja, além do maquinário da empresa apelada, o prédio locado, de propriedade do apelante. Esta questão, aliás, se encontra em discussão na fase de liquidação de outra demanda, na qual, por sua vez, tentou o apelante ingressar, na condição de assistente. Sentença modificada apenas no tocante a fixação dos honorários advocatícios, que foram reduzidos. POR UNANIMIDADE, DERAM PARCIAL PROVIMENTO AO RECURSO." (fl. 23). Alega o recorrente que: "(...) 2.Pelo que se depreende afastaram o direito do recorrente, entendendo que...'...não se pode aferir, na presente demanda, que a cobertura do seguro abranja, além do maquinário da empresa OMEC, o prédio locado. E aqui uma primeira contradição, embora não se busque adentrar na prova, já que incabível na espécie, mas vejamos, o que está inserido no acórdão vergastado: Esta questão, aliás, como já dito, se encontra em discussão na fase de liquidação na outra demanda, na qual por sua vez, tentou o apelante ingressar, na condição de assistente, quando o processo já se encontrava findo (fl. 23). Em suma, se a questão se encontra em discussão, por obviedade, passível de existir, portanto, não pode ser considerada inexistente, ademais que, as particularidades de como o contrato de seguro se estabeleceu, como se sabe, não foi através de apólice ou bilhete, mas apenas de uma proposta, confirmada pela coisa julgada. 3.Já esclarecendo, considerando as características, da contratação do seguro feito entre o representante de OMEC e a SEGURADORA, cujas diretrizes são com base na proposta e sabendo segundo o ARTIGO 1080 DO ant CC, que: ... proposta de contrato obriga o proponente... e contendo naquela proposta, como pode ser observado por V. Excelências, que o prêmio foi com base no valor do prédio, bem como, ali está inserido tal referencia, então, com o devido respeito ao entendimento contrário, mas é perceptível que o prédio locado é da NATUREZA DO OBJETO CONTRATADO. (...) 5.Nessa esteira, ainda considerando que o DIREITO À INDENIZAÇÃO PODE SER TRANSMITIDO A TERCEIRO..., DE DIREITO REAL SOBRE A COISA – (PROPRIETÁRIO DO PRÉDIO) ART. 1.463 DO ant CC. Que a transferência do contrato também se estabelece em face do interesse segurado (art. 785 NCC) e principalmente, art. 788 (a indenização por sinistro será paga pelo segurador diretamente ao terceiro prejudicado), o afastamento desse direito, constitui-se também em decisão contraria a LEI. (...) 7.Notadamente, trata-se de tese não aceita, todavia, foi enfrentada, mas com o devido respeito, o acórdão não revela ou indica qual prova ou mais apropriado, o fundamento legal, que se basearam para afirmar que inexiste a cobertura do seguro junto ao patrimônio do apelante (prédio sinistrado), quando a COISA JULGADA (sentença do processo n° 800254466 – fl 10), diz existir, também a lei (arts. 1080; 1432; 1433; 1448; 1458; 1460; 1461; 1462 do ant CC e por correlação os atuais arts. 757; 758; 759 (precedida de proposta); 760; 779, do NCC) diz que a proposta de seguro (fl. 92) são as bases do contrato (apólice) e mais,

Se o instrumento contratual é nominativo, a transferência só produz efeitos em relação ao segurador mediante aviso escrito assinado pelo cedente e pelo cessionário (CC, art. 785, § 1º).[69]

A apólice ou o bilhete à ordem só se transfere por endosso em preto, datado e assinado pelo endossante e pelo endossatário. (CC, art. 785, § 2º).[70]

---

discute-se em sede de liquidação a natureza objeto (art. 603 e 606 do CPC), PORTANTO, a solução encontrada NEGA A VIGÊNCIA DA LEI EM TESTILHA. 8.De resto, a pretensão do embargante sempre foi uma SENTENÇA DECLARATÓRIA, para reconhecimento da sua LEGITIMIDADE e INTERESSE, pois como bem salientado no acórdão hostilizado, quando buscou intervir na relação entre segurador e segurado, como assistente, o fez tardiamente, por desconhecer o contrato, consequentemente, naquela fase foi afastado. (...) Assim, com a devida vênia, repete, entendendo que pela prova (embora não seja a razão do presente recurso, já que inadmissível reexame da prova) ou sua valoração, essa última possível, todavia, já que o caso presente trata apenas da NEGATIVA DA LEI PROCESSUAL E CIVIL ACIMA NUMERADA, uma vez afastada, deixando-a de aplicar com correção, afastou direito líquido e certo do recorrente, com base na LEI, de obter a justa SENTENÇA DECLARATÓRIA DE SUA LEGITIMIDADE E INTERESSE na sub-rogação do direito de pleitear a indenização na parte referente ao risco contratado recaído no prédio, pois como se verifica, alvo de liquidação por artigos, tanto que está sendo feita perícia nos autos autônomos. (...) Finalizando, observem, com o afastamento do recorrente dos processos que discutiam a lide, bem como, impossibilidade de diretamente pleitear junto a seguradora, não tinha outra forma até então de ver reconhecido o que a LEI CIVIL possibilita, ou seja, receber o que lhe é devido a título de risco coberto pelo seguro, mesmo tratando-se de terceiro, embora a mais recente jurisprudência já reconheça tal possibilidade, como no exemplo abaixo: AÇÃO INDENIZATÓRIA. TERCEIRO PREJUDICADO. SEGURADORA. LEGITIMIDADE PASSIVA ad causam. Carece de prequestionamento o recurso especial de tema não debatido no acórdão recorrido. A AÇÃO INDENIZATÓRIA DE DANOS MATERIAIS, ADVINDOS DO ATROPELAMENTO E MORTE CAUSADOS POR SEGURADO, PODE SER AJUIZADA DIRETAMENTE CONTRA A SEGURADORA, QUE TEM RESPONSABILIDADE POR FORÇA DA APÓLICE SECURITÁRIA E NÃO POR TER AGIDO COM CULPA NO ACIDENTE. (RECURSO ESPECIAL Nº 444716/BA (2002/0077982-0) 3ª TURMA DO STJ, REL MIN. NACY ANDRIGHI, J. 11.05.2004, unânime, D1 31.05.2004). (...) 10.Mesmo com o destaque da redução da verba honorária, se considerarmos os critérios estabelecidos no acórdão, existe uma contrariedade intransponível. (...) Assim, se por suporte da fixação dos honorários foi o empenho, a atividade desenvolvida e o trabalho exigido, com a devida vênia, e sem reservas ou desmerecer a qualidade inquestionável do nobre Bel que hoje representa os interesses do recorrente, já que não se trata de aquilatar sua brilhante atuação, mas do balizamento/critérios do artigo 20, parágrafo 4ª, do CPC, temos que, a LEI nesse tópico foi desrespeitada. Em suma, há NEGATIVA DE LEI, pois os honorários foram fixados com base nesse dispositivo legal, determina que uma vez obedecido suas diretrizes, haveria de reduzir ainda mais a verba honorária em não o fazendo, desobedece o art. 20, parágrafo 4º do CPC. (...)" (fls. 38/45). A violação dos artigos 1080, 1432, 1433, 1448, 1458, 1460, 1461, 1462 e 1463 do Código Civil de 1916, artigos 757, 758, 759, 760 e 779 do Código Civil de 2002, artigos 20, parágrafo 4º, 603 e 606, incisos I e II, do Código de Processo Civil funda a insurgência especial. Tudo visto e examinado, decido. Preenchidos os requisitos legais, dou provimento ao agravo de instrumento, determinando a subida dos autos principais, para melhor exame da questão federal, que se oferece relevante na espécie. Publique-se. Intime-se. Brasília, 16 de agosto de 2006. Ministro Hamilton Carvalhido, relator (ministro HAMILTON CARVALHIDO, 06.09.2006).

69 Sem correspondência ao CCB de 1916.

70 Sem correspondência ao CCB de 1916.

31.12.10 Sub-rogação do segurador nos direitos e ações do segurado

Paga a indenização, o segurador sub-roga-se, nos limites do valor respectivo, nos direitos e ações que competirem ao segurado contra o autor do dano (CC, art. 786).[71]

Salvo dolo, a sub-rogação não tem lugar se o dano foi causado pelo cônjuge do segurado, seus descendentes ou ascendentes, consanguíneos ou afins. (CC, art. 786, § 1º).[72]

É ineficaz qualquer ato do segurado que diminua ou extinga, em prejuízo do segurador, os direitos a que se refere este artigo. (CC, art. 786, § 2º).[73] [74]

---

71 Sem correspondência ao CCB de 1916.

72 Sem correspondência ao CCB de 1916.

73 Sem correspondência ao CCB de 1916.

74 AGRAVO DE INSTRUMENTO Nº 727.546 – RJ (2005/0204091-0) RELATORA: MINISTRA NANCY ANDRIGHI. Recurso especial. Agravo de instrumento. Ação de indenização regressiva da seguradora. Impossibilidade quando existente anterior transação entre assegurado e causador do dano. Súmula 83/ STJ. – A transação feita entre o segurado e a pessoa causadora do dano põe fim ao litígio, daí não advindo, para a companhia seguradora, direito à sub-rogação para efeito de postular indenização, regressivamente, pelos valores pagos a cliente pela cobertura do sinistro. – Inviável o recurso especial se o acórdão recorrido encontra-se em harmonia com a jurisprudência pacífica e recente do STJ a respeito do tema. Agravo de instrumento não provido. DECISÃO Trata-se de agravo de instrumento, interposto por FINASA SEGURADORA S/A, contra despacho denegatório de seguimento de recurso especial arrimado na alínea "a" do permissivo constitucional. Ação: de ressarcimento, ajuizada por MARIA BARRETO LYNCH DE ARAÚJO em desfavor do agravante. Sentença: julgou improcedente o pedido. Acórdão: negou provimento à apelação interposta pelo agravante, nos termos da seguinte ementa: "SEGURADORA. DIREITO DE REGRESSO. PREJUÍZOS. QUITAÇÃO OUTORGADA AO PROPRIETÁRIO DO VEÍCULO SINISTRADO. RESGUARDO DO DIREITO DE REGRESSO DA SEGURADORA. Não obstante o direito de regresso da seguradora, o proprietário do veículo sinistrado recebeu o valor da indenização diretamente da proprietária do veículo abalroador. Não incide no caso, a norma do artigo 786, § 2°, que não afeta o ato do autor do dano, que de boa-fé pagou o prejuízo do titular do veículo abalroado. Nessas circunstâncias, resguarda-se ao segurador o exercício de seu direito de cobrança contra o próprio segurado, no propósito de se impedir o seu enriquecimento sem causa, porquanto ilegítimo se afigura o duplo recebimento por ele da indenização dos prejuízos do sinistro do segurador em obrigar a autora do dano, a título de direito de regresso, pagar,duplamente, a indenização a duas pessoas distintas, quando o devedor quitou diretamente os prejuízos ao proprietário do veículo sinistrado, sem que tivesse conhecimento do contrato de seguro celebrado entre a seguradora e o segurado. Por isso, resguardando o direito da seguradora em receber do segurado o valor pago a título de indenização do sinistro, não se tem como prosperar o presente recurso. DESPROVIMENTO DO RECURSO." (Fls. 52). Recurso especial: o agravante alega ofensa ao artigo. 786, § 2°, do CC, aduzindo que, na condição de seguradora, tem direito à sub-rogação. Assevera, ainda, que esta subsiste mesmo se o causador do dano já tiver transigido com o segurado. Decisão agravada: negou seguimento ao recurso especial ante a incidência das Súmulas 83/STJ e 400/STF. Relatado o processo, decide-se. A questão cinge-se à possibilidade de a empresa-seguradora exercer ação de regresso contra o causador do dano, mesmo quando este e o segurado já transigiram a respeito do sinistro. A jurisprudência do STJ firmou-se no sentido de que a transação realizada entre o segurado e o causador do dono gera renúncia ao direito de futuras reivindicações. Neste sentido os julgados: REsp. 76.952/RS, relator o Min. Costa Leite, DJ: 01/07/1996; REsp 194.362/

Aqui, vale lembrar o teor das Súmulas 188 e 257 que tratam de questões pertinentes:

> STF Súmula 188: O segurador tem ação regressiva contra o causador do dano, pelo que efetivamente pagou, até ao limite previsto no contrato de seguro.
> STF – Súmula 257: São cabíveis honorários de advogado na ação regressiva do segurador contra o causador do dano.

31.12.11 Seguro de responsabilidade civil e danos causados a terceiros

No seguro de responsabilidade civil, o segurador garante o pagamento de perdas e danos devidos pelo segurado a terceiro. (CC, art. 787).[75]

Quanto a esta regra jurídica, o Enunciado 544 publicado na VI Jornada de Direito Civil diz que "O seguro de responsabilidade civil facultativo garante dois interesses, o do segurado contra os efeitos patrimoniais da imputação de responsabilidade e o da vítima à indenização, ambos destinatários da garantia, com pretensão própria e independente contra a seguradora." Vejamos a justificativa deste enunciado: Embora o art. 421 do Código Civil faça menção expressa à função social do contrato, ainda persiste, em relação ao contrato de seguro de responsabilidade civil facultativo, no art. 787 do mesmo diploma, a visão tradicional do princípio da relatividade dos contratos. Na linha interpretativa clássica, no seguro de responsabilidade civil, a seguradora só é obrigada a indenizar a vítima por ato do segurado senão depois de reconhecida a responsabilidade deste. Como não há relação jurídica com a seguradora, o terceiro não pode acioná-la para o recebimento da indeni-

MG, relator o Min. Carlos Alberto Menezes Direito, DJ: 13/12/1999; e REsp 328.646/DF, relator o Min. Aldir Passarinho Júnior, DJ: 18/10/2001, sendo este último assim ementado: "CIVIL E PROCESSUAL. ACÓRDÃO. NULIDADE NÃO CONFIGURADA. ACIDENTE DE TRÂNSITO. AÇÃO INDENIZATÓRIA REGRESSIVA MOVIDA POR SEGURADORA. ANTERIOR TRANSAÇÃO REALIZADA ENTRE O SEGURADO E A EMPRESA RÉ. QUITAÇÃO E RENÚNCIA A REIVINDICAÇÕES FUTURAS. SUB-ROGAÇÃO INEXISTENTE. CC, ART. 988. PROCESSO. EXTINÇÃO. CPC, ART. 267, VI. I. Não se configura a nulidade do acórdão se o Tribunal a quo enfrentou as questões propostas, apenas que com conclusão desfavorável à parte. II. A transação feita entre o segurado e a empresa causadora do acidente põe fim ao litígio, daí não advindo, para a companhia seguradora, direito à sub-rogação para efeito de postular indenização, regressivamente, pelos valores pagos a seu cliente pela cobertura do sinistro. III. Recurso especial conhecido em parte e provido, para extinguir o processo, nos termos do art. 267, VI, do CPC." Dessarte, não assiste razão ao agravante porquanto estar o entendimento do Tribunal de origem em consonância com jurisprudência sedimentada no STJ, o que atrai o óbice da Súmula 83/STJ. Entretanto, podemos ressaltar, como bem salientado pelo acórdão recorrido, que o direito regressivo da seguradora ao valor pago a título de indenização subsiste contra o segurado, com o fito de evitar o enriquecimento indevido deste. Forte em tais razões, NEGO PROVIMENTO ao agravo de instrumento. Publique-se. Intimem-se. Brasília (DF), 14 de dezembro de 2005. MINISTRA NANCY ANDRIGHI Relatora (Ministra NANCY ANDRIGHI, 01.02.2006).

75 Sem correspondência ao CCB de 1916.

zação. Pela teoria do reembolso, aplicável neste caso, o segurador garante o pagamento das perdas e danos devidos a terceiro pelo segurado a terceiro quando este for condenado em caráter definitivo. Por conseguinte, assume a seguradora a obrigação contratual de reembolsar o segurado das quantias que ele efetivamente vier a pagar em virtude da imputação de responsabilidade civil que o atingir. A regra acima, omissa no Código Civil de 1916, ao invés de representar a evolução na concepção do contrato de seguro, dotado de função social, corresponde ao paradigma de que o contrato não pode atingir – seja para beneficiar ou prejudicar – terceiros que dele não participaram. No seguro de responsabilidade civil, o segurado paga o prêmio à seguradora a fim de garantir eventual indenização a terceiro por danos causados. De tal sorte, a vítima tem legitimidade para pleitear diretamente do segurador o pagamento da indenização ou concomitantemente com o segurado. Há, portanto, uma estipulação em favor de terceiro, que somente será determinado se ocorrer o sinistro, tendo em vista a álea presente nesse contrato. Permite-se concluir que o seguro de responsabilidade civil facultativo garante dois interesses, o do segurado contra os efeitos patrimoniais da imputação de responsabilidade e o da vítima à indenização, ambos destinatários da garantia, com pretensão própria e independente contra a seguradora.

Já o § 1º determina a obrigação da comunicação, pelo segurado, ao segurador logo que ocorra o dano e chegue a seu conhecimento: "Tão logo saiba o segurado das consequências de ato seu, suscetível de lhe acarretar a responsabilidade incluída na garantia, comunicará o fato ao segurador. (CC, art. 787, § 1º).[76]

É defeso ao segurado reconhecer sua responsabilidade ou confessar a ação, bem como transigir com o terceiro prejudicado, ou indenizá-lo diretamente, sem anuência expressa do segurador. (CC, art. 787, § 2º).[77] [78]

---

76 Sem correspondência ao CCB de 1916.

77 Sem correspondência ao CCB de 1916.

78 AGRAVO DE INSTRUMENTO Nº 733.435 – RS (2006/0004834-9) RELATOR: MINISTRO CASTRO FILHO. AGRAVO DE INSTRUMENTO. RECURSO ESPECIAL. SEGURO. AGRAVAMENTO DO RISCO. CLÁUSULAS CONTRATUAIS. ANÁLISE. INVIABILIDADE. I – Inviável, no âmbito do recurso especial, a revisão do conjunto fático-probatório e a análise de cláusulas contratuais, por força das Súmulas 5 e 7 do Superior Tribunal de Justiça. II – Ausente impugnação a fundamento do acórdão recorrido, aplica-se o comando da Súmula 283 do Supremo Tribunal Federal, por analogia. Agravo improvido. RELATÓRIO E DECISÃO Trata-se de agravo de instrumento interposto pela INDIANA SEGUROS S/A contra a decisão do Tribunal de Justiça do Estado do Rio Grande do Sul que indeferiu o trânsito de seu recurso especial fundamentado na alínea "a" do permissivo constitucional. O apelo obstado dirige-se contra acórdão assim ementado: "APELAÇÃO CÍVEL. SEGUROS DE VEÍCULO. AGRAVAMENTO DO RISCO. NEGATIVA DE COBERTURA E CANCELAMENTO DA APÓLICE. I – ALEGAÇÃO, DA SEGURADORA, DE QUE A CONDUTA DO MOTORISTA AGRAVOU OS RISCOS, SITUAÇÃO, ADEMAIS, EM QUE RESTOU AMPLAMENTE POSSIBILITADA À SEGURADORA PRODUÇÃO PROBATÓRIA. II – NEGADA A COBERTURA, NÃO PREVALECE A CLÁUSULA QUE OBSTA AO SEGURADO PAGAR

Neste ponto, o Conselho de Justiça Federal, na IV Jornada de Direito Civil, publicou os enunciados 373 e 374 que estabelecem:

> CJF – Enunciado 373 – Embora sejam defesos pelo § 2º do art. 787 do Código Civil, o reconhecimento da responsabilidade, a confissão da ação ou a transação não retiram ao segurado o direito à garantia, sendo apenas ineficazes perante a seguradora.
> CJF – Enunciado 374 – No contrato de seguro, o juiz deve proceder com equidade, atentando às circunstâncias reais, e não a probabilidades infundadas, quanto à agravação dos riscos.

O § 2º do art. 787 do Código Civil deve ser interpretado em consonância com o art. 422 do mesmo diploma legal, não obstando o direito à indenização e ao reembolso. (Enunciado 546 da VI Jornada de Direito Civil). Justificativa: O § 2º do art. 787 ("É defeso ao segurado reconhecer sua responsabilidade ou confessar a ação, bem como transigir com o terceiro prejudicado, ou indenizá-lo diretamente, sem anuência expressa do segurador") não deve ser interpretado com o propósito de obrigar os segurados a faltar com a verdade ou a criar obstáculos ao trâmite das ações judiciais, uma vez que estão em jogo

---

OS PREJUÍZOS DE TERCEIROS SEM ANUÊNCIA DA SEGURADORA. VALORES RELATIVOS AO CONSERTO DE DOIS VEÍCULOS QUE SE APRESENTAM COMPATÍVEIS COM OS DANOS. AVALIAÇÃO POR PERDA TOTAL DE VEÍCULO DE TERCEIRO,QUE SE MOSTRA ADEQUADA. IMPUGNAÇÃO QUE SE LIMITA A ALEGAÇÕES, SEM QUALQUER DEMONSTRAÇÃO FÁTICA. III – RESTITUIÇÃO DO PRÊMIO. CONDENADA A SEGURADORA AO PAGAMENTO DA INDENIZAÇÃO SECURITÁRIA, DESCABIDA SUA CONDENAÇÃO À RESTITUIÇÃO DO PRÊMIO, SOB PENA DE ENRIQUECIMENTO ILÍCITO DO SEGURADO. APELAÇÃO PROVIDA EM PARTE." Alegou a recorrente violação aos artigos 175 da Lei n.º 9.503/97, 768 e 787, § 2º, do Código Civil de 2002, sustentando ser descabida a indenização securitária, uma vez que o segurado agravou o risco e, ainda, transacionou com terceiros sem a sua anuência prévia. Contra-arrazoado, inadmitiu-se o recurso na origem, dando ensejo à interposição do presente agravo de instrumento. É o relatório. O acórdão recorrido concluiu não ter havido prova do agravamento do risco pelo segurado. Também considerou não ser oponível a cláusula que vedava a transação com terceiros, tendo em vista a negativa de cobertura da seguradora. Disse, ainda, que os valores apresentados pelo demandante estavam compatíveis. Para rever esses aspectos do julgado, haveria necessidade de incursão ao campo fático-probatório e reexame de cláusulas contratuais, pelo que incide o óbice das Súmulas 5 e 7 do Superior Tribunal de Justiça. Tanto é assim que, não obstante a recorrente venha afirmando não ser o caso de aplicação dos enunciados acima, mas de matéria estritamente de direito, suas razões recursais estão recheadas de trechos de testemunhos colhidos em juízo e outros documentos, bem como de longas digressões acerca das cláusulas insertas no contrato. Ademais, apesar de sustentar a vedação a que o segurado transija com terceiros, a recorrente não impugnou, de forma específica, o fundamento utilizado pelo tribunal a quo, no sentido de que a restrição é afastada quando a seguradora nega cobertura ao sinistro. Nesse contexto, aplica-se o comando da Súmula 283 do Supremo Tribunal Federal, por analogia. Pelo exposto, nego provimento ao agravo. Intimem-se. Brasília, 23 de agosto de 2006. MINISTRO CASTRO FILHO relator (ministro CASTRO FILHO, 01.09.2006).

princípios de ordem pública, que não podem ser suprimidos ou minimizados pela vontade das partes, conforme defende parcela significativa da moderna doutrina securitária. A vedação ao reconhecimento da responsabilidade pelo segurado deve ser interpretada como a proibição que lhe foi imposta de adotar posturas de má-fé perante a seguradora, tais como provocar a própria revelia e/ou da seguradora, assumir indevidamente a responsabilidade pela prática de atos que sabe não ter cometido, faltar com a verdade com o objetivo de lesar a seguradora, agir ou não em conluio com o suposto lesado/ beneficiário, entre outras que venham a afetar os deveres de colaboração e lealdade recíprocos. Caracteriza-se, portanto, como valorização da cláusula geral da boa-fé objetiva prevista no art. 422 do Código Civil. Cumpre observar ainda que uma interpretação estritamente literal de tal dispositivo legal pode prejudicar ainda mais o segurado, que, nos casos de cumulação de responsabilidade civil e criminal, deixa de se beneficiar de atenuantes, comprometendo, entre outros aspectos, sua liberdade de defesa.

Intentada a ação contra o segurado, dará este ciência da lide ao segurador. (CC, art. 787, § 3º).[79]

Subsistirá a responsabilidade do segurado perante o terceiro, se o segurador for insolvente. (CC, art. 787, § 4º).[80]

31.12.12 Seguros de responsabilidade obrigatória

Neste tipo de seguros, o artigo 788 determina que "nos seguros de responsabilidade legalmente obrigatórios, a indenização por sinistro será paga pelo segurador diretamente ao terceiro prejudicado."[81]

E o parágrafo único informa que "demandado em ação direta pela vítima do dano, o segurador não poderá opor a exceção de contrato não cumprido pelo segurado, sem promover a citação deste para integrar o contraditório."[82]

Exemplos clássicos de seguro obrigatório são o seguro de acidente de trabalho, celebrado pelo INSS, e o DPVAT, denominado Seguro Obrigatório de Danos Pessoais por Veículos Automotores de Via Terrestre – DPVAT, regulado pela Lei 6.194/74, com modificações introduzidas pela Lei 8.441/92. O artigo 5º determina que o pagamento da indenização será efetuado mediante simples prova do acidente e do dano decorrente, independentemente da existência de culpa.

Portanto, no seguro obrigatório, não se discute culpa. Sempre ocorrerá o direito à indenização e a responsabilidade da seguradora é objetiva.

79 Sem correspondência ao CCB de 1916.
80 Sem correspondência ao CCB de 1916.
81 Sem correspondência ao CCB de 1916.
82 Sem correspondência ao CCB de 1916.

A SUSEP é o órgão que realiza o controle deste seguro obrigatório. Dessa maneira, qualquer pessoa que venha a sofrer um acidente de trânsito terá direito de receber uma indenização para ressarcimento dos prejuízos.

Vale lembrar que a atividade securitária é uma relação de consumo. O CDC, ao definir serviço, incluiu expressamente a atividade securitária. Vejamos: CDC, art. 3º, § 2°: "Serviço é qualquer atividade fornecida no mercado de consumo, mediante remuneração, inclusive as de natureza bancária, financeira, de crédito e securitária, salvo as decorrentes das relações de caráter trabalhista."

31.13 Seguro de pessoa

31.13.1 Conceito e características

No seguro de pessoas, a estipulação do capital é livremente estipulado pelo proponente. Daí que o artigo 789 determina que "nos seguros de pessoas, o capital segurado é livremente estipulado pelo proponente, que pode contratar mais de um seguro sobre o mesmo interesse, com o mesmo ou diversos seguradores."[83]

CLÓVIS Beviláqua já afirmava que "a vida é inestimável economicamente. Qualquer que seja o valor que lhe deem as partes, nunca será superior ao valor real. Pela mesma razão, é lícito assegurá-la mais de uma vez por qualquer soma. Nisto difere, essencialmente o seguro sobre a vida, dos seguros de danos materiais."[84]

A natureza jurídica do seguro de vida é objeto de controvérsia entre os doutrinadores de escol. "Há quem lhe negue o caráter de seguro. É um empréstimo aleatório, opina THOLL; uma aposta sobre a vida humana, ou contrato inominado, propõe HUC; uma construção jurídica de natureza especial, lembra BESELER; um depósito irregular, imaginam MALSS e RUDIGER."[85]

CLÓVIS Beviláqua, WASHINTON DE BARROS MONTEIRO,[86] dentre outros sustentam que, realmente, é um contrato de seguro, já que preservam os elementos que ensejam o referido contrato, a saber: a) segurador e segurado; b) risco assumido pelo segurador; c) prêmio; d) a *alea*.[87]

Daí é possível afirmar que o contrato de seguro de vida é um contrato típico de estipulação em favor de terceiro, já que o segurado deve indicar uma terceira pessoa ou várias pessoas para receberem a indenização. É, pois, uma exceção ao princípio da relatividade dos contratos, segundo o qual os contra-

83 Correspondente ao art. 1.441 do CCB/1916.

84 Beviláqua, Clóvis. *Código Civil dos Estados Unidos do Brasil comentado por Clóvis Beviláqua*. Edição histórica. Rio de Janeiro: Rio, 1976, p. 572.

85 *Ibid.*, p. 598.

86 MONTEIRO, Washington de Barros, *Curso do Direito Civil*, São Paulo: Saraiva, p. 380.

87 Beviláqua, Clóvis. *Código Civil dos Estados Unidos do Brasil comentado por Clóvis Beviláqua*. Edição histórica. Rio de Janeiro: Rio, 1976, p. 572.

tos só são obrigatórios para as partes que os celebraram. A estipulação em favor de terceiro é uma exceção a este princípio, porque o beneficiário não faz parte do contrato.

No seguro sobre a vida de outros, o proponente é obrigado a declarar, sob pena de falsidade, o seu interesse pela preservação da vida do segurado (CC, art. 790).[88]

Já o parágrafo único estabelece que "até prova em contrário, presume-se o interesse, quando o segurado é cônjuge, ascendente ou descendente do proponente."[89]

O Conselho da Justiça Federal, na III Jornada de Direito Civil, publicou o enunciado 186 que informa: "Art. 790: O companheiro deve ser considerado implicitamente incluído no rol das pessoas tratadas no art. 790, parágrafo único, por possuir interesse legítimo no seguro da pessoa do outro companheiro."

A substituição do beneficiário por ato entre vivos ou de última vontade é permitida conforme o teor do artigo 791 que diz "se o segurado não renunciar à faculdade, ou se o seguro não tiver como causa declarada a garantia de alguma obrigação, é lícita a substituição do beneficiário, por ato entre vivos ou de última vontade."[90]

O segurador, que não for cientificado oportunamente da substituição, desobrigar-se-á pagando o capital segurado ao antigo beneficiário (CC, art. 791, parágrafo único).[91] [92]

---

88 Correspondente ao art. 1.472, *caput*, do CCB/1916.

89 Correspondente ao art. 1.472, parágrafo único, do CCB/1916.

90 Correspondente ao art. 1.473 do CCB/1916.

91 Sem correspondência ao CCB de 1916.

92 RECURSO ESPECIAL Nº 796.866 – RN (2005/0187358-1) RELATOR : MINISTRO CASTRO FILHO. RECURSO ESPECIAL. ACÓRDÃO RECORRIDO. FUNDAMENTO. IMPUGNAÇÃO. AUSÊNCIA. Ausente a impugnação ao fundamento central do acórdão recorrido, aplica-se o comando da Súmula 283 do Supremo Tribunal Federal, por analogia. Recurso a que se nega seguimento. RELATÓRIO E DECISÃO Trata-se de agravo de instrumento interposto por ANNA MARIA DE ALENCASTRO CAVALCANTI contra a decisão do Tribunal de Justiça do Estado do Rio Grande do Norte que indeferiu o trânsito de seu recurso especial fundamentado nas alíneas "a" e "c" do permissivo constitucional. O apelo obstado dirige-se contra acórdão assim ementado: "APELAÇÃO CÍVEL. AÇÃO DE COBRANÇA. PRELIMINAR DE NÃO CONHECIMENTO SUSCITADA PELO APELADO. RECURSO DESACOMPANHADO DO PREPARO. PEDIDO DE JUSTIÇA GRATUITA FORMULADO NO APELO. POSSIBILIDADE. CONCESSÃO. REJEIÇÃO DA PRELIMINAR. SEGURO DE VIDA. ALTERAÇÃO DE BENEFICIÁRIO. INCLUSÃO DA ALTERAÇÃO DE BENEFICIÁRIO. INCLUSÃO DA COMPANHEIRA. PRÊMIO PAGO À EX-ESPOSA DO SEGURADO ATRAVÉS DE DECISÃO JUDICIAL. IMPOSSIBILIDADE DE REPETIÇÃO DO PAGAMENTO. RECURSO IMPROVIDO." Alega a recorrente violação ao artigo 791 do novo Código Civil, bem como divergência jurisprudencial, sustentando a licitude da substituição do beneficiário do seguro de vida, pois comunicada a alteração à seguradora em tempo hábil para que a procedesse. Contra-arrazoado, inadmitiu-se o recurso na origem, dando ensejo à interposição do presente agravo de instrumento. É o relatório. O acórdão recorrido

O Tribunal de Justiça do Estado do Rio Grande do Sul – TJRS ao enfrentar a questão decidiu "SEGURO. PLANO VINCULADO AO EVENTO MORTE DO SEGURADO. SUBSTITUIÇÃO DO BENEFICIÁRIO DO SEGURO. Negativa de cobertura total pela ré, sob o argumento de que inexiste prova de que a solicitação do segurado, indicando novo beneficiário, tenha chegado ao conhecimento da contratada. Tal circunstância teria ensejado o rateio da indenização entre os herdeiros necessários do falecido. Insubsistência do argumento. Ao segurado é lícito, a qualquer tempo da vigência do contrato, a substituição do segurado, desde que o comunique à seguradora. Para fins de demonstração da ciência da contratada, a proposta devidamente assinada pelo segurado e por representante da ré é o bastante, não se exigindo a elaboração de apólice onde conste o novo beneficiário. Inteligência dos artigos 791, *caput* e parágrafo único, e 758 do CCB. Ausência de plausibilidade da alegação de que não tomaram conhecimento da proposta de alteração. Omissão da ré que induz à aceitação da proposta. RECURSO PARCIALMENTE PROVIDO, APENAS PARA SE ADEQUAR O VALOR DA CONDENAÇÃO. (Recurso Cível Nº 71000722744, Terceira Turma Recursal Cível, Turmas Recursais, relator: Eugênio Facchini Neto, Julgado em 01/11/2005).

Da mesma forma: "Seguro de vida. Falta de indicação de beneficiários. Pagamento ao sucessor. Credora putativa. Na falta de indicação, na apólice, de beneficiários do seguro, deve a indenização ser revertida em favor do sucessor que comprove sua condição de filho. Inteligência dos ARTS. 1473, 1572 E 1603, do código civil. Caso em que o pagamento efetuado a companheira do falecido não pode ser anulado, eis que esta se apresentou perante a seguradora como se credora fosse. Dessa forma, pela regra do ART. 935, do estatuto civil, tal pagamento e valido, devendo o companhia de seguros, agora, indenizar a quem de direito compete o beneficio. Apelo provido. (Apelação Cível Nº 70000432898, Sexta Câmara Cível, Tribunal de Justiça do RS, relator: Antônio Corrêa Palmeiro da Fontoura, Julgado em 27/06/2001).

Quem são as pessoas legitimadas para receber o capital segurado na ausência de indicação de pessoa ou beneficiário? Neste caso, o artigo 792 determina que "na falta de indicação da pessoa ou beneficiário, ou se por qualquer motivo não prevalecer a que for feita, o capital segurado será pago por metade ao cônjuge não separado judicialmente, e o restante aos herdeiros do segurado, obedecida a ordem da vocação hereditária."[93]

---

concluiu que o pagamento integral da indenização à ex-esposa do segurado fora correto, uma vez que decorrera de acordo de separação homologado judicialmente. Não houve impugnação a esse fundamento, atraindo a incidência da Súmula 283 do Supremo Tribunal Federal, por analogia. Pelo exposto, nego seguimento ao recurso especial. Intimem-se. Brasília (DF), 24 de agosto de 2006. MINISTRO CASTRO FILHO relator (ministro CASTRO FILHO, 19.09.2006).

93 Correspondente ao art. 1.473 do CCB/1916.

Na falta das pessoas indicadas neste artigo, serão beneficiários os que provarem que a morte do segurado os privou dos meios necessários à subsistência (CC, art. 792, parágrafo único).[94]

Frise-se, o cônjuge não separado judicialmente receberá a metade do capital segurado e a outra metade será destinada aos herdeiros do segurado na ordem de vocação hereditária.[95]

O artigo 1.829 do nosso Código Civil determina a ordem da vocação hereditária da seguinte forma: "Art. 1.829. A sucessão legítima defere-se na ordem seguinte: I – aos descendentes, em concorrência com o cônjuge sobrevivente, salvo se casado este com o falecido no regime da comunhão universal, ou no da separação obrigatória de bens (art. 1.640, parágrafo único); ou se, no regime da comunhão parcial, o autor da herança não houver deixado bens particulares; II – aos ascendentes, em concorrência com o cônjuge; III – ao cônjuge sobrevivente; IV – aos colaterais."

Outrossim, "é válida a instituição do companheiro como beneficiário, se ao tempo do contrato o segurado era separado judicialmente, ou já se en-

94 Sem correspondência ao CCB de 1916.

95 AGRAVO DE INSTRUMENTO Nº 680.039 – AM (2005/0078601-4) RELATOR : MINISTRO JORGE SCARTEZZINI. DECISÃO Vistos, etc. Cuida-se de agravo de instrumento interposto contra decisão denegatória de admissibilidade de recurso especial (art. 105, III, "a" e "c", da CF/88), objetivando a análise, por esta Corte, de afronta aos arts. 792 e 793 do CC/2002, 1474 do CC/1916, além de divergência jurisprudencial. Inicialmente, no tocante ao dissídio, anoto que esta Corte de Uniformização Infraconstitucional tem decidido, reiteradamente, que, a teor do art. 255 do RISTJ, para comprovação e apreciação da divergência, devem ser mencionadas e expostas as circunstâncias que identificam ou assemelham os casos confrontados, bem como juntadas cópias integrais de tais julgados ou, ainda, citado repositório oficial, autorizado ou credenciado de jurisprudência. *In casu*, todavia, não se realizou o indispensável cotejo analítico, limitando-se o recorrente a transcrever as ementas dos precedentes, e nem ocorreu a juntada do inteiro teor dos julgados paradigmas ou a citação de repositório de jurisprudência. Com relação ao art. 792 do CC/2002, registro a ausência do devido prequestionamento (Súmula 356/STF). No que pertine aos demais artigos, o Tribunal Estadual, com base nas provas produzidas, concluiu pela validade da instituição da companheira do de cujus como beneficiária do seguro de vida deste, sendo inaplicáveis o art. 793 do CC/2002 (decorrência lógica dos argumentos expendidos no v. acórdão recorrido) e o art. 1474 do CC/1916, cuja incidência "implicaria proteger uma família sabidamente arruinada". Com efeito, "os autos indicam que o casamento do segurado estava, de fato, comprometido, que uma ação para dissolver a sociedade conjugal havia sido proposta, e que ele tinha a disposição de conviver duradouramente com a concubina, com quem, anos antes do falecimento, gerou uma filha". E, entender de maneira diversa, em sede de recurso especial, implica o revolvimento do material fático-probatório apresentado aos autos, o que encontra óbice na Súmula 7/STJ. Por tais fundamentos, nego provimento ao agravo, nos termos do art. 34, VII e XVIII, do RISTJ. Intime-se. Cumpra-se. Brasília, DF, 18 de novembro de 2005. MINISTRO JORGE SCARTEZZINI relator (ministro JORGE SCARTEZZINI, 28.11.2005).

contrava separado de fato (CC, art. 793)."[96] É, pois, uma forma de prestigiar a instituição do companheiro como beneficiário.[97] [98]

96 Sem correspondência ao CCB de 1916.

97 CC 2002 – Art. 1.790. A companheira ou o companheiro participará da sucessão do outro, quanto aos bens adquiridos onerosamente na vigência da união estável, nas condições seguintes: I – se concorrer com filhos comuns, terá direito a uma quota equivalente à que por lei for atribuída ao filho; II – se concorrer com descendentes só do autor da herança, tocar-lhe-á a metade do que couber a cada um daqueles; III – se concorrer com outros parentes sucessíveis, terá direito a um terço da herança; IV – não havendo parentes sucessíveis, terá direito à totalidade da herança.

98 AGRAVO DE INSTRUMENTO Nº 794.670 - SP (2006/0161142-0) RELATORA : MINISTRA NANCY ANDRIGHI. Processual civil. Recurso especial. Agravo de instrumento. Ação de indenização. Prequestionamento. Ausência. Interpretação de cláusulas contratuais e reexame de matéria de fato. – A ausência do prequestionamento do direito tido por violado impede a admissibilidade do recurso especial. – Em sede de recurso especial, não se admite a interpretação de cláusulas contratuais nem o reexame do conteúdo fático-probatório dos autos. Agravo de instrumento não provido. DECISÃO Agravo de instrumento interposto por COMPANHIA DE SEGUROS DO ESTADO DE SÃO PAULO COSESP, contra decisão que negou seguimento a recurso especial, arrimado este na alínea "a" do permissivo constitucional. Ação: de indenização, proposta por APARECIDA LUZIA ZAGUE SANCHES em face da agravante, objetivando o recebimento do seguro de vida em grupo em decorrência do falecimento de seu ex-marido. Sentença: julgou parcialmente procedente o pedido, condenando a ora agravante a pagar a parte agravada o equivalente à metade do valor da indenização prevista na apólice do seguro de vida. Acórdão: o TJ/SP deu parcial provimento ao recurso de apelação interposto pela agravante, nos termos da seguinte ementa: "Seguro de vida e acidentes pessoais -Beneficiária separada do segurado – Comprovação de união estável posterior a separação – Recusa da seguradora – Inadmissibilidade – Recurso parcialmente provido." (fls. 30) Recurso especial: a agravante alega violação aos arts. 107, 421 e 793 do CC/02. Sustenta, em síntese, que a novel legislação civil preceitua que o contrato faz lei entre as partes, assim sendo, a declaração de vontade exarada pelos contratantes não pode ser desconsiderada. Ademais, afirma que a agravada só poderia ser beneficiária do seguro caso demonstrasse o devido atendimento às condições estabelecidas no contrato. Por fim, insurge-se contra o reconhecimento, por parte do Tribunal de origem, da união estável entre o segurado e a ora agravada. Decisão agravada: negou seguimento ao recurso especial por incidência das Súmulas 282, 356 do STF e 7 do STJ. Relatado o processo. Decide-se. I – Da ausência de prequestionamento. Em relação aos arts. 107, 421 e 793 do CC/02, verifica-se que tais dispositivos legais, tidos por violados, não foram apreciados pelo Tribunal no acórdão recorrido de modo a evidenciar o prequestionamento, requisito de admissibilidade do recurso especial. Dessa forma, obsta a pretensão da agravante a incidência da Súmula 282/STF. II – Do reexame do conteúdo fático-probatório dos autos. Ainda que superado o óbice atinente à ausência de prequestionamento, observa-se que o TJ/SP, ao decidir pela existência da união estável que qualifica a parte agravada como beneficiária do seguro, ratificou a legitimidade de tal comprovação, em que pese ter sido realizada de forma diversa à prevista no contrato. Confira-se o seguinte trecho do acórdão recorrido: "A apelada demonstrou, em juízo, a existência da união estável que a qualifica como beneficiária do seguro. Não o fez pela forma prevista na apólice, mas por meio das declarações inseridas pela filha do segurado na certidão de óbito,; por declarações prestadas por vizinhos em instrumento público, pela circunstância de serem os prêmios do seguro descontados de sua folha de pagamento, ha vista que era também funcionária do município estipulante e até pela circunstância de não ser o segurado filiado ao INSS." (fls. 32) Assim, rever tal entendimento, como pretende a agravante, implicaria o revolvimento do conteúdo fático-probatório dos autos, bem como no reexame do instrumento contratual firmado entre as partes, o que é vedado ao STJ, por óbice das Súmulas 5 e 7. Forte em tais razões, NEGO PROVIMENTO ao agravo de instrumento. Publique-se. Intimem-se. Brasília (DF), 18 de setembro de 2006. MINISTRA NANCY ANDRIGHI Relatora (Ministra NANCY ANDRIGHI, 22.09.2006).

No seguro de vida ou de acidentes pessoais para o caso de morte, o capital estipulado não está sujeito às dívidas do segurado, nem se considera herança para todos os efeitos de direito (CC, art. 794).[99]

É nula, no seguro de pessoa, qualquer transação para pagamento reduzido do capital segurado (CC, art. 795).[100]

31.13.2 Espécies e coberturas

O seguro de pessoas compreende o de vida em grupo, o de vida individual (morte e invalidez), o de acidentes pessoais, individuais ou coletivo, o de renda de eventos aleatórios, o educacional, o prestamista e o de vida com cobertura para sobrevivência.[101]

Quais as coberturas que podem ser oferecidas nos seguros de pessoas?[102] Os planos de seguros podem oferecer, juntos ou separadamente, os seguintes tipos de coberturas:

1 - Morte (natural ou acidental);
2 - Morte acidental;
3 - Invalidez Permanente Total ou Parcial por Acidente: pagamento de indenização em caso de perda, redução ou impotência funcional definitiva, total ou parcial, de membro ou órgão decorrente de acidente pessoal. Deverá ser observada atentamente a tabela para o calculo da indenização prevista no plano de seguro;
4 - Invalidez Laborativa Permanente Total por Doença: pagamento de indenização em caso de invalidez para a qual não se pode esperar recuperação ou reabilitação, com os recursos terapêuticos disponíveis no momento de sua constatação, para a atividade laborativa principal do segurado;
5 - Invalidez Funcional Permanente Total por Doença: pagamento de indenização em caso de invalidez consequente de doença que cause a perda da existência independente do segurado, na forma estabelecida no plano de seguro;
6 - Diárias por Incapacidade: pagamento de diárias em caso de impossibilidade continua e ininterrupta do segurado exercer a sua profissão ou ocupação, durante o período em que se encontrar sob tratamento médico;
7 - Despesas Médicas, Hospitalares e Odontológicas em caso de acidente pessoal: garante o reembolso, limitado ao capital segurado, de despesas médicas, hospitalares e odontológicas efetuadas pelo segurado para seu tratamento, sob orientação médica, iniciado nos 30 (trinta) primeiros dias contados da data do acidente pessoal coberto;

99 Correspondente ao art. 1.475 do CCB/1916.

100 Sem correspondência ao CCB de 1916.

101 DELGADO, José Augusto. *Comentários ao Novo Código Civil*. Volume XI. Tomo II. Rio de Janeiro: Foresnse, 2004, p. 745.

102 www.susep.gov.br

8 - Diária por Internação Hospitalar: pagamento de indenização proporcional ao período de internação do segurado, observados o período de franquia e o limite contratual máximo por evento fixado no plano de seguro;
9 - Doenças Graves: pagamento de indenização em decorrência de diagnóstico de doenças devidamente especificadas e caracterizadas no plano de seguro;
10 - Perda de Renda: pagamento de indenização em caso de perda de emprego. Deverão ser observados os critérios estabelecidos no plano de seguro, como tempo mínimo de carteira profissional assinada, tempo mínimo no último emprego, motivos de demissão, entre outros;
11 - Auxilio Funeral: reembolso das despesas com o funeral até o limite do capital segurado. Ainda que a seguradora ofereça a alternativa de prestação de serviços, é garantida a livre escolha dos prestadores de serviço pelos beneficiários com o respectivo reembolso das despesas efetuadas;
12 - Cobertura para segurados dependentes (cônjuges, companheiros, filhos);
13 - Sobrevivência: pagamento de indenização, sob a forma de pagamento único ou de renda, caso o segurado sobreviva ao período estipulado no plano de seguro;
14 - Outras coberturas relacionadas a seguros de pessoas.

A cobertura de Invalidez Permanente por Doença – IPD em razão dos diversos problemas enfrentados pelos consumidores, já que tinham seus sinistros negados, em virtude da abrangência do conceito de invalidez e divergências na sua caracterização, foi agraciada com uma nova regulamentação da SUSEP.

Dessa maneira, a SUSEP criou duas novas conceituações para a invalidez por doença: laborativa ou funcional. "Na primeira, não se espera recuperação ou reabilitação com os recursos terapêuticos disponíveis no momento da sua constatação para a atividade que o segurado obteve a maior renda, dentro de exercício anual definido nas condições contratuais."[103]

Já a invalidez funcional decorre da ocorrência de quadro clínico incapacitante que inviabilize de forma irreversível o pleno exercício das relações autonômicas do segurado (perda da existência independente do segurado), comprovada na forma definida nas condições do contrato de seguro.

Daí é possível afirmar que a SUSEP vedou "a comercialização de cobertura em que o pagamento da indenização esteja condicionado à impossibilidade do exercício, pelo segurado, de toda e qualquer atividade laborativa."[104]

A SUSEP, portanto, "não proibiu a comercialização de invalidez por doença, mas apenas determinou que o seu conceito seja bem especificado

103 *Ibid.*
104 *Ibid.*

e transparente para os consumidores. A seguradora pode comercializar outros tipos de coberturas de invalidez relacionada à doença, que tenham sua caracterização bem definida, como, por exemplo, a Invalidez Funcional Permanente Total por Doença e a Invalidez Laborativa Permanente Total por Doença, previstas na Circular SUSEP 302/2005, além de outros tipos elaborados pela seguradora."[105]

"O *seguro de viagem* é aquele que tem por objetivo garantir aos segurados, durante período de viagem previamente determinado, o pagamento de indenização quando da ocorrência de riscos previstos e cobertos, nos termos das condições gerais e especiais contratadas. Este seguro deve oferecer, no mínimo, as coberturas básicas de morte acidental e/ou invalidez permanente total ou parcial por acidente, podendo ser oferecidas outras coberturas, desde que as mesmas estejam relacionadas com viagem, como, por exemplo, cobertura por perda ou roubo de bagagem."

O *seguro educacional* visa auxiliar o custeio das despesas com educação do beneficiário, em razão da ocorrência dos eventos cobertos. Considerando que existe a possibilidade de diferenciação nos critérios de atualização das mensalidades escolares e do capital segurado, deverá ser observado que o capital segurado pode não ser suficiente para quitar integralmente as mensalidades. Não se incluem na modalidade educacional os seguros de acidentes pessoais que visem, exclusivamente, à cobertura de acidentes dos educandos durante a permanência no estabelecimento de ensino ou em seu trajeto.

O seguro *prestamista* é aquele no qual os segurados convencionam pagar prestações ao estipulante para amortizar dívida contraída ou para atender a compromisso assumido. O primeiro beneficiário é o próprio estipulante pelo valor do saldo da dívida ou do compromisso. A diferença que ultrapassar o saldo será paga ao segundo beneficiário, indicado pelo segurado. O seguro prestamista, geralmente, apresenta as coberturas de morte, invalidez e desemprego."[106]

Qual a diferença entre o *Seguro Auxílio Funeral* e a *Assistência Funeral*? Quais seguradoras estão autorizadas a comercializar esta modalidade?

A SUSEP esclarece que "o Seguro Auxílio Funeral é uma modalidade do Seguro de Pessoas. Portanto, todas as seguradoras autorizadas a operar no ramo vida podem comercializar esta cobertura, desde que incluída em algum plano devidamente protocolado nesta Autarquia. Esta cobertura, geralmente com capital segurado de baixo valor, tem por objetivo reembolsar os gastos referentes ao funeral no caso de morte do segurado. A sua caracterização como seguro está condicionada à livre escolha dos prestadores de serviços, com cobrança de prêmio e constituição de provisão. De forma distinta, a Assistência Funeral é tratada como um serviço complementar ao contrato de seguro, não havendo direito à livre escolha, ou seja, o segurado fica limitado aos prestadores de serviço indicados pela seguradora. Neste caso, deve ser observado que:

105 *Ibid.*
106 *Ibid.*

- os serviços não podem ser prestados diretamente pela seguradora;
- os serviços terão seus regulamentos previstos em documento próprio apartado das condições contratuais do seguro;
- quando cobrado do segurado, o pagamento dos serviços deverá estar discriminado do prêmio de seguro;
- o regulamento não poderá prever o pagamento em espécie ou reembolso ao segurado;"

31.13.3 Prêmio no seguro de vida

O prêmio, no seguro de vida, será conveniado por prazo limitado, ou por toda a vida do segurado (CC, art. 796).[107] [108] [109]

---

107 Correspondente ao art. 1.471, parágrafo único, do CCB/1916.

108 RECURSO ESPECIAL Nº 863.082 – RN (2006/0142504-8) RELATOR : MINISTRO HUMBERTO GOMES DE BARROS. Recurso especial(alíneas "a" e "c") contra acórdão assim ementado no que interessa: "1. A cláusula contratual que prevê o cancelamento do contrato por ambos os contratantes não encontra vedação no Diploma Consumerista, sendo válida a não renovação da avença com fundamento na disposição contratual, mormente em razão de comunicação prévia. 2. Em se tratando de contrato de seguro, a inocorrência dos eventos cobertos pela garantia não autoriza a devolução dos valores pagos como prêmio. 3. Inexistindo ilegalidade na não renovação do contrato, bem como não comprovado o defeito no serviço prestado e a ocorrência de prejuízo extrapatrimonial, inadmissível se afigura a obrigação de indenizar. 4. Recurso conhecido e desprovido."(fl. 254) Os recorrentes queixam-se de maltrato aos Arts. 4º do Decreto nº 59.195/66, 13 de Decreto nº 73/66, 6º, VII, 51, IV, e 73 do CDC, 122, 475, 757, 774 e 796 do Novo Código Civil, bem como apresentam divergência jurisprudencial. Alegam que aderiram a um plano de seguro de vida, promovido pela ora recorrida e por ela cancelado unilateralmente esse seguro. Sustentam, em síntese, não ser possível o cancelamento unilateral do seguro por parte da recorrida, impondo-se, ainda, a devolução dos valores pagos. Por último, alegam que sofreram dano moral, postulando o seu ressarcimento. Contrarrazões ofertadas às fls. 280/293. DECIDO: O Art. 757 não foi objeto de discussão pelo acórdão recorrido. Falta prequestionamento. Incide a Súmula 282. O Tribunal local, com relação aos Arts. 122, 475, 774 e 796 do Novo Código Civil, decidiu que não são aplicáveis ao caso, "uma vez que os negócios jurídicos entabulados entre os litigantes foram perfectibilizados em 2001, incidindo, pois, o Código Civil de 1916, não se vislumbra infringência aos mesmos."(fl. 264) Contudo, tal argumento não foi combatido quando da interposição do recurso especial. Incide a Súmula 283. Não há a alegada ofensa aos Arts. 4º do Decreto nº 59.195/66, 13 de Decreto nº 73/66, 6º, VII, 51, IV, e 73 do CDC, pois, conforme bem decidiu o Tribunal local, a cláusula contratual que permite a resilição está de acordo com o disposto no CDC, o qual permite que o contrato estabeleça a resilição por qualquer das partes. O que pretende a legislação ao falar em resilição unilateral é apenas coibir o desequilíbrio existente nos contratos. Caso não haja esse desequilíbrio e exista a previsão de que ambas as partes podem cancelar o seguro, desde que observados certos requisitos, tais como comunicação prévia, não há falar em ofensa a tais dispositivos. Além disso, o Tribunal local afirmou que havia cláusula expressa no contrato cancelado a permitir a resilição pelas partes. Confira-se: "Na presente demanda, a cláusula contratual que estabeleceu a possibilidade de resilição contratual, está de acordo como Código de Defesa do Consumidor, tendo estabelecido a possibilidade de resilição por qualquer das partes, de forma a inexistir violação a referidos dispositivos legais."(fl.264) Incide a Súmula 5. As quantias recolhidas a título de seguro destinam-se à cobertura da qual usufruiu o participante durante a contratualidade, não

Já o parágrafo único do artigo 796 do nosso Código Civil determina que "em qualquer hipótese, no seguro individual, o segurador não terá ação para cobrar o prêmio vencido, cuja falta de pagamento, nos prazos previstos, acarretará, conforme se estipular, a resolução do contrato, com a restituição da reserva já formada, ou a redução do capital garantido proporcionalmente ao prêmio pago."[110]

Para o cálculo do prêmio de seguro é adotada a seguinte fórmula:[111]

"Prêmio = Capital Segurado (valor da indenização) x Taxa (expressa a probabilidade de ocorrência do evento coberto na apólice). Destaca-se que, no caso dos seguros de vida, a probabilidade de ocorrência de morte aumenta com o aumento da idade dos segurados.

Da análise da fórmula acima, podemos observar que o prêmio sofre acréscimo de valor sempre que existe aumento do capital segurado e/ou da taxa. Portanto, o aumento do capital segurado não ocorre necessariamente na mesma proporção ou na mesma periodicidade do reajuste do prêmio.

Sendo assim, além da atualização monetária (aumento proporcional de valores de prêmio e de capital segurado), dependendo da estrutura do plano,

havendo justificativa para a sua devolução (EREsp 438735/PARGENDLER; REsp 451162/ROSADO). Por fim, não havendo ato ilícito, não há falar em dever de indenizar. No mais, a divergência jurisprudencial não está demonstrada (Art. 541, parágrafo único, do CPC). Não houve o confronto analítico entre os paradigmas invocados e o julgado recorrido para demonstração de semelhança entre os casos. Nego seguimento ao recurso especial. (Art. 557, *caput*, do CPC). Brasília (DF), 31 de agosto de 2006. MINISTRO HUMBERTO GOMES DE BARROS relator (ministro HUMBERTO GOMES DE BARROS, 12.09.2006).

109 A recusa de renovação das apólices de seguro de vida pelas seguradoras em razão da idade do segurado é discriminatória e atenta contra a função social do contrato (Enunciado 542 da VI Jornada de Direito Civil). Vejamos as justificativas apresentadas nesta Jornada: "Artigos: 765 e 796 do Código Civil Justificativa: Nos seguros de vida, o avanço da idade do segurado representa agravamento do risco para a seguradora. Para se precaverem, as seguradoras costumam estipular aumento dos prêmios conforme a progressão da idade do segurado ou, simplesmente, comunicar-lhe, às vésperas do término de vigência de uma apólice, o desinteresse na renovação do contrato. Essa prática implica, em muitos casos, o alijamento do segurado idoso, que, para contratar com nova seguradora, poderá encontrar o mesmo óbice da idade ou enfrentar prêmios com valores inacessíveis. A prática das seguradoras é abusiva, pois contraria o art. 4° do Estatuto do Idoso (Lei n° 10.741, de 01/10/2003), que dispõe: "Nenhum idoso será objeto de qualquer tipo de negligência, discriminação, violência, crueldade ou opressão, e todo atentado aos seus direitos, por ação ou omissão, será punido na forma da lei". A prática também é atentatória à função social do contrato. A cobertura de riscos é da essência da atividade securitária, assim como o mecanismo distributivo. Os cálculos atuariais permitiriam às seguradoras diluir o risco agravado pela idade entre toda a massa de segurados, equalizando os prêmios em todas as faixas de idade, desde os mais jovens, sem sacrificar os mais idosos. A recusa discriminatória de renovação dos contratos de seguro representa abuso da liberdade de contratar das seguradoras e atenta contra a função social do contrato de seguro, devendo, como tal, ser coibida."

110 Sem correspondência ao CCB de 1916.

111 www.susep.gov.br

o valor do prêmio pode ser recalculado em decorrência da mudança de idade do segurado.

Nos planos individuais, a forma como os prêmios serão alterados de acordo com a faixa etária do segurado, incluindo os valores ou percentuais constará das Condições Gerais do seguro.

Nos planos coletivos, a forma como os prêmios serão alterados de acordo com a faixa etária do segurado, incluindo os valores ou percentuais, deverão constar das condições contratuais e ser disponibilizados aos proponentes quando da adesão ao seguro."

31.13.4 Prazo de carência no seguro de vida para o caso de morte

No seguro de vida para o caso de morte, é lícito estipular-se um prazo de carência, durante o qual o segurador não responde pela ocorrência do sinistro (CC, art. 797)[112]

Neste caso, o segurador é obrigado a devolver ao beneficiário o montante da reserva técnica já formada. (CC, art. 797, parágrafo único).[113]

Neste diapasão, a seguinte jurisprudência: "Ação de cumprimento contratual. Seguro de vida em grupo. Óbito ocorrido antes do transcurso do prazo de carência. Legalidade da estipulação, arrimada no Art. 797 do novel Código Civil. Inexistência de afronta às disposições do cdc. Afastada a preliminar de nulidade da sentença, supostamente *citra petita*. Indemonstrado, pela autora (inobstante o prazo deferido pelo juízo de primeira instância a tal fim), que se tratasse de renovação de seguro, o qual, como consabido, se dá de forma automática, dispensando o preenchimento de nova proposta. Sentença mantida. Recurso improvido. (Recurso Cível Nº 71001033794, Segunda Turma Recursal Cível, Turmas Recursais, relator: Mylene Maria Michel, Julgado em 22/11/2006)."

31.13.5 Suicídio do segurado

Em relação ao suicídio do segurado, o artigo 798 dispõe que "o beneficiário não tem direito ao capital estipulado quando o segurado se suicida nos primeiros dois anos de vigência inicial do contrato, ou da sua recondução depois de suspenso, observado o disposto no parágrafo único do artigo antecedente."[114]

O parágrafo único esclarece que "ressalvada a hipótese prevista neste artigo, é nula a cláusula contratual que exclui o pagamento do capital por suicídio do segurado."[115]

112 Sem correspondência ao CCB de 1916.
113 Sem correspondência ao CCB de 1916.
114 Sem correspondência ao CCB de 1916.
115 Sem correspondência ao CCB de 1916.

O STF editou a Súmula 105 que determina que "salvo se tiver havido premeditação, o suicídio do segurado no período contratual de carência não exime o segurador do pagamento do seguro."

Por sua vez, o STJ na Súmula 61 afirma que "o seguro de vida cobre o suicidio não premeditado."

Dessa forma, se o suicídio for voluntário, a indenização não será devida. A indenização somente será devida se o suicídio for involuntário.

O suicídio considerado voluntário, que exonera a seguradora, é aquele em que o segurado suicidou-se nos dois primeiros anos do contrato de seguro. Após este período, o suicídio será involuntário.

O Conselho da Justiça Federal, na III Jornada de Direito Civil, publicou o enunciado 187 que informa: "No contrato de seguro de vida, presume-se, de forma relativa, ser premeditado o suicídio cometido nos dois primeiros anos de vigência da cobertura, ressalvado ao beneficiário o ônus de demonstrar a ocorrência do chamado "suicídio involuntário"."

O Tribunal de Justiça do Estado do Rio Grande do Sul já enfrentou a questão do suicídio no contrato de seguro com a decisão do relator Osvaldo Stefanello, nos seguintes termos: APELAÇÃO CÍVEL. SEGURO DE VIDA. CONTRATAÇÃO REGIDA PELAS CLÁUSULAS ESTIPULADAS NA APÓLICE, SEGUNDO LEGISLAÇÃO VIGENTE À ÉPOCA, QUAL SEJA, O CÓDIGO CIVIL DE 1916. SUICÍDIO. PREMEDITAÇÃO NÃO COMPROVADA. ÔNUS DA SEGURADORA. EQUIVALÊNCIA À MORTE ACIDENTAL. PAGAMENTO DO CAPITAL SEGURADO DEVIDO, NA PROPORÇÃO DE 50%. INTELIGÊNCIA DAS SÚMULAS 61 DO STJ E 105 DO STF. PRECEDENTES DESTE TRIBUNAL E DO STJ. ?O contrato de seguro de vida é regido pelas cláusulas estipuladas na apólice, segundo legislação à época vigente, na situação em exame, o Código Civil de 1916. Ademais, ainda que fosse o caso de se aplicar a lei nova (art. 798 do CCB/2002), há prova de que existia contrato de seguro de vida entre o segurado e a requerida desde o ano de 2001, o que permite concluir que na data do suicídio cometido pelo contratante (19.07.2003), já havia transcorrido mais de dois anos de vigência da avença firmada com a ré/apelante. ?O suicídio, por si só, não acarreta a exclusão do seguro, mas somente quando premeditado, voluntário, deliberado, incumbindo a prova desse agir ao segurador, pois diz respeito a fato impeditivo, modificativo ou extintivo do direito do autor, a teor do art. 333, II, do CPC. Hipótese em que não restou comprovado nos autos ter o segurado premeditado o suicídio, mostrando-se devida a indenização securitária. ?Conforme precedentes desta Corte e do STJ, o suicídio involuntário equipara-se à morte acidental. ?Correção monetária mantida como estabelecido na sentença, ante a ausência de interesse da autora para pleitear a reforma quanto ao termo inicial da sua incidência. Juros de mora à taxa de 12% ao ano, a contar da citação. Sentença mantida. APELO DESPROVIDO. (Apelação Cível Nº 70014927743, Sexta Câmara Cível, Tribunal de Justiça do RS, relator: Osvaldo Stefanello, Julgado em 09/11/2006).

31.13.6 Obrigação do segurador de pagar o capital

O artigo 799 estabelece que "o segurador não pode eximir-se ao pagamento do seguro, ainda que da apólice conste a restrição, se a morte ou a incapacidade do segurado provier da utilização de meio de transporte mais arriscado, da prestação de serviço militar, da prática de esporte, ou de atos de humanidade em auxílio de outrem."[116]

Observa Washington de Barros Monteiro que "esse dispositivo confirma, com maior gravame, a responsabilidade do segurador, ainda que o óbito provenha de ato de maior risco do segurado, inclusive se constar da apólice restrição referente a atividades perigosas."[117]

31.13.7 Impossibilidade de sub-rogação nos direitos e ações do segurado

Nos seguros de pessoas, o segurador não pode sub-rogar-se nos direitos e ações do segurado, ou do beneficiário, contra o causador do sinistro (CC, art. 800).[118] A hermenêutica desta regra difere, pois, da regra estabelecida no artigo 786 pela qual paga a indenização, o segurador sub-roga-se, nos limites do valor respectivo, nos direitos e ações que competirem ao segurado contra o autor do dano (CC, art. 786).[119]

31.13.8 Seguro de pessoas em proveito de grupo

O seguro de pessoas pode ser estipulado por pessoa natural ou jurídica em proveito de grupo que a ela, de qualquer modo, se vincule (CC, art. 801).[120]

O estipulante não representa o segurador perante o grupo segurado, e é o único responsável, para com o segurador, pelo cumprimento de todas as obrigações contratuais (CC, art. 801, § 1º).[121]

O ensinamento jurisprudencial esclarece que "SEGUROS. ACIDENTES PESSOAIS. MORTE NATURAL. Não COBERTURA. INDENIZAÇÃO INDEVIDA. ILEGITIMIDADE PASSIVA DO ESTIPULANTE. 1. Conforme entendimento consolidado no Egrégio STJ e no âmbito desta Colenda 5ª Câmara Cível, o estipulante é parte ilegítima para figurar em feito no qual se discute o pagamento da indenização securitária, porquanto é mero mandatário do segurado. Inteligência do § 2º do art. 21 do Decreto-Lei nº 73/1966 c/c o § 1º do art. 801 do CC/2002. 2. Tratando-se de seguro de acidentes pessoais, que cobre, tão somente, o risco morte acidental, não há falar-se em dever de inde-

116 Sem correspondência ao CCB de 1916.

117 MONTEIRO, Washington de Barros, *Curso do Direito Civil*, São Paulo: Saraiva, p. 359.

118 Sem correspondência ao CCB de 1916.

119 Sem correspondência ao CCB de 1916.

120 Correspondente ao art. 1.466 do CCB/1916.

121 Sem correspondência ao CCB de 1916.

nizar se a morte do segurado foi natural. 3. Desprovimento do apelo. (Apelação Cível Nº 70016647836, Quinta Câmara Cível, Tribunal de Justiça do RS, relator: Paulo Sérgio Scarparo, Julgado em 06/12/2006).

A modificação da apólice em vigor dependerá da anuência expressa de segurados que representem três quartos do grupo (CC, art. 801, § 2º).[122] [123]

O Conselho da Justiça Federal, na IV Jornada de Direito Civil, editou o Enunciado 375 que informa: "No seguro em grupo de pessoas, exige-se o quórum qualificado de 3/4 do grupo, previsto no § 2º do art. 801 do Código Civil, apenas quando as modificações impuserem novos ônus aos participantes ou restringirem seus direitos na apólice em vigor."

No seguro em grupo, participam da relação jurídica contratual: a) o *estipulante*, responsável pelo cumprimento das obrigações avençadas no contrato, é o empregador, associação, ou pessoa jurídica que firma o contrato com a seguradora; b) a seguradora; e c) o grupo segurável, que representa o conjunto de pessoas com vínculo ao estipulante.

Na ação de cobrança securitária, movida por segurado em grupo visando ao recebimento de importância referente à cobertura de invalidez total e permanente por doença profissional ou invalidez parcial por acidente laboral, estipulada entre ex-empregadora e seguradora é competente a Justiça Comum.

Sobre a questão, decidiu o Superior Tribunal de Justiça, no Conflito de Competência nº 56.207-SP (2005/0181355-2) de relatoria do ministro Jorge Scartezzini: "DECISÃO Vistos, etc. Trata-se de Conflito Negativo de Competência entre o D. JUÍZO DA 2ª VARA DO TRABALHO DE SANTO ANDRÉ

---

122 Sem correspondência ao CCB de 1916.

123 SEGUROS. SEGURO EDUCACIONAL EM GRUPO. ILEGITIMIDADE PASSIVA DO ESTIPULANTE. MORTE DO RESPONSÁVEL SEGURADO PELO CUSTEIO DOS ESTUDOS DA SEGURADA DISCENTE. Não PAGAMENTO DA INDENIZAÇÃO. Não PREENCHIMENTO DO CARTÃO-PROPOSTA INDIVIDUAL. IRRELEVÂNCIA. LIMITAÇÃO DA IDADE MÁXIMA DO SEGURADO RESPONSÁVEL. ABUSIVIDADE CONFIGURADA. APLICAÇÃO DO CÓDIGO DE DEFESA DO CONSUMIDOR. 1. Conforme entendimento consolidado no Egrégio STJ e no âmbito desta Colenda 5ª Câmara Cível, o estipulante é parte ilegítima para figurar em feito no qual se discute o pagamento da indenização securitária, porquanto é mero mandatário do segurado. Inteligência do § 2º do art. 21 do Decreto-Lei nº 73/1966 c/c o § 1º do art. 801 do CC/2002. 2. Alegando a segurada que sequer recebeu o cartão-proposta individual para fins de indicação do segurado responsável pelo pagamento do custeio dos seus estudos, cabia à seguradora comprovar a remessa do documento, pois é ônus do réu provar os fatos impeditivos ao exercício do direito do autor (CPC, art. 333, inc. II). 3. É nula de pleno direito, nos termos do inc. IV do art. 51 CPDC, a cláusula de contrato de seguro educacional que prevê a limitação de idade do segurado responsável pelo custeio dos estudos do segurado discente e que não foi informada aos segurados quando da contratação do seguro. 4. Provimento da apelação da ré PUCRS e desprovimento da apelação do réu Bradesco Vida e Previdência S/A. (Apelação Cível Nº 70015539943, Quinta Câmara Cível, Tribunal de Justiça do RS, relator: Paulo Sérgio Scarparo, Julgado em 28/06/2006).

– SP (suscitante) e o D. JUÍZO DE DIREITO DA 8ª VARA CÍVEL DE SANTO ANDRÉ – SP (suscitado), quanto ao exame de Ação de Cobrança Securitária, movida por segurado em grupo visando ao recebimento de importância referente à cobertura de invalidez total e permanente por doença profissional ou invalidez parcial por acidente laboral, estipulada entre ex-empregadora e seguradora (fls. 02/04). O d. Juízo Estadual remeteu os autos à Justiça Obreira, "considerando o art. 114, VI, da CF/88, com a redação que lhe foi dada pela EC nº 45/2004, que trata da Reforma do Judiciário" (fls. 529). O d. Juízo Laboral suscitou este incidente, vez que, nos termos da EC nº 45/2004, "não se ampliou a competência da Justiça do Trabalho para julgar conflitos oriundos de outras relações de trabalho que não se caracterizam como relação de emprego e o contrário é negar a Justiça do Trabalho como Justiça Federal Especializada. Por outro lado, não é o caso de aplicação do inciso VI, tal como disposto pela Justiça Estadual – não é ação de indenização por dano moral ou material, e sim ação que visa o recebimento de seguro de vida de acordo com a apólice. Trata-se de relação contratual securitária que, no entender deste Juízo, não pode ser dirimida pela Justiça do Trabalho" (fls. 530/533). A d. Subprocuradoria-Geral da República opinou pela competência da Justiça Comum (fls. 542/545). É o relatório.

Passo a decidir. Inicialmente, conheço deste Conflito, porque suscitado entre "juízes vinculados a tribunais diversos" (art. 105, "d", da CF/88). O art. 114, *caput*, da CF/88, originariamente dispunha caber à Justiça Laboral o exame de "dissídios individuais e coletivos entre trabalhadores e empregadores"; destarte, definia-se a competência da Justiça Obreira pela existência de conflito no âmbito de "relação de emprego", de prestação pessoal, subordinada, onerosa e não eventual de serviços (art. 3º da CLT); apenas excepcionalmente competia-lhe julgar "outras controvérsias decorrentes da relação de trabalho", v. g., lides entre trabalhadores avulsos (art. 653 da CLT) ou temporários e tomador/cedente de serviços (Lei nº 6.019/74). Com a promulgação da EC nº 45/2004, o art. 114 da CF/88 passou a ostentar a seguinte redação, no que ora releva considerar: "Art. 114. Compete à Justiça do Trabalho processar e julgar: I – as ações oriundas da relação de trabalho, abrangidos os entes de direito público externo e da administração pública direta e indireta da União, dos Estados, do Distrito Federal e dos Municípios;." Destarte, passou-se a advogar a radical ampliação da competência material da Justiça Laboral, a fim de abarcar, além do exame de feitos relativos à vinculação empregatícia (pessoalidade/subordinação/onerosidade/não eventualidade), regrados pela CLT, o de lides envolvendo "relações de trabalho", é dizer, demandas entre pessoas físicas prestadoras de serviços e pessoas físicas e jurídicas tomadoras dos mesmos, em que, de regra, ausente a subordinação ou a não eventualidade, mesmo implicando solução à luz do Direito Civil (CC, CDC, etc). Assim, olvidando-se o caráter especial desta Justiça, voltado a questões sociais em que premente a resolução de conflitos acerca do binômio "capital/trabalho", no âmbito das "relações de emprego", indicativas de intenso grau de dependência econômica, propugnou-se a ampliação competencial para absorção, v. g., de lides entre profissionais liberais e clientes, passageiros e taxistas, de prestação de serviços entre pessoas jurídicas, etc. A Segunda Seção deste Colegiado, contudo, não conferiu tamanha abrangência à expressão "relação de trabalho" e, pois, à competência da Justiça Especializada, mantendo, mesmo ante as alterações promovidas pela EC nº 45/2004 no art. 114 da CF/88, a orientação que ampara a definição da competência *ratione materiae* na natureza jurídica da lide posta a desate, deduzida dos respectivos pedido e causa de pedir (CC nºs 49.516/SC, CÉSAR ASFOR ROCHA, DJU 26.06.2006; 51.937/SP, MENEZES DIREITO, DJU 19.12.2005; 40.564/SE, CASTRO FILHO, DJU 25.04.2005; 46.562/SC, FERNANDO GONÇALVES, DJU 05.10.2005). Destarte, advindo os litígios de relação de emprego, buscando a parte verbas contempladas em legislação laboral, ou em se cuidando de pretensão indenizatória fulcrada em ilícito oriundo diretamente de vínculo empregatício (causa *petendi* remota), embasando-se o pedido (mediato e imediato) e a causa de pedir (próxima) em fatos ocorridos durante e por ocasião de liame obreiro, vislumbra-se a competência da Justiça Laboral, embora demandem solução à luz do Direito Civil. Ao revés, em se tratando de ações nas quais ausente pedido de índole trabalhista, fulcradas em ilícitos não vinculados imediatamente a relações contratuais de emprego, conquanto ocorridos no ambiente de prestação laboral, é dizer, verificando-se a existência de relações (extra)contratuais de cunho eminentemente civil, geradoras do dever reparatório, impõe-se a competência da Justiça Comum. *In casu*, tem-se Ação de Cobrança Securitária, movida por segurado em grupo visando ao recebimento de importância referente à cobertura de invalidez total e permanente por doença profissional ou invalidez parcial por acidente laboral, estipulada entre ex-empregadora e seguradora. Ora, resta evidenciado o não embasamento do pleito na relação de emprego havida entre o autor/segurado e a ex-empregadora/estipulante, constatando-se, ao contrário, liame obrigacional decursivo do descumprimento, pela seguradora, do contrato de seguro em grupo firmado sob a égide do Direito Civil, pelo que também o pedido referente à cobrança do prêmio securitário pelo trabalhador em face de sua aposentadoria por invalidez encontra-se desprovido de índole trabalhista. Deveras, debate-se acerca, exclusivamente, de relação jurídica securitária, oriunda de apólice firmada por seguradora, responsável pela cobertura do sinistro e absolutamente estranha ao contrato laboral entre autor/segurado e ex-empregadora/estipulante. Outrossim, nem sequer a eventual presença da ex-empregadora no polo passivo da lide, na medida em que mera intermediária ou mandatária de seus empregados na pactuação securitária (art. 21, § 2º, do Decreto-Lei nº 73/66: "Nos seguros facultativos o estipulante é mandatário dos segurados"), respondendo "para com o segurador, pelo cumprimento de todas as obrigações contratuais" em nome, por óbvio, dos segurados (art. 801, § 1º, do CC/2002), seria suficiente para deslocar a competência ao exame do feito à Justiça Especial, afastando-se a incidência do art. 114 da CF/88, com a redação da EC nº 45/2004. Neste sentido, confira-se o precedente oriundo desta c. Segunda Seção: "CONFLITO DE COMPETÊNCIA. JUSTIÇA DO TRABALHO E ESTADUAL. AÇÃO AJUIZADA CONTRA A EX-EMPREGADORA E A OPERADORA DO PLANO DE SAÚDE, OBJETIVANDO O CORRETO PAGAMENTO DO PRÊMIO A QUE FAZ JUS O BENEFICIÁRIO, EM RAZÃO DA SUA APOSENTADORIA POR INVALIDEZ, BEM COMO INDENIZAÇÃO POR DANOS MORAIS DECORRENTES DA INADIMPLÊNCIA DA SEGURADORA. PEDIDO DE NATUREZA CIVIL. COMPETÊNCIA DA JUSTIÇA COMUM. A natureza do pedido é civil, oriunda da relação existente entre o beneficiário e a operadora do plano de saúde, e diz respeito ao pagamento indevido do prêmio a que o primeiro faz jus, em razão da sua aposentadoria por invalidez, decorrente de acidente do trabalho. Conflito conhecido para declarar a competência do Juízo de Direito, ora suscitado." (CC nº 50.708/SP, CÉSAR ASFOR ROCHA, DJU 02.03.2006)" Analogamente: CC nºs 61.302/SP e 60.306/MS, MENEZES DIREITO, DJU 26.06.2006 e 14.06.2006; 63.526/MG e 57.529/MG, NANCY ANDRIGHI, DJU 04.08.2006 e 03.04.2006; 57.767/MG e 48.697/SP, CASTRO FILHO, DJU 08.03.2006 e 02.09.2005. Por tais fundamentos, nos termos dos arts. 120, parágrafo único, e 122, do CPC, conheço do presente Conflito, declarando a competência do D. JUÍZO DE DIREITO DA 8ª VARA CÍVEL DE SANTO ANDRÉ – SP, ora suscitado, para dirimir a lide. Oficie-se às partes, dando-lhes ciência. Após, findo o prazo legal, devidamente cientificado, encaminhem-se os autos à autoridade ora designada competente. Publique-se. Cumpra-se. Brasília, DF, 06 de dezembro de 2006. MINISTRO JORGE SCARTEZZINI relator (ministro JORGE SCARTEZZINI, 13.12.2006).

31.13.9 Não garantia de reembolso de despesas hospitalares, de tratamento médico, de luto e de funeral do segurado

O artigo 802 do nosso Código Civil determina que "não se compreende nas disposições desta Seção a garantia do reembolso de despesas hospitalares ou de tratamento médico, nem o custeio das despesas de luto e de funeral do segurado."[124]

31.14 O contrato de seguro e a prescrição

O artigo 206, § 1º, inciso II, do nosso Código Civil determina que

124 Sem correspondência ao CCB de 1916.

> Art. 206. Prescreve:
> § 1º Em um ano: [...] II – a pretensão do segurado contra o segurador, ou a deste contra aquele, contado o prazo:
> a) para o segurado, no caso de seguro de responsabilidade civil, da data em que é citado para responder à ação de indenização proposta pelo terceiro prejudicado, ou da data que a este indeniza, com a anuência do segurador;
> b) quanto aos demais seguros, da ciência do fato gerador da pretensão;

Na mesma linha, o Superior Tribunal de Justiça – STJ publicou a Súmula 101 que aponta a prescrição ânua: "A ação de indenização do segurado em grupo contra a seguradora prescreve em um ano."

Neste sentido, a decisão do Recurso Especial 726.133-RJ, da 4ª Turma, publicado em 27/06/2006, de relatoria do ministro Jorge Scartezini. "PRESCRIÇÃO – CONTRATO DE SEGURO DE VIDA – PRESCRIÇÃO ÂNUA. Em se tratando de ação de cobrança da cobertura segurada, incide, na espécie, o prazo prescricional de um ano previsto no artigo 178, § 6º, II, do Código Civil de 1916. O termo a quo para a contagem do prazo prescricional é a data em que a segurada teve conhecimento inequívoco da recusa do pagamento da indenização pela seguradora, quando então surge o direito de ação para o cumprimento coercitivo. Precedentes. Recurso conhecido e provido para acolher a preliminar de prescrição."

Por outro lado, em 27/06/2005, o STJ noticiou em seu *site* que o "PRAZO DE PRESCRIÇÃO DE INDENIZAÇÃO DE UM ANO VALE PARA SEGURADO, NÃO PARA BENEFICIÁRIO". Vejamos: "O prazo de prescrição de um ano para cobrança de pagamentos de indenizações decorrentes de apólices de seguro de vida em grupo vale apenas para o segurado, não para o beneficiário. O entendimento é da Quarta Turma do Superior Tribunal de Justiça (STJ). Proposta a ação de cobrança quase dois anos após a morte do segurado, a primeira instância afirmou ter ocorrido a prescrição nos termos da Súmula 101 do STJ ("A ação de indenização do segurado em grupo contra a seguradora prescreve em um ano"). O Tribunal de Justiça do Estado do Rio Grande do Sul (TJ-RS) deu provimento à apelação da autora da ação para afastar a prescrição e condenar a seguradora ao pagamento do valor da apólice, corrigido e com juros.

Contra a decisão do tribunal local, a seguradora recorreu ao STJ, pleiteando o reconhecimento da prescrição e a consequente extinção do processo com julgamento de mérito, sustentando que se aplica a prescrição de um ano também para a beneficiária do seguro.

O ministro Barros Monteiro, relator do recurso, afirma, porém, que a prescrição de um ano não se aplica à beneficiária de seguro de vida em grupo, conforme o antigo Código Civil. "É preciso que se faça a distinção, no contrato de seguro de vida em grupo, entre as figuras do segurado e a do beneficiário. No caso, segurado era o falecido esposo da demandante, enquanto que esta é meramente a beneficiária do seguro", explicou.

Nesse caso, não se poderiam aplicar as mesmas regras a situações jurídicas diversas, para evitar injustiças, razão pela qual o ministro relator não verificou a divergência jurisprudencial alegada nem ofensa a lei federal. Com isso, não conheceu do recurso da empresa e manteve, dessa forma, a decisão do tribunal estadual."

Entendemos que devem ser aplicados os princípios e regras do Código de Defesa do Consumidor à relação jurídica existente entre empresa seguradora e seus clientes, a teor do art. 3º, § 2º, da Lei nº 8.078/90.

Daí, é possível afirmar que os contratos de seguro submetem-se às normas de ordem pública e de interesse social do Código de Defesa do Consumidor, enquadrando-se como relação de consumo, de acordo com o § 2º do art. 3º da Lei nº 8.078/90, cuja dicção é a seguinte: *Serviço é qualquer atividade fornecida no mercado de consumo, mediante remuneração, inclusive as de natureza bancária, financeira, de crédito e securitária, salvo as decorrentes das relações de caráter trabalhista*. Portanto, os contratos de seguro são regidos pelo Código de Defesa do Consumidor (CDC), a teor do que dispõe o art. 3º, § 2º, daquele mesmo diploma, com menção expressa aos serviços de natureza securitária.

A partir desta premissa, torna-se necessário, nos casos concretos decidendos, que o julgador faça a exegese do artigo 27 da legislação consumeira: "Prescreve em cinco anos a pretensão à reparação pelos danos causados por fato do produto ou do serviço prevista na Seção II deste Capítulo, iniciando-se a contagem do prazo a partir do conhecimento do dano e de sua autoria."

Em harmonia com este entendimento, em 12/04/2007, a Relª Desª Maria do Rocio Luz Santa Ritta, do Tribunal de Justiça de Santa Catarina – TJSC, decidiu que "PRESCRIÇÃO – CONTRATO DE SEGURO – MARCO INICIAL DA CONTAGEM DO PRAZO. Nos termos do artigos 3º e 27 do CDC, o prazo prescricional, em se tratando de contratos de seguro, é de cinco anos, com *dies a quo* a partir da recusa da seguradora em pagar o valor contratado. Verificando-se, porém, que o segurado não formulou pedido administrativo visando à obtenção da indenização a que entende fazer jus, o marco a partir do qual deve rebentar o prazo prescricional deve ser fixado não da recusa, pois impossível a recusa do que não solicitado, mas do conhecimento inequívoco do fato gerador da pretensão, que é a eclosão do sinistro. Recurso: Ap. Cív. 2007.000958-0."

Capítulo 32

DA CONSTITUIÇÃO DE RENDA

32.1 Conceito e características

CARVALHO DE MENDONÇA ensina que "a constituição de renda não surgiu entre os nossos antepassados, assim como em todas as nações católicas, senão como um recurso, um subterfúgio astucioso de iludir a condenação da usura por uma forma aparentemente válida.

Esse meio foi então encontrado na constituição de renda sob a forma de um *censo reservativo*, em o qual o capital fornecido era irrepetível pelo credor e redimível pelo devedor."[1]

No mesmo sentido, Arnaldo Rizzardo aponta que o contrato de constituição de renda em suas origens mais remotas, era conhecido de duas formas:[2]

a) O censo reservativo, ou renda fundiária, que consistia na alienação de um prédio com a reserva de que o adquirente ficasse obrigado ao pagamento de uma prestação anual e perpétua, dando o próprio prédio em garantia de pagamento. Equivalia a um empréstimo com garantia real, pelo qual o novo proprietário do prédio pagava juros perpétuos sobre o capital recebido;
b) O censo consignativo, em que o capital entregue era constituído de um capital em dinheiro. Quem o recebesse obrigava-se, como na modalidade anterior, a pagar uma renda, ou certa prestação, que era produto dos rendimentos do valor.

O artigo 803 do Código Civil brasileiro determina que "pode uma pessoa, pelo contrato de constituição de renda, obrigar-se para com outra a uma prestação periódica, a título gratuito."[3]

Já o artigo 804 dispõe que "o contrato pode ser também a título oneroso, entregando-se bens móveis ou imóveis à pessoa que se obriga a satisfazer as prestações a favor do credor ou de terceiros."[4]

---

1 CARVALHO DE MENDONÇA, Manuel Inácio. *Contratos no Direito Civil brasileiro*. Tomo II. E.ed. Rio de Janeiro: Forense, 1955, p. 773.
2 RIZZARDO, Arnaldo. *Contratos*. 6.ed. Rio de Janeiro: Forense, 2006, p. 954.
3 Correspondente ao art. 1.424 do CCB/1916.
4 Correspondente ao art. 1.424 do CCB/1916.

Portanto, o contrato de *constituição de renda* é aquele em que o rendeiro se obriga a entregar, periodicamente, uma prestação a outra pessoa denominada rentista, a título gratuito ou oneroso. Se o pacto for oneroso, este transfere aquele um capital que pode ser formado por bens imóveis ou móveis em troca da referida renda.

Os bens dados em compensação da renda caem, desde a tradição, no domínio da pessoa que por aquela se obrigou (CC, art. 809).[5] [6]

Os pressupostos existenciais do referido contrato são: a) o *rendeiro ou censuário* é aquele que se obrigar a entregar, periodicamente, uma prestação a alguém; b) o credor é denominado de *rentista ou censuísta*. Esta é a pessoa que transfere um capital em troca de uma renda; c) o *capital* pode ser formado por bens imóveis ou móveis.

A *renda*, de acordo com as lições de CLÓVIS Beviláqua é a "série de prestações em dinheiro ou em outros bens, que uma pessoa recebe de outra, a quem foi entregue, para esse efeito, certo capital. A *constituição da renda* consiste na alienação do capital, para obterem-se essas prestações periódicas."[7]

Se o contrato de constituição de renda for oneroso, o rendeiro ou censuário deverá apresentar uma garantia real ou fidejussória como garantia de que cumprirá a obrigação. O artigo 805 preceitua que "sendo o contrato a título oneroso, pode o credor, ao contratar, exigir que o rendeiro lhe preste garantia real, ou fidejussória."[8]

A *garantia real* é aquela garantia que esta amparada por um bem móvel, imóvel ou semovente. Esta poderá ocorrer através de penhor, hipoteca ou

---

5 Correspondente ao art. 1.426 do CCB/1916.

6 CC 2002 – Art. 1.228. O proprietário tem a faculdade de usar, gozar e dispor da coisa, e o direito de reavê-la do poder de quem quer que injustamente a possua ou detenha. § 1o O direito de propriedade deve ser exercido em consonância com as suas finalidades econômicas e sociais e de modo que sejam preservados, de conformidade com o estabelecido em lei especial, a flora, a fauna, as belezas naturais, o equilíbrio ecológico e o patrimônio histórico e artístico, bem como evitada a poluição do ar e das águas. § 2o São defesos os atos que não trazem ao proprietário qualquer comodidade, ou utilidade, e sejam animados pela intenção de prejudicar outrem.

CC 2002 – Art. 1.267. A propriedade das coisas não se transfere pelos negócios jurídicos antes da tradição. Parágrafo único. Subentende-se a tradição quando o transmitente continua a possuir pelo constituto possessório; quando cede ao adquirente o direito à restituição da coisa, que se encontra em poder de terceiro; ou quando o adquirente já está na posse da coisa, por ocasião do negócio jurídico. Art. 1.268. Feita por quem não seja proprietário, a tradição não aliena a propriedade, exceto se a coisa, oferecida ao público, em leilão ou estabelecimento comercial, for transferida em circunstâncias tais que, ao adquirente de boa-fé, como a qualquer pessoa, o alienante se afigurar dono. § 1o Se o adquirente estiver de boa-fé e o alienante adquirir depois a propriedade, considera-se realizada a transferência desde o momento em que ocorreu a tradição. § 2o Não transfere a propriedade a tradição, quando tiver por título um negócio jurídico nulo.

7 Beviláqua, Clóvis. *Código Civil dos Estados Unidos do Brasil comentado por Clóvis Beviláqua*. Edição histórica. Rio de Janeiro: Rio, 1976, p. 551.

8 Sem correspondência ao CCB de 1916.

anticrese. Dessa maneira, existe um vínculo real entre o bem ofertado como garantia e o cumprimento da obrigação.

Por outro lado, a *garantia fidejussória* é uma garantia pessoal, ou seja, a garantia dada por fiança. É uma garantia que não envolve bem móvel ou imóvel.

Já a regra do artigo 806 estipula que "o contrato de constituição de renda será feito a prazo certo, ou por vida, podendo ultrapassar a vida do devedor mas não a do credor, seja ele o contratante, seja terceiro."[9] [10]

O contrato de constituição de renda apresenta as seguintes características:

a) O contrato pode ser firmado a título *gratuito* (art. 803) ou *oneroso* (art. 804);
b) Se o contrato for *oneroso*, ele será classificado como *bilateral ou sinalagmático*, já que ambos os contraentes firmam obrigações recíprocas, o rendeiro se obriga a entregar, periodicamente, uma prestação ao rentista; este, por sua vez deve transferir um capital em troca de uma renda. Caso contrário, se o contrato for *gratuito*, ele será classificado como *unilateral*, já que apenas o rendeiro se obriga a entregar a renda. Aqui, ele será equiparável à doação;
c) Se o contrato for *oneroso*, ele será *aleatório*. O risco será da sua própria essência, já que as prestações em dinheiro ou em outros bens podem depender da duração da vida da pessoa credora-rendeira. Neste sentido, CARVALHO DE MENDONÇA afirma que "se a vida do credor ou de terceiro termina logo, haverá perda para aquele; se se protrai além do prazo previsto pelo devedor, haverá perda para este."[11] O mestre cita um caso clássico nominado de "caso Waldeck". Vejamos: "M. Waldeck pediu ao governo francês 40.000 francos por sua coleção de antiguidades americanas. Achando o pedido elevado,

9 Sem correspondência ao CCB de 1916.

10 CC 2002 – Art. 132. Salvo disposição legal ou convencional em contrário, computam-se os prazos, excluído o dia do começo, e incluído o do vencimento. § 1o Se o dia do vencimento cair em feriado, considerar-se-á prorrogado o prazo até o seguinte dia útil. § 2o Meado considera-se, em qualquer mês, o seu décimo quinto dia. § 3o Os prazos de meses e anos expiram no dia de igual número do de início, ou no imediato, se faltar exata correspondência. § 4o Os prazos fixados por hora contar-se-ão de minuto a minuto.
CC 2002 – Art. 134. Os negócios jurídicos entre vivos, sem prazo, são exequíveis desde logo, salvo se a execução tiver de ser feita em lugar diverso ou depender de tempo.
LEI Nº 810, de 6 de setembro de 1949. Define o ano civil. Art. 1º Considera-se ano o período de doze meses contado do dia do início ao dia e mês correspondentes do ano seguinte. Art. 2º Considera-se mês o período de tempo contado do dia do início ao dia correspondente do mês seguinte. Art. 3º Quando no ano ou mês do vencimento não houver o dia correspondente ao do início do prazo, este findará no primeiro dia subsequente. Art. 4º Revogam-se as disposições em contrário.

11 CARVALHO DE MENDONÇA, Manuel Inácio. *Contratos no Direito Civil brasileiro*. Tomo II. E.ed. Rio de Janeiro: Forense, 1955, p. 777.

ofereceu-lhe o governo ficar com a coleção em troca de uma renda vitalícia, acreditando naturalmente que o proprietário, com mais de 50 anos, não poderia viver por muito tempo. Efetuada a transação, Waldeck viveu 109 anos e veio então a receber cinco ou seis vezes o valor de sua propriedade."[12]

d) O contrato poderá ser feito a *prazo certo*, ou *por vida*, podendo ultrapassar a vida do devedor mas não a do credor, seja ele o contratante, seja terceiro (art. 806); De acordo com o artigo 808, "é nula a constituição de renda em favor de pessoa já falecida, ou que, nos trinta dias seguintes, vier a falecer de moléstia que já sofria, quando foi celebrado o contrato."[13] [14]

e) O contrato poderá ser firmado por *atos entre vivos* ou por *disposição de última vontade*;

f) O contrato é *solene*, já que a constituição de renda requer escritura pública, conforme determinação do artigo 807 do nosso Código Civil.[15] [16]

---

12 *Ibid.*

13 Correspondente ao art. 1.425 do CCB/1916.

14 CC 2002 – Art. 166. É nulo o negócio jurídico quando: I – celebrado por pessoa absolutamente incapaz; II – for ilícito, impossível ou indeterminável o seu objeto; III – o motivo determinante, comum a ambas as partes, for ilícito; IV – não revestir a forma prescrita em lei; V – for preterida alguma solenidade que a lei considere essencial para a sua validade; VI – tiver por objetivo fraudar lei imperativa; VII – a lei taxativamente o declarar nulo, ou proibir-lhe a prática, sem cominar sanção.

15 Sem correspondência ao CCB de 1916.

16 CC 2002 – Art. 104. A validade do negócio jurídico requer: I – agente capaz; II – objeto lícito, possível, determinado ou determinável; III – forma prescrita ou não defesa em lei.
CC 2002 – Art. 215. A escritura pública, lavrada em notas de tabelião, é documento dotado de fé pública, fazendo prova plena. § 1o Salvo quando exigidos por lei outros requisitos, a escritura pública deve conter: I – data e local de sua realização; II – reconhecimento da identidade e capacidade das partes e de quantos hajam comparecido ao ato, por si, como representantes, intervenientes ou testemunhas; III – nome, nacionalidade, estado civil, profissão, domicílio e residência das partes e demais comparecentes, com a indicação, quando necessário, do regime de bens do casamento, nome do outro cônjuge e filiação; IV – manifestação clara da vontade das partes e dos intervenientes; V – referência ao cumprimento das exigências legais e fiscais inerentes à legitimidade do ato; VI – declaração de ter sido lida na presença das partes e demais comparecentes, ou de que todos a leram; VII – assinatura das partes e dos demais comparecentes, bem como a do tabelião ou seu substituto legal, encerrando o ato. § 2o Se algum comparecente não puder ou não souber escrever, outra pessoa capaz assinará por ele, a seu rogo. § 3o A escritura será redigida na língua nacional. § 4o Se qualquer dos comparecentes não souber a língua nacional e o tabelião não entender o idioma em que se expressa, deverá comparecer tradutor público para servir de intérprete, ou, não o havendo na localidade, outra pessoa capaz que, a juízo do tabelião, tenha idoneidade e conhecimento bastantes. § 5o Se algum dos comparecentes não for conhecido do tabelião, nem puder identificar-se por documento, deverão participar do ato pelo menos duas testemunhas que o conheçam e atestem sua identidade.

32.2 Direitos e Obrigações

Se o rendeiro, ou censuário, deixar de cumprir a obrigação estipulada, poderá o credor da renda acioná-lo, tanto para que lhe pague as prestações atrasadas como para que lhe dê garantias das futuras, sob pena de rescisão do contrato (CC, art. 810).[17]

Dessa maneira é possível afirmar que o contrato de constituição de renda poderá ser rescindido pelo credor quando ocorrer as seguintes hipóteses:[18]

a) se o rendeiro ou censuário deixar de cumprir as obrigações pacatuadas;
b) se acionado a pagar tais prestações e dar garantias às prestações futuras, não satisfizer;
c) se as condições econômicas tornam duvidoso o pagamento da renda e ele não der as seguranças estipuladas.

O credor adquire o direito à renda dia a dia, se a prestação não houver de ser paga adiantada, no começo de cada um dos períodos prefixos (CC, art. 811).[19]

Observa Beviláqua ao comentar o anterior dispositivo do Código Civil de 1916 (art. 1.428), correspondente ao artigo 811 do novel Código Civil, que "pela constituição de renda, o instituidor entrega o capital, e o devedor obriga-se a pagar, por períodos, as prestações combinadas. Se o pagamento se faz por períodos vencidos a cada fração do tempo do período corresponderá uma fração proporcional da prestação. A prestação é anual, suponha-se, e já decorreram cem dias; a renda devida será a do ano menos a porção correspondente ao tempo necessário para completá-lo. Divide-se a renda anual pelo número de dias, que tem o ano, e multiplica-se o quociente pelo número de dias corridos.

Se a prestação tiver de ser paga no começo de cada período, o credor terá direito a toda ela, desde o momento em que se inicia o período."[20]

32.3 Renda constituída em benefício de duas ou mais pessoas

O artigo 812 informa que "quando a renda for constituída em benefício de duas ou mais pessoas, sem determinação da parte de cada uma, entende-se que os seus direitos são iguais; e, salvo estipulação diversa, não adquirirão os sobrevivos direito à parte dos que morrerem."[21] [22]

---

17 Correspondente ao art. 1.427 do CCB/1916.

18 Beviláqua, Clóvis. *Código Civil dos Estados Unidos do Brasil comentado por Clóvis Beviláqua*. Edição histórica. Rio de Janeiro: Rio, 1976, p. 554.

19 Correspondente ao art. 1.428 do CCB/1916.

20 BEVILÁQUA, *op. cit.*, p. 555.

21 Correspondente ao art. 1.429 do CCB/1916.

22 CC 2002 – Art. 257. Havendo mais de um devedor ou mais de um credor em obrigação divisível, esta presume-se dividida em tantas obrigações, iguais e distintas, quantos os credores ou devedores.

32.4 Impenhorabilidade

A renda constituída por título gratuito pode, por ato do instituidor, ficar isenta de todas as execuções pendentes e futuras (CC, art. 813).[23]

Isto quer dizer que se o contrato de constituição de renda for pactuado entre os contraentes à título gratuito, poderá o instituidor (*rendeiro ou censuário*), através de cláusula contratual expressa, estipular a impenhorabilidade da renda. Neste caso, esta renda não responderá pelas dívidas do beneficiado (credor, *rentista ou censuísta*).

Considerando que a *renda* poderá ser constituída por prestações em dinheiro ou outros bens, poderá o instituidor pactuar, também, de forma expressa no instrumento contratual, que tal renda ficará não só *impenhorável*, bem como *inalienável*.

A *contrario sensu*, se o contrato de constituição de renda for constituído a título oneroso, a renda não ficará, pois, impenhorável, já que os credores do beneficiado não poderão ficar prejudicados por uma restrição desvelada em contrato.

A isenção prevista neste artigo prevalece de pleno direito em favor dos montepios e pensões alimentícias (CC, art. 813, parágrafo único).[24]

Os montepios representam uma forma originária de Previdência Social. Os montepios são instituições através das quais, baseada no mutualismo, os seus membros, através do pagamento de cotas, adquirem o direito de, por morte, deixar pensão a alguém de sua escolha.

O primeiro montepio surgiu em 22 de junho de 1835 e foi nominado de MONGERAL – Montepio Geral dos Servidores do Estado e funcionava alicerçado no princípio do mutualismo, já que grupos de pessoas se associavam e contribuíam com o firme propósito de formação de um fundo visando a cobertura de eventuais infortúnios.

32.5 Extinção da constituição de renda

Além das hipóteses tradicionais de extinção contratual, CAIO MÁRIO DA SILVA PEREIRA ensina que o contrato de constituição de renda extingue-se:[25]

a) pelo vencimento do prazo, se for a termo;
b) pelo implemento da condição, se estiver subordinada a uma resolutiva;

---

23 Correspondente ao art. 1.430 do CCB/1916.
24 Correspondente ao art. 1.430 do CCB/1916.
25 PEREIRA, Caio Mário da Silva. *Instituições de Direito Civil*. 11.ed. Vol. III. Rio de Janeiro: Forense, 2003, p. 479-480.

c) pela *morte* do rendeiro ou do credor, se for instituída pela vida de um ou de outro, extinguindo-se sempre, no entanto, pela morte do credor;
d) por qualquer dos casos de *anulação*, *redução* ou *revogação* da doação ou do legado, se tiver caráter de liberalidade *inter vivos* ou *causa mortis*;
e) pela *caducidade*, em razão da morte do beneficiário anteriormente à sua constituição ou nos 30 dias subsequentes, devido a moléstia preexistente do beneficiário;
f) pelo *resgate*, que é uma causa extintiva específica, e o traço característico que distingue o contrato moderno de constituição de renda dos censos do direito anterior. O rendeiro tem a faculdade de extinguir o encargo de pagar a renda por períodos, antecipando ao credor a solução das prestações futuras, mediante um capital que, ao juro legal, assegure igualmente a renda a termo certo ou pela vida do credor. O resgate é *facultativo* ao devedor, mas nada impede que seja *convencional*, ajustado com o credor.

Capítulo 33
DO JOGO E DA APOSTA

33.1 Conceito e características

O *jogo* é o contrato pelo qual duas ou mais pessoas se obrigam a pagar ao vencedor uma determinada soma de dinheiro ou objeto determinado.

Já a *aposta* é o contrato firmado por duas ou mais pessoas, de opiniões divergentes sobre determinada coisa ou matéria, que se obrigam entre si a pagar uma certa soma em dinheiro aquele cuja opinião prevalecer.

As dívidas de jogo e de aposta são inexigíveis. O artigo 814, *caput*, do nosso Código Civil determina que "as dívidas de jogo ou de aposta não obrigam a pagamento; mas não se pode recobrar a quantia, que voluntariamente se pagou, salvo se foi ganha por dolo, ou se o perdente é menor ou interdito."[1]

Portanto, as dívidas de jogo ou de aposta não obrigam a pagamento, isto é, não decorrem do nascimento de obrigação jurídica. São as chamadas obrigações naturais.

Estende-se esta disposição a qualquer contrato que encubra ou envolva reconhecimento, novação ou fiança de dívida de jogo; mas a nulidade resultante não pode ser oposta ao terceiro de boa-fé (CC, art. 814, § 1º).[2]

O preceito contido neste artigo tem aplicação, ainda que se trate de jogo não proibido, só se excetuando os jogos e apostas legalmente permitidos (CC, art. 814, § 2º).[3]

Excetuam-se, igualmente, os prêmios oferecidos ou prometidos para o vencedor em competição de natureza esportiva, intelectual ou artística, desde que os interessados se submetam às prescrições legais e regulamentares. (CC, art. 814, § 3º).[4]

Em linhas gerais, José Augusto Delgado, ministro do STJ, sintetiza as regras dispostas no artigo 814 e parágrafos da seguinte forma:[5] a) as dívidas

1 Correspondente ao art. 1.477 do CCB/1916.
2 Correspondente ao art. 1.477, parágrafo único, do CCB/1916.
3 Sem correspondência ao CCB de 1916.
4 Sem correspondência ao CCB de 1916.
5 DELGADO, José Augusto. Comentários ao Novo Código Civil. Volume XI. Tomo II. Rio de Janeiro: Foresnse, 2004, p. 147.

de jogo ou de aposta, quer sejam lícitas ou ilícitas, não obrigam a pagamento; b) não se pode recobrar a quantia que, voluntariamente, se pagou; c) a quantia de dívida de jogo ou de aposta paga voluntariamente pode ser recobrada, quando for ganha por dolo ou se o perdente é menor ou interdito; d) qualquer contrato que encubra ou envolva reconhecimento, novação, ou fiança de dívida de jogo não gera obrigação de cumprimento do pagamento do valor ajustado; e) a nulidade da dívida de jogo ou de aposta não pode ser oposta a terceiro de boa-fé; f) ao jogo não proibido aplica-se, igualmente, a regra de não ser obrigatório o pagamento da quantia ganha pelo parceiro; g) as obrigações decorrentes dos jogos e apostas autorizadas por lei não estão subordinadas ao preceito de que não podem ser exigidas em juízo; h) os prêmios oferecidos ou prometidos para o vencedor em competição de natureza esportiva, intelectual ou artística, desde que os interessados se submetam às prescrições legais e regulamentares, estão sujeitas ao pagamento da obrigação assumida, podendo o direito ser reivindicado em juízo.

O contrato de jogo ou aposta pode ser classificado como *bilateral* (ou sinalagmático), *aleatório* por essência e *oneroso*.

33.2 Jogos e apostas permitidos em lei

Os jogos e apostas legalmente permitidos, de que trata o art. 814, § 2º, podem ser exemplificados pela Loteria Federal e Estadual que geram direitos e obrigações. O Decreto-Lei nº 6.259, de 10 de fevereiro de 1944, restringe a exploração ou concessão à União e aos Estados. A primeira extração da Loteria Federal aconteceu no dia 15 de setembro de 1962, na sede da caixa Econômica do Rio de Janeiro. Para uma série de 40 mil bilhetes, dividida em décimos no total de 400 mil frações, foram sorteados cinco números. O prêmio principal foi de 15 milhões de cruzeiros.

No Brasil, a loteria foi trazida pelo imperador D. João VI, no século XVIII. O primeiro sorteio da loteria no Brasil aconteceu em 1784, com vistas a angariar verbas para a construção da Câmara de Vila Rica, hoje conhecida como Ouro Preto, em Minas Gerais.

Daí em diante, verifica-se que o homem, em regra, gosta de experimentar e apostar em jogos e apostas ao sabor de sua sorte.

Além da Loteria Federal e Estadual, outros jogos existem, tais como: Mega-Sena, Dupla Sena, Quina, Lotomania, Loteca, Lotofácil, Telesena, "raspadinhas", dentre outros.

Vale destacar que o artigo 3º do citado Decreto-Lei 6.259/44 estabelece "a concessão ou exploração lotérica, como derrogação das normas do Direito Penal, que proíbem o jogo de azar, emanará sempre da União, por autorização direta quanto à loteria federal ou mediante decreto de ratificação quanto às loterias estaduais."

O artigo 40 do mesmo dispositivo legal determina que "constitui jogo de azar passível de repressão penal, a loteria de qualquer espécie não autorizada ou ratificada expressamente pelo Governo Federal."

"Seja qual for a sua denominação e processo de sorteio adotado, considera-se loteria toda operação, jogo ou aposta para a obtenção de um prêmio em dinheiro ou em bens de outra natureza, mediante colocação de bilhetes, listas, cupões, vales, papéis, manuscritos, sinais, símbolos, ou qualquer outro meio de distribuição dos números e designação dos jogadores ou apostadores" (art. 40, parágrafo único, do Decreto-Lei 6.259/44).

Não se compreendem na disposição do jogo de azar de que trata o artigo 40 do Decreto-Lei 6.259/44:

a) os sorteios realizados para simples resgate de ações ou debêntures, desde que não haja qualquer bonificação;
b) a venda de imóveis ou de artigos de comércio, mediante sorteio, na forma do respectivo regulamento, sendo defeso converter em dinheiro os prêmios sorteados ou concedê-los em proporção que desvirtue a operação de compra e venda;
c) os sorteios de apólices da dívida pública da União, dos Estados e dos Municípios, autorizados pelo Governo Federal;
d) os sorteios de apólices realizados pelas companhias de seguro de vida, que operem pelo sistema de prêmios fixos atuariais, desde que os respectivos regulamentos o permitam;
e) os sorteios das sociedades de capitalização, feitos exclusivamente para amortização do capital garantido;
f) os sorteios bianuais autorizados pelos Decretos-leis números 338, de 16 de março de 1938, e 2.870, de 13 de dezembro de 1940.

33.3 Ganhador da loteria que extraviou o bilhete terá direito ao prêmio

Em 12/03/2007, o STJ divulgou a decisão sobre o caso do ganhador que extraviou o bilhete da loto e manteve direito ao prêmio. "O Superior Tribunal de Justiça (STJ) manteve decisão que garante ao apostador Ivanil Linhares Espíndola o direito de receber o valor do prêmio da quina da loto em concurso realizado no ano de 1994. Por unanimidade, a Terceira Turma não conheceu do recurso especial. Permanece, assim, a decisão da segunda instância, e a Caixa Econômica Federal (CEF) terá de pagar o valor do prêmio.

Ivanil sempre jogava os números 06, 17, 49, 65 e 70 da quina da loto e regularmente fazia o jogo na agência lotérica Nova Vista, na capital mineira. O sorteio do concurso número 73, que deveria ter sido realizado no dia 22 de dezembro, foi adiado para o dia 26, sem que a Caixa Econômica comunicasse a mudança ao grande público. Ivanil foi à Casa Lotérica e conferiu o resultado do concurso número 72, cujo resultado estava afixado, como se fosse o concurso 73, que foi adiado sem aviso.

Quando foi conferir o resultado do concurso 73, o apostador pensou ter sido contemplado com um terno. Ele guardou o comprovante do jogo para receber o prêmio e inutilizou o restante da aposta. Porém, posteriormente foi comprovado que os números conferidos pertenciam ao resultado do concurso 72.

No dia 26 de dezembro, Ivanil ficou sabendo que foi um dos ganhadores da quina da loto no concurso número 73, cujo sorteio tinha sido realizado naquela data. O apostador percebeu que os números apostados haviam sido inutilizados, por supor que não havia sido premiado. No dia seguinte, ele foi à delegacia e fez o registro do fato.

Para comprovar que há tempos jogava sempre nos mesmos números, o apostador encontrou a mesma numeração em 10 concursos anteriores ao premiado. Foi comprovado nos registros da Caixa Econômica que o cartão premiado saiu para a agência lotérica Nova Vista. Porém Ivanil teve de recorrer à Justiça para receber o prêmio, pois, sem o comprovante da aposta, a CEF não reconheceu o apostador como um dos ganhadores.

A juíza da 14ª Vara de Minas Gerais, Maria Luiza Vianna Pessoa, julgou procedente o pedido e declarou o direito de Ivanil de receber o valor do prêmio. A CEF recorreu da decisão e a sentença foi mantida em segunda instância. Não satisfeita com o resultado, a Caixa Econômica interpôs recurso especial no STJ para tentar reverter a decisão.

O entendimento do relator do processo, ministro Ari Pagendler, é que o argumento não pode ser examinado porque as razões do recurso especial interposto pela Caixa não apontou que norma legal foi contrariada nas decisões de primeira e segunda instância."[6]

33.4 E o "jogo do bicho"?

O "jogo do bicho" é um jogo ilícito no Brasil, apesar de sua popularidade. O jogo traduz-se em sorteio realizado de forma clandestina em território nacional, semelhante a uma loteria federal. As dezenas 00 a 99 correspondem a animais.

O *Jornal do Brasil* de 1892 conta os testemunhos da criação deste jogo: "A empresa do Jardim Zoológico realizou ontem um magnífico passeio campestre ao seu importante estabelecimento, situado no pitoresco bairro de Vila Isabel.

Em bondes especiais dirigiram-se os convidados e representantes da imprensa àquele local e depois de visitarem o hotel, que se acha nas melhores

6 www.stj.gov.br

condições, os jardins, as gaiolas em que se acham os animais e aves, tomaram parte em um lauto jantar, em mesa de mais de 60 talheres, presidida pelo digno diretor daquela empresa, o Sr. Barão de Drummond.

O 1° brinde foi levantado pelo Sr. Sergio Ferreira ao Sr. Barão de Drummond, que em seguida com toda a gentileza brindou à imprensa, sendo correspondido pelo nosso representante. Trocaram-se ainda outros brindes, sendo o último ao Sr. vice presidente da República.

Como meio de estabelecer a concorrência pública, tornando frequentado e conhecido aquele estabelecimento que faz honra ao seu fundador, a empresa organizou um prêmio diário que consiste em tirar à sorte dentre 25 animais do Jardim Zoológico o nome de um, que será encerrado em uma caixa de madeira às 7 horas da manhã e aberto às 5 horas da tarde, para ser exposto ao público. Cada portador de entrada com bilhete que tiver o animal figurado tem o prêmio de 20$. Realizou-se ontem o 1° sorteio, recaindo o prêmio no Avestruz, que deu uma recheada poule de 460$000.

A empresa tem em construção um grande salão especial para concertos, bailes públicos, e vai estabelecer no jardim jogos infantis e outros diversos para o público.

Às 9 horas voltaram os convidados, pessoas de alta distinção, penhorados todos à gentileza do Sr. Barão de Drummond e seus dignos auxiliares. Foi uma festa esplêndida." *Jornal do Brasil*, 4 de julho de 1892[7]

No entanto, os jogos de azar não previsto em lei são ilícitos. O artigo 58 do Decreto-Lei 6.259/44 trata da questão do "jogo do bicho". Vejamos o que diz a regra:

> Art. 58. Realizar o denominado "jogo do bicho", em que um dos participantes, considerado comprador ou ponto, entrega certa quantia com a indicação de combinações de algarismos ou nome de animais, a que correspondem números, ao outro participante, considerado o vendedor ou banqueiro, que se obriga mediante qualquer sorteio ao pagamento de prêmios em dinheiro. Penas: de seis (6) meses a um (1) ano de prisão simples e multa de dez mil cruzeiros (Cr$ 10.000,00) a cinquenta mil cruzeiros (Cr$ 50.000,00) ao vendedor ou banqueiro, e de quarenta (40) a trinta (30) dias de prisão celular ou multa de duzentos cruzeiros (Cr$ 200,00) a quinhentos cruzeiros (Cr$ 500,00) ao comprador ou ponto.
> § 1° Incorrerão nas penas estabelecidas para vendedores ou banqueiros:
> a) os que servirem de intermediários na efetuação do jogo;
> b) os que transportarem, conduzirem, possuírem, tiverem sob sua guarda ou poder, fabricarem, darem, cederem, trocarem,

7 www.ojogodobicho.com

> guardarem em qualquer parte, listas com indicações do jogo ou material próprio para a contravenção, bem como de qualquer forma contribuírem para a sua confecção, utilização, curso ou emprego, seja qual for a sua espécie ou quantidade;
> c) os que procederem à apuração de listas ou à organização de mapas relativos ao movimento do jogo;
> d) os que por qualquer modo promoverem ou facilitarem a realização do jogo.
> § 2º Consideram-se idôneos para a prova do ato contravencional quaisquer listas com indicações claras ou disfarçadas, uma vez que a perícia revele se destinarem à perpetração do jogo do bicho.

Neste sentido, o Tribunal Superior do Trabalho noticiou em 06/03/2007 que "*TST: APONTADORA DE JOGO DO BICHO PERDE AÇÃO NA JUSTIÇA DO TRABALHO*."

"Não há como reconhecer a validade do contrato de trabalho de apontadora de jogo do bicho, por envolver pedido baseado em atividade ilícita. Esta é a decisão unânime da Primeira Turma do Tribunal Superior do Trabalho que, acompanhando o voto do ministro relator, Luiz Philippe Vieira de Mello Filho, deu provimento ao recurso do dono da banca.

A ação trabalhista foi proposta em dezembro de 2003. Na petição inicial a trabalhadora, de 44 anos, alegou que foi contratada pela Banca da Sorte Ltda. – ME, como "vendedora", em abril de 2003, com salário de R$ 250,00. Disse que foi demitida sem justa causa em novembro do mesmo ano, sem ter recebido as verbas rescisórias. Pediu que a empresa fosse compelida a fazer as anotações em sua carteira de trabalho, a entregar as guias para recebimento de seguro desemprego e a pagar FGTS e demais verbas trabalhistas.

O empregador, Marcos Zommer, compareceu em juízo para contestar a ação. Disse que era dono de uma banca de jogo do bicho localizada na Avenida Oscar Barcelos, em frente a "Ivo Motos", bairro centro, em Rio do Sul (SC), e que a empregada foi contratada por ele como coletora de apostas.

O bicheiro alegou em sua defesa que, tendo em vista a ilicitude do jogo do bicho, a "Banca da Sorte" nunca existiu como pessoa jurídica e que portanto não seria parte legítima para constar no polo passivo da ação. Alegou, ainda, a impossibilidade jurídica do pedido porque o objeto do contrato era ilícito. Disse que a cambista tinha total conhecimento da ilicitude de seu trabalho. "A causa da relação jurídica é ilícita e imoral. Não se pode reconhecer qualquer direito. Do contrário, estar-se-ia legalizando um ajuste contra a ordem", enfatizou o bicheiro na inusitada defesa.

A sentença foi favorável à cambista. O dono da banca de bicho foi condenado a anotar a carteira de trabalho da empregada, na qualidade de vendedora, além de pagar os meses relativos ao seguro-desemprego, férias, 13° salário, FGTS e multa por atraso no pagamento das verbas rescisórias.

Insatisfeito com a decisão, o bicheiro recorreu. O Tribunal Regional do Trabalho da 12ª Região (Santa Catarina) manteve a condenação. Segundo o acórdão, "em que pese a ilicitude do jogo do bicho, considerar nulo o contrato de trabalho celebrado com o trabalhador que exerce suas atividades na coleta de apostas significaria premiar o contraventor, desobrigando este de cumprir as leis trabalhistas em prejuízo daquele."

Novo recurso foi interposto, dessa vez ao TST. O dono da banca de jogo do bicho conseguiu reverter a decisão. Segundo entendimento prevalecente no TST, consubstanciado na Orientação Jurisprudencial n° 199 da Seção de Dissídios Individuais 1 (SDI-1), não há contrato de trabalho em face da prestação de serviços em jogo do bicho, ante a ilicitude do objeto.

Pelo entendimento da Corte, quem presta serviços em banca de jogo de bicho exerce atividade ilícita, definida por lei como contravenção penal. Por tal motivo, não há como reconhecer a validade do contrato de trabalho, pois o Judiciário Trabalhista estaria convalidando uma prática contratual que se encontra em total desarmonia com os princípios legais que regem os contratos. Processo: RR-1650/2003-011-12-00.1"

Ademais, o Decreto-Lei nº 3.688, de 03 de outubro de 1941 (Lei das Contravenções Penais) proíbe a prática de alguns jogos.[8]

---

8 Lei das Contravenções Penais. Art. 50. Estabelecer ou explorar jogo de azar em lugar público ou acessível ao público, mediante o pagamento de entrada ou sem ele: (Vide Decreto-Lei nº 4.866, de 23.10.1942) (Vide Decreto-Lei 9.215, de 30.4.1946)

Pena – prisão simples, de três meses a um ano, e multa, de dois a quinze contos de réis, estendendo-se os efeitos da condenação à perda dos moveis e objetos de decoração do local.

§ 1º A pena é aumentada de um terço, se existe entre os empregados ou participa do jogo pessoa menor de dezoito anos.

§ 2º Incorre na pena de multa, de duzentos mil réis a dois contos de réis, quem é encontrado a participar do jogo, como ponteiro ou apostador.

§ 3º Consideram-se, jogos de azar:

a) o jogo em que o ganho e a perda dependem exclusiva ou principalmente da sorte;

b) as apostas sobre corrida de cavalos fora de hipódromo ou de local onde sejam autorizadas;

c) as apostas sobre qualquer outra competição esportiva.

§ 4º Equiparam-se, para os efeitos penais, a lugar acessível ao público:

a) a casa particular em que se realizam jogos de azar, quando deles habitualmente participam pessoas que não sejam da família de quem a ocupa;

b) o hotel ou casa de habitação coletiva, a cujos hóspedes e moradores se proporciona jogo de azar;

c) a sede ou dependência de sociedade ou associação, em que se realiza jogo de azar;

d) o estabelecimento destinado à exploração de jogo de azar, ainda que se dissimule esse destino.

Art. 51. Promover ou fazer extrair loteria, sem autorização legal:

Pena – prisão simples, de seis meses a dois anos, e multa, de cinco a dez contos de réis, estendendo-se os efeitos da condenação à perda dos moveis existentes no local.

33.5 Casas de bingo

Os ministros do Supremo Tribunal Federal, em sessão plenária de 30/05/2007, editaram a Súmula Vinculante nº 2, publicada em 06/06/2007, que preceitua "*É inconstitucional a lei ou ato normativo estadual ou distrital que disponha sobre sistemas de consórcios e sorteios, inclusive bingos e loterias.*"

A súmula vinculante foi criada pela reforma do Judiciário, de dezembro de 2004. Em tese, ela obriga os juízes das instâncias inferiores e os órgãos públicos, federais, estaduais e municipais, a seguir a orientação do STF sobre o tema. Na prática, nenhum juiz ou administrador público será punido por

---

§ 1º Incorre na mesma pena quem guarda, vende ou expõe à venda, tem sob sua guarda para o fim de venda, introduz ou tenta introduzir na circulação bilhete de loteria não autorizada.
§ 2º Considera-se loteria toda operação que, mediante a distribuição de bilhete, listas, cupões, vales, sinais, símbolos ou meios análogos, faz depender de sorteio a obtenção de prêmio em dinheiro ou bens de outra natureza.
§ 3º Não se compreendem na definição do parágrafo anterior os sorteios autorizados na legislação especial.
Art. 52. Introduzir, no país, para o fim de comércio, bilhete de loteria, rifa ou tômbola estrangeiras:
Pena – prisão simples, de quatro meses a um ano, e multa, de um a cinco contos de réis.
Parágrafo único. Incorre na mesma pena quem vende, expõe à venda, tem sob sua guarda. para o fim de venda, introduz ou tenta introduzir na circulação, bilhete de loteria estrangeira.
Art. 53. Introduzir, para o fim de comércio, bilhete de loteria estadual em território onde não possa legalmente circular:
Pena – prisão simples, de dois a seis meses, e multa, de um a três contos de réis.
Parágrafo único. Incorre na mesma pena quem vende, expõe à venda, tem sob sua guarda, para o fim de venda, introduz ou tonta introduzir na circulação, bilhete de loteria estadual, em território onde não possa legalmente circular.
Art. 54. Exibir ou ter sob sua guarda lista de sorteio de loteria estrangeira:
Pena – prisão simples, de um a três meses, e multa, de duzentos mil réis a um conto de réis.
Parágrafo único. Incorre na mesma pena quem exibe ou tem sob sua guarda lista de sorteio de loteria estadual, em território onde esta não possa legalmente circular.
Art. 55. Imprimir ou executar qualquer serviço de feitura de bilhetes, lista de sorteio, avisos ou cartazes relativos a loteria, em lugar onde ela não possa legalmente circular:
Pena – prisão simples, de um a seis meses, e multa, de duzentos mil réis a dois contos de réis.
Art. 56. Distribuir ou transportar cartazes, listas de sorteio ou avisos de loteria, onde ela não possa legalmente circular:
Pena – prisão simples, de um a três meses, e multa, de cem a quinhentos mil réis.
Art. 57. Divulgar, por meio de jornal ou outro impresso, de rádio, cinema, ou qualquer outra forma, ainda que disfarçadamente, anúncio, aviso ou resultado de extração de loteria, onde a circulação dos seus bilhetes não seria legal:
Pena – multa, de um a dez contos de réis.
Art. 58. Explorar ou realizar a loteria denominada jogo do bicho, ou praticar qualquer ato relativo à sua realização ou exploração:
Pena – prisão simples, de quatro meses a um ano, e multa, de dois a vinte contos de réis.
Parágrafo único. Incorre na pena de multa, de duzentos mil réis a dois contos de réis, aquele que participa da loteria, visando a obtenção de prêmio, para si ou para terceiro.

contrariar o teor de uma súmula, mas a sua decisão poderá ser contestada diretamente na última instância da Justiça brasileira.[9]

Ao editar a súmula vinculante nº 2, os ministros do STF sacramentaram o entendimento – já adotado por eles, por expressiva maioria - no julgamento de várias ações diretas de inconstitucionalidade em 2004, de que somente a União pode legislar sobre essa atividade e que não existe nenhuma lei federal permitindo o funcionamento de bingos, loterias, caça-níqueis e demais jogos considerados de azar.[10]

Portanto, são inconstitucionais leis estaduais que autorizem jogos como bingos, assim como liminares concedidas por juízes de primeiro grau, ou por tribunais estaduais ou regionais autorizando o funcionamento desse tipo de atividade. A súmula vinculante é um enunciado que sintetiza o entendimento da corte máxima do país sobre temas julgados.

A decisão não implicará o fechamento automático de casas de bingo, de máquinas caça-níqueis e loterias que estejam em pleno funcionamento, mas facilitará a derrubada diretamente pelo STF de liminares ou atos administrativos dos Estados que liberarem a atividade.[11]

Vários foram os precedentes que levaram a aprovação da referida Súmula vinculante: ADI 2847 (Publicações: DJ de 26/11/2004; RTJ 192/575); ADI 3147 (Publicação: DJ de 22/9/2006); ADI 2996 (Publicação: DJ de 29/9/2006); ADI 2690 (Publicação: DJ de 20/10/2006); ADI 3183 (Publicação: DJ de 20/10/2006); ADI 3277 (Publicação: DJ de 25/5/2007).

Vejamos, abaixo, a decisão na Ação Direta de Inconstitucionalidade 3.277-1 da Paraíba, decidida em 02/04/2007.

33.6 O empréstimo para o jogo ou aposta

De acordo com a redação do artigo 815 do nosso Código Civil, "não se pode exigir reembolso do que se emprestou para jogo ou aposta, no ato de apostar ou jogar."[12]

Observa Beviláqua que a contaminação da nulidade da obrigação somente se opera no momento de ser praticado o ato do jogo ou da aposta, já representaria um incentivo ao desperdício, ou uma exploração do estado de superexcitação, em que se encontra o jogador.[13]

Alerta, pois, que as dívidas contraídas para obter, antecipadamente, meios de jogar, ou apostar, ou para pagar o que se ficou a dever em razão de jogo e de aposta, não se consideram de jogo, e são, portanto, exigíveis.[14]

---

9 www.espacovital.com.br

10 *Ibid.*

11 *Ibid.*

12 Correspondente ao art. 1.478 do CCB/1916.

13 Beviláqua, Clóvis. *Código Civil dos Estados Unidos do Brasil comentado por Clóvis Beviláqua*. Edição histórica. Rio de Janeiro: Rio, 1976, p. 609.

14 *Ibid.*

33.7 Títulos de bolsa, mercadorias ou valores

As disposições dos arts. 814 e 815 não se aplicam aos contratos sobre títulos de bolsa, mercadorias ou valores, em que se estipulem a liquidação exclusivamente pela diferença entre o preço ajustado e a cotação que eles tiverem no vencimento do ajuste (CC, art. 816).[15]

Portanto, o jogo ou a aposta não está equiparado as operações de títulos de bolsa, mercadorias ou valores.

33.8 O sorteio como meio para dirimir controversas

O sorteio para dirimir questões ou dividir coisas comuns considera-se sistema de partilha ou processo de transação, conforme o caso (CC, art. 817).[16]

Daí que o *sorteio* poderá ser utilizado para *dirimir questões* ou *dividir coisas comuns*. Neste caso, o quinhão de cada condômino é delineado pela sorte com efeito de uma verdadeira partilha. Naquele o efeito atribuído é semelhante ao processo de transação.

33.9 Jurisprudências

"EMBARGOS À EXECUÇÃO. DÍVIDA DE JOGO. PROVA DA ORIGEM DO DÉBITO. RECURSO ADESIVO. HONORÁRIOS. MAJORAÇÃO. LITIGÂNCIA DE MÁ-FÉ. NÃO CONFIGURADA. Trata-se de embargos à execução em que o embargante sustentou que o título que fundamenta a execução é viciado, pois se refere à dívida de jogo. No caso concreto, há prova da origem lícita da dívida, corroborando a tese do embargado. Com efeito, é de se dar valor às conclusões exaradas na sentença. Respeito ao Princípio da identidade física do juiz. Majoração da verba honorária, atendendo-se o art. 20, § 4º, do CPC, especialmente a natureza da causa, o trabalho do profissional, seu zelo e o resultado obtido. Litigância de má-fé não configurada, pois a parte é um sujeito parcial no processo, apresentando, portanto, a sua versão dos fatos. Em regra, os fatos trazidos ao Poder Judiciário já estão carregados pela parcialidade do sujeito interessado, o que dificulta encontrar-se a almejada verdade material. APELO IMPROVIDO. RECURSO ADESIVO PARCIALMENTE PROVIDO. (Apelação Cível Nº 70014431324, Décima Câmara Cível, Tribunal de Justiça do RS, relator: Luiz Ary Vessini de Lima, Julgado em 14/09/2006)."

"Apelação cível. Direito privado não especificado. Embargos à execução. Cheques. Garantia de dívida de jogo. Bingo. Inexigibilidade. Bingo. São inexigíveis os cheques dados em garantia de dívida de jogo, assim como é vedada a cobrança de quantia emprestada ao apostador pela empresa exploradora da

15 Correspondente ao art. 1.479 do CCB/1916.
16 Correspondente ao art. 1.480 do CCB/1916.

atividade lúdica, ainda que não proibida por lei. Inteligência dos arts. 814, § 2º e 815 do código civil vigente, correspondentes aos arts. 1477 e 1478 do código civil de 1916. Apelação desprovida.

Acórdão

Vistos, relatados e discutidos os autos. Acordam os desembargadores integrantes da Décima Oitava Câmara Cível do Tribunal de Justiça do Estado, à unanimidade, em negar provimento à apelação. Custas na forma da lei. Participaram do julgamento, além do signatário (presidente), os eminentes senhores Des. Mario Rocha Lopes Filho e Des. Pedro Celso Dal Prá. Porto Alegre, 31 de agosto de 2006. Des. André Luiz Planella Villarinho, relator.

Relatório

Des. André Luiz Planella Villarinho (relator) demanda. Cuida-se de embargos à execução de cheques que Jair Antônio Schüller opôs contra administradora de jogos Pelotense Ltda... Sustentou o embargante que os títulos carece de certeza, liquidez e exigibilidade, uma vez que foram dados em garantia de dívida de jogo. Afirmou que dos referidos títulos não foi descontada a quantia correspondente aos pagamentos já efetivados. Ressaltou ter entregue cheques, que foram posteriormente preenchidos pela empresa embargada. Aduziu que a demandada, aproveitando-se da fraqueza do embargante, portador do vício de jogo, lhe oferecia crédito, acenando com a possibilidade de ganhar no jogo e poder pagar a dívida já contraída. Assim, deixou-se envolver, engordando cada vez mais o débito. Asseverou que, com o intuito de resgatar os cheques dados em garantia, o ora embargante entregou à ré dois (02) cheques de terceiros, um pertencente a sua irmã, no valor de R$ 3.000,00 e outro cedido pelo amigo Volnei Bartz, no valor de R$ 3.749,26. Acrescentou que o 1º cheque foi devidamente compensado, mas o 2º foi devolvido por insuficiência de fundos. Levado a protesto, foi resgatado pelo embargante que quitou todo o valor contido no título. Além disto, afirmou ter realizado mais três pagamentos em dinheiro, totalizando R$ 1.200,00, conforme recibos juntados. Reitera a má-fé da embargada, ratificando que ela busca receber, inclusive, o que já recebeu, caracterizando enriquecimento ilícito. Requereu a procedência dos embargos, com a desconstituição dos títulos que deram origem à execução. Pugnou pela concessão da ajg, que restou deferida em despacho de fls. 16. Impugnação. Citada, contestou a embargada. Aduziu que sua atividade é lícita, asseverando que a exploração de jogo de bingo é devidamente regulamentada. Afirmou não ser verdadeira a alegação de que os cheques foram entregues em branco. Referiu que o embargante se aproveitou da atividade da embargada para locupletar-se financeiramente, visto que não cumpriu com as suas obrigações, realizando os devidos pagamentos. Postulou pela a improcedência do feito (fls. 22/26). Sentença. Os embargos foram julgados procedentes, extinguindo-se a execução, forte no art. 267, vi do cpc e art. 814, vi, do código civil vigente, restando a demandada condenada ao pagamento das custas e dos honorários, fixados estes em 20% sobre o valor da causa (fls. 43/45). Apelação. Insurge-se a embargada contra a decisão recorrida, aduzindo que o jogo de bingo é legalmente permitido, caindo por terra a tese esboçada na sentença. Alega que a cobrança do débito oriundo das apostas é permitida, nos termos do art. 814 do código civil vigente. Pugna pelo provimento do recurso (fls. 47/50). Contrarrazões. Com as contrarrazões (fls. 57/58), vieram conclusos os autos para julgamento. É o relatório.

VOTOS

Des. André Luiz Planella Villarinho (RELATOR)

Cuida-se de apelação interposta nos autos dos embargos à execução de cheque dado em garantia de dívida de jogo de bingo. A demanda foi julgada procedente, restando extinta a execução. Contra essa decisão, insurge-se o apelante. Da análise dos autos, denota-se que a origem do débito é incontroversa. Trata-se de títulos dados em garantia de dívida de jogo de bingo contraída pelo apelado. O mote da decisão atacada reside na ilicitude da cobrança, em face da atividade exercida pela empresa embargada. A regulamentação de tal atividade se deu, inicialmente, pela Lei 8.672/93, posteriormente substituída pela Lei 9.615/98, cujas disposições específicas sobre os bingos foram expressamente revogadas pela Lei 9.981/2000. Outrossim, a proibição contida na Medida Provisória nº 168/2004 foi rejeitada pelo Senado, de tal sorte que, se não há proibição expressa, também não há, por outro lado, autorização legal para a prática da atividade. Diante disso, tenho que aplicáveis as disposições do art. 814 e 815 do Código Civil atual.

"Art. 814. As dívidas de jogo ou de aposta não obrigam a pagamento; mas não se pode recobrar a quantia, que voluntariamente se pagou, salvo se foi ganha por dolo, ou se o perdente é menor ou interdito.

[...]

§ 2º O preceito contido neste artigo tem aplicação, ainda que se trate de jogo não proibido, só se excetuando os jogos e apostas legalmente permitidos."

"Art. 815. Não se pode exigir reembolso do que se emprestou para jogo ou aposta, no ato de apostar ou jogar." (grifei)

Na espécie, restou claro que a empresa demandada financiava a prática do embargante, ofertando-lhe uma linha de crédito para aquisição de cartelas de bingo, situação admitida pela apelante em impugnação aos embargos (fls. 24). Ocorre que a demandada não é instituição financeira, pelo que lhe é vedado financiar o jogo autor, compelindo-o à aposta e ao endividamento. A cobrança do valor emprestado ao embargante pela empresa embargada, no ato da aposta, com ou sem acréscimo de encargos, encontra óbice na disposição do art. 815 do Código Civil (anterior art. 1478), por constituir tal prática verdadeiro incremento ao vício do jogo.

Sobre o tema, a jurisprudência:

Bingo. Dívida de jogo. Licitude do jogo que não afasta a ilicitude da atividade da empresa que, financiando o apostador o induz a endividar-se de forma reiterada e compulsiva. Do ilícito não pode resultar o lícito. Apelação provida. (Apelação cível nº 70008269813, Décima Nona Câmara Cível, tribunal de justiça do RS, relator: Des. José Francisco Pellegrini, julgado em 14/12/2004)

Execução. Embargos. Cheques. Bingo. Nulidade de obrigação oriunda de dívida de jogo. Código civil de 1916, art. 1.477 *caput* e parágrafo único. Recurso desprovido. (Apelação cível nº 2002.010528-2; tribunal de justiça de Santa Catarina; relator: Des. Nelson schaefer martins; julgado em 20/02/2003)

Execução por título extrajudicial – cheque e nota promissória – emissão dos títulos em garantia, objetivando concessão de crédito para aposta (bingo) – inexigibilidade, por tratar-se de dívida de jogo – art. 1477 do código civil de 1916 e art. 814 do atual c. Civil – obrigação natural, não revestida de qualquer eficácia – embargos do devedor procedentes bem como medida cautelar incidental – recurso improvido. (Apelação nº 1.138.873-7; tribunal de justiça de São Paulo; relator: Des. Heraldo de Oliveira Silva; julgado em 30.06.2005)

Destarte, incorre na sanção do art. 815 do código civil vigente (art. 1478 do código civil de 1916) a empresa que explora o jogo de bingo e que fornece dinheiro a cliente, sabendo previamente o destino a ser dado à quantia[17]. Por esses fundamentos, merece ser mantida a sentença recorrida, que julgou procedentes os embargos, extinguindo a execução por impossibilidade jurídica do pedido, com fundamento no art. 267, vi, do CPC. Isto posto, nego provimento à apelação. Des. Mario Rocha Lopes Filho (REVISOR) – De acordo. Des. Pedro Celso Dal Prá – De acordo. DES. ANDRÉ LUIZ PLANELLA VILLARINHO – Presidente – Apelação Cível nº 70012439170, Comarca de Pelotas: "NEGARAM PROVIMENTO À APELAÇÃO. UNÂNIME."

"Apelação cível. Posse e propriedade. Cautelar de busca e apreensão. Dívida de jogo. Obrigação natural. Impossibilidade jurídica do pedido. Ausência de dolo entre as partes. Inépcia da inicial. Extinção mantida. Apelo desprovido. (Apelação Cível Nº 70013442132, Décima Quarta Câmara Cível, Tribunal de Justiça do RS, relator: Isabel de Borba Lucas, Julgado em 27/06/2006)."

"Primeiro Tribunal de Alçada Civil – 1ºTACivSP. CAMBIAL – Cheque – Título prescrito – Ausência de demonstração do negócio jurídico subjacente – Necessidade – Inexistência, ademais, de prova ilidindo o depoimento de testemunhas, no sentido de ter sido emitido em razão de dívida de jogo – Artigo 1477, parágrafo único do Código Civil – Desobrigatoriedade do pagamento – Cobrança improcedente – Sentença mantida. (1ºTACivSP – Ap.

17 MONTEIRO, Washington de Barros, *Curso do Direito Civil*, São Paulo: Saraiva, p. 380.

nº 474.795/91-9 – São Paulo – Rel. Ariovaldo Santini Teodoro – 7ª Câm. – J. 15.10.91 – v.u).”

“Tribunal de Justiça de São Paulo – TJSP. ESTELIONATO – Não caracterização – Falsificação de assinatura em cheque para pagamento de dívida de jogo – Inobrigatoriedade do pagamento conforme o artigo 1.477 do Código Civil – Aplicação da Súmula 17 do Superior Tribunal de Justiça – Falso que se exaure no estelionato sem maior potencialidade – Absolvição mantida – Recurso não provido. (TJSP – Ap. Crim. nº 145.109-3 – Cafelândia – 2ª Câm. Crim. – Rel. Ângelo Galucci – J. 27.03.95 – v.u.).”

Capítulo 34

DA FIANÇA

34.1 Conceito e características

A *fiança* é uma *garantia pessoal*. O contrato de fiança é aquele em que uma pessoa chamada fiador se obriga perante o credor a pagar uma dívida de uma terceira pessoa (devedor/afiançado) se esta não a realizar.

A caução poderá ser realizada de duas formas: a garantia *real* ou *pessoal*.

A garantia *real* é aquela representada por uma coisa que fica a disposição do credor para o caso de inadimplemento do devedor. Caso ocorra o inadimplemento, a coisa é levada à hasta pública e, com o produto da arrematação haverá o ressarcimento do credor. A garantia real compreende o penhor, a hipoteca e a anticrese, ou seja, existe a vinculação de determinado bem ao cumprimento da obrigação.

A garantia *pessoal* ou *fidejussória*, representada pela fiança, é a garantia assumida por uma pessoa de pagar a dívida do devedor, se este não cumprir com a sua obrigação.

O artigo 818 do nosso Código Civil trata do conceito de fiança ao afirmar que "pelo contrato de fiança, uma pessoa garante satisfazer ao credor uma obrigação assumida pelo devedor, caso este não a cumpra."[1]

Vale destacar que o *aval* também representa uma garantia pessoal que não se confunde com a *fiança*. Aquele se desvela no direito cambiário e possui natureza jurídica de declaração unilateral de vontade e não de negócio jurídico bilateral (contrato).[2]

---

1 Correspondente ao art. 1.481 do CCB/1916.

2 CC 2002 – Art. 333. Ao credor assistirá o direito de cobrar a dívida antes de vencido o prazo estipulado no contrato ou marcado neste Código: [...] III – se cessarem, ou se se tornarem insuficientes, as garantias do débito, fidejussórias, ou reais, e o devedor, intimado, se negar a reforçá-las.

CC 2002 – Art. 1.642. Qualquer que seja o regime de bens, tanto o marido quanto a mulher podem livremente: [...] IV – demandar a rescisão dos contratos de fiança e doação, ou a invalidação do aval, realizados pelo outro cônjuge com infração do disposto nos incisos III e IV do art. 1.647;

CC 2002 – Art. 1.647. Ressalvado o disposto no art. 1.648, nenhum dos cônjuges pode, sem autorização do outro, exceto no regime da separação absoluta: [...] III – prestar fiança ou aval;

É de H. DE PAGE a definição de que a *fiança* trata-se de um contrato acessório por força do qual uma pessoa se obriga para com um credor a garantir a execução de uma dívida contratada por uma outra pessoa, vinculando-se ela própria, se o devedor não a satisfizer."[3]

CARVALHO DE MENDONÇA ensina que a fiança é "a promessa que um ou mais indivíduos fazem de satisfazer a obrigação de um terceiro e com o fim de dar maior segurança ao credor; é, em uma palavra, um contrato em que alguém se obriga para com o credor pela prestação do devedor."[4]

O contrato de fiança é, pois, um contrato *acessório*, já que não pode existir se não estiver vinculado como garantia a uma outra relação obrigacional. Daí a existência de dois contratos distintos, a saber: o *contrato principal* firmado entre credor e devedor (afiançado) e o *contrato acessório* celebrado entre credor e fiador, no qual o afiançado (devedor) não integra esta relação jurídica contratual. Pode-se estipular a fiança, ainda que sem consentimento do devedor ou contra a sua vontade (CC, art. 820).[5] O contrato acessório segue a sorte do contrato principal, logo, se este for nulo ou anulável, aquele também o será.

O contrato de fiança é *unilateral*, já que somente o fiador se obriga perante o credor. Aquele assume perante a este a responsabilidade pelo débito do afiançado, no caso de descumprimento obrigacional.

É um contrato *gratuito*, embora, em casos excepcionais possa ser oneroso, como no caso da fiança bancária.[6] As vantagens são atribuídas apenas a uma das partes, nada auferindo o fiador.

É um contrato *personalíssimo* ou *intuito personae*, já que baseado na confiança entre as partes.

O contrato de fiança somente é admitido por *escrito*, embora não seja um contrato solene, já que inexiste a obrigatoriedade da forma pública.[7] Portanto, o contrato de fiança não se presume, para prová-la deve ser realizado por escrito. O artigo 819 do CC informa que "a fiança dar-se-á por escrito, e não admite interpretação extensiva."[8]

Vale destacar que a Súmula 214 do STJ preceitua que "o fiador na locação não responde por obrigações resultantes de aditamento ao qual não anuiu."

---

3 H. DE PAGE, *Droit Civil*, t.VI, parte1, n.833, p. 794. In: SERPA LOPES, Miguel Maria de. *Curso de Direito Civil*. 5.ed. Vol. III. Rio de Janeiro: Freitas Bastos, 2001, p. 500.

4 CARVALHO DE MENDONÇA, Manuel Inácio. *Contratos no Direito Civil brasileiro*. Tomo II. E.ed. Rio de Janeiro: Forense, 1955, p. 810.

5 Correspondente ao art. 1.484 do CCB/1916.

6 Neste caso, o banco cobra um percentual sobre o valor da obrigação que ele está garantindo.

7 CC 2002 – Art. 107. A validade da declaração de vontade não dependerá de forma especial, senão quando a lei expressamente a exigir. CC 2002 – Art. 113. Os negócios jurídicos devem ser interpretados conforme a boa-fé e os usos do lugar de sua celebração.

8 Correspondente ao art. 1.483 do CCB/1916.

O Superior Tribunal de Justiça tem consagrado entendimento de que o contrato de fiança deve ser interpretado restritivamente. Vejamos o seguinte julgado: "REVISÃO. SÚM. Nº 214-STJ. OBRIGAÇÕES. FIADOR. DÉBITOS LOCATÍCIOS. PRORROGAÇÃO. Este Superior Tribunal possui inúmeros precedentes no sentido de que o contrato de fiança deve ser interpretado restritivamente, razão pela qual é inadmissível a responsabilização do fiador por obrigações locativas resultantes de aditamentos do contrato de locação sem anuência daquele, sendo irrelevante a existência de cláusula estendendo a obrigação fidejussória até a entrega das chaves. Entretanto o Min. relator convenceu-se de forma contrária ao melhor apreciar a matéria e a legislação correlata e acrescentou que, ante suas características e nos termos do CC, tanto o revogado (art. 1.483) quanto o novo (art. 819), o contrato de fiança não admite interpretação extensiva. E, ao transportar esse instituto para a Lei de Locação, imprescindível que os artigos do referido Código adaptem-se aos princípios norteadores da fiança. Ainda que o art. 39 da Lei nº 8.245/1991 determine que *salvo disposição contratual em contrário, qualquer das garantias da locação se estende até a efetiva devolução do imóvel*, tal regramento deve-se compatibilizar com o instituto da fiança se essa for a garantia prestada. Assim, a cada contrato de fiança firmado, diferentes consequências serão produzidas aos encargos do fiador. No caso *sub judice*, depreende-se que a fiadora/embargada responsabilizou-se até a entrega do imóvel, assim como os reajustes permitidos pela legislação daí decorrentes. O Min. relator filiou-se à corrente doutrinária predominante, no sentido de estabelecer-se o termo final das obrigações assumidas pelo fiador como sendo a da data da citação do locador, assim, *retroagindo os efeitos da sentença*. E, finalmente, concluiu que os fiadores continuam responsáveis pelos débitos locatícios posteriores à prorrogação legal do contrato se anuíram expressamente a essa possibilidade e não se exoneraram nas formas dos arts. 1.500 do CC/1916 ou 835 do CC/ 2002, a depender da época em que firmaram o acordo. Isso posto, a Seção, por maioria, conheceu dos embargos e, no mérito, também por maioria, acolheu-os. Após questão de ordem suscitada pelo Min. Nilson Naves, a Seção, por maioria, determinou o encaminhamento da decisão dos referidos embargos à Comissão de Jurisprudência para possível reapreciação da Súmula nº 214-STJ. EREsp 566.633-CE, Rel. Min. Paulo Medina, julgados em 22/11/2006."[9]

9 CIVIL. LOCAÇÃO. FIANÇA. INTERPRETAÇÃO RESTRITIVA. PRORROGAÇÃO DO CONTRATO SEM ANUÊNCIA DOS FIADORES. IMPOSSIBILIDADE. SÚMULA 214/STJ. MULTA CONTRATUAL. REDUÇÃO. CÓDIGO DE DEFESA DO CONSUMIDOR. INAPLICABILIDADE. – A jurisprudência assentada nesta Corte construiu o pensamento de que, devendo ser o contrato de fiança interpretado restritivamente, não se pode admitir a responsabilização do fiador por encargos locatícios decorrentes de contrato de locação prorrogado sem a sua anuência, ainda que exista cláusula estendendo sua obrigação até a entrega das chaves. – Consoante iterativos julgados desse Tribunal, as disposições contidas no Código de Defesa do Consumidor não são aplicáveis ao contrato de locação predial urbana, que se regula por legislação própria – Lei 8.245/91, descabendo, na espécie, a redução da multa contratualmente pactuada de 20% para 2%. – Recurso especial parcialmente conhecido e, nesta extensão, provido.

(REsp 299154/MG, Rel. ministro VICENTE LEAL, SEXTA TURMA, julgado em 25.09.2001, DJ 15.10.2001 p. 308).
RECURSO ESPECIAL Nº 849.343 – RJ (2006/0085753-9) RELATOR : MINISTRO NILSON NAVES. DECISÃO Veja-se o acórdão do Tribunal de Justiça do Rio de Janeiro contra o qual ora se insurgem os fiadores em contrato de locação: "Embargos infringentes. Ação de procedimento comum ordinário. Cobrança de débito locativo. Sentença de procedência quanto ao locatário, excluindo os fiadores. Acórdão da Egrégia Quarta Câmara Cível pelo provimento parcial do recurso do autor, para incluir na condenação os fiadores. Voto vencido que gerou o presente, confirmando a sentença. Manutenção. O pacto locatício teve início de outubro de 1994, com término em junho de 1999. Inexistiu aditamento ou modificação a ensejar novas assinaturas, inclusive com a presença do fiador. Deve prevalecer a cláusula contratual de que o fiador responde até a devolução do imóvel. Doutrina a respeito. Ato jurídico e adequado, nos termos concretos do art. 39, da Lei do Inquilinato. Enunciado nº 18 do TJ/RJ. Rejeição dos embargos infringentes." Nas razões do especial, alegam os recorrentes violação dos arts. 1.483 do Cód. Civil de 1916, pois "o contrato de fiança deve ser interpretado restritivamente, pelo que é inadmissível a responsabilização do fiador por obrigações locativas resultantes de prorrogação do contrato de locação sem a anuência daquele, sendo irrelevante a existência de cláusula estendendo a obrigação fidejussória até a entrega das chaves". Com efeito, a tese recursal merece abrigo, visto que o pleito está alinhado com a jurisprudência do Superior Tribunal. Jurisprudência essa, aliás, que já está resumida na Súmula 214: "O fiador na locação não responde por obrigações resultantes de aditamento ao qual não anuiu." Por sinal, é irrelevante a existência de cláusula contratual que preveja a obrigação do fiador até a entrega das chaves. As Turmas que compõem a Terceira Seção são useiras e vezeiras em aplicar tal enunciado. Vejamos alguns casos: "Processual Civil. Locação. Agravo regimental. Cláusula que obrigue o fiador até a efetiva entrega das chaves. Irrelevância. Responsabilidade. Restrição ao período originalmente contratado. Prorrogação da locação sem anuência da fiadora. Extinção da garantia. Artigos 1.003 e 1.006 do Código Civil. Ofensa. Incidência da Súmula 214 da Corte. Agravo regimental desprovido. 1 – A obrigação decorrente da fiança locatícia deve se restringir ao prazo originalmente contratado, descabendo se exigir do garantidor o adimplemento de débitos que pertinem ao período de prorrogação da locação, à qual não anuiu. Na hipótese, reputou-se extinta a fiança, por clara ofensa aos arts. 1.003 e 1.006 do Código Civil, uma vez que o contrato original teve seu termo final em 1984, e os valores exigidos datam de 1994. Esta a exegese inscrita na Súmula 214/STJ. 2 – A impossibilidade de conferir interpretação extensiva à fiança locativa, consoante pacífico entendimento desta Eg. Corte, torna irrelevante, para o efeito de se aferir o lapso temporal da obrigação afiançada, cláusula contratual que preveja a obrigação do fiador até a entrega das chaves. 3 – Agravo regimental desprovido." (AgRg no Ag-239.207, ministro Gilson Dipp, DJ de 10.4.00.) "Locação. Fiança. Exoneração do fiador que não anuiu, expressamente, com a prorrogação do contrato pelas partes. Art. 1500 do anterior CC, cujo símile é o art. 835 do atual CC. 1. A despeito de o fiador haver-se comprometido com as obrigações do locatário até a devolução do imóvel, tal não deve prevalecer se ele não concordou, expressamente, com a prorrogação do contrato – Súmula 214/STJ –, ante a natureza benéfica dessa garantia, cuja interpretação deve ser restritiva. 2. O termo inicial de exoneração do fiador, em ação declaratória com esse objetivo, deve coincidir com a data da citação, conforme, aliás, dispôs a sentença. 3. Recurso Especial conhecido e provido, nos termos do voto condutor." (REsp-575.659, ministro Arnaldo Lima, DJ de 22.11.04.) "- A jurisprudência assentada nesta Corte construiu o pensamento de que, devendo o contrato de fiança ser interpretado restritivamente, não se pode admitir a responsabilização do fiador por encargos locatícios decorrentes de contrato de locação prorrogado sem a sua anuência, ainda que exista cláusula estendendo sua obrigação até a entrega das chaves. Precedentes. – Na espécie, a exoneração da garantia pessoal dada em locação não residencial prorrogada sem a interferência dos fiadores opera-se a partir do termo final do contrato originário." (REsp-437.661, ministro Vicente Leal, DJ de 16.9.02.) "Agravo regimental em agravo de instrumento. Civil. Locação. Contrato de fiança. Interpretação restritiva. Responsabilidade do fiador adstrita aos encargos do pacto lo-

O contrato de fiança pode ser firmado de forma a abranger *total* ou *parcialmente* a dívida e seus acessórios. Se o fiador optar por responder parcialmente pelo débito do afiançado, deverá existir cláusula expressa no instrumento contratual.

O contrato de fiança, também, poderá ser firmado por um único fiador ou por vários fiadores (cofiadores). Havendo mais de um fiador, eles se consideram solidários. É uma decorrência legal e não existe necessidade de estar estabelecido no contrato. Os cofiadores podem se obrigar por quinhões iguais ou diferentes.

O contrato de fiança poderá, ainda, ser celebrado por *tempo determinado* ou por *tempo indeterminado*. Naquele caso, se expirá pelo advento do termo final. No silêncio do contrato, presume-se que a fiança perdurará pelo mesmo tempo da obrigação principal. Se a fiança é por tempo indeterminado, a qualquer momento poderá o fiador exonerar-se, independente de alegação de motivo.

São espécies de fiança: Fiança civil (CC 2002 – Arts. 818 a 839); fiança criminal (CPP, art. 322 e seguintes); fiança convencional (pactuada através de contrato escrito); fiança legal (decorrente da lei); fiança bancária (concedida por instituições financeiras); fiança judicial (CPC, arts. 588, I e 925).

Quem pode ser fiador? Todos aqueles que podem contratar, salvo a restrição do artigo 1.647, II e 1.648 do CC 2002, bem como aquelas pessoas que exercem cargos de tesoureiros, leiloeiros, tutores e curadores.

34.2 Objeto

Qualquer obrigação poderá ser objeto de fiança. Esta compreende os acessórios da dívida principal (juros, multas, correção monetária).

Com o contrato de fiança, nasce uma obrigação *sui generis*, já que esta é provida de responsabilidade (*obligatio*), mas desprovida de *debitum*. Normalmente, nas relações jurídicas obrigacionais encontramos dois elementos distintos: o *debitum*, que é a prestação propriamente dita, ou seja, o dever primário de entregar ao credor a prestação, e a *obligatio* ou responsabilidade, que é o dever secundário de responder pelos danos causados pelo inadimplemento do dever primário.

catício originalmente estabelecido. Prorrogação sem anuência do fiador. Não vinculação. Cláusula de duração da responsabilidade até a entrega das chaves. Irrelevância. 1. Tem prevalecido o entendimento neste Superior Tribunal de Justiça no sentido de que o contrato acessório de fiança deve ser interpretado de forma restritiva, vale dizer, a responsabilidade do fiador fica delimitada a encargos do pacto locatício originariamente estabelecido. A prorrogação do contrato sem a anuência dos fiadores, portanto, não os vincula. Irrelevante, acrescente-se, a existência de cláusula de duração da responsabilidade do fiador até a efetiva entrega das chaves. 2. 'O fiador na locação não responde por obrigações resultantes de aditamento ao qual não anuiu.' (Súmula do STJ, Enunciado nº 214). 3. Agravo regimental improvido." (AgRg no Ag-468.828, ministro Hamilton Carvalhido, DJ de 28.10.03.) Ante o exposto, com fundamento no § 1º-A do art. 557 do Cód. de Pr. Civil, dou provimento ao recurso especial para exonerar os recorrentes dos débitos oriundos da prorrogação do contrato de locação, com a qual não anuíram. Publique-se. Brasília, 06 de dezembro de 2006. Ministro Nilson Naves relator (ministro NILSON NAVES, 19.12.2006).

O fiador tem somente a *obligatio*, já que se obriga a entregar a prestação ao credor se o devedor não o fizer, mas não tem o *debitum*, pois o fiador não deve ao credor, não estando, pois, no polo passivo da relação jurídica obrigacional entre o credor e o devedor. Daí que ao pagar a prestação do afiançado, o fiador o faz na qualidade de terceiro interessado.

As dívidas futuras podem ser objeto de fiança; mas o fiador, neste caso, não será demandado senão depois que se fizer certa e líquida a obrigação do principal devedor (CC, art. 821).[10]

Não sendo limitada, a fiança compreenderá todos os acessórios da dívida principal, inclusive as despesas judiciais, desde a citação do fiador (CC, art. 822).[11]

A fiança não poderá ser mais onerosa que a obrigação principal. Daí o artigo 823 determina que "a fiança pode ser de valor inferior ao da obrigação principal e contraída em condições menos onerosas, e, quando exceder o valor da dívida, ou for mais onerosa que ela, não valerá senão até ao limite da obrigação afiançada."[12]

As obrigações nulas não são suscetíveis de fiança, exceto se a nulidade resultar apenas de incapacidade pessoal do devedor (CC, art. 824).[13]

De acordo com o artigo 166 do CC 2002, é nulo o negócio jurídico quando: I – celebrado por pessoa absolutamente incapaz; II – for ilícito, impossível ou indeterminável o seu objeto; III – o motivo determinante, comum a ambas as partes, for ilícito; IV – não revestir a forma prescrita em lei; V – for preterida alguma solenidade que a lei considere essencial para a sua validade; VI – tiver por objetivo fraudar lei imperativa; VII – a lei taxativamente o declarar nulo, ou proibir-lhe a prática, sem cominar sanção.

A exceção estabelecida no artigo 824 não abrange o caso de mútuo feito a menor. (CC, art. 824, parágrafo único).[14] CC 2002 – Art. 588. O mútuo feito a pessoa menor, sem prévia autorização daquele sob cuja guarda estiver, não pode ser reavido nem do mutuário, nem de seus fiadores (CC, art. 588).[15]

34.3 Aceitação do fiador pelo credor

O fiador necessita ser aceito pelo credor. O artigo 825 determina que "quando alguém houver de oferecer fiador, o credor não pode ser obrigado a

10 Correspondente ao art. 1.485 do CCB/1916.

11 Correspondente ao art. 1.486 do CCB/1916.

12 Correspondente ao art. 1.487 do CCB/1916.

13 Correspondente ao art. 1.488, *caput*, do CCB/1916.

14 Correspondente ao art. 1.488, parágrafo único, do CCB/1916.

15 CC 2002 – Art. 589. Cessa a disposição do artigo antecedente: I – se a pessoa, de cuja autorização necessitava o mutuário para contrair o empréstimo, o ratificar posteriormente; II – se o menor, estando ausente essa pessoa, se viu obrigado a contrair o empréstimo para os seus alimentos habituais; III – se o menor tiver bens ganhos com o seu trabalho. Mas, em tal caso, a execução do credor não lhes poderá ultrapassar as forças; IV – se o empréstimo reverteu em benefício do menor; V – se o menor obteve o empréstimo maliciosamente.

aceitá-lo se não for pessoa idônea, domiciliada no município onde tenha de prestar a fiança, e não possua bens suficientes para cumprir a obrigação."[16]

34.4 Substituição do fiador

A substituição do fiador é uma faculdade do credor. A substituição do fiador abrange a fiança convencional, a judicial e a legal. Se o fiador se tornar insolvente[17] ou incapaz, poderá o credor exigir que seja substituído (CC, art. 826).[18] [19]

34.5 Benefício de Ordem

O benefício de ordem é a regra do artigo 827 consagrada pelo CC 2002, através do qual o fiador, quando chamado a cumprir a obrigação assumida, pode exigir que o devedor da obrigação seja inicialmente executado. O citado artigo determina que "o fiador demandado pelo pagamento da dívida tem direito a exigir, até a contestação da lide, que sejam primeiro executados os bens do devedor."[20]

O parágrafo único do artigo 827 dispõe que "o fiador que alegar o benefício de ordem, a que se refere este artigo, deve nomear bens do devedor, sitos no mesmo município, livres e desembargados, quantos bastem para solver o débito."[21] [22]

Se o fiador renunciar ao benefício de ordem, o credor poderá executar o fiador sem antes investir contra os bens do devedor.[23]

---

16 Correspondente ao art. 1.489 do CCB/1916.

17 Insolvência. CC 2002 – Art. 955. Procede-se à declaração de insolvência toda vez que as dívidas excedam à importância dos bens do devedor.

18 Correspondente ao art. 1.490 do CCB/1916.

19 CC 2002 – Art. 333. Ao credor assistirá o direito de cobrar a dívida antes de vencido o prazo estipulado no contrato ou marcado neste Código: [...] III – se cessarem, ou se se tornarem insuficientes, as garantias do débito, fidejussórias, ou reais, e o devedor, intimado, se negar a reforçá-las.

20 Correspondente ao art. 1.491, *caput*, do CCB/1916.

21 Correspondente ao art. 1.491, parágrafo único, do CCB/1916.

22 COBRANÇA. MULTA CONTRATUAL. FIADOR. BENEFÍCIO DE ORDEM. Transação pondo fim a litígios judiciais, prevendo a restituição de área arrendada mediante certo pagamento, com estipulação de multa a título de perdas e danos em caso de descumprimento por ambas as partes. Sentença que considera devida a multa, porém limita-a por considerá-la excessivamente onerosa. Prova que demonstra inequivocamente, todavia, terem as partes alterado as bases da transação, promovendo a compensação pelo atraso no pagamento com a dilação do prazo para a entrega da área. Perdas e danos não experimentadas pela parte, de modo que sequer faria jus à multa. Desprovimento do recurso na parte em que pleiteia a incidência plena da multa. II. Para exercer o benefício de ordem, deve o fiador cumprir o encargo de indicação de bens, conforme o art. 827, par. único, do CC, o que não ocorreu no caso concreto. Recurso parcialmente provido. Unânime. (Recurso Cível Nº 71000900621, Primeira Turma Recursal Cível, Turmas Recursais, relator: João Pedro Cavalli Junior, Julgado em 24/08/2006).

23 AGRAVO DE INSTRUMENTO. ENSINO PARTICULAR. EXONERAÇÃO DE FIANÇA. AR-

O artigo 828 trata das restrições à possibilidade do fiador invocar o benefício de ordem. Vejamos: "Não aproveita este benefício ao fiador: I – se ele o renunciou expressamente; II – se se obrigou como principal pagador, ou devedor solidário; III – se o devedor for insolvente, ou falido."[24]

Vale destacar que o Conselho da Justiça Federal, na IV Jornada de Direito Civil, editou o Enunciado 364 que informa: "No contrato de fiança é nula a cláusula de renúncia antecipada ao benefício de ordem quando inserida em contrato de adesão."

No silêncio do contrato, presume-se incluído o benefício de ordem. Mas, este poderá ser afastado de duas maneiras diferentes: a) se o fiador expressamente o renunciar no instrumento contratual (art. 828 CC); b) pela solidariedade, ou seja, se o fiador expressamente se declara solidário com o afiançado.

Na mesma linha do 827 do Código Civil, o artigo 794 e parágrafos do Código de Processo Civil dizem que "o fiador, quando executado, tem o direito de exigir que primeiro sejam executados os bens do devedor situados na mesma comarca, livres e desembargados, indicando-os pormenorizadamente à penhora.

§ 1º Os bens do fiador ficarão sujeitos à execução se os do devedor, situados na mesma comarca que os seus, forem insuficientes à satisfação do direito do credor.

§ 2º O fiador que pagar a dívida poderá executar o afiançado nos autos do mesmo processo.

§ 3º O disposto no *caput* não se aplica se o fiador houver renunciado ao benefício de ordem.

Por fim, vale mencionar o artigo 795 e parágrafos do CPC: Os bens particulares dos sócios não respondem pelas dívidas da sociedade, senão nos casos previstos em lei.

§ 1º O sócio réu, quando responsável pelo pagamento da dívida da sociedade, tem o direito de exigir que primeiro sejam excutidos os bens da sociedade.

TIGO 827 DO CÓDIGO CIVIL. INADEQUAÇÃO DO PROCEDIMENTO. CANCELAMENTO DO REGISTRO. INVIABILIDADE. AUSÊNCIA DE DISCUSSÃO QUANTO À ORIGEM DA DÍVIDA. O benefício de ordem (art. 827 do CC) não pode ser alegado em ação de exoneração de fiança, devendo ser feito em demanda proposta pelo credor contra o fiador (contestação à demanda de cobrança ou no prazo para o oferecimento de bens à penhora em execução). Caso em que, ademais, segundo noticia o credor, o fiador renunciou, no contrato, ao referido benefício. Se o débito não está sendo discutido, inviável a concessão de liminar para o cancelamento do nome do fiador junto aos órgãos de restrição ao crédito. Agravo de instrumento desprovido. (Agravo de Instrumento Nº 70015772478, Quinta Câmara Cível, Tribunal de Justiça do RS, relator: Umberto Guaspari Sudbrack, Julgado em 09/08/2006).

24 Correspondente ao art. 1.492, *caput* e incisos I, II e III, do CCB/1916.

§ 2º Incumbe ao sócio que alegar o benefício do § 1º nomear quantos bens da sociedade situados na mesma comarca, livres e desembargados, bastem para pagar o débito.

§ 3º O sócio que pagar a dívida poderá executar a sociedade nos autos do mesmo processo.

§ 4º Para a desconsideração da personalidade jurídica é obrigatória a observância do incidente previsto neste Código.

34.6 Fiança conjunta

O artigo 829 preceitua que "a fiança conjuntamente prestada a um só débito por mais de uma pessoa importa o compromisso de solidariedade entre elas, se declaradamente não se reservarem o benefício de divisão."[25] [26]

Estipulado este benefício, cada fiador responde unicamente pela parte que, em proporção, lhe couber no pagamento (CC, art. 829, parágrafo único).[27]

---

25 Correspondente ao art. 1.493, *caput*, do CCB/1916.

26 CC 2002 – Da Solidariedade Passiva. Arts. 275 a 285.
CC 2002 – Art. 275. O credor tem direito a exigir e receber de um ou de alguns dos devedores, parcial ou totalmente, a dívida comum; se o pagamento tiver sido parcial, todos os demais devedores continuam obrigados solidariamente pelo resto. Parágrafo único. Não importará renúncia da solidariedade a propositura de ação pelo credor contra um ou alguns dos devedores.
CC 2002 – Art. 276. Se um dos devedores solidários falecer deixando herdeiros, nenhum destes será obrigado a pagar senão a quota que corresponder ao seu quinhão hereditário, salvo se a obrigação for indivisível; mas todos reunidos serão considerados como um devedor solidário em relação aos demais devedores.
CC 2002 – Art. 277. O pagamento parcial feito por um dos devedores e a remissão por ele obtida não aproveitam aos outros devedores, senão até à concorrência da quantia paga ou relevada.
CC 2002 – Art. 278. Qualquer cláusula, condição ou obrigação adicional, estipulada entre um dos devedores solidários e o credor, não poderá agravar a posição dos outros sem consentimento destes.
CC 2002 – Art. 279. Impossibilitando-se a prestação por culpa de um dos devedores solidários, subsiste para todos o encargo de pagar o equivalente; mas pelas perdas e danos só responde o culpado.
CC 2002 – Art. 280. Todos os devedores respondem pelos juros da mora, ainda que a ação tenha sido proposta somente contra um; mas o culpado responde aos outros pela obrigação acrescida.
Art. 281. O devedor demandado pode opor ao credor as exceções que lhe forem pessoais e as comuns a todos; não lhe aproveitando as exceções pessoais a outro codevedor.
CC 2002 – Art. 282. O credor pode renunciar à solidariedade em favor de um, de alguns ou de todos os devedores. Parágrafo único. Se o credor exonerar da solidariedade um ou mais devedores, subsistirá a dos demais.
CC 2002 – Art. 283. O devedor que satisfez a dívida por inteiro tem direito a exigir de cada um dos codevedores a sua quota, dividindo-se igualmente por todos a do insolvente, se o houver, presumindo-se iguais, no débito, as partes de todos os codevedores.
CC 2002 – Art. 284. No caso de rateio entre os codevedores, contribuirão também os exonerados da solidariedade pelo credor, pela parte que na obrigação incumbia ao insolvente.
CC 2002 – Art. 285. Se a dívida solidária interessar exclusivamente a um dos devedores, responderá este por toda ela para com aquele que pagar.

27 Correspondente ao art. 1.493, parágrafo único, do CCB/1916.

Em relação a fiança conjunta, no mesmo sentido caminha a nossa jurisprudência: "AÇÃO DE COBRANÇA. LOCAÇÃO. FIANÇA. ENCARGOS CONDOMINIAIS. Constando dois ou mais fiadores em relação ao mesmo débito, há solidariedade entre esses, não devendo se falar em litisconsórcio necessário. Possibilidade de desistência em relação a um dos corréus. Aplicabilidade do art. 829, *caput*, do CC/2002. Havendo cláusula contratual expressa, a Lei 8.245/91 é clara no sentido de que deve o locatário ser responsável pelos encargos condominiais. RECURSO IMPROVIDO. (Recurso Cível Nº 71000633198, Terceira Turma Recursal Cível, Turmas Recursais, relator: Maria José Schmitt Santanna, Julgado em 24/05/2005)."

"AÇÃO DE COBRANÇA. FIADOR QUE PAGA DÍVIDA LOCATÍCIA. SUB-ROGAÇÃO DE DIREITOS EM RELAÇÃO AOS DEMAIS GARANTIDORES. A fiança conjuntamente prestada por mais de uma pessoa importa no compromisso de solidariedade entre elas, se declaradamente não se reservaram o benefício da divisão (art. 829, do CC). Assim, o credor pode optar pela execução dos bens de qualquer um dos devedores solidários, restando ao que vier a pagar a totalidade dívida o direito de cobrar do outro sua parte, em face da sub-rogação (art. 831, do CCB). RECURSO IMPROVIDO. (Apelação Cível Nº 70009712977, Décima Sexta Câmara Cível, Tribunal de Justiça do RS, relator: Claudir Fidelis Faccenda, Julgado em 06/10/2004)."

Outrossim, "cada fiador pode fixar no contrato a parte da dívida que toma sob sua responsabilidade, caso em que não será por mais obrigado." (CC, art. 830).[28]

34.7 Pagamento da dívida pelo fiador. Sub-rogação

O fiador que pagar integralmente a dívida fica sub-rogado nos direitos do credor;[29] mas só poderá demandar a cada um dos outros fiadores pela res-

28 Correspondente ao art. 1.494 do CCB/1916.

29 CC 2002 – Do Pagamento com Sub-Rogação. Arts. 346 a 351.

CC 2002 – Art. 346. A sub-rogação opera-se, de pleno direito, em favor: I – do credor que paga a dívida do devedor comum; II – do adquirente do imóvel hipotecado, que paga a credor hipotecário, bem como do terceiro que efetiva o pagamento para não ser privado de direito sobre imóvel; III – do terceiro interessado, que paga a dívida pela qual era ou podia ser obrigado, no todo ou em parte.

CC 2002 – Art. 347. A sub-rogação é convencional: I – quando o credor recebe o pagamento de terceiro e expressamente lhe transfere todos os seus direitos; II – quando terceira pessoa empresta ao devedor a quantia precisa para solver a dívida, sob a condição expressa de ficar o mutuante sub-rogado nos direitos do credor satisfeito.

CC 2002 – Art. 348. Na hipótese do inciso I do artigo antecedente, vigorará o disposto quanto à cessão do crédito.

CC 2002 – Art. 349. A sub-rogação transfere ao novo credor todos os direitos, ações, privilégios e garantias do primitivo, em relação à dívida, contra o devedor principal e os fiadores.

CC 2002 – Art. 350. Na sub-rogação legal o sub-rogado não poderá exercer os direitos e as ações do credor, senão até à soma que tiver desembolsado para desobrigar o devedor.

CC 2002 – Art. 351. O credor originário, só em parte reembolsado, terá preferência ao sub-rogado, na cobrança da dívida restante, se os bens do devedor não chegarem para saldar

pectiva quota (CC, art. 831).[30]

A parte do fiador insolvente distribuir-se-á pelos outros (CC, art. 831, parágrafo único).[31]

Observa CLÓVIS Beviláqua que este artigo consagra o chamado benefício da sub-rogação em favor do fiador, e o de divisão. Pelo primeiro, passam ao fiador os direitos do credor contra o devedor, com todas as garantias, independentemente de cessão expressa e pelo segundo, quando forem dois ou mais os fiadores conjuntos, sem parte determinada, cada um responde, somente, pela porção que lhe tocar, repartida a dívida entre todos, com exceção do insolvente.[32]

Por sua vez, "o devedor responde também perante o fiador por todas as perdas e danos que este pagar, e pelos que sofrer em razão da fiança (CC, art. 832).[33] [34]

Estabelece o artigo 833 que "o fiador tem direito aos juros do desembolso pela taxa estipulada na obrigação principal, e, não havendo taxa convencionada, aos juros legais da mora."[35]

34.8 Efeitos da demora da execução pelo credor sem justa causa

Quando o credor, sem justa causa, demorar a execução iniciada contra o devedor, poderá o fiador promover-lhe o andamento (CC, art. 834).[36] A regra tem como fundamento a necessidade de o fiador resolver logo a sua situação com o credor, para que não sofra demasiado prejuízo com a referida demora.

---

inteiramente o que a um e outro dever.

30 Correspondente ao art. 1.495, *caput*, do CCB/1916.

31 Correspondente ao art. 1.495, parágrafo único, do CCB/1916.

32 Beviláqua, Clóvis. *Código Civil dos Estados Unidos do Brasil comentado por Clóvis Beviláqua*. Edição histórica. Rio de Janeiro: Rio, 1976, p. 628-629.

33 Correspondente ao art. 1.496 do CCB/1916.

34 CC 2002 – Das Perdas e Danos. Arts. 402 a 405.

CC 2002 – Art. 402. Salvo as exceções expressamente previstas em lei, as perdas e danos devidas ao credor abrangem, além do que ele efetivamente perdeu, o que razoavelmente deixou de lucrar.

CC 2002 – Art. 403. Ainda que a inexecução resulte de dolo do devedor, as perdas e danos só incluem os prejuízos efetivos e os lucros cessantes por efeito dela direto e imediato, sem prejuízo do disposto na lei processual.

CC 2002 – Art. 404. As perdas e danos, nas obrigações de pagamento em dinheiro, serão pagas com atualização monetária segundo índices oficiais regularmente estabelecidos, abrangendo juros, custas e honorários de advogado, sem prejuízo da pena convencional. Parágrafo único. Provado que os juros da mora não cobrem o prejuízo, e não havendo pena convencional, pode o juiz conceder ao credor indenização suplementar.

CC 2002 – Art. 405. Contam-se os juros de mora desde a citação inicial.

35 Correspondente ao art. 1.497 do CCB/1916.

36 Correspondente ao art. 1.498 do CCB/1916.

34.9 Direito de exoneração do fiador

Prescreve o artigo 835 que "o fiador poderá exonerar-se da fiança que tiver assinado sem limitação de tempo, sempre que lhe convier, ficando obrigado por todos os efeitos da fiança, durante sessenta dias após a notificação do credor."[37]

Assim, se a fiança for estabelecida por tempo indeterminado, o fiador poderá se exonerar bastando que envie ao credor uma notificação manifestando a sua vontade de desobrigar-se como fiador. Após sessenta dias do recebimento dessa notificação, o fiador estará exonerado, sem haver necessidade de propor qualquer ação (art. 835 CC).

Na hipótese de alteração da obrigação principal sem o consentimento do fiador, a exoneração deste é automática, não se aplicando o disposto no art. 835 do Código Civil quanto à necessidade de permanecer obrigado pelo prazo de 60 (sessenta) dias após a notificação ao credor, ou de 120 (cento e vinte) dias no caso de fiança locatícia. (Enunciado 547 da VI Jornada de Direito Civil). Artigos: 366 e 835 do Código Civil e art. 40, X, da Lei nº 8.245/1991 Justificativa: O objetivo do art. 366 e da Súmula nº 214 do STJ ("O fiador na locação não responde por obrigações resultantes de aditamento ao qual não anuiu") é justamente o de proteger o fiador de ficar responsável por algo ao qual não anuiu ou sobre o qual não manifestou expressa concordância. Dessa forma, ocorrendo novação ou aditamento à obrigação original após a notificação do fiador, estaria este liberado de imediato, sem que pese sobre ele o prazo de 60 (sessenta) dias previsto no art. 835 do Código Civil. Do contrário, estaria ele sujeito a responder por obrigações às quais não anuiu, não concordou expressamente. Ora, durante esse prazo excedente de 60 (sessenta) dias, já estariam vigentes as alterações feitas entre credor e devedor principal, o que anularia em parte o benefício conferido ao fiador de permitir-lhe exonerar-se da fiança na hipótese do art. 366 e da Súmula nº 214 do STJ. Tratando-se de fiança locatícia, aplica-se o mesmo raciocínio em relação ao prazo de 120 (cento e vinte) dias previsto no inciso X do art. 40 da Lei nº 8.245/1991.

Como ficará o credor que perde a sua garantia fidejussória? O credor terá o direito de interpelar o devedor, concedendo-lhe um prazo para que ofereça nova garantia, que poderá ser fidejussória ou real.

Vários julgados tratam da questão da exoneração da fiança. Vejamos: "RECURSO ESPECIAL Nº 863.739 – RS (2006/0144264-3) RELATOR : MINISTRO NILSON NAVES. DECISÃO Veja-se o acórdão do Tribunal de Justiça do Rio Grande do Sul contra o qual ora se insurge a fiadora em contrato de locação: "Agravo interno – Lei 9.756/98. Agravo de instrumento com seguimento negado por manifestamente improcedente. Ainda que possível

37 Correspondente ao art. 1.500 do CCB/1916.

ARGUIÇÃO da matéria de ilegitimidade passiva em sede de exceção de pré-executividade, não há como acolher a tese da excipiente em face do entendimento do 8º Grupo Cível, órgão competente para apreciar a matéria de locação no âmbito deste Tribunal, que considera os fiadores responsáveis pelos encargos do contrato de locação até a desocupação do imóvel, não sendo a prorrogação do contrato causa de extinção da fiança." Nas razões do especial, alega a recorrente que o Tribunal local divergiu da jurisprudência do Superior Tribunal sobre a matéria, pois há "extinção da fiança quando o contrato de locação (...) prorroga-se por prazo indeterminado, sem a anuência da fiadora, independentemente da existência de cláusula contratual que prevê a duração da responsabilidade da fiadora até a efetiva entrega das chaves". Para comprovar a divergência, traz à colação o REsp-255.392. Com efeito, a tese recursal merece abrigo, visto que o pleito está alinhado com a jurisprudência do Superior Tribunal. Jurisprudência essa, aliás, que já está resumida na Súmula 214: "O fiador na locação não responde por obrigações resultantes de aditamento ao qual não anuiu." Por sinal, é irrelevante a existência de cláusula contratual que preveja a obrigação do fiador até a entrega das chaves. As Turmas que compõem a Terceira Seção são useiras e vezeiras em aplicar tal enunciado. Vejamos alguns casos: "Processual Civil. Locação. Agravo regimental. Cláusula que obrigue o fiador até a efetiva entrega das chaves. Irrelevância. Responsabilidade. Restrição ao período originalmente contratado. Prorrogação da locação sem anuência da fiadora. Extinção da garantia. Artigos 1.003 e 1.006 do Código Civil. Ofensa. Incidência da Súmula 214 da Corte. Agravo regimental desprovido. 1 – A obrigação decorrente da fiança locatícia deve se restringir ao prazo originalmente contratado, descabendo se exigir do garantidor o adimplemento de débitos que pertinem ao período de prorrogação da locação, à qual não anuiu. Na hipótese, reputou-se extinta a fiança, por clara ofensa aos arts. 1.003 e 1.006 do Código Civil, uma vez que o contrato original teve seu termo final em 1984, e os valores exigidos datam de 1994. Esta a exegese inscrita na Súmula 214/STJ. 2 – A impossibilidade de conferir interpretação extensiva à fiança locativa, consoante pacífico entendimento desta Eg. Corte, torna irrelevante, para o efeito de se aferir o lapso temporal da obrigação afiançada, cláusula contratual que preveja a obrigação do fiador até a entrega das chaves. 3 – Agravo regimental desprovido." (AgRg no Ag-239.207, ministro Gilson Dipp, DJ de 10.4.00.) "Locação. Fiança. Exoneração do fiador que não anuiu, expressamente, com a prorrogação do contrato pelas partes. Art. 1500 do anterior CC, cujo símile é o art. 835 do atual CC. 1. A despeito de o fiador haver-se comprometido com as obrigações do locatário até a devolução do imóvel, tal não deve prevalecer se ele não concordou, expressamente, com a prorrogação do contrato – Súmula 214/STJ –, ante a natureza benéfica dessa garantia, cuja interpretação deve ser restritiva. 2. O termo inicial de exoneração do fiador, em ação declaratória com esse objetivo, deve coincidir com a data da citação, conforme, aliás, dispôs a sentença. 3. Recurso Especial conhecido e provido, nos termos do voto condutor." (REsp-575.659, ministro Arnaldo Lima, DJ de 22.11.04.) "- A jurisprudência assentada nesta Corte construiu o pensamento de que, devendo o contrato de fiança ser interpretado restritivamente, não se pode admitir a responsabilização do fiador por encargos locatícios decorrentes de contrato de locação prorrogado sem a sua anuência, ainda que exista cláusula estendendo sua obrigação até a entrega das chaves. Precedentes. – Na espécie, a exoneração da garantia pessoal dada em locação não residencial prorrogada sem a interferência dos fiadores opera-se a partir do termo final do contrato originário." (REsp-437.661, ministro Vicente Leal, DJ de 16.9.02.) "Agravo regimental em agravo de instrumento. Civil. Locação. Contrato de fiança. Interpretação restritiva. Responsabilidade do fiador adstrita aos encargos do pacto locatício originalmente estabelecido. Prorrogação sem anuência do fiador. Não vinculação. Cláusula de duração da responsabilidade até a entrega das chaves. Irrelevância. 1. Tem prevalecido o entendimento neste Superior Tribunal de Justiça no sentido de que o contrato acessório de fiança deve ser interpretado de forma restritiva, vale dizer, a responsabilidade do fiador fica delimitada a encargos do pacto locatício originariamente estabelecido. A prorrogação do contrato sem a anuência dos fiadores, portanto, não os vincula. Irrelevante, acrescente-se, a existência de cláusula de duração da responsabilidade do fiador até a efetiva entrega das chaves. 2. 'O fiador na locação não responde por obrigações resultantes de aditamento ao qual não anuiu.' (Súmula do STJ, Enunciado nº 214). 3. Agravo regimental improvido." (AgRg no Ag-468.828, ministro Hamilton Carvalhido, DJ de 28.10.03.) Ante o exposto, com fundamento no § 1º-A do art. 557 do Cód. de Pr. Civil, dou provimento ao recurso especial para exonerar a fiadora do pagamento das prestações referentes à prorrogação do contrato, com a qual não anuiu. Publique-se. Brasília, 12 de dezembro de 2006. Ministro Nilson Naves relator (ministro NILSON NAVES, 19.12.2006).

Da mesma forma: "TJRJ. 2006.001.47132 – APELAÇÃO CÍVEL. DES. ANA MARIA OLIVEIRA – Julgamento: 26/09/2006 – DÉCIMA OITAVA CÂMARA CÍVEL. Locação. Fiança. Ação de cobrança de aluguéis e encargos de locação proposta contra locatária e fiador julgada procedente. Fiador que, em razão de ter alienado o único imóvel de sua propriedade, pretende seja acolhida a alegação de sua exoneração da fiança. Exoneração da fiança incabível por se tratar de contrato com prazo determinado. Fiança que constitui garantia pessoal, dela não se exonerando o fiador em razão da alienação de bem de sua titularidade. Inteligência dos artigos 818 e 835 do Código Civil. Inexistência de prova de anuência do locador à exoneração da fiança. Alienação de bens do fiador que cria para o locador a faculdade de exigir do locatário a substituição da garantia, não exercida neste caso. Inteligência do artigo 40,

III da Lei 8.245/91. Fiadora que não impugnou os valores reclamados na petição inicial, o que com acerto conduziu à procedência do pedido de cobrança. Desprovimento da apelação."

34.10 Transmissão da obrigação do fiador para os herdeiros

O artigo 836 determina que "a obrigação do fiador passa aos herdeiros; mas a responsabilidade da fiança se limita ao tempo decorrido até a morte do fiador, e não pode ultrapassar as forças da herança."[38] [39] [40]

O artigo 1.792 informa que "o herdeiro não responde por encargos superiores às forças da herança; incumbe-lhe, porém, a prova do excesso, salvo se houver inventário que a escuse, demostrando o valor dos bens herdados."

---

38 Correspondente ao art. 1.501 do CCB/1916.

39 CÉDULA. CRÉDITO COMERCIAL. AVAL. RESPONSABILIDADE. HERDEIROS. Trata-se da ação de cobrança na qual o credor busca dos herdeiros o recebimento de notas avalizadas por seu falecido pai, nos limites do patrimônio do sucedido, mas com o óbito ocorrido antes do vencimento dos títulos. O Tribunal *a quo* entendeu que se aplica, por analogia, o art. 1.501 do CC/1916. Diante disso, a Turma entendeu que o aval é autônomo em relação à obrigação do devedor principal e se constitui no momento da assinatura do avalista no título de crédito, sendo a data do vencimento pressuposto para sua exigibilidade. Assim, o avalista já era obrigado pela dívida, mesmo ainda não exigível. Na relação de fiança, a responsabilidade do fiador só aparece quando há inadimplência do devedor principal, já no aval há uma obrigação nova, autônoma e distinta entre avalista e credor, cuja exigibilidade independe da inadimplência do avalizado. Ora, se assim é, não há caráter personalíssimo no aval, o que torna os herdeiros responsáveis pela obrigação nos limites da herança. Logo, cada herdeiro responde com a proporção observada na partilha, não podendo exceder a cota de cada um. REsp 260.004-SP, Rel. Min. Castro Filho, julgado em 28/11/2006.

40 Agravo de instrumento. Locação. Ação de despejo por falta de pagamento. Fiança. Morte do fiador. Possibilidade de condenação dos herdeiros habilitados no processo. Nos termos do artigo 836 do Código Civil, a obrigação assumida pelo fiador passa aos herdeiros, limitando-se a responsabilidade do fiador ao tempo decorrido até a sua morte. Recurso desprovido. Vistos. A irresignação diz respeito à decisão do juízo a quo que, nos autos da ação de despejo cumulada com cobrança ajuizada pelo ora agravado em desfavor do ora agravante, condenou os sucessores da ora interessada, solidariamente, ao pagamento da verba fixada como condenação, bem como ao pagamento dos ônus de sucumbência. Não procede a irresignação. Com efeito, nos termos do artigo 836 do Código Civil, a obrigação assumida pelo fiador passa aos herdeiros, limitando-se a responsabilidade do fiador ao tempo decorrido até a sua morte. Na espécie, tendo a fiadora falecido quando já ajuizada em seu desfavor ação de despejo cumulada com cobrança, e tendo se procedido à devida habilitação dos interessados em suceder a parte falecida, não há falar em extinção da fiança em relação à fiadora, devendo ser mantida a decisão que condenou os sucessores da fiadora, solidariamente, ao pagamento da verba fixada como condenação, bem como ao pagamento dos ônus de sucumbência. Assim, pelo exposto, nos termos do artigo 557, *caput*, do Código de Processo Civil, com a redação determinada pela Lei 9.756/98, nego provimento ao recurso de agravo de instrumento interposto, mantendo a decisão agravada, por seus próprios fundamentos. Comunique-se o juízo. Intime-se, arquivando-se, após. Porto Alegre, 11 de abril de 2005. Des. Ricardo Raupp Ruschel, relator.

34.11 Exceções opostas pelo fiador ao credor

O fiador pode opor ao credor as exceções que lhe forem pessoais, e as extintivas da obrigação que competem ao devedor principal, se não provierem simplesmente de incapacidade pessoal, salvo o caso do mútuo feito a pessoa menor (CC, art. 837).[41]

Dessa maneira, o fiador poderá opor ao credor as exceções pessoais previstas no nosso Código Civil, tais como:

a) CC 2002 – Art. 204. A interrupção da prescrição por um credor não aproveita aos outros; semelhantemente, a interrupção operada contra o codevedor, ou seu herdeiro, não prejudica aos demais coobrigados. [...] § 3º A interrupção produzida contra o principal devedor prejudica o fiador.
b) CC 2002 – Art. 366. Importa exoneração do fiador a novação feita sem seu consenso com o devedor principal.
c) CC 2002 – Art. 371. O devedor somente pode compensar com o credor o que este lhe dever; mas o fiador pode compensar sua dívida com a de seu credor ao afiançado.
d) CC 2002 – Art. 376. Obrigando-se por terceiro uma pessoa, não pode compensar essa dívida com a que o credor dele lhe dever.
e) CC 2002 – Art. 824. As obrigações nulas não são suscetíveis de fiança, exceto se a nulidade resultar apenas de incapacidade pessoal do devedor.
f) CC 2002 – Art. 844. A transação não aproveita, nem prejudica senão aos que nela intervierem, ainda que diga respeito a coisa indivisível. § 1ª Se for concluída entre o credor e o devedor, desobrigará o fiador.

Isso sem contar que o fiador poderá alegar como causa de extinção da fiança, as hipóteses previstas pelo artigo 171 que conduzem a anulabilidade do negócio jurídico. Vejamos: "Art. 171. Além dos casos expressamente declarados na lei, é anulável o negócio jurídico: I – por incapacidade relativa do agente; II – por vício resultante de erro, dolo, coação, estado de perigo, lesão ou fraude contra credores." Não se pode esquecer da ressalva quanto ao mútuo concedido ao menor, quando houver a prévia autorização daquele sob cuja guarda estiver, conforme anteriormente mencionado.

34.12 Hipóteses de desobrigação do fiador

Aduz o artigo 838, como regra cogente, que o fiador, ainda que solidário, ficará desobrigado:[42] I – se, sem consentimento seu, o credor conceder

41 Correspondente ao art. 1.502 do CCB/1916.
42 Correspondente ao art. 1.503, *caput* e incisos I, II e III, do CCB/1916.

moratória ao devedor;[43] [44] II – se, por fato do credor, for impossível a sub-rogação nos seus direitos e preferências;[45] III – se o credor, em pagamento da dívida, aceitar amigavelmente do devedor objeto diverso do que este era obrigado a lhe dar, ainda que depois venha a perdê-lo por evicção.

34.13 Benefício da excussão e a insolvência do devedor

"Se for invocado o benefício da excussão e o devedor, retardando-se a execução, cair em insolvência, ficará exonerado o fiador que o invocou, se

43 Apelação cível. Tributário. Embargos à execução fiscal. Fiança. Alegação de sentença extra ou ultra petita. Descabimento. Concessão de nova moratória ao devedor sem o consentimento do fiador. Ausência de responsabilidade deste. Inteligência do art. 838, I do código civil. Preliminar rejeitada. Apelo desprovido. Unânime. (Apelação Cível Nº 70015278211, Vigésima Primeira Câmara Cível, Tribunal de Justiça do RS, relator: Genaro José Baroni Borges, Julgado em 21/06/2006).

44 Apelação cível. Locação. Embargos à execução de título extrajudicial. Acordo firmado entre locador e locatário sem a participação da fiadora, que restou homologado judicialmente e não foi cumprido. Moratória caracterizada. Efeito. Extinção da fiança. Aplicação do inciso I do artigo 838 do código civil brasileiro de 2002. Deram provimento ao recurso. Unânime.. (Apelação Cível Nº 70014224828, Décima Quinta Câmara Cível, Tribunal de Justiça do RS, relator: Otávio Augusto de Freitas Barcellos, Julgado em 31/05/2006).

45 EMBARGOS DE DECLARAÇÃO. EMBARGOS À EXECUÇÃO. CONTRATO DE LOCAÇÃO. FIADORES. MATÉRIA DE DIREITO. DESNECESSIDADE DA PRODUÇÃO DE PROVA PERICIAL E TESTEMUNHAL. PRELIMINAR DE CERCEAMENTO DE DEFESA AFASTADA. VALIDADE DA CLÁUSULA CONTRATUAL DE RENÚNCIA AO BENEFÍCIO DE ORDEM. EXECUÇÃO DIRETA CONTRA OS FIADORES. CONTINUIDADE DA HIGIDEZ DA FIANÇA. LITIGÂNCIA DE MÁ-FÉ. Existindo cláusula contratual de renúncia ao direito de indenização e retenção por benfeitorias, não cabe a produção de prova pericial com o objetivo de verificar a existência de benfeitorias e respectivos valores. Preliminar de cerceamento de defesa afastada. Se o locatário renunciou no contrato de locação direito indenizatório ou retenção por benfeitorias, não pode requerer a compensação com os valores devidos a título de aluguéis. Trata-se de direito patrimonial e que pode ser objeto de renúncia pela parte. Havendo obrigação solidária, a possibilidade de ajuizamento da execução diretamente contra os fiadores constitui-se em um direito do credor, não podendo o exercício regular deste direito ser considerado como fato que impossibilita a sub-rogação dos fiadores nos seus direitos e preferências, o que autorizaria a extinção da fiança, os termos do artigo 838, II, do Código Civil. A teor do disposto no artigo 535 do Código de processo Civil, os embargos de declaração apenas se justificam quando presente na decisão obscuridade, contradição ou omissão. Ausentes, no caso concreto, quaisquer das hipóteses mencionadas, devem ser desacolhidos os embargos de declaração. Os embargos de declaração não se prestam para reexame de matéria de mérito já enfrentada na decisão embargada. Igualmente o Juiz não está obrigado a responder todas as questões levantadas pelas partes ou comentar artigos de lei quando já tenha encontrado motivo suficiente para fundar a decisão, nem se obriga a ater-se aos fundamentos indicados por elas e tampouco a responder um a um todos os seus argumentos. Igualmente não se prestam os embargos de declaração para o efeito de prequestionamento, consoante jurisprudência do STJ. A parte beneficiária da AJG deve ser isentada do pagamento das custas processuais e honorários advocatícios pelo prazo previsto no artigo 12, da Lei nº 1060/50. EMBARGOS DE DECLARAÇÃO PARCIALMENTE ACOLHIDOS. (Embargos de Declaração Nº 70013016837, Décima Sexta Câmara Cível, Tribunal de Justiça do RS, relator: Claudir Fidelis Faccenda, Julgado em 26/10/2005).

provar que os bens por ele indicados eram, ao tempo da penhora, suficientes para a solução da dívida afiançada (CC, art.839)."[46]

O *benefício da excussão* é um dos direitos pelo qual o fiador demandado pelo pagamento da dívida, até a contestação da lide, pode exigir que sejam primeiro excutidos os bens do devedor. O fiador, que alegar o benefício de ordem, deve nomear bens do devedor, sitos no mesmo município, livres e desembargados, quantos bastem para solver o débito.

A jurisprudência comparada, em especial o direito civil português, perfilha o mesmo entendimento. Vejamos a decisão do relator Gil Roque do Tribunal da Relação de Coimbra, na Apelação 897/02, da 3ª Seção, de 16/04/2002:

"I – Embora a fiança consista no facto de um terceiro assegurar com o seu património o cumprimento de uma obrigação alheia, ficando o obrigado pessoalmente responsável perante o respectivo credor, não se podem deixar de considerar as suas características fundamentais que consistem na acessoriedade e a subsidiariedade, salientando-se que a sua responsabilidade é na medida da do devedor principal e só pode ser exigida quando este não cumpra a obrigação a que se vinculou.

II – A subsidiariedade da fiança concretiza-se com o benefício da excussão, ou seja, pode recusar o cumprimento enquanto não estiverem excutidos os bens do devedor principal, provando que o crédito não foi satisfeito por culpa do credor, salvo se tiver renunciado a esse direito, assumindo expressamente a posição de principal pagador.

III – Nesta hipótese, o credor deverá dar conhecimento ao fiador de que a prestação se mostra vencida e no caso do fiador ter já cumprido as diversas prestações que se foram vencendo ao longo de alguns anos, não pode executar o fiador sem lhe dar conhecimento do vencimento das prestações em falta, nos mesmos moldes em que deu conhecimento ao devedor principal. Há que ter em conta que não obstante o fiador se haja obrigado como devedor principal, não se identifica com o devedor solidário. A sua obrigação continua a ser acessória em relação à do devedor afiançado com as consequências inerentes."

Portanto, a acessoriedade e a subsidiariedade se desvelam como os principais traços do regime jurídico da fiança.

A subsidiariedade, pois, traduz-se na circunstância de a obrigação assumida pelo fiador ser, normalmente, subsidiária da dívida principal e concretiza-se no chamado benefício da excussão.

46 Correspondente ao art. 1.504 do CCB/1916.

Capítulo 35

DA TRANSAÇÃO

35.1 Conceito e características

O vocábulo transação é originado do latim *transactio*, de *transigere* (transigir). Transigir é pactuar, convencionar, ou seja, uma convenção firmada pelas partes. Daí a sua natureza jurídica contratual.

Consoante o magistério de Washington de Barros Monteiro, a "transação constitui ato jurídico bilateral, pelo qual as partes, fazendo-se concessões recíprocas, extinguem obrigações litigiosas ou duvidosas. Torna-se assim essencial à transação: a) reciprocidade do ônus e vantagens; b) existência de litígio, dúvida ou controvérsia entre as partes"[1]

O artigo 840 do nosso Código Civil enuncia que "é lícito aos interessados prevenirem ou terminarem o litígio mediante concessões mútuas."[2] [3] [4]

Só quanto a direitos patrimoniais de caráter privado se permite a transação (CC, art. 841).[5]

Portanto, são elementos constitutivos da transação: a) a existência de relações jurídicas controvertidas; b) a intenção das partes em por fim ao litígio; c) o acordo de vontades; e d) concessões recíprocas.

---

1 MONTEIRO, Washington de Barros. *Curso de Direito Civil*: Direito das Obrigações", 1ª parte, 17.ed., São Paulo: Saraiva, 1982, p. 308.

2 Correspondente ao art. 1.025 do CCB/1916.

3 Transação. Efetuada a transação entre as partes nos termos do contido no art. 840 do ccb, de se ter por improcedente a pretensão do autor de buscar reparação de danos (materiais, lucros cessantes e morais) decorrentes de acidente de trânsito. Documento que prevê exatamente a quitação das parcelas pretendidas pelo autor. A transação envolve concessões recíprocas, restando caracterizada por renúncias de parte a parte. Ausência de pedido de decretação de anulação da transação celebrada. Ausência de desequilíbrio visível ou de intensa desproporcionalidade entre as concessões efetuadas. Recurso provido. (Recurso Cível Nº 71000894170, Primeira Turma Recursal Cível, Turmas Recursais, relator: Heleno Tregnago Saraiva, Julgado em 24/08/2006).

4 AGRAVO DE INSTRUMENTO. TRANSAÇÃO POSTERIOR À PROLATAÇÃO DA SENTENÇA. 1. Em se tratando de direitos patrimoniais de caráter privado, é lícito aos interessados prevenirem ou terminarem litígio mediante concessões mútuas. Inteligência dos arts. 840 e 841 do Código Civil. 2. A prolação de sentença não constitui óbice à homologação de transação superveniente. AGRAVO PROVIDO DE PLANO. (Agravo de Instrumento Nº 70016564460, Quinta Câmara Cível, Tribunal de Justiça do RS, relator: Paulo Sérgio Scarparo, Julgado em 24/08/2006).

5 Correspondente ao art. 1.035 do CCB/1916.

O Direito Civil português traz a noção de transação em seu artigo 1.248: "1. Transação é o contrato pelo qual as partes previnem ou terminam um litígio mediante recíprocas concessões. 2. As concessões podem envolver a constituição, modificação ou extinção de direitos diversos do direito controvertido."[6]

O Direito Civil espanhol trata o instituto jurídico da transação em seu artigo 1.809, ao afirmar que "es un contrato por el cual las partes, dando, prometiendo o reteniendo cada una alguna cosa, evitan la provocación de un pleito o ponen término al que había comenzado."

José Manuel Lete Del Rio define transação como um "contrato por el que las partes eliminan una controvérsia jurídica, haya provocado o no el comienzo de un pleito, mediante recíprocas concesiones, sustituyendo una relación jurídica dudosa por outra cierta."[7]

A transação pode ser *judicial* ou *extrajudicial*.

O contrato de transação possui ainda, os seguintes caracteres: é um contrato *acessório*, já que pressupõe uma relação jurídica anterior; *consensual*, porque se aperfeiçoa pelo simples acordo de vontades; *bilateral* (ou *sinalagmático*) haja vista as concessões recíprocas efetuadas pelas partes; *onerosa*, *solene* ou *não solene* conforme o caso.

Quanto à *forma*, o artigo 842 do nosso Código Civil determina que "a transação far-se-á por escritura pública,[8] nas obrigações em que a lei o exige, ou por instrumento particular, nas em que ela o admite; se recair sobre direitos contestados em juízo, será feita por escritura pública, ou por termo nos autos, assinado pelos transigentes e homologado pelo juiz" (CC, art. 842)[9]

Quanto à *interpretação*, a transação interpreta-se restritivamente, e por ela não se transmitem, apenas se declaram ou reconhecem direitos (CC, art. 843).[10] [11] [12]

---

6 CC-PORTUGUÊS – ARTIGO 1249º (Matérias insusceptíveis de transação) As partes não podem transigir sobre direitos de que lhes não é permitido dispor, nem sobre questões respeitantes a negócios jurídicos ilícitos.
CC-PORTUGUÊS – ARTIGO 1250º (Forma) A transação preventiva ou extrajudicial constará de escritura pública quando dela possa derivar algum efeito para o qual a escritura seja exigida, e constará de documento escrito nos casos restantes.

7 DEL RÍO, José Manuel Lete. *Derecho de Obligaciones*. Vol. III. 4.ed. Madrid: Tecnos, 2003, p. 527-528.

8 CC 2002 – Art. 107. A validade da declaração de vontade não dependerá de forma especial, senão quando a lei expressamente a exigir.

9 Correspondente ao art. 1.028, I e II do CCB/1916.

10 Correspondente ao art. 1.027 do CCB/1916.

11 CC 2002 – Art. 113. Os negócios jurídicos devem ser interpretados conforme a boa-fé e os usos do lugar de sua celebração.
CC 2002 – Art. 114. Os negócios jurídicos benéficos e a renúncia interpretam-se estritamente.
CC 2002 – Art. 421. A liberdade de contratar será exercida em razão e nos limites da função social do contrato.
CC 2002 – Art. 422. Os contratantes são obrigados a guardar, assim na conclusão do contrato, como em sua execução, os princípios de probidade e boa-fé.

12 APELAÇÃO CÍVEL. NEGÓCIOS JURÍDICOS BANCÁRIOS. AÇÃO DE COBRANÇA. HO-

35.2 Efeitos da transação

Consoante o artigo 844, "a transação não aproveita, nem prejudica senão aos que nela intervierem, ainda que diga respeito a coisa indivisível.[13 14]

Se for concluída entre o credor e o devedor, desobrigará o fiador (CC, art. 844, § 1º).[15]

Se entre um dos credores solidários[16] e o devedor, extingue a obrigação deste para com os outros credores (CC, art. 844, § 2º).[17]

Se entre um dos devedores solidários[18] e seu credor, extingue a dívida em

---

NORÁRIOS ADVOCATÍCIOS. TRANSAÇÃO. Nos termos do art. 843 do CC/2002, interpretam-se restritivamente as transações. Assim, não tendo sido esta demanda contemplada no acordo firmado entre as partes na execução de sentença da ação revisional em que litigaram e nos respectivos embargos, necessária é a fixação de honorários advocatícios ao patrono do apelante, diante da sucumbência do apelado nesta ação. APELO PROVIDO. (Apelação Cível Nº 70015091150, Décima Segunda Câmara Cível, Tribunal de Justiça do RS, relator: Cláudio Baldino Maciel, Julgado em 20/07/2006).

13 Correspondente ao art. 1.031, *caput*, do CCB/1916.

14 CC 2002 - Art. 87. Bens divisíveis são os que se podem fracionar sem alteração na sua substância, diminuição considerável de valor, ou prejuízo do uso a que se destinam.
CC 2002 - Art. 88. Os bens naturalmente divisíveis podem tornar-se indivisíveis por determinação da lei ou por vontade das partes.

15 Correspondente ao art. 1.031, § 1º, do CCB/1916.

16 CC 2002 – Da Solidariedade Ativa. Arts. 267 a 274.
CC 2002 - Art. 267. Cada um dos credores solidários tem direito a exigir do devedor o cumprimento da prestação por inteiro.
CC 2002 – Art. 268. Enquanto alguns dos credores solidários não demandarem o devedor comum, a qualquer daqueles poderá este pagar.
CC 2002 – Art. 269. O pagamento feito a um dos credores solidários extingue a dívida até o montante do que foi pago.
CC 2002 - Art. 270. Se um dos credores solidários falecer deixando herdeiros, cada um destes só terá direito a exigir e receber a quota do crédito que corresponder ao seu quinhão hereditário, salvo se a obrigação for indivisível.
CC 2002 - Art. 271. Convertendo-se a prestação em perdas e danos, subsiste, para todos os efeitos, a solidariedade.
CC 2002 – Art. 272. O credor que tiver remitido a dívida ou recebido o pagamento responderá aos outros pela parte que lhes caiba.
CC 2002 - Art. 273. A um dos credores solidários não pode o devedor opor as exceções pessoais oponíveis aos outros.
CC 2002 – Art. 274. O julgamento contrário a um dos credores solidários não atinge os demais; o julgamento favorável aproveita-lhes, a menos que se funde em exceção pessoal ao credor que o obteve.

17 Correspondente ao art. 1.031, § 2º, do CCB/1916.

18 CC 2002 – Da Solidariedade Passiva. Arts. 275 a 285.
CC 2002 – Art. 275. O credor tem direito a exigir e receber de um ou de alguns dos devedores, parcial ou totalmente, a dívida comum; se o pagamento tiver sido parcial, todos os demais devedores continuam obrigados solidariamente pelo resto. Parágrafo único. Não importará renúncia da solidariedade a propositura de ação pelo credor contra um ou alguns dos devedores.

relação aos codevedores (CC, art. 844, § 3º).[19]

A transação, sem a participação do advogado credor dos honorários, é ineficaz quanto aos honorários de sucumbência definidos no julgado (Enunciado 422, da V Jornada de Direito Civil).

Aqui, vale a pena transcrever os seguintes julgados: "PROCESSUAL CIVIL. TRANSAÇÃO JUDICIAL. SOLIDARIEDADE. EFEITOS. EXTINÇÃO DA AÇÃO. Ação de indenização por danos decorrentes da explosão de garrafa de cerveja no momento em que era colocada no carrinho de compras. Correta a decisão que extinguiu a ação em relação ao supermercado demandado, em virtude da transação entabulada pela autora e a fabricante da cerveja. Efeitos decorrentes da solidariedade, nos termos do art. 844, § 3º do CC/02. APELO IMPROVIDO. (Apelação Cível Nº 70013210109, Décima Câmara Cível, Tribunal de Justiça do RS, relator: Luiz Ary Vessini de Lima, Julgado em 23/02/2006)."

Da mesma forma, "Agravo de instrumento. Ação de execução. Cotas condominiais. Transação. Honorários. A transação entre um dos devedores solidários e seu credor extingue a dívida em relação aos codevedores (artigo 844, § 3º, do Código Civil de 2002, similar ao artigo 1.031, § 3º, do Código

---

CC 2002 – Art. 276. Se um dos devedores solidários falecer deixando herdeiros, nenhum destes será obrigado a pagar senão a quota que corresponder ao seu quinhão hereditário, salvo se a obrigação for indivisível; mas todos reunidos serão considerados como um devedor solidário em relação aos demais devedores.

CC 2002 – Art. 277. O pagamento parcial feito por um dos devedores e a remissão por ele obtida não aproveitam aos outros devedores, senão até à concorrência da quantia paga ou relevada.

CC 2002 – Art. 278. Qualquer cláusula, condição ou obrigação adicional, estipulada entre um dos devedores solidários e o credor, não poderá agravar a posição dos outros sem consentimento destes.

CC 2002 – Art. 279. Impossibilitando-se a prestação por culpa de um dos devedores solidários, subsiste para todos o encargo de pagar o equivalente; mas pelas perdas e danos só responde o culpado.

CC 2002 – Art. 280. Todos os devedores respondem pelos juros da mora, ainda que a ação tenha sido proposta somente contra um; mas o culpado responde aos outros pela obrigação acrescida.

CC 2002 – Art. 281. O devedor demandado pode opor ao credor as exceções que lhe forem pessoais e as comuns a todos; não lhe aproveitando as exceções pessoais a outro codevedor.

CC 2002 – Art. 282. O credor pode renunciar à solidariedade em favor de um, de alguns ou de todos os devedores. Parágrafo único. Se o credor exonerar da solidariedade um ou mais devedores, subsistirá a dos demais.

CC 2002 – Art. 283. O devedor que satisfez a dívida por inteiro tem direito a exigir de cada um dos codevedores a sua quota, dividindo-se igualmente por todos a do insolvente, se o houver, presumindo-se iguais, no débito, as partes de todos os codevedores.

CC 2002 – Art. 284. No caso de rateio entre os codevedores, contribuirão também os exonerados da solidariedade pelo credor, pela parte que na obrigação incumbia ao insolvente.

CC 2002 – Art. 285. Se a dívida solidária interessar exclusivamente a um dos devedores, responderá este por toda ela para com aquele que pagar.

19 Correspondente ao art. 1.031, § 3º, do CCB/1916.

Civil de 1916). Parcial provimento do recurso para diminuir os honorários advocatícios arbitrados pela respeitável decisão recorrida. (Agravo de Instrumento Nº 70013559034, Vigésima Câmara Cível, Tribunal de Justiça do RS, relator: Carlos Cini Marchionatti, Julgado em 30/12/2005)."

De igual modo, "AGRAVO DE INSTRUMENTO. LOCAÇÃO. AÇÃO DE DESPEJO POR FALTA DE PAGAMENTO CUMULADA COM COBRANÇA DE ALUGUÉIS E ENCARGOS CONTRATUAIS. FIANÇA. TRANSAÇÃO. HOMOLOGAÇÃO. DEVEDORES SOLIDÁRIOS. IMPOSSIBILIDADE DE QUE A TRANSAÇÃO APROVEITE APENAS UM DOS DEVEDORES SOLIDÁRIOS. Nos termos do artigo 829 do Código Civil, a fiança conjuntamente prestada a um só débito por mais de uma pessoa importa o compromisso de solidariedade entre elas, se declaradamente não se reservarem o benefício de divisão¿. Ainda, de acordo com o §3º do artigo 844 do Código Civil, a transação efetuada entre um dos devedores solidários e seu credor extingue a dívida em relação aos codevedores. Recurso provido. (Agravo de Instrumento Nº 70009826421, Décima Quinta Câmara Cível, Tribunal de Justiça do RS, relator: Ricardo Raupp Ruschel, Julgado em 27/09/2004)."

Outrossim, se a coisa *renunciada* ou *transferida*, não pertencer a um dos transigentes, e vier a sofrer evicção, não ficará sem efeito a transação. Neste sentido, o artigo 845 preceitua que "dada a evicção da coisa renunciada por um dos transigentes, ou por ele transferida à outra parte, não revive a obrigação extinta pela transação; mas ao evicto cabe o direito de reclamar perdas e danos."[20]

CLOVIS BEVILÁQUA ensina que o "evicto tem direito à indenização, porque a outra parte nenhuma compensação, afinal, lhe deu pela renúncia de seus direitos. Sem essa indenização, o evicto teria apenas prejuízo e a outra parte somente vantagens com a transação, quando é do conceito desta que as partes se façam mútuas concessões."[21]

Observa CAIO MÁRIO DA SILVA PEREIRA que "segundo Teixeira de Freitas, a transação é um ato uno, embora complexo, envolvendo simultaneamente negócio jurídico da transação e o da renúncia ou transferência da coisa. Evicta a coisa, seria lógico o restabelecimento da obrigação.

A doutrina do Código, na mesma linha do seu antecessor, reza em sentido contrário: a transação gera o efeito de extinguir a obrigação (art.845). Se, posteriormente, o transator vem a perder a coisa, que foi objeto dela, a obrigação não se restaura. Assim já era no Direito Romano, que respondia a quem indagava o que poderia ocorrer: *nihil patere potes*.

Ao transigente evicto ressalva, entretanto, o Código, o direito de reclamar perdas e danos. Se em virtude da transação ocorreu a renúncia ou trans-

20 Correspondente ao art. 1.032, *caput*, do CCB/1916.

21 Beviláqua, Clóvis. *Código Civil dos Estados Unidos do Brasil comentado por Clóvis Beviláqua*. Edição histórica. Rio de Janeiro: Rio, 1976, p. 151.

ferência de uma coisa por um deles, e o outro vem a perdê-la, tem o direito de ser ressarcido do dano que lhe adveio da evicção."[22]

Se um dos transigentes adquirir, depois da transação, novo direito sobre a coisa renunciada ou transferida, a transação feita não o inibirá de exercê-lo (CC, art. 845, parágrafo único).[23] A regra do parágrafo único do artigo 845 traz um comando óbvio, já que a transação realizada no passado não poderá atingir um novo direito sobre a coisa renunciada ou transferida.

Estabelece o artigo 846 que "a transação concernente a obrigações resultantes de delito não extingue a ação penal pública."[24]

É admissível, na transação, a pena convencional (CC, art. 847).[25] [26]

35.3 Declaração de nulidade de qualquer cláusula da transação

Sendo nula qualquer das cláusulas da transação, nula será esta (CC, art. 848).[27]

---

22 PEREIRA, Caio Mário da Silva. *Instituições de Direito Civil.* 11.ed. Vol. III. Rio de Janeiro: Forense, 2003, p. 511.

23 Correspondente ao art. 1.032, parágrafo único, do CCB/1916.

24 Correspondente ao art. 1.033 do CCB/1916.

25 Correspondente ao art. 1.034 do CCB/1916.

26 CC 2002 – Da Cláusula Penal. Arts. 408 a 416.
CC 2002 – Art. 408. Incorre de pleno direito o devedor na cláusula penal, desde que, culposamente, deixe de cumprir a obrigação ou se constitua em mora.
CC 2002 – Art. 409. A cláusula penal estipulada conjuntamente com a obrigação, ou em ato posterior, pode referir-se à inexecução completa da obrigação, à de alguma cláusula especial ou simplesmente à mora.
CC 2002 – Art. 410. Quando se estipular a cláusula penal para o caso de total inadimplemento da obrigação, esta converter-se-á em alternativa a benefício do credor.
CC 2002 – Art. 411. Quando se estipular a cláusula penal para o caso de mora, ou em segurança especial de outra cláusula determinada, terá o credor o arbítrio de exigir a satisfação da pena cominada, juntamente com o desempenho da obrigação principal.
CC 2002 – Art. 412. O valor da cominação imposta na cláusula penal não pode exceder o da obrigação principal.
CC 2002 – Art. 413. A penalidade deve ser reduzida equitativamente pelo juiz se a obrigação principal tiver sido cumprida em parte, ou se o montante da penalidade for manifestamente excessivo, tendo-se em vista a natureza e a finalidade do negócio.
CC 2002 – Art. 414. Sendo indivisível a obrigação, todos os devedores, caindo em falta um deles, incorrerão na pena; mas esta só se poderá demandar integralmente do culpado, respondendo cada um dos outros somente pela sua quota. Parágrafo único. Aos não culpados fica reservada a ação regressiva contra aquele que deu causa à aplicação da pena.
CC 2002 – Art. 415. Quando a obrigação for divisível, só incorre na pena o devedor ou o herdeiro do devedor que a infringir, e proporcionalmente à sua parte na obrigação.
CC 2002 – Art. 416. Para exigir a pena convencional, não é necessário que o credor alegue prejuízo. Parágrafo único. Ainda que o prejuízo exceda ao previsto na cláusula penal, não pode o credor exigir indenização suplementar se assim não foi convencionado. Se o tiver sido, a pena vale como mínimo da indenização, competindo ao credor provar o prejuízo excedente.

27 Correspondente ao art. 1.026, *caput*, do CCB/1916.

O artigo 166 do nosso Código Civil afirma que "é nulo o negócio jurídico quando: I – celebrado por pessoa absolutamente incapaz; II – for ilícito, impossível ou indeterminável o seu objeto; III – o motivo determinante, comum a ambas as partes, for ilícito; IV – não revestir a forma prescrita em lei; V – for preterida alguma solenidade que a lei considere essencial para a sua validade; VI – tiver por objetivo fraudar lei imperativa; VII – a lei taxativamente o declarar nulo, ou proibir-lhe a prática, sem cominar sanção."

Da mesma forma, "é nulo o negócio jurídico simulado, mas subsistirá o que se dissimulou, se válido for na substância e na forma. § 1º Haverá simulação nos negócios jurídicos quando: I – aparentarem conferir ou transmitir direitos a pessoas diversas daquelas às quais realmente se conferem, ou transmitem; II – contiverem declaração, confissão, condição ou cláusula não verdadeira; III – os instrumentos particulares forem antedatados, ou pós-datados. § 2º Ressalvam-se os direitos de terceiros de boa-fé em face dos contraentes do negócio jurídico simulado." (CC, art. 167)

E o parágrafo único do artigo 848 estabelece que "quando a transação versar sobre diversos direitos contestados, independentes entre si, o fato de não prevalecer em relação a um não prejudicará os demais."[28]

O Tribunal de Justiça do Rio Grande do Sul – TJRS decidiu na Apelação Cível Nº 70008934853, da Décima Quarta Câmara Cível, de relatoria do Des. Sejalmo Sebastião de Paula Nery, em 02/06/2005, que "APELAÇÃO CÍVEL. ALIENAÇÃO FIDUCIÁRIA. AÇÃO DE BUSCA E APREENSÃO. TRANSAÇÃO INEXISTENTE. A análise do pedido preliminar de autorização para a venda do bem deve ser feita, antes pelo juízo de primeiro grau. No mérito, segundo o art. 848 do Código Civil, se a transação recair sobre direitos contestados em juízo, será feita por escritura pública ou por termo nos autos, assinado pelos transigentes e homologado pelo juiz, o que não ocorreu, no caso concreto. Preliminar rejeitada, apelação provida e sentença desconstituída."

Outrossim, "é nula a transação a respeito do litígio decidido por sentença passada em julgado, se dela não tinha ciência algum dos transatores, ou quando, por título ulteriormente descoberto, se verificar que nenhum deles tinha direito sobre o objeto da transação (CC, art. 850).[29] [30]

28 Correspondente ao art. 1.026, parágrafo único, do CCB/1916.

29 Correspondente ao art. 1.036 do CCB/1916.

30 PROCESSUAL CIVIL. HOMOLOGAÇÃO DE ACORDO APÓS A SENTENÇA. Possibilidade de transação, inclusive após o trânsito em julgado da sentença, de acordo com o art. 850 do Novo Código Civil (art. 1.036 do Código Civil de 1916). Cabível, portanto, a respectiva homologação. Agravo provido. (Agravo de Instrumento Nº 70012058970, Quinta Câmara Cível, Tribunal de Justiça do RS, relator: Leo Lima, Julgado em 11/08/2005).

35.4 Anulação da transação

Consoante o artigo 849, "a transação só se anula por dolo, coação, ou erro essencial quanto à pessoa ou coisa controversa."[31] [32]

RIZZARDO alerta que embora a relação restritiva da norma, as causas enumeradas são meramente exemplificativas, já que outras são passíveis de ocorrer. "Aliás, a anulação se dará pelas causas ou motivos que anulam os atos jurídicos em geral. Inclusive a lesão enorme, ou a inclusão de cláusulas que ofendem o direito e a lei. Nesta ordem, as prestações abusivas, ou que trazem excessiva vantagem a um dos transatores."[33]

A transação não se anula por *erro de direito* a respeito das questões que foram objeto de controvérsia entre as partes (CC, art. 849, parágrafo único).[34]

O erro de direito envolve o desconhecimento da lei, a sua errônea interpretação, ou a falta de ciência de que ela se aplicava.

Observa CARLOS ROBERTO GONÇALVES que "o Código de 2002, seguindo a linha dos Códigos francês e italiano, exclui, como inovação, a anulação por erro de direito, malgrado o considere erro substancial, no art. 139, III, quando, "não implicando recusa à aplicação da lei, for o motivo único ou principal do negócio jurídico"."[35]

Nesse sentido, os seguintes julgados: "Direito civil e processual civil. Ação de separação judicial e conversão em divórcio. Transação não homologada. Denúncia de uma das partes. Nulidade decretada. Ausência de vício de vontade ou de defeito insanável. – São causas de anulabilidade da transação, conforme dispõe o art. 1.030 do CC/16 (correspondência: art. 849, *caput* do CC/02), o dolo, a violência (a coação conforme terminologia do CC/02), ou o erro essencial quanto à pessoa ou coisa controversa. Tais vícios de vontade devem ser invocados por uma das partes em ação própria. – Efetuada e concluída a transação, é vedado a um dos transatores a rescisão unilateral, como também é obrigado o juiz a homologar o negócio jurídico, desde que não esteja contaminado por defeito insanável (objeto ilícito, incapacidade das partes ou irregularidade do ato). – A não adoção de escritura pública no tocante aos bens imóveis não acarreta defeito insanável, porquanto a transação não tem o condão de constituir, modificar, transferir ou transmitir direitos reais sobre imóveis. Ela apenas declara ou reconhece direitos, nos termos do art. 1.027 do CC/16 (correspondência: art. 843 do CC/02). – A nulidade poderia ser decreta-

31 Sem correspondência ao CCB de 1916.

32 CC 2002 – Art. 171. Além dos casos expressamente declarados na lei, é anulável o negócio jurídico: I – por incapacidade relativa do agente; II – por vício resultante de erro, dolo, coação, estado de perigo, lesão ou fraude contra credores.

33 RIZZARDO, Arnaldo. Contratos. 6.ed. Rio de Janeiro: Forense, 2006, p. 1.026.

34 Sem correspondência ao CCB de 1916.

35 GONÇALVES, Carlos Roberto. Direito Civil brasileiro. Volume III. São Paulo: Saraiva, 2004, p. 551.

da tão só se ausente escritura pública em contrato constitutivo ou translativo de direitos reais sobre imóveis, a teor do art. 134, II do CC/16 (correspondência: art. 108 do CC/02), o que não se coaduna com caso em julgamento. – A dispensa de alimentos, matéria pacífica no STJ, não comporta ilicitude de objeto da transação. – A transação efetuada e concluída entre as partes, sem qualquer mácula, seja vício de consentimento, seja defeito ou nulidade, é perfeitamente válida, o que torna inevitável sua homologação. Recurso especial de C. M. V. parcialmente provido, para validar e homologar a transação, extinguindo-se o processo, com julgamento do mérito. (REsp 650.795/SP, Rel. Ministra NANCY ANDRIGHI, TERCEIRA TURMA, julgado em 07.06.2005, DJ 15.08.2005 p. 309).

Em outra decisão, "SEGURO. IMÓVEL. ANULAÇÃO DO INSTRUMENTO DE TRANSAÇÃO. INTERESSE PROCESSUAL. Se, na ação proposta pela agravada contra a seguradora agravante, a mesmo pretende não apenas a cobrança da complementação do valor do seguro, mas também a anulação do instrumento de transação formalizado, por ter sido alvo de coação, a aferição de tal circunstância exige dilação probatória. Assim, faz-se presente o interesse processual da agravada. Pretensão que encontra expresso respaldo no art. 849 do novo Código Civil. Agravo desprovido. (Agravo de Instrumento Nº 70013154000, Quinta Câmara Cível, Tribunal de Justiça do RS, relator: Leo Lima, Julgado em 23/11/2005).

Da mesma forma, "APELAÇÃO. AÇÃO DE COBRANÇA. PROMESSA DE COMPRA E VENDA. TERMO DE RESCISÃO CONTRATUAL. DEVOLUÇÃO INTEGRAL DOS VALORES PAGOS. DANO MORAL Havendo Termo de Rescisão Contratual, no qual foi dada total e geral quitação do contrato de promessa de compra e venda, este configura verdadeira transação, na forma do artigo 840, do Novo Código Civil. A transação produz entre as partes o efeito da coisa julgada e só se rescinde por dolo, violência, ou erro essencial quanto à pessoa ou coisa controversa (Artigo 849, *caput*, do atual Código Civil). Restando, assim, evidenciada a falta de interesse de agir, impondo-se o decreto de carência de ação, com fulcro no art. 267, VI, do CPC, falecendo, ainda, qualquer direito à indenização por dano moral. Apelo improvido. (Apelação Cível Nº 70010069524, Décima Sétima Câmara Cível, Tribunal de Justiça do RS, relator: Alexandre Mussoi Moreira, Julgado em 22/03/2005)."

Capítulo 36

DO COMPROMISSO

36.1 Conceito e características

O *compromisso* é o contrato através do qual as partes pactuam em não levar ao conhecimento do Poder Judiciário a solução do litígio originado do contrato firmado entre as partes contratantes.

O compromisso foi tratado pelo Código Civil brasileiro de 1916 nos artigos 1.037 a 1.048. O artigo 1.037 estabelecia que "as pessoas capazes de contratar poderão, em qualquer tempo, louvar-se, mediante compromisso escrito, em árbitros, que lhes resolvam as pendências judiciais ou extrajudiciais."

O compromisso, já neste período, era tratado como um contrato, posto que considerado como um acordo de vontades. Para CLÓVIS Beviláqua o compromisso "é o ato jurídico pelo qual as partes, em vez de recorrerem ao poder Judiciário, escolhem juízes árbitros, para decidirem as suas questões. É um instituto, que se aproxima da transação, a cujos princípios se submete (art. 1.048), embora dela se distingua sob pontos de vista essenciais."[1]

O artigo 44 da Lei 9.037/96 (*Lei de Arbitragem*)[2] revogou os dispositivos

---

1 Beviláqua, Clóvis. *Código Civil dos Estados Unidos do Brasil comentado por Clóvis Beviláqua*. Edição histórica. Rio de Janeiro: Rio, 1976, p. 155-156.

2 Linha histórica da arbitragem no Brasil traçada por Taiane Moreira de Mello, em "Arbitragem Internacional" (www.ucam.edu.br/pesquisas/jornada, acesso em 01 de julho de 2007):
1494- Tratado de Tordesilhas (As terras descobertas na América forma objeto de disputa entre Portugal e Espanha, tendo com árbitro o Papa Alexandre VI.)
1603- Ordenações Filipinas (Primeiro ordenamento que tratou da arbitragem no Brasil. Cabia recurso das sentenças arbitrais.)
1824- Constituição Imperial (Aboliu os recursos sobre as sentenças arbitrais.)
1850- Código Comercial e Regulamento 737 (Arbitragem obrigatória nos contratos de locação mercantil, matéria societária, liquidação de sociedade, casos de naufrágio, avarias e quebras.)
1866- Extinção do Regulamento 737 (Revogação da Arbitragem obrigatória)
1867- Promulgação do Decreto 3.900 (Regula o Juízo Arbitral para as questões Comerciais.)
1891- Constituição Republicana (Propõe o uso da arbitragem como meio eficaz para resolver e evitar, guerras e conflitos sobre limites fronteiriços.)
1909 a 1911- Celebração de vinte nove Convenções Internacionais
1916- Código Civil (art.1037 a 1048)
1939- Código de Processo Civil (art. 1031 a 1046)
1973- Código de Processo Civil (art. 1072 a 1102)
1996/1997- Celebração de Convenções Internacionais

1.037 a 1.048 do CCB de 1916. [3]

No entanto, o compromisso ressurgiu no Código Civil brasileiro de 2002, através do artigo 851 que traduz a admissibilidade do compromisso judicial ou extrajudicial: "É admitido compromisso, judicial ou extrajudicial, para resolver litígios entre pessoas que podem contratar."[4] É, pois, um contrato típico.

36.2 Compromisso somente em questões estritamente patrimoniais

O artigo 852 veda o compromisso para solução de questões de estado, de direito pessoal de família e de outras que não tenham caráter estritamente patrimonial.

36.3 Cláusula compromissória

A possibilidade de *cláusula compromissória* encontra-se expressa no artigo 853 que preceitua o seguinte: "Art. 853. Admite-se nos contratos a cláusula compromissória, para resolver divergências mediante juízo arbitral, na forma estabelecida em lei especial (CC, art. 853).[5]

A Lei 9.307/96 que dispõe sobre a arbitragem, em seu artigo 4º, conceitua a *cláusula compromissória* como "a convenção através da qual as partes em um contrato comprometem-se a submeter à arbitragem os litígios que possam vir a surgir, relativamente a tal contrato.

A cláusula compromissória deve ser estipulada por escrito, podendo estar inserta no próprio contrato ou em documento apartado que a ele se refira (Lei 9.307/96, art. 4, § 1º).

A respeito da cláusula compromissória, apresentamos, na íntegra, modelo que deverá ser inserido nos contratos que versem sobre direitos disponíveis ou em documento apartado:

- Convenção do Panamá
- Protocolo de Las Lenás
- Convenção de Montevidéu

1996- Lei 9.307/96 (Lei de Arbitragem)
1996- ARGUIÇÃO de Inconstitucionalidade da Lei 9.307/96
2001- Declaração de Constitucionalidade da Lei 9.307/96
2002- Ratificação da Convenção de New York de 1958
2003- Promulgação do Acordo sobre Arbitragem no Mercosul
2004- EC 45/2004 (Alterou a competência para homologação de sentença estrangeira do STF para o STJ.).

3 Art. 44. Ficam revogados os arts. 1 .037 a 1 .048 da Lei nº 3.071, de 1 º de janeiro de 1 916, Código Civil Brasileiro; os arts. 101 e 1.072 a 1 .102 da Lei nº 5.869, de 11 de janeiro de 1 973, Código de Processo Civil; e demais disposições em contrário.

4 Sem correspondência ao CCB de 1916.

5 Sem correspondência ao CCB de 1916.

"Qualquer divergência, controvérsia ou litígio decorrente da interpretação ou execução deste contrato deverá ser resolvido por meio de mediação ou arbitragem pelo TRIBUNAL DE MEDIAÇÃO E ARBITRAGEM DE SÃO JOSÉ, pessoa jurídica de direito privado, inscrita no CNPJ/MF sob nº 04.978.308/0001-67, localizada em São José, Santa Catarina, na rua Manoel Loureiro 1948, sala 04, Barreiros, CEP 88117-331, nos termos de seu regulamento e de acordo com a Lei nº 9.307 de 23/09/1996."[6]

Nos contratos de adesão, a cláusula compromissória só terá eficácia se o aderente tomar a iniciativa de instituir a arbitragem ou concordar, expressamente, com a sua instituição, desde que por escrito em documento anexo ou em negrito, com a assinatura ou visto especialmente para essa cláusula. (Lei 9.307/96, art. 4, § 2º).

A cláusula compromissória é autônoma em relação ao contrato em que estiver inserta, de tal sorte que a nulidade deste não implica, necessariamente, a nulidade da cláusula compromissória. (Lei 9.307/96, artigo 8º).[7]

---

6 Tribunal de Mediação e Arbitragem de São José – SC. www.tmasj.com.br

7 Lei 9.307/96. Dispõe sobre a arbitragem. Art. 5º Reportando-se as partes, na cláusula compromissória, às regras de algum órgão arbitral institucional ou entidade especializada, a arbitragem será instituída e processada de acordo com tais regras, podendo, igualmente, as partes estabelecer na própria cláusula, ou em outro documento, a forma convencionada para a instituição da arbitragem.
Lei 9.307/96. Dispõe sobre a arbitragem. Art. 6º Não havendo acordo prévio sobre a forma de instituir a arbitragem, a parte interessada manifestará à outra parte sua intenção de dar início à arbitragem, por via postal ou por outro meio qualquer de comunicação, mediante comprovação de recebimento, convocando-a para, em dia, hora e local certos, firmar o compromisso arbitral. Parágrafo único. Não comparecendo a parte convocada ou, comparecendo, recusar-se a firmar o compromisso arbitral, poderá a outra parte propor a demanda de que trata o art. 7º desta Lei, perante o órgão do Poder Judiciário a que, originariamente, tocaria o julgamento da causa.
Lei 9.307/96. Dispõe sobre a arbitragem. Art. 7º Existindo cláusula compromissória e havendo resistência quanto à instituição da arbitragem, poderá a parte interessada requerer a citação da outra parte para comparecer em juízo a fim de lavrar-se o compromisso, designando o juiz audiência especial para tal fim. § 1º O autor indicará, com precisão, o objeto da arbitragem, instruindo o pedido com o documento que contiver a cláusula compromissória. § 2º Comparecendo as partes à audiência, o juiz tentará, previamente, a conciliação acerca do litígio. Não obtendo sucesso, tentará o juiz conduzir as partes à celebração, de comum acordo, do compromisso arbitral. § 3º Não concordando as partes sobre os termos do compromisso, decidirá o juiz, após ouvir o réu, sobre seu conteúdo, na própria audiência ou no prazo de dez dias, respeitadas as disposições da cláusula compromissória e atendendo ao disposto nos arts. 10 e 21, § 2º, desta Lei. § 4º Se a cláusula compromissória nada dispuser sobre a nomeação de árbitros, caberá ao juiz, ouvidas as partes, estatuir a respeito, podendo nomear árbitro único para a solução do litígio. § 5º A ausência do autor, sem justo motivo, à audiência designada para a lavratura do compromisso arbitral, importará a extinção do processo sem julgamento de mérito. § 6º Não comparecendo o réu à audiência, caberá ao juiz, ouvido o autor, estatuir a respeito do conteúdo do compromisso, nomeando árbitro único. § 7º A sentença que julgar procedente o pedido valerá como compromisso arbitral.

Caberá ao árbitro decidir de ofício, ou por provocação das partes, as questões acerca da existência, validade e eficácia da convenção de arbitragem e do contrato que contenha a cláusula compromissória (Lei 9.307/96, artigo 8º, parágrafo único).

36.4 Distinção entre compromisso arbitral e cláusula compromissória

As partes contratantes se *comprometem* em louvar-se em um árbitro para a solução de pendências. Esta é a ideia de *compromisso*. Se o referido compromisso for firmado em juízo, ele será denominado judicial; caso contrário, denominado extrajudicial.

Portanto, "o compromisso arbitral é a convenção através da qual as partes submetem um litígio à arbitragem de uma ou mais pessoas, podendo ser judicial ou extrajudicial." (Lei 9.307/96, art. 9º). "O *compromisso arbitral judicial* celebrar-se-á por termo nos autos, perante o juízo ou tribunal, onde tem curso a demanda" (Lei 9.307/96, art. 9, § 1º). "O *compromisso arbitral extrajudicial* será celebrado por escrito particular, assinado por duas testemunhas, ou por instrumento público" (Lei 9.307/96, art. 9, § 1º).[8]

---

8 Lei 9.307/96. Dispõe sobre a arbitragem. Extinção do compromisso arbitral. Art. 12. Extingue-se o compromisso arbitral: I – escusando-se qualquer dos árbitros, antes de aceitar a nomeação, desde que as partes tenham declarado, expressamente, não aceitar substituto; II – falecendo ou ficando impossibilitado de dar seu voto algum dos árbitros, desde que as partes declarem, expressamente, não aceitar substituto; e III – tendo expirado o prazo a que se refere o art. 11, inciso III, desde que a parte interessada tenha notificado o árbitro, ou o presidente do tribunal arbitral, concedendo-lhe o prazo de dez dias para a prolação e apresentação da sentença arbitral.
Lei 9.307/96. Dispõe sobre a arbitragem. Do Procedimento Arbitral. Arts. 19 a 22. Art. 19. Considera-se instituída a arbitragem quando aceita a nomeação pelo árbitro, se for único, ou por todos, se forem vários. Parágrafo único. Instituída a arbitragem e entendendo o árbitro ou o tribunal arbitral que há necessidade de explicitar alguma questão disposta na convenção de arbitragem, será elaborado, juntamente com as partes, um adendo, firmado por todos, que passará a fazer parte integrante da convenção de arbitragem. Art. 20. A parte que pretender arguir questões relativas à competência, suspeição ou impedimento do árbitro ou dos árbitros, bem como nulidade, invalidade ou ineficácia da convenção de arbitragem, deverá fazê-lo na primeira oportunidade que tiver de se manifestar, após a instituição da arbitragem. § 1º Acolhida a ARGUIÇÃO de suspeição ou impedimento, será o árbitro substituído nos termos do art. 16 desta Lei, reconhecida a incompetência do árbitro ou do tribunal arbitral, bem como a nulidade, invalidade ou ineficácia da convenção de arbitragem, serão as partes remetidas ao órgão do Poder Judiciário competente para julgar a causa. § 2º Não sendo acolhida a ARGUIÇÃO, terá normal prosseguimento a arbitragem, sem prejuízo de vir a ser examinada a decisão pelo órgão do Poder Judiciário competente, quando da eventual propositura da demanda de que trata o art. 33 desta Lei. Art. 21. A arbitragem obedecerá ao procedimento estabelecido pelas partes na convenção de arbitragem, que poderá reportar-se às regras de um órgão arbitral institucional ou entidade especializada, facultando-se, ainda, às partes delegar ao próprio árbitro, ou ao tribunal arbitral, regular o procedimento. § 1º Não havendo estipulação acerca do procedimento, caberá ao árbitro ou ao tribunal arbitral disciplina-lo. § 2º Serão, sempre, respeitados no procedimento arbitral os princípios do contraditório, da igualdade das partes, da imparcialidade do árbitro e de seu livre conven-

O artigo 10 da Lei de Arbitragem apresenta os elementos indispensáveis que deverão constar do compromisso arbitral:

I - o nome, profissão, estado civil e domicílio das partes;
II - o nome, profissão e domicílio do árbitro, ou dos árbitros, ou, se for o caso, a identificação da entidade à qual as partes delegaram a indicação de árbitros;
III - a matéria que será objeto da arbitragem; e
IV - o lugar em que será proferida a sentença arbitral.

Poderá, ainda, o compromisso arbitral conter:[9]

I - local, ou locais, onde se desenvolverá a arbitragem;
II - a autorização para que o árbitro ou os árbitros julguem por equidade, se assim for convencionado pelas partes;
III - o prazo para apresentação da sentença arbitral;
IV - a indicação da lei nacional ou das regras corporativas aplicáveis à arbitragem, quando assim convencionarem as partes;
V - a declaração da responsabilidade pelo pagamento dos honorários e das despesas com a arbitragem; e
VI - a fixação dos honorários do árbitro, ou dos árbitros.[10]

Quanto a *cláusula compromissória*, conforme dito anteriormente, é a "convenção através da qual as partes em um contrato comprometem-se a submeter à arbitragem os litígios que possam vir a surgir, relativamente a tal contrato" (Lei 9.307/96, art. 4º).

---

cimento. § 3º As partes poderão postular por intermédio de advogado, respeitada, sempre, a faculdade de designar quem as represente ou assista no procedimento arbitral. § 4º Competirá ao árbitro ou ao tribunal arbitral, no início do procedimento, tentar a conciliação das partes, aplicando-se, no que couber, o art. 28 desta Lei. Art. 22. Poderá o árbitro ou o tribunal arbitral tomar o depoimento das partes, ouvir testemunhas e determinar a realização de perícias ou outras provas que julgar necessárias, mediante requerimento das partes ou de ofício. § 1º O depoimento das partes e das testemunhas será tomado em local, dia e hora previamente comunicados, por escrito, e reduzido a termo, assinado pelo depoente, ou a seu rogo, e pelos árbitros. § 2º Em caso de desatendimento, sem justa causa, da convocação para prestar depoimento pessoal, o árbitro ou o tribunal arbitral levará em consideração o comportamento da parte faltosa, ao proferir sua sentença; se a ausência for de testemunha, nas mesmas circunstâncias, poderá o árbitro ou o presidente do tribunal arbitral requerer à autoridade judiciária que conduza a testemunha renitente, comprovando a existência da convenção de arbitragem. § 3º A revelia da parte não impedirá que seja proferida a sentença arbitral. § 4º Ressalvado o disposto no § 2º, havendo necessidade de medidas coercitivas ou cautelares, os árbitros poderão solicitá-las ao órgão do Poder Judiciário que seria, originariamente, competente para julgar a causa. § 5º Se, durante o procedimento arbitral, um árbitro vier a ser substituído fica a critério do substituto repetir as provas já produzidas.

9 Lei 9.307/96, art. 11.

10 Lei 9.307/96, art. 11, parágrafo único. Fixando as partes os honorários do árbitro, ou dos árbitros, no compromisso arbitral, este constituirá título executivo extrajudicial; não havendo tal estipulação, o árbitro requererá ao órgão do Poder Judiciário que seria competente para julgar, originariamente, a causa que os fixe por sentença.

Dessa forma, a arbitragem pode ser instaurada a partir de duas formas distintas: cláusula compromissória e compromisso arbitral. ((Lei 9.307/96, art. 3º).

Mais uma vez, as lições de CLÓVIS Beviláqua são esclarecedoras: "Muitas vezes, as partes incluem, nos seus contratos, uma cláusula, comprometendo-se a submeter as controvérsias, que surgirem entre elas, à decisão de árbitros. É a *cláusula compromissória*, que ainda não é o compromisso, mas a obrigação de o celebrar. É o *pactum de compromittendo*. Sobre esta cláusula consulte-se Mortara, *Procedura civile*, III, ns. 76-101.

A cláusula compromissória, no direito pátrio, cria, apenas uma obrigação de fazer. É um pacto preliminar, cujo objeto é a realização de um compromisso, em dada emergência."[11]

36.5 Jurisprudências

"PROCESSO CIVIL. JUÍZO ARBITRAL. CLÁUSULA COMPROMISSÓRIA. EXTINÇÃO DO PROCESSO. ART. 267, VII, DO CPC. SOCIEDADE DE ECONOMIA MISTA. DIREITOS DISPONÍVEIS. EXTINÇÃO DA AÇÃO CAUTELAR PREPARATÓRIA POR INOBSERVÂNCIA DO PRAZO LEGAL PARA A PROPOSIÇÃO DA AÇÃO PRINCIPAL. 1. Cláusula compromissória é o ato por meio do qual as partes contratantes formalizam seu desejo de submeter à arbitragem eventuais divergências ou litígios passíveis de ocorrer ao longo da execução da avença. Efetuado o ajuste, que só pode ocorrer em hipóteses envolvendo direitos disponíveis, ficam os contratantes vinculados à solução extrajudicial da pendência. 2. A eleição da cláusula compromissória é causa de extinção do processo sem julgamento do mérito, nos termos do art. 267, inciso VII, do Código de Processo Civil. 3. São válidos e eficazes os contratos firmados pelas sociedades de economia mista exploradoras de atividade econômica de produção ou comercialização de bens ou de prestação de serviços (CF, art. 173, § 1º) que estipulem cláusula compromissória submetendo à arbitragem eventuais litígios decorrentes do ajuste. 4. Recurso especial parcialmente provido. (REsp 612.439/RS, Rel. ministro JOÃO OTÁVIO DE NORONHA, SEGUNDA TURMA, julgado em 25.10.2005, DJ 14.09.2006 p. 299)."

"Superior Tribunal de Justiça. ACÓRDÃO: RESP 616/RJ (198900098535). RECURSO ESPECIAL. DECISÃO: PROSSEGUINDO NO JULGAMENTO, APÓS O VOTO-VISTA DO SR. MINISTRO EDUARDO RIBEIRO, POR MAIORIA, CONHECER DO RECURSO E LHE DAR PROVIMENTO, VENCIDO O SR. MINISTRO CLAUDIO SANTOS, RELATOR. VEJA: RE – 58696-SP (STF). DATA DA DECISÃO: 24/04/1990. ÓRGÃO JULGADOR: TERCEIRA TURMA. EMENTA. Cláusula de arbitragem em contrato inter-

11 Beviláqua, *op. cit.*, 156.

nacional. Regras do Protocolo de Genebra de 1923. 1. Nos contratos internacionais submetidos ao protocolo, a Cláusula arbitral prescinde do ato subsequente do compromisso e, por si só, e apta a instituir o juízo arbitral. 2. Esses contratos tem por fim eliminar as incertezas jurídicas, de modo que os figurantes se submetem, a respeito do direito, pretensão, ação ou exceção, a decisão dos árbitros, aplicando-se aos mesmos a regra do art. 244, do cpc, se a finalidade for atingida. 3. Recurso conhecido e provido. Decisão por maioria. RELATOR: MINISTRO CLÁUDIO SANTOS. RELATOR ACÓRDÃO: MINISTRO GUEIROS LEITE. FONTE: DJ DATA: 13/08/1990 PG: 07647 RSTJ VOL.: 00037 PG: 00263."

"AGRAVO INTERNO. AÇÃO DE INDENIZAÇÃO. SANEADOR. CLÁUSULA COMPROMISSÓRIA. LEGITIMIDADE PASSIVA. LIMITE DA PROVA PERICIAL. 1. Julgamento monocrático que negou seguimento a agravo de instrumento de decisão que, em saneador, rejeitou preliminar de ilegitimidade passiva, extinção do processo por inobservância de cláusula compromissória e determinou a realização de prova pericial. 2. Alegação de cláusula compromissória ou compromisso arbitral que não pode ser reconhecida em face do texto do contrato, adesão e assinatura anterior à Lei 9.307/96. 3. Legitimidade decorrente do fato da ré ser subsidiária da contratante, ter sede no País e participação nos fatos. 4. Não é recomendável limitar a abrangência da prova pericial se não há a extensão apontada, bem como é possível requerer exclusão de quesitos impertinentes. Também porque o cabimento da prova ou a precisão de seus limites exige aprofundar o exame da questão de fundo, que é inconveniente neste momento. Negado provimento ao recurso. (Agravo Nº 70016959397, Décima Quinta Câmara Cível, Tribunal de Justiça do RS, relator: Paulo Roberto Felix, Julgado em 11/10/2006)."

"AGRAVO DE INSTRUMENTO. AÇÃO DE INDENIZAÇÃO. SANEADOR. CLÁUSULA COMPROMISSÓRIA. LEGITIMIDADE PASSIVA. LIMITE DA PROVA PERICIAL. 1. Alegação de cláusula compromissória ou compromisso arbitral que não pode ser reconhecida em face do texto do contrato, adesão e assinatura anterior à Lei 9.307/96. 2. Legitimidade decorrente do fato da ré ser subsidiária da contratante, ter sede no País e participação nos fatos. 3. Não é recomendável limitar a abrangência da prova pericial se não há a extensão apontada, bem como é possível requerer exclusão de quesitos impertinentes. Também porque o cabimento da prova ou a precisão de seus limites exige aprofundar o exame da questão de fundo, que é inconveniente neste momento. Negado seguimento ao recurso. (Agravo de Instrumento Nº 70016605073, Décima Quinta Câmara Cível, Tribunal de Justiça do RS, relator: Paulo Roberto Felix, Julgado em 03/09/2006)."

REFERÊNCIAS BIBLIOGRÁFICAS

A

ACQUAVIVA, Marcus Cláudio. *Dicionário Jurídico Brasileiro Acquaviva.* 11.ed. São Paulo: Jurídica Brasileira, 2000.

ALVIM, Pedro. *O Contrato de Seguro*. 3.ed. Rio de Janeiro: Forense, 2001.

AMARAL, Francisco. *Direito Civil* – Introdução. 3.ed. Rio de Janeiro: Renovar, 2000.

______. Francisco. *Direito Civil*: Introdução. 6.ed. Rio de Janeiro: Renovar, 2006.

______. AMARAL, Francisco. O Código Civil Brasileiro e o Problema Metodológico de sua Realização. Do Paradigma da Aplicação ao Paradigma Judicativo-Decisório. *Revista do Direito Privado da UEL – Volume 1 – Número 1* .

ALMEIDA COSTA, Mário Júlio de. *Direito das Obrigações*. 10.ed. Coimbra: Almedina, 2006.

AQUINO, São Tomás de. *Suma de Teología*. 4. ed. Madri: Biblioteca de Autores Cristianos, 2001.

ÁVILA, Humberto. *Teoria dos Princípios*: da definição à aplicação dos princípios jurídicos. 5ª ed. São Paulo: Malheiros, 2006.

AZEVEDO, Álvaro Villaça. *Comentários ao Novo Código Civil.* Vol VII. Rio de Janeiro: Forense, 2005.

B

BARACHO, José Alfredo de Oliveira. *Direito Processual Constitucional.* Belo Horizonte: Fórum, 2006.

BARBOZA, Heloísa Helena. *Perspectivas do Direito Civil Brasileiro para o Próximo Século.* In Revista da Faculdade de Direito, RJ: UERJ/Renovar, 1998-1999.

BARCELLOS, Ana Paula. *A Eficácia Jurídica dos Princípios Constitucionais.* O princípio da Dignidade da Pessoa Humana. Rio de Janeiro: Renovar, 2002.

BARROS, Washington de Barros. *Curso de Direito Civil*: Direito das Obrigações. 2ª Parte. 34.ed. São Paulo: 2003.

BARROSO, Luís Roberto. *O Direito Constitucional e a Efetividade de suas Normas*. 5.ed. Rio de Janeiro: Renovar, 2001.

______. *Curso de Direito Constitucional Contemporâneo*. Os conceitos fundamentais e a construção do novo modelo. São Paulo: Saraiva, 2009.

______. BARROSO, Luis Roberto. *A Dignidade da Pessoa Humana no Direito Constitucional Contemporâneo*: Natureza Jurídica, Conteúdos Mínimos e Critérios de Aplicação. Disponível em: <http://www.luisrobertobarroso.com.br/wp-content/uploads/2010/12/Dignidade_texto-base_11dez2010.pdf>. Acesso em: 10 fev. 2014.

______. BARROSO, Luís Roberto. *Fundamentos Teóricos e Filosóficos do Novo Direito Constitucional Brasileiro*. Revista de Direito da Procuradoria Geral do Estado do Rio de Janeiro. Rio de Janeiro, volume 54, 2001, p. 72.

Beviláqua, Clóvis. *Código Civil dos Estados Unidos do Brasil comentado por Clóvis Beviláqua*. Edição histórica. Rio de Janeiro: Rio, 1976.

BODIN DE MORAES, Maria Celina. A causa do contrato. *Civilistica.com*. Rio de Janeiro, a. 2, nº 4, out.-dez./2013.

______. 'A caminho de um direito Civil-constitucional' in Revista *Direito, Estado e Sociedade*, nº 1, 2. ed., jul.-dez. 1991, Departamento de Ciências Jurídicas da PUC-Rio, p. 59-73.

C

CAMARGO, Luiz Henrique Volpe. In: Passo, CABRAL, Antonio d., CRAMER, (orgs.). *Comentários ao Novo Código de Processo Civil, 2ª edição*. Método, 06/2016. VitalBook file.

CANOTILHO, José Joaquim Gomes. *Direito Constitucional e Teoria da Constituição*. 7.ed. Coimbra: Almedina, 2003.

CARVALHO SANTOS, J.M. de. *Código Civil Interpretado*. 6.ed. Volume XV. Rio de Janeiro: Freitas Bastos, 1954.

______. *Código Civil Interpretado*. 6.ed. Volume XII. Rio de Janeiro: Freitas Bastos, 1955.

CARVALHO DE MENDONÇA, Manuel Inácio. *Contratos no Direito Civil Brasileiro*. Tomo I. 3.ed. Rio de Janeiro: Forense, 1955.

______. *Contratos no Direito Civil Brasileiro*. Tomo II. E.ed. Rio de Janeiro: Forense, 1955.

CARVALHO FILHO, José dos Santos. *Manual de Direito Administrativo*. 15.ed. Rio de Janeiro: Lúmen Júris, 2006.

CAVALIERI FILHO, Sergio. *Programa de Responsabilidade Civil*. 6.ed. São Paulo: Malheiros, 2005.

D

DELGADO, José Augusto. *Comentários ao Novo Código Civil*. Volume XI. Tomo I. Rio de Janeiro: Forense, 2004.

DEL RÍO, José Manuel Lete. *Derecho de Obligaciones*. Vol. III. 4.ed. Madrid: Tecnos, 2003.

DINIZ, Maria Helena. *Norma Constitucional e seus Efeitos*. 6.ed. São Paulo: Saraiva, 2003.

F

FARIAS, Cristiano Chaves de; ROSENVALD, Nelson. *Curso de Direito Civil*. Vol.4. Contratos. São Paulo: Atlas, 2015.

G

GADAMER, Hans-Georg. *Verdade e Método*: Traços fundamentais de uma hermenêutica filosófica. Tradução Flávio Paulo Meurer. Petrópolis: Vozes, 1997.

GALUPPO, Marcelo Campos. *O que são direitos fundamentais?* In: SAMPAIO, José Adércio Leite. (Coord.) Jurisdição constitucional e direitos fundamentais. Belo Horizonte: Del Rey, 2003.

GRAU, Eros Roberto; GUERRA FILHO, Willis Santiago. *Direito Constitucional. Estudos em homenagem a Paulo Bonavides*. São Paulo: Malheiros, 2001.

GRONDIN, Jean. *Introdução à Hermenêutica Filosófica*. Tradução: Benno Dischinger. São Leopoldo: Unisinos, 1999.

GOMES, Luiz Roldão de Freitas. *Contrato*. 2.ed. Rio de Janeiro: Renovar, 2002, p.227.

GOMES, Orlando. *Contratos*. 24.ed. Rio de Janeiro: Forense, 2001.

GONÇALVES, Carlos Roberto. *Direito das Sucessões*. 7.ed. Volume 4. São Paulo: Saraiva, 2004.

GOUVEA, Jorge Bacelar. *Manual de Direito Constitucional*, V.II. 3.ed. Coimbra: Almedina, 2010.

GUASTINI, Ricardo. *Estudios de teoria constitucional*. UNAM/Fontamara, México, 2003.

H

HABERMAS, Jürgen. *Um Ensaio sobre a Constituição da Europa*. Tradução de Mirian Toldy; Teresa Toldy. Lisboa: Edições 70, 2012.

HEIDEGGER, Martin. *Sobre o Humanismo*. Tradução de Emmanuel Carneiro Leão. 2.ed. Rio de Janeiro: Tempo Brasileiro, 1995.

______. *Ser e Tempo*. Parte I. Tradução de Márcia Sá Cavalcante Schuback. 12.ed. Petrópolis: Vozes, 2002.

HIRONAKA, Giselda. *Principiologia contratual e a valoração ética no Código Civil Brasileiro*. Civilistica.com. Rio de Janeiro, a. 3, nº 1, jan.-jun./2014. Disponível em: <http://civilistica.com/principiologia-contratual-e-a-valoracao-etica-no-codigo-civil-brasileiro/>. 03 out. 2016.

J

JUSTEM FILHO, Marçal. *Curso de Direito Administrativo*. 8.ed. Belo Horizonte: Fórum, 2012.

K

KANT, Immanuel. *Fondements de la métaphysique des Moeurs*. Paris: Librairie Philosophique J. Vrin, 1992.

KUHN, Thomas S. *A Estrutura das Revoluções Científicas*. Tradução: Beatriz Vianna Boeira e Nelson Boeira. 9.ed. São Paulo: Perspectiva, 2006.

L

LACERDA, Bruno Amaro. *A Dignidade Humana Em Giovanni Pico Della Mirandola*. In: Revista Legis Augustus (Revista Jurídica) Vol. 3, nº 1, p. 16-23, setembro 2010.

LARENZ, Karl. *Metodologia da Ciência do Direito*. Lisboa: Fundação Calouste Gulbenkian, 1997.

LOBO, Paulo Luiz Neto. *Comentários ao Código Civi,*. vol. 6. São Paulo: Saraiva, 2003.

M

MARQUES, Cláudia Lima. *Contratos no Código de Defesa do Consumidor*. 3.ed. São Paulo: *Revista dos Tribunais*, 1999.

MARTINS-COSTA Judith. Reflexões sobre o Princípio da Função Social dos Contratos. *Revista DireitoGV*. São Paulo, v.1, nº 1, maio/2005. p.43-44.

MARTINS FILHO, Ives Gandra. *O que significa dignidade da pessoa humana?* Jornal *Correio Braziliense* de 08-09-08. p. 27.

MARTÍNEZ, Gregório Peces-Barba. *Lecciones de Derechos Fundamentales*. Madrid: Dykinson, 2004.

MENEZES CORDEIRO, Antonio. *Da boa-fé no direito civil*. Coimbra: Almedina, 2013.

MESSINEO, Francesco. *Doctrina General del Contrato*. Tradução de Fontanarossa, Melendo e Volterra. Tomo II. Buenos Aires: EJEA, 1952.

MELO, Marco Aurélio Bezerra de. *Novo Código Civil Anotado*. Vol. III, tomo I. Rio de Janeiro: Lúmen Júris, 2003.

MELLO, Cleyson de Moraes. *Hermenêutica e Direito*. Rio de Janeiro: Freitas Bastos, 2006.

MIRANDA, Jorge. *Manual de Direito Constitucional*, Tomo IV, 3.ed. Coimbra: Coimbra Editora, 2000.

______. *Manual de Direito Constitucional*. v.4. Coimbra: Coimbra Editores, 1988.

MIRANDA, Pontes de. *Tratado de Direito Privado*. Tomo 38. Campinas: Bookseller, 2005.

MOREIRA ALVES, José Carlos. *Direito Romano*. Volume II. 5.ed. Rio de Janeiro: Forense, 1995.

MONTEIRO, Washington de Barros. *Curso de Direito Civil*. Vol. 5. 34.ed. São Paulo: Saraiva, 2003.

MORAES, Maria Celina Bodin de. *Constituição e Direito Civil*: Tendências. Revista Direito, Estado e Sociedade, nº 15, Rio de Janeiro: PUC-Rio. Ago-dez 1999.

MÜLLER, Friedrich. *Métodos de trabalho do direito constitucional*. 3.ed. Rio de Janeiro: Renovar, 2005.

N

NALIN, Paulo. *Do contrato*: conceito pós-moderno. 2. ed. Curitiba: Juruá, 2006.

MASSAÚ, Guilherme Camargo. *Dignidade Humana e Marsilio Ficino*: a perspectiva do Renascimento. In: Revista Direitos Humanos e Democracia Unijuí: Unijuí, ano 2, nº 3, jan./jun, 2014, p.128-124.

NEGREIROS, Teresa. *Teoria do Contrato* – Novos Paradigmas. Rio de Janeiro. Renovar. 2002.

NEVES, Castanheira. *O Actual Problema Metodológico da Interpretação Jurídica* – I. Coimbra: Coimbra Editores, 2003.

NOVAIS, Jorge Reis. *Direitos Fundamentais*: Trunfos contra a maioria. Coimbra: Coimbra Editora, 2006.

P

PEREIRA, Caio Mário da. *Instituições de Direito Civil*. Vol. III. Rio de Janeiro: Forense, 2003.

PEREZ LUÑO, Antonio Enrique. *Derechos humanos, Estado de derecho e Constitución*. 4.ed. Madrid: Tecnos, 1991.

______. *Los Derechos Fundamentales*. 8.ed. Madrid: Tecnos, 2004.

PERLINGIERI, Pietro. *Manuale de Diritto Civile*, Napoli: Edizioni Scientifiche Italiane, 1997, p. 60 e ss. apud Tepedino, Gustavo. Notas sobre a Função Social dos Contratos. Disponível em: < http://www.tepedino.adv.br/wp/wp-content/uploads/2012/09/biblioteca12.pdf>. Acesso em: 03 out. 2016.

PIOVESAN, Flávia. *Direitos Humanos e o Direito Constitucional Internacional*. 13.ed. São Paulo: Saraiva, 2012.

PONTES DE MIRANDA, *Tratado de Direito Privado*. Campinas: Bookseller, 2006.

Q

QUEIROZ, Cristina. *Direito Constitucional*: As Instituições do Estado Democrático e Constitucional. Coimbra: Coimbra Editora, 2009.

R

REALE, Miguel. Lições Preliminares do Direito. 25.ed., São Paulo: Saraiva. 2001.

RIZZARDO, Arnaldo. *Contratos*. 6.ed. Rio de Janeiro: Forense, 2006.

RIBEIRO, Joaquim de Souza. *O Problema do Contrato*: As Cláusulas Contratuais Gerais e o Princípio da Liberdade Contratual. Coimbra: Almedina, 2003.

RODRIGUES, Ricardo Antonio. *A Pessoa Humana é Relação*. In: Thaumazein, Ano IV, número 08, Santa Maria (Dezembro de 2011),

ROPPO, Enzo. *O Contrato*. Coimbra: Almedina, 1988.

S

SANTOS, J.M. de Carvalho. *Código Civil Brasileiro Interpretado*. 6.ed. Vol XVI. Rio de Janeiro: Freitas Bastos, 1955.

SANTOS, J.M. de Carvalho. *Código Civil Brasileiro Interpretado*. 6.ed. Vol XIX. Rio de Janeiro: Freitas Bastos, 1955, p. 203.

SARLET, Ingo Wolfgang. *Dignidade da pessoa humana e os direitos fundamentais na constituição Federal de 1988*. Porto Alegre, RS: Livraria do Advogado, 2001.

______. *A Eficácia dos Direitos Fundamentais*. 3.ed. Porto Alegre: Livraria do Advogado, 2003.

SARMENTO, Daniel. *A Ponderação de Interesses na Constituição Federal. Rio de Janeiro*: Lumen Juris, 2002.

SERPA LOPES, Miguel Maria de. *Curso de Direito Civil*. Vol.III. 6.ed. Rio de Janeiro: Freitas Bastos, 2001.

SILVA, De Plácido e. Vocabulário Jurídico. Rio de Janeiro: Forense, 1982.

SILVA PEREIRA, Caio Mário da. *Instituições de Direito Civil*. 11.ed. Volume III. Rio de Janeiro: Forense, 2003.

SILVA, José Afonso da. *Aplicabilidade das Normas Constitucionais*. 3.ed. São Paulo: Malheiros, 1998.

______. *Curso de Direito Constitucional Positivo*. 24. ed. São Paulo: Malheiros, 2004.

______. *A Dignidade da Pessoa Humana como Valor Supremo da Democracia*. Revista de Direito Administrativo, nº 212, 1998, p.191.

SOUZA, Sylvio Capanema de. *Comentários ao Novo Código Civil*. Volume VIII. Rio de Janeiro: Forense, 2004.

SOUZA NETO, Cláudio Pereira de; SARMENTO, Daniel. *A Constitucionalização do Direito*: Fundamentos Teóricos e Aplicações Específicas, Rio de Janeiro: Lúmen Júris, 2007.

STEIN, Ernildo. *Nas Proximidades da Antropologia*: Ensaios e Conferências Filosóficas. Ijuí: Unijuí, 2003.

T

TEPEDINO, Gustavo. *Temas de Direito Civil*. Rio de Janeiro. Renovar. 1999.

______. *Problemas de Direito Civil-Constitucionalemas de Direito Civil*. Rio de Janeiro. Renovar. 2000.

______. TEPEDINO, Gustavo. Notas sobre a Função Social dos Contratos. Disponível em: <http://www.tepedino.adv.br/wp/wp-content/uploads/2012/09/biblioteca12.pdf>. Acesso em: 03 out. 2016.

TORRES, Ricardo Lobo. *O Direito ao Mínimo Existencial*. Rio de Janeiro: Renovar, 2009.

V

VAZ, Henrique Cláudio Lima. *Antropologia Filosófica II*. 4.ed. São Paulo: Loyola, 2003.

VATTIMO, Gianni. *O Fim da Modernidade:* Niilismo e Hermenêutica na Cultura Pós-Moderna. Tradução Maria de Fátima Boavida. Lisboa: Presença, 1987.

VENOSA, Silvio de Salvo. *Direito Civil*. Vol. III. 6.ed. São Paulo: Atlas, 2006.

VIEIRA DE MELLO, Heloísa Carpena. *A boa-fé como parâmetro da abusividade no direito contratual*. In: TEPEDINO, Gustavo. *Problemas de Direito Civil-Constitucional*. Rio de Janeiro: Renovar, 2000.

Z

ZAGREBELSKY. Gustavo. *Historia y Constitución*. Madrid: Trotta, 2005.